SCHWERPUNKTE BAND 14 Pieroth/Schlink

SCHWERPUNKTE
Eine systematische Darstellung der wichtigsten Rechtsgebiete anhand von Fällen
Begründet von Professor Dr. Harry Westermann †

---

# Grundrechte
# Staatsrecht II

8., überarbeitete Auflage

von

DR. BODO PIEROTH
Professor an der Philipps-Universität Marburg

und

DR. BERNHARD SCHLINK
Professor an der Humbold-Universität Berlin

CFM

C. F. MÜLLER JURISTISCHER VERLAG
HEIDELBERG

Die Deutsche Bibliothek — CIP-Einheitsaufnahme

*Staatsrecht.* — Heidelberg: Müller, Jur. Verl.
(Schwerpunkte; . . .)

2. Grundrechte / von Bodo Pieroth und Bernhard Schlink. —
8., überarb. Aufl. — 1992.
(Schwerpunkte; Bd. 14)
ISBN 3-8114-5192-8

NE: Pieroth, Bodo; GT


Satz: Roman Leipe GmbH, Hagenbach
Druck und Bindung: Druckerei Wilhelm Röck, Weinsberg
ISBN 3-8114-5192-8

# VORWORT

Im Jahr seit Erscheinen der letzten Auflage hat das Bundesverfassungsgericht wichtige Entscheidungen zur Gleichberechtigung von Mann und Frau, zur Meinungsfreiheit, zum Arbeitskampf, zum Fernmeldegeheimnis und zu berufsbezogenen Prüfungen getroffen. Die Entscheidungen sowie die weitere Rechtsprechung und das Schrifttum zu den Grundrechten haben wir bis Anfang Juli 1992 erfaßt, ausgewertet und eingearbeitet. Wir haben außerdem mehrere alte Fälle und Lösungsskizzen durch neue ersetzt.

Ergänzungen und Vertiefungen, die durch neue Entwicklungen und Einsichten geboten waren, konnten wir durch Kürzungen an anderen Stellen ausgleichen; das Buch wahrt auch in der achten Auflage den Umfang der ersten.

Weiterhin freuen wir uns über Anregung und Kritik unserer Leserinnen und Leser.

Berlin / Marburg, Sommer 1992

*Bodo Pieroth*
*Bernhard Schlink*

INHALTSVERZEICHNIS

ZWEITER TEIL: DIE EINZELNEN GRUNDRECHTE

| | Seite | Rdnr. |
|---|---|---|

| | | Seite | Rdnr. |
|---|---|---|---|

DRITTER TEIL: VERFASSUNGSBESCHWERDE

# VERZEICHNIS DER ABGEKÜRZT ZITIERTEN LITERATUR

| | |
|---|---|
| AK | Kommentar zum Grundgesetz für die Bundesrepublik Deutschland (Reihe Alternativkommentare), 2 Bände, 2. Aufl. Darmstadt 1989 |
| BK | Kommentar zum Bonner Grundgesetz (Bonner Kommentar), 9 Bände (Loseblatt), Hamburg, Stand: November 1991 |
| *Erichsen*, StR I | *H.-U. Erichsen*, Staatsrecht und Verfassungsgerichtsbarkeit, Bd. I, 3. Aufl. München 1982 |
| Die Grundrechte | *K. A. Bettermann/F. L. Neumann/H. C. Nipperdey* (Hrsg.), Die Grundrechte. Handbuch der Theorie und Praxis der Grundrechte, 4 Bände, Berlin 1954—1967 |
| *Hamann/Lenz* | *A. Hamann/H. Lenz*, Das Grundgesetz für die Bundesrepublik Deutschland vom 23. Mai 1949, 3. Aufl. Neuwied, Berlin 1970 |
| Hdb. StR | *J. Isensee/P. Kirchhof* (Hrsg.), Handbuch des Staatsrechts der Bundesrepublik Deutschland, 7 Bände, Heidelberg 1987 ff. |
| Hdb. VerfR | *E. Benda/W. Maihofer/H. J. Vogel* (Hrsg.), Handbuch des Verfassungsrechts der Bundesrepulik Deutschland, Berlin, New York 1983 |
| *Hesse*, VerfR | *K. Hesse*, Grundzüge des Verfassungsrechts der Bundesrepublik Deutschland, 18. Aufl. Heidelberg 1991 |
| J/P | *H. D. Jarass/B. Pieroth*, Grundgesetz für die Bundesrepublik Deutschland. Kommentar, 2. Aufl. München 1992 |
| vM | *I. v. Münch* (Hrsg.), Grundgesetz-Kommentar, Bd. I, 3. Aufl. München 1985, Bände II und III, 2. Aufl. München 1983 |
| *Maurer*, Allg. VwR | *H. Maurer*, Allgemeines Verwaltungsrecht, 7. Aufl. München 1990 |
| M/D | *T. Maunz/G. Dürig* u. a., Grundgesetz. Kommentar, 4 Bände (Loseblatt), München, Stand: September 1991 |
| M/K | *H. v. Mangoldt/F. Klein u. a.*, Das Bonner Grundgesetz, 3. Aufl., Bd. 1, München 1985, Bd. 6 und 14, München 1991 |
| *v. Münch*, StR I | *I. v. Münch*, Grundbegriffe des Staatsrechts, Bd. I, 4. Aufl. Stuttgart u. a. 1986 |
| *Stein*, StR | *E. Stein*, Staatsrecht, 13. Aufl. Tübingen 1991 |
| *Stern*, StR | *K. Stern*, Das Staatsrecht der Bundesrepublik Deutschland, 5 Bände, 1./2. Aufl. München 1984 ff. |

Im übrigen werden die üblichen Abkürzungen gebraucht, bei Bundesgesetzen gemäß den Kopfleisten der gängigen Gesetzessammlungen „Schönfelder“ und „Sartorius“, bei Landesgesetzen gemäß den Kopfleisten der entsprechenden Gesetzessammlungen (z. B. „v. Hippel/Rehborn“) mit vorangestellter Abkürzung für das Land (z. B. „nw“).

# § 1 EINFÜHRUNG

## I. Über das Arbeiten mit diesem Buch

1 Die vorliegende Darstellung lehrt die Grundrechte in der Breite und Tiefe, in der sie Gegenstand der Ersten juristischen Staatsprüfung sind. *Breite* bedeutet, daß alle für die Fallösung in Studium und Praxis wichtigen Themen der allgemeinen Grundrechtslehren (Erster Teil), sämtliche einzelnen Grundrechte (Zweiter Teil) und mit der Verfassungsbeschwerde das dazugehörige Verfahrensrecht (Dritter Teil) behandelt werden. *Tiefe* heißt, daß nicht eine Aufzählung von Ergebnissen, sondern, an der Rechtsprechung des BVerfG orientiert, deren Herleitung und die Begründung der wichtigen dogmatischen Begriffe und Lehren im Mittelpunkt stehen.

2 Diese Zielsetzung bedingt eine *Auswahl*, zwar nicht einzelner Grundrechte und einzelner Themen der allgemeinen Grundrechtslehren, wohl aber jeweils innerhalb dieser. Die Schwerpunkte wurden nach folgenden Kriterien gesetzt: Behandelt werden die derzeit gängigen, in den Übungen und in den Examina auftauchenden Fallkonstellationen, Probleme und Kontroversen; der Sache nach überholte Fragestellungen und Lösungsversuche werden nicht fortgeschleppt. Dabei wird das methodische Instrumentarium und das dogmatische Gerüst vermittelt, das erlaubt, andere als die schon entschiedenen Fälle selbständig zu lösen.

3 Nach den meisten Studienplänen der Juristischen Fakultäten an den Universitäten der Bundesrepublik Deutschland werden die Grundrechte am Anfang des Studiums gelesen. Daher ist die vorliegende Darstellung auch an die *Studienanfänger* adressiert und um entsprechende Verständlichkeit und Anschaulichkeit bemüht. Allerdings mag die Schwierigkeit der Materie zur Folge haben, daß bei der ersten Lektüre nicht alles sogleich verstanden und aufgenommen werden kann. Doch läßt sich das Buch durchaus „auf Lücke" lesen. Für den Studienanfänger kann es sich besonders empfehlen, mit dem Zweiten Teil zu beginnen, da die einzelnen Grundrechte weitaus anschaulicher sind als die allgemeinen Grundrechtslehren des Ersten Teils.

4 Die *Lösungsskizzen* zu den Fällen sind keine Musterlösungen. Sie dienen überwiegend der Wiederholung und Verständniskontrolle, gelegentlich enthalten sie auch zusätzliche Sachinformationen. Sie steuern ohne prozessuale und unterverfassungsrechtliche Einkleidung gleich auf das zu, worauf es unter dem Aspekt der behandelten Grundrechtsnorm jeweils ankommt. Zum Verfahrensrecht wird alles Erforderliche im Dritten Teil gesagt; die unterverfassungsrechtliche Einkleidung wird sogleich erörtert (vgl. unten Rdnr. 13 ff.).

5 Die *Literaturhinweise* am Ende der einzelnen Abschnitte sind bewußt knapp gehalten. Sie beschränken sich auf die grundlegenden, die aktuellen und die für das Studium besonders geeigneten Aufsätze und Bücher. (Soweit sie Büchern gelten, werden diese im zugehörigen Text nur durch den Autor, d. h. ohne Titel, nachgewiesen.) Umfassende Literaturhinweise finden sich in den großen Kommentaren zum Grundgesetz (Alternativkommentar, Bonner Kommentar, *Maunz/Dürig, v. Münch*), im von *Isensee* und *Kirchhof* herausgegebenen Handbuch des Staatsrechts sowie im handbuchartigen Staatsrecht der Bundesrepublik Deutschland von *Stern*. Während die Kommentare und bislang

auch das Handbuch von *Isensee* und *Kirchhof* zu den einzelnen Grundrechten ergiebig sind, bietet *Stern* in Band III/1 und demnächst III/2 erstmals eine breite, auf vollständige Erfassung von Rechtsprechung und Schrifttum angelegte, rechtshistorisch und rechtsvergleichend weit ausgreifende Darstellung der allgemeinen Grundrechtslehren. Auf diese Darstellung sei hier besonders hingewiesen; da ihre Systematik der des folgenden Ersten Teils weithin entspricht, läßt sich ihr reiches Material den einzelnen Abschnitten unschwer zuordnen. Im übrigen werden die genannten Werke und auch die aktuellen Lehrbücher des Staatsrechts *(Badura, Degenhart, Denninger, Doehring, Hesse, Maunz/Zippelius, v. Münch, Stein)* in den Literaturhinweisen nicht mehr eigens aufgeführt, erst recht nicht die einführenden Darstellungen *(Battis/Gusy, Fürst/Günther, Gallwas, Katz, Mössner, Richter/Schuppert* und *Schwabe).* Für einen schnellen Zugang zur Rechtsprechung des BVerfG sei hier noch auf das einschlägige Nachschlagewerk hingewiesen, das vom BVerfG selbst in drei Loseblatt-Ordnern herausgegeben wird.

### II. Einige Schwierigkeiten der Materie der Grundrechte

6 Rechtsnormen können sehr unterschiedlichen Aufwand an Auslegungsarbeit erfordern. Auf der einen Seite stehen eindeutig formulierte, relativ einfach zu verstehende Frist-, Form- und Verfahrensvorschriften. Auf der anderen Seite stehen vieldeutige Generalklauseln, die erst nach und nach vor allem durch Richterrecht handhabbar gemacht werden. Die Grundrechte enthalten zwar einige Form- und Verfahrensvorschriften, z. B. Art. 104; überwiegend sind sie aber sehr knapp und weit formuliert (z. B. „Kunst und Wissenschaft . . . sind frei", „das Eigentum . . . [wird] gewährleistet"), so daß sie *generalklauselartig* wirken. Daher spielen das Richterrecht und die es vorbereitende und fortentwickelnde Dogmatik zu den Grundrechten eine große Rolle.

7 Als Teil der Verfassung sind die Grundrechte gegenüber dem Gesetzesrecht und dem Recht der Verwaltung (Rechtsverordnungen, Satzungen) samt allen Einzelakten der vollziehenden und rechtsprechenden Gewalt *höherrangig.* Das heißt, daß alles Unterverfassungsrecht mit den darauf gestützten Einzelakten sich an der Verfassung messen lassen muß: Soweit es mit einer Verfassungs-, besonders einer Grundrechtsnorm nicht vereinbar ist, ist es verfassungswidrig und im Regelfall nichtig. Dabei liegt eine zusätzliche Schwierigkeit darin, daß der Inhalt der Grundrechte selbst durch das Unterverfassungsrecht geprägt sein kann; man spricht insoweit von rechts- oder normgeprägten Grundrechten.

8 **Beispiele:** Der Gesetzgeber ist an die verfassungsrechtliche Garantie des Eigentums (Art. 14 Abs. 1 S. 1) gebunden (Art. 1 Abs. 3). Was aber Eigentum ist, muß vom Gesetzgeber erst bestimmt werden, und Art. 14 Abs. 1 S. 2 ermächtigt den Gesetzgeber denn auch dazu, den Inhalt des Eigentums zu bestimmen. Wie kann der Gesetzgeber dann aber noch an die Verfassung gebunden sein? — Wenn dem Bürger gegen Rechtsverletzungen durch die öffentliche Gewalt der Rechtsweg offensteht (Art. 19 Abs. 4), setzt dies die Einrichtung von Richtern, Gerichten und Gerichtsbarkeiten voraus, was wiederum nur durch den Gesetzgeber geschehen kann.

9 Es kommt hinzu, daß die Grundrechte historisch und aktuell eine besondere *Nähe zur Politik* haben. Grundrechte mußten politisch erkämpft werden (vgl. unten Rdnr. 19 ff.). Obwohl sie als Teil der Verfassung verbindliches Recht sind, wirken manche früheren politischen Kämpfe nach und gerät ihre Auslegung und Anwendung stets erneut in politischen Streit. Die großen Auseinandersetzungen um Schwangerschafts-

abbruch, Hochschul- und Schulreform, Unternehmensmitbestimmung, Demonstrationsrecht oder Volkszählung belegen dies deutlich. Das führt gelegentlich sogar zu der Fehleinschätzung, Verfassungs- und besonders Grundrechtsauslegung sei gar nichts anderes als Politik, und das BVerfG betreibe keine Rechtsprechung im eigentlichen Sinne. Dagegen ist zu sagen, daß es neben der demokratischen Herleitung der Herrschaft die größte Errungenschaft des neuzeitlichen Verfassungsstaats ist, die Ausübung von Herrschaft verrechtlicht zu haben. Im Verhältnis des einzelnen zum Staat gelten durch die Grundrechte die verbindlichen Maßstäbe des Rechts. Diese Maßstäblichkeit setzt voraus, daß die Auslegung des Rechts festen *methodischen Regeln* folgt, über die allgemeine Übereinstimmung besteht. Nun wird aber gerade über das Methodenproblem im Verfassungsrecht wie im Recht insgesamt viel gestritten. Eine Übereinstimmung, welche festen Regeln die Auslegung methodisch leiten sollen, ist nur ansatzweise erkennbar (vgl. *Engisch,* Einführung in das juristische Denken, 8. Aufl. 1983; *Koch/Rüßmann,* Juristische Begründungslehre, 1982; *Larenz,* Methodenlehre der Rechtswissenschaft, 5. Aufl. 1983; *F. Müller,* Juristische Methodik, 4. Aufl. 1990; *Schlink,* Staat 1980, 73). Das verschafft den sog. klassischen Auslegungsgesichtspunkten ihre fortdauernde Bedeutung: dem grammatischen (Wortlaut der Regelung), systematischen (Regelungszusammenhang), historischen (Entstehungsgeschichte der Regelung und frühere Regelungen) und teleologischen (Regelungszweck) Auslegungsgesichtspunkt. Es verschafft auch dem BVerfG eine beträchtliche Freiheit bei der Auslegung und Fortbildung des Verfassungsrechts. Das BVerfG arbeitet an einzelnen Fällen und entwickelt seine Grundrechtsinterpretation von einzelnen Fällen her. Auch für den Lernenden gilt daher, daß aus dem Zusammenhang gerissene Aussagen des BVerfG nicht kanonisiert werden dürfen und daß die Entscheidungsbegründungen und -ergebnisse stets der methodischen Überprüfung bedürfen, ehe sie, zuweilen nur modifiziert und korrigiert, der Lösung eines Problems zugrunde gelegt werden.

## III. Zur Lösung von Grundrechtsfällen

Der Kern eines Grundrechtsfalls ist meistens die Frage, ob eine bestimmte staatliche 10
Maßnahme, die ein einzelner von sich abwehren will, mit einem Grundrecht vereinbar ist oder gegen ein Grundrecht verstößt. Diese Kernfrage kann in *zwei Teilfragen* aufgeteilt werden: (1) Wird durch die staatliche Maßnahme in das Grundrecht eingegriffen? Wenn nein, liegt kein Verstoß vor; wenn ja, muß weiter gefragt werden: (2) Ist dieser Eingriff verfassungsrechtlich gerechtfertigt? Wenn ja, liegt kein Verstoß vor; wenn nein, liegt ein Verstoß vor. Häufig ist es zweckmäßig, die erste Frage zu unterteilen nach einerseits Schutzbereich und andererseits Eingriff in den Schutzbereich. So ergibt sich die *Drei-Schritt-Prüfung,* die in § 6 noch näher erläutert und im Zweiten Teil der systematischen Darstellung aller Freiheitsgrundrechte zugrunde gelegt wird. Erst bei (1) Betroffenheit des Schutzbereichs durch (2) einen staatlichen Eingriff, der (3) nicht verfassungsrechtlich gerechtfertigt werden kann, liegt ein Verstoß gegen das Grundrecht vor.

Diese Kernfrage kann zwei Modifikationen erfahren. Zum einen geht es bei *Gleich-* 11
*heitsgrundrechten* nicht um einen Eingriff in den Schutzbereich, sondern um die Frage, ob eine Ungleichbehandlung von seiten des Staats gerechtfertigt ist oder nicht. Hier bleibt es also bei der Zwei-Schritt-Prüfung: (1) Liegt eine Ungleichbehandlung vor? Wenn nein, liegt kein Verstoß vor; wenn ja, muß weitergefragt werden: (2) Ist diese Ungleichbehandlung verfassungsrechtlich gerechtfertigt? Wenn ja, liegt kein

Verstoß vor, wenn nein, ist der Gleichheitssatz in seiner allgemeinen Fassung (Art. 3 Abs. 1) oder in einer seiner besonderen Ausprägungen (Art. 3 Abs. 2 und 3, Art. 6 Abs. 5, Art. 33 Abs. 1—3, Art. 38 Abs. 1 S. 1) verletzt.

12 Die zweite Modifikation kann dann auftauchen, wenn der einzelne nicht oder jedenfalls nicht nur einen Eingriff in ein Freiheits- oder Gleichheitsgrundrecht abwehren, sondern erreichen will, daß eine bestimmte Handlung vom Staat *vorgenommen* wird. Einige Grundrechte sind ausdrücklich als Leistungs- und Teilhaberechte formuliert, z. B. Art. 6 Abs. 4 mit dem Anspruch der Mutter auf Schutz und Fürsorge der Gemeinschaft und Art. 103 Abs. 1 mit dem Anspruch auf rechtliches Gehör; bei anderen Grundrechten wird eine entsprechende Auslegung diskutiert (vgl. unten Rdnr. 75 ff., 123 ff.). Hier kann sich die Prüfung zu einer Ein-Schritt-Prüfung verkürzen, wenn nämlich danach gefragt ist, ob eine bestimmte staatliche Handlung aufgrund des Grundrechts verlangt werden kann oder nicht: Entweder ist diese Rechtsfolge in dem grundrechtlichen Anspruch enthalten oder nicht. Häufig ist aber auch hier die (freiheitsrechtliche) Drei-Schritt-Prüfung oder die (gleichheitsrechtliche) Zwei-Schritt-Prüfung angebracht. Praktisch wird nämlich die Grundrechtsprüfung erst dann aktuell werden, wenn das Begehren des Bürgers auf eine staatliche Handlung von einer Behörde schon abschlägig beschieden worden ist. Hierin kann dann ein Eingriff oder eine Ungleichbehandlung von seiten des Staats erblickt werden. Schließlich kann die Verpflichtung des Staats zur Vornahme einer Handlung auch gerade die Rechtsfolge eines Eingriffs sein: Wegen des Eingriffs in ein Freiheits- oder Gleichheitsrecht verlangt der einzelne eine Entschädigung, eine Folgenbeseitigung oder eine andere Art der Wiedergutmachung. Hier kann sich die Drei- zur Vier-Schritt-Prüfung erweitern, die auch noch danach fragt, ob das Grundrecht die Wiedergutmachung als Rechtsfolge des Eingriffs verbürgt.

13 Die Kernfrage der Grundrechtsprüfung wird vor allem durch die *Normenhierarchie* kompliziert. Bei einem Gesetz kann die Grundrechtsprüfung unmittelbar ansetzen und fragen, ob das Gesetz mit einem Grundrecht vereinbar ist oder nicht. Geht es dagegen um auf Gesetze gestützte Rechtsverordnungen und Satzungen oder um auf Gesetze und Rechtsverordnungen oder Satzungen gestützte Einzelakte der vollziehenden und rechtsprechenden Gewalt, dann ist auf jeder Stufe der Normenhierarchie eine Grundrechtsprüfung denkbar, also bezüglich des Gesetzes als solchen, der auf das Gesetz gestützten Rechtsverordnung oder Satzung als solcher und des auf eine oder mehrere Rechtsnormen gestützten Verwaltungsakts als solchen. Häufig wird sich die Grundrechtsprüfung allerdings auf die Stufe konzentrieren können, die der Sache nach den Grundrechtseingriff enthält.

14 **Beispiel:** In ein Juristenausbildungsgesetz wird eine Vorschrift neu aufgenommen, wonach vorbestrafte Studenten nicht zur Ersten juristischen Staatsprüfung zugelassen werden dürfen (vgl. BayVerfGH, BayGVBl. 1973, 151). Daraufhin wird ein vorbestrafter Student durch Bescheid des Justizprüfungsamts nicht zur Prüfung zugelassen. Hier liegt der Grundrechtseingriff zwar zunächst in dem Bescheid. Dieser vollzieht aber nur das Gesetz, das den Grundrechtseingriff der Sache nach schon selbst enthält. Nur das Gesetz braucht anhand des Art. 12 Abs. 1 (Berufs- und Ausbildungsfreiheit) überprüft zu werden. Anders wäre es, wenn der Verwaltung ein Handlungsspielraum eingeräumt wäre, z. B. dadurch, daß es in der Vorschrift heißt, vorbestrafte Studenten können zur Ersten juristischen Staatsprüfung nicht zugelassen werden. Dann liegt in der entsprechenden Maßnahme des Justizprüfungsamts ein gegenüber dem Gesetz eigenständiger Grundrechtseingriff, und die Vereinbarkeit des Verwaltungsakts mit Art. 12 Abs. 1 ist neben der Verfassungsmäßigkeit des Gesetzes zu prüfen.

Die Normenhierarchie führt noch aus einem zweiten Grund zu Komplikationen: **15**
Wenn bei einem Gesetz nach seiner *Rechtmäßigkeit* gefragt ist, kann dies nur seine Verfassungsmäßigkeit bedeuten. Anders bei Rechtsverordnungen, Satzungen und Einzelakten der vollziehenden und rechtsprechenden Gewalt. Hier zwingt die Frage nach der Rechtmäßigkeit dazu, die Vereinbarkeit mit der jeweils nächsten ranghöheren Norm zu überprüfen. Das kann bei einem Verwaltungsakt beispielsweise eine Rechtsverordnung, bei einer Rechtsverordnung ein Gesetz sein. In einem solchen Fall darf nicht unmittelbar auf die Verfassung durchgegriffen werden, zunächst ist vielmehr die richtige Anwendung der rangniedrigeren Norm zu prüfen. Wenn sich aus der rangniedrigeren Norm schon die Rechtswidrigkeit des Verwaltungsakts oder der Rechtsverordnung ergibt, braucht — außer wenn danach gefragt ist — nicht mehr die Verfassungsmäßigkeit der höherrangigen Norm geprüft zu werden. Auf diese kommt es erst an, wenn die fragliche Maßnahme durch das rangniedrigere Recht gedeckt ist.

**Beispiel:** Es wird nach der Rechtmäßigkeit des Handelns eines Polizeibeamten gefragt, **16**
der den Hausflur von Mietshäusern betritt, um zu kontrollieren, ob eine Polizeiverordnung eingehalten wird, die unter Androhung von Bußgeld Beleuchtungspflichten statuiert. Hier ist zunächst die Ermächtigungsgrundlage im Polizei- und Ordnungsrecht zu überprüfen. Erst wenn eine solche überhaupt existiert und das Handeln des Polizeibeamten deckt, ist zu fragen, ob diese Ermächtigungsgrundlage ihrerseits verfassungsmäßig ist oder gegen die Unverletzlichkeit der Wohnung (Art. 13) verstößt.

Schließlich wird die Grundrechtsprüfung häufig durch eine *prozessuale Fragestellung* **17**
erweitert, indem neben der inhaltlichen Recht- oder Verfassungsmäßigkeit nach der Zulässigkeit eines oder mehrerer Rechtsbehelfe gefragt wird. Inhaltliche und prozessuale Fragestellungen werden verbunden, wenn die Aufgabe darin besteht, die Erfolgs-aussichten eines Rechtsbehelfs, im vorliegenden Zusammenhang vor allem einer Verfassungsbeschwerde, zu begutachten. Den Fragen der gerichtlichen Geltendmachung von Grundrechtsverstößen ist unten der Dritte Teil gewidmet. Wichtig ist es schon jetzt festzuhalten, daß die Grundrechtsprüfung von der prozessualen Einkleidung inhaltlich nicht berührt wird und daß regelmäßig bei der Grundrechtsprüfung auch der Schwerpunkt von Übungsarbeiten liegt. In den Anfängerübungen im öffentlichen Recht werden häufig breit unproblematische Zulässigkeitsfragen abgehandelt; für die entscheidenden inhaltlichen Fragen bleibt dann keine Zeit mehr.

Für weitere Einzelheiten der Fallösungstechnik muß auf das *spezielle Schrifttum* ver- **18**
wiesen werden. Eine nicht auf das öffentliche Recht beschränkte Einführung in die juristische Arbeitstechnik bietet das gleichnamige Buch von *P. J. Tettinger* (2. Aufl. 1992); vgl. auch Jura Extra: Studium und Examen, 2. Aufl. 1983. Fälle und Lösungen zu den Grundrechten enthalten *G. Erbel*, Öffentlich-rechtliche Klausurenlehre mit Fallrepetitorium, 1. Bd., 2. Aufl. 1983; *H.-G. Pieper*, Die Zwischenprüfung im öffentlichen Recht, 1988; *E. Schmidt-Jortzig*, 40 Klausuren aus dem Staats- und Völkerrecht mit Lösungsskizzen, 3. Aufl. 1985; *H. Scholler/D. Birk*, Fälle und Lösungen nach höchstrichterlichen Entscheidungen, 12. Bd., 6. Aufl. 1988. Ein nach Fällen aufgebautes Lehrbuch zum Staatsrecht ist *H.-U. Erichsen*, Staatsrecht und Verfassungsgerichtsbarkeit, 2 Bände, 2./3. Aufl. 1979/1982. Speziell zur Examensvorbereitung nützlich ist *G. Schwerdtfeger*, Öffentliches Recht in der Fallbearbeitung, 8. Aufl. 1986. Viele Fälle mit Musterlösungen werden von den Ausbildungszeitschriften JuS, Jura und JA veröffentlicht.

ERSTER TEIL:
# Allgemeine Grundrechtslehren

## § 2 GESCHICHTE UND BEGRIFF DER GRUNDRECHTE

### I. Einführung

19 Recht ist geschichtlich gewordenes Recht und ohne seine Geschichte nicht zu verstehen. Rechtliche Regelungen können einen längeren Atem haben als die politischen Ordnungen, unter denen sie bestehen, wenn sie auf gleichbleibenden sozialen und ökonomischen Verhältnissen beruhen oder auf gleichbleibende menschliche Grundfragen Antwort geben. Sie können aber auch mit den politischen Ordnungen vergehen. Die Grundrechte sind als Teil des Staats- und Verfassungsrechts politisches Recht und dem Wandel der politischen Ordnungen unterworfen. Zugleich sind die Grundrechte aber auch eine Antwort auf die gleichbleibende Grundfrage des Verhältnisses zwischen individueller Freiheit und politischer Ordnung. Was sie durch den Fortgang der Geschichte hindurch entwickelt und behauptet haben, macht ihren Begriff aus.

### II. Mittelalter und frühe Neuzeit

20 Die Herausbildung von Grundrechten steht im Zusammenhang mit dem bürgerlichen Verfassungsstaat der Moderne. Das Besondere dieser staatlich-gesellschaftlichen Gestaltung läßt sich nur verstehen vor dem Hintergrund der Welt des Mittelalters, in der ganz andere politisch-gesellschaftliche Zustände herrschten. Sie waren durch die Grundherrschaft geprägt, also das Verhältnis von landbesitzenden und landbebauenden Menschen, von Adel und Bauern. Allein der Adel konnte als frei bezeichnet werden. Die anderen Schichten lebten in einem abgestuften Schutz- und Dienstverhältnis zum Adel. Die mittelalterlichen Rechteerklärungen, von denen die berühmteste die englische Magna Charta Libertatum (1215) ist, zu denen aber auch in Deutschland der Tübinger Vertrag (1514) gehört, beziehen sich neben dem Klerus nur auf den Adel. Freiheit bedeutete im Mittelalter nicht Freiheit *von* Herrschaft, sondern war gleichbedeutend mit privilegium, status, ius und stellte eine Konkretisierung *der* Herrschaft dar. Parallel hierzu gab es auch noch keine allgemeine Rechtsgleichheit der Person, sondern abgestufte Gleichheiten von Personengruppen, Ständen, Korporationen.

21 Die weitere Entwicklung ist entscheidend durch die *Reformation* (Beginn des 16. Jahrhunderts) geprägt (vgl. zum folgenden *Böckenförde*, Recht, Staat, Freiheit, 1991, S. 92). Die in ihrem Gefolge über ein Jahrhundert lang währenden Religions- und Bürgerkriege führten zum einen zur Herausbildung der Toleranzforderung und damit zur späteren Religions- und Gewissensfreiheit. Zum anderen waren diese Kriege insofern eine Ursache für die Bildung des modernen Staates, als in seiner Souveränität die einzig mögliche Garantie für Frieden und Sicherheit gesehen wurde (*Jean Bodin*, 1530—1596; *Thomas Hobbes*, 1588—1679). Der hieraus in der Neuzeit zunächst erwachsende absolutistische Staat (17. und 18. Jahrhundert) war wiederum Voraussetzung für die Entwicklung modernen Freiheits-, Grundrechts- und Verfassungsverständnisses; denn

Grundrechte können als Antwort auf die „Tendenzen zur Souveränität" und ihre „Zurückweisung im Dienste des Schutzes elementarer menschlicher Freiheit" verstanden werden (*Kriele*, Festschrift Scupin, 1973, S. 187/195).

Maßgebliche Überlegungen zur Legitimation und Begrenzung von Herrschaft galten in dieser Zeit im Zusammenhang mit den Grundrechten dem Gesellschaftsvertrag, der Volkssouveränität und der Gewaltenteilung. Die in vielen Varianten vertretene Theorie des *Gesellschaftsvertrages* ist der Ausdruck naturrechtlicher Vorstellungen über die Freiheit des Individuums. Danach wird die Gesamtheit eines Volkes als der freiwillige Zusammenschluß ursprünglich gleicher und freier Menschen verstanden. Die staatliche Macht kann nur auf dem Mehrheitswillen seiner freien und gleichen Glieder beruhen. Diese schließen sich zunächst durch den Gesellschaftsvertrag zusammen. Durch einen zweiten (Herrschafts-)Vertrag überträgt sodann die Gemeinschaft die Ausübung der Macht auf eine oder mehrere Personen, die diese Macht treuhänderisch zu verwalten haben. Die Grenzen der Zuständigkeit der Herrschenden werden hierbei vor allem durch die Sicherung von „life, liberty, estates" (*John Locke*, 1632—1704) der Gesellschaftsmitglieder gezogen. — Die Lehre von der *Volkssouveränität* hat sich aus bis ins Mittelalter zurückreichenden Vorstellungen eines Widerstandsrechts gegen ungerechte Herrschaft, die bis zur Rechtfertigung des Tyrannenmordes (bei den sog. Monarchomachen) gingen, entwickelt und ist bei *Jean-Jacques Rousseau* (1712—1778) zur Lehre von der „volonté générale" gereift. — Im Interesse der Freiheit des Individuums steht auch die Lehre der *Gewaltenteilung*, die mit dem Namen *Charles de Montesquieu* (1689—1755) verbunden ist. Hiernach wird die Staatsgewalt im Sinn der Konkurrenz und des politischen Kompromisses gleichberechtigter politischer Kräfte auf drei verschiedene voneinander unabhängige Träger verteilt, die sich gegenseitig kontrollieren und so jegliche Willkür verhindern sollen. 22

Zuerst in England sind an die Stelle ständischer Privilegien allgemeine Rechte der Engländer getreten. Zu nennen sind besonders die Habeas-Corpus-Akte (1679) und die Bill of Rights (1689); zu nennen ist aber auch *William Blackstone* (1723—1780), der das theoretische Fundament und die politischen Konsequenzen dieser Rechtsverbürgungen aufgezeigt hat. 23

Beschränkt ist der Beitrag der *deutschen naturrechtlichen Lehren* (*Samuel Pufendorf*, 1632—1694; *Christian Thomasius*, 1655—1728; *Christian Wolff*, 1679—1754) für die Entwicklung der Grundrechte. Noch bis Mitte des 18. Jahrhunderts waren sie überwiegend darauf gerichtet, die positiv-rechtlich abgesicherten ständischen Freiheiten zu entwerten; sie standen daher im Dienst des Ausbaus des absolutistischen Staates. In diesen Zusammenhängen wurde auch der Gedanke des Gesellschafts- und Herrschaftsvertrags zur Begründung des völligen Verlusts der Freiheit des Individuums im Staat herangezogen. Erst in der zweiten Hälfte des 18. Jahrhunderts tritt der Gedanke der Begrenzung von Herrschaft in den Vordergrund, zunächst allerdings nur in Form einer moralisch verpflichtenden Selbstbindung des Herrschers. Die Konzeption von Menschenrechten, die mit absoluter Geltung ausgestattet sind und für das Leben des einzelnen im Staat belangvoll werden, findet sich in Deutschland erst in den Naturrechtslehren am Ende des 18. Jahrhunderts. Damit ist in Deutschland vorübergehend der Anschluß an die liberale politische Theorie Westeuropas erreicht. Im 19. Jahrhun- 24 dert fällt man allerdings sowohl in der politischen Theorie als auch in der spezifisch deutschen Verfassungsentwicklung des Konstitutionalismus wieder hinter sie zurück.

### III. Die Positivierung der Grundrechte in Nordamerika und Frankreich

25 Die erste gesamthafte und verfassungskräftige Positivierung von Grundrechten im modernen Sinn war die *Bill of Rights* von Virginia (1776). In deren Art. 1 heißt es, alle Menschen sind „von Natur aus gleichermaßen frei und unabhängig und besitzen gewisse ihnen innewohnende Rechte, deren sie, wenn sie in den Staat einer Gesellschaft eintreten, ihre Nachkommenschaft durch keinen Vertrag berauben oder entkleiden können, nämlich den Genuß von Leben und Freiheit, mit den Mitteln zum Erwerb von Besitz und Eigentum und zum Streben und der Erlangung von Glück und Sicherheit". Art. 8 bis 11 enthalten verfahrensrechtliche Normen zum Schutze des Angeklagten im Strafprozeß; Art. 12 erklärt die Pressefreiheit zu einem „der großen Bollwerke der Freiheit"; Art. 16 bestimmt, daß alle Menschen gleichermaßen zur freien Ausübung der Religion gemäß den Geboten des Gewissens berechtigt sind.

26 Diese Bill of Rights von Virginia diente als unmittelbares Vorbild für eine Reihe weiterer, zumeist ausführlicherer *Rechteerklärungen* in anderen Staaten Nordamerikas, so in Pennsylvania (1776), Maryland (1776), North Carolina (1776) und Massachusetts (1780). Während die Bill of Rights von Virginia noch neben der Verfassung von Virginia stand, wurde schon die zweite der genannten weiteren Rechteerklärungen mit einem Abschnitt, genannt „Frame of Government" zur „Constitution of the Commonwealth of Pennsylvania" zusammengefaßt. Dies war somit die erste Verfassung im neuzeitlichen Sinn, bestehend aus einem Grundrechts- und einem Organisationsteil. Für die weitere verfassungsrechtliche Entwicklung in den Vereinigten Staaten am wichtigsten geworden sind sodann die Grundrechte der ersten zehn Amendments der Bundesverfassung (1791), die auch als „Federal Bill of Rights" bezeichnet worden sind.

27 Im Zusammenhang mit der Konstitutionalisierung von Individualrechten steht die erstmalige Ausbildung des Instituts des *Vorrangs der Verfassung*. Die Distanz zwischen Verfassung und einfachem Gesetz kommt schon darin zum Ausdruck, daß Bill of Rights und Verfassung von besonderen Konventen verabschiedet wurden und daß zu ihrer Revision nur eine von der gesetzgebenden Gewalt verschiedene verfassungsändernde Gewalt für befugt gehalten wurde. Inhaltlich kann der Vorrang der Verfassung („paramount law") die Verfassungswidrigkeit von Gesetzen zur Folge haben. Darin haben sich die Erfahrungen niedergeschlagen, die in den Kolonien mit dem Mutterland England gemacht worden waren: Auch ein Parlament kann Unrecht tun. Die Bill of Rights bedeutet so gesehen nicht nur eine Beschränkung der Regierung, sondern auch der einfachen Mehrheit des souveränen Volkes. Gesichert wurde diese Bindung des Gesetzgebers an die Verfassung zudem durch das richterliche Prüfungsrecht, das erstmals durch Gerichte der Staaten Ende des 18. Jahrhunderts, sodann aber durch den Supreme Court im Jahr 1803 in Anspruch genommen wurde.

28 Einen unmittelbaren *Einfluß* auf das politische oder gar staatsrechtliche Denken in Deutschland hatten diese Vorgänge und rechtlichen Entwicklungen in den Vereinigten Staaten von Amerika nicht. Wohl aber wirkten sie gedanklich — und teilweise sogar personell nachweisbar — auf die Französische Revolution ein.

Die *Déclaration des droits de l' homme et du citoyen* von 1789 kann als der wichtigste Markstein der Geschichte der Grundrechte bezeichnet werden. Zu ihren *Vorbedingungen* zählen die natur- und vernunftrechtlichen Philosophien des 17. und 18. Jahrhunderts. Hinzu kam die Lehre der Physiokraten, die die Wirtschaftsordnung ohne Bindung an Privilegien und im Vertrauen auf die Kraft des Menschen zur Selbstvervollkommnung reformieren wollten. Um 1770 entstand der Begriff der „droits fondamentaux", also der Grundrechte. Er ist zwar universell, deckt aber auch und gerade die politischen Ansprüche des sich als soziale Kraft und wirtschaftliche Macht entfaltenden Bürgertums. Dessen wirtschaftsrevolutionäres Potential, seine wachsende Gegnerschaft gegen den königlichen Despotismus und schließlich das Vorbild, das die nordamerikanische Revolution gegeben hatte, bereiteten den Boden für die Französische Revolution und ihren Beginn, die Erklärung der Menschenrechte. 29

Deren Art. 1 stellt in einem ersten Satz fest, daß die Menschen *frei und gleich an Rechten* geboren sind und es bleiben. Art. 2 erklärt die Erhaltung der natürlichen und unabdingbaren Menschenrechte zum Endzweck jeder politischen Vereinigung; diese Rechte sind die Freiheit, das Eigentum, die Sicherheit, der Widerstand gegen Unterdrückung. Nach Art. 4 und 5 besteht die Freiheit darin, alles tun zu können, was einem anderen nicht schadet; die Grenzen, die nur darin bestehen können, den übrigen Gliedern der Gesellschaft ebenfalls den Genuß dieser Rechte zu sichern, können nur durch das Gesetz bestimmt werden. Art. 10 proklamiert Religions- und Gewissensfreiheit im Rahmen der durch das Gesetz errichteten öffentlichen Ordnung. Art. 11 garantiert die Gedanken- und Meinungsfreiheit als „eines der kostbarsten Rechte des Menschen", wobei hier ein Vorbehalt der Verantwortlichkeit für den Mißbrauch dieser Freiheit in den durch das Gesetz bestimmten Fällen gemacht wird. Art. 16 verkündet: „Jede Gesellschaft, in der weder die Garantie der Rechte zugesichert, noch die Trennung der Gewalten festgelegt ist, hat keine Verfassung." Nach dem letzten Art. 17 darf das Eigentum als ein geheiligtes und unverletzliches Recht nur bei gesetzlich festgestellter öffentlicher Notwendigkeit und unter der Bedingung vorheriger und gerechter Entschädigung angetastet werden. 30

Diese Erklärung ist zum Bestandteil der *Verfassung von 1791* gemacht worden. Durch diese waren aber noch weitere „natürliche und bürgerliche Rechte" verbürgt: Freizügigkeit, Versammlungs- und Petitionsrecht sowie Meinungs- und Kultusfreiheit in präziserer Form als in Art. 10 und 11 der Erklärung der Menschenrechte. Noch ausführlicher war die der (jakobinischen) *Verfassung von 1793* vorangestellte Rechteerklärung. In ihr waren auch soziale Rechte enthalten: freie Berufs- und Arbeitswahl, Recht auf Arbeit oder auf Unterstützung bei Arbeitsunfähigkeit, Anspruch auf Unterricht. Die Verfassung von 1793 trat allerdings nie in Kraft. Ein neues Stadium läßt die *Verfassung von 1795* samt ihrer Rechteerklärung erkennen. Nachdem die alte Stände- und Privilegienordnung beseitigt war, kam den Menschenrechten die neue Funktion zu, die nunmehr etablierte bürgerliche Ordnung zu legitimieren. Es wurden demgemäß nicht mehr natürliche und unveräußerliche Menschenrechte verkündet; vielmehr war von den Rechten innerhalb der Gesellschaft die Rede. Der Satz, daß die Menschen frei und gleichberechtigt geboren werden, wurde durch die formale Gleichheit vor dem Gesetz ersetzt. Rechtsstaatliche Garantien des Gerichtsverfahrens wurden verstärkt; Pflichten gegenüber der Gesellschaft traten hinzu. Für die weitere kon- 31 tinentaleuropäische Entwicklung der Grundrechte sind dann vor allem die französische *Verfassung von 1815* (Charte Constitutionnelle) und die *belgische Verfassung von 1831* mit ihren Grundrechtskatalogen wichtig geworden.

## IV. Grundrechte im deutschen Konstitutionalismus des 19. Jahrhunderts

**32** Im Deutschland des 19. Jahrhunderts markiert erst das Jahr 1848 ein Stadium, in dem der Anschluß an die bisher dargestellte Entwicklung der Grundrechte in der westlichen Welt erreicht wird. Die von der *Paulskirchenversammlung* verabschiedeten Grundrechte des deutschen Volkes waren auf den Gedanken der Volkssouveränität gegründet und standen in der geschilderten Tradition demokratischen Verfassungsdenkens. Unter den gegebenen politischen Verhältnissen konnten sie nur kurze Zeit Wirkung entfalten. Die Forderung politischer Freiheit von 1848 ist erst in der Revolution von 1918 voll zum Durchbruch gekommen; wichtige entstehungsgeschichtliche Verbindungslinien führen daher von 1848 direkt zu den Grundrechten der Weimarer Reichsverfassung.

**33** Die sonstigen Grundrechtsgewährleistungen im Deutschland des 19. Jahrhunderts sind von anderer Qualität. So enthielten mehrere *Verfassungen süddeutscher Staaten* während des ersten Drittels des 19. Jahrhunderts Garantien staatsbürgerlicher Rechte — von Grundrechten war nirgends die Rede. Beispielsweise gewährleistete als erste die Verfassungsurkunde des Königreichs Baiern von 1818 im Titel IV unter der Überschrift „Von allgemeinen Rechten und Pflichten" die Sicherheit der Person und das Eigentum (§ 8). Ferner waren neben einigen klassischen justitiellen Rechten besonders gleicher Amtszugang (§ 5), Gewissensfreiheit (§ 9) und die Freiheit der Presse und des Buchhandels (§ 11) verbürgt — letztere allerdings nur nach den Bestimmungen des hierüber erlassenen besonderen Ediktes. Ähnliche Bestimmungen enthielten z. B. die Verfassungen von Baden (1818) und Württemberg (1819).

**34** Damit waren keine dem Staat vorausliegenden Grundrechte verbürgt; bezeichnenderweise wurde vielfach von Rechten der Untertanen gesprochen. Hier wirkten deutlich ältere deutsche Überlieferungen fort, wonach Freiheit nur als vom Staat gewährleistete vorstellbar war. Die genannten Rechte waren eingebettet in die *konstitutionelle Monarchie.* Die Verfassungen waren von den Fürsten oktroyiert oder zwischen ihnen und den (ständischen) Vertretungsorganen vereinbart. Die Legitimität der Staatsgewalt erwuchs nicht aus dem Volk und aus Menschenrechten, sondern wurde auf Gott und die überkommene Ordnung gegründet. Die Einflußnahme der Ständeversammlungen auf Gesetzgebung und Steuererhebung trat lediglich *neben* die weiterbestehenden monarchischen Befugnisse. Die Folge war das duale System des Konstitutionalismus, in dem keine einheitliche Zuordnung der Souveränität erfolgte, sondern diese auf zwei unterschiedlich legitimierte Kompetenzträger aufgeteilt war.

**35** Dabei vollzog sich ein Anpassungsprozeß der absoluten Monarchie an die *wirtschaftlichen Bedürfnisse des Bürgertums.* Auch in Deutschland ging es zu dieser Zeit um die Auflösung der ständischen Lebensordnungen zugunsten rechtlicher Gleichstellung und Emanzipation, um die Ablösung des ständisch gebundenen Rechts durch ein allgemeines, Rechtsgleichheit und Erwerbsfreiheit verwirklichendes bürgerliches Recht und um die Herstellung von Freizügigkeit, freiem Eigentum, Freiheit des Grund- und Kapitalverkehrs. Dieser Prozeß war aber in Deutschland nicht das Werk einer Revolution, sondern das Ergebnis monarchischer Reformen. Die Rechtswissenschaft hatte daran einen gewissen Anteil, indem sie z. B. die „wohlerworbenen Rechte" durch Überführung in das bürgerliche Eigentum brach (*Lübbe-Wolff*, Sav. ZRG germ. Abt. 1986, 104).

Angesichts dieser Zusammenhänge konnte auch die *rechtliche Wirkung der Grundrechte* nur eine sehr begrenzte sein. Das ihnen entgegenstehende Recht war nicht etwa per se nichtig. Die gesamte Rechtsordnung mußte erst langsam den Grundrechten angepaßt werden. Grundrechte mußten durch (neue) Gesetze verwirklicht werden, hatten aber gegenüber der Gesetzgebung keine rechtliche Bindungswirkung. So bedeutete beispielsweise der Gleichheitssatz nur die Gleichheit vor dem Gesetz; gesetzliche Privilegien des Adels blieben dadurch ebenso wie gesetzliche Diskriminierungen, etwa der Juden, erhalten. Dementsprechend verbürgten die Grundrechte gegenüber der Verwaltung lediglich deren Gesetzmäßigkeit. Im politischen Prozeß waren sie allerdings nicht funktionslos: Ihnen kam eine „dirigierende und richtungsweisende" (*Wahl*, Staat 1979, 321/333) Funktion zu. In ihnen war das Programm einer Fortentwicklung der rechtlichen und gesellschaftlichen Ordnung festgeschrieben. **36**

Die nach dem Scheitern der Revolution von 1848 und der Aufhebung der Grundrechte der Paulskirchenversammlung folgende Reaktionsphase hielt die Fortentwicklung der Grundrechte auf. Zwar war namentlich in der *Preußischen Verfassungsurkunde von 1850*, die bis 1918 galt, im Titel II („Von den Rechten der Preußen") ein umfänglicher Rechtekatalog enthalten. Dieser hatte sogar einige zukunftsweisende Bestimmungen der Grundrechte von 1848, wie die Freiheit von Wissenschaft und Lehre, übernommen (Art. 20); auch finden sich politische Freiheitsrechte wie Meinungsfreiheit, Pressefreiheit, Vereins- und Versammlungsfreiheit. Doch lautete der einleitende Art. 3 dieses Titels: „Die Verfassung und das Gesetz bestimmen, unter welchen Bedingungen die Eigenschaft eines Preußen und die staatsbürgerlichen Rechte erworben, ausgeübt und verloren werden." Zudem waren die einzelnen Freiheitsgewährleistungen überwiegend als für die nähere gesetzliche Bestimmung oder Ausgestaltung offen erklärt. Die Gesetze aber wurden vom König, dem Herrenhaus und einem Abgeordnetenhaus gemacht, das aufgrund des „Drei-Klassen-Wahlrechts" zusammengesetzt war. Die Rechtsprechung stützte sich nur in begrenzter Weise auf grundrechtliche Vorschriften zur Überwindung älterer Rechtsverhältnisse; überwiegend wurden die Grundrechte restriktiv ausgelegt, als nicht gegen den Gesetzgeber gerichtet und als Programmsätze ohne unmittelbare Geltung angesehen. Insgesamt ist diese *Zeit der Reaktion* nach 1850 dadurch gekennzeichnet, daß politische Freiheit unterdrückt, wirtschaftliche Freiheit dagegen gefördert wurde. **37**

Die *Reichsverfassung von 1871* verzichtete ganz auf einen Grundrechtskatalog; lediglich die Niederlassungs- und Gewerbefreiheit wurden von ihr garantiert (Art. 3). Während ihrer Entstehung wurde das damit begründet, daß Grundrechte bereits Gemeingut geworden seien und in den einzelstaatlichen Verfassungen sowie in besonderen Gesetzen festgelegt seien. In der Tat sind viele klassische Freiheitsgarantien der Sache nach durch reichsgesetzliche Regelung verwirklicht worden; das betrifft namentlich die *Reichsjustizgesetzgebung* der 70er Jahre, durch die beispielsweise das Rückwirkungsverbot, die Unabhängigkeit der Gerichte, die Gewährleistung des ordentlichen Rechtswegs, das Recht auf den gesetzlichen Richter, die Unverletzlichkeit der Wohnung und die Freiheit der Person anerkannt worden sind. Andererseits fehlte **38** eine Reihe klassischer Garantien: so vor allem die Gleichheit vor dem Gesetz, die Eigentumsgarantie, das Selbstbestimmungsrecht der Religionsgesellschaften sowie die Wissenschaftsfreiheit. Darüber hinaus gab es eben keine verfassungskräftige Festlegung der Rechte. Auch inhaltlich müssen Abstriche gemacht werden, wie sich an der Kulturkampfs- und vor allem an der Sozialistengesetzgebung zeigt.

39 Diese Begrenztheit erklärt sich aus dem Fortbestand des *politischen Systems des Konstitutionalismus.* Der preußische Verfassungskonflikt (1861—1865) hatte den Beweis erbracht, daß von den zwei Kompetenzträgern im Zweifel die Krone die Oberhand über die Volksvertretung behalten würde. Für den Gedanken der Volkssouveränität oder nur schon für eine durch die Verfassung auch gegen die Krone gesicherte umfassende politische Freiheit war im Deutschland der zweiten Hälfte des 19. Jahrhunderts kein Raum. Vor allem aus nationalen Gründen erfolgte das politische Arrangement eines Großteils des Bürgertums mit dem monarchischen Staat.

40 Nachdem etwa in der Mitte des Jahrhunderts die Beseitigung ständisch-feudaler Rechte zu einem gewissen Abschluß gediehen war, stand in der Zeit danach der Ausbau der *liberalen Wirtschafts- und Gesellschaftsordnung* im Vordergrund. Anders als zu Beginn des 19. Jahrhunderts ging es jetzt auch nicht mehr nur um die Verwirklichung von Freiheit *durch* Gesetze, sondern schon um den Schutz von Freiheit *vor* Gesetzen. In einer Situation, in der weitere Gesetze tendenziell beschränkend wirken, kommt das Scheitern der Gesetzgebung der ausgegrenzten Sphäre, also der Gesellschaft und den in der Gesellschaft handelnden Individuen zugute. Noch ging es aber vor allem um die Abwehr von Eingriffen der monarchischen Verwaltung in die bürgerliche Wirtschafts- und Verkehrsgesellschaft. Gegen den Gesetzgeber war der Schutz der Grundrechte zwar schon denkbar, aber so lange nicht dringend, als gerade in der Gesetzgebung das Bürgertum selbst repräsentiert war. Eingriffe galt es daher dem Gesetzgeber vorzubehalten und damit der Verwaltung vorzuenthalten. Kein Eingriff in Freiheit und Eigentum ohne Gesetz — unter dieser grundrechtlichen Parole wurde der *Vorbehalt des Gesetzes* die rechtliche Errungenschaft des Bürgertums im Konflikt mit der Krone und deren Verwaltung.

41 In der *spät-konstitutionellen Staatsrechtslehre* wurde entsprechend Freiheit als Negation des Staates, als staatsfreie Sphäre verstanden, freilich nicht im Sinne vorstaatlicher Freiheitsrechte, sondern eines vom Staat gewährleisteten Freiraums. Grundrechte waren hier nicht Konstitutions-, sondern vielmehr Organisationsprinzip des Staates.

## V. Die Grundrechte in der Weimarer Reichsverfassung

42 Nach der Niederlage des Deutschen Reichs im Ersten Weltkrieg und der Revolution von 1918 begründete die *Weimarer Reichsverfassung* die erste deutsche Republik. Der umfangreiche zweite Hauptteil der Verfassung von 1919 war überschrieben „Grundrechte und Grundpflichten der Deutschen" und umfaßte die Art. 109—165. In vieler Hinsicht knüpfte er an die Grundrechte des deutschen Volkes von 1848 an; zugleich nahm er sich aber auch ausführlich der sozialen Probleme an: Diese Grundrechte und Grundpflichten verkündeten das Programm der *demokratischen und sozialen Republik.*

43 Von den fünf Abschnitten (Die Einzelperson, Das Gemeinschaftsleben, Religion und Religionsgesellschaften, Bildung und Schule, Das Wirtschaftsleben) enthielten die er-

sten beiden überwiegend die klassisch-liberalen, bürgerlichen *Freiheitsrechte:* Gleichheitssatz, Freizügigkeit, Auswanderungsfreiheit, Freiheit der Person, Unverletzlichkeit der Wohnung, Briefgeheimnis, Meinungs-, Versammlungs-, Vereinigungsfreiheit, Petitionsrecht. Im dritten Abschnitt trat neben die Glaubens- und Gewissensfreiheit eine Regelung des Verhältnisses von Staat und Kirche, die zwar einerseits klar mit Traditionen brach („Es besteht keine Staatskirche", Art. 137 Abs. 1), andererseits auch gewisse kompromißhafte Züge trug (Religionsgesellschaften als Körperschaften des öffentlichen Rechts, Kirchensteuerhoheit, Staatsleistungen an die Religionsgesellschaften). Im vierten und noch mehr im fünften Abschnitt aber trat nach vereinzelten entsprechenden Bestimmungen in den vorangegangenen Abschnitten eine neue *soziale und ökonomische Dimension* der Grundrechte zutage. Hier wurde der Staat als Gestalter von der Verfassung in Pflicht genommen; die bürgerliche Gesellschaft sollte in einer Weise fortentwickelt werden, die auch die Arbeiterschaft in die Lage versetzte, an der gesellschaftlichen Gesamtleistung angemessen zu partizipieren und in den tatsächlichen Genuß von Freiheitsrechten zu kommen. Beispiele dafür sind die Garantie der Sozialversicherung und Arbeitslosenunterstützung, die Bestimmungen über die Unentgeltlichkeit der Schulen, auch der weiterführenden Schulen, und die Regelung über die Bindung des Eigentums.

Insgesamt war dies ein bemerkenswerter *Versuch zeitgemäßer Fortschreibung* des 44
Grundrechtskatalogs. Grundrechte sollten nicht nur der Verteidigung des status quo im Interesse des Bürgertums dienen, sondern zugleich die durch dessen ungehinderte Entfaltung zu Lasten der Arbeiterschaft entstandenen Ungleichheiten und Herrschaftsverhältnisse in einer neuen demokratisch-sozialen Staatsordnung aufheben. Mit diesem doppelten Anliegen zeigt sich die Weimarer Reichsverfassung gerade in ihrem Grundrechtsteil als Versuch eines „Klassenkompromisses" (*Anschütz,* Drei Leitgedanken der Weimarer Reichsverfassung, 1923, S. 26), den allerdings Grundrechtsrechtsprechung und -lehre nicht vertieft haben: Den Grundrechtsnormen, die individuelle Freiheitspositionen zum Inhalt hatten, wurde über das zunehmend anerkannte richterliche Prüfungsrecht eine verstärkte Geltungskraft zuteil (vgl. *Gusy,* Richterliches Prüfungsrecht, 1985), während die wirtschaftlichen und sozialen Rechte überwiegend zu bloßen Programmsätzen herabgestuft wurden. Dies war zwar teilweise durch den Verfassungstext nahegelegt; da die liberalen Freiheitsrechte eine lange Tradition und eine ausgebaute Dogmatik besaßen, waren sie präziser gefaßt bzw. konnten sie problemloser angewendet werden als die neuartigen Bestimmungen, die mangels solcher Voraussetzungen eher deklaratorisch wirkten. Darüber hinaus wurden aber von der Verfassungsrechtslehre auch keine größeren Anstrengungen unternommen, diese Verfassungsbestimmungen angemessen umzusetzen. Schließlich erwies sich die unterverfassungsrechtliche Rechtsmasse ganz überwiegend als veränderungsresistent.

Die Weimarer Reichsverfassung ist durch die nationalsozialistische Machtergreifung 45
im Jahr 1933 faktisch außer Kraft gesetzt worden. Der staatliche und verfassungsrechtliche *Neubeginn nach 1945* in der Bundesrepublik war von diesen Erfahrungen beeinflußt. Während in Fragen des Staatsorganisationsrechts Weimar verschiedentlich ein negatives Vorbild lieferte, hat man an die Grundrechte der Weimarer Reichsverfassung in großem Umfang bei der Formulierung der Länderverfassungen, dann aber auch im Parlamentarischen Rat angeknüpft. Auf soziale und ökonomische Rechte

wurde im Grundrechtsteil des Grundgesetzes allerdings bewußt verzichtet; insofern stand Weimar wieder als negatives Vorbild vor Augen. Ob nicht auch solche Rechte so formuliert werden können, daß Rechtswissenschaft und -praxis sie aufzuarbeiten und anzuwenden wissen, ist erst durch den Verfassungsentwurf des Runden Tisches und im Zuge der durch Art. 5 EVertr aufgegebenen Verfassungsänderungsüberlegungen wieder zum nach wie vor überwiegend skeptisch beurteilten Thema geworden.

### VI. Begriff der Grundrechte

**46** Zwei Stränge läßt die geschichtliche Entwicklung erkennen: Zum einen werden die Grundrechte als *dem Staat vorausliegende* Rechte des Individuums begriffen; Freiheit und Gleichheit der Individuen sind legitimierende Bedingung der Entstehung des Staats, und Freiheits- und Gleichheitsrechte verpflichten und begrenzen die Ausübung staatlicher Gewalt. Zum anderen, in der deutschen Entwicklung, werden als Grundrechte auch Rechte verstanden, die dem Individuum nicht schon als Menschen, sondern erst als Glied des Staats zukommen, die dem Staat nicht vorausliegen, sondern erst *vom Staat gewährt* werden. Auch hier sind die Grundrechte aber nicht ständisches Privileg, sondern individuelles Recht. Auch hier wird über die Konstruktion der Selbstbindung eine Verpflichtung der Ausübung der Staatsgewalt auf die Grundrechte bewirkt: Eingriffe in Freiheit und Eigentum bedürfen zu ihrer Rechtfertigung des Gesetzes.

**47** Das Gemeinsame wie das Unterscheidende der beiden Stränge läßt sich noch genauer bestimmen: Da auch die naturrechtliche Vorstellung einer der Gesellschaft und dem Staat vorausliegenden Freiheit und Gleichheit nicht verkennt, daß der Mensch ohne Gesellschaft und ohne Staat nicht leben kann, meint auch sie mit dem Vorausliegen der Grundrechte die *Rechtfertigungsbedürftigkeit ihrer Beschränkung*. Vorstaatlich ist an den Grundrechten, daß ihr Gebrauch gegenüber dem Staat nicht gerechtfertigt werden muß, daß hingegen der Staat seine Beschränkungen der Grundrechte rechtfertigen muß. Die deutsche Entwicklung hat dieses Prinzip durchaus anerkannt; sie hat lediglich den Umfang, in dem die staatliche Gewalt dem Rechtfertigungserfordernis unterlag, nur zögernd ausgeweitet. Während Nordamerika und Frankreich schon die Entstehung des Staats (Volkssouveränität) und Nordamerika auch die Gesetzgebung (Vorrang der Verfassung) an ihr maßen, hat Deutschland ihm lange lediglich die Verwaltung unterworfen (Vorbehalt des Gesetzes).

**48** Faßlich wird dabei der *gemeinsame Begriff* der Grundrechte: Sie sind Rechte des Individuums und verpflichten den Staat. Sie verlangen dem Staat Rechtfertigung ab und liegen ihm insofern voraus.

**Literatur:** *G. Birtsch* (Hrsg.), Grund- und Freiheitsrechte im Wandel von Gesellschaft und Geschichte, 1981; *ders.* (Hrsg.), Grund- und Freiheitsrechte von der ständischen zur spätbürgerlichen Gesellschaft, 1987; *E.-W. Böckenförde* (Hrsg.), Moderne deutsche Verfassungsgeschichte (1815—1914), 2. Aufl. 1981; *F. Hartung*, Die Entwicklung der Menschen- und Bürgerrechte von 1776 bis zur Gegenwart, 5. Aufl. 1985; *H. Hofmann*, Zur Herkunft der Menschenrechtserklärungen, JuS 1988, 841; *ders.*, Die Grundrechte 1789—1949—1989, NJW 1989, 3177; *J.-D. Kühne*, Die französische Menschen- und Bürgerrechtserklärung im Rechtsvergleich mit den Vereinigten Staaten und Deutschland, JöR 1990, 1; *G. Oestreich*, Geschichte der Menschenrechte und Grundfreiheiten im Umriß, 2. Aufl. 1978; *B. Pieroth*, Geschichte der Grundrechte, Jura 1984, 568; *R. Wahl*, Der Vorrang der Verfassung, Staat 1981, 485; *J. Ziekow*, Deutsche Verfassungsentwicklung und sozialer Liberalismus, JuS 1986, 107.

# § 3 DIE GRUNDRECHTE DES GRUNDGESETZES

## I. Ausgrenzungen

Die vorliegende Darstellung beschränkt sich auf die Grundrechte des Grundgesetzes. Nur sie sind Maßstab für das BVerfG im Verfahren der Verfassungsbeschwerde; nur sie sind gemeint, wenn das BVerfG in anderen Verfahrensarten Akte der öffentlichen Gewalt an den Grundrechten zu messen hat. Damit sind internationale Grundrechte, Grundrechte der Landesverfassungen und überpositive natürliche Menschenrechte ausgegrenzt. 49

### *1. Internationale Grundrechte*

Die auf völkerrechtlicher Grundlage beruhenden sog. internationalen Grundrechte werden nicht mitbehandelt. Sie finden sich vor allem in folgenden internationalen Verträgen: 50

- UN-Pakt über die bürgerlichen und politischen Rechte vom 19. Dezember 1966 (BGBl. 1973 II, 1533),
- UN-Pakt über wirtschaftliche, soziale und kulturelle Rechte vom 19. Dezember 1966 (BGBl. 1973 II, 1569),
- UN-Rassenkonvention vom 7. März 1966 (BGBl. 1969 II, 961),
- Europäische Menschenrechtskonvention vom 20. März 1952 (BGBl. 1956 II, 1880) mit Zusatzprotokollen,
- Europäische Sozialcharta vom 18. Oktober 1961 (BGBl. 1964 II, 1261).

Diese Verträge enthalten Normierungen, die den Grundrechten des Grundgesetzes vielfach entsprechen, aber auch teils hinter ihnen zurückbleiben, teils über sie hinausgehen. Sie sind gem. Art. 59 Abs. 2 zu innerstaatlichem Recht geworden, stehen aber lediglich im *Rang eines Gesetzes* (vgl. zur EMRK näher *Partsch*, Die Rechte und Freiheiten der Europäischen Menschenrechtskonvention, 1966, S. 29 ff.). Ein höherer Rang käme ihnen nur zu, wenn sie „allgemeine Regeln des Völkerrechts" gem. Art. 25 S. 1 wären. Diese gehen nach Art. 25 S. 2 den Gesetzen vor (zum Streit um den genauen Rang vgl. *Geiger*, S. 190 ff.) und sind auch Maßstabsnormen für das BVerfG (E 59, 280/283). Detaillierte Inhalte völkerrechtlicher Verträge wie hier stellen aber keine allgemeinen Regeln des Völkerrechts dar. Das BVerfG zieht diese internationalen Grundrechte folgerichtig nicht als Maßstab heran; es hat mehrfach entschieden, daß eine Verfassungsbeschwerde nicht auf die Behauptung einer Verletzung der EMRK gestützt werden kann (E 10, 271/274; 64, 135/157). Wohl aber sind völkerrechtliche Verträge mit Gesetzesrang in die systematische Interpretation einzubeziehen; sie können auf diese Weise auch für den Schutzbereich eines Grundrechts des Grundgesetzes Bedeutung erlangen. In diesem Sinne ist es auch zu verstehen, wenn das BVerfG neben den (deutschen) Grundrechten die EMRK-Artikel zitiert (E 19, 343/347; 27, 71/82; 74, 358/370; vgl. *Sommermann*, AöR 1989, 391). 51

**Beispiel:** In E 58, 233 hat das BVerfG entschieden, daß es nicht gegen Art. 9 Abs. 3 verstößt, wenn einer Vereinigung von Arbeitnehmern nur dann die Eigenschaft als Gewerkschaft und damit die Fähigkeit zum Abschluß von Tarifverträgen zugesprochen 52 wird, wenn sie bestimmte Voraussetzungen erfüllt, die das System der Tarifautonomie erst funktionieren lassen; dazu gehört insbesondere eine gewisse Durchsetzungskraft gegenüber dem sozialen Gegenspieler (249; vgl. unten Rdnr. 824 ). Dabei hat das Gericht auch geprüft, ob diesem Ergebnis die international-rechtlichen Gewährleistungen der Koalitionsfreiheit in Art. 11 Abs. 1 der Europäischen Menschenrechtskonvention, Art. 5 der Europäischen Sozialcharta, Art. 8 Abs. 1 des UN-Pakts über wirtschaftliche, soziale und kulturelle Rechte sowie im Übereinkommen Nr. 87 der Internationalen Arbeitsorganisation über die Vereinigungsfreiheit und den Schutz des Vereinigungsrechtes vom 9. Juli 1948 entgegenstehen. Da dies nicht der Fall war, ließ das BVerfG dahinstehen, ob diese völkerrechtliche Verträge „für die Auslegung des Art. 9 Abs. 3 heranzuziehen sind" (253).

53 Ausgeklammert bleibt hier auch der Schutz von Grundrechten im Rahmen des Rechts der *Europäischen Gemeinschaften.* Das europäische Gemeinschaftsrecht ist allerdings nicht „internationales", sondern „supranationales" Recht; es wirkt unmittelbar in den Mitgliedstaaten und geht auf der normativen Grundlage von Art. 24 Abs. 1 grundsätzlich entgegenstehendem innerstaatlichen Recht vor (E 31, 145/174; 52, 187/199 ff.; 73, 339/374 f. — Solange II —; *Tomuschat,* BK, Art. 24 Rdnr. 75 ff.). Ohne daß die die Europäischen Gemeinschaften begründenden Verträge Grundrechte enthielten, hat sich eine gemeinschaftsrechtliche Grundrechtskultur entwickelt (vgl. *Pernice,* NJW 1990, 2409). Die Rechtsprechung des EuGH hat anerkannt, daß zu den im Recht der Europäischen Gemeinschaften anerkannten allgemeinen Rechtsgrundsätzen auch die gemeinsamen Verfassungsüberlieferungen der Mitgliedstaaten gehören, in denen Grundrechte und rechtsstaatliche Grundsätze anerkannt sind; zur gemeinschaftsrechtlichen Bestimmung des Inhalts und der Reichweite von Grundrechten hat der EuGH zusätzlich auf die EMRK zurückgegriffen (E 73, 339/378 ff.). Das hat Folgen für den innerstaatlichen Rechtsschutz gegen Maßnahmen von Organen der EG (vgl. unten Rdnr. 217 f.).

### 2. *Grundrechte der Landesverfassungen*

54 Die vor dem Grundgesetz erlassenen Landesverfassungen von Bayern, Bremen, Hessen, Rheinland-Pfalz und dem Saarland enthalten *ausführliche Grundrechtskataloge,* die verschiedentlich über die im Grundgesetz garantierten Rechte hinausgehen. Die nach dem Grundgesetz erlassenen Landesverfassungen enthalten im Hinblick auf den Grundrechtskatalog des Grundgesetzes entweder *keine eigenen Grundrechte* (Hamburg, Niedersachsen, Schleswig-Holstein) oder nur einen kleineren Grundrechtskatalog bzw. *einzelne Grundrechte* (Baden-Württemberg, Berlin, Nordrhein-Westfalen). Die Verfassungen Baden-Württembergs, Berlins und Nordrhein-Westfalens enthalten darüber hinaus eine Bestimmung des Inhalts, daß die Grundrechte des Grundgesetzes auch Bestandteil der jeweiligen Landesverfassung sind.

55 Die Grundrechte der Landesverfassungen gelten nur innerhalb der betreffenden Länder; für das BVerfG sind sie nicht Maßstab (vgl. *Pestalozza,* Verfassungsprozeßrecht, 3. Aufl. 1991, S. 175 f.). Etwas anderes ist wiederum, daß sie im Wege systematischer Interpretation für die Auslegung eines Grundrechts des Grundgesetzes herangezogen werden können.

56 **Beispiele:** Der Satz, daß alle Menschen vor dem Gesetz gleich sind (vgl. Art. 3 Abs. 1), könnte dahin mißverstanden werden, daß der Gesetzgeber selbst nicht an den Gleichheitssatz gebunden sei. Für das gegenteilige Verständnis berief sich das BVerfG auf die

Vorschriften von acht Landesverfassungen (E 2, 237/262). — Für die Interpretation der Informationsfreiheit (Art. 5 Abs. 1 S. 2) verweist E 27, 71/80 f. auf „die Erfahrungen mit den zur nationalsozialistischen Regierungspraxis gehörenden Informationsbeschränkungen, der staatlichen Meinungslenkung, den staatlichen Abhörverboten für ausländische Rundfunksender und den Literatur- und Kunstverboten" sowie auf die hierauf reagierende Normierung der Informationsfreiheit in mehreren Landesverfassungen.

Für das *Verhältnis* der Landesgrundrechte zu den Grundrechten des Grundgesetzes gilt folgendes: Soweit bei Landesgrundrechten Beschränkungen vorgesehen sind, die über diejenigen bei Grundrechten des Grundgesetzes hinausgehen, sind diese Beschränkungen mit dem Grundgesetz unvereinbar und gem. Art. 31 nichtig. Demgegenüber läßt Art. 142 „Bestimmungen der Landesverfassungen auch insoweit in Kraft, als sie in Übereinstimmung mit den Artikeln 1 bis 18 dieses Grundgesetzes Grundrechte gewährleisten". Zweifelsfrei sind hiervon inhaltsgleiche Grundrechte erfaßt. Darüber hinaus werden von der h. M. aber auch zusätzliche, über das Grundgesetz hinausgehende Grundrechte in den Landesverfassungen als gültig angesehen (*Jutzi,* S. 36 f.). Hierfür sprechen die Systematik der Grundrechte des Grundgesetzes, die ersichtlich keine abschließende Regelung darstellen, die Entstehungsgeschichte des Art. 142 sowie die allgemeine Überlegung, daß es „die Intention der rechtsstaatlichen Verfassung (ist), den Freiheitsraum des Einzelnen in weitem Umfang zu garantieren und zu schützen" (*Böckenförde/Grawert,* DÖV 1971, 119/120 f.); schließlich entspricht es auch dem Bundesstaatsprinzip, daß die Länder die eigene (Landes-)Staatsgewalt in größerem Umfang binden können als der Bund dies im Grundgesetz tut. Das verhindert allerdings nicht, daß sich kompetenzgemäßes Bundesrecht einem kollidierenden Landesgrundrecht gegenüber durchsetzt; die Rechtfertigung hierfür findet die h. L. in den Kompetenzbestimmungen, die sie als leges speciales zu Art. 31 ansieht (vgl. *Pieroth,* J/P, Art. 31 Rdnr. 3). 57

### *3. Natürliche überpositive Menschenrechte*

Nicht eingegangen wird in der vorliegenden Darstellung schließlich auf naturrechtliche Vorstellungen, wonach es gegenüber dem (Verfassungs-)Recht höherrangige natürliche Menschenrechte gibt. Naturrechtliches Denken war als Reaktion auf das Dritte Reich nach dem Zweiten Weltkrieg weit verbreitet; viele Gerichtsentscheidungen haben sich auf Naturrecht gestützt (*Linsmayer,* Das Naturrecht in der deutschen Rechtsprechung der Nachkriegszeit, 1963). Teilweise wollte man damit wohl auch dem Charakter der Grundrechte als *dem Staat vorausliegender Rechte* Rechnung tragen (vgl. oben Rdnr. 46 ff.). In diesem Sinne spricht auch Art. 1 Abs. 2 von „unverletzlichen und unveräußerlichen Menschenrechten als Grundlage jeder menschlichen Gemeinschaft, des Friedens und der Gerechtigkeit in der Welt". 58

Das Grundgesetz hat so zwar die Grundrechte als vorausliegend anerkannt, zugleich aber *positiviert* und die öffentliche Gewalt nur in diesem Umfang gebunden (Art. 1 Abs. 3; vgl. unten Rdnr. 195 ff.). Daher sind natürliche Menschenrechte kein Maßstab, an dem Gesetze oder gar die Verfassung der Bundesrepublik Deutschland zu messen sind. Dem steht auch die Unbestimmtheit und Umstrittenheit der naturrechtlichen Lehren sowie der unbedingte und einheitliche Geltungsanspruch des geschriebenen Verfassungsrechts entgegen. Das BVerfG hat denn auch abgelehnt, die Ausle- 59 gung der Verfassungsnorm „auf der Grundlage naturrechtlicher Vorstellungen“ vorzunehmen (E 10, 59/81).

## II. Ort der Grundrechte im Grundgesetz

### *1. Grundrechte und grundrechtsgleiche Rechte*

60 Der Abschnitt I des Grundgesetzes trägt die Überschrift „Die Grundrechte“. Ihren Ort haben die *Grundrechte* also zunächst einmal in Art. 1 bis 19, und auf die in diesen Artikeln enthaltenen Rechte bezieht sich auch Art. 93 Abs. 1 Nr. 4a, wenn er von den Grundrechten spricht.

61 Anderseits gibt es Normen in den Abschnitten II, III und IX, die von ihrer Struktur und ihrer Geschichte her den Grundrechten der Art. 1 bis 19 gleichstehen. Die Gleichstellung spricht das Grundgesetz in Art. 93 Abs. 1 Nr. 4a auch aus: Verfassungsbeschwerde kann unter Berufung auch auf die in Art. 20 Abs. 4, 33, 38, 101, 103 und 104 enthaltenen Rechte erhoben werden. Sie werden *grundrechtsgleiche Rechte* genannt; man kann auch von den Grundrechten der Art. 1 bis 19 als von Grundrechten im formellen und materiellen Sinn und von den grundrechtsgleichen Rechten als von Grundrechten nur im materiellen Sinn sprechen. Der Kreis der grundrechtsgleichen Rechte darf aber nicht über die in Art. 93 Abs. 1 Nr. 4a genannten hinaus ausgedehnt werden (a. A. ohne Begründung *v. Münch*, vM, Art. 1 Rdnr. 45 bezüglich Art. 136 Abs. 4, 137 Abs. 2 WRV i.V.m. Art. 140); dafür besteht kein normativer Anhaltspunkt.

### *2. Grundrechte und Normen über Grundrechte*

62 Nicht alle Artikel des Abschnitts I sind von der gleichen Normierungsart. Zwar überwiegen die Vorschriften, die Grundrechte einräumen, von der Art „jeder hat das Recht zu ...“ oder „... ist unverletzlich“. Daneben finden sich aber auch Vorschriften *über* Grundrechte. Diese gelten — gewissermaßen „vor die Klammer gezogen“ — generell für Grundrechte:

- Gem. Art. 1 Abs. 3 binden die („nachfolgenden“) Grundrechte Gesetzgebung, vollziehende Gewalt und Rechtsprechung als unmittelbar geltendes Recht (vgl. näher unten Rdnr. 70, 195 ff.).
- Art. 19 Abs. 1 und 2 treffen Aussagen über Grenzen der Einschränkbarkeit von Grundrechten (vgl. näher unten Rdnr. 342 ff.).
- Art. 19 Abs. 3 erstreckt die Grundrechtsberechtigung unter bestimmten Voraussetzungen auf Personenmehrheiten (vgl. näher unten Rdnr. 169 ff.).

Diese Normen über Grundrechte gelten aus den genannten strukturellen und geschichtlichen Gründen auch für die *grundrechtsgleichen Rechte* (überwiegende Meinung, vgl. *Hendrichs*, vM, Art. 19 Rdnr. 4, 17, 23, 29; unklar die bisherige Rechtsprechung des BVerfG, vgl. E 21, 362/373; 22, 267/271).

63 **Beispiele:** Eine inländische juristische Person hat vor Gericht Anspruch auf rechtliches Gehör (Art. 103 Abs. 1 i.V.m. Art. 19 Abs. 3). Ein Gesetz, das eine Freiheitsbeschränkung ermöglicht, darf nicht nur für den Einzelfall gelten (Art. 104 i.V.m. Art. 19 Abs. 1 S. 1).

*3. Nicht-grundrechtliche Vorschriften in Abschnitt I*

Wenn Abschnitt I als der Ort der Grundrechte zu bezeichnen ist, dann bedeutet das nicht, daß alle Normen des Abschnitts I Grundrechte wären. Neben den Grundrechten finden sich auch Normen, die im thematischen Zusammenhang mit einem Grundrecht eine Regelung treffen, die dem Einzelnen *keine subjektiven Rechte* gewährleistet. **64**

**Beispiele:** Art. 7 Abs. 1 richtet die staatliche Schulaufsicht ein, Art. 7 Abs. 3 S. 1 macht den Religionsunterricht zum ordentlichen Lehrfach, Art. 7 Abs. 6 hebt die Vorschulen auf. — Umstritten ist die Grundrechtsqualität von Art. 7 Abs. 3 S. 2. In der Rechtsprechung (BGHZ 34, 20/21) und teilweise in der Literatur (*Maunz*, M/D, Art. 7 Rdnr. 47; *Richter*, AK, Art. 7 Rdnr. 55; a. A. *Hesse*, in: Hdb. VerfR, S. 79/87) wird vertreten, Schüler, Eltern und Religionsgemeinschaften hätten ein Grundrecht auf Religionsunterricht. Dafür spricht das *systematische* Argument, daß die Vorschrift Aufnahme in den Abschnitt I des Grundgesetzes gefunden hat. Der *Wortlaut* legt aber eine differenzierende Antwort nahe, da lediglich die Religionsgemeinschaften als möglicherweise Berechtigte genannt sind. Die *genetische* Auslegung spricht auch nicht für ein Grundrecht der Eltern und Schüler; denn zwar wurde im Parlamentarischen Rat mehrfach der Zusammenhang dieser Vorschrift mit dem Grundrecht der Eltern auf Erziehung betont, die Mehrheit entschied sich aber dagegen, diese Fragen im Zusammenhang eines Artikels zu regeln (vgl. JöR 1951, 103 ff.). Art. 7 Abs. 3 S. 2 ist daher als Grundrecht der Religionsgemeinschaften anzusehen. **65**

Auch die in Art. 93 Abs. 1 Nr. 4a neben den Grundrechten genannten Artikel sind nicht einfach grundrechtsgleiche Rechte, sondern enthalten solche und neben ihnen auch wieder *organisatorische Regelungen*, wie z. B. Art. 33 Abs. 4. **66**

## III. Definition

In der Abgrenzung zu den organisatorischen Regelungen wurden die Grundrechte schon dahin gekennzeichnet, daß sie dem einzelnen subjektive Rechte gewährleisten. Wie diese Gewährleistungen nach Inhalt und Umfang aussehen, wird im folgenden dargestellt. Eine Definition ist aber schon hier möglich: Die Grundrechte des Grundgesetzes sind die die Ausübung der staatlichen Gewalt verfassungskräftig verpflichtenden subjektiven Rechte des einzelnen. **67**

**Literatur:** Zu I. 1.: *A. Bleckmann*, Grundgesetz und Völkerrecht, 1975; *D. Feger*, Die Grundrechte im Recht der Europäischen Gemeinschaften, 1984; *R. Geiger*, Grundgesetz und Völkerrecht, 1985; *I. Pernice*, Grundrechtsgehalte im Europäischen Gemeinschaftsrecht, 1979; *U. Scheuner*, Die Fortbildung der Grundrechte in internationalen Konventionen durch die Rechtsprechung, in: Festschrift Schlochauer, 1981, S. 899; *J. Schwarze*, Schutz der Grundrechte in der Europäischen Gemeinschaft, EuGRZ 1986, 293. — Zu I. 2.: *E.-W. Böckenförde/R. Grawert*, Kollisionsfälle und Geltungsprobleme im Verhältnis von Bundesrecht und Landesrecht, DÖV 1971, 119; *H.-U. Gallwas*, Konkurrenz von Bundes- und Landesgrundrechten, JA 1981, 536; *S. Jutzi*, Landesverfassungsrecht und Bundesrecht, 1982; *M. Sachs*, Die Grundrechte im Grundgesetz und in den Landesverfassungen, DÖV 1985, 469; *R. Wahl*, Grundrechte und Staatszielbestimmungen im Bundesstaat, AöR 1987, 26.

# § 4 GRUNDRECHTSARTEN UND -FUNKTIONEN

Unter verschiedenen Gesichtspunkten lassen sich verschiedene Arten und Funktionen der Grundrechte unterscheiden.

## I. Rechtsquellen

68 Eine Unterscheidung wurde schon vorgenommen, indem als Gegenstand der vorliegenden Darstellung die Grundrechte des Grundgesetzes bestimmt und die internationalen Grundrechte, die Grundrechte der Landesverfassungen und natürliche überpositive Menschenrechte ausgegrenzt wurden (vgl. oben Rdnr. 49 ff.). Hierbei wurde nach Rechtsquellen unterschieden; die Grundrechte des Grundgesetzes sind die Grundrechte, die ihre Rechtsquelle in der *Verfassung der Bundesrepublik Deutschland* haben.

## II. Kreis der Grundrechtsberechtigten

69 Unter diesem Gesichtspunkt lassen sich die Grundrechte in die Arten der
— Menschen- oder Jedermannsrechte,
— Bürger- oder Deutschenrechte,
— Rechte, die ihrem Wesen nach nur für natürliche Personen gelten und
— Rechte, die ihrem Wesen nach auch für juristische Personen gelten,
einteilen. Ob sie zu den Jedermanns- oder Deutschenrechten (zur Terminologie *Stern* III/1, S. 1027 f.) gehören, lassen die Grundrechte im Text unmittelbar erkennen (Ausnahme: Art. 38 Abs. 1 S. 1; vgl. unten Rdnr. 129 ff.). Ob sie ihrem Wesen nach nur für natürliche oder auch für (inländische) juristische Personen gelten (Art. 19 Abs. 3), muß erst ermittelt werden (vgl. unten Rdnr. 169 ff.).

## III. Kreis der Grundrechtsverpflichteten

70 Man könnte daran denken, die Grundrechte auch in die Arten der
— Rechte, die den Staat und die anderen Träger staatlicher Gewalt binden, und
— Rechte, die den einzelnen in seinem privatrechtlichen Handeln verpflichten,
einzuteilen. Aber der ersten Art gehören alle Grundrechte zu; Art. 1 Abs. 3 bindet die Ausübung staatlicher Gewalt in Gesetzgebung, Vollziehung und Rechtsprechung an die Grundrechte. Die Grundrechte sind eben von ihrer Struktur und von ihrer Geschichte her die Rechte des einzelnen als des Grundrechtsberechtigten gegen den Staat als den Grundrechtsverpflichteten. Zugleich besteht Einigkeit darüber, daß die Grundrechte auch den privatrechtlichen Umgang der einzelnen miteinander prägen. Wie die Prägung aussieht, steht allerdings im Streit. Aber dieser Streit kreist nicht um die Unterscheidung verschiedener Grundrechtsarten, nicht um die Unterscheidung von Grundrechten mit und von Grundrechten ohne privatrechtliche Bedeutung, sondern um die *Unterscheidung verschiedener Grundrechtsfunktionen:* Welche Funktion haben die Grundrechte neben den klassischen Funktionen, die sie im *Verhältnis zwischen Staat und einzelnen* haben, für das *Verhältnis der einzelnen zueinander;* wie kann diese Funktion begriffen, konstruiert und realisiert werden? (Vgl. zu dieser Frage der sog. Drittwirkung unten Rdnr. 93, 101, 202 ff.)

## IV. Die klassischen Grundrechtsfunktionen

Die klassischen Funktionen der Grundrechte *im Verhältnis zwischen einzelnem und Staat* sind von *Georg Jellinek* (System der subjektiven öffentlichen Rechte, 2. Aufl. 1919, S. 87, 94 ff.) mit den Begriffen des 71
— status negativus,
— status positivus und
— status activus

unterschieden worden. Dabei bezeichnet status jeweils einen Zustand des einzelnen gegenüber dem Staat, der in verschiedenen Grundrechten ausgeformt und gesichert ist.

1. Der **status negativus** ist der Zustand, in dem der einzelne seine *Freiheit vom Staat* hat, seine individuellen Probleme ohne den Staat lösen, sein gesellschaftliches Zusammenleben ohne den Staat regeln und seine Geschäfte ohne den Staat abwickeln kann. Dieser Zustand wird ausgeformt und gesichert durch die Grundrechte, wenn und soweit sie als *Abwehrrechte* bestimmte Freiheiten, Freiräume, Freiheitsrechte oder der freien Verfügung des einzelnen überlassene Rechtsgüter gegen staatliche Eingriffe, Einschränkungen, Beschränkungen oder Verletzungen schützen. Unter dem Aspekt der Abwehr kann verlangt werden, Eingriffe, wenn sie geschehen sind, zu beseitigen, und wenn sie bevorstehen, zu unterlassen (vgl. *Laubinger*, VerwArch 1989, 261/299). Die Staatsrechtslehre des 19. Jahrhunderts hat diese Funktion der Grundrechte auf die Formel gebracht, daß die Grundrechte Eingriffe in Freiheit und Eigentum abwehren. 72

**Beispiele:** Die meisten Grundrechte des Grundgesetzes geben sich im Text als Abwehrrechte zu erkennen. Sie schützen gegen Verletzungen (z. B. Art. 4 Abs. 1, 10 Abs. 1, 13 Abs. 1, vgl. auch Art. 19 Abs. 4 S. 1) oder sie formulieren Anforderungen, ohne die der Staat weder die Rechtsstellung des einzelnen beschränken oder einschränken (Art. 5 Abs. 2, 8 Abs. 2, 10 Abs. 2, 11 Abs. 2, 13 Abs. 3, 14 Abs. 1 S. 2, 17a Abs. 1, vgl. auch Art. 19 Abs. 1 S. 1) noch in sie eingreifen (Art. 2 Abs. 2 S. 3, 13 Abs. 3) darf. Auch ohne von Verletzung, Beschränkung, Einschränkung oder Eingriff zu sprechen, können sie davon handeln; so ist z. B. die Trennung der Kinder von den Eltern gegen ihren Willen ein Eingriff in das Elternrecht (Art. 6 Abs. 3) und die Regelung der Berufsausübung eine Beschränkung der Berufsfreiheit (Art. 12 Abs. 1 S. 2). 73

2. Der **status positivus** ist der Zustand, in dem der einzelne seine *Freiheit nicht ohne den Staat* haben kann, sondern für die Schaffung und Erhaltung seiner freien Existenz auf staatliche Vorkehrungen angewiesen ist. Dieser Zustand ist ausgeformt und gesichert in den Grundrechten, wenn und soweit sie *Anspruchs-, Forderungs-, Leistungs-, Teilhabe- und Verfahrensrechte* sind. Der „bedeutsamste gleichsam aus dem Zentrum des positiven Status entspringende Anspruch" ist für *Jellinek* (a.a.O. S. 124) der auf Rechtschutz. Im übrigen zeigt die Vielfalt der Bezeichnungen nicht stets auch Unterschiede der Berechtigungen an: Der Begriff des Anspruchs- und der des Forderungsrechts bezeichnet dasselbe, und wenn von einem Teilhaberecht die Rede ist, kann im Sinn eines Leistungsrechts die Beteiligung an staatlichen Leistungen und im Sinn eines Verfahrensrechts die Beteiligung an staatlichen Verfahren gemeint sein. Der sachlich entscheidende Unterschied besteht darin, ob das Recht des status positivus sich auf schon vorhandene staatliche Vorkehrungen bezieht oder ob es auf deren Schaffung gerichtet ist, ob es dem einzelnen die Teilhabe an schon bestehenden Einrichtungen, Leistungen und Verfahren oder ob es ihm einen Anspruch auf deren Bereitstellung verbürgt. Gelegentlich wird entsprechend nach *derivativen*, d. h. vom Be- 74

stehenden abgeleiteten, und *originären,* d. h. das noch nicht Vorhandene hervorbringenden Anspruchs-, Forderungs-, Leistungs- und Teilhaberechten unterschieden.

75 Im folgenden ist, sofern nicht einfach an die schwankende Terminologie des BVerfG angeknüpft wird, von den originären Rechten des status positivus als von *Leistungsrechten* und von den derivativen Rechten als von *Teilhaberechten* die Rede. Sofern allerdings die Teilhabe lediglich in der Teilnahme an staatlich eingerichteten Verfahren besteht, wird statt des Begriffs des Teilhaberechts der des *Verfahrensrechts* verwandt.

76 **Beispiele:** Nur wenige Grundrechte des Grundgesetzes geben sich im Text als solche Rechte zu erkennen: Art. 6 Abs. 4 formuliert den Anspruch der Mutter auf Schutz und Fürsorge der Gemeinschaft, Art. 19 Abs. 4 eröffnet mit dem Rechtsweg das Recht auf das gerichtliche Verfahren und die gerichtliche Entscheidung, verstärkt in Art. 101 Abs. 1 S. 2 durch das Recht auf den gesetzlichen Richter und in Art. 103 Abs. 1 durch den Anspruch auf rechtliches Gehör. Daneben verbürgt Art. 3 mit der Gleichheit auch die gleiche Zuteilung von Leistungen, die gleiche Teilhabe an Einrichtungen und die gleiche Stellung im Verfahren. Allerdings ist damit nicht mehr gesagt, als daß der Staat, *wenn* er Leistungen zuteilt etc., einzelne Personen oder Gruppen nicht willkürlich ausschließen darf (vgl. z. B. unten Rdnr. 954 ff.). *Daß* er die Leistungen zuteilen muß, folgt aus Art. 3 nicht. Ferner ist noch daran zu denken, bei Art. 1 Abs. 1 S. 2 der Pflicht des Staats zum Schutz der Menschenwürde ein Recht des einzelnen auf den Schutz korrespondieren zu lassen, und weithin wird denn auch aus Art. 1 Abs. 1 ein Recht auf Sozialhilfe abgeleitet (vgl. unten Rdnr. 410 ff.). Eine entsprechende Überlegung läßt sich auch zu Art. 6 Abs. 1 anstellen. Schließlich wird mit dem Recht, Petitionen vorzulegen (Art. 17), auch das Recht auf Bescheidung der Petitionen als gewährleistet angesehen (vgl. unten Rdnr. 1089).

77 Damit ist der *textliche Befund* zum status positivus aber auch erschöpft. Er wird oft als zu karg empfunden; die freie Existenz des einzelnen sei heute mehr als früher auf sozialstaatliche Vorkehrungen angewiesen, und dem müsse die *Interpretation* der Grundrechte dadurch Rechnung tragen, daß sie Leistungs- und Teilhaberechte auch da verbürgt sieht, wo der Text nur den status negativus ausformt und sichert. (Vgl. zu diesen Wandlungen des Grundrechtsverständnisses näher unten Rdnr. 123 ff.)

78 3. Der **status activus** ist der Zustand, in dem der einzelne seine *Freiheit im und für den Staat* betätigt. Er wird durch die staatsbürgerlichen Rechte ausgeformt und gesichert.

79 **Beispiele:** Staatsbürgerliche Rechte sind dem einzelnen im Grundgesetz als Wähler und als Gewähltem, bei der Entscheidung zwischen Wehr- und Ersatzdienst, beim Zugang zum öffentlichen Dienst und in dessen Ausübung als Beamter, Angestellter und Arbeiter gewährleistet (Art. 4 Abs. 3, 12a Abs. 2, 33 Abs. 1—3 und 5, 38 Abs. 1 S. 1).

80 Wenn der einzelne seine *staatsbürgerlichen Rechte* wahrnimmt, passiert ein Doppeltes: Die Freiheit des einzelnen tritt in die Dienste des Staats; zugleich wird der Staat zum Raum, in dem der einzelne seine Freiheit betätigen kann. Individuelle Freiheit und staatliche Ordnung werden funktional aufeinander bezogen.

81 Auch hier ist der *textliche Befund* karger, als dies modernem Grundrechtsverständis zuweilen angemessen erscheint. Da der demokratische Staatsbürger nicht nur im status activus, sondern mit seinen Meinungen, als Zeitungsleser und -verleger, als Vereins- und Parteimitglied, auf Versammlungen und Demonstrationen auch im status negativus den demokratischen Staat mittrage und mitgestalte, müsse auch bei den entsprechenden Grundrechten des status negativus in der *Auslegung* der demokratisch-funktionale Bezug auf den Staat berücksichtigt werden. (Vgl. auch zu diesen Wandlungen des Grundrechtsverständnisses näher unten Rdnr. 93 ff.)

Gemeinsam ist allen Grundrechten der Bezug auf die *Freiheit des einzelnen.* Verschieden sind bei den verschiedenen Grundrechten die *Funktionen,* die sie für die Freiheit des einzelnen haben: Je nach dem status, den sie ausformen und sichern, gewährleisten sie Freiheit durch *Eingriffsabwehr,* durch *Teilhabe und Leistung* sowie durch *Mitgestaltung.* **82**

## V. Lebens- bzw. Gesellschaftsbereiche

Unter diesem Einteilungskriterium betreffen die Grundrechte **83**
- das politische Leben in Parteien und Vereinigungen, auf Demonstrationen und Versammlungen, in Rundfunk und Presse (Art. 5 Abs. 1 und 2, 8, 9),
- das Wirtschaftsleben mit Eigentum und Beruf, Verkehr und Handel (Art. 2 Abs. 1, 11, 12, 14),
- das kulturelle Leben in Kunst und Wissenschaft, Universität und Schule sowie nochmals Rundfunk und Presse (Art. 5, 7),
- das religiöse Leben (Art. 4 Abs. 1 und 2 i. V. m. 140),
- die kommunikative Existenz des einzelnen (Art. 5, 8, 9, 10) und auch
- die abgeschirmte Existenz des einzelnen in Ehe, Familie und Wohnung (Art. 6, 13).

Diese Einteilung liegt zu der Zuordnung der verschiedenen Grundrechte zu verschiedenen status quer: In den meisten Lebens- oder Gesellschaftsbereichen gibt es sowohl Probleme der Eingriffsabwehr als auch Probleme der Teilhabe und Leistung. Die Einteilung ist auch unscharf, denn die genannten Lebens- und Gesellschaftsbereiche überschneiden sich offensichtlich: Kunst kann verkauft, über Wirtschaft kann geforscht, in der Wohnung kann der Beruf ausgeübt, und die Ehe kann in religiöser Verantwortung geführt werden. Die Zuordnung der verschiedenen Grundrechte zu den verschiedenen Lebens- oder Gesellschaftsbereichen hat denn auch nur eine *heuristische Bedeutung:* Sie soll den Blick auf die Grundrechte lenken helfen, die bei einem Fall aus einem Lebens- oder Gesellschaftsbereich einschlägig werden können. **84**

Gelegentlich werden die Grundrechte, die für einen Lebens- oder Gesellschaftsbereich einschlägig sind, zusammengefaßt und als eine eigene *(Teil-)Ordnung* bzw. als ein eigenes *(Teil-)Verfassungsrecht* dargestellt; z. B. ist von der Kultur- oder der Wirtschaftsordnung, dem Kultur- oder dem Wirtschaftsverfassungsrecht die Rede. Das darf nicht dahin mißverstanden werden, als sähen die Grundrechte für die Bereiche geschlossene Ordnungen vor, als träfen sie erschöpfende verfassungsrechtliche Regelungen. Die Grundrechte überlassen die Ordnung und Regelung der Bereiche weithin dem Gesetzgeber und setzen diesem um der Freiheit willen nur bestimmte *Rahmenbedingungen.* **85**

## VI. Grundrechte und Einrichtungsgarantien

Von den Grundrechten als subjektiven Rechten wurden schon die Regelungen unterschieden, die zwar bei den Grundrechten und in thematischem Zusammenhang mit ihnen stehen, die aber keine subjektiven Rechte verbürgen (vgl. oben Rdnr. 64 ff.). Daneben gibt es Grundrechte, die sowohl subjektive Rechte verbürgen als auch Einrichtungen gewährleisten. Entsprechend kann zwischen **86**

— Grundrechten, die allein subjektive Rechte verbürgen und
— Grundrechten, die auch objektiv Einrichtungen gewährleisten,

unterschieden werden. Letztere garantieren in der eingebürgerten Terminologie von *C. Schmitt* (Verfassungsrechtliche Aufsätze, 2. Aufl. 1973, S. 140 ff.) als sog. *Institutsgarantien* privatrechtliche und als sog. *institutionelle Garantien* öffentlich-rechtliche Einrichtungen und entziehen sie damit der Disposition des Gesetzgebers.

87 **Beispiele:** Der Gesetzgeber darf die Ehe und die Familie (Art. 6 Abs. 1), die Privatschule (Art. 7 Abs. 4), das Eigentum und das Erbrecht (Art. 14 Abs. 1) und das Berufsbeamtentum (Art. 33 Abs. 5) nicht abschaffen. — Die genannten Artikel verbürgen zugleich aber auch die subjektiven Rechte, Ehen und Familien zu gründen, Eigentum zu erwerben, zu nutzen und zu vererben, Privatschulen zu errichten und als Beamter z. B. staatliche Fürsorge zu genießen (vgl. unten Rdnr. 1130 ff.).

88 Bei manchen Artikeln ist *umstritten*, ob sie neben subjektiven Rechten auch objektiv Einrichtungen gewährleisten. So wird zuweilen in Art. 5 Abs. 3 die Institution der Universität in ihrer traditionellen Gestalt (vgl. *Oppermann*, Hdb. StR VI, S. 837 ff.) und wird gelegentlich in Art. 5 Abs. 1 das Institut der freien Presse oder deren institutionelle Eigenständigkeit als garantiert angesehen (vgl. *Degenhart*, BK, Art. 5 Abs. 1 u. 2 Rdnr. 88 ff.; vgl. auch E 20, 162/175; 66, 116/133 f., wo damit die objektiv-rechtliche Dimension des Art. 5 Abs. 1 gemeint ist; vgl. unten Rdnr. 622). Aber die freie Presse ist ein gesellschaftlicher Befund und weder privatrechtliches Institut noch öffentlich-rechtliche Institution, und die Universität ist in Art. 5 Abs. 3 anders als z. B. das Berufsbeamtentum in Art. 33 Abs. 5 überhaupt nicht genannt.

89 Objektiv klingende *Formulierungen* der Grundrechte bedeuten noch nicht objektive Gewährleistungen von Einrichtungen; daß von der Pressefreiheit, der Freiheit der Wissenschaft oder der Unverletzlichkeit der Wohnung statt von Verlegern, Wissenschaftlern oder Wohnenden die Rede ist, bedeutet noch nicht, daß es sich um Einrichtungen handelt. Ob die Grundrechte eine objektiv-rechtliche Bedeutung anderer Art haben, ist bei den Wandlungen des Grundrechtsverständnisses zu untersuchen (vgl. unten Rdnr. 93 ff.)

## VII. Die objektiv-rechtliche Funktion der Grundrechte

Unter dieser Überschrift verbergen sich zwei unterschiedliche Dinge:

### *1. Grundrechte als negative Kompetenznormen*

90 Grundrechte begrenzen den Handlungs- und Entscheidungsspielraum des Staates. Insofern sind sie negative Kompetenznormen.

91 **Beispiele:** Der Bund hat die Rahmenkompetenz zur Regelung des Pressewesens; im übrigen liegt die Gesetzgebungskompetenz für das Pressewesen bei den Ländern (vgl. Art. 70, 75 Nr. 2). Die entsprechenden Kompetenzen enden da, wo eine Beschränkung der Pressefreiheit mit Art. 5 Abs. 1 und 2 unvereinbar ist. — Die Staatsfundamentalnormen des Demokratie-, Rechts- und Sozialstaatsprinzips sind auf eine nähere Ausgestaltung durch Gesetzgebung, Verwaltung und Rechtsprechung angewiesen; hierbei dürfen Grundrechte nicht weiter eingeschränkt werden, als ihre Gesetzesvorbehalte dies zulassen. — Auch die bundesstaatliche Ordnung wird durch die Grundrechte geprägt; landesrechtliche Vielfalt kann sich über den einheitlichen Maßstab der Grundrechte nicht hinwegsetzen (vgl. aber unter Rdnr. 496).

92 Bei alledem bleiben die Grundrechte jedoch subjektive Rechte des einzelnen. Nur die *Perspektive wechselt:* Was die Grundrechte dem einzelnen an Entscheidungs- und Handlungsspielraum geben, das nehmen sie dem Staat, und sie nehmen es ihm objektiv, d. h. unabhängig davon, ob der einzelne es geltend macht oder auch nur wahrnimmt. Wenn von den Grundrechten als Elementen objektiver Ordnung gesprochen wird, ist zunächst dieser Perspektivenwechsel gemeint (*Hesse*, VerfR, Rdnr. 290 ff.).

*2. Zusätzliche Wirkungen der Grundrechte*

93 Mit der objektiv-rechtlichen Funktion der Grundrechte ist aber auch und vor allem noch etwas anderes gemeint. Das BVerfG sieht seit Beginn seiner Rechtsprechung (E 7, 198 — Lüth —) in den einzelnen Grundrechten *objektive Wertentscheidungen* und im Gesamt der Grundrechte eine objektive Wertordnung verkörpert; es spricht auch vom Wertsystem, von Wertmaßstäben und von wertentscheidenden oder schlicht von objektiven Grundsatznormen. Durch diese objektiv-rechtliche sieht es die subjektiv-rechtliche Bedeutung der Grundrechte verstärkt. Dabei handelt es von

— Vorgaben für die Auslegung und Anwendung des einfachen Rechts, gerade auch des Privatrechts,
— Schutzpflichten des Staates und
— Maßstäben für die Gestaltung staatlicher Einrichtungen und Verfahren.

94 Die verschiedenen Folgerungen aus der objektiv-rechtlichen Bedeutung der Grundrechte beschreiben nicht nur, was den Grundrechten, wie sie im Text des Grundgesetzes von der Perspektive des einzelnen her als dessen subjektive Rechte verbürgt sind, von der Perspektive des Staats aus objektiv entspricht, sondern sie normieren *zusätzliche Wirkungen* der Grundrechte (vgl. *Böckenförde*, Staat 1990, 1). Von einer Verstärkung der subjektiv-rechtlichen Bedeutung der Grundrechte kann das BVerfG insofern sprechen, als es die zusätzlichen Wirkungen zunächst objektiv-, dann aber auch subjektiv-rechtlich bestimmt und dadurch den status nagativus der Freiheitsrechte zum status positivus erweitert. Es ergänzt die Abwehrrechte um Schutzansprüche, Verfahrens-, Teilhabe- und Leistungsrechte, die allerdings alle schwach konturiert sind.

## VIII. Vom liberalen zum sozialen Rechtsstaat

95 Ehe die zusätzlichen Grundrechtswirkungen näher zu beleuchten und zu überprüfen sind, ist nach der zugrunde liegenden grundrechtstheoretischen Entwicklung zu fragen. Der Staatstheorie des 19. und frühen 20. Jahrhunderts ist die Vorstellung geläufig, der einzelne, der Besitz- und Bildungsbürger sei als Glied der bürgerlichen Gesellschaft autonom und autark. Seine Freiheit sei *Freiheit vom Staat;* die Gesellschaft könne für ihre ökonomischen und kulturellen Belange alleine sorgen und brauche den Staat nur zur Abwehr äußerer und innerer Gefahren, als Armee, Polizei und Justiz. Diese Vorstellung wurde schon im 19. und frühen 20. Jahrhundert weder der Wirklichkeit gerecht noch war sie allseits anerkannt. Nachhaltig diskreditiert wurde sie in den Kriegs- und Nachkriegsgesellschaften der beiden Weltkriege. Beidemal zeigte sich, daß der einzelne auf staatliche Vorkehrungen, Einrichtungen, Zuteilungen und Umverteilungen fundamental angewiesen ist, daß seine Freiheit gesellschaftliche und staatliche Bedingungen hat, die er selbst nicht gewährleisten kann. An die Stelle der Fiktion des selbstherrlichen Individuums der bürgerlichen Gesellschaft trat das Bild

eines zugleich bedürftigen und verantwortlichen Individuums in sozialer Gemeinschaft. Die Vorstellung, der Rechtsstaat dürfe als liberaler in die Freiheit des einzelnen möglichst wenig eingreifen, wurde um die Vorstellung ergänzt, er müsse als sozialer überhaupt erst die *Bedingungen der Freiheit schaffen und sichern.*

**96** In der Weimarer Reichsverfassung hat diese Vorstellung einen ersten und unzureichenden Niederschlag gefunden: Die zahlreichen detaillierten sozialen Gewährleistungen versprachen mehr als sie halten konnten und blieben bloße Programmsätze (vgl. oben Rdnr. 42 ff.). Im Grundgesetz wurden soziale Gewährleistungen daher nur äußerst sparsam aufgenommen; das Grundgesetz konzentriert sich auf die Kennzeichnung der Bundesrepublik Deutschland als eines *sozialen Bundesstaates* (Art. 20 Abs. 1) bzw. *sozialen Rechtsstaates* (Art. 28 Abs. 1 S. 1). Aber damit war das Problem, daß vor aller Abwehr von Eingriffen in die Freiheit erst einmal die Bedingungen der Freiheit geschaffen und gesichert werden müssen, natürlich nicht gelöst. In der Entwicklung *zusätzlicher Grundrechtswirkungen* aus dem sparsamen Grundrechtstext macht es sich geltend. Daß das einfache Recht und gerade auch das Privatrecht nicht nur vor der grundrechtlichen Freiheit halt machen, sondern sich in Auslegung und Anwendung von ihr durchdringen lassen müsse, daß der Staat die Freiheit nicht nur zu respektieren, sondern sie zu schützen und durch vielfältige Vorkehrungen die Bedingungen der Freiheit zu schaffen und zu sichern habe, daß die Freiheitsrechte dabei auch in Verfahrens-, Teilhabe- und Leistungsrechte umschlagen könnten — alle diese Ableitungsversuche wollen der Entwicklung vom liberalen zum sozialen Rechtsstaat grundrechtlichen Ausdruck geben. Sie haben verschiedene grundrechtstheoretische Fundamente: Mit *Böckenförde* (NJW 1974, 1529) können bei den *modernen Grundrechtstheorien* eine institutionelle, eine wertesystematische, eine demokratisch-funktionale und eine sozialstaatliche unterschieden werden. Ihnen allen ist die Annahme einer objektiv-rechtlichen Funktion der Grundrechte gemeinsam.

**97** Die Entwicklung und die Varianten der modernen Grundrechtstheorien können hier nicht näher dargestellt werden. Sie sind auch nicht abgeschlossen; die Begriffe der Freiheit und des Rechts sind offen für neue Sichtweisen, und seit *Böckenfördes* grundrechtstheoretischer Bestandsaufnahme haben besonders *Suhr* und *Alexy* neue grundrechtstheoretische Konzepte entwickelt, *Suhr* vom Verständnis der Freiheit als einer Freiheit des geselligen und verantwortlichen Miteinander ausgehend (Gleiche Freiheit, 1988), *Alexy* bei einem angelsächsischen inspirierten Verständnis der Grundrechte als Prinzipien ansetzend (Theorie der Grundrechte, 1985/1986). Wichtig ist, daß mit alledem das *liberale Grundrechtsverständnis*, dem es um den Schutz der Freiheit durch Eingriffsabwehr geht, nicht abgetan ist (vgl. *Schlink*, EuRGZ 1984, 157). Auch das BVerfG nimmt seine Folgerungen aus der objektiv-rechtlichen Bedeutung der Grundrechte zumeist behutsam vor und bleibt hinter Forderungen, die im Schrifttum in entschlossener Abkehr vom liberalen Grundrechtsverständnis zuweilen erhoben werden, deutlich zurück. Insgesamt bringt seine Rechtsprechung zur Geltung, daß die „Grundrechte . . . in erster Linie Abwehrrechte des Bürgers gegen den Staat" sind (E 7, 198), gelegentlich mit ausdrücklicher Warnung davor, „die Funktion der Grundrechte als objektiver Prinzipien . . . von dem eigentlichen Kern (zu) lösen und zu einem Gefüge objektiver Normen (zu) verselbständigen, in denen der ursprüngliche und bleibende Sinn der Grundrechte zurücktritt" (E 50, 290/336 f.). So sind denn auch die folgenden *Folgerungen* aus der objektiv-rechtlichen Bedeutung der Grundrechte mit *Vorsicht* in die Fallbearbeitung einzuführen.

## IX. Folgerungen

### *1. Grundrechtliche Vorgaben für die Auslegung und Anwendung des einfachen Rechts*

Immer wieder läßt selbst die methodisch korrekte Bemühung um die Auslegung einer Vorschrift des einfachen Rechts verschiedene Auslegungen zu. Zumal bei Generalklauseln und unbestimmten Rechtsbegriffen haben Rechtsprechung und Verwaltung einen Spielraum der Auslegung und Anwendung, den sie wegen der Bindung an die Grundrechte (Art. 1 Abs. 3) nur grundrechtsmäßig ausfüllen dürfen. Diese grundrechtsgemäße ist ein Unterfall der sog. *verfassungskonformen Auslegung.* Wenn das BVerfG formuliert, von mehreren möglichen Auslegungen „verdient diejenige den Vorzug, die einer Wertentscheidung der Verfassung besser entspricht" (E 8, 210/221; st. Rspr.), dann gilt dieses Prinzip verfassungskonformer Auslegung für grundrechtliche ebenso wie für andere verfassungsrechtliche Vorgaben. Hier wie dort gilt auch, daß die Auslegung den normativen Gehalt der Vorschrift nicht grundlegend neu bestimmen darf. Verlangen die grundrechtlichen Vorgaben eine grundlegend neue Bestimmung der Vorschrift, „muß dem Gesetzgeber vorbehalten bleiben, ob er die verfassungswidrige Regelung durch eine verfassungsmäßige ersetzen will" (E 8, 71/78; 54, 277/299 f.). 98

Diese verfassungs- bzw. grundrechtskonforme Auslegung gilt zunächst für die *klassische Grundrechtsfunktion* der Eingriffsabwehr (vgl. oben Rdnr. 71 ff.). 99

**Beispiele:** Jemandem wird das Verteilen von Flugblättern auf einem öffentlichen Platz untersagt, weil er nicht im Besitz einer Sondernutzungserlaubnis ist. Diese Auslegung der straßenrechtlichen Vorschriften verstößt gegen Art. 5 Abs. 1; es ist aber auch eine Auslegung möglich, die das Verteilen von Flugblättern auf öffentlichem Grund erlaubnisfrei zuläßt (vgl. unten Rdnr. 678). — Eine Spontanversammlung wird aufgelöst, weil die Anmeldefrist von 48 Stunden (vgl. § 14 VersammlG) nicht eingehalten worden ist. Die Eigenart der Spontanversammlung besteht aber gerade darin, daß eine Anmeldung nicht möglich ist. Daher ist § 14 VersammlG in diesen Fällen dahin auszulegen, daß die Anmeldepflicht entfällt (vgl. unten Rdnr. 798). 100

Das BVerfG ist aber mit der verfassungs- bzw. grundrechtskonformen Auslegung darüber hinausgegangen. Es hat die Grundrechte auch dorthin *ausstrahlen* lassen, wo sie in ihrer klassischen Funktion gar nicht einschlägig waren, namentlich in die Rechtsbeziehungen *zwischen Privaten* (vgl. unten Rdnr. 202 ff.): Die objektiv-rechtliche Bedeutung der Grundrechte führt so zu deren Beachtung bei der Anwendung und Auslegung privaten Rechts. 101

Diese Ausstrahlungswirkung als Folgerung aus der objektiv-rechtlichen Bedeutung der Grundrechte ist aber wenig prägnant und bietet daher *weniger Schutz* als die klassische Abwehrfunktion: „Soweit die Einwirkung des Grundrechts auf privatrechtliche Vorschriften in Frage steht, können ihm im Hinblick auf die Eigenart der geregelten Rechtsverhältnisse andere, unter Umständen engere Grenzen gezogen sein als in seiner Bedeutung als Abwehrrecht gegen staatliche Eingriffe" (E 66, 116/135 — Wallraff —). 102

### *2. Schutzpflichten des Staates*

Die grundrechtliche Wertordnung soll vom Staat nicht nur die Unterlassung, sondern auch die *vorbeugende Verhinderung* von Grundrechtsverletzungen verlangen. Dabei denkt das BVerfG an Grundrechtsverletzungen, die sowohl von seiten des Staates 103 selbst als auch von seiten des einzelnen drohen; in beiden Richtungen soll sich der Staat schützend vor die Grundrechte stellen.

104 Bei der Frage, wie die Schutzpflichten zu erfüllen sind, läßt das BVerfG dem Staat mal mehr und mal weniger Entscheidungsfreiheit. Die Entscheidung hängt von *vielen Faktoren* ab, von der Art, der Nähe und dem Ausmaß der drohenden Gefahr, von der Art und dem Rang der beteiligten staatlichen und privaten Interessen sowie von den schon vorhandenen Regelungen und den schon getroffenen Maßnahmen (vgl. E 49, 89/142; 56, 54/78). Diese Faktoren abzuschätzen, ist grundsätzlich Sache der zuständigen staatlichen Organe, vornehmlich des Gesetzgebers, wenn die Erfüllung der Schutzpflicht Eingriffe in Grundrechte Dritter mit sich bringt (vgl. *Enders,* AöR 1990, 610; *Preu,* JZ 1991, 265; *Wahl/Masing,* JZ 1990, 553).

106 Ausnahmsweise sieht das BVerfG dem Staat durch die Grundrechte jedoch ganz *bestimmte Schutzvorkehrungen* aufgegeben. Sogar den Erlaß von Strafnormen sollen die Grundrechte vom Gesetzgeber verlangen können.

107 **Beispiel:** E 39, 1 verwehrte dem Gesetzgeber, den Schwangerschaftsabbruch während der ersten drei Monate straflos zu stellen, weil das Leben der Leibesfrucht dabei nicht wirksam geschützt werde; es verlangte eine Indikations- statt der Fristenlösung (krit. dazu abw. M. E 39, 68; vgl. auch unten Rdnr. 470).

108 Schon Grundrechtsgefährdungen entgegenzutreten, liegt dann nahe, wenn
- die Grundrechtsverletzung, die sich aus der Grundrechtsgefährdung zu entwikkeln droht, *irreparabel* oder
- die Entwicklung, die aus der Grundrechtsgefährdung die Grundrechtsverletzung hervorzubringen droht, *unbeherrschbar*

ist. Beidemal käme ein Grundrechtsschutz, wenn er erst an der Grundrechtsverletzung ansetzen würde, zu spät und wäre nicht mehr effektiv. Diese Voraussetzungen können am ehesten dort als erfüllt angesehen werden, wo es um menschliches Leben und um menschliche Gesundheit geht. Schutzpflichten des Staates hat das BVerfG daher bisher hauptsächlich aus *Art. 2 Abs. 2 S. 1* (teilweise i. V. m. Art. 1 Abs. 1 S. 2) abgeleitet.

109 **Beispiele:** Pflicht zum Schutz gegen Schwangerschaftsabbruch (E 39, 1), gegen die Gefahren durch Aids (BVerfG, NJW 1987, 2287), gegen terroristische Anschläge (E 46, 160), gegen atomare Gefahren (E 49, 89 — Kalkar —; 53, 30 — Mülheim-Kärlich —), gegen Flug- (E 56, 54) und Straßenverkehrslärm (E 79, 174/201 f.), gegen chemische Verseuchung und Schädigung von Luft und Wald (BVerfG, NJW 1983, 2931), nicht gegen Katastrophen, die von amerikanischen C-Waffen-Lagern drohen (E 77, 170/222 ff.).

110 Doch sieht das BVerfG die Schutzpflicht des Staates *nicht* auf dieses Grundrecht *beschränkt.* Es hat eine in die gleiche Richtung zielende objektiv-rechtliche Bedeutung auch bei Art. 5 Abs. 3 (E 55, 37/68), Art. 6 Abs. 1 (E 6, 55/76; 52, 357/365), Art. 7 Abs. 4 (E 75, 40/62 ff.) und Art. 12 Abs. 1 (E 81, 242/255) angenommen, daraus allerdings nur zurückhaltend konkrete Schutzpflichten abgeleitet.

111 Selbst bei der Schutzpflicht zugunsten des Lebens und der körperlichen Unversehrtheit läßt das BVerfG dem Gesetzgeber grundsätzlich *beträchtliche Entscheidungsfreiheit* (vgl. unten Rdnr. 468 f.). Der mit der staatlichen Schutzpflicht verbundene grundrechtliche Schutzanspruch soll nur dahin gehen, daß „die öffentliche Gewalt Vorkehrungen zum Schutze des Grundrechts trifft, die nicht gänzlich ungeeignet oder völlig unzulänglich sind“ (E 77, 170/215; vgl. krit. *Murswiek,* NVwZ 1986, 611; zust. *Langer,*

NVwZ 1987, 195). Da außerdem die Technik einerseits nicht völlig ungefährlich sein kann, andererseits unverzichtbar ist, müssen bei der Nutzung der Technik gewisse Restrisiken, die unterhalb einer sachverständig bestimmten Gefahrenschwelle liegen, toleriert werden (E 56, 54/80 ff.; *Lawrence*, Grundrechtsschutz, technischer Wandel und Generationenverantwortung, 1989). Der Gesetzgeber muß mit anderen Worten seine Regelungen nicht so treffen, daß sie Grundrechtsgefährdungen mit absoluter Sicherheit ausschließen. Er muß auch die Faktoren, die für die Einschätzung von Grundrechtsgefährdungen relevant sind, nicht alle selbst definieren und erst recht nicht selbst erheben, würdigen und in die konkrete Entscheidung, z. B. die Entscheidung über den Standort und die Ausrüstung atomarer Anlagen, umsetzen. Vielmehr kann er neben materiell-rechtlichen auch *verfahrensrechtliche Vorschriften* treffen, so daß bei der konkreten Entscheidung, z. B. bei der Genehmigung der atomaren Anlage, die Verwaltung und die beteiligten und betroffenen einzelnen die Faktoren einbringen können und eine sachverständige Entscheidung gefunden werden kann. Nach Maßgabe der materiell- und der verfahrensrechtlichen Regelung kann dann effektiver Grundrechtsschutz durch die Gerichte stattfinden. Hier zeigt sich eine innere Verbindung zur nächsten Folgerung aus der objektiv-rechtlichen Bedeutung.

### 3. *Maßstäbe für die Gestaltung staatlicher Einrichtungen und Verfahren*

Aus den Grundrechten Maßstäbe für die Gestaltung staatlicher Einrichtungen zu entwickeln, hat das BVerfG bei Art. 5 Abs. 3 begonnen (E 35, 79 — Hochschulurteil —). Es verfolgt dabei *drei Ziele:* 112

— Als Maßstab für die organisatorische Gestaltung der Universität sollte Art. 5 Abs. 3 weniger verbürgen, als im Schrifttum mit der Behauptung, Art. 5 Abs. 3 sei eine institutionelle Garantie der Universität in ihrer traditionellen Gestalt (vgl. oben Rdnr. 88), gefordert worden war. Der Gesetzgeber sollte nicht auf bestimmte Organisationsformen, sondern nur auf Organisationsprinzipien verpflichtet werden, denen der Gedanke der *Funktionsgerechtigkeit* zugrunde liegt, d. h. der „Gedanke . . ., daß gerade eine von gesellschaftlichen Nützlichkeits- und politischen Zweckmäßigkeitsvorstellungen befreite Wissenschaft dem Staat und der Gesellschaft im Ergebnis am besten dient" (E 47, 327/369). 113

— Als Organisationsprinzip sollte Art. 5 Abs. 3 zum einen einen Organisationsaufbau derart verlangen, daß im Organisationsablauf die individuelle Freiheit des einzelnen Wissenschaftlers weder durch den Staat selbst, noch durch andere Angehörige der Organisation verletzt wird *(abwehrende Sicherung)*. 114

— Als Organisationsprinzip verlangt Art. 5 Abs. 3 zum anderen aber auch eine Organisation, durch die dem einzelnen Wissenschaftler ermöglicht wird, seine individuelle Freiheit tatsächlich zu gebrauchen *(fördernde Sicherung)*. 115

Verallgemeinernd kann *zusammengefaßt* werden, daß die Grundrechte als Maßstab für staatliche Einrichtungen 116
— keine institutionellen Garantien bedeuten, sondern
— eine funktionsgerechte Organisation verlangen, die
— der abwehrenden Sicherung der individuellen Freiheit und
— der fördernden Sicherung der individuellen Freiheit dient.

117 Wie weit die fördernde Sicherung gehen kann und gehen soll, darüber läßt sich *politisch* stets streiten. Nicht einmal welche finanzielle, sächliche und personelle Mindestausstattung der einzelne Wissenschaftler an der Universität braucht, um von seiner individuellen Freiheit tatsächlich Gebrauch machen zu können, steht fest. Das BVerfG hat denn auch gar nicht erst versucht, bestimmte Inhalte und ein bestimmtes Maß fördernder Leistungen fest- und vorzuschreiben (vgl. auch BVerwG, NVwZ 1988, 827; *Bayer*, JuS 1989, 191). Fördernde Sicherung bedeutet ihm vor allem den Ausbau von Verfahrenspositionen: die Chance, in einem fairen Verfahren die individuelle Position geltend zu machen und durchzusetzen. Die fördernde Sicherung der individuellen Freiheit besteht in einer *Vorverlagerung der abwehrenden Sicherung*. Die verfahrensrechtliche Gestaltung staatlicher Einrichtungen muß gewährleisten, daß der einzelne Verletzungen seiner Freiheit zur rechten Zeit und ohne große Mühe und u. U. schon dann abwehren kann, wenn sie erst drohen. Nur dann kann er seiner Freiheit so sicher sein, daß ihr tatsächlicher Gebrauch individuell befriedigend und gesellschaftlich funktionsgerecht möglich ist. Die Verfahrensposition muß mit anderen Worten so gestaltet werden, daß nicht die „Gefahr einer Entwertung der materiellen Grundrechtsposition" entsteht (E 63, 131/141; vgl. auch E 56, 216/236).

118 Andererseits kann die fördernde Sicherung eines Grundrechts sich auf verschiedene Grundrechtsberechtigte *unterschiedlich auswirken*. Wodurch die einen ihren individuellen Freiheitsgebrauch verbessert und vermehrt sehen, mögen sich andere in ihrem Freiheitsgebrauch eingeschränkt sehen. Die hierdurch aufgeworfenen grundrechtsdogmatischen Probleme sind noch keineswegs gelöst.

119 **Beispiel:** Mit der „abwehrenden Bedeutung" der Rundfunkfreiheit sieht das BVerfG im 3. Fernsehurteil (E 57, 295/320) „das, was zu gewährleisten ist, noch nicht sichergestellt". Vielmehr „sind materielle, organisatorische und Verfahrensregelungen erforderlich", um eine umfassende Information der Öffentlichkeit zu gewährleisten. Das führt zu inhaltlichen Anforderungen an die Programme, die ihrerseits durch eine begrenzte Staatsaufsicht und gegebenenfalls durch Zulassungskontrollen gesichert werden müssen. Private Programmveranstalter werden hierin zumindest faktische Belastungen erblicken (vgl. auch unten Rdnr. 655 ff.).

120 In der aufgezeigten Weise setzen die Grundrechte Maßstäbe sowohl für *Verwaltungs-* als auch für *gerichtliche Einrichtungen und Verfahren* (E 52, 380/389 f.). Bei letzteren berühren sie sich mit dem Verfahrensgrundrecht des Art. 19 Abs. 4 und den grundrechtsgleichen Rechten der Art. 101, 103 und 104 sowie den vom BVerfG aus dem Rechtsstaatsprinzip abgeleiteten Anforderungen an ein faires Verfahren (vgl. *Hill*, Hdb. StR VI, S. 1321 ff.), die inzwischen selbst schon zum „Prozeßgrundrecht" geworden sind (E 57, 250/275; 78, 123/126).

### *4. Verfahrens-, Teilhabe- und Leistungsrechte*

121 Die Maßstäbe, die die Grundrechte für die Gestaltung staatlicher Einrichtungen und Verfahren setzen, werden vom BVerfG zwar zunächst aus der objektiv-rechtlichen Bedeutung der Grundrechte entwickelt, werden dann aber eng mit deren subjektiv-rechtlicher Bedeutung verknüpft: Läßt das „Verfahrensrecht ... die Gefahr einer Entwertung der materiellen Grundrechtsposition (entstehen), dann ist es mit dem Grundrecht, dessen Schutz es bewirken soll, unvereinbar" (E 63, 131/143). Die Rechtspositionen des gesetzlich gestalteten *Verfahrensrechts* sind gewissermaßen die Vorposten der

materiellen Grundrechtspositionen, sie dienen der Verteidigung der Grundrechte als subjektiver Rechte und können daher auch mit der Verfassungsbeschwerde verteidigt oder, falls sie hinter den verfassungsrechtlichen Anforderungen zurückbleiben, erkämpft werden. Verkürzend kann insoweit von den Grundrechten als Verfahrensrechten geredet werden. Auch hier sind im einzelnen noch viele Probleme offen (vgl. *Papier*, Hdb. StR VI, S. 1240 ff.).

**Beispiele:** Art. 14 Abs. 1 verlangt, daß die zwangsvollstreckungsrechtlichen Verfahrensvorschriften so ausgelegt werden müssen, daß dem Schuldner die Möglichkeit bleibt, „gegenüber einer unverhältnismäßigen Verschleuderung seines Grundvermögens um Rechtsschutz nachzusuchen" (E 46, 325/334 f.; auch E 49, 220/235 ff.; 49, 252; 51, 150/156 ff.). — Art. 2 Abs. 2 S. 1 verlangt nicht nur Vorkehrungen zum Schutz von Leben und Gesundheit (vgl. oben Rdnr. 103 ff.), sondern auch eine entsprechende Verfahrensgestaltung im atomrechtlichen Genehmigungsverfahren (E 53, 30/60 ff. — Mülheim-Kärlich —); in militärisch bedeutsamen Verfahren soll das allerdings nicht gelten (E 77, 170/229 f.) — Das aus Art. 2 Abs. 1 abgeleitete Grundrecht auf informationelle Selbstbestimmung (vgl. unten Rdnr. 432) verpflichtet den Gesetzgeber, „verfahrensrechtliche Vorkehrungen zu treffen, welche der Gefahr einer Verletzung des Persönlichkeitsrechts entgegenwirken" (E 65, 1/44 — Volkszählungsurteil — ), beispielsweise durch Beschränkung der Weitergabe von zu statistischen Zwecken erhobenen Daten im Wege der Amtshilfe. — Art. 12 Abs. 1 fordert für die Vergabe von Notarstellen ein Verfahren, in dem von allen poten-tiellen Bewerbern derjenige gefunden wird, der am ehesten den gesetzten Anforderungen entspricht; dazu gehört auch die Pflicht zur Stellenausschreibung (E 73, 280/296). — Art. 5 Abs. 3 S. 1 verlangt, daß die Auswahl der Beisitzer für die Bundesprüfstelle für jugendgefährdende Schriften rechtssatzförmig festgelegt wird (E 83, 130/153). 122

Wenn das BVerfG im Hochschulurteil ausführt, die „Wertentscheidung des Art. 5 Abs. 3 GG (verstärke) die Geltungskraft des Freiheitsrechts in Richtung auf Teilhabeberechtigungen" (E 35, 79/115 f.), dann bezeichnet es damit die Berechtigung der Teilnahme an den universitären Verfahren der Willensbildung und Entscheidungsfindung. *Teilhaberechte* sind, wo sie der Freiheitssicherung i. S. einer Freiheitsförderung in staatlichen Einrichtungen dienen, vor allem Verfahrensrechte. Im übrigen geht es bei der Teilhabe an staatlichen Einrichtungen, staatlicher Vor- und Fürsorge um Art. 3: Was der einzelne begehrt, ist regelmäßig die gleiche, die chancengleiche und leistungsgerechte Zuteilung von Positionen und Ansprüchen (vgl. unten Rdnr. 954). Gelegentlich klingt jedoch objektiv- wie subjektiv-rechtlich auch eine andere, *leistungsrechtliche* Bedeutung an. Im Numerus-clausus-Urteil fragt das BVerfG immerhin, „ob aus den grundrechtlichen Wertentscheidungen . . . ein objektiver sozialstaatlicher Verfassungsauftrag zur Bereitstellung ausreichender Ausbildungskapazität für die verschiedenen Studienrichtungen folgt" (E 33, 303/333). Es fragt weiter, „ob sich aus diesem Verfassungsauftrag unter besonderen Voraussetzungen ein einklagbarer Individualanspruch des Staatsbürgers auf Schaffung von Studienplätzen herleiten ließe" (ebd.). Beide Fragen hat es im Numerus-clausus-Urteil allerdings nicht beantwortet, und es hat im Fortgang seiner Rechtsprechung vermieden, sie überhaupt nochmals zu stellen. Auch die Rechtsprechung der anderen Gerichte ist insoweit zurückhaltend. 123

**Beispiele:** Bei der Prüfung der Verfassungsmäßigkeit der Umsatzsteuer auf Schallplatten hat das BVerfG zwar eine objektiv-rechtliche Pflicht des Staates statuiert, „ein freiheitliches Kunstleben zu erhalten und zu fördern", aber keinen Anspruch auf Kunstförderung aus Art. 5 Abs. 3 abgeleitet (E 36, 321/331; vgl. auch BVerwG, NJW 1980, 718 zur Theatersubvention). — Die Pressefreiheit des Art. 5 Abs. 1 S. 2, 1. Variante verpflichtet den Staat objektiv-rechtlich zur Erteilung von Auskünften, normiert aber nicht selbst, ob und unter welchen Voraussetzungen im Einzelfall ein Anspruch auf Auskunft besteht 124

(BVerwGE 70, 310/314 f.; vgl. auch BVerfG, NJW 1986, 1243 zur Akteneinsicht aus Forschungszwecken).

125 Soweit im Schrifttum gelegentlich Leistungsrechte aus Grundrechten abgeleitet werden (Übersicht bei *Müller/Pieroth/Fohmann*, Leistungsrechte im Normbereich einer Freiheitsgarantie, 1982, S. 51 ff.), werden sie unter einen „Vorbehalt des Möglichen" gestellt. Damit ist nichts gewonnen; vielmehr könnte die normative Kraft der Grundrechte durch solche Relativierungen gefährdet werden.

**Literatur:** *R. Alexy*, Grundrechte als subjektive Rechte und als objektive Normen, Staat 1990, 94; *H. Bethge*, Aktuelle Probleme der Grundrechtsdogmatik, Staat 1985, 351; *E.-W. Böckenförde*, Grundrechtstheorie und Grundrechtsinterpretation, NJW 1974, 1529; *J. Dietlein*, Die Lehre von den grundrechtlichen Schutzpflichten, 1992; *H.-U. Erichsen*, Freiheit – Gleichheit – Teilhabe, DVBl. 1983, 289; *D. Grimm*, Verfahrensfehler als Grundrechtsverstöße, NVwZ 1985, 865; *W. Henke*, Juristische Systematik der Grundrechte, DÖV 1984, 1; *K. Hesse*, Bestand und Bedeutung der Grundrechte in der Bundesrepublik Deutschland, EuGRZ 1978, 427 (erweiterte Fassung in: Hdb. VerfR, S. 79); *H. D. Jarass*, Grundrechte als Wertentscheidungen bzw. objektivrechtliche Prinzipien in der Rechtsprechung des Bundesverfassungsgerichts, AöR 1985, 363; *E. Klein*, Grundrechtliche Schutzpflicht des Staates, NJW 1989, 1633; *G. Lübbe-Wolff*, Grundrechte als Eingriffsabwehrrechte, 1988; *K. Redeker*, Grundgesetzliche Rechte auf Verfahrensteilhabe, NJW 1980, 1593; *G. Robbers*, Sicherheit als Menschenrecht, 1987; *H. H. Rupp*, Vom Wandel der Grundrechte, AöR 1976, 161; *B. Schlink*, Freiheit durch Eingriffsabwehr — Rekonstruktion der klassischen Grundrechtsfunktion, EuGRZ 1984, 457; *W. Schmidt*, Grundrechtstheorie im Wandel der Verfassungsgeschichte, Jura 1983, 169.

## § 5 GRUNDRECHTSBERECHTIGUNG UND GRUNDRECHTSBINDUNG

126 Als subjektive Rechte räumen die Grundrechte grundsätzlich demjenigen, der durch sie berechtigt wird, die Rechtsmacht ein, von demjenigen, der durch sie verpflichtet wird, ein Unterlassen, möglicherweise auch ein Tun oder Dulden, zu verlangen. Diese allgemeine Umschreibung der Wirkungsweise der Grundrechte wirft zunächst folgende Fragen auf: Wer ist durch sie *berechtigt*, und wer ist durch sie *verpflichtet*? Der durch einen Rechtssatz Berechtigte wird auch „aktivlegitimiert", der durch einen Rechtssatz Verpflichtete „passivlegitimiert" genannt. Gleichbedeutend mit „Grundrechtsberechtigung" werden auch die Begriffe der Grundrechtsfähigkeit und Grundrechtsträgerschaft verwendet. Statt von „Verpflichtung" spricht das Grundgesetz von „Bindung" (vgl. Art. 1 Abs. 3).

127 **Lösungstechnischer Hinweis:** Die Fragen der Grundrechtsberechtigung und Grundrechtsbindung sind solche des materiellen Verfassungsrechts. Im Rahmen der Prüfung einer Verfassungsbeschwerde gehören sie folgerichtig zur Begründetheit. Sie werden aber regelmäßig schon für die Zulässigkeit einer Verfassungsbeschwerde bedeutsam: Wenn gem. § 90 Abs. 1 BVerfGG „jedermann" Verfassungsbeschwerde erheben kann, wird die Beteiligtenfähigkeit geregelt; der Begriff „jedermann" verweist aber auf die Grundrechtsberechtigung. Die Grundrechtsberechtigung ist auch noch für die Beschwerdebefugnis bedeutsam (vgl. unten Rdnr. 1236 ff.). Da eine Verfassungsbeschwerde nur gegen ein Verhalten der öffentlichen Gewalt zulässig ist (vgl. § 90 Abs. 1 BVerfGG), stellen sich Fragen der Grundrechtsbindung ebenfalls schon bei der Zulässigkeit einer Verfassungsbeschwerde.

## I. Grundrechtsberechtigung

### *1. Menschenrechte und Bürgerrechte*

Als *Menschenrechte* werden diejenigen Grundrechte bezeichnet, die keine Eingrenzung der Berechtigung in persönlicher Hinsicht vorsehen, die also allen Menschen zustehen. Diese Grundrechte lauten etwa: „Jeder hat das Recht ..." (Art. 2 Abs. 1 und 2 S. 1, Art. 5 Abs. 1 S. 1), „Jedermann hat das Recht ..." (Art. 17; vgl. auch Art. 103 Abs. 1), „Alle Menschen ..." (Art. 3 Abs. 1), „Niemand darf ..." (Art. 3 Abs. 3, 4 Abs. 3 S. 1, 12 Abs. 2, 101 Abs. 1 S. 2, 103 Abs. 3). Das gleiche gilt dort, wo eine Freiheit ohne personale Eingrenzung gewährt wird, wie in Art. 4 Abs. 1 und 2, 5 Abs. 3, 6 Abs. 1 und 2, 10 Abs. 1, 13 Abs. 1, 14 Abs. 1 S. 1, 16 Abs. 2 S. 2, 104. 128

Als *Bürgerrechte* werden diejenigen Grundrechte bezeichnet, die nur Deutschen zustehen. Es sind dies: Art. 8, 9, 11, 12 Abs. 1, 16 Abs. 1 und 2 S. 1, 20 Abs. 4 und 33 Abs. 1—3. Ein Bürgerrecht ist auch das Grundrecht der allgemeinen, unmittelbaren, freien, gleichen und geheimen Wahl (Art. 38 Abs. 1 S. 1). Das kommt zwar nicht im Wortlaut zum Ausdruck, ergibt sich aber aus Art. 20 Abs. 2: Die Wahlen sind als Ausdruck des Demokratieprinzips und der Volkssouveränität ein Recht des Staatsvolkes der Bundesrepublik Deutschland. Dieses Staatsvolk umfaßt aber nur die Deutschen, nicht dagegen Ausländer und Staatenlose. Deswegen sind auch nur Deutsche Berechtigte des Grundrechts aus Art. 38 Abs. 1 S. 1. Das BVerfG hat deshalb die Zuerkennung des Wahlrechts an Ausländer wegen Art. 20 Abs. 2 für verfassungswidrig erklärt und diese Beurteilung wegen des Homogenitätsgebots des Art. 28 Abs. 1 auch auf das Kommunalwahlrecht erstreckt (E 83, 37 und 60; a.A. *Meyer*, Hdb. StR II, S. 272 ff.). 129

Den *Begriff des Deutschen* bestimmt Art. 116 Abs. 1. Die hier getroffene Differenzierung zwischen deutschen Staatsangehörigen und anderen Deutschen im Sinne des Grundgesetzes weist auf die komplizierte Rechtslage im Nachkriegsdeutschland hin. Art. 116 Abs. 1 verwendet den Begriff des Deutschen als *Oberbegriff* für deutsche Staatsangehörige und Mitglieder einer Personengruppe, die aus den Flüchtlingen oder Vertriebenen deutscher Volkszugehörigkeit oder deren Ehegatten oder Abkömmlingen besteht, sofern diese in dem Gebiet des Deutschen Reiches nach dem Stande vom 31. Dezember 1937 Aufnahme gefunden haben. 130

> **Beispiel:** Der 1922 in Riga geborene, heute in München lebende, ehemals lettische Staatsangehörige, der sich in seiner Heimat zum deutschen Volkstum bekannt hat, dessen Bekenntnis durch seine Abstammung, Sprache, Erziehung und Kultur bestätigt worden ist und der seinen Wohnsitz in Riga im Zusammenhang mit den Ereignissen des 2. Weltkriegs durch Vertreibung verloren hat (vgl. E 17, 224). 131

Diese sog. *Status-Deutschen* sind nicht Ausländer im Sinne des Ausländergesetzes (vgl. dessen § 1 Abs. 2). Sie nehmen einen besonderen Status ein, mit dem aber die Rechte verbunden sind, die Ausdruck der „Grundbeziehung der mitgliedschaftlichen Verbindung und rechtlichen Zugehörigkeit zur staatlichen Gemeinschaft" (E 37, 217/241) sind, die Staatsangehörigkeit genannt wird. Für eine Verfassung ist es ungewöhnlich, daß sie die Angehörigen ihres Staatsverbandes nach Graden effektiver Zugehörigkeit bestimmt. Durch vielfache Aus- und Einbürgerungen, Umsiedlungen und Vertreibungen, Gebietserwerbungen und -verluste vor und nach 1945 war jedoch bei Entste- 132 hung des Grundgesetzes eine eindeutige Bestimmung des Kreises der Angehörigen des Staatsvolkes unmöglich. Diese Unsicherheit sollte nicht durch Pauschaleinbürgerungen, sondern durch eine Gleichstellung in staatsbürgerlicher Hinsicht für die Übergangszeit bis zur endgültigen Regelung bewältigt werden (*Menzel*, BK, Art. 116 Anm. II A). Einfach-gesetzlich räumt § 6 Abs. 1 des Staatsangehörigkeitsregelungsgesetzes den Status-Deutschen einen Anspruch auf Einbürgerung ein.

**133** Die *deutsche Staatsangehörigkeit* und ihr Erwerb werden vom Grundgesetz nicht weiter geregelt. Maßgeblich ist insoweit das Reichs- und Staatsangehörigkeitsgesetz von 1913, das seither vielfach novelliert worden ist. § 4 Abs. 1 RuStAG geht vom Abstammungsgrundsatz (ius sanguinis) aus, d. h. ein neugeborenes Kind erwirbt die deutsche Staatsangehörigkeit, wenn ein Elternteil (vgl. E 37, 217) des ehelichen Kindes oder die Mutter des nichtehelichen Kindes Deutscher ist. Deutscher Elternteil i. S. d. § 4 RuStAG ist unstreitig nur der deutsche Staatsangehörige (vgl. *Grawert*, Hdb. StR I, S. 680). Weitere wichtige Erwerbsgründe sind Legitimation (§ 5 RuStAG), Annahme als Kind (§ 6 RuStAG) und Einbürgerung.

**134** Nach h. M. und Staatspraxis der Bundesrepublik Deutschland besaßen auch die *Bürger der DDR* — ungeachtet ihrer DDR-Staatsbürgerschaft — die deutsche Staatsangehörigkeit (E 36, 1/30). Sie wurden als Angehörige eines einheitlichen Staatsvolks des Völkerrechtssubjekts Deutschland gesehen, das 1945 oder auch später nicht untergegangen sei (E 36, 1/16; *Bernhardt*, JuS 1986, 839). Hinsichtlich der Einbürgerungsakte der DDR-Behörden folgerte das BVerfG „aus dem Gebot der Wahrung der Einheit der deutschen Staatsangehörigkeit . . ., daß dem Erwerb der Staatsbürgerschaft der Deutschen Demokratischen Republik für die Rechtsordnung der Bundesrepublik Deutschland in den Grenzen des ordre public die Rechtswirkung des Erwerbs der deutschen Staatsangehörigkeit beizumessen ist“ (E 77, 137/149; dazu *Blumenwitz*, JuS 1988, 607; krit. *Kokott*, NVwZ 1988, 799).

**135** Aus der Unterscheidung von Menschenrechten und Bürgerrechten folgt, daß *Ausländer* nur bezüglich der Menschenrechte grundrechtsberechtigt sind. Diese Grundrechtsberechtigung wirkt zwar, wo immer ein Ausländer deutscher öffentlicher Gewalt begegnet, gegebenenfalls auch im Ausland, denn Art. 1 Abs. 3 bindet die deutsche öffentliche Gewalt umfassend an die Grundrechte (vgl. *Weides/Zimmermann*, DVBl. 1988, 46 sowie unten Rdnr. 195 ff.). Jedoch sind dem Ausländer die Einreise und der Aufenthalt als solche grundrechtlich nicht verbürgt (*Stern*, StR III/1, S. 1038 f.; *Tomuschat*, NJW 1980, 1073/1074). Davon zu unterscheiden ist die Geltung unterverfassungsrechtlicher Normen, insbesondere der Gesetze, für Ausländer.

**136** **Beispiele:** Gem. Art. 11 EMRK (vgl. oben Rdnr. 52) sowie § 1 Abs. 1 VersammlG und § 1 VereinsG haben auch Ausländer Versammlungs- und Vereinsfreiheit. Die Gewährleistungen haben aber nur den Rang eines Gesetzes. Daher können §§ 14, 15 VereinsG für Ausländer- und ausländische Vereine Verbotsgründe über die Schranken des Art. 9 Abs. 2 hinaus vorsehen, ohne daß dies nach dem Gesagten gegen Art. 9 Abs. 1 verstoßen würde. Obwohl das VersammlG keine speziellen Normen für Ausländer enthält, ergeben sich aus § 6 AuslG ähnliche Einschränkungsmöglichkeiten der Versammlungsfreiheit für Ausländer, die über diejenigen hinausgehen, die für Deutsche vorgesehen sind (vgl. *Kanein*, Ausländergesetz, 3. Aufl. 1980, § 6 Anm. 3).

Der Ausschluß der Ausländer von den Bürgerrechten ist als unbefriedigend empfunden worden, und es gibt verschiedene Versuche, einen unmittelbaren *Grundrechtsschutz der Ausländer* auch im Bereich der Bürgerrechte zu begründen (vgl. *Sachs*, BayVBl. 1990, 385). 137

Zum einen wird auf Art. 1 Abs. 1 und 2 und Art. 19 Abs. 2 verwiesen (*Dürig*, M/D, Art. 1 Abs. II Rdnr. 85, Art. 2 Abs. I Rdnr. 66). Da jedes Grundrecht, auch jedes Deutschengrundrecht einen Menschenwürde- und Menschenrechtsgehalt aufweise, der durch Art. 1 Abs. 1 und 2 geschützt und als Wesensgehalt zusätzlich durch Art. 19 Abs. 2 für unantastbar erklärt sei, kämen den Ausländern die Deutschengrundrechte immerhin in ihrem Menschenwürde-, Menschenrechts- und Wesensgehalt zugute. Zum anderen wird auf Art. 3 Abs. 1 abgestellt (*Ruppel*, Der Grundrechtsschutz der Ausländer im deutschen Verfassungsrecht, 1968, S. 43 ff.). Als Menschenrecht verlange der Gleichheitssatz für jede Ungleichbehandlung von Deutschen und Ausländern eine Rechtfertigung; die Rechtfertigung, daß die fragliche Ungleichbehandlung im sachlichen Schutzbereich eines Deutschengrundrechts stattfinde und daher Ausländer benachteiligen dürfe, könne der Gleichheitssatz als Menschenrecht nicht akzeptieren; bei Fehlen anderer Rechtfertigungsgründe, wie etwa der Vermeidung von Überfremdung oder Überlastung des Arbeitsmarkts, seien Ausländer also über Art. 3 Abs. 1 aus Deutschengrundrechten berechtigt. 138

Aber beidemal werden auf diese Weise aus Deutschengrundrechten keine Menschenrechte. Der Schutz über Art. 1 Abs. 1 und Art. 3 Abs. 1 mag sich mit dem Schutz eines Deutschengrundrechts punktuell berühren oder decken, er bleibt hinter dessen vollem Schutz jedoch weit zurück (vgl. auch unten Rdnr. 414 ff.). 139

Dies ist auch beim Schutz der Ausländer durch das Menschenrecht des Art. 2 Abs. 1 zu berücksichtigen. Die freie Entfaltung der Persönlichkeit wird heute als allgemeine Handlungsfreiheit und Art. 2 Abs. 1 wird als Auffanggrundrecht verstanden, das die Freiheit allgemein und also stets dann schützt, wenn die speziellen Freiheitsrechte mit ihren Schutzbereichen nicht einschlägig sind (vgl. unten Rdnr. 421 ff.). Ob Art. 2 Abs. 1 auch Ausländer schützt, wenn spezielle Freiheitsrechte Deutschengrundrechte und daher für Ausländer nicht einschlägig sind, ist streitig. Eine Auffassung lehnt dies mit der Begründung ab, zum Regelungsgehalt der Deutschengrundrechte gehöre auch und gerade, Ausländern den entsprechenden Grundrechtsschutz abzusprechen (*Erichsen*, StR I, S. 142; *Schwabe*, NJW 1974, 1044 f.; zur parallelen Problematik der Unterscheidung von Regelungsbereich und Schutzbereich unten Rdnr. 387 f.). Nach anderer Auffassung gibt es hier für diese Folgerung keinen zwingenden Grund und entfaltet Art. 2 Abs. 1 seine Auffangwirkung auch zugunsten der Ausländer (*Stern*, StR III/1, S. 1041). Dieser Auffassung ist auch das BVerfG. „Die Beschränkung des Grundrechts der Freizügigkeit auf Deutsche und auf das Bundesgebiet (Art. 11 GG) schließt nicht aus, auf den Aufenthalt von Menschen in der Bundesrepublik auch Art. 2 Abs. 1 GG anzuwenden" (E 35, 382/399; 78, 179/196 f.; dazu *Bauer*, NVwZ 1990, 1152). Dabei stellt das BVerfG aber klar, daß der Schutz der Freizügigkeit, den derart auch der Ausländer genießt, „nur in dem durch Art. 2 Abs. 1 GG gezogenen Rahmen" gewährleistet ist. Er unterliegt also nicht dem qualifizierten Gesetzesvorbehalt des Art. 11 Abs. 2, sondern dem einfachen Gesetzesvorbehalt von Art. 2 Abs. 1 140 mit den jeweiligen Schranken-Schranken. Weil er Schutz nicht aus Art. 11, sondern Art. 2 Abs. 1 ist, wäre auch die Verfassungsbeschwerde des Ausländers, die lediglich eine Verletzung von Art. 11 rügte, unzulässig.

**141** Über Art. 2 Abs. 1 haben die Ausländer einen grundrechtlichen Anspruch darauf, daß die öffentliche Gewalt sämtliche Normen des objektiven Verfassungsrechts auch ihnen gegenüber einhält. Auch Ausländer können also unter Berufung auf Art. 2 Abs. 1 Verletzungen des Rechtsstaatsprinzips und insbesondere seiner Ausprägungen (Verhältnismäßigkeit, Vertrauensschutz, Vorbehalt des Gesetzes) mit der Verfassungsbeschwerde geltend machen (E 35, 382/400; 49, 168/185; 78, 179/197).

**142** **Beispiel:** Die Anwendung der Verhältnismäßigkeit und des Vertrauensschutzes als Ausprägungen des Rechtsstaatsprinzips führt zu einer Verbesserung des aufenthaltsrechtlichen Status des einmal zugelassenen Ausländers. Der Ermessensspielraum bei der Verlängerung einer Aufenthaltserlaubnis ist enger als bei der erstmaligen Erlaubnis. Daraus folgt noch kein Anspruch auf Verlängerung; die Befristung der Aufenthaltserlaubnis rechtfertigt regelmäßig die Ablehnung der Verlängerung. Etwas anderes gilt aber dann, wenn durch die besonderen Umstände des Falles ein Vertrauenstatbestand geschaffen worden ist, beispielsweise die mehrfache uneingeschränkte und vorbehaltlose Wiederholung einer Aufenthaltserlaubnis (E 49, 168/185).

*2. Grundrechtsberechtigung vor der Geburt und nach dem Tod*

**145** Soweit natürliche Personen durch die Grundrechte berechtigt sind, versteht sich, daß dies für *Lebende* gilt. In diesem Sinne sind auch die Berechtigungen und Verpflichtungen beschränkt, die durch privatrechtliche Normen verliehen werden: „Die Rechtsfähigkeit des Menschen beginnt mit der Vollendung der Geburt" (§ 1 BGB). Sie endet grundsätzlich mit dem Tod, der angenommen wird, wenn keine Hirnströme mehr feststellbar sind (*Lorenz*, Hdb. StR VI, S. 12); allerdings kennt das einfache Recht Wirkungen besonders des Persönlichkeitsrechts auch über den Tod hinaus (vgl. OLG Hamburg, NJW 1990, 1995). Die Grundrechtsberechtigung kann aber nicht durch derartige unterverfassungsrechtliche Normen verbindlich festgelegt werden; sie muß selbständig von Verfassung wegen bestimmt werden.

**146** Es spricht viel dafür, daß auch die Grundrechte nur Lebende berechtigen können: Weder der noch nicht geborene Mensch noch der Tote können eine Meinung äußern (Art. 5 Abs. 1), sich versammeln (Art. 8), einen Verein gründen (Art. 9 Abs. 1), einen Beruf ergreifen (Art. 12 Abs. 1) usw. Doch werden nach beiden Richtungen hin im Hinblick auf den sachlichen Gehalt einzelner Grundrechte vom BVerfG *Ausnahmen* anerkannt:

**147** Der *Tote* soll nach E 30, 173/194 — Mephisto — aus folgenden Gründen aus Art. 1 Abs. 1 berechtigt sein: „Es würde mit dem verfassungsverbürgten Verbot der Unverletzlichkeit der Menschenwürde, das allen Grundrechten zugrundeliegt, unvereinbar sein, wenn der Mensch, dem Würde kraft seines Personseins zukommt, in diesem allgemeinen Achtungsanspruch nach seinem Tode herabgewürdigt oder erniedrigt werden dürfte. Dementsprechend endet die in Art. 1 Abs. 1 aller staatlichen Gewalt auferlegte Verpflichtung, dem Einzelnen Schutz gegen Angriffe auf seine Menschenwürde zu gewähren, nicht mit dem Tode."

Verschiedentlich wird dieses „Fortwirken“ des Art. 1 Abs. 1 über den Tod hinaus auch als bedeutsam für die Frage nach der Zulässigkeit von *Organentnahmen* (Transplantationen) von Toten angesehen (vgl. *Forkel*, JZ 1974, 593/598; *v. Münch*, StR I, Rdnr. 128). Hierfür ist des näheren maßgebend, ob der noch Lebende für den Fall des Todes mit der Organentnahme einverstanden war oder nicht. Wenn sein Nicht-Einverständnis nach dem Tod respektiert wird, wird weniger seiner Menschenwürde, als vielmehr seiner Entscheidungsfreiheit gem. Art. 2 Abs. 1 und — sofern die Entscheidung glaubens- oder gewissensgeleitet ist — Art. 4 Abs. 1 und 2 Rechnung getragen (vgl. *Kübler*, Verfassungsrechtliche Aspekte der Organentnahme zu Transplantationszwecken, 1977, S. 42 f., 66 ff.; *Maurer*, DÖV 1980, 7). 148

Auf den noch *nicht geborenen* Menschen (Embryo, nasciturus) ist von E 39, 1/36 ff. — Schwangerschaftsabbruch — mit folgenden Gründen Art. 2 Abs. 2 S. 2 angewendet worden: „Die ausdrückliche Aufnahme des an sich selbstverständlichen Rechts auf Leben in das Grundgesetz — anders als etwa in der Weimarer Verfassung — erklärt sich hauptsächlich als Reaktion auf die ‚Vernichtung lebensunwerten Lebens‘, auf ‚Endlösung‘ und ‚Liquidierung‘, die vom nationalsozialistischen Regime als staatliche Maßnahmen durchgeführt wurden ... Leben im Sinne der geschichtlichen Existenz eines menschlichen Individuums besteht nach gesicherter biologisch-physiologischer Erkenntnis jedenfalls vom 14. Tage nach der Empfängnis (Nidation, Individuation) an“ (weitergehend für einen Schutz ab Befruchtung *Lorenz*, Hdb. StR VI, S. 9 f.; *Stern*, StR III/1, S. 1057 ff.; krit. zur Gleichsetzung prä- und postnatalen Lebens *Esser*, JZ 1975, 555; *Hoerster*, JuS 1989, 172; *Jerouschek*, JZ 1989, 279). Hierbei hat das Gericht aber nicht entschieden, „ob der nasciturus selbst Grundrechtsträger ist oder aber wegen mangelnder Rechts- und Grundrechtsfähigkeit ‚nur‘ von den objektiven Normen der Verfassung in seinem Recht auf Leben geschützt wird“ (für eine Grundrechtsträgerschaft des nasciturus *Kunig*, Jura 1991, 415/417 f.). 149

### 3. *Einschränkung der Grundrechtsberechtigung wegen fehlender „Grundrechtsmündigkeit“?*

Auf das Alter bezogene Unterscheidungen im Zusammenhang der Grundrechte trifft das Grundgesetz nur in Art. 12a Abs. 1 und Art. 38 Abs. 2. Andere Altersgrenzen bei Kindern und Jugendlichen sind im Unterverfassungsrecht enthalten: Gem. § 106 BGB beginnt die beschränkte Geschäftsfähigkeit mit Vollendung des 7. Lebensjahres; gem. § 5 S. 2 RelKErzG kann ein Kind nach Vollendung des 12. Lebensjahres nicht gegen seinen Willen in einem anderen Bekenntnis als bisher erzogen werden; gem. § 5 S. 1 RelKErzG steht dem Kind nach der Vollendung des 14. Lebensjahres die Entscheidung darüber zu, zu welchem religiösen Bekenntnis es sich halten will. 150

Unter dem Begriff Grundrechtsmündigkeit wird die Frage diskutiert, ob darüber hinaus Minderjährige in der Innehabung und Ausübung von Grundrechten allgemein beschränkt sind; Minderjährige wären danach erst dann grundrechtsberechtigt, wenn sie die Grundrechtsmündigkeit besäßen. Für die weitere Frage, ab welchem Alter diese gegeben ist, werden zwei Möglichkeiten diskutiert: Entweder stellt man auf die individuelle Einsichts- und Entscheidungsfähigkeit der konkret betroffenen Personen ab (*gleitende Altersgrenze*), oder man geht davon aus, „daß der Gesetzgeber in den von ihm geregelten Fällen die Grenze der Einsichts- und Entscheidungsfreiheit zutreffend 151 gezogen hat, und daß es sinnvoll ist, für das Verfassungsrecht und die anderen Rechtsgebiete nach Möglichkeit dieselben Altersgrenzen zu ziehen" (*v. Münch,* StR I, Rdnr. 134; *starre Altersgrenze*). Das führt dazu, bei Grundrechten, die an die menschliche Existenz als solche anknüpfen (Art. 1 Abs. 1, 2 Abs. 2 S. 1 und 2, Art. 104), keine Grundrechtsmündigkeit anzuerkennen; bei Grundrechten, deren Ausübung mit privatrechtlichen Rechtsgeschäften verbunden ist (Art. 12 Abs. 1, 14 Abs. 1), die Grundrechtsmündigkeit entsprechend den Altersgrenzen für die Geschäftsfähigkeit im BGB eintreten zu lassen; bei den Grundrechten aus Art. 4 Abs. 1 und 2, 5 Abs. 1 S. 1 an die Altersgrenzen im RelKErzG anzuknüpfen und schließlich bei Grundrechten, die erst in einer an ein bestimmtes Alter anknüpfenden Situation relevant werden (Art. 4 Abs. 3, 6 Abs. 1), die Grundrechtsmündigkeit mit der entsprechenden Altersgrenze (Ehemündigkeit im Regelfall mit der Volljährigkeit, § 1 Abs. 1 EheG) eintreten zu lassen.

152 In dieser Diskussion um die Grundrechtsmündigkeit vermischen sich *drei unterschiedliche Sachprobleme:* das unmittelbare Verhältnis Minderjähriger zur öffentlichen Gewalt, das Zusammentreffen von Grundrechten Minderjähriger mit dem elterlichen Erziehungsrecht und die Geltendmachung von Grundrechten durch Minderjährige im Rahmen einer Verfassungsbeschwerde.

153 a) Im unmittelbaren Verhältnis eines Minderjährigen zur **öffentlichen Gewalt,** z. B. in der Schule oder im Heim, gibt es für eine generelle altersmäßige Einschränkung der Grundrechtsberechtigung keine normative Grundlage (*Hesse,* VerfR, Rdnr. 285; *Hohm,* NJW 1986, 3107; vgl. auch E 47, 46/74; 75, 201/215; VGH Mannheim, JZ 1976, 711). Eingriffe sind nach den allgemeinen Maßstäben, namentlich durch Gesetz und aufgrund Gesetzes, zulässig. Der Jugendschutz ist als besondere Eingriffsermächtigung in Art. 5 Abs. 2, 11 Abs. 2 und 13 Abs. 3 ausdrücklich genannt. Das zeigt deutlich die Grundrechtsberechtigung der Minderjährigen; gerade sie wird bei den Eingriffsermächtigungen vorausgesetzt.

154 b) Die Dinge komplizieren sich, soweit das **elterliche Erziehungsrecht** (Art. 6 Abs. 2) betroffen ist. Die Erziehung von Minderjährigen kann mit deren zunehmender Selbständigkeit kollidieren. Dabei kann nicht ohne weiteres in Art. 6 Abs. 2 eine Eingriffsermächtigung gegenüber den Grundrechten der Minderjährigen erblickt werden, weil die Eltern gegenüber den Kindern nicht Träger öffentlicher Gewalt sind und die Grundrechte daher nicht unmittelbar gelten. Nun hat aber der *Gesetzgeber* für entsprechende Konflikte Regelungen getroffen und wegen des Vorbehalts des Gesetzes auch treffen müssen (*Robbers,* DVBl. 1987, 709/714): in § 5 RelKErzG zum Wechsel des religiösen Bekenntnisses durch Minderjährige, in §§ 1626 ff. BGB zur Innehabung und Ausübung des elterlichen Sorgerechts usw. Insoweit stellt sich die Frage, ob der Gesetzgeber sowohl den Kindesgrundrechten als auch dem elterlichen Erziehungsrecht gerecht geworden ist. Hierbei sind die Besonderheiten des elterlichen Erziehungsrechts zu beachten: Es handelt sich um ein subjektives Recht der Eltern, das im Interesse des Kindes besteht; es enthält einerseits Entscheidungskompetenzen samt den dazugehörigen Entscheidungsspielräumen, andererseits ist es hierbei zeitlich und inhaltlich beschränkt; zeitlich bis zur Fähigkeit des Kindes zur Selbstbestimmung in der jeweiligen Sachfrage, inhaltlich auf die der Erziehung förderlichen Mit-

tel (vgl. unten Rdnr. 731, 742). Angesichts dessen ist es unproblematisch, wenn § 5 S. 1 RelKErzG schon dem Vierzehnjährigen das alleinige Entscheidungsrecht über den Wechsel des religiösen Bekenntnisses einräumt. In allen anderen Fragen gilt dagegen grundsätzlich das aus der elterlichen Sorge (§§ 1626 ff. BGB) fließende Entscheidungsrecht der Eltern, das aber, zumal bei Fragen von größerer Bedeutung wie Aufenthaltsbestimmung und Berufswahl, dadurch begrenzt ist, daß die das Kindeswohl gefährdenden Entscheidungen der Eltern durch das Vormundschaftsgericht ersetzt werden können. Neuerdings wird gelegentlich gefordert, dem Selbstbestimmungsrecht der Minderjährigen gegenüber dem elterlichen Erziehungsrecht darüber hinaus zur Durchsetzung zu verhelfen (vgl. *Reinicke*, Der Zugang des Minderjährigen zum Zivilprozeß, 1989, S. 30, 185 ff.).

**Beispiele:** Das elterliche Erziehungsrecht und die genannten einfach-gesetzlichen Regelungen decken das Verbot gegenüber einem Dreizehnjährigen, aus der Kirche aus- und in einen Fußballverein einzutreten sowie Artikel in der Schülerzeitung zu veröffentlichen. Ein entsprechendes Verbot des Klassenlehrers ist dadurch nicht gerechtfertigt. 155

c) Von den unter a) und b) genannten materiell-rechtlichen Problemen ist das **prozessuale** der Geltendmachung von Grundrechten durch Minderjährige im Rahmen einer Verfassungsbeschwerde zu unterscheiden. Es betrifft die Zulässigkeitsvoraussetzung der Prozeßfähigkeit (vgl. unten Rdnr. 1231 f.). Hier sind gewisse altersmäßige Grenzziehungen aus Gründen einer geordneten Rechtspflege unabdingbar. 156

*Insgesamt* läßt sich zwar die in allen drei Konstellationen auftretende Möglichkeit, daß der Grundrechtsschutz einem Minderjährigen nicht zugute kommt, unter dem Begriff fehlender Grundrechtsmündigkeit zusammenfassen. Dabei wird aber die je unterschiedliche Begründung dieses Ergebnisses verwischt, und es besteht die Gefahr, daß es über diese dogmatische Figur „Grundrechtsmündigkeit" zu durch das Grundgesetz nicht legitimierten Einschränkungen der Geltung der Grundrechte kommt; daher sollte mit der Grundrechtsmündigkeit nur noch bei der Prozeßfähigkeit gearbeitet werden. 157

### *4. Grundrechtsverzicht*

Fraglich ist, ob und inwieweit die Grundrechtsberechtigung zur Disposition des einzelnen steht (*Pietzcker*, Staat 1978, 527/531: „individuelle Verfügung über Grundrechtspositionen") bzw. welche staatlichen Eingriffe in den Schutzbereich von Grundrechten mit Einverständnis des Betroffenen zulässig sind. Dieses Problem wird unter dem Begriff des Grundrechtsverzichts diskutiert. 158

**Beispiele:** Jemand gestattet der Polizei die Durchsuchung seiner Wohnung, ohne daß ein richterlicher Durchsuchungsbefehl vorliegt (vgl. Art. 13 Abs. 2), oder begibt sich freiwillig in polizeiliche Schutzhaft, wofür keine gesetzliche Grundlage besteht (vgl. Art. 2 Abs. 2 S. 3 i.V.m. Art 104 Abs. 1). Jemand läßt von der Post eine Fangschaltung installieren, was ebenfalls gesetzlich nicht vorgesehen ist (vgl. Art. 10 Abs. 2 S. 1). Ein alleinstehender Untersuchungshäftling möchte vermeiden, daß sein Bekanntenkreis von seiner 159

Verhaftung erfährt und verzichtet auf die in Art. 104 Abs. 4 vorgesehene Benachrichtigung. Ein gesunder Häftling stellt sich für medizinische Versuche im Anstaltskrankenhaus zur Verfügung (vgl. Art. 2 Abs. 2 S. 1). Ein Wahlberechtigter füllt den Stimmzettel öffentlich statt geheim aus (vgl. Art. 38 Abs. 1 S. 1).

**160** Keine Frage eines Grundrechtsverzichts ist es, wenn ein Berechtigter *tatsächlich* von einem Grundrecht keinen Gebrauch macht, z. B. an keiner Versammlung teilnimmt (Art. 8) oder keinem Verein beitritt (Art. 9). Ein solches tatsächliches Nichtgebrauchmachen stellt es auch dar, wenn jemand — selbst gegen geschehene Grundrechtseingriffe — keine Rechtsmittel ergreift (Art. 19 Abs. 4). Denn der nach Ablauf der Rechtsmittelfrist eintretende Rechtsverlust ergibt sich — verfassungsmäßigerweise (vgl. unten Rdnr. 1111) — kraft Gesetzes ohne Rücksicht auf den Willen des Betroffenen. Anders liegt es wiederum, wenn jemand vor Ablauf der Rechtsmittelfrist rechtlich bindend auf ein Rechtsmittel verzichtet; dies ist ein Fall des Grundrechtsverzichts.

**161** Die Annahme eines Grundrechtsverzichts führt noch zu *keiner Rechtsfolge*, d. h. der Verzicht macht die staatliche Maßnahme nicht stets verfassungsmäßig, und andererseits ist das Einverständnis des Betroffenen nicht durchweg unerheblich. Das zeigt sich schon daran, daß in den wenigen Fällen, wo der Text des Grundgesetzes zur Frage eines Grundrechtsverzichts Aufschluß gibt, teils seine Zulässigkeit, teils aber auch seine Unzulässigkeit angeordnet wird:

— In Art. 16 Abs. 1 wird die Schutzwirkung dieses Grundrechts ausdrücklich vom Willen des Bürgers abhängig gemacht; denn der Verlust der deutschen Staatsangehörigkeit darf, wie sich aus Satz 2 ergibt, mit Willen des Staatsangehörigen erfolgen. Weitere Fälle dieser Art finden sich in Art. 6 Abs. 3 und 7 Abs. 3 S. 3.

— In Art. 9 Abs. 3 S. 2 werden die das Grundrecht der Koalitionsfreiheit behindernden Abreden für unwirksam erklärt. Die aus Art. 9 Abs. 3 S. 1 Berechtigten können also nicht vertraglich über ihre Grundrechtsposition verfügen bzw. auf sie verzichten.

**162** In den allermeisten Fällen jedoch gibt der Text des Grundgesetzes keinen Anhaltspunkt für die Zulässigkeit oder Unzulässigkeit des Grundrechtsverzichts. Dann muß auf allgemeine Erwägungen über die Funktion der Grundrechte insgesamt sowie der in Frage stehenden Einzelgrundrechte zurückgegriffen werden. Dabei können zwei *unterschiedliche Ausgangspunkte* der Argumentation festgehalten werden. Das klassische Grundrechtsverständnis sieht die Grundrechte als individuelle Freiheitsrechte des Bürgers gegen den Staat (vgl. näher oben Rdnr. 71 ff.). Von hier aus kann man den Verzicht auf Grundrechtspositionen als einen Akt der Freiheitsausübung sehen: Grundrechtsverzicht ist Grundrechtsgebrauch (vgl. *Dürig*, AöR 1956, 117/152; *Geiger*, NVwZ 1989, 35). Ein neueres Grundrechtsverständnis sieht in den Grundrechten darüber hinaus wertentscheidende Grundsatznormen der gesamten Rechtsordnung (vgl. näher oben Rdnr. 93 ff.). Von hier aus können die Grundrechte wegen ihres über den Schutz des einzelnen Bürgers hinausgehenden Gehalts auch nicht zu dessen Disposition stehen und verzichtbar sein (vgl. *Sturm*, Festschrift Geiger, 1974, S. 173/192 ff.). Beide Auffassungen sehen sich aber jeweils zu Korrekturen an ihren grundsätzlichen Ausgangspunkten genötigt: Nach der ersten soll die individuelle Verfügbarkeit für ein Grundrecht dort seine Grenzen finden, wo die Menschenwürde verletzt wird, beispielsweise beim Einverständnis des einzelnen zur Aussage unter Drogenwirkung; nach der zweiten Auffassung wird die Möglichkeit anerkannt, sich beispielsweise in den Schutzbereichen der Art. 12 und 14 vertraglich zu binden.

163 Nach der *Rechtsprechung des BVerfG* sind die Grundrechte nicht nur Abwehrrechte des einzelnen, sondern zugleich Elemente objektiver Ordnung. Eine Lösung des Problems des Grundrechtsverzichts kann nicht lediglich *eine* Funktion zugrunde legen, sondern muß beiden Wirkungsweisen der Grundrechte gerecht werden. Daher ist anerkannt, daß die Verfügungsbefugnis des einzelnen nicht soweit gehen kann, einen Totalverzicht auszusprechen. Andererseits darf um der größtmöglichen Freiheitsverwirklichung des einzelnen willen die Möglichkeit, staatliches Handeln durch Einverständnis- bzw. Einwilligungserklärungen zu beeinflussen, nicht von vornherein ausgeschlossen werden. *Voraussetzung* für die Zulässigkeit eines Grundrechtsverzichts ist aber stets, daß er deutlich erkennbar und freiwillig geleistet wird, d. h. nicht unter Druck oder Täuschung zustande gekommen ist (vgl. *Robbers,* JuS 1985, 925/926). Anders geriete der Freiheitsschutz der Grundrechte in Gefahr.

164 Im übrigen ist nach der Funktion der *Einzelgrundrechte* zu differenzieren. Soweit ein Grundrecht vornehmlich der persönlichen Entfaltungsfreiheit dient, spricht eine Vermutung für die Zulässigkeit des Verzichts. Soweit dagegen ein Grundrecht für den Prozeß der politischen Willensbildung wichtig ist, indiziert dies die Unzulässigkeit des Verzichts.

165 **Beispiele:** Im Bereich der Berufs- und Eigentumsfreiheit sind Verträge zwischen dem Bürger und der öffentlichen Gewalt in weitem Umfang zulässig (vgl. §§ 54 ff. VwVfG) und in diesem Zusammenhang auch der Verzicht auf bestimmte Schutzwirkungen aus diesen Grundrechten (vgl. BVerwGE 30, 65; 42, 331). Grenzen sind hier parallel zum privatrechtlichen Vertragsrecht in übermäßigen und sittenwidrigen Bindungen (vgl. §§ 138, 242 BGB) zu erblicken. — Als grundsätzlich zulässig zu beurteilen ist auch der Verzicht auf den grundrechtlichen Schutz personenbezogener Daten, der Wohnung und des Post- und Fernmeldegeheimnisses (vgl. BVerfGE 65, 1/41 ff. — Volkszählungsurteil —; BayObLG, DVBl. 1974, 598; OVG Bremen, NJW 1980, 606; BVerwG, NJW 1982, 840). — Der Bürger darf demgegenüber nicht auf die geheime Stimmabgabe verzichten (vgl. OVG Koblenz, AS 3, 394; OVG Lüneburg, DÖV 1964, 355; OVG Münster, OVGE 14, 257).

166 Es können *weitere Gesichtspunkte* für die Beurteilung der Zulässigkeit oder Unzulässigkeit eines Grundrechtsverzichts hinzukommen, namentlich die Schwere und Dauer des Eingriffs, die Gefahr des Mißbrauchs der Verzichtsmöglichkeit sowie eine mehr oder weniger große Zwangslage des Verzichtenden. Außerdem ist zwischen dem Fall eines frei widerruflichen und dem seltenen Fall eines für die Zukunft bindenden Grundrechtsverzichts zu unterscheiden (vgl. *Sachs,* VerwArch 1985, 398/422 ff.).

167 **Beispiele:** Der Verzicht auf Rechtsbehelfe und Rechtsmittel wird als zulässig anerkannt, wenn die betreffende Entscheidung erlassen oder jedenfalls in ihrem konkreten Inhalt absehbar ist (E 9, 194/199); ein pauschaler Verzicht auf Rechtsbehelfe gegen zukünftige Entscheidungen ist dagegen unzulässig. — Die freiwillige Inanspruchnahme polizeilicher Schutzhaft dürfte als zulässig anzusehen sein, ebenso der begründete Verzicht auf die Benachrichtigung gem. Art. 104 Abs. 4 (*Grabitz,* Hdb. StR VI, S. 123 f.; a. A. *Dürig,* M/D, Art. 104 Rdnr. 43). — Während bei der Heilbehandlung ein zulässiger Grundrechtsverzicht vorliegt, dürfte der Fall des gesunden Häftlings, der sich für medizinische Versuche im Anstaltskrankenhaus zur Verfügung stellt, anders zu beurteilen sein (vgl. *Pietzcker,* Staat 1978, 527/550).

168 **Lösungstechnischer Hinweis:** Im grundrechtlichen Prüfungsschema (Schutzbereich — Eingriff — verfassungsrechtliche Rechtfertigung, vgl. unten Rdnr. 393 ff.) ist die Frage eines Grundrechtsverzichts regelmäßig bei der Prüfung des Eingriffs zu erörtern: Eine staatliche Maßnahme, die mit zulässigem Einverständnis des Betroffenen erfolgt, stellt keinen Eingriff in das Grundrecht dar.

*5. Grundrechtsberechtigung von Personenmehrheiten und Organisationen*

169 Grundrechtsberechtigte sind in erster Linie natürliche Personen („jeder", „alle Menschen", „alle Deutschen", „Männer und Frauen" usw.). Sie bleiben auch dann grundrechtsberechtigt, wenn sie sich in Personenmehrheiten und zu Organisationen zusammenschließen. Wenn die Tätigkeit eines Vereins durch eine Maßnahme der öffentlichen Gewalt beeinträchtigt wird, kann jedes Vereinsmitglied Verfassungbeschwerde erheben. Es fragt sich aber, ob nicht auch der Verein selbst Verfassungbeschwerde erheben kann, d. h. grundrechtsberechtigt ist. Die Frage stellt sich für jede Art von Personenmehrheiten und Organisationen. Die Anwort gibt Art. 19 Abs. 3. Indem er die *Grundrechtsgeltung auch für inländische juristische Personen* ausspricht, spricht er auch ihnen die Grundrechtsberechtigung zu. Als Voraussetzung verlangt er, daß die Grundrechte ihrem Wesen nach auf die inländischen juristischen Personen anwendbar sind, d. h. daß das jeweils in Betracht kommende Grundrecht von seiner Funktion her für die jeweils in Rede stehende inländische juristische Person passen muß.

170 a) Den Begriff der **juristischen Person** hat das einfache Recht ausgeprägt. Er bezeichnet die Personenmehrheiten und Organisationen, denen das Privatrecht oder auch das öffentliche Recht Rechtspersönlichkeit und *Rechtsfähigkeit* zuspricht, d. h. die Fähigkeit, Träger von Rechten und Pflichten zu sein (juristische Personen des Privat- bzw. des öffentlichen Rechts). Er schließt auch die Fähigkeit ein, zu klagen und verklagt zu werden (Partei- oder Beteiligtenfähigkeit).

171 **Beispiele:** Juristische Personen des Privatrechts sind etwa der rechtsfähige Verein, die Gesellschaft mit beschränkter Haftung, die Aktiengesellschaft, die Kommanditgesellschaft auf Aktien, die Genossenschaft, die bergrechtliche Gewerkschaft, der Versicherungsverein auf Gegenseitigkeit, die rechtsfähige Stiftung; juristische Personen des öffentlichen Rechts sind etwa Bund, Länder, Gemeinden, Kirchen, Rundfunkanstalten, Universitäten, Stiftung Preußischer Kulturbesitz.

172 Das einfache Recht erkennt Personenmehrheiten und Organisationen zuweilen die Rechtsfähigkeit nicht umfassend, sondern auf bestimmte Rechtsgebiete und Rechtsnormen beschränkt zu. Dadurch wird nicht die volle Rechtsfähigkeit begründet, die das einfache Recht den juristischen Personen zuschreibt, aber eine sogenannte *Teilrechtsfähigkeit* (grundlegend *Bachof*, AöR 1958, 208).

173 **Beispiele:** §§ 54, 705 ff. BGB sprechen dem nichtrechtsfähigen Verein und der Gesellschaft bestimmte Rechte und Pflichten zu; entsprechende Regelungen trifft das Handelsgesetzbuch für die offene Handelsgesellschaft und die Kommanditgesellschaft; § 50 Abs. 2 ZPO regelt, daß auch ein nichtrechtsfähiger Verein vor den Zivilgerichten verklagt werden kann (als nichtrechtsfähige Vereine sind u. a. Parteien und Gewerkschaften organisiert). Das öffentliche Recht kennt als teilrechtsfähige Verwaltungseinheiten etwa die Fakultäten der Universitäten, die Bundespost und die Bundesbahn.

174 Schließlich gibt es gewissermaßen *schlichte Personenmehrheiten*, die gar nicht Zuordnungssubjekte von Rechtsnormen sind. Sie sind nicht einmal teilrechtsfähig; Zuordnungssubjekte von Rechtsnormen, Träger von Rechten und Pflichten sind allein die einzelnen Personen.

175 **Beispiele:** Fußballmannschaft, Teekränzchen, Essensrunde, Streichquartett.

176 Art. 19 Abs. 3 bringt mit der Verwendung des Begriffs der juristischen Person zwar zum Ausdruck, daß er die Grundrechtsberechtigung nicht beliebigen, sondern nur solchen Personenmehrheiten zuerkennen will, die überhaupt *Zuordnungssubjekte von*

*Rechtsnormen* sind. Ihn dabei auf die vollrechtsfähigen im Unterschied zu den teilrechtsfähigen Personenmehrheiten zu beschränken, besteht jedoch kein Grund. Wie bei jeder Verfassungsbestimmung griffe auch bei Art. 19 Abs. 3 die Auslegung durch bloßen Rückgriff auf das einfache Recht zu kurz. Das Verfassungsrecht steht über dem einfachen Recht und ist aus seinem eigenen Zusammenhang auf seine spezifische Funktion hin auszulegen. Art. 19 hat die Verallgemeinerung und die Verfestigung des Grundrechtsschutzes zum Gegenstand, und in diesem Zusammenhang hat Abs. 3 die Funktion, die Rechtsfähigkeit des einfachen Rechts zur Grundrechtsberechtigung zu verstärken. Um juristische Person i. S. d. Art. 19 Abs. 3 zu sein, muß eine Personenmehrheit oder Organisation also nur *Teilrechtsfähigkeit* besitzen (*Dürig*, M/D, Art. 19 Abs. III Rdnr. 29; *v. Mutius*, BK, Art. 19 Abs. 3 Rdnr. 43; *Stern*, StR III/1, S. 1130 ff.).

b) Ob eine juristische Person i. S. d. Art. 19 Abs. 3 **inländisch** oder ausländisch ist, richtet sich nach ihrem selbst gewählten *tatsächlichen Aktionszentrum*, das mit dem satzungsgemäßen Sitz der Hauptverwaltung nicht übereinstimmen muß (*v. Mutius*, BK, Art. 19 Abs. 3 Rdnr. 54; *Stern*, StR III/1, S. 1143). Daneben kommt es auf die Staatsangehörigkeit der zusammengeschlossenen Personen nicht an. Ferner sind auch völkerrechtliche Verträge über die Inländerbehandlung ausländischer juristischer Personen unmaßgeblich. Für die territoriale Umschreibung des Inlands zieht die h. L. Art. 116 Abs. 1 heran; gemeint sei das „Gebiet des Deutschen Reiches nach dem Stande vom 31. Dezember 1937" (*Stern*, StR III/1, S. 1144). Eine Mindermeinung orientiert den Begriff des Inlands am *Geltungsbereich des Grundgesetzes* (*Wernicke*, BK, Erstbearbeitung, Art. 19 Abs. 3 Anm. 3 a). Das leuchtet ein, denn anders würde auch die russische juristische Person aus Königsberg oder die polnische aus Breslau Grundrechtsschutz genießen können. Diese auch von der h. L. als befremdlich empfundene Konsequenz zu vermeiden, wird ein Ausschluß des Grundrechtsschutzes für *neu gegründete* juristische Personen mit Sitz außerhalb des Geltungsbereichs des Grundgesetzes erwogen (*Stern*, StR III/1, S. 1145); einen Anhaltspunkt im Grundgesetz hat die Differenzierung nach Neu- und Altgründungen jedoch nicht. 177

Das BVerfG hat die *Prozeßgrundrechte* der Art. 101 Abs. 1 S. 2 und 103 Abs. 1 auch *ausländischen juristischen Personen* zugebilligt. Denn sie gewährleisten nach Auffassung des BVerfG „keine Individualgrundrechte wie Art. 1—17 GG, sondern enthalten objektive Verfahrensgrundsätze, die für jedes gerichtliche Verfahren gelten und daher auch jedem zugute kommen müssen, der nach den Verfahrensnormen parteifähig ist oder von dem Verfahren unmittelbar betroffen ist" (E 21, 362/373). Diese Begründung ist fragwürdig. Die grundrechtsgleichen Rechte (Grundrechte nur im materiellen Sinn) gewährleisten ebenso wie die Grundrechte (Grundrechte im formellen und materiellen Sinn) subjektive Rechte, und objektive Bedeutung hat das BVerfG sowohl den Grundrechten als auch den grundrechtsgleichen Rechten zuerkannt. Das Ergebnis stimmt aber mit dem entstehungsgeschichtlich belegbaren Sinn der Einschränkung des Art. 19 Abs. 3 auf inländische juristische Personen zusammen: Der fremdenrechtliche Handlungsspielraum der Bundesrepublik Deutschland sollte gewahrt bleiben, die Inländerbehandlung ausländischer juristischer Personen sollte nicht verfassungsrechtlich festgeschrieben sein, sondern gegen die entsprechende Behandlung deutscher juristischer Personen im Ausland völkervertraglich ausgehandelt werden können. Hierfür reicht aus, wenn die ausländischen juristischen Personen von dem Schutz der 178

Grundrechte ausgenommen sind, die ihr Verhalten im Geschäfts- und Wirtschaftsleben absichern. Der Ausschluß auch von den Grundrechten und grundrechtsgleichen Rechten, die bei Gericht und auch für andere staatliche Verfahren gelten (neben Art. 101 Abs. 1 S. 2 und 103 Abs. 1 noch Art. 19 Abs. 4 und Art. 17), ist nicht erforderlich (*Meessen*, JZ 1970, 602/605; *v. Mutius*, BK, Art. 19 Abs. 3 Rdnr. 50 f.).

c) Das Problem der **wesensmäßigen Anwendbarkeit** hat mehrere Aspekte:

179 aa) Das jeweils in Betracht kommende Grundrecht darf nicht an natürliche Qualitäten des Menschen anknüpfen, die einer juristischen Person notwendig fehlen; es muß mit anderen Worten einen Schutzbereich haben, in den das Verhalten einer juristischen Person **überhaupt** fallen kann.

180 **Beispiele:** Der juristischen Person fehlt die Menschenwürde, sie hat weder Leben noch Gesundheit, sie schließt weder Ehen noch bekommt sie Kinder. Das „gesunde" Unternehmen ist nicht gesund i. S. d. Art. 2 Abs. 2 S. 1, und die „Töchter" des Konzerns sind keine Kinder i. S. d. Art. 6. Dagegen ist das Eigentum auch einer AG oder GmbH durch Art. 14 Abs. 1 S. 1 geschützt, und den Anspruch auf rechtliches Gehör (Art. 103 Abs. 1) hat auch die OHG. Sogar im Schutzbereich des Art. 4 Abs. 1 und 2 können sich juristische Personen bewegen (vgl. unten Rdnr. 592 ff.).

181 bb) In den Schutzbereich muß nicht nur das Verhalten einer juristischen Person überhaupt fallen können, sondern das Verhalten der jeweils in Rede stehenden juristischen Person **wirklich** fallen.

182 **Beispiel:** E 19, 206 hatte die Verfassungsbeschwerde einer OHG zum Gegenstand, die nach einem badischen Ortskirchensteuergesetz zur Kirchensteuer herangezogen wurde, obwohl der Hauptgeschäftsführer der OHG Atheist war und keiner Kirche angehörte. Die OHG hatte sich auf Art. 4 Abs. 1 berufen, obwohl sie als solche natürlich keinen Glauben und kein Gewissen haben kann. Das BVerfG hat die Verfassungsbeschwerde unter Berufung nicht auf Art. 4 Abs. 1, sondern auf Art. 2 Abs. 1 und Art. 3 Abs. 1 zugelassen, und es hat ihr auch stattgegeben, weil die Heranziehung zur Kirchensteuer ohne Anknüpfung an Kirchenzugehörigkeit im weltanschaulich-religiös neutralen Staat unzulässig ist (vgl. auch BVerfG, NJW 1990, 241).

183 cc) Das BVerfG hat noch einen dritten Aspekt entwickelt und vertritt, Grundrechte seien ihrem Wesen nach auf juristische Personen nur dann anwendbar, wenn diese ein **personales Substrat** erkennen ließen. Es sieht die „Grundrechte . . . von der Würde und Freiheit des einzelnen Menschen als natürliche Person aus(gehen). Die Grundrechte sollen in erster Linie die Freiheitssphäre des Einzelnen gegen Eingriffe der staatlichen Gewalt schützen und ihm insoweit zugleich die Voraussetzungen für eine freie aktive Mitwirkung und Mitgestaltung im Gemeinwesen sichern. Von dieser zentralen Vorstellung her ist auch Art. 19 Abs. 3 auszulegen und anzuwenden. Sie rechtfertigt eine Einbeziehung juristischer Personen in den Schutzbereich der Grundrechte nur, wenn ihre Bildung und Betätigung Ausdruck der freien Entfaltung der natürlichen Personen sind, besonders wenn der ‚Durchgriff' auf die hinter den juristischen Personen stehenden Menschen dies als sinnvoll und erforderlich erscheinen läßt" (E 21, 362/369; ausführlich *Dürig*, M/D, Art. 19 Abs. III Rdnr. 1 ff., 36 ff.). Im Schrifttum wird dies weithin abgelehnt; Art. 19 Abs. 3 begründe für juristische Personen eine eigenständige Grundrechtsberechtigung, gehe damit über den Grundrechtsschutz natürlicher Personen gerade hinaus und dürfe nicht auf einen Grundrechtsschutz der hinter der juristischen Person stehenden natürlichen Personen zurückgenommen werden. Entscheidend sei nicht das personale Substrat der juristischen Person, sondern die

*„grundrechtstypische Gefährdungslage"*, d. h. ob die Lage der juristischen Person der Lage einer natürlichen Person, die gegen den freiheitsgefährdenden Staat den Schutz der Grundrechte genießt, vergleichbar sei (vgl. *Hendrichs*, vM, Art. 19 Rdnr. 36; *v. Mutius*, BK, Art. 19 Abs. 3 Rdnr. 114). Das BVerfG hat den Begriff der grundrechtstypischen Gefährdungslage sogar aufgegriffen, hat ihn aber dahin gewendet, daß bei Fehlen des personalen Substrats von einer grundrechtstypischen Gefährdungslage eben schlechterdings keine Rede sein könne (E 45, 63/79; 61, 82/103 f., 105). In der Rechtsprechung des BVerwG wird der Aspekt des personalen Substrats nicht konsequent verfolgt.

**Beispiel:** Stiftungen sind rechtsfähig organisierte Vermögen, die kein personales Substrat erkennen lassen. Gleichwohl hat BVerwGE 40, 347 ihnen die Grundrechtsberechtigung zugesprochen. Es hat das Fehlen des personalen Substrats auch gar nicht problematisiert, vielleicht weil schon die Entstehungsgeschichte lehrt, daß Stiftungen in den Genuß von Art. 19 Abs. 3 kommen sollen (JöR 1951, 183). **184**

dd) Für **juristische Personen des öffentlichen Rechts** hat das BVerfG am Erfordernis des personalen Substrats besonders nachdrücklich festgehalten. Nach ständiger Rechtsprechung „gelten die Grundrechte grundsätzlich nicht für juristische Personen des öffentlichen Rechts" (E 21, 362/369; 68, 193/205 ff.). Denn hinter diesen stünden nicht natürliche Personen, sondern stehe stets der Staat. Die verschiedenen staatlichen Funktionsträger seien vom einzelnen her gesehen nur besondere Erscheinungsformen der einheitlichen Staatsgewalt und könnten nicht gleichzeitig Verpflichtete und Berechtigte der Grundrechte sein (sog. Konfusionsargument: Grundrechtsberechtigung und -bindung sollen nicht konfundiert, d. h. verwechselt werden). „Eingriffe und Übergriffe" im Verhältnis verschiedener staatlicher Funktionsträger seien immer nur „Kompetenzkonflikte im weiteren Sinne" (E 21, 362/368 ff.; vgl. auch E 61, 82/100 ff.). Bei Anerkennung der Grundrechtsfähigkeit der juristischen Personen des öffentlichen Rechts werde auch „eine sinnvolle Ordnung der staatlichen Aufgabenerfüllung und eine Anpassung der Staatsorganisation an die wechselnden Erfordernisse der wirtschaftlichen, sozialen und kulturellen Entwicklung erheblich erschwert" (ebd.). Dabei soll es auch nicht darauf ankommen, ob die juristische Person des öffentlichen Rechts hoheitlich handelnd öffentliche Aufgaben wahrnimmt oder nicht hoheitlich tätig wird (E 61, 82/103 f., 105) und ob sie in der Staatsverwaltung rechtlich mehr oder weniger verselbständigt ist. Sogar eine juristische Person des Privatrechts entbehrt des Grundrechtsschutzes, wenn sie Aufgaben der Daseinsvorsorge erfüllt und in der Hand eines Trägers öffentlicher Gewalt liegt. **185**

**Beispiele:** Eine Gemeinde kann sich auch für ihr landwirtschaftlich genutztes Grundstück nicht auf Art. 14 Abs. 1 S. 1 berufen (E 61, 82; dazu *Ronellenfitsch*, JuS 1983, 594; *Schmidt-Aßmann*, NVwZ 1983, 1); Sozialversicherungsträger und öffentlich-rechtliche Sparkassen sind nicht grundrechtsberechtigt (E 39, 302/314 ff.; 75, 192/197 ff.); eine AG, die Aufgaben der Daseinsvorsorge erfüllt und deren alleiniger (E 45, 63/80) oder mehrheitlicher (BVerfG, NJW 1990, 1783; krit. *Pieroth*, NWVBL 1992, 85; *Scholz*, in: Festschrift Lorenz, 1991, S. 213) Aktionär eine Körperschaft des öffentlichen Rechts ist, kann sich ebensowenig wie diese auf Individualgrundrechte berufen; das gleiche gilt für den (privatrechtlich organisierten) Innungsverband (öffentlich-rechtlich organisierter) Innungen bei der Wahrnehmung gesetzlich zugewiesener und geregelter öffentlicher Aufgaben (E 68, 193/213), nicht aber bei der Wahrnehmung der Interessen ihrer Mitglieder (E 70, 1/15 ff.). **186**

187 Wie auf die ausländischen juristischen Personen dehnt das BVerfG den Schutz von *Art. 101 Abs. 1 S. 2* und *103 Abs. 1* auch auf juristische Personen des öffentlichen Rechts aus.

188 **Beispiel:** Auch die Bundesbahn „hat vor Gericht Anspruch auf rechtliches Gehör; auch sie darf ihrem gesetzlichen Richter nicht entzogen werden" (E 13, 132/140).

189 Gelegentlich sieht das BVerfG das *personale Substrat auch bei juristischen Personen des öffentlichen Rechts* gegeben. „Wenn Einrichtungen des Staates Grundrechte in einem Bereich verteidigen, in dem sie vom Staat unabhängig sind", sind sie „unmittelbar dem durch die Grundrechte geschützten Lebensbereich zuzuordnen" (E 31, 314/322; 39, 302/314). Die Rede ist insoweit auch von der juristischen Person des öffentlichen Rechts als „,Sachwalter' des Einzelnen bei der Wahrnehmung seiner Grundrechte" (E 61, 82/103).

190 **Beispiele:** Weil die Universitäten und deren Fakultäten „zwar in der Regel vom Staat gegründet sind oder von ihm unterhalten werden, aber in Wissenschaft, Forschung und Lehre frei sind", muß ihnen „ohne Rücksicht auf ihre allgemeine oder besondere Rechtsfähigkeit die Möglichkeit gegeben sein, dieses von ihnen beanspruchte Grundrecht im Verfahren der Verfassungsbeschwerde geltend zu machen" (E 15, 256/262). Die öffentlich-rechtlichen Rundfunkanstalten können sich auf die Rundfunkfreiheit, aber auch nur auf die Rundfunkfreiheit berufen (E 59, 231/255; 78, 101/102 f.). Die Religionsgemeinschaften nehmen unter den Körperschaften des öffentlichen Rechts „insofern eine Sonderstellung ein, als sie weder vom Staat geschaffen sind noch in ihrem Eigenbereich staatliche Aufgaben wahrnehmen" (E 19, 1/5), und sind daher besonders bezüglich Art. 4 Abs. 1 und 2 grundrechtsberechtigt (vgl. unten Rdnr. 592 ff.).

191 Im *Schrifttum* (vgl. *Broß*, VerwArch 1986, 65/72 ff.; *v. Mutius*, Jura 1983, 30/38 ff.; *Stern*, StR III/1, S. 1149 ff.) wird der grundsätzlichen Ablehnung der Grundrechtsberechtigung juristischer Personen des öffentlichen Rechts durch das BVerfG nicht nur die Fragwürdigkeit des Erfordernisses des personalen Substrats entgegengehalten. Ihr steht schon der Wortlaut von Art. 19 Abs. 3 entgegen, der nicht nach juristischen Personen des Privatrechts und des öffentlichen Rechts differenziert. Zusätzlich ergeben sich aus der Entstehungsgeschichte Anhaltspunkte, daß die Grundrechtsberechtigung juristischer Personen des öffentlichen Rechts nicht grundsätzlich ausgeschlossen werden sollte (JöR 1951, 182 f.). Auch das Argument, der Bürger stehe einer monolithischen „einheitlichen Staatsgewalt" gegenüber und staatliche Funktionsträger könnten nicht gleichzeitig Verpflichtete und Berechtigte der Grundrechte sein, überzeugt nicht. Das BVerfG sieht die Rundfunkanstalten, denen es einerseits Grundrechtsschutz gegenüber dem Staat zuerkennt, andererseits doch den Bürgern gegenüber an deren Grundrechte gebunden (E 14, 121/130 f.). Das gleiche gilt für die Universitäten, die dem Studenten, aber auch dem Hochschullehrer gegenüber an deren Grundrechte gebunden, selbst aber dem Staat gegenüber grundrechtsberechtigt sind. Schließlich ist nicht einzusehen, warum die „sinnvolle Ordnung der staatlichen Aufgabenerfüllung" und die „Anpassung der Staatsorganisation an die wechselnden Erfordernisse" durch Anerkennung der Geltung von Art. 19 Abs. 3 für juristische Personen des öffentlichen Rechts erschwert werden sollen. Denn diese Anerkennung hat selbstverständlich folgendes zu beachten:

192 Anders als Personenmehrheiten des Zivilrechts, die durch autonome Entscheidungen von Individuen entstehen, existieren und vergehen — die Rechtsordnung stellt insofern nur die Rechtsform zur Verfügung —, sind juristische Personen des öffentlichen Rechts in ihrem Bestand von staatlichen Entscheidungen abhängig. Eine öffentlich-

rechtliche Körperschaft, Anstalt oder Stiftung beruht ausschließlich auf einem staatlichen Organisationsakt, existiert und agiert zulässigerweise nur in einem staatlich zugewiesenen Funktions- und Aufgabenbereich, und kann durch staatlichen Akt auch wieder aufgelöst werden. Diese einfach-rechtlichen Vorgaben für juristische Personen des öffentlichen Rechts sind bei der Auslegung des Art. 19 Abs. 3 ebenso zu berücksichtigen, wie die Teilrechtsfähigkeit als Voraussetzung für die Anerkennung einer juristischen Person des Privatrechts. Daraus folgt, daß die Erstreckung der Grundrechtsberechtigung auf juristische Personen des öffentlichen Rechts sich nur auf den *zugewiesenen Funktions- und Aufgabenbereich* beziehen kann (*v. Mutius*, BK, Art. 19 Abs. 3 Rdnr. 43 f., 69 f., 105, 111 ff.; *Pieroth*, Störung, Streik und Aussperrung an der Hochschule, 1976, S. 197 ff.).

In diesem Rahmen steht einer grundsätzlichen *Erstreckung des Grundrechtsschutzes auf juristische Personen des öffentlichen Rechts* nichts entgegen. Allerdings muß das Verhalten der jeweils in Rede stehenden juristischen Person des öffentlichen Rechts wirklich in den Schutzbereich des jeweils in Betracht kommenden Grundrechts fallen. Dafür muß es den sog. Außen- im Unterschied zu den sog. Innenrechtsbeziehungen (vgl. *Maurer*, Allg.VwR, § 21 Rdnr. 26 ff.) zugehören: Mit ihrem Verhalten muß die juristische Person dem Staat als rechtlich selbständiges Rechtssubjekt gegenübertreten können und darf nicht über Weisungsabhängigkeit voll in die Staatsorganisation eingebunden sein. Nur insoweit läßt sich auch von grundrechtstypischen Gefährdungslagen reden; insoweit ließe sich sogar ein großzügig verstandenes Erfordernis personalen Substrats bejahen, denn mit der Weisungsunabhängigkeit einer juristischen Person wird der Blick auf die hinter ihr stehenden Personen, deren Interessen und Handeln frei. 193

**Beispiele:** Der AStA einer nordrhein-westfälischen Universität, Organ der als juristische Person verfaßten Studentenschaft, kann sich hiernach zwar nicht für seine allgemein-, aber für seine hochschulpolitischen Äußerungen auf Art. 5 Abs. 1 berufen. Mit allgemeinpolitischen Äußerungen verläßt er den gesetzlich zugewiesenen Aufgabenbereich, mit hochschulpolitischen wahrt er ihn. Beim Verhalten in diesem Aufgabenbereich unterliegt er nicht der Fach-, sondern nur der Rechtsaufsicht und tritt insofern dem Staat rechtlich selbständig gegenüber. Entsprechendes hat auch für Äußerungen von Kammern und Stellungnahmen von Gemeinden in Selbstverwaltungsangelegenheiten zu gelten. E 61, 82 ist hiernach abzulehnen; die Gemeinde kann sich zum Schutz ihres Eigentums auf Art. 14 berufen (so auch BayVerfGH, NVwZ 1985, 260). 194

## II. Grundrechtsbindung

Die Grundrechtsbindung beantwortet die Frage, wer durch die Grundrechte verpflichtet wird. Art. 1 Abs. 3 bestimmt insoweit als Verpflichteten den Staat in seinen Funktionen der Gesetzgebung, der vollziehenden Gewalt und der Rechtsprechung. Das ist nichts anderes als die „staatliche Gewalt" (vgl. Art. 1 Abs. 1 S. 2) und die „öffentliche Gewalt" (vgl. Art. 93 Abs. 1 Nr. 4 a). 195

### *1. Art und Umfang der Bindung*

Zur *Art* der Bindung enthält Art. 1 Abs. 3 die klare Aussage, daß Grundrechte „unmittelbar geltendes Recht" sind. Das ist eine bewußte Abkehr vom Rechtszustand unter der WRV, wo viele Grundrechte als bloße „Programmsätze" betrachtet wurden (vgl. *Anschütz*, Die Verfassung des Deutschen Reiches, 14. Aufl. 1933, S. 505 ff.; *Tho-* 196 *ma*, in: Grundrechte und Grundpflichten der Reichsverfassung, Bd. I, 1929, S. 1 ff.). Programmsätze haben aber keine Verbindlichkeit; sie ziehen keine rechtliche Sanktion nach sich; ihre Verletzung kann nicht vor die Gerichte gebracht werden. Art. 1 Abs. 3 ist für den Bereich der Grundrechte die spezielle Regelung gegenüber Art. 20 Abs. 3 und bringt nochmals die Höherrangigkeit des Verfassungsrechts gegenüber dem sonstigen Recht zum Ausdruck: Für die Grundrechte als Teil des Verfassungsrechts gilt der Vorrang in gleicher Weise wie für sonstiges Verfassungsrecht. Das ist ein entscheidender verfassungsgeschichtlicher Fortschritt, weil vorher die Grundrechte nur „nach Maßgabe" des Gesetzes galten, d. h. nur soweit wie der Gesetzgeber sie zur Geltung gebracht, verwirklicht hatte (vgl. oben Rdnr. 36 ff.). Die Bindung an die Grundrechte „als unmittelbar geltendes Recht" wird überwacht vom BVerfG. Die umfassenden Kompetenzen des BVerfG (vgl. unten Rdnr. 1274 ff.) sind die verfahrensrechtliche Ergänzung des Art. 1 Abs. 3. Prüfungsmaßstab in diesen Verfahren sind dann aber die Grundrechte, nicht Art. 1 Abs. 3 als solcher (E 61, 126/137).

**197** Fraglich könnte sein, worauf es für den *Umfang* der Bindung gem. Art. 1 Abs. 3 ankommen soll: darauf, ob ein *Organ* der öffentlichen Gewalt gehandelt hat (formales Merkmal), oder darauf, ob jemand in der *Funktion* der öffentlichen Gewalt (hoheitlich) tätig geworden ist (inhaltliches Merkmal).

**198** **Beispiele:** Eine Gemeinde schließt mit einem Bauunternehmer einen Werkvertrag über die Errichtung eines Verwaltungsgebäudes ab. Die Gemeinde ist als Körperschaft des öffentlichen Rechts ein Organ der öffentlichen Gewalt. Beim Abschluß eines Werkvertrags handelt sie aber nach Maßgabe des Privatrechts (§§ 631 ff. BGB). Besteht auch für dieses nicht hoheitliche Handeln die Grundrechtsbindung der Gemeinde, obwohl ein entsprechender privater Auftraggeber nicht an Grundrechte gebunden ist? (Problem der Fiskalgeltung der Grundrechte, vgl. unten Rdnr. 219 ff.) — Eine Privatschule erteilt einem Schüler wegen schlechter Leistungen das Abiturzeugnis nicht. Greift sie damit in Grundrechte des Schülers ein? Der Privatschulträger ist ein Rechtssubjekt des Privatrechts und als solcher kein Organ der öffentlichen Gewalt. Andererseits übt er bei der Noten- und Zeugnisvergabe punktuell öffentliche Gewalt aus (sog. „Beliehener"; vgl. *Maurer,* Allg. VwR, § 23 Rdnr. 56 ff.). Käme es auf die Eigenschaft als Organ der öffentlichen Gewalt an, wäre die Grundrechtsbindung zu verneinen; andernfalls wäre sie zu bejahen.

**199** Wegen der Unbedingtheit der Formulierung und dem Willen des Verfassungsgebers, die öffentliche Gewalt umfassend an die Grundrechte zu binden, muß es ausreichen, wenn nur ein Merkmal, sei es das formale oder das inhaltliche, vorliegt: Danach unterliegt jedes *Organ der öffentlichen Gewalt* bei allen von ihm ausgehenden Handlungen der Grundrechtsbindung. Diese Feststellung ist allerdings bestritten für die privatrechtlichen Hilfsgeschäfte der Verwaltung und für die erwerbswirtschaftliche Betätigung der Verwaltung (vgl. unten Rdnr. 223). Außerdem unterliegen auch private Rechtssubjekte insoweit der Grundrechtsbindung, als sie *„Beliehene"* sind, d. h. mit der hoheitlichen Wahrnehmung von Verwaltungsaufgaben im eigenen Namen betraut sind. In diesem Umfang zählen die Privaten zur mittelbaren Staatsverwaltung und somit zum Begriff „vollziehende Gewalt" i. S. d. Art. 1 Abs. 3 (vgl. *Dürig,* M/D, Art. 1 Abs. III Rdnr. 107; *v. Münch,* vM, Art. 1 Rdnr. 53; a.A. *Rupp,* Eigentum an Staatsfunktionen?, 1963, S. 24 ff.).

**200** **Beispiele:** Privatschulen sind da, wo sie von der ihnen verliehenen Befugnis „mit gleicher Wirkung wie öffentliche Schulen Zeugnisse auszustellen" (§ 37 Abs. 5 nw SchOG), Gebrauch machen, an die Grundrechte der Schüler gebunden. Das gleiche gilt für andere

Beliehene, wie den Jagdaufseher, den Fleischbeschauer, den Prüfingenieur für Baustatik, den Bezirksschornsteinfeger usw. — E 10, 302 hat den Vormund dann an das Grundrecht der Freiheit der Person des Entmündigten gebunden gesehen, wenn er in Ausübung seines Aufenthaltsbestimmungsrechts den volljährigen Entmündigten in einer geschlossenen Anstalt unterbringt. Gem. Art. 104 Abs. 2 S. 1 und 2 ist hierfür eine richterliche Entscheidung erforderlich. — Tarifverträge unterliegen, obwohl sie in § 1 Abs. 1 TVG als Rechtsnormen bezeichnet werden, erst dann der Grundrechtsbindung, wenn sie staatlicherseits für allgemein verbindlich erklärt worden sind (*Stern*, StR III/1, S. 1274 ff.).

Eine Sonderstellung nehmen in diesem Zusammenhang diejenigen *Kirchen und Religionsgesellschaften* ein, die gem. Art. 140 i.V.m. Art. 137 Abs. 5 WRV Körperschaften des öffentlichen Rechts sind. Wegen des Verbots einer Staatskirche (Art. 140 i.V.m. Art. 137 Abs. 1 WRV) und wegen ihrer Zuordnung zu Art. 4 Abs. 1 und 2 sind sie den sonstigen Körperschaften des öffentlichen Rechts nicht gleichzuachten (vgl. unten Rdnr. 594). 201

### 2. *Zur Bindung von privaten Rechtssubjekten („Drittwirkung")*

Wenn durch Art. 1 Abs. 3 *nur die öffentliche Gewalt* an die Grundrechte gebunden wird, nicht aber private Rechtssubjekte — außer in dem Fall, daß sie als „Beliehene" selbst punktuell öffentliche Gewalt ausüben —, dann ist das eine deutliche Aussage gegen eine „Drittwirkung" der Grundrechte. Hierunter versteht man die Geltung der Grundrechte über das klassische Zweierverhältnis zwischen einzelnem und Staat hinaus auch im Verhältnis des einen zum anderen einzelnen (als zum Dritten). 202

Eine solche *unmittelbare Drittwirkung* wird vor allem vom BAG vertreten (seit BAGE 1, 185/193 f.; st. Rspr.). Begründet wird dies mit dem „Bedeutungswandel der Grundrechte", den das BAG dahin umschreibt, „daß zwar nicht alle, aber doch eine Reihe bedeutsamer Grundrechte der Verfassung nicht nur Freiheitsrechte gegenüber der Staatsgewalt garantieren, vielmehr Ordnungsgrundsätze für das soziale Leben sind, die in einem aus dem Grundrecht näher zu entwickelnden Umfang unmittelbare Bedeutung auch für den privaten Rechtsverkehr der Bürger untereinander haben . . . Auch das normative Bekenntnis des Grundgesetzes zum sozialen Rechtsstaat (Art. 20, 28), das für die Auslegung des Grundgesetzes und anderer Gesetze von grundlegender Bedeutung ist, spricht für die unmittelbare privatrechtliche Wirkung der grundrechtlichen Bestimmungen, die für den Verkehr der Rechtsgenossen untereinander in einer freiheitlichen und sozialen Gemeinschaft unentbehrlich sind". 203

*Gegen* eine unmittelbare Drittwirkung sprechen gewichtige Argumente: Der *Wortlaut* des Art. 1 Abs. 3 nennt nur die öffentliche Gewalt. Aus der *Entstehungsgeschichte* kann auf den Schriftlichen Bericht des Abgeordneten *v. Mangoldt* über die Grundrechte im Entwurf des Grundgesetzes (Anlage zum stenographischen Bericht der 9. Sitzung des Parlamentarischen Rates am 6. 5. 1949, S. 6) verwiesen werden: „Vielmehr sahen die Beteiligten ihre Aufgabe darin, die Grundrechte im Sinne der alten klassischen Grundrechte zu gestalten . . . In den Grundrechten sollte also das Verhältnis des Einzelnen zum Staate geregelt werden, der Allmacht des Staates Schranken gesetzt werden." In der Tat hat die *Geschichte* der Grundrechte gezeigt, daß sie als Abwehrrechte des einzelnen gegen den Staat entstanden und erfochten worden sind (vgl. oben Rdnr. 21 ff. und 71 ff.). Die *systematische* Auslegung belegt, daß nur an wenigen Stellen die Wirkung eines Grundrechts oder grundrechtsgleichen Rechts ausdrücklich auf 204

Private bzw. ein privates Rechtsverhältnis erstreckt wird (vgl. Art. 9 Abs. 3 S. 2, 20 Abs. 4, 38 Abs. 1 S. 1 i.V.m. Art. 48 Abs. 2); das legt den Schluß nahe, daß dies im Normalfall, d. h. bei allen anderen Grundrechten, nicht so ist. Eine Grundrechtsbindung aller gegenüber allen würde im Ergebnis auch den *Sinn und Zweck* der Grundrechte ins Gegenteil verkehren: Rechte gegenüber der öffentlichen Gewalt würden zu Pflichten gegenüber allen Mitbürgern werden; eine weitgehende Freiheitsbeschränkung wäre das unvermeidliche Resultat.

**205** *Für* eine unmittelbare Drittwirkung können demgegenüber hauptsächlich zwei Gesichtspunkte ins Feld geführt werden: zum einen Art. 1 Abs. 2, wonach die Menschenrechte „Grundlage jeder menschlichen Gemeinschaft" sind, und zum andern die rechtspolitische Überlegung, daß Freiheitsbedrohungen im Sozialstaat der Gegenwart auch von gesellschaftlichen Kräften, von Konzernen, Wirtschaftsverbänden, Standesorganisationen, Gewerkschaften und Arbeitgeberverbänden ausgehen können (vgl. *Böckenförde*, in: Freiheit in der sozialen Demokratie, 1975, S. 69). Beide Argumente haben aber nicht die normative Kraft, das aus dem Text, der Systematik und der (Entstehungs-) Geschichte des Grundgesetzes gewonnene Ergebnis zu erschüttern: Zwar wird deutlich, daß die Grundrechte auch im Verhältnis der Bürger untereinander nicht völlig bedeutungslos sind bzw. für die rechtliche Beurteilung dieser Beziehungen nicht gänzlich außer acht bleiben dürfen. Gleichwohl kann das nicht zu einer unmittelbaren Drittwirkung der Grundrechte des Grundgesetzes führen (h.L. und st. Rspr. des BVerfG).

**206** Die Dinge *komplizieren* sich allerdings dadurch, daß im Streitfall zwischen privaten Rechtssubjekten die ordentlichen Gerichte über bürgerlich-rechtliche Streitigkeiten entscheiden (vgl. § 13 GVG). Die Rechtsprechung unterliegt gem. Art. 1 Abs. 3 der Grundrechtsbindung; sie zählt auch zur öffentlichen Gewalt i. S. d. Art. 93 Abs. 1 Nr. 4a, so daß gegen Gerichtsentscheidungen unter den Voraussetzungen des § 90 BVerfGG Verfassungsbeschwerde erhoben werden kann. Kann nun ein Bürger, der in einem bürgerlich-rechtlichen Rechtsstreit einem anderen Bürger gegenübersteht, die Maßgeblichkeit der Grundrechte für diesen Rechtsstreit nicht mit der Begründung behaupten, das Gericht übe mit seinem Urteil öffentliche Gewalt ihm gegenüber aus und unterliege daher bei dieser Entscheidung der Grundrechtsbindung? Kann sogar weitergehend argumentiert werden, daß jedes privatrechtliche Müssen des einen Bürgers bzw. jedes privatrechtliche Dürfen des anderen auf staatlicher Rechtsmacht beruht (so *Schwabe*, Die sogenannte Drittwirkung der Grundrechte, 1971; vgl. auch *Bleckmann*, DVBl. 1988, 938)? Hier müssen drei Fragenkreise *auseinandergehalten* werden:

**207** — Für bürgerlich-rechtliche *Gesetze* gilt nichts anderes als für andere Gesetze: Sie müssen gem. Art. 1 Abs. 3 mit den Grundrechten vereinbar sein. Dabei muß zwischen dispositiven und zwingenden Normen unterschieden werden. Die dispositiven Normen, über die die einzelnen frei verfügen können, stellen keine Eingriffe in die grundrechtliche Freiheit dar; Eingriffe liegen in den zwingenden Normen. So kann etwa eine mietrechtliche Vorschrift gegen das Eigentumsrecht des Vermieters oder eine familienrechtliche gegen das Erziehungsrecht der Eltern verstoßen.

**208** — Es muß bei der Rechtsprechung die Entscheidung in der Sache, d. h. über die bürgerlich-rechtliche Rechtsbeziehung, unterschieden werden von den namentlich in den Prozeßordnungen und Gerichtsverfassungsgesetzen niedergelegten Anforderungen an die *Rechtsprechung* als Ausübung öffentlicher Gewalt. Diese Gesetze werden bezeichnenderweise auch als öffentliches Recht angesehen, weil sie ausschließlich einen Träger öffentlicher Gewalt berechtigen oder verpflichten (vgl. *Maurer*, Allg. VwR, § 3 Rdnr. 17 ff.). Insoweit hat das BVerfG mit Recht festgestellt: „Im gerichtlichen Verfahren tritt der Richter den Verfahrensbeteiligten formell und in unmittelbarer Ausübung staatlicher Hoheitsgewalt gegenüber. Er ist daher nach Art. 1 Abs. 3 bei der Urteilsfindung an die insoweit maßgeblichen Grundrechte gebunden und zu einer rechtsstaatlichen Verfahrensgestaltung verpflichtet" (E 52, 203/207). Ihn binden vor allem, aber nicht ausschließlich, die prozessualen Grundrechte der Art. 19 Abs. 4, 101 und 103. Das gilt für alle Gerichtsbarkeiten, muß aber für die bürgerlich-rechtlichen Streitigkeiten der *ordentlichen Gerichtsbarkeit* betont werden; in der Strafrechtspflege und den öffentlich-rechtlichen Gerichtsbarkeiten (Verwaltungs-, Sozial- und Finanzgerichte) stellt sich demgegenüber das Abgrenzungsproblem zwischen Verfahrensanforderungen und Entscheidungsmaßstäben in der Sache nicht, weil hier auch die Entscheidung in der Sache unzweifelhaft Ausübung öffentlicher Gewalt ist und daher der Grundrechtsbindung unterliegt, denn hier wird nach dem Maßstab öffentlichen Rechts entschieden, und eine der Parteien ist notwendig ein Träger öffentlicher Gewalt.

— Bei den die Beziehungen zwischen Privaten regelnden bürgerlich-rechtlichen Gesetzen muß zwischen einerseits *speziellen Normen* und andererseits *Generalklauseln* und Blankettbegriffen wie „rechtmäßig", „rechtswidrig", „sittenwidrig" und dergleichen unterschieden werden. Bei speziellen Normen stellt sich meist nur die Frage ihrer Verfassungsmäßigkeit oder Verfassungswidrigkeit. Dagegen spielen bei Generalklauseln und Blankettbegriffen Fragen der verfassungskonformen oder -nichtkonformen Auslegung oft die entscheidende Rolle (vgl. oben Rdnr. 98 ff.). 209

Dies ist der zutreffende Ansatzpunkt für die ständige Rechtsprechung und h.L. zur *mittelbaren Drittwirkung:* Die Grundrechte gelten danach nicht unmittelbar im Privatrecht, prägen es aber: „Gesetzgebung, Verwaltung und Rechtsprechung empfangen von ihm Richtlinien und Impulse. So beeinflußt es selbstverständlich auch das bürgerliche Recht; keine bürgerlich-rechtliche Vorschrift darf in Widerspruch zu ihm stehen, jede muß in seinem Geiste ausgelegt werden" (E 7, 198/205 f.; 73, 261/269). Die Grundrechte lösen also bürgerlich-rechtliche Streitigkeiten nicht konkret, sondern entfalten sich „erst durch das Medium der das jeweilige Rechtsgebiet unmittelbar beherrschenden Vorschriften". Medium für die *Ausstrahlung* der Grundrechte auf das bürgerliche Recht sind vor allem die Generalklauseln, die deshalb als „Einbruchstellen" der Grundrechte in das bürgerliche Recht bezeichnet werden (vgl. schon oben Rdnr. 101 f.). 210

**Beispiele:** Erich Lüth hatte im Jahr 1950 als Vorsitzender des Hamburger Presseklubs zum Boykott des Films „Unsterbliche Geliebte" von Veit Harlan, der während des Dritten Reichs den antisemitischen Film „Jud Süß" gedreht hatte, aufgerufen. Die Produktions- und Verleihfirma des Films „Unsterbliche Geliebte" klagten daraufhin gegen Lüth auf Unterlassung des Boykottaufrufs aus § 826 BGB. Diese Vorschrift muß „im Geiste" des Art. 5 Abs. 1 S. 1 ausgelegt werden (E 7, 198/205). — Ein Angestellter eines Pharmaunternehmens weigerte sich aus Gewissensgründen, an der Entwicklung eines Medikaments mitzuwirken, das die Kampffähigkeit von Soldaten in einem Nuklearkrieg erhöht. Dies kann den Arbeitgeber wegen Art. 4 Abs. 1 verpflichten, den Angestellten anderweitig zu beschäftigen (vgl. BAGE 62, 59). 211

212 Die *Bedeutung* der mittelbaren Drittwirkung ist vor allem darin zu sehen, daß sie auch unter den Bedingungen der modernen hochkomplexen Industriegesellschaft Freiheit und Gleichheit wahren hilft. Diese setzen nämlich nach ihrem geschichtlichen Verständnis (vgl. oben Rdnr. 32 ff.) einen Zustand *faktischer Symmetrie* voraus, in dem jeder Bürger die gleichen Chancen der Verfolgung und Durchsetzung seiner Interessen hat. Diese faktische Symmetrie ist heute nicht nur durch die Macht des Staates, sondern auch durch die Ausübung privater wirtschaftlicher und sozialer Macht oft beseitigt oder gefährdet. Zwar ist Machtausübung in gewissem Umfang selbst grundrechtlich abgesichert (vgl. Art. 14 Abs. 1), und im übrigen ist der demokratische Gesetzgeber legitimiert, die gesellschaftlichen Verhältnisse in den Grenzen der Verfassung auch asymmetrisch zu gestalten, solange er dadurch nicht Privilegien schafft bzw. Bürger wehr- oder hilflos stellt. So können die Interessen der Mieter und Vermieter durch den Gesetzgeber durchaus unterschiedlich gewichtet werden. Hieran ist die Rechtsprechung gebunden. Wo sie aber, wie bei Generalklauseln und Blankettbegriffen, nicht gebunden ist, verlangen die Grundrechte, Chancengleichheit durch Herstellung faktischer Symmetrie zu wahren (vgl. E 81, 242/261 ff.; dazu *Hermes*, NJW 1990, 1764; *Hillgruber*, AcP 1991, 69; ferner *Hesse*, VerfR, Rdnr. 357; *Schlink*, Abwägung im Verfassungsrecht, 1976, S. 214 ff.). Darin entfaltet sich eine schützende Wirkung; der Drittwirkungs- und der Schutzpflichtgedanke (vgl. oben Rdnr. 103 ff.) stehen in engem Zusammenhang.

213 **Beispiel:** Die kleine Zeitung „Blinkfüer" druckte auch nach dem Bau der Berliner Mauer am 13. 8. 1961 noch Rundfunkprogramme aus der DDR ab. Darauf wurde sie vom großen Springer-Verlag wie folgt boykottiert: Der Springer-Verlag richtete an alle Zeitschriftenhändler ein Rundschreiben, worin er ihnen drohte, sie nicht mehr zu beliefern, wenn sie weiterhin Blinkfüer vertrieben. Der Umsatz von Blinkfüer ging erheblich zurück. Vor dem BGH unterlag Blinkfüer mit seiner Schadensersatzforderung gegen den Springer-Verlag. E 25, 256 hob die Entscheidung des BGH wegen Verletzung von Art. 5 Abs. 1 auf: Seine wirtschaftliche Überlegenheit durfte der Springer-Verlag im Wettbewerb der Meinungen nicht derart ausspielen; die verschiedenen Meinungen müssen mit geistigen Waffen konkurrieren und die gleiche Chance geistigen Wirkens haben.

214 Die mittelbare Drittwirkung, die Ausstrahlungswirkung der Grundrechte leitet das BVerfG zwar aus ihrer objektiv-rechtlichen Bedeutung ab (vgl. oben Rdnr. 98 ff.); es hat aber nie gezögert, ihr zugleich *subjektiv-rechtliche* Wirkungen beizulegen: Läßt der Richter den verfassungsrechtlichen Einfluß auf die bürgerlich-rechtlichen Normen außer Acht, „so verstößt er nicht nur gegen objektives Verfassungsrecht, indem er den Gehalt der Grundrechtsnorm (als objektiver Norm) verkennt, er verletzt vielmehr als Träger öffentlicher Gewalt durch sein Urteil das Grundrecht, auf dessen Beachtung auch durch die rechtsprechende Gewalt der Bürger einen verfassungsrechtlichen Anspruch hat" (E 7, 198/206 f.; a.A. *H. Klein*, Staat 1971, 145/172; *Merten*, NJW 1972, 1799).

*3. Bindung nur der inländischen öffentlichen Gewalt*

215 Wenn in Art. 1 Abs. 3 von Gesetzgebung, vollziehender Gewalt und Rechtsprechung die Rede ist, versteht sich, daß damit die vom Grundgesetz selbst konstituierten Gewalten gemeint sind (st. Rspr., zuletzt E 66, 39/57).

216 **Beispiele:** Ausgeschlossen ist die Grundrechtsbindung daher gegenüber Akten ausländischer öffentlicher Gewalt (E 1, 10). Dazu zählen auch Maßnahmen der sowjetischen Be-

satzungsmacht und der Behörden der DDR. Deshalb ist der bundesdeutsche Verfassung- und Gesetzgeber nicht aufgrund Art. 14 Abs. 1 verpflichtet, deren Enteignungen rückgängig zu machen oder zu entschädigen (vgl. unten Rdnr. 1006a). — Ausländische Rechtsnormen dürfen von der deutschen Rechtsprechung gem. Art. 6 S. 2 EGBGB nur angewendet werden, wenn dies nicht zu Grundrechtsverstößen führt (vgl. *Stern,* StR III/1, S. 1238 ff.).

Schwierigkeiten bereitet die Einordnung von *Maßnahmen der Organe der EG.* Sie sind zwar grundsätzlich nicht als Akte der inländischen öffentlichen Gewalt anzusehen (vgl. oben Rdnr. 49 ff.). Gleichwohl sollen sie nach der Rechtsprechung des BVerfG der Bindung an die Grundrechte mit folgender Begründung nicht gänzlich entzogen sein: Die Ermächtigung des Art. 24 Abs. 1, Verträgen, die Hoheitsrechte auf zwischenstaatliche Einrichtungen übertragen (sog. primäres Gemeinschaftsrecht), und dem von solchen Einrichtungen gesetzten Recht (sog. sekundäres Gemeinschaftsrecht) Geltungs- und Anwendungsvorrang vor dem innerstaatlichen Recht beizulegen, sei verfassungsrechtlich beschränkt. Die Vorschrift ermächtige nicht dazu, die Identität der geltenden Verfassungsordnung durch Änderung ihrer Grundstrukturen aufzugeben. Ein unverzichtbares, zu diesen Grundstrukturen gehörendes Essentiale sei aber der Grundrechtsteil des Grundgesetzes (E 37, 271/279 f. — Solange I —) bzw. seien die Rechtsprinzipien, die dem Grundrechtsteil des Grundgesetzes zugrundeliegen (E 73, 339/375 f. — Solange II —). Hiergegen wird eingewandt, daß diese Grenzen für die Akte der deutschen öffentlichen Gewalt, besonders die Zustimmungsgesetze, aber auch die Mitwirkung deutscher Organe in der EG gelten und verfassungsgerichtlich kontrolliert werden können, aber nicht den Eingriff in die Rechtsordnung der EG rechtfertigen, den die Bindung von Maßnahmen von Organen der EG an die Grundrechte darstellt (*Hilf,* EuGRZ 1987, 1/6; *Scherer,* JA 1987,483/488). 217

Das BVerfG selbst hält diese Bindung im Hinblick auf den Schutz der Grundrechte durch die EG, namentlich den Europäischen Gerichtshof (vgl. oben Rdnr. 53), immerhin für nicht aktuell. Es erachtet gegenwärtig diesen Grundrechtsschutz im Hoheitsbereich der EG als „nach Konzeption, Inhalt und Wirkungsweise dem Grundrechtsstandard des Grundgesetzes im wesentlichen gleich" (E 73, 339/378) und hat damit den gegenteiligen Standpunkt aus dem Jahr 1974 (E 37, 271/285) korrigiert, nachdem es ihn im Jahr 1979 schon in Frage gestellt hatte (E 52, 187/202 f.). Das Gericht will, solange dies so bleibt, seine Gerichtsbarkeit über die Anwendbarkeit von sekundärem Gemeinschaftsrecht nicht mehr ausüben und dieses Recht mithin nicht mehr am Maßstab der Grundrechte des Grundgesetzes überprüfen (E 73, 339/387). Danach sind nicht nur konkrete Normenkontrollen gem. Art. 100 Abs. 1 über Gesetzgebungsakt der EG unzulässig, sondern auch Verfassungsbeschwerden hiergegen sowie alle Rügen der Grundrechtswidrigkeit von sekundärem Gemeinschaftsrecht in sonstigen Verfahren vor dem BVerfG (*Rupp,* JZ 1987, 241/242). 218

### *4. Sonderproblem: Fiskalgeltung der Grundrechte*

Die Träger öffentlicher Gewalt handeln nicht nur nach Maßgabe des öffentlichen Rechts; auf viele ihrer Tätigkeiten sind privatrechtliche Vorschriften anwendbar. Sind sie auch insoweit vollziehende Gewalt i. S. d. Art. 1 Abs. 3? Das ist die Frage nach der Fiskalgeltung der Grundrechte. Der Begriff leitet sich ab von dem des Fiskus, worun- 219 ter der in der Form des Privatrechts handelnde Staat verstanden wird. Nach der seit dem 18. Jahrhundert entwickelten Fiskustheorie mußte der einzelne die Eingriffe des Monarchen in seine Rechte hinnehmen, konnte aber unter Umständen vom Fiskus Entschädigung verlangen; der Fiskus wurde also als selbständige, privatrechtliche Rechtsperson neben dem hoheitlich handelnden Monarchen gedacht (vgl. *Burmeister*, DÖV 1975, 695). In der damaligen Zeit bedeutete das einen Ausbau des Rechtsschutzes; die Fiskustheorie war also eine durchaus bürgerfreundliche dogmatische Entwicklung. Heute kommt eine Anwendung des Privatrechts für das Handeln der Verwaltung in drei Bereichen vor (vgl. *Maurer*, Allg.VwR, § 3 Rdnr. 6 ff.):

220 — *Privatrechtliche Hilfsgeschäfte der Verwaltung:* Die Beschaffung der für die Verwaltung erforderlichen Sachgüter (Büromaterial, Kraftfahrzeuge, Grundstücke, Verwaltungsgebäude) erfolgt durch privatrechtliche Verträge, also etwa durch Kaufverträge, Mietverträge, Werkverträge. Entsprechendes gilt für die Einstellung zwar nicht der Beamten, wohl aber der Angestellten und Arbeiter des öffentlichen Dienstes, die aufgrund privatrechtlicher Verträge erfolgt.

221 — *Erwerbswirtschaftliche Betätigung der Verwaltung:* Das private Wirtschaftsrecht kommt dann zur Anwendung, wenn ein Träger öffentlicher Gewalt entweder eine eigene unternehmerische Tätigkeit entfaltet (Beispiele: Staatsdomänen, Bierbrauereien, Porzellanmanufakturen) oder die Anteile von Handelsgesellschaften ganz oder zum Teil besitzt (Beispiele: VEBA, STEAG, Lufthansa, Salzgitter AG). Dieser Bereich ist recht problematisch; denn es ist schwierig, den hierin liegenden Eingriff in die Wettbewerbsfreiheit (vgl. unten Rdnr. 909 f.) verfassungsrechtlich zu legitimieren (*Dürig*, M/D, Art. 2 Rdnr. 52). Im Gemeinderecht sind denn auch der erwerbswirtschaftlichen Betätigung gesetzliche Grenzen gezogen (vgl. § 88 nw GO).

222 — *Wahrnehmung von Verwaltungsaufgaben* in den Formen des Privatrechts: Vor allem im Bereich der Erbringung von Leistungen der Daseinsvorsorge und von Subventionen wird der Verwaltung eine Wahlfreiheit zugestanden, sich öffentlich-rechtlicher oder privatrechtlicher Rechtsformen zu bedienen. Die Wahlfreiheit bezieht sich sowohl auf die Organisationsform der Einrichtung (Beispiel: Wasserwerk als öffentlich-rechtliche Anstalt oder als Aktiengesellschaft) als auch auf die Ausgestaltung der Leistungs- oder Benutzungsverhältnisse (Beispiel: die öffentlich-rechtliche Anstalt kann Gebühren aufgrund einer entsprechenden Satzung erheben oder mit den Benutzern privatrechtliche Verträge abschließen). Die Wahrnehmung von Verwaltungsaufgaben in den Formen des Privatrechts wird Verwaltungsprivatrecht genannt.

223 Unbestritten ist die Grundrechtsgeltung im Bereich des Verwaltungsprivatrechts (vgl. BGHZ 29, 76/80; 33, 230/233; 37, 1/27; 52, 325/327). Für die beiden ersten Bereiche wird dagegen von der Rechtsprechung des BGH (BGHZ 36, 91/95) und einem Teil der Literatur (*Forsthoff*, BayVBl. 1964, 101; *H. Klein*, Die Teilnahme des Staates am wirtschaftlichen Wettbewerb, 1968, S. 172 f.) die Grundrechtsbindung der Träger öffentlicher Gewalt, die entweder in privatrechtlichen Formen handeln oder hinter einer handelnden Organisationsform des Privatrechts stehen, verneint. Dagegen lassen sich gewichtige Argumente anführen: Nach Wortlaut und Entstehungsgeschichte des Art. 1 Abs. 3 wird die öffentliche Gewalt umfassend an die Grundrechte gebunden. Die systematische Auslegung mit Art. 20 Abs. 3 bestätigt dies. Lediglich eine hi-

storische Interpretation könnte hier zu einem anderen Ergebnis führen. Die Fiskustheorie ist aber unter der Geltung des Grundgesetzes überholt. Das Grundgesetz kennt nur rechtlich konstituierte Staatsgewalt, keine absolute, natürliche oder sonstwie ungebundene Staatsgewalt. Kein Träger öffentlicher Gewalt kann sich den verfassungsrechtlichen Bindungen entziehen und frei wie ein Privater agieren. Im übrigen sind auch die von der Gegenauffassung geäußerten Befürchtungen für die Verwaltungseffektivität nicht begründet. Daher ist die Fiskalgeltung der Grundrechte zu bejahen (vgl. *Hesse*, VerfR, Rdnr. 346 ff.; *Schnapp*, vM, Art. 20 Rdnr. 40; *Stern*, StR III/1, S. 1411 ff.).

**Beispiele:** Die Gemeinden, die ein öffentliches Nahverkehrsnetz unterhalten, betreiben Daseinsvorsorge. Eine Straßenbahn-AG, deren sämtliche Anteile der Stadt gehören, fällt in den Bereich des Verwaltungsprivatrechts. Nach allen Auffassungen muß sie bei der Tarifgestaltung den Gleichheitssatz (Art. 3 Abs. 1) beachten (vgl. BGHZ 52, 325 zur Vergünstigung für Schülerkarten; BGHZ 65, 284 zur Wasserversorgung). — Wenn eine Behörde beim Kauf von Büromaterial (fiskalisches Hilfsgeschäft) oder ein bundeseigener Betrieb bei der Vergabe von Aufträgen (erwerbswirtschaftliche Betätigung) aus unsachlichen Gründen Anbieter oder Abnehmer bevorzugt oder benachteiligt, ist das nicht nach der Rspr. des BGH, wohl aber nach der hier vertretenen Auffassung ein Verstoß gegen Art. 3 Abs. 1. 224

### *5. Grundpflichten?*

Bei der Beschäftigung mit den Grundrechten wird neuerlich auch über Grundpflichten nachgedacht (*Götz/Hofmann*, VVDStRL 41, 1983, 7/42; *Isensee*, DÖV 1982, 609; *Bethge*, JA 1985, 249). Da jedem Recht eines Rechtsträgers eine Pflicht eines anderen Rechtsträgers korrespondiert, können der Staat und, soweit eine entsprechende Drittwirkung gilt (vgl. oben Rdnr. 202 ff.), auch der Bürger in ihrer Bindung an die Grundrechte als Träger von Grundpflichten bezeichnet werden. Allerdings würden damit keine zusätzlichen Rechtserkenntnisse gewonnen, sondern nur die bekannten Grundrechtsprobleme nochmals seitenverkehrt gespiegelt; dieses Reden von Grundpflichten ist denn auch unüblich. 224a

Für die Annahme von Grundpflichten in einem weitergehenden Sinn bietet Art. 6 Abs. 2 S. 1 einen Anhalt: Er spricht von Pflege und Erziehung der Kinder als dem Recht und der Pflicht der Eltern und scheint damit einem Grundrecht eine Grundpflicht an die Seite zu stellen. Aber Art. 6 Abs. 2 S. 2, der den Staat zum Wächter über die Erfüllung der Pflicht einsetzt, stellt klar, daß hier nur ein Hinweis auf die Möglichkeit staatlicher Beschränkungen des Elternrechts gegeben wird (vgl. unten Rdnr. 734); erst durch das Handeln des Staates als des Wächters wird die Pflicht der Eltern rechtlich aktualisiert. Das gilt auch für die Pflichten, die man dem wissenschaftlichen Lehrer in Art. 5 Abs. 3 S. 2 mit der Verfassungstreueklausel und dem Eigentümer in Art. 14 Abs. 2 mit der Gemeinwohlformel auferlegt sehen mag; solange der *Staat* sie nicht *aktualisiert* hat, entfalten sie keine rechtlichen Wirkungen. Keine verfassungstextliche Grundlage haben die zuweilen als Grundpflichten angeführten Steuer-, Wehr- und Schulpflicht; zwar läßt sich sagen, daß die Bundesrepublik Deutschland auf sie angewiesen ist, aber darum bedarf es doch des Gesetzgebers, der sie einführt und ausgestaltet. Nachdem er es getan hat, stehen diese Pflichten auch nicht als Grundpflichten neben den Grundrechten, sondern sind wie alle anderen gesetzlich auferlegten Pflichten deren Schranken. 224b

224 c Gelegentlich ist von einer *Gehorsamspflicht* die Rede, die allen gesetzlich auferlegten Pflichten als Grundpflicht zugrunde liege (*Isensee*, DÖV 1982, 609/612 ff.). Die Vorstellung einer Pflicht, Pflichten zu erfüllen, ist ebenso seltsam wie die eines Rechts, Rechte auszuüben, einer Entschlossenheit zu wollen oder einer Fähigkeit zu können. Auch diese Verdoppelung von Pflichten durch eine Grundpflicht bringt keine zusätzlichen Rechtserkenntnisse.

**Literatur:** Zu I: *A. v. Mutius*, Grundrechtsfähigkeit, Jura 1983, 30. — Zu I. 1.: *K. Hailbronner*, Ausländerrecht und Verfassung, NJW 1983, 2105; *H.-U. Predeick*, Staatsangehörigkeitsrecht und Ausländerpolitik, DVBl. 1991, 623; *H. Rittstieg*, Ausländerrecht und Verfassung, NJW 1983, 2746; *P. Weides*, Die verfassungsrechtlichen Grundlagen des Ausländerrechts, JuS 1986, 530. — Zu I. 3.: *U. Fehnemann*, Die Innehabung und Wahrnehmung von Grundrechten im Kindesalter, 1983; *A. v. Mutius*, Grundrechtsmündigkeit, Jura 1987, 272; *M. Roell*, Die Geltung der Grundrechte für Minderjährige, 1984. — Zu I. 4.: *K. Amelung*, Die Einwilligung in die Beeinträchtigung eines Grundrechtsgutes, 1981; *J. Pietzcker*, Die Rechtsfigur des Grundrechtsverzichts, Staat 1978, 527; *G. Robbers*, Der Grundrechtsverzicht, JuS 1985, 925. — Zu I. 5.: *A. Bleckmann/F. Helm*, Die Grundrechtsfähigkeit juristischer Personen,DVBl. 1992, 9; *S. Broß*, Zur Grundrechtsfähigkeit juristischer Personen des öffentlichen Rechts, VerwArch 1986, 65; *C. Degenhart*, Grundrechtsschutz ausländischer juristischer Personen bei wirtschaftlicher Betätigung im Inland, EuGRZ 1981, 161; *K. Kröger*, Juristische Personen des öffentlichen Rechts als Grundrechtsträger, JuS 1981, 26; — Zu II: *E.-W. Böckenförde*, Grundrechtsgeltung gegenüber Trägern gesellschaftlicher Macht?, in: Freiheit in der sozialen Demokratie, 1975, S. 77; *K. Hesse*, Verfassungsrecht und Privatrecht, 1988; *O. Luchterhandt*, Grundpflichten als Verfassungsproblem in Deutschland, 1988; *J. Pietzcker*, Drittwirkung — Schutzpflicht — Eingriff, in: Festschrift Dürig, 1990, S. 345; *W. Rüfner*, Drittwirkung der Grundrechte. Versuch einer Bilanz, in: Gedächtnisschrift Martens, 1987, S. 215; *F. E. Schnapp*, Die Grundrechtsbindung der Staatsgewalt, JuS 1989,1; *J. Schwabe*, Bundesverfassungsgericht und Drittwirkung der Grundrechte, AöR 1975, 442; *R. Streinz*, Bundesverfassungsgerichtlicher Grundrechtsschutz und Europäisches Gemeinschaftsrecht, 1989; *D. Suhr*, Die Freiheit vom staatlichen Eingriff als Freiheit zum privaten Eingriff?, JZ 1980, 166.

# § 6 GRUNDRECHTSGEWÄHRLEISTUNGEN UND -BESCHRÄNKUNGEN

## I. Schutzbereich und Gewährleistung

225 Die verschiedenen Grundrechte gelten *verschiedenen Lebensbereichen.*

226 **Beispiele:** Art. 4 gilt dem Leben des einzelnen aus seinen religiösen oder sonstigen tiefsten Überzeugungen heraus, Art. 5 gilt der Kommunikation durch und über Informationen und Meinungen und nennt besonders die Kommunikationsmedien Presse und Rundfunk und die Kommunikationsbereiche Kunst und Wissenschaft, Art. 6 gilt der Ehe und Familie, Art. 7 gilt der Schule, Art. 8 und 9 gelten den Versammlungen und den Vereinigungen, usw. Bei Art. 2 Abs. 1 wird die freie Persönlichkeitsentfaltung als allgemeine Handlungsfreiheit verstanden, so daß der Bereich, dem Art. 2 Abs. 1 gilt, das Leben allgemein ist. Auch Art. 3 Abs. 1 gilt dem Leben allgemein, indem er von der Gleichheit schlechthin handelt.

In den verschiedenen, mal eng und mal weit ausgreifenden Lebensbereichen schützen die Grundrechte den einzelnen gegen staatliche Eingriffe. Von Lebensbereich zu Lebensbereich verschieden, schützen sie mal sein *Verhalten insgesamt*, mal aber auch nur *bestimmte Verhaltensweisen.* 227

**Beispiele:** Einfach von Kunst und Wissenschaft redend, schützt Art. 5 Abs. 3 das künstlerische und wissenschaftliche Handeln insgesamt. Art. 8 Abs. 1 schützt dagegen nicht jedes Sich-Versammeln, sondern dieses nur dann, wenn es friedlich und ohne Waffen geschieht. 228

Dies ist der grundrechtlich geschützte Lebensbereich, der *Schutzbereich* des Grundrechts oder Grundrechts*tatbestand* (*Starck*, M/K, Art. 1 Abs. 3 Rdnr. 170). Gelegentlich wird er auch der *Normbereich* des Grundrechts genannt, d. h. der Bereich, den die Grundrechtsnorm aus der Lebenswirklichkeit als Schutzgegenstand herausschneidet (*Hesse*, VerfR, Rdnr. 46, 69, im Anschluß an *F. Müller*, Strukturierende Rechtslehre, 1984). Wenn vom *Regelungsbereich* die Rede ist, dann ist damit nicht der Schutzbereich, sondern der Lebensbereich, dem das Grundrecht gilt und in dem es den Schutzbereich erst bestimmt, gemeint. 229

**Beispiele:** Der Regelungsbereich des Art. 8 Abs. 1 erstreckt sich auf alle Versammlungen. Sein Schutzbereich umfaßt dagegen nur friedliche und waffenlose Versammlungen. — Der Regelungsbereich des Art. 103 Abs. 2 ist das Rückwirkungsverbot im Strafrecht. Sein Schutzbereich erstreckt sich dagegen nur auf die die Strafbarkeit betreffenden Normen. Gesetze, die einerseits zum Strafrecht zu zählen sind, aber andererseits nicht die Strafbarkeit betreffen, wie z. B. Verjährungsregelungen (E 25, 269; krit. dazu *Pieroth*, JuS 1977, 394/398 f.), fallen also nicht unter das Rückwirkungsverbot des Art. 103 Abs. 2. 230

Das Verhalten im Schutzbereich eines Grundrechts kann als *Grundrechtsgebrauch* oder *Grundrechtsausübung* bezeichnet werden. Wenn hier vom Verhalten im Schutzbereich der Grundrechte die Rede ist, dann will dies in denkbar weitem Sinn verstanden werden. Gemeint ist nicht nur das Handeln (sog. positive Freiheit), sondern auch das Unterlassen (sog. negativer Freiheit). Gemeint ist das Verhalten nicht nur im Schutzbereich derjenigen Grundrechte, die im Text von Handlungen („seine Meinung . . . äußern", „sich . . . unterrichten", „sich . . . versammeln" etc.) sprechen, sondern auch im Schutzbereich weniger handlungs- als vielmehr sachbezogen formulierter Grundrechte. Art. 5 Abs. 3 wurde als Beispiel schon entsprechend erwähnt, wobei freilich Kunst und Wissenschaft auch im alltäglichen Sprachgebrauch die sachbezogenen Bezeichnungen von Handlungskomplexen sind. Aber auch wo das alltägliche Sprachverständnis eines Grundrechts den Handlungs- hinter dem Sachbezug völlig zurücktreten läßt, ist ein Verhalten der Inhalt des Schutzbereichs, das vom *Handeln* über das *Unterlassen* bis zum bloßen *Sich-Befinden* reichen kann. 231

**Beispiele:** Art. 14 Abs. 1 gewährleistet das Eigentum und nimmt damit den Bestand und die Nutzung eigener Sachen und Rechte in seinen Schutzbereich; Art. 13 erklärt die Wohnung für unverletzlich und definiert sie dadurch als Schutzbereich, in dem der einzelne sich befindet, sich auch sonst verhält und besonders auch entscheidet, wer Zutritt hat; Art. 10 bestimmt die Unverletzlichkeit des Briefgeheimnisses und eröffnet damit einen Schutzbereich für alle Handlungen des brieflichen Verkehrs; Art. 2 Abs. 2 S. 1 gewährleistet dem einzelnen mit dem Recht auf das Leben das Recht zu leben, in dessen Schutzbereich nicht die bloße Befindlichkeit des Lebens sondern das Atmen, Sich-Ernähren und Sich-Bewegen gehört, ohne das es Leben nicht gibt. 232

**Lösungstechnischer Hinweis:** Mit der Bestimmung des einschlägigen Schutzbereichs fängt die Fallbearbeitung an. Auf welches Grundrecht sich der einzelne berufen kann, 233 wenn er staatliche Eingriffe in ein Verhalten abwehren oder auch staatlichen Schutz, staatliche Förderung für sein Verhalten begehren will, hängt davon ab, in welchen Schutzbereich sein Verhalten fällt.

234 Der Schutz, den das Grundrecht in seinem Schutzbereich dem einzelnen bietet, wirkt zunächst in der Gestalt von *subjektiven Rechten.* Bei manchen Grundrechten findet sich auch der objektiv-rechtliche Schutz von Instituten und Institutionen, und allen Grundrechten erkennen BVerfG und h. L. neben der subjektiv-rechtlichen noch eine *objektiv-rechtliche Bedeutung* zu (vgl. näher oben Rdnr. 90 ff.). Aber dadurch kann die subjektiv-rechtliche Bedeutung nicht beschränkt, sondern nur verstärkt werden, z. B. indem das subjektive Recht, Eingriffe abzuwehren, zum Verfahrens-, Teilhabe- oder gar Leistungsrecht geweitet wird.

235 Diese Schutzwirkungen in Gestalt subjektiven und objektiven Rechts sind die Grundrechtsgewährleistungen, -garantien oder -verbürgungen. *Terminologisch* ist zu unterscheiden: Das Grundrecht *hat* seinen Schutzbereich, und es verbürgt, garantiert oder gewährleistet *im* Schutzbereich subjektive Rechte (Abwehr-, Verfahrens-, Teilhabe- oder Leistungsrechte), Einrichtungs- (Instituts- oder institutionelle) Garantien, eine grundrechtskonforme Auslegung und Anwendung einfachen Rechts etc. Geläufig ist auch eine Terminologie, die verkürzend einfach davon spricht, daß Grundrechte Freiheiten, Leistungen, Einrichtungen, Werte und Prinzipien etc. verbürgen, garantieren oder gewährleisten, und auch vom Gewährleistungs- oder Garantiegehalt der Grundrechte ist die Rede. Entscheidend ist, daß der Begriff der Grundrechtsgewährleistung mit den verwandten Begriffen auf rechtlich ausgeformte *Schutzwirkungen* der Grundrechte bezogen ist, während der Begriff des Schutzbereichs, den ein Grundrecht hat, den *Wirklichkeitsausschnitt* bezeichnet, in dem der Schutz wirkt.

236 **Beispiele:** Art. 12 hat als Schutzbereich das Berufsleben und Ausbildungswesen und gewährleistet in diesem Schutzbereich Abwehr-, eventuell auch Teilhabe- und Leistungsrechte. Daß Art. 3 nicht einem bestimmten Lebensbereich gilt, sondern die Gleichheit schlechthin fordert, wurde schon erwähnt; bei Art. 3 geht es daher auch nicht um Schutzbereiche, sondern nur um Gewährleistungen. Auch bei der allgemeinen Handlungsfreiheit des Art. 2 Abs. 1 erübrigt sich eine positive Bestimmung des Schutzbereichs; nur negativ ist auszugrenzen, was von den anderen Grundrechten spezieller geschützt ist und daher nicht mehr unter den allgemeinen Schutz der allgemeinen Handlungsfreiheit fallen kann.

237 **Lösungstechnischer Hinweis:** Die Fallbearbeitung verlangt die Bestimmung der jeweiligen Grundrechtsgewährleistung, -garantie oder -verbürgung bei der Frage, was gewollt ist bzw. gewollt werden kann. Beispielsweise genügt es dafür, daß jemand unter Berufung auf Art. 12 Abs. 1 die staatliche Unterstützung für eine zusätzliche Berufsausbildung fordern kann, nicht, daß auch die zusätzliche Berufsausbildung in den Schutzbereich von Art. 12 Abs. 1 fällt; vielmehr muß Art. 12 Abs. 1 neben den entsprechenden Abwehrrechten gerade entsprechende Leistungsrechte gewährleisten.

## II. Eingriff, Schranke und verwandte Begriffe

238 Der gewissermaßen wildwüchsige Grundrechts- oder Freiheitsgebrauch der Grundrechtsberechtigten würde zu *Konflikten* führen: zu Konflikten mit den Interessen der Allgemeinheit und auch mit den Rechten und Grundrechten jeweils anderer Grundrechtsberechtigter. Deshalb gibt es Eingriffe in die Grundrechte und werden dem Grundrechtsgebrauch Schranken gezogen. Wann der Staat die Eingriffe vornehmen

und die Schranken ziehen darf und wann der Grundrechtsberechtigte sie, weil sie verfassungsrechtlicher Rechtfertigung entbehren, abwehren kann, ist später zu fragen (vgl. unten Rdnr. 292 ff.). Zunächst sind die im Grundgesetz gebrauchten *Begriffe* des Eingriffs, der Schranke, der Be- und Einschränkung, Regelung, Antastung und Verletzung sowie die nicht im Grundgesetz gebrauchten, aber von Rechtsprechung und Lehre verwandten Begriffe der Beeinträchtigung, Verkürzung, Begrenzung, Ausgestaltung und Konkretisierung zu klären. Teils bedeuten sie dasselbe, teils Verschiedenes.

### 1. *Eingriff, Schranke, Be- oder Einschränkung, Beeinträchtigung, Verkürzung, Begrenzung*

Ein Eingriff, eine Schranke, eine Be- oder Einschränkung, eine Beeinträchtigung, eine **239**
Verkürzung oder eine Begrenzung von seiten des Staats ist stets dann gegeben, wenn dem einzelnen ein Verhalten, das vom Schutzbereich eines Grundrechts umfaßt ist, durch den Staat verwehrt wird. Der Eingriff kann *individuell* (Verwaltungsakt, Gerichtsurteil) oder *generell* (Gesetz, Rechtsverordnung, Satzung) erfolgen. Er kann auch durch ein Gesetz lediglich ermöglicht werden; wenn das Gesetz z. B. die Verwaltung ermächtigt, dem einzelnen dieses oder jenes Verhalten zu verwehren, dann entscheidet es zwar schon, welche Eingriffe den einzelnen treffen können, nimmt sie aber noch nicht vor.

Die *verschiedenen Begriffe* des Eingriffs, der Schranke, der Be- und der Einschränkung, **240**
der Beeinträchtigung und der Verkürzung sind *gleichbedeutend.* Lediglich der Begriff der *Begrenzung* ist anders und *weiter gefaßt:* Er ist nicht nur synonym für Be- und Einschränkung und Schrankenziehung, sondern bezeichnet auch die Grenze, die die grundrechtlich geschützte von der grundrechtlich nicht geschützten Lebenswirklichkeit, den Schutzbereich vom Regelungsbereich trennt (vgl. oben Rdnr. 229 f.). Zuweilen wird er sogar allein hierfür vorbehalten.

### 2. *Ausgestaltung und Konkretisierung*

Die Ausgestaltung oder Konkretisierung eines Grundrechts ist stets dann gegeben, **241**
wenn dessen Schutzbereich intakt bleibt, d. h. nicht i.S.d. vorhergehenden Abschnitts beeinträchtigt, be- oder eingeschränkt, verkürzt usw. wird. Hier will der Staat nicht etwa ein Verhalten verwehren, das vom Schutzbereich umfaßt ist. Vielmehr will er Verhaltensmöglichkeiten gerade *eröffnen,* damit der einzelne vom Grundrecht Gebrauch machen kann. Solcher Ausgestaltungen und Konkretisierungen bedarf es bei den sogenannten *rechts- oder normgeprägten Schutzbereichen.* Bei ihnen ist der einzelne zum Grundrechtsgebrauch nicht schon durch seine Natur und auch nicht durch seine gesellige Natur, sondern erst durch die Rechtsordnung imstande.

**Beispiele:** Zu leben (Art. 2 Abs. 2 S. 1) und seinen Aufenthalt hier oder dort zu nehmen **242**
(Art. 11 Abs. 1), gehört zur Natur des einzelnen; sich meinungsmäßig auszutauschen (Art. 5 Abs. 1 S. 1), zu versammeln (Art. 8 Abs. 1) und zu vereinigen (Art. 9 Abs. 1), gehört zu seiner natürlichen Geselligkeit. Dagegen macht erst die Rechtsordnung aus irgendeinem Zusammenleben von Frau und Mann die Ehe (Art. 6 Abs. 1), aus irgendeiner privaten Weitergabe von Wissen die Privatschule (Art. 7 Abs. 4), aus irgendeinem Haben das Eigentum (Art. 14 Abs. 1). Beim Eigentum und Erbrecht spricht das Grundrecht die notwendige Rechts- oder Normgeprägtheit dadurch auch deutlich aus, daß es nicht erst eine Schranken-, sondern schon eine Inhaltsbestimmung zuläßt (Art. 14 Abs. 1 S. 2).

243 Dabei gibt es nicht nur Schutzbereiche einerseits mit und andererseits ohne Rechts- und Normprägung. Grundrechte können auch Schutzbereiche haben, die *teilweise rechts- oder normgeprägt* sind.

244 **Beispiele:** Art. 9 Abs. 1 gewährleistet nicht nur das Recht, sich irgendwie zu vereinigen oder zu gesellen, sondern das Recht zur Bildung der Rechtsinstitute des Vereins und der Gesellschaft sowie weiterer von der Rechtsordnung geschaffenen Vereinigungstypen, wie der Kommanditgesellschaft, der Aktiengesellschaft und der Genossenschaft. Art. 2 Abs. 1 gewährleistet mit der Vertragsfreiheit (vgl. unten Rdnr. 425) die Freihei zu rechtlich verbindlicher, von der Rechtsordnung vorgesehener und gesicherter Gestaltung (vgl. *Höfling*, Vertragsfreiheit, 1991, S. 20 ff.).

245 Bei den Grundrechten mit rechtsgeprägten Schutzbereichen, zu denen besonders die gehören, die auch Einrichtungsgarantien gewährleisten, taucht stets das folgende *Problem* auf: Einerseits sind sie auf Ausgestaltung angelegt, andererseits sollen sie dem Staat vorausliegen und ihn verpflichten. Daß der Gesetzgeber ein Grundrecht ausgestalten muß, kann nicht heißen, daß er über das Grundrecht verfügen darf. Es muß also jeweils eine Grenze gezogen werden, diesseits derer der rechtsetzende Staat den Schutzbereich *ausgestaltet*, während er jenseits ihrer in das Grundrecht *eingreift* und Schranken zieht. Da die Geschichte die natürliche Geselligkeit des Menschen rechtlich verfaßt hat, bietet auch die Geschichte das Kriterium für die gesuchte Grenze. Die Ausgestaltung des Schutzbereichs endet grundsätzlich da, wo die Rechtsetzung *mit der Tradition bricht.*

246 **Beispiele:** Die Ehescheidungsreform, die das Verschuldens- durch das Zerrüttungsprinzip ablöste, hielt an der Tradition der monogamischen, einverständlich begründeten und grundsätzlich lebenslangen Ehe fest und gestaltete diese nur neu aus. Ein Eherecht, das alle Ehen nach fünf Jahren auslaufen ließe und für die Fortdauer eine Neubegründung verlangte, wäre ein Eingriff. — Zum Begriff des Eigentums gehört traditionell das Merkmal der Privatnützigkeit. Wenn diese vielfältig beschränkt wird, ist dies, weil ebenfalls traditioneller Befund, durchaus noch Ausgestaltung bzw., wie Art. 14 Abs. 1 S. 2 formuliert, Inhaltsbestimmung. Wenn jedoch dem Eigentümer jegliche Verfügung über sein Eigentum und jegliche Nutzung seines Eigentums verwehrt würde und nur noch das nackte Recht bliebe, wäre dies keine Ausgestaltung bzw. Inhaltsbestimmung mehr, sondern ein Eingriff.

247 Auch wo Schutzbereiche nicht rechtsgeprägt sind und der Ausgestaltung oder Konkretisierung insofern nicht bedürfen, kann die Rechtsordnung natürlich den *Grundrechtsgebrauch erleichtern und fördern.*

248 **Beispiel:** Von der Versammlungsfreiheit kann zwar oft ohne jedes staatliche Zutun, ohne jede Erleichterung und Förderung durch die Rechtsordnung Gebrauch gemacht werden. Demonstrationen, in Art. 8 Abs. 1 i.V.m. Art. 5 Abs. 1 S. 1 geschützt, sind dagegen unter Umständen darauf angewiesen, daß die Polizei Wege sichert, Verkehr anhält und umleitet etc. Die Anmeldung von Demonstrationen (vgl. § 14 Abs. 1 VersammlG) liegt daher unter Umständen auch im eigenen Interesse der Demonstranten.

249 Gelegentlich wird hierfür der Begriff der *Konkretisierung* verwandt und bei den rechtsgeprägten Schutzbereichen nur von Ausgestaltung geredet (*Hesse*, VerfR, Rdnr. 303 ff.). Wichtig ist der sachliche Unterschied: Bei den rechtsgeprägten Schutzbereichen sind dem Verhalten durch die Rechtsordnung stets und notwendig bestimmte Bahnen vorgegeben und kann das Verhalten nur in diesen Bahnen frei sein. Dem

Handeln die Bahnen vorzugeben, muß daher noch nicht einen Eingriff in den Schutzbereich bedeuten. Bei den nicht rechtsgeprägten Schutzbereichen liegt dagegen in der Vorgabe bestimmter Bahnen ein Eingriff.

**Beispiele:** Die freie Meinungsäußerung und -verbreitung in Wort, Schrift und Bild in bestimmten Medien (Leserbrief, Schwarzes Brett, Speakers corner) unter Ausschluß anderer zu kanalisieren, wäre ein Eingriff in Art. 5 Abs. 1 S. 1, nicht nur dessen Konkretisierung. Von einer solchen könnte nur dann gesprochen werden, wenn der Staat Schwarze Bretter und Speakers corners zusätzlich zu den Medien, die sich der einzelne erschließt, zur Verfügung stellt. Aber hierfür bedarf es nicht des besonderen Begriffs. — Im vorigen Beispiel wäre es verfehlt, nicht nur die Sicherungsmaßnahmen der Polizei, sondern auch die Verpflichtung zur Anmeldung von Demonstrationen oder gar das ganze Versammlungsgesetz als Konkretisierung der Versammlungsfreiheit zu verstehen. Auch wenn beides den Demonstranten einmal zugute kommen kann, ist es doch Eingriff und Schranke um der Interessen der Allgemeinheit und um der Rechte und Grundrechte derer willen, die nicht demonstrieren. 250

### *3. Regelung*

Den Begriff der Regelung verwendet das Grundgesetz bei den Grundrechten und grundrechtsgleichen Rechten besonders dann, wenn es den Gesetzgeber lediglich ermächtigt, „das Nähere" zu regeln oder zu bestimmen (Art. 4 Abs. 3 S. 2, 12a Abs. 2 S. 3, 38 Abs. 3, 104 Abs. 2 S. 4). Damit meint es, daß der Gesetzgeber die jeweilige Gewährleistung zwar durch Modalitäten, Formen und Verfahren handhabbar machen, ihren Gehalt aber *nicht verändern oder verkürzen* darf. Anknüpfend an diesen Begriff der näheren Regelung ließe sich erwägen, vom Gesetzgeber auch da, wo nur von einer *Ermächtigung zur Regelung* die Rede ist (Art. 12 Abs. 1 S. 2), ein besonders behutsames Tätigwerden zu verlangen. 251

**Beispiel:** Das BVerfG hat den Begriff der Regelung in Art. 12 Abs. 1 S. 2 zunächst dahin verstanden, „daß eher an eine nähere Bestimmung der Grenzen von innen her, d. h. der im Wesen des Grundrechts selbst angelegten Grenzen, gedacht ist als an Beschränkungen, durch die der Gesetzgeber über den sachlichen Gehalt des Grundrechts selbst verfügen, nämlich seinen natürlichen, sich aus rationaler Sinnerschließung ergebenden Geltungsbereich von außen her einengen würde" (E 7, 377/404 — Apothekenurteil —). 252

In seiner neueren Rechtsprechung zu Art. 12 Abs. 1 S. 2 hat das BVerfG *Be- und Einschränkungen aller Art* als Regelungen anerkannt. Die Grenze zwischen Regelungen „von innen her" und „von außen her" läßt sich hier auch nicht fassen; bei den nicht rechtsgeprägten Schutzbereichen versagt das Kriterium der Geschichte, das die Grenze zwischen einerseits Ausgestaltung und andererseits Eingriff oder Schranke bestimmt (vgl. oben Rdnr. 245). Inkonsequent hat das BVerfG für Art. 19 Abs. 1 S. 2 allerdings darauf bestanden, daß das gesetzgeberische Tätigwerden zu Art. 12 Abs. 1 nicht dem Zitiergebot unterfalle, weil es als Regelung nicht Einschränkung sei (E 13, 97/122; vgl. unten Rdnr. 351 ff.). 253

So meint denn der Begriff der Regelung nicht etwa ein behutsameres gesetzgeberisches Tätigwerden als die Begriffe der Be- oder Einschränkung etc. Er ist insofern *sogar weiter* als diese Begriffe, als von Regelungen auch dort gesprochen wird, wo Grundrechte gar nicht betroffen sind oder jedenfalls nicht durch einen Eingriff getroffen werden. Es gibt staatsorganisatorische und grundrechtsausgestaltende oder -konkretisierende Regelungen ebenso wie grundrechtsbe- und -einschränkende. 254

*4. Antastung*

**255** Sowohl die *Menschenwürde* als auch die *Wesensgehalte* der Grundrechte erklärt das Grundgesetz für unantastbar (Art. 1 Abs. 1 S. 1, 19 Abs. 2). Es verwendet den Begriff der Antastung nur in diesem verbietenden Sinn und nur bei den grundrechtlichen Gewährleistungen, die es der Disposition des Staats verstärkt entzieht. Zwar ist es weder grammatisch noch dogmatisch falsch, auch von der Antastung anderer grundrechtlicher Gewährleistungen zu reden, über die der Staat bei entsprechender verfassungsrechtlicher Rechtfertigung disponieren darf. Aber hierfür gibt es genügend andere Begriffe, und so empfiehlt es sich, den Begriff der Antastung der Erörterung und Anwendung von Art. 1 Abs. 1 S. 1 und Art. 19 Abs. 2 vorzubehalten.

*5. Verletzung*

**256** Ein Eingriff in ein Grundrecht kann zulässig oder unzulässig sein. Die Verletzung eines Grundrechts ist stets unzulässig, sie ist der *unzulässige Eingriff* in das Grundrecht. Das Grundgesetz bestimmt die Unverletzlichkeit der Freiheit der Person (Art. 2 Abs. 2 S. 2), der Freiheiten des Glaubens, des Gewissens und des religiösen und weltanschaulichen Bekenntnisses (Art. 4 Abs. 1), des Brief-, Post- und Fernmeldegeheimnisses (Art. 10 Abs. 1) und der Wohnung (Art. 13 Abs. 1). Bei dreien dieser Grundrechte sieht es zugleich Eingriffe und/oder Beschränkungen vor (Art. 2 Abs. 2 S. 3, 10 Abs. 2, 13 Abs. 2 und 3) und gibt damit zu erkennen, daß nur der Eingriff, der nicht vorgesehen und daher verfassungsrechtlich nicht zu rechtfertigen ist, eine Verletzung darstellt. Bei Art. 4 sind keinerlei Eingriffe o. ä. vorgesehen; hier ist — vorbehaltlich einer Kollision (vgl. unten Rdnr. 359 ff.) — jeder Eingriff eine Verletzung.

**257** **Lösungstechnischer Hinweis:** Fallbearbeitungen sind terminologisch oft nicht korrekt, sprechen statt vom Eingriff von der Verletzung und fragen nach deren verfassungsrechtlicher Rechtfertigung. Aber die Verletzung ist gerade der verfassungsrechtlich nicht zu rechtfertigende und daher unzulässige Eingriff. Ob ein Grundrecht verletzt worden ist oder nicht, stellt daher das Ergebnis der Prüfung dar.

## III. Schutzbereich und Eingriff

**258** Die beiden Begriffe des Schutzbereichs und des Eingriffs mit ihren jeweiligen Synonymen sind *aufeinander bezogen*. Je weiter die Schutzbereiche der Grundrechte verstanden werden, desto mehr erscheint staatliches Handeln als Eingriff, je enger sie verstanden werden, desto weniger gerät der Staat mit den Grundrechten in Konflikt.

**259** **Beispiel:** Ob die Polizei, die einem Künstler das Abhalten eines Happenings auf der Straßenkreuzung verwehrt, in die Kunstfreiheit eingreift, ist nicht nur die Frage, ob das Verwehren ein Eingriff ist, oder, wenn es freundlich, ohne Zwang und durch bloßen Hinweis auf die drohenden Gefahren durchgesetzt wird, kein Eingriff ist. Vielmehr ist schon die Frage, ob das Happening, das Happening auf der Straßenkreuzung, das Happening auf der verkehrsreichen Straßenkreuzung in den Schutzbereich der Kunstfreiheit fallen. Das enge Kunst- und Kunstfreiheitsverständnis gibt der Polizei mehr Handlungsspielraum als das weite: Mal kommt das Verwehren des Happenings gar nicht als Eingriff in Betracht, mal kommt als Eingriff nur das Verwehren bei starkem Verkehr und mal auch jedes Verwehren des Happenings in Betracht.

**260** Da der Staat, wenn er einen Eingriff vornimmt, verfassungsrechtlicher Rechtfertigung bedarf, mag es scheinen, als müsse gerade ein freiheitliches Staatsverständnis die Schutzbereiche weit ziehen (*Höfling*, Offene Grundrechtsinterpretation, 1987) und auch den Eingriffsbegriff weit fassen: Ist nicht der Staat um so freiheitlicher, je mehr er über sein Handeln Rechenschaft ablegen muß, je weiteren und stärkeren Anforderungen verfassungsrechtlicher Rechtfertigung er unterworfen ist? Aber dabei bleibt zweierlei außer Betracht: Zum einen ist die verfassungsrechtliche Rechtfertigung an den Grundrechten nicht die einzige Rechtfertigung des Staatshandelns, sondern die eine neben der anderen, die sich auf den demokratischen politischen Prozeß stützt. Zum anderen würde eine Überforderung und Überdehnung der Grundrechte die verfassungsrechtliche Rechtfertigung so oft und so oft da fordern, wo sie sich von selbst versteht, daß ihre Maßstäbe zu kleiner, billiger Münze verkämen.

**Beispiel:** Ein weiter Gewissensbegriff und ein weiter Begriff der Gewissensfreiheit könnte jedes Handeln, das von festen Überzeugungen geleitet ist, unter den Schutz von Art. 4 Abs. 1 ziehen. Da für Art. 4 Abs. 1 keine Eingriffe o. ä. vorgesehen sind, wäre jede Schranke, die dem aus festen Überzeugungen Handelnden gezogen wird, eigentlich eine Verletzung der Gewissensfreiheit. Dies kann und darf jedoch nicht sein: Schon das Überqueren der Straße bei roter Ampel kann von der festen Überzeugung geleitet sein, daß der einzelne selbst beurteilen kann, wann der Verkehr ihn gefährdet und wann nicht. So müßten denn für unendlich viele Situationen in Art. 4 Abs. 1 nicht vorgesehene Eingriffsrechtfertigungen ersonnen werden. Die Rechtfertigung aus kollidierendem Verfassungsrecht (vgl. unten Rdnr. 366 ff.), die von Rechtsprechung und Lehre für nicht vorgesehene Eingriffe als letzte und behutsam einzusetzende Möglichkeit und Rechtfertigung entwickelt worden ist, verlöre ihren Ausnahmecharakter und würde das differenzierte Schrankensystem der Grundrechte sprengen. 261

So spricht denn *keine Vermutung* dafür, die Schutzbereiche *weit* zu ziehen, wie das teilweise behauptet wird („in dubio pro libertate"). Auch dafür, sie *eng* zu ziehen, spricht keine Vermutung (vgl. *v. Münch*, vM, Vorb. Art. 1—19 Rdnr. 51). Die Schutzbereiche jedes einzelnen Grundrechts müssen mit den normalen juristischen Auslegungsmitteln von dessen Text, Geschichte, Genese und systematischer Stellung her einfach richtig bestimmt werden. Auch der Begriff des Eingriffs ist nicht von irgendwelchen Vermutungen, sondern von Funktion und Begriff der Grundrechte her zu bestimmen. 262

### *1. Bestimmung des Schutzbereichs*

Der Schutzbereich ist bei jedem einzelnen Grundrecht gesondert zu bestimmen. Vorab und *allgemein* ist lediglich folgendes festzuhalten.

a) Das Reden vom Bereich darf nicht zu **falschem räumlichen Denken** verleiten. Es muß nicht der eine Raum sein, der verschiedenes Verhalten zum Inhalt desselben Schutzbereichs verbindet. Vielmehr kann dieselbe Funktion, dieselbe Rolle, dasselbe Thema den identischen Inhalt des Schutzbereichs ausmachen. 263

**Beispiele:** Zwar bezeichnet der Begriff Wohnung einen Raum. Aber Art. 13 stellt den Raum der Wohnung nicht mit allem darin stattfindenden Verhalten frei. Er tut dies nicht nur darum nicht, weil er in Abs. 2 und 3 bestimmte Eingriffe und Beschränkungen ausdrücklich vorsieht. Vielmehr hat er schon einen anderen Schutzbereich; er schützt die Wohnung in ihrer Funktion, dem einzelnen Obdach und die Möglichkeit der Abschirmung und des Rückzugs für sein persönliches und möglicherweise auch geschäftliches Verhalten zu bieten. Wann dieses Verhalten selbst rechtmäßig und wann es rechtswidrig ist, ist nicht an Art. 13, sondern an den anderen Grundrechten zu messen; z.B. gelten die mit den anderen Grundrechten vereinbaren Straf- und Zivilrechtsnormen innerhalb ebenso wie außerhalb der Wohnung. An Art. 13 ist nur das Eindringen des Staats in die Wohnung zu messen. 264

265 b) Der Schutzbereich eines Grundrechts kann oft nicht in isoliertem Blick auf dieses Grundrecht, sondern nur in **systematischer Zusammenschau** mit anderen Grundrechten und sonstigen Verfassungsbestimmungen bestimmt werden (vgl. *Starck*, M/K, Art. 1 Abs. 3 Rdnr. 171).

266 **Beispiele:** Das Nebeneinander von Art. 4 Abs. 1 und Art. 5 Abs. 1 lehrt, daß unter religiösem Bekenntnis nicht einfach religiöse Meinungen zu verstehen sind; das Nebeneinander von Grundrechten und Organisationsrecht läßt die Äußerung des Abgeordneten in der Bundestagsdebatte aus dem Schutzbereich von Art. 5 Abs. 1 herausfallen (vgl. unten Rdnr. 1156).

267 Dabei ist der *Unterschied* wichtig zwischen
- der Reichweite, die ein Schutzbereich in systematischer Interpretation des Grundrechts erkennen läßt, und
- der Rechtfertigung eines Eingriffs in den Schutzbereich eines Grundrechts durch kollidierendes Verfassungsrecht (andere Grundrechte und sonstige Verfassungsgüter).

268 Der für beides gelegentlich einheitlich verwandte Begriff der *Begrenzung* darf den Unterschied nicht verwischen. Ausgeführt kann er erst später bei der Erörterung der Rechtfertigung von Eingriffen werden (vgl. unten Rdnr. 359 ff.). Hier kann jedoch schon festgehalten werden, daß im Unterschied zur punktuellen, im einzelnen Fall auftretenden Kollision die Reichweite des Schutzbereichs *generell* feststeht.

269 c) Weil Schutzbereich und Eingriff aufeinander bezogen sind, muß der Schutzbereich gelegentlich schon mit **Blick auf den Eingriff** bestimmt werden. Es wird also gefragt, wogegen ein Grundrecht schützt.

270 **Beispiele:** Art. 8 Abs. 1 bringt schon im Normtext zum Ausdruck, daß die Versammlungsfreiheit gegen Anmeldungs- und Erlaubnispflichten schützen soll. Aus der Entstehungsgeschichte des Art. 2 Abs. 2 S. 1 (Recht auf Leben und körperliche Unversehrtheit) ergibt sich, daß gegen bestimmte verbrecherische Eingriffe in das Leben und die körperliche Unversehrtheit, wie sie in der nationalsozialistischen Zeit vorgekommen waren, geschützt werden soll. Der Schutzbereich des Art. 1 Abs. 1 (Schutz der Menschenwürde) wird üblicherweise ausschließlich von der Eingriffsseite, also von möglichen Beeinträchtigungen her bestimmt (vgl. unten Rdnr. 403 ff.).

### 2. *Bestimmung des Eingriffs*

271 Der *klassische Eingriffsbegriff* hat vier Voraussetzungen. Er verlangt, daß ein Eingriff
- final und nicht bloß unbeabsichtigte Folge eines auf ganz andere Ziele gerichteten Staatshandelns,
- unmittelbar und nicht bloß zwar beabsichtigte, aber mittelbare Folge des Staatshandelns,
- Rechtsakt mit rechtlicher und nicht bloß tatsächlicher Wirkung ist und
- mit Befehl und Zwang angeordnet bzw. durchgesetzt wird.

272 Den klassischen Eingriffsbegriff lehnt das moderne Grundrechtsverständnis als *zu eng* ab. Zwar ist das Staatshandeln, das im klassischen Sinn Eingriff ist, auch im modernen Sinn Eingriff. Im modernen Sinn ist aber auch noch anderes Staatshandeln Eingriff. Gelegentlich wird der Eingriffsbegriff noch weitergehend sogar preisgegeben und durch die Vorstellung eines Verstoßes gegen den Auftrag zur Herstellung und Sicherung freiheitlicher Bedingungen der Grundrechtsausübung ersetzt (*Scherzberg*, DVBl. 1989, 1128).

273 Der Erweiterung des Eingriffsbegriffs liegt dieselbe Entwicklung *vom liberalen zum sozialen Rechtsstaat* zugrunde, die auch die subjektiv-rechtlichen Gewährleistungsgehalte der Grundrechte erweitert und um objektiv-rechtliche ergänzt hat (vgl. oben Rdnr. 95 ff.): In immer mehr Lebenslagen auf den Staat angewiesen, erfährt der einzelne in immer mehr Lebenslagen staatliches Handeln als nicht nur existenzsichernd, sondern auch -gefährdend, nicht nur freiheitsfördernd, sondern auch -beeinträchtigend. Je mehr Berührungspunkte Staat und einzelne haben, desto mehr Konfliktmöglichkeiten wachsen zwischen ihnen. Und je mehr Bedeutungen die Grundrechte auch für Organisation, Verfahren, Teilhabe und Leistung gewinnen, desto mehr Fragen nach der Eingriffsqualität auch von Organisationsakten, Verfahrensgestaltungen, Teilhabe- und Leistungsregelungen stellen sich.

274 Die Erweiterung des Eingriffsbegriffs gilt allen vier klassischen Kriterien. Eingriff ist *jedes staatliche Handeln, das dem einzelnen ein Verhalten, das in den Schutzbereich eines Grundrechts fällt, unmöglich macht,* gleichgültig ob diese Wirkung final oder unbeabsichtigt, unmittelbar oder mittelbar, rechtlich oder tatsächlich (faktisch), mit oder ohne Befehl und Zwang erfolgt (vgl. *Bleckmann/Eckhoff,* DVBl. 1988, 373; *Lübbe-Wolff,* Grundrechte als Eingriffsabwehrrechte, 1988). Allerdings muß die Wirkung von einem ursächlichen und zurechenbaren Verhalten der öffentlichen Gewalt ausgehen (E 66, 39/60).

275 **Beispiele:** Unbeabsichtigte faktische Eingriffe sind die fehlgehende Kugel eines auf einen flüchtenden Tatverdächtigen schießenden Polizeibeamten, die einen unbeteiligten Passanten trifft, oder der Fall, daß sich die Mutter bei der für ihr Kind angeordneten Pflichtimpfung ansteckt. Faktische Eingriffe ohne Befehl und Zwang werden bei der Überwachung von Telefongesprächen und bei sonstigen Informationseingriffen vorgenommen.

276 Die Erweiterung hat ihre *Folgeproblematik.* Bei Einbezug der unbeabsichtigten und mittelbaren Wirkungen liegen Eingriffe nicht nur gegenüber den einzelnen vor, an die das Staatshandeln gerichtet ist (sog. *Adressaten*), sondern auch gegenüber Dritten, denen gegenüber zu handeln vom Staat unter Umständen weder gewollt noch auch nur ihm bewußt war (sog. *Drittbetroffene,* vgl. *Pietzcker,* Festschrift Bachof, 1984, S. 131).

277 **Beispiel:** Greift der Staat mit der Verhängung einer Freiheitsstrafe auch in das Ehe- und Familiengrundrecht der Ehefrau, Eltern und Kinder des Verurteilten ein, und können diese gegen die Verurteilung gem. Art. 19 Abs. 4 Rechtsschutz begehren?

278 Bei Einbezug aller tatsächlichen Wirkungen wird die Bestimmung der Grenze, diesseits derer staatliches Handeln den Grundrechtsgebrauch lediglich erschwert, während es ihn jenseits wirklich unmöglich macht, zum Problem. Die Beeinträchtigung als der Eingriff ist von der *Belästigung,* die noch nicht eingreift, abzugrenzen.

279 **Beispiel:** Ist die Polizeikontrolle auf der Autobahn, die einen Stau verursacht und darin auch die nicht mehr vorankommen läßt, die nicht angehalten und kontrolliert werden sollen, auch diesen gegenüber ein Eingriff?

280 Die zwei Konstellationen können *zusammentreffen* und die Problematik noch verschärfen. Dies ist bei technischen Anlagen, besonders bei Kernkraftwerken, der Fall.

281 **Beispiel:** BVerwGE 61, 256 hatte über die Anfechtung der Teilbetriebsgenehmigung eines Kernkraftwerks zu entscheiden. Die Anfechtung war mit Gesundheitsbeeinträchtigungen durch radioaktive Emissionen begründet, hatte aber nicht dargetan, daß die Emissionen des Kernkraftwerks die in § 45 StrSchVO mit drittschützender Zielsetzung festgelegten Grenzwerte überschritten. Das BVerwG hat die Anfechtung als unzulässig abgelehnt;

es hat § 45 StrSchVO als Maßstab für Drittbetroffenheit genommen und daher die geltend gemachte Drittbetroffenheit nicht für ausreichend gehalten. Hat es damit den selbst schon grundrechtseingreifenden § 45 StrSchVO als Maßstab genommen, wann überhaupt ein Eingriff vorliegt? Durfte es das? Hätte es stattdessen allen, die im noch so weiten Bereich noch so niedriger Emissionen liegen, die Klagebefugnis zuerkennen müssen?

**282** Das Beispiel zeigt, daß die Diskussion um den Eingriffsbegriff nicht nur ihre materiell- sondern auch ihre *prozeßrechtliche Seite* hat. Oft steht diese sogar im Vordergrund: Was der weite Eingriffsbereich materiell rechtfertigungsbedürftig macht, das läßt sich materiell auch weitgehend rechtfertigen; was er damit zugleich zum möglichen Gegenstand von Prozessen macht, das weckt die Angst vor einer Prozeßflut, der die Rechtsprechung kapazitätsmäßig nicht gewachsen ist. Überzeugen kann diese prozeß- statt materiell-rechtliche Akzentuierung der Diskussion um den Eingriffsbegriff allerdings nicht. Das Gesundheits-, Naturschutz- und ökologische Anliegen drängt die einzelnen augenscheinlich unabhängig von den Erfolgsaussichten zu den Gerichten, und dann macht es für die Arbeitsbelastung der Gerichte keinen entscheidenden Unterschied, ob die Klagen schon als offensichtlich unzulässig oder erst als offensichtlich unbegründet abgewiesen werden können.

**283** Die Folgeproblematik der Erweiterung des Eingriffsbegriffs ist nicht mit einer schneidigen Formel zu *lösen.* Zwar können die genannten zwei Konstellationen in ein Problem überführt werden: Auch bei der Unterscheidung relevanten und irrelevanten Betroffenseins von Dritten kann es nur um die Grenze zwischen Beeinträchtigung und Belästigung gehen; indem schon bloß tatsächliche Wirkungen als Eingriffe anerkannt sind (vgl. *Gallwas,* Faktische Beeinträchtigungen im Bereich der Grundrechte, 1970, S. 49 ff.), sind notwendig auch unbeabsichtigte und mittelbare Wirkungen anerkannt, da die einzigen zweifelsfrei beabsichtigten und unmittelbaren Wirkungen staatlichen Handelns die rechtlichen sind. Aber die *Grenze zwischen Belästigung und Beeinträchtigung* ist schwierig zu ziehen.

**284** Gewiß ist, daß ein Eingriff stets dann vorliegt, wenn es entweder eine *staatliche Sanktion* ist, die dem einzelnen ein grundrechtlich geschütztes Verhalten unmöglich macht, oder wenn ein grundrechtlich geschütztes Verhalten zum *Anknüpfungspunkt* für eine staatliche Sanktion genommen wird. Auch negative öffentliche Äußerungen, Hinweise und Warnungen des Staates betr. grundrechtlich geschütztes Verhalten werden zunehmend jedenfalls dann als Eingriffe angesehen, wenn sie das grundrechtlich geschützte Verhalten, etwa durch Namensnennung (vgl. *Heintzen,* VerwArch 1990, 532/549), konkret beeinträchtigen.

**285** **Beispiele:** Sanktionen gegen die Pressefreiheit (Art. 5 Abs. 1 S. 2) sind die Beschlagnahme von Zeitungen, die Durchsuchung und Schließung der Redaktionsräume; ein Eingriff in die Pressefreiheit liegt auch vor, wenn Pressearbeit zum Anknüpfungspunkt für eine ordnungswidrigkeitenrechtliche oder strafrechtliche Sanktion gemacht wird, z. B. ein Ordnungsgeld gegen einen Anzeigenredakteur festgesetzt wird, der sich weigert, im Rahmen eines Strafverfahrens Angaben über den Auftraggeber einer Chiffreanzeige zu machen (E 64, 108/115), oder eine Freiheitsstrafe wegen Verstoßes gegen § 86 StGB (Verbreiten von Propagandamitteln verfassungswidriger Organisationen) verhängt wird. Es wäre in diesen Fällen verfehlt, auf Art. 14 Abs. 1 (wegen des Ordnungsgeldes) oder Art. 2 Abs. 2 S. 2 i.V.m. Art. 104 (wegen der Freiheitsstrafe) abzuheben. — Die öffentlichen Warnungen des Staates gelten besonders gefährlichen bzw. für gefährlich gehaltenen Produkten; vgl. zur Warnung vor diethylenglykolhaltigem Wein BVerwGE 87, 37.

Im übrigen ist davon auszugehen, daß bei bloßen Bagatellen, alltäglichen Lästigkeiten, subjektiven Empfindlichkeiten noch nicht von einer Beeinträchtigung bzw. einem Eingriff zu reden ist. 286

**Beispiele:** Die Polizeikontrolle auf der Autobahn ist ein Eingriff gegenüber dem, dem sie gilt, gehört aber für den, der ihretwegen im Stau stecken bleibt, zu den alltäglichen Lästigkeiten; die subjektive Empfindlichkeit des Pazifisten, der sich durch die Werbeaktion der Bundeswehr beeinträchtigt sieht, ist unbeachtlich; unterhalb eines Eingriffs bleibt auch die Zusendung einer postfremden Werbebeilage zusammen mit dem Postgirokontoauszug (vgl. BVerwGE 82, 29/30 ff.). 287

Es bleibt die Frage, ob der *Gesetzgeber*, z. B. mit der Festsetzung von Grenzwerten, selbst den *Maßstab* vorgeben kann, wann die Grenze von der Belästigung zur Beeinträchtigung überschritten ist und ein Eingriff vorliegt. Da es bedeuten würde, die Grundrechte zu seiner Disposition zu stellen, ist es mit seiner Bindung an die Grundrechte (Art. 1 Abs. 3) nicht vereinbar. Eine ganz andere und zu bejahende Frage ist dagegen, ob die Gerichte den Eingriff, der z. B. in der Festsetzung von Grenzwerten liegt, solange als verfassungsrechtlich gerechtfertigt zugrunde legen können, wie an der verfassungsrechtlichen Rechtfertigung keine Zweifel bestehen und auch vom Kläger gar nicht geltend gemacht werden. 288

**Beispiel:** BVerwGE 61, 256 (vgl. oben Rdnr. 281) hat nicht den selbst schon grundrechtseingreifenden § 45 StrSchVO als Maßstab genommen, wann überhaupt ein Eingriff vorliegt, sondern als verfassungsrechtlich gerechtfertigten Eingriff, der in Verbindung mit § 7 Abs. 2 Nr. 3 AtG die Emissionsschutzrechte des Klägers festlegt. Die Klage wäre nur zulässig gewesen, wenn entweder die Verletzung dieser gesetzlich festgelegten Rechte oder die Verfassungswidrigkeit der die Rechte festlegenden Bestimmungen des § 7 Abs. 2 Nr. 3 AtG i.V.m. § 45 StrSchVO geltend gemacht worden wäre. 289

Diese doppelte Überlegung ist stets anzustellen, wenn eine *drittschützende Norm* vorliegt: Zum einen ist danach zu fragen, ob nicht schon der Schutzzweck der Norm den einzelnen sein Betroffensein zur Geltung bringen läßt, und zum anderen, erst wenn das erste nicht der Fall ist, ob das Betroffensein als Eingriff zu qualifizieren und als Eingriff auch verfassungsrechtlich zu rechtfertigen ist. 290

Die Frage des Eingriffs darf nicht mit der *Wirksamkeit* einer staatlichen Maßnahme verwechselt werden. Ein Verwaltungsakt ist mit Bekanntgabe, ein Gesetz mit Inkrafttreten wirksam. Das schließt den Eingriff in Grundrechte durch sie nicht aus. Die Unwirksamkeit (Nichtigkeit) ist erst die Folge einer Grundrechtsverletzung, wofür die Annahme eines Eingriffs eine von mehreren Voraussetzungen ist. 291

## IV. Die verfassungsrechtliche Rechtfertigung von Eingriffen

### *1. Typologie der Gesetzesvorbehalte*

Wo das Grundgesetz Eingriffe zulassen will, spricht es in zunächst vielleicht verwirrender, aber, wie gezeigt (vgl. oben Rdnr. 238 ff.), lediglich terminologischer Vielfalt davon, daß in die Grundrechte „aufgrund eines Gesetzes eingegriffen", daß sie „durch Gesetz oder aufgrund eines Gesetzes beschränkt", „eingeschränkt" oder „geregelt", daß „Beschränkungen . . . aufgrund eines Gesetzes angeordnet" oder „Eingriffe und Beschränkungen . . . aufgrund eines Gesetzes . . . vorgenommen" werden dürfen, daß die Grundrechte in Gesetzen „ihre Schranken finden" etc. Diese Schranken-, Ein- und 292

Beschränkungs-, Eingriffs- und Regelungsvorbehalte können in drei verschiedene Typen eingeteilt werden:
- Grundrechte mit einfachem Gesetzesvorbehalt,
- Grundrechte mit qualifiziertem Gesetzesvorbehalt und
- Grundrechte ohne Gesetzesvorbehalt (andere Einteilung bei *v. Mangoldt/Klein/Starck*, GG, Art. 1 Abs. 3 Rdnr. 173).

293 a) Einen **einfachen Gesetzesvorbehalt** haben die Grundrechte, bei denen das Grundgesetz für Eingriffe lediglich verlangt, daß sie durch Gesetz oder aufgrund Gesetzes erfolgen. Dieser Typ wird teilweise auch allgemeiner Gesetzesvorbehalt genannt, wodurch aber Verwechslungen bei Art. 5 Abs. 2 gefördert werden: Der dortige Vorbehalt der allgemeinen Gesetze ist gerade ein qualifizierter Gesetzesvorbehalt (vgl. unten Rdnr. 302). Der einfache Gesetzesvorbehalt stellt an das eingreifende Gesetz keine besonderen Anforderungen.

294 **Beispiel:** In Art. 8 Abs. 2 heißt es vom Grundrecht, sich unter freiem Himmel zu versammeln, einfach, daß es „durch Gesetz oder aufgrund eines Gesetzes beschränkt werden" kann.

295 b) Einen **qualifizierten Gesetzesvorbehalt** haben die Grundrechte, bei denen das Grundgesetz nicht nur fordert, daß die Eingriffe durch Gesetz oder aufgrund Gesetzes erfolgen, sondern außerdem verlangt, daß das eingreifende Gesetz an bestimmte Situationen anknüpft, bestimmten Zwecken dient oder bestimmte Mittel benutzt.

296 **Beispiel:** In Art. 11 Abs. 2 heißt es, daß die Freizügigkeit „nur durch Gesetz oder aufgrund eines Gesetzes und nur für die Fälle eingeschränkt werden (darf), in denen eine ausreichende Lebensgrundlage nicht vorhanden ist und der Allgemeinheit daraus besondere Lasten entstehen würden oder in denen es zur Abwehr einer drohenden Gefahr ... erforderlich ist".

297 c) Bei den Grundrechten **ohne Gesetzesvorbehalt** sieht das Grundgesetz überhaupt keine Eingriffe durch Gesetz oder aufgrund Gesetzes vor.

298 **Beispiel:** Art. 5 Abs. 3 S. 1 gewährleistet freie Kunst und Wissenschaft, Forschung und Lehre, ohne Einschränkungs- oder Beschränkungs-, Eingriffs- oder Regelungsmöglichkeiten durch Gesetz oder aufgrund Gesetzes einzuräumen. Zu Art. 5 Abs. 3 S. 2 vgl. unten Rdnr. 300.

299 Zwar gilt auch für die Grundrechte ohne Gesetzesvorbehalt, daß der wildwüchsige Freiheitsgebrauch die *Gefahr von Konflikten* in sich birgt. Aber das Fehlen eines Gesetzesvorbehalts zeigt, daß der Gesetzgeber nicht mehr die Freiheit zur Beurteilung und Bekämpfung dieser Gefahr hat. Bei den Grundrechten mit einfachem Gesetzesvorbehalt ist diese Freiheit am größten, bei den Grundrechten mit qualifiziertem Gesetzesvorbehalt ist sie geringer und bei den Grundrechten ohne Gesetzesvorbehalt kann die Vollmacht des Gesetzgebers nicht weiter gehen, als die Grenzen der Reichweite der Schutzbereiche der Grundrechte nachzuziehen. Die Grenzen der Reichweite der Schutzbereiche werden häufig auch als immanente Schranken bezeichnet (vgl. *Schnapp*, JuS 1978, 729/732 f.).

300 **Beispiel:** In Art. 5 Abs. 3 S. 2 heißt es, daß „die Freiheit der Lehre ... nicht von der Treue zur Verfassung entbindet". Mit dieser Bindung der Lehrfreiheit an die Verfassungstreue ist die Reichweite der Lehrfreiheit auf eine verfassungstreue Lehre begrenzt (vgl. unten Rdnr. 708 ff.). Diese Schutzbereichsbegrenzung (immanente Schranke) aufzugreifen, ist der Gesetzgeber durch die grundrechtliche Verbürgung der Freiheit der Lehre nicht gehindert.

BVerfG und h.L. finden solche Schutzbereichsbegrenzungen (immanenten Schranken) nicht nur da, wo der Text der Grundrechte sie derart anzeigt. Vielmehr sehen sie die Grundrechte systematisch so miteinander und auch mit dem übrigen Verfassungsrecht verschränkt, daß die vorbehaltslosen Grundrechte, wenn ihr Gebrauch mit anderen Grundrechten oder Verfassungsgütern kollidiert, ihre Schranken in diesem *kollidierenden Verfassungsrecht* finden. Hiervon ist später noch eigens zu handeln (vgl. unten Rdnr. 363 ff.). 301

d) Gelegentlich kann zweifelhaft werden, ob es sich bei einem Gesetzesvorbehalt um 302 einen einfachen oder um einen qualifizierten handelt. **Art. 5 Abs. 2** enthält, wenn er die Rechte des Abs. 1 ihre Schranken in den „gesetzlichen Bestimmungen zum Schutze der Jugend und in dem Recht der persönlichen Ehre" finden läßt, gewiß einen qualifizierten Gesetzesvorbehalt: Die beschränkenden Gesetze müssen dem Jugend- und dem Ehrenschutz dienen. Wie aber steht es mit Art. 5 Abs. 2 insoweit, als er den Rechten des Abs. 1 Schranken durch die „Vorschriften der allgemeinen Gesetze" zieht? Dieser Vorbehalt der allgemeinen Gesetze klingt zunächst nach einem einfachen Gesetzesvorbehalt. Aber da ein einfacher Gesetzesvorbehalt lediglich verlangt, daß die Schranken durch Gesetz oder aufgrund Gesetzes gezogen werden, würde der Vorbehalt der allgemeinen Gesetze als einfacher Gesetzesvorbehalt die qualifizierten Gesetzesvorbehalte des Jugend- und Ehrenschutzes neben sich entbehrlich machen. Sie sind erforderlich, weil der Vorbehalt der allgemeinen Gesetze ebenfalls ein qualifizierter Gesetzesvorbehalt ist. Er verlangt, daß das die Rechte des Art. 5 Abs. 1 beschränkende Gesetz als allgemeines Gesetz eine bestimmte Qualität besitzt. Welches diese Qualität ist, gehört ebenso wie die Zuordnung der anderen Grundrechte zu den drei Typen der Gesetzesvorbehalte zu der späteren Behandlung der einzelnen Grundrechte. Hier gilt es nur festzuhalten, daß die Zuordnung gelegentlich schwierig sein mag, aber stets möglich ist.

e) Für ein Grundrecht einschlägige Gesetzesvorbehalte finden sich nicht nur in dem 303 Artikel, in dem das Grundrecht selbst steht: **Art. 17a** enthält Gesetzesvorbehalte für anderorts verbürgte Grundrechte; diese Gesetzesvorbehalte ergänzen die bei den fraglichen Grundrechten schon statuierten Gesetzesvorbehalte. Als grundrechtsübergreifender Gesetzesvorbehalt wirkt auch **Art. 12a Abs. 1.** Keinen Gesetzesvorbehalt enthält **Art. 18,** doch hat er wie ein Gesetzesvorbehalt eine Eingriffsrechtfertigung zum Gegenstand. Gegenüber den Gesetzesvorbehalten ist die Eingriffsrechtfertigung des Art. 18 speziell; unter den inhaltlichen Voraussetzungen des S. 1 darf gem. S. 2 ausschließlich das BVerfG eine Verwirkung der Grundrechte oder eine verwirkungsgleiche Sanktion aussprechen (E 10, 118/122 f.; vgl. auch unten Rdnr. 539).

### *2. Vom Gesetzesvorbehalt zum Parlamentsvorbehalt*

Der Gesetzesvorbehalt erfordert für Grundrechtseingriffe der Verwaltung eine ge- 304 setzliche Ermächtigung. Seine *historische Funktion* lag im 19. Jahrhundert darin, die bürgerliche Gesellschaft gegen die monarchische Exekutive zu sichern (vgl. *Böckenförde,* Gesetz und gesetzgebende Gewalt, 2. Aufl. 1981). Aber auch nach dem Wegfall des Gegensatzes zwischen dem in der Verwaltung beheimateten monarchischen und dem in der Gesetzgebung erwachsenden demokratischen Prinzip hat die Verwaltung ein so starkes Eigenleben und besitzt ein so großes Eigengewicht, daß es weiter seinen guten Sinn hat, sie bei Grundrechtseingriffen an das Erfordernis der gesetzlichen Ermächtigung zu binden. Die Rechtsprechung des BVerfG hat diese Bindung über ihre ursprüngliche Bedeutung sogar noch *ausgeweitet.*

**305** Ursprünglich verlangte der Gesetzesvorbehalt nur, daß eine gesetzliche Ermächtigung vorlag, aber nicht, wie die gesetzliche Ermächtigung aussah. Möglich war, daß der Gesetzgeber das grundrechtseingreifende Verwaltungshandeln detailliert regelte. Möglich war aber auch, daß der Gesetzgeber bei Grundrechtseingriffen die Verwaltung großzügig zu eigenen Regelungen ermächtigte. Auch dann lag noch eine gesetzliche Ermächtigung für die Grundrechtseingriffe der Verwaltung vor und war der Gesetzesvorbehalt gewahrt. Aber seiner Verantwortung hatte der Gesetzgeber sich in letzterem Fall weithin entledigt.

**306** Den Gesetzgeber in seiner Verantwortung festzuhalten, ist zunächst die Aufgabe von *Art. 80:* Eine Ermächtigung zum Erlaß einer Rechtsverordnung muß im Gesetz nach Inhalt, Zweck und Ausmaß bestimmt sein. Aber Inhalt, Zweck und Ausmaß können bestimmt und zugleich doch so weit gefaßt sein, daß die eigentliche Entscheidung über die Voraussetzungen von Grundrechtseingriffen bei der ermächtigten Verwaltung liegt (a. A. *Ramsauer,* AK, Art. 80 Rdnr. 28 f.). Das BVerfG verhindert dies mit seiner sog. *Wesentlichkeitslehre.* Danach muß der Gesetzgeber „in grundlegenden normativen Bereichen, zumal im Bereich der Grundrechtsausübung, soweit diese staatlicher Regelung zugänglich ist, alle wesentlichen Entscheidungen selbst ... treffen" (E 61, 260/275), d. h. er darf sie nicht an die Verwaltung delegieren. Der Gesetzesvorbehalt erstarkt insoweit zum *Parlamentsvorbehalt* (vgl. *Krebs,* Jura 1979, 304; *Pietzcker,* JuS 1979, 710).

**307** Die Frage bleibt, was im Bereich der Grundrechtsausübung wesentlich ist (vgl. *Busch,* Das Verhältnis des Art. 80 Abs. 1 S. 2 GG zum Gesetzes- und Parlamentsvorbehalt, 1992, S. 41 ff.). Sie wird dadurch erschwert, daß das BVerfG mit der Wesentlichkeitslehre den Gesetzes- bzw. Parlamentsvorbehalt von den „überholte(n) Formeln (Eingriff in Freiheit und Eigentum)" lösen will (E 47, 46/79). Das wirkt einerseits als *Ausdehnung,* die der neueren grundrechtstheoretischen Entwicklung (vgl. oben Rdnr. 90 ff.) folgt und vom Gesetzgeber auch Regelungen zu Organisation und Verfahren, Leistung und Teilhabe einfordert. Es könnte andererseits aber auch als *Einschränkung* wirken, wenn zwischen wesentlichen und unwesentlichen Eingriffen unterschieden und dem Gesetzgeber nur für die wesentlichen eine Regelung abverlangt würde. Dies ist *abzulehnen.* Die Wesentlichkeitslehre kann den Grundrechtsschutz nicht verkürzen, sondern nur verstärken (teilweise a. A. aufgrund einer rein rechtsstaatlichen Begründung des Parlamentsvorbehalts *Rottmann,* EuGRZ 1985, 277).

**308** Die *Wesentlichkeitslehre* bedeutet danach, daß

— ein Eingriff nach wie vor nur durch Gesetz oder aufgrund Gesetzes erfolgen darf,
— darüber hinaus die wesentlichen Entscheidungen über Eingriffe vom Gesetzgeber selbst getroffen werden müssen und nicht an die Verwaltung delegiert werden dürfen, wobei die wesentlichen Entscheidungen über Eingriffe besonders die Entscheidungen über wesentliche Eingriffe sind und
— die Wesentlichkeit eines Eingriffs sich nach dessen Intensität bemißt.

**309** **Beispiele:** Besonders intensiv sind Eingriffe, die gleich mehrere Verhalten, die in den Schutzbereich eines Grundrechts fallen, unmöglich machen; die ein Verhalten nicht nur kurz, sondern lange verwehren; die den Grundrechtsgebrauch nicht nur von subjektiven Voraussetzungen, die der einzelne erfüllen kann, sondern von objektiven, vom einzelnen unbeeinflußbaren Voraussetzungen abhängig machen (vgl. auch unten Rdnr. 318 ff.).

### *3. Vom Vorbehalt des Gesetzes zum Vorbehalt des verhältnismäßigen Gesetzes*

Indem die Grundrechte grundrechtseingreifendes Verwaltungshandeln nur auf gesetzlicher Grundlage vorsehen, binden sie mit ihren Gesetzesvorbehalten die Verwaltung. Nach Art. 1 Abs. 3 binden die Grundrechte aber auch die *Gesetzgebung*. Die Frage ist, was diese Bindung bedeutet. Bisher haben die Grundrechte mit den Gesetzesvorbehalten nur verlangt, *daß* ein Gesetz vorliegt bzw. wann irgendeine gesetzliche Grundlage ausreichend (Gesetzesvorbehalt) und wann eine die wesentlichen Entscheidungen treffende gesetzliche Grundlage erforderlich ist (Parlamentsvorbehalt). *Wie* das Gesetz auszusehen und welche Inhalte es aufzuweisen hat, wieviel Freiheit es dem einzelnen nehmen darf und wieviel es ihm lassen muß, läßt der Gesetzesvorbehalt bisher noch offen. Aber gerade in den *inhaltlichen Anforderungen* muß sich die Bindung der Gesetzgebung an die Grundrechte zeigen. **310**

Wie die inhaltlichen Anforderungen der Grundrechte an die Gesetze aussehen, wird an den *qualifizierten Gesetzesvorbehalten* deutlich. Sie statuieren eine Bindung des Gesetzgebers, indem sie bei einzelnen Grundrechten u. U. für einzelne Situationen bestimmte Zwecke und bestimmte Mittel ge- oder verbieten. **311**

**Beispiele:** Zu Zwecken des Jugend- und des Ehrenschutzes dürfen Gesetze, die nicht allgemeine Gesetze sind, die Meinungs- und Pressefreiheit beschränken (Art. 5 Abs. 2); nur zum Zweck, die Verwahrlosung der Kinder zu verhindern, dürfen Gesetze das Mittel der Trennung von der Familie einsetzen (Art. 6 Abs. 3); wenn sie dem Schutz der freiheitlichen demokratischen Grundordnung dienen, dürfen Beschränkungen des Post- und Fernmeldegeheimnisses unter Ausschluß des Rechtswegs erfolgen (Art. 10 Abs. 2 S. 2); wenn die ausreichende Lebensgrundlage fehlt und dies die Allgemeinheit belastet, darf die Freizügigkeit zum Zweck der Entlastung der Allgemeinheit eingeschränkt werden (Art. 11 Abs. 2). **312**

Dabei liegt die Bindung auch darin, daß es einerseits *Zwecke* und andererseits *Mittel* sind, die ge- bzw. verboten werden. Von Zwecken und Mitteln handelnd, verlangen die qualifizierten Gesetzesvorbehalte einen Zweck-Mittel-Zusammenhang, d. h. sie verlangen, daß das Gesetz als Mittel zur Erreichung des vom Gesetzgeber verfolgten Zwecks tatsächlich taugt. Damit geben sie zu erkennen, was Bindung der Gesetzgebung an die Grundrechte auch dort heißt, wo die qualifizierten Gesetzesvorbehalte fehlen. Auch dort verfolgt der Gesetzgeber Zwecke und setzt dafür Mittel ein. Fehlen nun die Ge- oder Verbote bestimmter Zwecke und bestimmter Mittel, dann bleibt doch das Erfordernis eines *stimmigen Zweck-Mittel-Verhältnisses*, und es bleibt die Bindung an dieses Erfordernis. Konsequent aktualisiert das BVerfG die Bindung der Gesetzgebung an die Grundrechte vornehmlich in der Kontrolle der Gesetze auf ihre *Verhältnismäßigkeit*. Denn Verhältnismäßigkeit heißt für den Gesetzgeber eben dies: Grundrechtseingreifende gesetzliche Regelungen und Ermächtigungen müssen geeignet und notwendig zur Erreichung des jeweils verfolgten, seinerseits verfassungslegitimen Zwecks sein. **313**

Als *verfassungsrechtliche Grundlage* für den Grundsatz der Verhältnismäßigkeit wird oft das Rechtsstaatsprinzip genannt. Aber unter der Bindung der Gesetzgebung an die Grundrechte ist der grundrechtliche Vorbehalt des Gesetzes zum grundrechtlichen Vorbehalt des verhältnismäßigen Gesetzes geworden (vgl. *Schlink*, EuGRZ 1984, 457/459 f.). Mit dem Vorbehalt des Gesetzes wehrten und wehren die Grundrechte grundrechtseingreifendes Verwaltungshandeln ohne gesetzliche Grundlage ab, mit dem **314**

Vorbehalt des verhältnismäßigen Gesetzes wehren sie unverhältnismäßig in die Grundrechte eingreifende Gesetze ab.

*4. Schranken-Schranken*

**315** a) Die Gesetzesvorbehalte erlauben dem Gesetzgeber, selbst in die Grundrechte einzugreifen bzw. die Verwaltung zu Eingriffen in die Grundrechte zu ermächtigen. Sie erlauben ihm damit, dem Grundrechtsgebrauch *Schranken* zu ziehen. Der **Begriff der Schranken-Schranken** bezeichnet die Beschränkungen, die *für den Gesetzgeber* gelten, wenn er dem Grundrechtsgebrauch Schranken zieht.

**316** Die Begriffsverwendung beruht auf bloßer Übereinkunft, d. h. sie ist vom Grundgesetz nicht vorgegeben. Schon die Qualifizierungen der qualifizierten Gesetzesvorbehalte können als Schranken-Schranken verstanden werden: Sie beschränken den Gesetzgeber, der in den entsprechenden Schutzbereich eingreifen will, indem sie ihn auf bestimmte Zwecke oder bestimmte Mittel verpflichten. Auch der Parlamentsvorbehalt kann als Schranken-Schranke verstanden werden: Er beschränkt den Gesetzgeber, der die Verwaltung zu Eingriffen ermächtigen will, dahin, daß er die wesentlichen Entscheidungen nicht delegieren darf, sondern selbst treffen muß. Sogar die Gesetzgebungskompetenz- und -verfahrensordnung des Grundgesetzes kann als Beschränkung des eingreifenden Gesetzgebers verstanden werden. Unter den Begriff der Schranken-Schranken werden alle diese Beschränkungen jedoch nicht gefaßt.

**317** Als Schranken-Schranken werden *üblicherweise* nur die folgenden verstanden:
- der Grundsatz der Verhältnismäßigkeit (Übermaßverbot),
- die Wesensgehaltsgarantie (Art. 19 Abs. 2),
- das Verbot des einschränkenden Einzelfallgesetzes (Art. 19 Abs. 1 S. 1),
- das Zitiergebot (Art. 19 Abs. 1 S. 2) und
- das rechtsstaatliche Gebot in Tatbestand und Rechtsfolge klar und bestimmt gefaßter Gesetze (Bestimmtheitsgrundsatz).

**318** b) Der **Grundsatz der Verhältnismäßigkeit** verlangt im einzelnen zunächst, daß
- der vom Staat verfolgte *Zweck* als solcher verfolgt werden darf,
- das vom Staat eingesetzte *Mittel* als solches eingesetzt werden darf,
- der Einsatz des Mittels zur Erreichung des Zwecks *geeignet* ist und
- der Einsatz des Mittels zur Erreichung des Zwecks *notwendig* (erforderlich) ist.

**319** Dies gilt für die eingreifende *Verwaltung* ebenso wie für den eingreifenden bzw. die Verwaltung zu Eingriffen ermächtigenden *Gesetzgeber.* Der Unterschied besteht aber darin, daß der Gesetzgeber bei der Frage, welche Zwecke er verfolgen und welche Mittel er einsetzen darf, viel freier ist als die Verwaltung. Dem Gesetzgeber sind nur im Grundgesetz, besonders in den Grundrechten bestimmte Zwecke und Mittel als solche ge- und verboten, ihm bleibt eine Vielzahl verfassungslegitimer Zwecke und Mittel. Für die Verwaltung ist die Vielzahl reduziert; für sie enthalten zusätzlich die Gesetze eine Fülle von Zweck- und Mittelge- und -verboten.

**320** **Beispiel:** Art. 5 Abs. 2 enthält einen qualifizierten Gesetzesvorbehalt, der den Gesetzgeber bei Eingriffen in Art. 5 Abs. 1 u. a. auf den Zweck des Jugendschutzes verpflichtet. Wie der Gesetzgeber den Zweck des Jugendschutzes verfolgen, welche Mittel er dabei einsetzen will, ist ihm weitgehend freigestellt. Auch die Verwaltung verfolgt die Zwecke des Jugendschutzes, ist dabei aber in der Wahl und im Einsatz der Mittel durch das Jugendschutzrecht erheblich beschränkt.

Auch die Kriterien der Geeignetheit und der Notwendigkeit haben für Gesetzgebung und Verwaltung *unterschiedliche Bedeutung.* Der Gesetzgeber hat gegenüber der Verwaltung eine Einschätzungsprärogative, genießt gewissermaßen einen Vertrauensvorsprung bei der oft schwierigen Beurteilung des komplexen empirischen Zusammenhangs zwischen dem Zustand, der durch den Eingriff geschaffen wird, und dem anderen Zustand, in dem der Zweck erreicht ist. Auf eben diesen Zusammenhang beziehen sich die Kriterien der Geeignetheit und der Notwendigkeit: 321

aa) **Geeignetheit** bedeutet, daß der Zustand, den der Staat durch den Eingriff schafft, und der Zustand, in dem der verfolgte Zweck als verwirklicht zu betrachten ist, in einem durch bewährte Hypothesen über die Wirklichkeit vermittelten Zusammenhang stehen. 322

> **Beispiel:** Eine Geschwindigkeitsbegrenzung zum Zweck des Aufhaltens oder Verlangsamens des Waldsterbens ist unter dem Aspekt der Geeignetheit nur dann verhältnismäßig, wenn bewährte Hypothesen einen Zusammenhang zwischen der Verminderung des Schadstoffausstoßes (Zustand, der durch den Eingriff geschaffen wird) und der Verbesserung der Waldstruktur (Zustand, in dem der Zweck als verwirklicht zu betrachten ist) herstellen. 323

bb) **Notwendigkeit** bedeutet, daß es keinen anderen Zustand gibt, den der Staat ohne großen Aufwand ebenfalls schaffen kann, der für den Bürger weniger belastend ist und der mit dem Zustand, in dem der verfolgte Zweck als verwirklicht zu betrachten ist, ebenfalls in einem durch bewährte Hypothesen über die Wirklichkeit vermittelten Zusammenhang steht. 324

> **Beispiel:** Die Geschwindigkeitsbegrenzung wäre unter dem Aspekt der Notwendigkeit dann unverhältnismäßig, wenn die ohnehin anstehenden Aufforstungen, so sie bestimmte Baumsorten bevorzugen würden, eine bestimmte Waldlandschaft herstellen würden und bewährte Hypothesen einen Zusammenhang zwischen dieser Waldlandschaft (der andere Zustand, den der Staat ebenfalls ohne großen Aufwand schaffen kann und der für die Bürger weniger belastend ist) und derselben Verbesserung der Waldstruktur (Zustand, in dem der Zweck als verwirklicht zu betrachten ist) herstellen. 325

Bekanntlich sind die Bedingungen des Waldsterbens komplex und ist die Beurteilung der entscheidenden empirischen Zusammenhänge schwierig. Hier bedeutet die *gesetzgeberische Einschätzungsprärogative,* daß Zweifel zugunsten des Gesetzgebers gehen, während die Verwaltung nur dann schon im Zweifel zu Lasten des einzelnen handeln darf, wenn sie gesetzlich zur Gefahrenabwehr, der stets ein Ungewißheitsmoment innewohnt, ermächtigt ist (vgl. näher *Ossenbühl,* Festgabe BVerfG, 1. Bd., 1976, S. 458). 326

Die Kriterien der Geeignetheit und der Notwendigkeit haben *nicht dasselbe Gewicht.* Nur was geeignet ist, kann auch notwendig sein; was notwendig ist, kann nicht ungeeignet sein. Hinter der Notwendigkeitsprüfung tritt die Geeignetheitsprüfung systematisch zurück: Neben dem positiven Ergebnis der Notwendigkeitsprüfung kann auch das Ergebnis der Geeignetheitsprüfung nur positiv sein, und neben dem negativen Ergebnis der Notwendigkeitsprüfung kann das positive der Geeignetheitsprüfung die Verhältnismäßigkeit nicht mehr retten. Gleichwohl ist die Geeignetheitsprüfung strategisch wichtig: Sie erschließt die empirischen Zusammenhänge und führt in die Prüfung der Notwendigkeit ein. 327

328 cc) Rechtsprechung und h.L. gewinnen dem Grundsatz der Verhältnismäßigkeit unter dem Begriff der **Verhältnismäßigkeit i. e. S.** noch ein letztes Kriterium ab und verlangen, daß der Eingriff bzw. die Beeinträchtigung, die der Eingriff für den einzelnen bedeutet, und der mit dem Eingriff verfolgte Zweck in recht gewichtetem und wohl abgewogenem Verhältnis zueinander stehen (auch Angemessenheit oder Zumutbarkeit genannt; vgl. *Ossenbühl*, Festgabe Gesellschaft für Rechtspolitik, 1984, S. 315). Gelegentlich stellen die Grundrechte selbst einen Bezug zwischen Eingriff und Eingriffszweck her, der als entsprechende Gewichtung und Abwägung verstanden werden kann.

329 **Beispiel:** So kann davon gesprochen werden, daß Art. 6 Abs. 3 den Zusammenhalt der Familie höher gewichtet als die Ausbildung des Kindes und niedriger als die Vermeidung seiner Verwahrlosung und daß Art. 5 Abs. 2 der freien Meinungsäußerung und Presseberichterstattung weniger Gewicht als dem Schutz der Jugend und der Ehre und mehr Gewicht als z. B. der Selbstdarstellung des Staates durch Propaganda zumißt.

330 Aber bei solchen im Grundgesetz vorgegebenen Gewichtungen und Abwägungen wollen Rechtsprechung und h. L. nicht stehenbleiben. Sie verlangen das *eigenständige Gewichten und Abwägen* der jeweils einschlägigen öffentlichen und privaten Güter und Interessen. Dabei ist dann z. B. von absoluten, überragenden, besonders wichtigen und wichtigen Gemeinschaftsgütern, von lauter motiviertem und bloß formal korrektem Freiheitsgebrauch, vom Rang der Freiheitsrechte und der Bedeutung der freiheitlichen demokratischen Grundordnung die Rede.

331 **Beispiele** aus drei frühen Entscheidungen des BVerfG zu Art. 5 Abs. 1 und 2, Art. 12 Abs. 1 sowie Art. 4 Abs. 1 und 2: „Das Recht zur Meinungsäußerung muß zurücktreten, wenn schutzwürdige Interessen eines anderen von höherem Rang durch die Betätigung der Meinungsfreiheit verletzt würden" (E 7, 198/210 — Lüth —). „Eine Regelung . . ., die schon die Aufnahme der Berufstätigkeit von der Erfüllung bestimmter Voraussetzungen abhängig macht und die damit die Freiheit der Berufswahl berührt, ist nur gerechtfertigt, soweit dadurch ein überragendes Gemeinschaftsgut, das der Freiheit des Einzelnen vorgeht, geschützt werden soll" (E 7, 377/406 — Apothekenurteil —). „Die an sich erlaubte Glaubenswerbung und Glaubensabwerbung wird dann Mißbrauch des Grundrechts, wenn jemand unmittelbar oder mittelbar den Versuch macht, mit Hilfe unlauterer Methoden oder sittlich verwerflicher Mittel, andere ihrem Glauben abspenstig zu machen oder zum Austritt aus der Kirche zu bewegen" (E 12, 1/4 f. — Tabakfall —).

332 Ein derartiges Gewichten und Abwägen *entbehrt der rationalen und verbindlichen Maßstäbe* (vgl. *Schlink*, Abwägung im Verfassungsrecht, 1976). Auch die Berufung auf die Wertordnung der Grundrechte oder des Grundgesetzes behauptet lediglich einen Maßstab, kann ihn aber nicht aufweisen. Daher läuft die Prüfung der Verhältnismäßigkeit i.e.S. stets Gefahr, einfach die subjektiven Urteile und Vorurteile des Prüfenden zur Geltung zu bringen und zum Maßstab fallweiser Beurteilungen von Grundrechtsgebrauch als mehr oder weniger wertvoll zu machen.

333 Zur Vermeidung dieser Gefahr sind die Probleme eines Falls soweit möglich unter den anderen Prüfungspunkten abzuarbeiten. Auch beim BVerfG spielt die Prüfung der Verhältnismäßigkeit i.e.S. zwar theoretisch eine große, praktisch aber nur eine kleine Rolle; praktisch ist die Verhältnismäßigkeitsprüfung vor allem eine Notwendigkeitsprüfung. Wenn ein öffentliches Gut oder Interesse wirklich nur um den hohen Preis eines Grundrechtseingriffs erkauft werden kann, dann mag eben darin der

Beweis seines hohen Werts erblickt werden. Die Prüfung der Verhältnismäßigkeit hat die Bedeutung einer *Stimmigkeitskontrolle:* Erscheint die Fallösung schlechterdings unsinnig, dann ist das zunächst Anlaß, alle anderen Prüfungspunkte nochmals und zumal die Notwendigkeitsprüfung nochmals besonders sorgfältig durchzugehen; bleibt dabei der Eindruck der Unsinnigkeit, mag zur Korrektur ausnahmsweise die Frage nach der Verhältnismäßigkeit i.e.S. gestellt werden.

**Beispiel:** Jemand wurde wegen einer Bagatellstraftat strafrechtlich verfolgt. Die Schuldfrage sollte durch eine Pneumoenzephalographie, d. h. die Entnahme von Gehirn- und Rückenmarksflüssigkeit geklärt werden. Gegen diesen erheblichen Eingriff in die körperliche Unversehrtheit (Art. 2 Abs. 2 S. 1) richtete sich die Verfassungsbeschwerde. Das BVerfG rügte, der beabsichtigte Eingriff stehe nicht in angemessenem Verhältnis zu der Schwere der Tat (E 16, 194/202) und gab der Verfassungsbeschwerde statt. Das klingt nach Verhältnismäßigkeit i.e.S., und tatsächlich wäre es schlechterdings unsinnig, jemanden einer Bagatellstraftat zu überführen, indem man ihn einem derart empfindlichen und gefährlichen Eingriff aussetzt. Allerdings kann sogar diese Unsinnigkeit vom Kriterium der Notwendigkeit her entwickelt werden. Das BVerfG fordert, daß „nicht die mit der Aufklärung der Tat verbundenen Folgen den Täter stärker belasten als die zu erwartende Strafe" (ebd.). Der hinter dem Zweck der Klärung der Schuldfrage liegende Strafzweck der tatschuldangemessenen Übelszufügung verbietet die Pneumoenzephalographie, weil sie als tatschuldunangemessene Übelszufügung zur Erreichung des Strafzwecks ungeeignet und unnötig ist. 334

Der Grundsatz der Verhältnismäßigkeit bzw. dessen Notwendigkeitskriterium ist in einigen *dogmatischen Figuren* näher ausgeformt worden. Das Notwendigkeitskriterium verlangt, daß von mehreren, gleichermaßen geeigneten Eingriffen der geringste, der schonendste gewählt wird. Soweit sich Stufen der Eingriffsintensität markieren lassen, verlangt daher der Grundsatz der Verhältnismäßigkeit, daß der Gesetzgeber die Stufe des intensiveren Eingriffs erst dann betritt, wenn er seinen Zweck auf der Stufe des weniger intensiven Eingriffs nicht erreichen kann. 335

Solche *Stufen* hat das BVerfG zu *Art. 12 Abs. 1* entwickelt (E 7, 377 — Apothekenurteil —), indem es unterschieden hat zwischen 336
- objektiven Zulassungsschranken, die die Wahl eines Berufs nur unter Voraussetzungen erlauben, die der einzelne nicht beeinflussen kann (z. B. Quotenregelungen, Niederlassungsbeschränkungen, Bedürfnisregelungen),
- subjektiven Zulassungsschranken, die beim einzelnen bestimmte Qualifikationen für die Wahl eines Berufs voraussetzen (z. B. Prüfungen, Leistungen, Eigenschaften),
- Ausübungsregelungen, die die Wahl des Berufs freistellen, aber die Ausübung reglementieren.

Diese Stufen abnehmender Eingriffsintensität lassen sich verallgemeinern; auch bei anderen Grundrechten kann zwischen Beschränkungen des *Ob* und Beschränkungen des *Wie* der Grundrechtsausübung und beim Ob zwischen *unbeeinflußbaren* und *beeinflußbaren* Beschränkungen unterschieden und können entsprechende Unterschiede der Eingriffsintensität angesetzt werden. 337

Andere, ebenfalls *verallgemeinerbare Stufen* hat das BVerfG zu Art. 2 Abs. 1 entwikkelt (E 20, 150 — Sammlungsgesetz —), indem es unterschieden hat zwischen 338
- repressivem Verbot mit Befreiungsvorbehalt oder Ausnahmebewilligung (Verbot mit dem Ziel, das verbotene Verhalten möglichst zu unterbinden und nur ausnahmsweise zuzulassen) und

— präventivem Verbot mit Erlaubnisvorbehalt (Verbot mit dem Ziel der Kontrolle, bei der das Verhalten zwar grundsätzlich zugelassen sein, aber auf rechtswidriges Fehlverhalten hin überprüft werden soll).

In beiden Fällen darf die Genehmigung (Befreiung bzw. Erlaubnis) nicht einfach dem Ermessen der Verwaltung überlassen bleiben, vielmehr muß sich aus dem Gesetz ergeben, von welchen Voraussetzungen die Genehmigung und gegebenenfalls Ermessensbetätigung abhängt.

339 **Beispiele:** Präventive Verbote mit Erlaubnisvorbehalt finden sich im Gewerberecht. Grundsätzlich besteht Gewerbefreiheit (Art. 12 Abs. 1), die im Interesse der Allgemeinheit, z. B. der Kunden und anderer Gewerbetreibender, Schranken unterworfen ist. Der Gesetzgeber hat solche Schranken, z. B. die Zuverlässigkeit des Gewerbetreibenden, allgemein bestimmt; die Gewerbebehörden achten darauf, daß die gesetzlichen Schranken im konkreten Fall eingehalten werden. Erweist sich ein Gewerbetreibender als unzuverlässig, kann selbstverständlich gegen ihn eingeschritten werden. Dann ist aber möglicherweise schon ein großer Schaden entstanden. Deshalb wird im Verfahren der Erteilung der Gewerbeerlaubnis schon vorher die Zuverlässigkeit überprüft; liegt sie vor, *muß* die Gewerbeerlaubnis erteilt werden. Das zunächst bestehende Verbot, ohne Gewerbeerlaubnis ein Gewerbe zu eröffnen, hat den Zweck, die Durchführung des Verfahrens der Erteilung der Gewerbeerlaubnis zu gewährleisten. — Ein repressives Verbot mit Befreiungsvorbehalt besteht nach § 16 VersammlG und dem Bannmeilengesetz. Danach sind Versammlungen unter freiem Himmel in einem bestimmten Umkreis des Bundestages verboten; von dem Verbot können aber gem. § 3 Bannmeilengesetz Ausnahmen zugelassen werden. Hier wird die Versammlungsfreiheit unter freiem Himmel zulässigerweise generell eingeschränkt, um das Parlament vor Druck von der Straße zu bewahren. Besteht aber ausnahmsweise im Einzelfall keine Gefahr eines solchen Druckes, *ist* eine Ausnahmebewilligung zu erteilen. Zu Einzelheiten vgl. *Held,* Der Grundrechtsbezug des Verwaltungsverfahrens, 1984, S. 162 ff.; *Maurer,* Allg. VwR, § 9 Rdnr. 51 ff.

340 In derartigen Fällen entsteht der Eindruck, als gäben die Grundrechte nicht nur ein Abwehrrecht, sondern einen *Leistungsanspruch:* Art. 12 Abs. 1 einen Anspruch auf Gewerbeerlaubnis, Art. 8 einen Anspruch auf Ausnahmebewilligung nach dem Bannmeilengesetz, Art. 14 Abs. 1 einen Anspruch auf Erteilung der Baugenehmigung, Art. 2 Abs. 1 einen Anspruch auf Paßerteilung (vgl. E 6, 32 — Elfes —) usw. Das ist hier aber nur die *Folge des Abwehrrechts:* Die gesetzlichen Verbote beschränken die grundrechtliche Freiheit; da sie dies nur in verhältnismäßiger Weise dürfen, muß die Freiheit dort gewahrt bleiben, wo das Verbot ungeeignet und nicht erforderlich ist; rechtstechnisch erwächst daraus ein Anspruch.

341 **Lösungstechnischer Hinweis:** Dieser Anspruch ist üblicherweise in dem entsprechenden Verbotsgesetz ausdrücklich enthalten, so wenn es heißt, daß die Baugenehmigung zu erteilen *ist,* wenn dem Vorhaben öffentlich-rechtliche Vorschriften nicht entgegenstehen (z. B. § 70 Abs. 1 S. 1 nw BauO). Gelegentlich sind allerdings nur die Voraussetzungen der Versagung der Genehmigung festgelegt (z. B. § 7 PaßG). Dann ergibt sich der Anspruch auf Erteilung z. B. des Passes für den Fall, daß die Versagungsgründe nicht vorliegen, direkt aus dem Grundrecht (z. B. Art. 2 Abs. 1).

342 c) Der **Wesensgehalt,** dessen Antastung verfassungsrechtlich nicht gerechtfertigt werden kann, muß *bei jedem einzelnen Grundrecht gesondert* bestimmt werden (E 22, 180/219; *L. Schneider,* Der Schutz des Wesensgehalts von Grundrechten nach Art. 19 Abs. 2 GG, 1983, S. 193). Hier kann nur angegeben werden, wonach zu fragen und zu suchen ist, wenn der Wesensgehalt bestimmt werden soll.

Nach der vielfach vertretenen *Theorie vom relativen Wesensgehalt* (*Maunz*, M/D, Art. 19 Abs. II Rdnr. 16 ff.) muß der Wesensgehalt nicht nur für jedes einzelne Grundrecht, sondern sogar für jeden einzelnen Fall gesondert bestimmt werden. Erst das Gewichten und Abwägen der im einzelnen Fall beteiligten öffentlichen und privaten Güter und Interessen erlaube die Feststellung, ob der Wesensgehalt angetastet ist oder nicht. Eine Antastung soll ausscheiden, wenn dem Grundrecht „das geringere Gewicht für die konkret zu entscheidende Frage beizumessen ist" (BVerwGE 47, 330/358), und muß entsprechend angenommen werden, wenn es beeinträchtigt wird, obwohl ihm das größere Gewicht für die konkret zu entscheidende Frage zukommt. Damit wird nur der Grundsatz der Verhältnismäßigkeit und dieser überdies im fragwürdigen Kriterium der Verhältnismäßigkeit i.e.S. wiederholt. **343**

Die *Theorie vom absoluten Wesensgehalt* (*Hendrichs*, vM, Art. 19 Rdnr. 25) versteht demgegenüber den Wesensgehalt als eine feste, vom einzelnen Fall und von der konkreten Frage unabhängige Größe. Sie ist mit den Begriffen des Wesenskerns, des Grundrechtskerns, der Grundsubstanz, des Mindestinhalts, der Mindestposition etc. nur vage angedeutet. Was genau unangetastet bleiben soll, mußte bisher aber auch noch nicht präziser bestimmt werden. Denn nach dem zu fragen, was von einem Grundrecht keinesfalls preisgegeben werden darf, besteht erst dann Anlaß, wenn die Eingriffe in das Grundrecht so intensiv werden, daß dessen Preisgabe droht. Die Eingriffe müssen aber solange nicht von äußerster Intensität sein, solange in Zeiten des Wachstums, des Wohlstands und des politischen Konsenses die harten gesellschaftlichen Konflikte, die nur durch harte Eingriffe geregelt werden könnten, ausbleiben und der Staat Alternativen für Grundrechtseingriffe finanzieren und Grundrechtseingriffe durch Gewährung von Leistungen und Teilhaben abfedern kann. **344**

Zu Art. 19 Abs. 2 ist daher auch aus der *Rechtsprechung des BVerfG* nicht mehr festzuhalten, als daß vom Grundrecht trotz aller Eingriffe noch etwas bleiben muß. Wem es bleiben muß, ist dabei wieder offen: Das BVerfG hat gefragt, „ob Art. 19 Abs. 2 GG die restlose Entziehung eines Grundrechtskerns im Einzelfall verbietet oder ob er nur verhindern will, daß der Wesenskern des Grundrechts als solcher, z. B. durch praktischen Wegfall der im Grundgesetz verankerten, der Allgemeinheit gegebenen Garantie angetastet wird" (E 2, 266/285). Das eine Mal käme es darauf an, daß jeder einzelne noch vom Grundrecht Gebrauch machen kann, das andere Mal, daß überhaupt noch und im allgemeinen vom Grundrecht Gebrauch gemacht werden kann. **345**

**Beispiel:** Der gezielte polizeiliche Todesschuß entzieht dem, den er trifft, das Leben restlos. Als allgemeine Gewährleistung wird das Recht auf Leben (Art. 2 Abs. 2 S. 1) dadurch aber nicht angetastet. **346**

Art. 19 Abs. 2 gibt auf diese Frage keine Antwort. Zwar spricht er aus, daß der Wesensgehalt eines Grundrechts „in keinem Fall" angetastet werden darf. Aber dies kann die verschiedenen Fälle sowohl der verschiedenen Grundrechte als auch der verschiedenen Individuen und Situationen meinen. Die Frage kann wieder nur *für jedes einzelne Grundrecht gesondert* beantwortet werden. **347**

**Beispiele:** Art. 2 Abs. 2 S. 3 sieht Eingriffe auch in das Recht auf Leben vor. Da der Eingriff in das Leben stets den Entzug des Lebens bedeutet, kann der Wesensgehalt von Art. 2 Abs. 2 S. 1 nicht dahin gehen, daß keinem einzelnen das Leben genommen werden darf. Hier also ist der Wesensgehalt in der Gewährleistung für die Allgemeinheit zu su- **348**

chen. — Anders steht es schon beim Recht auf körperliche Unversehrtheit, in das anders als in das Recht auf Leben nicht nur ganz oder gar nicht, sondern mehr oder weniger eingegriffen werden kann. Hier besteht kein Grund, den Wesensgehalt in der Gewährleistung für die Allgemeinheit zu suchen.

**349** Im Zweifel ist der Wesensgehalt in der Gewährleistung nicht für die Allgemeinheit, sondern *für den einzelnen* zu suchen. Den einzelnen sind die Grundrechte verbürgt, und wenn der eine von seinen Grundrechten keinen Gebrauch mehr machen kann, dann nützt ihm nicht, daß ein anderer es noch kann.

**350** Gelegentlich wird behauptet, der Wesensgehalt eines Grundrechts sei mit seinem *Menschenwürdegehalt* identisch (*Dürig,* M/D, Art. 1 Abs. II Rdnr. 81). Dagegen spricht schon die Überlegung, daß dann Art. 19 Abs. 2 funktionslos wäre; denn seine Schutzwirkung wäre in Art. 79 Abs. 3 vollständig enthalten. Außerdem stehen durchaus nicht alle Grundrechte im Zusammenhang mit der Menschenwürde (*Stern,* JuS 1985, 329/337). Wo allerdings ein Grundrecht einen Menschenwürdegehalt hat, dürfte er praktisch häufig mit dem Wesensgehalt dieses Grundrechts übereinstimmen.

**351** d) Art. 19 Abs. 1 S. 1 enthält das **Verbot des einschränkenden Einzelfallgesetzes.** Danach kann ein (grundrechts)einschränkendes Gesetz nur dann verfassungsrechtlich gerechtfertigt sein, wenn es *allgemein* und nicht nur für den Einzelfall gilt. Das soll zum einen den Gesetzgeber daran hindern, in den Bereich der Verwaltung einzubrechen und in der Form des Gesetzes derart konkret und individuell tätig zu werden, wie dies die Sache der Verwaltung ist; Art. 19 Abs. 1 S. 1 hat insofern einen deutlichen thematischen Bezug zur Lehre von der Gewalten- oder Funktionenteilung (vgl. *Menger,* Gedächtnisschrift Klein, 1977, S. 321/324 f.). Zum anderen soll es verhindern, daß bei Grundrechtseinschränkungen in der einen oder anderen Richtung Ausnahmen gemacht und dadurch Grundrechtsprivilegien bzw. -diskriminierungen geschaffen werden.

**352** Damit beschränkt Art. 19 Abs. 1 S. 1 den einschränkenden Gesetzgeber *nicht anders, als Art. 3* ihn schon beschränkt. Schon Art. 3 verbietet Privilegierungen und Diskriminierungen. Zwar verbietet er sie nur dann, wenn sie eines sachlichen Grundes entbehren. Aber wenn es nur einen „Fall dieser Art gibt und die Regelung dieses singulären Sachverhalts von sachlichen Gründen getragen wird", dann wird die Regelung auch mit Art. 19 Abs. 1 S. 1 für vereinbar gehalten (E 25, 371/399). Und wenn es mehrere Fälle dieser Art gibt und die Regelung des singulären Sachverhalts nicht von sachlichen Gründen getragen wird, dann ist sie weder mit Art. 19 Abs. 1 S. 1 noch mit Art. 3 vereinbar.

**353** Über Art. 19 Abs. 1 S. 1 kann immerhin unter gewissen Voraussetzungen einem Gesetz die verfassungsrechtliche Rechtfertigung leichter abgesprochen werden als bei Art. 3. Bei einschränkenden Gesetzen, die

— einen oder mehrere Adressaten namentlich individualisieren oder
— die Adressaten zwar abstrakt-generell bezeichnen, damit aber ausschließlich bestimmte Individuen umschreiben und auch umschreiben wollen (sog. getarntes oder verdecktes Individualgesetz),

bedarf es keiner Überlegungen zu Art. 3 und dabei keiner Frage nach rechtfertigenden Gründen, die hier auch nicht zu finden wären, sondern kann mit Art 19 Abs. 1

S. 1 das Ergebnis der Verfassungswidrigkeit sogleich gewonnen werden. Bei anderen Einzelfall-, Maßnahme- und Anlaßgesetzen kann dagegen die Verfassungswidrigkeit nur aus dem Fehlen rechtfertigender Gründe abgeleitet werden.

e) Gem. dem **Zitiergebot** des Art. 19 Abs. 1 S. 2 kann ein Gesetz nur dann verfassungsrechtlich gerechtfertigt sein, wenn es das eingeschränkte Grundrecht unter Angabe des Artikels *nennt*. Dies soll für die Gesetzgebung eine Warn- und Besinnungsfunktion und für die Gesetzesauslegung und -anwendung eine Klarstellungsfunktion haben; die Gesetzgebung soll die Auswirkung eines Gesetzes auf die Grundrechte bedenken, und die Gesetzesauslegung und -anwendung soll wissen, in welche Grundrechte das Gesetz allein einzugreifen ermächtigt (*Herzog*, M/D, Art. 19 Abs. I Rdnr. 48 spricht von einer „psychologischen Schranke"). 354

Das *BVerfG* legt Art. 19 Abs. 1 S. 2 in st. Rspr. eng aus, damit das Zitiergebot „nicht zu einer leeren Förmlichkeit erstarrt und den die verfassungsmäßige Ordnung konkretisierenden Gesetzgeber in seiner Arbeit unnötig behindert" (E 35, 185/188). Danach ist das Zitiergebot *nicht anwendbar* bei vorbehaltlosen Grundrechten und 355

- Art. 2 Abs. 1 (E 10, 89/99),
- allgemeinen Gesetzen des Art. 5 Abs. 2 als Schranken des Art. 5 Abs. 1 (E 28, 282/289; 33, 52/77 f.),
- Art. 12 Abs. 1 (E 64, 72/79 ff.), obwohl der Regelungsvorbehalt des Art. 12 Abs. 1 S. 2 die Wirkung eines Gesetzesvorbehalts hat (vgl. oben Rdnr. 253),
- Art. 14 Abs. 1 (E 21, 92/93),
- enteignenden Gesetzen gem. Art. 14 Abs. 3 S. 2 (E 24, 367/396 ff.; diese Entscheidung kann auch damit gerechtfertigt werden, daß die Junktimklausel des Art. 14 Abs. 3 S. 2 schon die gleiche Funktion wie das Zitiergebot erfüllt, vgl. *Erichsen*, StR I, S. 133).

Für eine Formvorschrift versteht sich schließlich, daß *vorkonstitutionelle Gesetze* sie nicht beachten konnten (E 2, 121/122 f.). Diesen Ansatz hat das BVerfG in seiner restriktiven Tendenz zu Art. 19 Abs. 1 S. 2 ausgeweitet: Unter das Zitiergebot fallen nicht solche nachkonstitutionellen Gesetze, die bereits geltende Grundrechtsbeschränkungen unverändert oder mit geringen Abweichungen wiederholen (E 35, 185/189; 61, 82/113; krit. *Alberts*, JA 1986, 73). 356

f) Ob mit dem Erfordernis **rechtsstaatlicher Klarheit und Bestimmtheit** über die spezielle Vorschrift des Art. 103 Abs. 2 (vgl. unten Rdnr. 1199 f.) hinaus noch eine eigene Schranken-Schranke errichtet wird, kann bezweifelt werden. Denn ein unklares und unbestimmtes Gesetz würde mehr Eingriffe eröffnen, als zur Erreichung des Gesetzeszwecks notwendig sind, und dadurch den Grundsatz der Verhältnismäßigkeit verletzen. Das Gebot rechtsstaatlicher Klarheit und Bestimmtheit setzt jedoch insofern einen eigenen Akzent, als es auf die *Perspektive des einzelnen*, d. h. darauf abstellt, was dieser vorhersehen und berechnen kann. Ist das Gesetz hierfür zu unklar und zu unbestimmt, dann kann es ohne Verhältnismäßigkeitsprüfung schon daran scheitern. 357

**Beispiel:** § 9 Abs. 1 S. 1 des Volkszählungsgesetzes 1983 gestattete den Gemeinden, bestimmte Angaben aus den Erhebungsunterlagen mit den Melderegistern zu vergleichen, zu deren Berichtigung zu verwenden und auch weiterzugeben. Ausgewählte Personendaten konnten so nicht nur zu statistischen Zwecken, sondern zusätzlich zu einem Ver- 358 waltungsvollzug verwandt werden, dem keine konkrete Zweckbindung entsprach. Das führte zur „Unverständlichkeit der gesamten Regelung" sowie „dazu, daß der auskunftspflichtige Bürger die Auswirkungen dieser Bestimmung nicht mehr zu übersehen vermag. Für den Betroffenen ist nicht erkennbar, daß seine statistischen Angaben nach Maßgabe der melderechtlichen Vorschriften in weitem Umfang an Behörden und öffentliche Stellen übermittelt werden können, ohne daß diese den statistischen Ursprung dieser Daten feststellen und dem Nachteilsverbot Rechnung tragen können" (E 65, 1/5; vgl. auch *Rosenbaum*, Jura 1988, 178/182 ff.).

## V. Kollisionen und Konkurrenzen

### *1. Kollisionen*

359 Kollisionen sind zunächst nichts anderes als Konflikte, die sich bei wildwüchsigem Freiheitsgebrauch ergeben. Sie durch Eingriffe einzudämmen, ist der Gesetzgeber durch die Gesetzesvorbehalte befähigt. Wo die Gesetzesvorbehalte bei den *vorbehaltlos* verbürgten, auch schrankenlos genannten Grundrechten fehlen, fehlt dem Gesetzgeber die Freiheit zur Eindämmung der Kollisionen. Aber damit sind sie als Gefahr nicht aus der Welt. Es gibt verschiedene Ansätze zur Lösung des Problems:

360 a) Gelegentlich wurde und wird versucht, das Problem der Kollisionen bei den vorbehaltlosen Grundrechten mit der **Übertragung von Schranken** von einem Grundrecht auf ein anderes zu lösen.

361 **Beispiele:** Die Auffassung kann dazu führen, daß Art. 5 Abs. 3 den Schranken von Art. 5 Abs. 2 unterliegt, und sie vertritt vor allem, die Schrankentrias („soweit...") des Art. 2 Abs. 1 als des allgemeinsten und „Muttergrundrechts" gelte auch für die speziellen, die „Tochtergrundrechte" und dabei auch für die vorbehaltlosen Grundrechte (vgl. z. B. *v. Mangoldt/Klein*, GG, 2. Aufl. 1966, Art. 5 Anm. X 6).

362 Dies ist jedoch abzulehnen. Es wird der Bedeutung spezieller Grundrechtsverbürgungen und der Bedeutung von Spezialität im Recht überhaupt nicht gerecht. Auch das BVerfG vertritt in ständiger Rechtsprechung: „Abzulehnen ist ... die Meinung, daß die Freiheit der Kunst gem. Art. 2 Abs. 1 Halbsatz 2 GG durch die Rechte anderer, durch die verfassungsmäßige Ordnung und durch das Sittengesetz beschränkt sei" (E 30, 173/192). Gleiches hat das Gericht für Art. 4 Abs. 1, 2 entschieden (E 32, 98/107).

363 b) In **systematischer Interpretation** läßt sich u. U. zeigen, daß die Reichweite des Schutzbereichs den kollidierenden wildwüchsigen Freiheitsgebrauch nicht deckt.

364 **Beispiel:** Der vorbehaltlos gewährleisteten Gewissensfreiheit in weitem Verständnis jedes von festen Überzeugungen geleitete Handeln unterfallen zu lassen, würde Art. 4 Abs. 1 in eine Fülle von Kollisionen mit anderen öffentlichen und privaten Interessen führen. Der systematische Blick auf Art. 5 Abs. 1 zeigt jedoch, daß das weite Verständnis nicht richtig sein kann: Feste Überzeugungen sind zunächst einfach Meinungen, und erst eine zusätzliche, als verpflichtend empfundene religiöse oder moralische Qualität macht das Gewissen aus.

365 Was derart gar nicht erst in den Schutzbereich eines Grundrechts fällt, muß auch nicht durch einen Eingriff in das Grundrecht daran gehindert werden, mit anderen Interessen, mit anderen Grundrechten und Verfassungsgütern zu kollidieren. In der Falllösung hat auch und gerade bei den vorbehaltlosen Grundrechten die sorgfältige Bestimmung des Schutzbereichs vor der Frage nach dem Eingriff und dessen verfassungsrechtlicher Rechtfertigung zu erfolgen.

c) Die systematische Interpretation soll nach verbreiteter Auffassung sogar bewirken, daß die Schutzbereiche der vorbehaltlosen Grundrechte stets nur soweit reichen, wie es ein i. S. praktischer Konkordanz erfolgender Ausgleich mit kollidierenden anderen Grundrechten oder Verfassungsgütern jeweils erlaubt (**kollidierendes Verfassungsrecht als Schutzbereichsbegrenzung**). 366

**Beispiel:** Bei Ableistung des Wehrdienstes merkt jemand, daß ihm sein Gewissen den Kriegs- und Wehrdienst mit der Waffe verbietet. Mit Rücksicht auf den ungestörten Dienstbetrieb wird jedoch seinem Recht zur Verweigerung von Kriegs- bzw. Wehrdienst bis zur rechtskräftigen Anerkennung nicht entsprochen (vgl. E 28, 243). Hierzu wird vertreten: „Eine gesetzliche, das Recht auf Kriegsdienstverweigerung zeitlich bis zur rechtskräftigen Anerkennung aussetzende Regelung definiert also nur eine sich aus der Kollision gegenläufiger Verfassungsrechtsgüter ergebende, auf die ‚Herstellung praktischer Konkordanz' gerichtete Schutzbereichsbegrenzung". Dabei ist vorausgeschickt, daß „Einrichtung und Funktionsfähigkeit (der Bundeswehr) verfassungsrechtlichen Rang" besitzen (*Erichsen*, Jura Extra: Studium und Examen, 2. Aufl. 1983, S. 214/234). 367

Das Beispiel zeigt das *erste Defizit* dieses Ansatzes: Die *Gesetzesvorbehalte* der Grundrechte werden tendenziell ihrer *Funktion beraubt*. Die Vorenthaltung des Verweigerungsrechts wird gar nicht erst darauf befragt, ob sie durch die Ermächtigung des Gesetzgebers, das Nähere zu regeln (Art. 4 Abs. 3 S. 2), gedeckt ist. Sie muß gar nicht erst darauf befragt werden, wenn die Verweigerung zur Unzeit schon aus dem Schutzbereich herausfällt. Auch bei jedem anderen Grundrecht ist es von diesem Ansatz aus eigentlich richtig, ein Gesetz als erstes darauf zu befragen, ob es den Schutz von anderen Grundrechten oder Verfassungsgütern bezweckt und Kollisionen vermeidet oder ausgleicht. Tut es das, definiert es den Schutzbereich; nur wenn es das nicht tut, behält der Gesetzesvorbehalt noch eine Funktion. Es kann sogar noch weitergehend gefragt werden, woraus sich überhaupt ergeben soll, daß es der gesetzgeberischen Definition des Schutzbereichs bedarf, und warum nicht die Verwaltung, wenn sie sich außerhalb des Schutzbereichs hält, nicht ohne gesetzliche Ermächtigung soll handeln dürfen. 368

Das *zweite Defizit* dieses Ansatzes liegt im *Verlust der Bestimmtheit* der Reichweite des Schutzbereichs. 369

**Beispiel:** Als der Roman „Mephisto" von Klaus Mann verlegt wurde, sah der Adoptivsohn von Gustav Gründgens dadurch das Persönlichkeitsrecht seines verstorbenen Adoptivvaters verletzt. Der BGH ist ihm darin gefolgt, und das BVerfG hat die Verfassungsbeschwerde des Verlegers von Klaus Mann zurückgewiesen: Der Roman sei zwar ein Kunstwerk und auch das Verlegen eines Kunstwerks sei durch die Kunstfreiheit geschützt. Es bestehe hier aber eine Kollision zwischen der Kunstfreiheit des Verlegers und dem ebenfalls verfassungsrechtlich geschützten Persönlichkeitsrecht von Gustav Gründgens, die aus mancherlei Umständen des einzelnen Falls zu Lasten des Verlegers gelöst werden müsse (E 30, 173/193 ff.). 370

Auch hier kann der erörterte Ansatz nur Fragen der übrigens richterlichen Definition des Schutzbereichs sehen. Da die Entscheidung des BVerfG auf mancherlei Umstände des einzelnen Falls abstellt, wird die Reichweite des Schutzbereichs fallabhängig. Sie ist nicht mehr generell bestimmt, sondern nur noch ad hoc und punktuell zu bestimmen. — Aus beiden Gründen kann die Auffassung daher nicht überzeugen. 371

d) Eine ähnliche, wohl als herrschend zu bezeichnende Auffassung versteht kollidierendes Verfassungsrecht (Grundrechte und Verfassungsgüter) als (immanente) Schran- 372 ken und sieht Eingriffe in die vorbehaltlos gewährleisteten Grundrechte dann verfassungsrechtlich gerechtfertigt, wenn sie Kollisionen mit anderen Grundrechten oder Verfassungsgütern i. S. praktischer Konkordanz ausgleichen (**kollidierendes Verfassungsrecht als Eingriffsrechtfertigung;** vgl. *v. Münch,* vM, Vorb. Art. 1—19 Rdnr. 56 f.).

373 Im Ergebnis trifft sich der vorliegende mit dem schon dargelegten Ansatz; sein *Vorzug* liegt darin, daß er durch das kollidierende Verfassungsrecht nicht die Reichweite der Schutzbereiche bemißt, sondern die Eingriffe in die Schutzbereiche verfassungsrechtlich rechtfertigt. Er gewährleistet daher die *Bestimmtheit der Reichweite des Schutzbereichs.* Mit dem schon dargelegten Ansatz trifft er sich auch in der Berufung auf die systematische Interpretation und die Einheit der Verfassung. Er beruft sich hierauf auch gewiß nicht mit geringerer Berechtigung: Wenn systematischer Interpretation überhaupt derart korrigierende Kraft zuerkannt wird, dann ist ebenso einleuchtend, sie auf die Ergänzung von Eingriffsrechtfertigungen wie auf die Begrenzung von Schutzbereichen zu beziehen, da beide in die Einheit der Verfassung eingebettet sind.

374 *Einzuwenden* ist aber gegen diesen Ansatz, daß die *Funktion der Gesetzesvorbehalte unklar* wird. Denn er macht nicht hinreichend deutlich, ob die Schranken kollidierenden Verfassungsrechts

— nur bei den vorbehaltlosen oder auch bei den übrigen Grundrechten vorausgesetzt und
— nur vom Gesetzgeber oder auch von Rechtsprechung und Verwaltung nachgezeichnet

werden können.

375 Die *Auffassung des BVerfG* schwankt: Mal klingt seine Berufung auf kollidierendes Verfassungsrecht mehr nach Begrenzung eines Schutzbereichs, mal mehr nach Rechtfertigung eines Eingriffs. Dabei ist einige Großzügigkeit bei der Annahme von Gütern und Interessen als Verfassungsgütern, die vorbehaltlose Grundrechte einschränken können, zu beobachten. Das ist gefährlich: Wenn alles, was im Grundgesetz einschließlich seiner Kompetenzkataloge benannt wird, Verfassungsgut ist, dann ist die Berufung auf kollidierendes Verfassungsrecht billig zu haben (vgl. abw. M. E 69, 57/58 ff.).

376 **Beispiel:** E 53, 30/56 erblickt in der Zuständigkeitsvorschrift des Art. 74 Nr. 11 a (Kernenergie) die „grundsätzliche Anerkennung des darin behandelten Gegenstandes durch die Verfassung selbst“ und wertet sie derart als Positivierung eines Verfassungsguts (vgl. *Pieroth,* AöR 1989, 422; *Selk,* JuS 1990, 895).

377 e) Soll einerseits auch bei vorbehaltlosen Grundrechten die Möglichkeit der Eindämmung von Kollisionen eingeräumt und sollen andererseits der besondere Rang, den das Grundgesetz einem Grundrecht durch die vorbehaltlose Gewährleistung zuerkennt, sowie Sinn und System der Gesetzesvorbehalte nicht preisgegeben werden, dann sind für die **Lösung des Kollisionsproblems** folgende Punkte zu beachten:

378 — Dort, wo das Grundgesetz *Gesetzesvorbehalte* enthält, hat es die Kollisionsgefahren gesehen und die Eingriffsmöglichkeit so geschaffen, wie es auch die Eingriffsnotwendigkeit bejaht hat. Bei den Grundrechten mit Gesetzesvorbehalten besteht zu Überlegungen über kollidierendes Verfassungsrecht kein Anlaß (a. A. BVerwGE 87, 37/45 f.; dazu krit. *Schoch,* DVBl. 1991, 667/671 ff.).

- Dort, wo das Grundgesetz keine Gesetzesvorbehalte enthält, hat es auch keine Kollisionsgefahren gesehen. Es hat keine Eingriffsmöglichkeit geschaffen, weil es auch die Eingriffsnotwendigkeit verneint hat. Alles spricht dafür, daß dabei eine Vorstellung des Schutzbereichs zugrunde liegt, die Kollisionen ausschließt. Die Lösung eines Kollisionsproblems hat daher mit der Frage, ob das kollidierende Verhalten überhaupt in den Schutzbereich fällt, bzw. mit einer präzisen Bestimmung der *Reichweite des Schutzbereichs* zu beginnen. Dies gilt umsomehr, als es *das* Problem der vorbehaltlosen Grundrechte nicht gibt, sondern nur die verschiedenen und verschieden zu lösenden Probleme der verschiedenen vorbehaltlosen Grundrechte. **379**

- Dort, wo das Grundgesetz Eingriffsmöglichkeiten schaffen wollte, hat es die Eingriffe durch Gesetz oder aufgrund Gesetzes vorgesehen. Wenn Eingriffe auch dort möglich sein sollen, wo das Grundgesetz ihre Notwendigkeit nicht gesehen und daher ihre Möglichkeit nicht geschaffen hat, dann gewiß *nicht unter geringeren Voraussetzungen* als dort, wo es die Notwendigkeit gesehen und die Möglichkeit geschaffen hat. Der Eingriff in ein vorbehaltloses Grundrecht, der nicht durch Gesetz oder aufgrund Gesetzes erfolgt, mag das Gesetz auch weitgefaßt sein und Eingriffe nicht nur in das vorbehaltlose, sondern auch in andere Grundrechte ermöglichen, ist verfassungsrechtlich nicht zu rechtfertigen. **380**

- Weil das Grundgesetz bei den vorbehaltlosen Grundrechten Eingriffe nicht vorsieht, müssen sie jedenfalls *Ausnahmen* bleiben. Zur Rechtfertigung unter Berufung auf kollidierendes Verfassungsrecht kann daher nicht alles das taugen, was das Grundgesetz für den Alltag des Verfassungslebens als Gegenstand von Gesetzgebungs- und Verwaltungskompetenzen benennt oder auch dem einzelnen als Grundrechtsgebrauch eröffnet. Zur Rechtfertigung taugen allenfalls die Inhalte des Grundgesetzes, die das Grundgesetz selbst dem Alltag des Verfassungslebens entzieht und ausnahmsweise (Art. 79 Abs. 3) unberührbar und unveränderbar stellt: die Menschenwürde mit den Menschenwürdegehalten auch der anderen Grundrechte und die Grundsätze des Art. 20. **381**

- Bei Kollision zwischen einem vorbehaltlosen Grundrecht und anderem, zur Rechtfertigung eines Eingriffs tauglichen Verfassungsrecht muß das vorbehaltlose Grundrecht auch seinerseits in dem Ausmaß, in dem es mit seinem *Menschenwürdegehalt* über Art. 1 am Schutz des Art. 79 Abs. 3 teilnimmt, *gewahrt* bleiben. **382**

Rechtsprechung und h. L. gehen, wie gezeigt, hierüber hinaus (ausführlich *Bethge*, Zur Problematik von Grundrechtskollisionen, 1977; *Rüfner*, Festgabe BVerfG, 2. Bd., 1976, S. 453; zur Beschränkung von Grundrechten im sog. besonderen Gewaltverhältnis vgl. *Stern*, StR III/1, S. 1376 ff.). Die *folgende Darstellung* der einzelnen Grundrechte erwähnt die gängigen Eingriffsrechtfertigungen durch kollidierendes Verfassungsrecht und verzichtet darauf, sie jeweils einläßlicher Kritik zu unterziehen. Immerhin ist sie zurückhaltend und löst Probleme, die im gängigen Spektrum von Rechtsprechungs- und Schrifttumsmeinungen zwar auch, aber nicht durchweg oder nahezu durchweg über die Rechtfertigungsfigur des kollidierenden Verfassungsrechts gelöst werden, ohne diese Rechtfertigungsfigur. Auch die *Fallösung* tut gut daran, sie behutsam zu gebrauchen. Sie birgt nach wie vor viele offene Fragen und entsprechend viele Fehlerquellen. **383**

*2. Konkurrenzen*

384 Das Problem der Konkurrenzen ist das Problem, *welches von mehreren,* auf den ersten Anschein einschlägigen Grundrechten jeweils *maßgeblich* ist. Es löst sich dadurch, daß der erste Anschein näher überprüft und die Einschlägigkeit näher bestimmt wird (vertiefend *Fohmann,* EuGRZ 1985, 49).

385 a) Fällt ein Verhalten sowohl in den Schutzbereich eines speziellen Grundrechts als auch in den des Auffanggrundrechts der allgemeinen Handlungsfreiheit, so bestimmt sich sein Schutz allein nach dem **speziellen Grundrecht.** Dies folgt aus dem Vorrang, den allgemein die spezielle vor der generellen Norm genießt.

386 **Beispiele:** Die verfassungsrechtliche Zulässigkeit eines polizeilichen Einschreitens gegen eine Versammlung oder eine Vereinigung oder eines Eindringens in eine Wohnung beurteilt sich jeweils nach Art. 8, 9 Abs. 1 und 2 sowie Art. 13, nicht aber nach Art. 2 Abs. 1. Eine staatliche Ungleichbehandlung zwischen Mann und Frau oder zwischen den Angehörigen verschiedener Bundesländer ist am Maßstab des Art. 3 Abs. 2 bzw. Art. 33 Abs. 1 zu überprüfen, nicht am allgemeinen Gleichheitssatz des Art. 3 Abs. 1.

387 b) Fällt ein Verhalten in den Regelungs-, aber nicht in den Schutzbereich eines Grundrechts (vgl. oben Rdnr. 229), dann bestimmt sich sein Schutz nach dem Auffanggrundrecht der **allgemeinen Handlungsfreiheit,** dem jedes Verhalten unterfällt. Nach a.A. soll Art 2 Abs. 1 schon dann verdrängt werden, wenn das Verhalten nur in den Regelungsbereich eines speziellen Grundrechts fällt. Mit dem weiten Verständnis von Art. 2 Abs. 1 als Grundrecht der allgemeinen Handlungsfreiheit und der Rechtsprechung des BVerfG ist dies nicht vereinbar.

388 **Beispiele:** Eine unfriedliche Versammlung fällt in den Regelungs-, nicht aber in den Schutzbereich des Art. 8 Abs. 1. Nach der hier vertretenen Auffassung hindert das nicht den Rückgriff auf Art. 2 Abs. 1 (a. A. *Erichsen,* StR I, S. 141 ff.; *Herzog,* M/D, Art. 8 Rdnr. 77; vgl. zur Frage der Grundrechtsgeltung für Ausländer oben Rdnr. 140 f.).

389 c) Fällt ein Verhalten in die Schutzbereiche zweier spezieller Grundrechte, dann kann sich gleichwohl das eine als **für diesen Fall spezieller** erweisen, ohne daß insgesamt zwischen beiden Grundrechten ein Verhältnis der Spezialität bestehen müßte. Voraussetzung ist, daß das eine Grundrecht das Verhalten durch gegenüber dem anderen Grundrecht zusätzliche Merkmale erfaßt.

390 **Beispiel:** Die Berufsfreiheit (Art. 12 Abs. 1) und die Pressefreiheit (Art. 5 Abs. 1 S. 2, 1. Variante) stehen nicht insgesamt in einem Verhältnis der Spezialität. Die berufliche Tätigkeit eines Redakteurs ist aber durch das zusätzliche Merkmal charakterisiert, das sie in der Presse erfolgt. Insoweit ist Art. 5 Abs. 1 S. 2, 1. Variante speziell gegenüber Art. 12 Abs. 1 (ausführlich *Degen,* Pressefreiheit, Berufsfreiheit, Eigentumsgarantie, 1981).

391 d) Fällt ein Verhalten in die Schutzbereiche zweier spezieller Grundrechte, ohne daß zwischen beiden ein Spezialitätsverhältnis festgestellt werden kann, dann bestimmt sich der Schutz des Verhaltens nach **beiden Grundrechten.** Wenn dabei die Schutzwirkung beider Grundrechte unterschiedlich stark ist, dann bedeutet der doppelte Schutz, daß ein Eingriff nur gerechtfertigt werden kann, wenn er auch am Grundrecht mit dem stärkeren Schutz gerechtfertigt werden kann. Eine Grundrechts- oder Wertkumulation, die das doppelt geschützte Verhalten noch stärker schützt (so *Bleckmann/Wiethoff,* DÖV 1991, 722), findet dagegen nicht statt (*Würkner,* DÖV 1992, 150).

**Beispiele:** Die Prozession unter freiem Himmel verwirklicht die vorbehaltlose Glaubensfreiheit und die unter Gesetzesvorbehalt stehende Versammlungsfreiheit. Nimmt sie einen Weg, der in einer bestimmten religiösen Tradition wurzelt, dann muß sich ein Eingriff in die Wegführung auch an Art. 4 Abs. 2, nicht nur an Art. 8 Abs. 2 messen lassen. Andernfalls sind die Wegführung und ihre Beschränkung allein am Maßstab des Art. 8 zu beurteilen. — Für die Beurteilung des Aufrufs zu einer Versammlung sind Art. 5 Abs. 1 S. 1 und Art. 8 „nebeneinander anwendbar" (E 82, 236/258). **392**

**Literatur:** *K. A. Bettermann*, Grenzen der Grundrechte, 2. Aufl. 1976; *P. Häberle*, Die Wesensgehaltgarantie des Art. 19 Abs. 2 GG, 3. Aufl. 1983; *G. Herbert*, Der Wesensgehalt der Grundrechte, EuGRZ 1985, 321; *M. C. Jakobs*, Der Grundsatz der Verhältnismäßigkeit, DVBl. 1985, 97; *M. Kloepfer*, Grundrechtstatbestand und Grundrechtsschranken in der Rechtsprechung des Bundesverfassungsgerichts, in: Festgabe BVerfG, 2. Bd., 1976, S. 405; *M. Kriele*, Vorbehaltlose Grundrechte und die Rechte anderer, JA 1984, 629; *H.-R. Lipphardt*, Grundrechte und Rechtsstaat, EuGRZ 1986, 149; *F. Müller*, Die Positivität der Grundrechte, 2. Aufl. 1990; *M. Ramsauer*, Die Bestimmung des Schutzbereichs von Grundrechten nach dem Normzweck, VerwArch 1981, 89; *W. Schmidt*, Der Verfassungsvorbehalt der Grundrechte, AöR 1981, 497; *F. E. Schnapp*, Grenzen der Grundrechte, JuS 1978, 729; *ders.*, Die Verhältnismäßigkeit des Grundrechtseingriffs, JuS 1983, 850; *J. Schwabe*, Probleme der Grundrechtsdogmatik, 1977; *J. Staupe*, Parlamentsvorbehalt und Delegationsbefugnis, 1986; *T. Wülfing*, Grundrechtliche Gesetzesvorbehalte und Grundrechtsschranken, 1981.

## Anhang: Aufbauschema

Die dargelegte Systematik von Grundrechtsgewährleistung und Grundrechtsbeschränkung kann für Zwecke der *Fallösung*, insbesondere in Übungsarbeiten, in ein Aufbauschema gebracht werden. Das folgende Aufbauschema bezieht sich auf den typischen Grundrechtsfall, in dem gefragt wird, ob ein Gesetz mit einem Grundrecht vereinbar ist (vgl. oben Rdnr. 10 ff.) bzw. ob die Verfassungsbeschwerde gegen ein Gesetz begründet ist (vgl. unten Rdnr. 1274 f.). Wenn nach der Rechtmäßigkeit einer Maßnahme der vollziehenden oder rechtsprechenden Gewalt gefragt wird, kommen Prüfungsgesichtspunkte hinzu, die aber das Aufbauschema nicht verändern. Entsprechendes gilt, wenn es um die Verpflichtung des Staats zur Vornahme einer Handlung geht. Modifikationen ergeben sich allerdings bei der Prüfung von Gleichheitsgrundrechten (vgl. das Aufbauschema unten Rdnr. 577). Modifikationen ergeben sich auch dann, wenn nicht nur nach der Grundrechtsgemäßheit, sondern umfassend nach der Verfassungsmäßigkeit eines Gesetzes gefragt wird bzw. nicht eine Verfassungsbeschwerde, sondern eine abstrakte oder konkrete Normenkontrolle zu begutachten ist. Dann sind Kompetenz- und Verfahrensnormen des Grundgesetzes („formelle Verfassungsmäßigkeit") selbständiger Maßstab neben den Grundrechten („materielle Verfassungsmäßigkeit") und sollen dementsprechend gleichgeordnet mit diesen und nicht als Unterpunkt III. 1. geprüft werden. **393**

Die Frage, ob ein Freiheitsgrundrecht durch ein Gesetz verletzt ist, ist in folgenden Einzelfragen abzuarbeiten (Drei-Schritt-Prüfung): **394**

I. Fallen die Verhalten, die das Gesetz regelt, in den Schutzbereich des Grundrechts?

II. Stellt die Regelung des Gesetzes einen Eingriff in den Schutzbereich dar?

III. Ist der Eingriff verfassungsrechtlich gerechtfertigt?

1. Ist das Gesetz kompetenz- und verfahrensgemäß zustande gekommen?
2. a) Bei Grundrechten mit qualifiziertem Gesetzesvorbehalt: Genügt das Gesetz den Qualifikationsmerkmalen?
   b) Bei Grundrechten ohne Gesetzesvorbehalt: Greift das Gesetz um anderer Grundrechte oder sonstiger Verfassungsgüter willen ein?

3. Genügt das Gesetz den Anforderungen des Parlamentsvorbehalts?
4. Greift das Gesetz verhältnismäßig ein?
5. Läßt das Gesetz den Wesensgehalt des Grundrechts unangetastet?
6. Gilt das Gesetz allgemein und nicht nur für den Einzelfall?
7. Nur bei Grundrechten mit Gesetzesvorbehalt: Nennt das Gesetz das eingeschränkte Grundrecht unter Angabe des Artikels?
8. Ist das Gesetz in Tatbestand und Rechtsfolge klar und bestimmt gefaßt?

**395** Man könnte daran denken, die jeweils nächste Frage des Aufbauschemas nur dann noch zu beantworten, wenn die jeweils vorangehende bejaht wird; denn mit der Verneinung einer der mit den römischen Ziffern I und II gekennzeichneten Fragen steht fest, daß keine Verletzung des Grundrechts vorliegt, und mit der Verneinung einer der mit arabischen Ziffern und mit Buchstaben gekennzeichneten Fragen steht fest, daß eine Verletzung des Grundrechts vorliegt. Entscheidend ist aber, ob die späteren Fragen ausweislich des Sachverhalts noch problemträchtig sind; diesen Problemen darf nicht ausgewichen werden. Die entsprechende, in einem Rechtsgutachten erforderliche Fortsetzung der Prüfung wird gelegentlich als hilfsgutachtlich bezeichnet.

**396** Immer aber gilt, daß Ausführungen zu einer der mit arabischen Ziffern und mit Buchstaben gekennzeichneten Fragen nur dann erforderlich sind, wenn Sachverhalt oder Rechtslage irgendwelche Anhaltspunkte dafür bieten, daß die Frage möglicherweise verneint werden kann. Das Aufbauschema soll eine gedankliche Stütze sein; es darf nicht in jedem Fall zur Gänze reproduziert werden.

# ZWEITER TEIL:
# Die einzelnen Grundrechte

## § 7 SCHUTZ DER MENSCHENWÜRDE (Art. 1 Abs. 1)

**Fall:** Das Entführungsdrama

A und B entführen den herzkranken Industriellen I. Sie fordern von den Angehörigen des I ein hohes Lösegeld. I schwebt in äußerster Lebensgefahr, da er seine gewohnten Medikamente nicht einnehmen kann. Selbst wenn die Forderung der Entführer erfüllt würde, dauerte das Verfahren der Übergabe des Lösegelds und der Freilassung doch so lange, daß die medikamentöse Hilfe zu spät käme. B weiß, wo I von A versteckt gehalten wird, weigert sich aber, dies preiszugeben. Um das Leben des I zu retten, entschließt sich die Polizei, den B mit Gewalt zum Sprechen zu bringen. Verstößt sie gegen Art. 1 Abs. 1?

### I. Überblick

Die nationalsozialistischen Gewaltverbrechen vor Augen hat der Parlamentarische Rat an den Anfang des Grundrechtskatalogs gestellt: „Die Würde des Menschen ist unantastbar." Entsprechend dieser Stellung und im Hinblick darauf, daß auch eine Verfassungsänderung Art. 1 nicht „berühren" darf (Art. 79 Abs. 3), wird dieser Satz in der Rechtsprechung des BVerfG mit besonderem Nachdruck zitiert: „In der freiheitlichen Demokratie ist die Würde des Menschen der oberste Wert." (E 5, 85/204) Er gehört zu den „tragenden Konstitutionsprinzipien" des Grundgesetzes (E 6, 32/36). „Das Wertsystem des Grundgesetzes findet seinen Mittelpunkt in der innerhalb der sozialen Gemeinschaft sich frei entfaltenden menschlichen Persönlichkeit und ihrer Würde." (E 7, 198/205) **397**

Wegen des proklamatorischen Charakters, wegen der in Art. 1 Abs. 3 statuierten Bindung der öffentlichen Gewalt an „die nachfolgenden Grundrechte" und weil deren Schutz ohnehin lückenlos sei, wird die Auffassung vertreten, Art. 1 Abs. 1 stelle kein Grundrecht dar (vgl. *Dürig*, M/D, Art. 1 Abs. I Rdnr. 13; *Geddert-Steinacher*, S. 164 ff.). Dagegen ist zu sagen, daß Art. 1 Abs. 1 nach Systematik (vgl. die Überschrift von Abschnitt I) und Entstehungsgeschichte *zu den Grundrechten gehört;* proklamatorischer Charakter und Unbestimmtheit finden sich im übrigen auch bei anderen Grundrechten. Das BVerfG hat Art. 1 Abs. 1 von Anfang an als Grundrecht bezeichnet (vgl. z. B. E 15, 249/255) und später ergänzt, „daß Art. 1 Abs. 1 kein ‚nachfolgendes' Grundrecht ist, schließt eine Bindung der staatlichen Gewalten an dieses oberste Konstitutionsprinzip des Grundgesetzes nicht aus" (E 61, 126/137; vgl. hierzu auch *Krawietz*, Gedächtnisschrift Klein, 1977, S. 245; *Starck*, Art. 1 Abs. 1 Rdnr. 17 f.). **398**

Anders als bei den meisten Grundrechten ist die Rechtsfolge der Gewährleistung der Menschenwürde in einem eigenen Satz formuliert: Art. 1 Abs. 1 S. 2 verpflichtet alle staatliche Gewalt dazu, die Würde des Menschen zu *achten* und zu *schützen*. Während der Begriff „achten" bedeutet, daß in die Menschenwürde nicht eingegriffen werden darf, geht der Begriff „schützen" darüber hinaus. Es ist dies eine der wenigen Stellen im Grundrechtskatalog des Grundgesetzes, wo von der staatlichen Gewalt ausdrücklich ein Tätigwerden verlangt wird (vgl. oben Rdnr. 74 ff.). Würde des Menschen ist mit anderen Worten nicht nur *Grenze*, sondern auch *Aufgabe* der staatlichen Gewalt. Die wichtigste Folgerung hieraus hat das BVerfG in systematischer Zusammenschau der Menschenwürde mit dem Recht auf Leben (Art. 2 Abs. 2 S. 1) gezogen und als Pflicht des Staates bezeichnet, jedes menschliche Leben zu schützen, es vor allem vor rechtswidrigen Eingriffen von seiten anderer zu bewahren (vgl. oben Rdnr. 108 f. sowie unten Rdnr. 418 und 465 ff.). **399**

## II. Schutzbereich

400 Den Schutzbereich der Menschenwürde zu bestimmen, macht *Schwierigkeiten* in mehrfacher Hinsicht:

— In der heutigen Umgangs- und Wissenschaftssprache ist „Würde" kein geläufiger Begriff: „Erfahrungen von Würde werden immer seltener und beziehen sich vom Sprachgebrauch her immer häufiger auf periphere soziale Vorgänge" (*Podlech,* AK, Art. 1 Abs. 1 Rdnr. 12).

— Würde ist ein Begriff, auf dem sozusagen zweieinhalbtausend Jahre Philosophiegeschichte lasten. Von Menschenwürde kann man schwer reden, ohne sich sogleich in einer bestimmten philosophischen Tradition wiederzufinden.

— Anforderungen, die die Menschenwürde stellt, sind im besonderen Maß zeit- und situationsabhängig. Unter welchen Umständen die Menschenwürde verletzt ist, läßt sich „offenbar nicht generell sagen, sondern immer nur in Ansehung des konkreten Falles" (E 30, 1/25). Der zivilisatorische und kulturelle Gesamtzustand einer Gesellschaft bedingt unterschiedliche Vorstellungen und Verwirklichungen der Menschenwürde.

— Schließlich gibt das Verhältnis der Menschenwürde zu anderen Grundrechten Probleme auf (dazu noch näher unter Rdnr. 414 ff.). Insbesondere fragt sich, worin neben etwa dem Recht auf Leben, den Gleichheitsrechten oder der Gewissensfreiheit das Eigenständige der Gewährleistung der Menschenwürde liegt.

401 Es gibt besonders zwei Auffassungen darüber, wie sich der Schutzbereich des Art. 1 Abs. 1 *positiv* bestimmen läßt: Nach der einen läßt sich Menschenwürde fassen als *Wert,* z. B. „der Eigenwert und die Eigenständigkeit, die Wesenheit, die Natur des Menschen schlechthin" (*Nipperdey,* in: Die Grundrechte II, S. 1). Diese Auffassung versteht sich in der Tradition der Philosophie Kants (vgl. *Vitzthum,* JZ 1985, 201/205 f.) und der christlichen Naturrechtslehre. Juristisch kann für sie ins Feld geführt werden, daß der Parlamentarische Rat bei der Schaffung des Art. 1 Abs. 1 von diesen Traditionen ausging (vgl. *Denninger,* JZ 1982, 225). Nach der anderen Auffassung ist das Entscheidende der Menschenwürde die *Leistung* der Identitätsbildung: Der Mensch hat seine Würde aufgrund seines eigenen selbstbestimmten Verhaltens (vgl. *Luhmann,* Grundrechte als Institution, 1965, S. 53 ff.). Hierfür spricht einmal, daß nicht eine bestimmte philosophische Tradition verbindlich gemacht wird, und zum anderen, daß der Zusammenhang der Menschenwürde mit anderen, die Leistung der Identitätsbildung ermöglichenden Grundentscheidungen des Grundgesetzes (Rechts- und Sozialstaatsprinzip, Gleichheits- und Freiheitsrechte) deutlich zum Ausdruck kommt (vgl. *Podlech,* AK, Art. 1 Abs. 1 Rdnr. 17 ff.).

402 *Beide Auffassungen* greifen zentrale Aspekte dessen auf, was unter dem Begriff der Menschenwürde als unantastbar festgehalten zu werden verdient. Die zweite Auffassung stellt klar, daß es gerade der einzelne selbst ist, der bestimmt, was seine Würde ausmacht. Mit der Verbürgung der Menschenwürde ist die Aufoktroyierung von Würdekonzeptionen unvereinbar. Die zweite Auffassung ist jedoch dort ungenügend, wo der einzelne handlungs- oder willensunfähig und zur Leistung der Identitätsbildung außerstande ist. Ihn gleichwohl als Menschen zu respektieren, lehrt die erste Auffassung.

Im übrigen treffen sich beide Auffassungen darin, und sie treffen sich darin auch mit der Rechtsprechung, daß im Einzelfall weniger auf positive Bestimmungen der Menschenwürde als vielmehr *auf negative Umschreibungen abgestellt* und gefragt wird, welche Akte der öffentlichen Gewalt als Verletzungen der Menschenwürde gekennzeichnet werden können. Wenn unter dieser Fragestellung mehr Einigkeit erreicht wird, als die Verschiedenheit der Auffassungen erwarten läßt, dann wird darin soziologisch die Funktion der Menschenwürdeverbürgung als Tabugrenze sichtbar: Unsere Gesellschaft ist sich, ohne dies jeweils hinterfragen zu wollen und allgemein begründen zu können, eben darin einig, daß gewisse Weisen des Umgangs der öffentlichen Gewalt mit dem Menschen schlechterdings unerträglich sind. – Dogmatisch wird mit dem Wechsel der Fragestellung von Problemen des Schutzbereichs zu Problemen des Eingriffs in den Schutzbereich übergegangen. 403

## III. Eingriffe

Das BVerfG hat für Eingriffe in die Menschenwürde zunächst die Umschreibungen „Erniedrigung, Brandmarkung, Verfolgung, Ächtung“ (E 1, 97/104) und „grausames oder hartes Urteil“ (E 1, 332/347 f.) gefunden. Später hat es sich der sogenannten *Objektformel* bedient. Danach widerspricht es der Würde des Menschen, ihn zum bloßen Objekt im Staat zu machen (E 9, 89/95; 57, 250/275). Das gebieten die „sittliche Persönlichkeit“ und der „soziale Wert- und Achtungsanspruch“ des Menschen (E 9, 167/171; 45, 187/228). 404

Im *Abhörurteil* (E 30, 1) hat das BVerfG die Objektformel zu präzisieren versucht. Es kennzeichnet den Eingriff in die Menschenwürde dahin, daß der Mensch „einer Behandlung ausgesetzt wird, die seine Subjektqualität prinzipiell in Frage stellt, oder daß in der Behandlung im konkreten Fall eine willkürliche Mißachtung der Würde des Menschen liegt. Die Behandlung des Menschen durch die öffentliche Hand, die das Gesetz vollzieht, muß also, wenn sie die Menschenwürde berühren soll, Ausdruck der Verachtung des Wertes, der dem Menschen kraft seines Personseins zukommt, also in diesem Sinne eine ‚verächtliche Behandlung‘ sein“ (E 30, 1/26). Aber dieser Präzisierungsversuch überzeugt nicht: Soll neben der unzulässigen „willkürlichen Mißachtung der Würde des Menschen“ eine willkürfreie Mißachtung der Menschenwürde zulässig sein? Was soll mit dem Erfordernis, die Behandlung müsse „Ausdruck“ der Verachtung des Personenwerts sein, sinnvoll gemeint sein? Das abweichende Votum ist dem Präzisierungsversuch denn auch nicht gefolgt. Es hielt entgegen, der Mensch dürfe schlechterdings „nicht unpersönlich, nicht wie ein Gegenstand behandelt werden, auch wenn es nicht aus Mißachtung des Personenwertes, sondern in ‚guter Absicht‘ geschieht“ (E 30, 33/39 f.). Es hat damit die Objektformel in ihrer ursprünglichen Fassung hochgehalten. Deren Fragwürdigkeit liegt jedoch auch auf der Hand: Sie ist zu *unbestimmt*. 405

So kann nur versucht werden, die spezifischen Gefährdungen der Menschenwürde nach Bereichen, in denen sie – besonders nach historischer Erfahrung – auftreten, zu konkretisieren. Hierbei ist der schon genannte Zusammenhang der Menschenwürde mit Gleichheits- und Freiheitsrechten, dem Rechts- und Sozialstaatsprinzip zu berücksichtigen. Geschichtlich-systematisch können so die folgenden vier *Bereiche typi-* 406 *scher Eingriffe* in Art. 1 Abs. 1 bestimmt werden (vgl. *Maihofer,* Rechtsstaat und menschliche Würde, 1968, S. 56 ff.; *Podlech,* AK, Art. 1 Abs. 1 Rdnr. 17 ff.):

407 — Die rechtliche *Gleichheit* des Menschen. Einen Eingriff in die Menschenwürde stellen danach Sklaverei, Leibeigenschaft und rassische Diskriminierung dar. Ein Problem für die Menschenwürde ist auch die kommerziell betriebene Vermittlung von Kindern zur Legitimation oder Adoption (VG Frankfurt, NJW 1988, 3032).

408 — Die Wahrung menschlicher *Identität und Integrität.* Das bezieht sich zum einen auf die *körperliche* Integrität. Die Menschenwürde beeinträchtigen daher Folterung, Mißhandlung und körperliche Strafen. Demgegenüber hat E 47, 239/247 die Veränderung der Haar- und Barttracht eines Beschuldigten zum Zwecke seiner Gegenüberstellung mit Zeugen nicht als Eingriff in Art. 1 Abs. 1 gewertet. Erhebliche Probleme wirft in diesem Zusammenhang die Gentechnologie auf (vgl. *Häberle,* Hdb. StR I, S. 854 ff.); ob eine Beeinträchtigung der Menschenwürde bei jedem Gentransfer in menschliche Keimzellen zur qualitativen Steigerung der Erbsubstanz angenommen werden kann (*Benda,* NJW 1985, 1730/1733) oder ob nach Heil- und Züchtungszweck, freiwilligen und unfreiwilligen Maßnahmen unterschieden werden muß (*Riedel,* EuGRZ 1986, 469/477; *Donner/Simon,* DÖV 1990, 907/911), ist ebensowenig hinreichend diskutiert wie die Frage, inwieweit es überhaupt um die Menschenwürde und nicht vielmehr um Lebens-, Gesundheits- und Persönlichkeitsschutz aus Art. 2 geht (*Enders,* EuGRZ 1986, 241; *Vollmer,* Genomanalyse und Gentherapie, 1989, S. 100 ff.). — Zum anderen gebietet die Menschenwürde die Achtung *geistig-seelischer* Identität und Integrität. Der Gebrauch eines Lügendetektors (vgl. BVerfG, NJW 1982, 375, wo aber das Persönlichkeitsrecht aus Art. 2 Abs. 1 i.V.m. Art. 1 Abs. 1 als betroffen angesehen wird) und eines Wahrheitsserums, die Anwendung von Hypnose sind daher dem Staat verboten. Er darf auch in Haftanstalten oder in psychiatrischen Kliniken nicht die Identität von Menschen brechen. Dagegen ist die Ehre nicht insgesamt von Art. 1 Abs. 1 geschützt (vgl. *Starck,* M/K, Art. 1 Abs. 1 Rdnr. 70; a. A. beiläufig E 15, 283/286); erst systematische Ehrverletzungen durch Demütigung oder Erniedrigung fallen hierunter (vgl. *Dürig,* M/D, Art. 1 Abs. I Rdnr. 41). — Um körperliche *und* geistig-seelische Integrität geht es bei der Frage, ob die lebenslange Freiheitsstrafe mit Art. 1 Abs. 1 vereinbar ist (vgl. unten Rdnr. 489).

409 — Die *Begrenzung staatlicher Gewaltanwendung.* Die Menschenwürde ist auch gedankliche Wurzel rechtsstaatlicher Verfahrensgarantien. Unter anderem aus ihr ergibt sich für das Strafverfahren „das zwingende Gebot, daß der Beschuldigte, im Rahmen der von der Verfahrensordnung aufgestellten, angemessenen Regeln, die Möglichkeit haben und auch tatsächlich ausüben können muß, auf das Verfahren einzuwirken, sich persönlich zu den gegen ihn erhobenen Vorwürfen zu äußern, entlastende Umstände vorzutragen, deren umfassende und erschöpfende Nachprüfung und gegebenenfalls auch Berücksichtigung zu erreichen" (E 63, 332/337 f.). Von der „Achtung vor der menschlichen Würde geprägt" ist auch der Grundsatz des Strafverfahrens und ähnlicher Verfahren, „daß niemand gezwungen werden darf, gegen sich selbst auszusagen" (E 55, 144/150; 56, 37/43).

410 — Die *Sicherung individuellen und sozialen Lebens.* Art. 1 Abs. 1 gewährleistet eine menschenwürdige Existenz. Diese ist z. B. nicht gewährleistet für Gefangene, die zu

dritt in einer Zelle von 23 cbm Rauminhalt mit einer Toilette ohne Trennwände untergebracht sind (OLG Hamm, MDR 1967, 1024). Der Staat darf das vom einzelnen selbst erzielte Einkommen, das zur Schaffung der Mindestvoraussetzungen für ein menschenwürdiges Dasein benötigt wird (Existenzminimum), nicht entziehen, insbesondere nicht besteuern; kann sich der einzelne aus von ihm nicht zu vertretenden Gründen nicht selbst erhalten, ist der Staat zur Hilfe verpflichtet (E 82, 60/85; BVerwGE 71, 139/141). Andererseits berechtigt das würdelose Auftreten einzelner — etwa in Darbietungen sexuellen Inhalts — allein nicht zum staatlichen Eingriff: „Zur Würde gehört auch, nicht zur Leistung von Würde gezwungen zu werden" (*Podlech,* AK, Art. 1 Abs. 1 Rdnr. 46; a. A. BVerwGE 64, 274 — Peepshow —; BVerfG, GewArch 1987, 194; BVerwGE 84, 314 stützt das Verbot von Peepshows nicht mehr auf Art. 1 Abs. 1; dazu *Discher,* JuS 1991, 642).

In diesen Bereichen schützt die Menschenwürde also nur gegen *schwere Beeinträchtigungen* durch die staatliche Gewalt. Minderschwere Eingriffe beurteilen sich allein nach Maßgabe der anderen Grundrechte. Vor dem BVerfG sind häufig Verstöße gegen die Menschenwürde gerügt worden, die das Gericht als offensichtlich unbegründet oder abwegig zurückweisen mußte. 411

**Beispiele:** Evident aussichtslose Fälle betrafen etwa die Zahlung einer Geldbuße im Ordnungswidrigkeitsverfahren (E 9, 167/171); die Ladung zum Verkehrsunterricht (E 22, 21/28) und den Friedhofszwang für Urnen (E 50, 256/262). Problematisch ist dagegen die Berücksichtigung generalpräventiver Gründe (bei der Ausweisung nach E 50, 166/175 zulässig; für die Verhängung einer ausschließlich der Abschreckung dritter Personen dienender Strafe a. A. *Podlech,* AK, Art. 1 Abs. 1 Rdnr. 42). 412

## IV. Verfassungsrechtliche Rechtfertigung

Art. 1 Abs. 1 steht unter keinem Gesetzesvorbehalt. Da er wegen Art. 79 Abs. 3 nicht einmal bei einer Verfassungsänderung berührt werden darf, wäre eine Eingriffsrechtfertigung durch kollidierendes Verfassungsrecht allenfalls bei einer Kollision mit den ebenfalls durch Art. 79 Abs. 3 der Verfassungsänderung entzogenen Verfassungsgrundsätzen denkbar. Jedoch ist mit der Kennzeichnung der Menschenwürde als oberstem Wert in der freiheitlichen Demokratie (vgl. oben Rdnr. 397) zum Ausdruck gebracht, daß die anderen Verfassungsgrundsätze, auf die Art. 79 Abs. 3 Bezug nimmt, um der Menschenwürde willen bestehen. Auch sie scheiden daher zur Eingriffsrechtfertigung aus. Mit anderen Worten stellt jeder Eingriff in die Menschenwürde zugleich einen Verstoß gegen sie dar (so auch *Starck,* M/K, Art. 1 Abs. 1 Rdnr. 28 mit der einen Einschränkung, wenn in die Menschenwürde des einen zum Schutz der Menschenwürde eines anderen eingegriffen wird). 413

## V. Verhältnis zu anderen Grundrechten

In vielen Normen des Grundgesetzes werden die Bereiche der Gefährdung der Menschenwürde (vgl. oben Rdnr. 407 ff.) weiter ausgeformt und konkretisiert. Das BVerfG bringt das immer wieder zum Ausdruck, wenn es zu einzelnen Folgerungen aus dem Rechtsstaatsprinzip oder aus Freiheitsrechten sagt, sie seien auch in der Menschenwürde angelegt oder auf die Menschenwürde bezogen: 414

- Recht auf Leben (Art. 2 Abs. 2 S. 1): E 39, 1/41.
- Informationsfreiheit (Art. 5 Abs. 1 S. 1): E 27, 71/81.

— Glaubensfreiheit (Art. 4 Abs. 1 und 2): E 33, 23/28 f.; 52, 223/247.
— Rechtsstaatliche Verfahrensgrundsätze (Art. 19 Abs. 4, 103 Abs. 1, Schuldprinzip, Verbot der Verdachtsstrafe, Unschuldsvermutung): E 50, 125/133; 74, 358/371.

Besondere Bedeutung hat das Persönlichkeitsrecht, das nach ständiger Rechtsprechung in erster Linie in Art. 2 Abs. 1 verankert ist, für dessen Begründung aber stets zugleich Art. 1 Abs. 1 herangezogen wird (vgl. unten Rdnr. 419, 429).

**415** Bei diesen Konkretisierungen ist stets auf eine genaue Unterscheidung der Schutzbereiche des Art. 1 Abs. 1 einerseits und seiner Konkretisierungen andererseits zu achten. Das ist vor allem wichtig im Hinblick auf Art. 79 Abs. 3, wonach auch eine *Verfassungsänderung* Art. 1 nicht berühren darf. Dadurch, daß andere Normen als Konkretisierungen der Menschenwürde erscheinen, fallen sie nicht als ganze unter Art. 79 Abs. 3. Andererseits kann man sagen, daß sie in dem Umfang, in dem ihr Schutzbereich sich mit dem des Art. 1 Abs. 1 deckt, d. h. also mit ihrem „Menschenwürdegehalt", ebenfalls unabänderlich i. S. d. Art. 79 Abs. 3 sind. Die genaue Trennung der Schutzbereiche ist außerdem wichtig wegen der zwischen Art. 1 Abs. 1 und den Konkretisierungen möglicherweise unterschiedlichen Schrankenregelungen.

**416** **Beispiel:** Die körperliche Züchtigung von Schülern ist ein Eingriff in den Schutzbereich des Art. 2 Abs. 2 S. 1 (körperliche Unversehrtheit). Sie ist daher schon deshalb verfassungswidrig, weil für sie keine gesetzliche Ermächtigung (vgl. Art. 2 Abs. 2 S. 3) besteht. Ob sie durch Gesetz eingeführt werden könnte, hängt für Art. 2 Abs. 2 davon ab, ob sie verhältnismäßig wäre, d. h. ob sie als geeignet und notwendig für ihren pädagogischen Zweck erwiesen werden könnte. Bei Art. 1 Abs. 1 wäre weiter zu fragen, ob sie als körperliche Strafe gegen die Menschenwürde verstößt. Bei der spontan gegebenen Ohrfeige wäre die Beeinträchtigung noch nicht hinreichend schwer. Körperliches Strafen beginnt erst bei einem subtilen System körperlicher Sanktionen, wie es frühere Kadetten- und Lehranstalten kannten.

**417** Gegenüber anderen Grundrechten steht Art. 1 Abs. 1 daher auch nicht in einem — dem Art. 2 Abs. 1 in der Auslegung des BVerfG vergleichbaren (vgl. unten Rdnr. 422 ff.) — Verhältnis der Subsidiarität. Wenn in der Rechtsprechung des BVerfG gleichwohl Art. 1 Abs. 1 als gegenüber speziellen Grundrechten subsidiär behandelt wird (vgl. E 53, 257/300; 56, 363/393), dann ist das richtigerweise dahin zu verstehen, daß der Schutzbereich der Menschenwürde im konkreten Fall nicht beeinträchtigt ist.

**418** **Lösungsskizze zum Fall:** Ein wesentlicher Teil des Schutzbereichs der Menschenwürde ist die Wahrung der menschlichen Identität und Integrität sowohl in körperlicher wie in geistig-seelischer Hinsicht. Aller staatlichen Gewalt, und damit auch der Polizei, sind daher Folterung und körperliche Mißhandlung verboten. Da B eine „festgehaltene Person" ist, ergibt sich dieses Verbot hier zugleich aus Art. 104 Abs. 1 S. 2. Eine verfassungsrechtliche Rechtfertigung des Vorgehens der Polizei kann auch nicht zum Schutz von I abgeleitet werden. Es wäre verfehlt, hier eine Kollision zwischen der Menschenwürde von B und der Menschenwürde von I anzunehmen und die von B der von I zu opfern, weil jener Unrecht getan und dieser Unrecht erlitten habe. Zwar ist der Staat aus Art. 1 Abs. 1 i.V.m. Art. 2 Abs. 2 S. 1 zum Schutz des Lebens verpflichtet. Aber wie er dieser Pflicht nachkommt, ist ihm durch das Grundgesetz nicht vorgezeichnet, sondern von ihm „grundsätzlich in eigener Verantwortung zu entscheiden" (E 46, 160/164 f.). Daß er die Menschenwürde nicht verletzen darf, ist ihm dagegen unbedingt vorgegeben. Bei I ist nun eben nur das Leben und nicht die Menschenwürde bedroht: Kriminalität und auch lebensgefährdende Kriminalität sind eine Geißel jeder Gesellschaft, aber kein Angriff speziell auf die Menschenwürde.

**Literatur:** *E. Benda*, Die Menschenwürde, in: Hdb. VerfR, S. 107; *G. Dürig*, Der Grundrechtssatz von der Menschenwürde, AöR 1956, 117; *T. Geddert-Steinacher*, Menschenwürde als Verfassungsbegriff, 1990; *B. Giese*, Das Würde-Konzept, 1975; *C. Grimm*, Allgemeine Wehrpflicht und Menschenwürde, 1982; *N. Hoerster*, Zur Bedeutung des Prinzips der Menschenwürde, JuS 1983, 93; *E. Niebler*, Die Rechtsprechung des Bundesverfassungsgerichts zum obersten Rechtswert der Menschenwürde, BayVBl. 1989, 737; *C. Starck*, Menschenwürde als Verfassungsgarantie im modernen Staat, JZ 1981, 457; *K. Stern*, Menschenwürde als Wurzel der Menschen- und Grundrechte, in: Festschrift Scupin, 1983, S. 627; *W. Vitzthum*, Gentechnik und Grundgesetz — Eine Zwischenbilanz, in: Festschrift Dürig, 1990, S. 185.

# § 8 FREIE ENTFALTUNG DER PERSÖNLICHKEIT (Art. 2 Abs. 1)

**Fall:** Reiten im Walde (nach E 80, 137)

Das nordrhein-westfälische Landschaftsgesetz erlaubt das Reiten im Walde grundsätzlich nur auf solchen Wegen, die als Reitwege gekennzeichnet sind. Wird dadurch die freie Entfaltung der Persönlichkeit von Reitern verletzt?

## I. Überblick

Art. 2 Abs. 1 gewährleistet das Recht auf die freie Entfaltung der Persönlichkeit, das im gleichen Satz den drei Schranken („Schrankentrias") der Rechte anderer, der verfassungsmäßigen Ordnung und dem Sittengesetz unterworfen wird. Dieses Grundrecht ist von der bundesverfassungsgerichtlichen Rechtsprechung einerseits zur allgemeinen Handlungsfreiheit erweitert worden (mit weitreichenden prozessualen Folgen) und andererseits — unter gleichzeitiger Berufung auf Art. 1 Abs. 1 — zu einzelnen Persönlichkeitsrechten, namentlich dem (Grund-)Recht auf informationelle Selbstbestimmung, fortentwickelt worden. Art. 2 Abs. 1 besitzt daher eine große Bedeutung in der verfassungsrechtlichen Praxis. 419

## II. Schutzbereich

### 1. *Persönlichkeitskerntheorie*

Seit Beginn der Geltung des Grundgesetzes sind Schutzbereich und Schranken von Art. 2 Abs. 1 im Streit (vgl. *Pieroth*, AöR 1990, 33). Auf der einen Seite wird der Schutzbereich von Art. 2 Abs. 1 wie die Schutzbereiche von Art. 2 Abs. 2 als bestimmter, begrenzter Lebensbereich verstanden, als auf die Persönlichkeit besonders bezogener Ausschnitt aus der Gesamtheit freier Entfaltung durch freies Handeln. In diesem Sinn sprach früher die sog. Persönlichkeitskerntheorie von einem „Kernbezirk des Persönlichen" (*Peters*, Das Recht auf freie Entfaltung der Persönlichkeit in der höchstrichterlichen Rechtsprechung, 1963, S. 49) und ist heute von einer „engeren persönlichen Lebenssphäre" (*Hesse*, VerfR, Rdnr. 428) oder von „Freiheitsbetätigungen, die für die Entfaltung der Persönlichkeit gewichtig sind" (abw. M. E 80, 164/169) die Rede. Systematisch stimmig geht mit dem engen Verständnis des Schutzbereichs auch ein enges, der Interpretation von Art. 9 Abs. 2 (vgl. unten Rdnr. 840) entsprechendes Verständnis der Schranke der verfassungsmäßigen Ordnung einher. 420

*2. Allgemeine Handlungsfreiheit*

421 Das BVerfG geht, gefolgt von der übrigen Rechtsprechung und vom überwiegenden Schrifttum, einen anderen Weg (E 6, 32/36 ff. — Elfes —; 80, 137/152 ff.; dazu *Kunig*, Jura 1990, 523). An die Entstehungsgeschichte und die Entwurfsfassung „Jeder kann tun und lassen was er will" anknüpfend (vgl. dazu JöR 1951, 54 ff.; zust. *Dehler*, JZ 1960, 727; krit. *Suhr*, S. 41 ff.) versteht es Art. 2 Abs. 1 als grundrechtliche Gewährleistung der allgemeinen Handlungsfreiheit. Dabei schützt Art. 2 Abs. 1 nicht einen bestimmten, begrenzten Lebensbereich, sondern jegliches menschliche Verhalten und ist ein „Grundrecht des Bürgers, nur aufgrund solcher Vorschriften mit einem Nachteil belastet zu werden, die formell und materiell der Verfassung gemäß sind" (E 29, 402/408). Dieser weite, allgemeine Schutzbereich, dessentwegen Art. 2 Abs. 1 als Generalklausel bezeichnet wird, hat vor allem zwei Folgen:

422 a) Art. 2 Abs. 1 ist **Auffanggrundrecht** gegenüber den speziellen Grundrechtsgewährleistungen. D. h. er tritt hinter diese zurück, soweit deren Schutzbereiche reichen (Subsidiarität).

423 **Beispiele:** Ein Eingriff in die Glaubensfreiheit, Berufsfreiheit, Eigentumsfreiheit usw. ist an Art. 4 Abs. 1 und 2, Art. 12 Abs. 1, Art. 14 usw. zu messen. Art. 2 Abs. 1 kommt hier nicht mehr zur Anwendung. Das gilt nicht nur, wenn der Eingriff verfassungswidrig ist, sondern auch, wenn er — weil von Verfassungs wegen gerechtfertigt — gemessen am jeweiligen speziellen Grundrecht verfassungsmäßig ist.

424 Art. 2 Abs. 1 hat demgegenüber *Bedeutung* für Fälle, in denen kein Schutzbereich eines speziellen Grundrechts einschlägig ist.

425 **Beispiele:** Veranstaltung von Sammlungen (E 20, 150/154); Abschluß oder Nichtabschluß von privatrechtlichen Verträgen (E 8, 274/328; 77, 84/114), soweit es nicht speziell um eigentumsrelevante, berufsbezogene, Gesellschafts-, Erb- oder Eheverträge geht (vgl. *Höfling*, Vertragsfreiheit, 1991, S. 14 ff.); Führen eines Kraft-rads ohne Schutzhelm (E 59, 275/278) oder eines Kraftfahrzeugs ohne Sicherheitsgurt (BVerfG, NJW 1987, 180); Mitnehmen anderer im Kraftfahrzeug (E 17, 306/313); Züchten von Tieren (E 10, 55/59); Reiten im Wald (E 80, 137/154); Rauchen in der Öffentlichkeit (vgl. *Merten*, JuS 1982, 365; *Wegmann*, BayVBl. 1990, 673); individuelle Gestaltung der äußeren Erscheinung durch Kleidung und Schmuck (BVerfG, VBlBW 1991, 293); individuelle Freizeitgestaltung (vgl. *Mattner*, DÖV 1989, 621); Verfügung über das Vermögen als solches — soweit es mit dem BVerfG nicht als von Art. 14 geschützt angesehen wird (vgl. unten Rdnr. 1003 ff.). Darüber hinaus wird auch die Freiheit, etwas zu unterlassen, nicht in Anspruch genommen zu werden (negative Freiheit), häufig nicht von speziellen Grundrechten geschützt, z. B. Kirchensteuerpflicht einer juristischen Person (E 19, 206/215); Unterwerfung von Nichtmitgliedern unter die Normsetzung eines privaten Verbandes (E 64, 208/214); Zwangszusammenschluß zu einer öffentlich-rechtlichen Körperschaft — soweit mit dem BVerfG die negative Vereinigungsfreiheit als nicht einschlägig erachtet wird (vgl. unten Rdnr. 816 ff.).

426 **Lösungstechnischer Hinweis:** In Übungsarbeiten ist zunächst zu behandeln, ob der Schutzbereich eines oder mehrerer spezieller Grundrechte einschlägig ist. Nur soweit das nicht der Fall ist, darf Art. 2 Abs. 1 geprüft werden. Diese Aussagen betreffen den sachlichen Schutzbereich; zum persönlichen Schutzbereich vgl. oben Rdnr. 128 ff.

427 b) Art. 2 Abs. 1 eröffnet in seiner Funktion als Generalklausel in weitem Umfang die **Verfassungsbeschwerde.** Art. 2 Abs. 1 ist eines der in Art. 93 Abs. 1 Nr. 4 a genannten Grundrechte, auf die die Verfassungsbeschwerde gestützt werden kann. Die Ausweitung des Schutzbereichs hat also eine Ausweitung des Anwendungsbereichs der Verfassungsbeschwerde zur Folge. Soweit nicht die Verletzung eines speziellen Grund-

rechts gerügt werden kann, kann immer noch die Verletzung des Art. 2 Abs. 1 gerügt werden. Eine derartige Verletzung liegt aber unter Berücksichtigung der Rechtsprechung des BVerfG zur Schrankenregelung (vgl. unten Rdnr. 440 f.) schon dann vor, wenn der Eingriff verfassungswidrig ist. Auf diese Weise kann sich der einzelne mit der Verfassungsbeschwerde auch gegen Verstöße gegen solche Verfassungsnormen wehren, die gar keine Grundrechte enthalten und nach der ursprünglichen Konzeption der Verfassungsbeschwerde auch nicht dem einzelnen den Weg zum BVerfG eröffnen sollten.

**Beispiele:** Die Verfassungsbeschwerde hat Erfolg wegen mangelnder Gesetzgebungskompetenz (E 38, 281/298 f.), wegen Verstoßes gegen Art. 140 i.V.m. Art. 137 Abs. 3 WRV (E 42, 312), das Rechtsstaatsprinzip (E 74, 129) oder allgemeine Regeln des Völkerrechts (E 31, 145). **428**

### *3. Das allgemeine Persönlichkeitsrecht*

Das BVerfG ist bei der geschilderten Rechtsprechung zu Art. 2 Abs. 1 als allgemeiner Handlungsfreiheit nicht stehen geblieben. Es hat den Art. 2 Abs. 1 — unter gleichzeitiger Berufung auf Art. 1 Abs. 1 (vgl. oben Rdnr. 414) — für einzelne Lebensbereiche konkretisiert und so richterrechtlich *spezielle Grundrechtskonkretisierungen* aus der allgemeinen Handlungsfreiheit heraus entwickelt. **429**

Die *Rechtfertigung* hierzu hat das Gericht zu Recht in folgendem erblickt: Aufgabe des durch Art. 2 Abs. 1 i.V.m. Art. 1 Abs. 1 verfassungsrechtlich gewährleisteten allgemeinen Persönlichkeitsrechts ist es, „die engere persönliche Lebenssphäre und die Erhaltung ihrer Grundbedingungen zu gewährleisten, die sich durch die traditionellen konkreten Freiheitsgarantien nicht abschließend erfassen lassen. Diese Notwendigkeit besteht namentlich auch im Blick auf moderne Entwicklungen und die mit ihnen verbundenen neuen Gefährdungen für den Schutz der menschlichen Persönlichkeit" (E 54, 148/153; vgl. *Jarass*, NJW 1989, 857; *Scholz*, AöR 1975, 80, 265). **430**

Entsprechende Einzelverbürgungen des allgemeinen Persönlichkeitsrechts, bei denen „die tatbestandlichen Voraussetzungen enger gezogen werden als diejenigen der allgemeinen Handlungsfreiheit" (E 54, 148/153), hat die Rechtsprechung des BVerfG mit folgenden Inhalten anerkannt: **431**

— Schutz eines *abgeschirmten Bereichs* persönlicher Entfaltung, insbes. bei einer statistischen Erhebung (E 27, 1/6), bei einer Übersendung von Ehescheidungsakten (E 27, 344/350 f.), bei einer Verwertung privater Tagebuchaufzeichnungen im Strafprozeß (E 80, 367/373), bei den Krankenakten eines Arztes (E 32, 373/379) und einer Suchtberatungsstelle (E 44, 353/372) sowie beim Vertrauensverhältnis zu einem Sozialarbeiter (E 33, 367/374 f.); hierzu gehören auch das Recht, die eigene Entmündigung geheimzuhalten (E 78, 77/84; 84, 192/195), das Recht des Kindes auf Kenntnis der eigenen Abstammung (E 79, 256/268 f.; dazu *Enders*, NJW 1989, 881; *Giesen*, JZ 1989, 364), das Recht, die eigene „Einstellung zum Geschlechtlichen" selbst zu bestimmen (E 47, 46/73), das Recht auf einen Personenstand entsprechend dem Geschlecht, dem der einzelne „nach seiner psychischen und physischen Konstitution zugehört" (E 49, 286/298; vgl. auch E 60, 123/134), und das Recht der Frau, „sich gegen eine Elternschaft und die daraus folgenden Pflichten zu entscheiden" (E 39, 1/43; *Ramm*, JZ 1989, 866).

— Schutz des *Geburtsnamens* (E 78, 38/49; dazu *Dethloff/Walther*, FamRZ 1988, 808; vgl. auch *Blankenagel*, DÖV 1985, 953).

— Schutz der *persönlichen Ehre* (E 54, 208/217; dazu *Mackeprang*, Ehrenschutz im Verfassungsstaat, 1990).

— Recht am *eigenen Bild* (E 34, 238/245 f.; 54, 148/154) samt dem Verfügungsrecht über Darstellungen der Person: „Jedermann darf grundsätzlich selbst und allein bestimmen, ob und wieweit andere sein Lebensbild im ganzen oder bestimmte Vorgänge aus seinem Leben öffentlich darstellen dürfen" (E 35, 202/220).

— Recht am *eigenen Wort:* Jeder darf den Kreis der Adressaten seiner Worte selbst bestimmen (E 54, 148/155). Das bedeutet einen Schutz gegen heimliche Tonbandaufnahmen (E 34, 238/246) und gegen das Abhören eines Dienstgesprächs durch den Arbeitgeber (BVerfG, NJW 1992, 815). Der Sprecher ist auch geschützt gegen die Unterschiebung von Äußerungen, die er nicht getan hat (E 54, 208/217 f.).

— Recht auf *Gegendarstellung*, das aus dem Recht am eigenen Bild und am eigenen Wort in der Weise folgt, „daß der von einer Darstellung in den Medien Betroffene die rechtlich gesicherte Möglichkeit haben muß, dieser mit *seiner* Darstellung entgegenzutreten; im anderen Fall wäre er zum bloßen Objekt öffentlicher Erörterungen herabgewürdigt" (E 63, 131/142 f.; 72, 118/201).

— Recht des Strafgefangenen auf *Resozialisierung:* „Als Träger der aus der Menschenwürde folgenden und ihren Schutz gewährleistenden Grundrechte muß der verurteilte Straftäter die Chance erhalten, sich nach Verbüßung seiner Strafe wieder in die Gemeinschaft einzuordnen" (E 35, 202/235 f.; vgl. auch E 45, 187/239; 64, 261/276 f.).

— Recht, in Straf- oder in ähnlichen Verfahren *nicht zur Selbstbezichtigung gezwungen* zu werden (E 38, 105/114 f.; vgl. oben Rdnr. 409).

— Recht der Minderjährigen auf *schuldenfreien Eintritt in die Volljährigkeit* (E 72, 155/170 f.).

— Recht, Werbematerial nicht entgegen ausdrücklichem Hinweis auf seine Unerwünschtheit aufgedrängt zu bekommen (BVerfG, NJW 1991, 910; OLG Bremen, NJW 1990, 2140).

**432** Im *Volkszählungsurteil* (E 65, 1) entwickelt das BVerfG aus dem allgemeinen Persönlichkeitsrecht das *informationelle Selbstbestimmungsrecht*, d. h. „die aus dem Gedanken der Selbstbestimmung folgende Befugnis des Einzelnen, grundsätzlich selbst zu entscheiden, wann und innerhalb welcher Grenzen persönliche Lebenssachverhalte offenbart werden" (E 65, 1/42; 80, 367/373). Dieses informationelle Selbstbestimmungsrecht sieht es in den Einzelverbürgungen des Schutzes der Privat- oder Geheimsphäre, des Gegendarstellungsrechts, des Rechts auf Resozialisierung und des Schutzes vor Selbstbezichtigung schon „angedeutet". Zu den Rechten am eigenen Wort und am eigenen Bild zeigt das informationelle Selbstbestimmungsrecht bis in die Formulierung seine Verwandtschaft: Jeweils ist von der Selbstbestimmung über das Offenbarwerden, Darstellen, Wiedergeben, Abbilden und Abspielen von persönlichen Lebenssachverhalten, -vorgängen und -äußerungen die Rede. Soweit sie mit Informationen zu tun haben, sind somit die Einzelverbürgungen des allgemeinen Persönlichkeitsrechts zu Aspekten des informationellen Selbstbestimmungsrechts geworden.

Zu unterscheiden von der Eigenschaft des allgemeinen Persönlichkeitsrechts als Grundrecht ist seine Ausgestaltung im Unterverfassungsrecht, namentlich im *BGB*. Das vom Gesetzgeber des BGB noch abgelehnte allgemeine Persönlichkeitsrecht hat sich, noch ehe es als Grundrecht anerkannt war, in der Rechtsprechung in der Weise durchgesetzt, daß es als Recht i. S. d. § 823 Abs. 1 BGB gilt und im Falle seiner Verletzung entgegen § 253 BGB Schmerzensgeld verlangt werden kann (vgl. E 34, 269/280 ff.; *Degenhart*, JuS 1992, 361/362). 433

*4. Sphärentheorie*

Im Volkszählungsurteil hat das BVerfG auch, jedenfalls soweit es um Informationen bzw. Informationseingriffe geht, von seiner *Sphärentheorie* Abschied genommen. Diese hatte verschiedene Sphären der Persönlichkeitsentfaltung mit unterschiedlicher Schutzbedürftigkeit und Eingriffsresistenz zu unterscheiden versucht: 434

— Die innerste Sphäre (Intimsphäre) sollte der „letzte, unantastbare Bereich menschlicher Freiheit . . ., der der Einwirkung der gesamten öffentlichen Gewalt entzogen ist" (E 6, 32/41; 38, 312/320), sein.
— Um diesen Kern herum war eine Privat- oder Geheimsphäre konzipiert, die zwar den Schranken des Art. 2 Abs. 1 (vgl. unten Rdnr. 439 ff.) unterliege, in die aber nur unter strenger Wahrung des Verhältnismäßigkeitsgrundsatzes eingegriffen werden dürfe.
— In eine äußere Sphäre, gewissermaßen die Sozialsphäre, sollte unter weniger strengen Anforderungen eingegriffen werden dürfen (vgl. *Starck*, M/K, Art. 2 Abs. 1 Rdnr. 64 ff.).

An dieser Sphärentheorie war seit langem *Kritik* geübt worden. In der Rechtsprechung des BVerfG reichte die Privatsphäre vom Ehebett (E 27, 344) bis zur Erholungsreise (E 27, 1), vom Verhalten, das der Außenwelt verschlossen ist, bis zum Verhalten, das ihr offenliegt, und blieb daneben die unantastbare Intim- und die schwach geschützte Sozialsphäre im Unbestimmten. Die einzelnen Sphären lassen sich eben nicht voneinander abgrenzen und können überdies für verschiedene Menschen von verschiedenem Inhalt sein (Relativität der Privatsphäre; vgl. *Steinmüller* u. a., Grundfragen des Datenschutzes, BT-Drucksache 6/3826, 1972, S. 48 ff.). Das Kriterium des Sozialbezugs, vom BVerfG verschiedentlich zur Abgrenzung herangezogen, ist zur Abgrenzung tatsächlich ungeeignet, weil rechtlich erheblich immer erst soziales Verhalten, Handeln und Kommunizieren mit anderen ist: „Privatheit ist eine mögliche Eigenschaft des Umgangs mit anderen" (*Podlech*, AK, Art. 2 Abs. 1 Rdnr. 38). Im Volkszählungsurteil läßt das BVerfG den Schutz von *Informationen* nicht mehr von der Sphäre abhängen, aus der die Informationen stammen. Weil durch Verarbeitung und Verknüpfung ein für sich gesehen belangloses Datum einen neuen Stellenwert bekommen kann, gibt es „kein ‚belangloses' Datum mehr" (E 65, 1/45). Lediglich der „letzte unantastbare Bereich privater Lebensgestaltung, der der öffentlichen Gewalt schlechthin entzogen ist", taucht als Wesensgehalt oder Kernbereich des allgemeinen Persönlichkeitsrechts weiterhin auf (E 80, 367/373 f.; dazu *Störmer*, Jura 1991, 17); allerdings gewinnt er weiterhin keine klaren Konturen und ist das BVerfG selbst ungewiß, ob es ihm tagebuchartige Aufzeichnungen zurechnen oder nicht zurechnen soll. Im Schrifttum gibt es eine Tendenz, die Sphärentheorie zum Schutz des Rückzugs *vor* der Umwelt neben der Lehre vom informationellen Selbstbestimmungsrecht, die dem Schutz der Selbstdarstellung *in* der Umwelt betreffe, weiter zu pflegen (*Schmitt Glaeser*, Hdb. StR VI, S. 57 ff.; *Starck*, M/K, Art. 2 Abs. 1 Rdnr. 64 ff.). 435

## III. Eingriffe

436 Entsprechend dem weiten Schutzbereich des Art. 2 Abs. 1 i.S.d. allgemeinen Handlungsfreiheit liegt in jeder *Belastung* durch eine staatliche Maßnahme ein Eingriff. Wegen der Auflösung des klassischen Eingriffsbegriffs (vgl. oben Rdnr. 271 ff.) scheitert ein Eingriff grundsätzlich nicht daran, daß er nicht ausdrücklich gegen den Belasteten gerichtet ist oder daß er nur „faktisch“ oder „mittelbar“ belastet. Andererseits bietet der Begriff der Belastung keine Handhabe, Eingriffe von Nicht-Eingriffen zu unterscheiden: Auch ein Regierungswechsel, auch das Mitansehen staatlichen Unrechts kann belasten. Diese Schwierigkeit der Rechtsprechung des BVerfG zur allgemeinen Handlungsfreiheit ist bis heute nicht befriedigend gelöst (vgl. *Erichsen*, Hdb. StR VI, S. 1216 ff.).

437 Ein erwägenswerter Lösungsansatz besteht darin, die Auflösung des *klassischen Eingriffsbegriffs* nur für die speziellen Grundrechte und die Einzelverbürgungen des Art. 2 Abs. 1 gelten zu lassen, nicht aber für die allgemeine Handlungsfreiheit. Dafür läßt sich anführen, daß die Rechtsprechung des BVerfG insoweit nur gezielte oder adressierte Belastungen zum Gegenstand gehabt hat. Ein Eingriff in die allgemeine Handlungsfreiheit würde danach nur unter zwei Voraussetzungen anzunehmen sein:

— Es muß sich um eine rechtliche (im Unterschied zu einer faktischen) Maßnahme handeln.
— Es muß sich um eine gegenüber dem betroffenen einzelnen (im Unterschied zu Dritten) ergehende Maßnahme handeln.

„Die ‚Belastung‘ durch faktische Maßnahmen oder durch an Dritte gerichtete Anordnungen unterfällt nicht schon deshalb dem Schutz des Art. 2 Abs. 1 und gehört nicht schon deshalb zur subjektiv-rechtlich geschützten Freiheitssphäre, weil es sich dem ‚Betroffenen‘ als Belastung erweist“ (*Pietzcker*, Festschrift Bachof, 1984, S. 131/146).

438 **Beispiele:** Die Einrichtung eines Wohnheims für Asylbewerber in einer Kommune mag von deren Einwohnern als belastend empfunden werden, ist aber als faktische Maßnahme kein Eingriff in deren allgemeine Handlungsfreiheit. Die Zulassung von Kraftfahrzeugen an Dritte mag andere Bürger belasten, sie stellt aber diesen gegenüber keinen Eingriff in Art. 2 Abs. 1 dar. Anders ist die Eingriffsqualität u. U. zu beurteilen, wenn ein Nachbar durch das Asylantenheim sein Grundstück beeinträchtigt sieht (Art. 14) oder wenn die staatliche Festlegung von Emissionswerten über die Luftverschmutzung zu einer Gesundheitsgefährdung führt (Art. 2 Abs. 2 S. 1) — Ein Eingriff in das Recht der informationellen Selbstbestimmung ist jeder persönlichen Lebenssachverhalten geltende Akt staatlicher Informations- und Datenerhebung und -verarbeitung, etwa bei einer Volkszählung (vgl. zur Volkszählung 1987 VGH Kassel, NVwZ 1988, 642; *Meissner*, NVwZ 1989, 1).

## IV. Verfassungsrechtliche Rechtfertigung

439 Die Gewährleistung des Art. 2 Abs. 1 steht unter den unmittelbaren Verfassungsschranken der Rechte anderer, der verfassungsmäßigen Ordnung und des Sittengesetzes. Das gilt auch für das allgemeine Persönlichkeitsrecht (E 65, 1/43 f.; *Schmitt Glaeser*, Hdb. StR VI, S. 63). Die Schranke der verfassungsmäßigen Ordnung ist die in der Praxis wichtigste.

### *1. Verfassungsmäßige Ordnung*

440 Die Rechtsprechung des BVerfG versteht diesen Begriff als *die gesamte der Verfassung gemäße Rechtsordnung* (seit E 6, 32/38 — Elfes —; aus neuerer Zeit etwa E 72, 200/245). Diese Ausweitung der Schranke ist eine Folge der Ausweitung des Schutzbe-

reichs (vgl. oben Rdnr. 421 ff.). Zur verfassungsmäßigen Ordnung gehören also alle gültigen Rechtsnormen, Bundes- und Landesrecht jeder Rangstufe bis hin zu einer ordnungsbehördlichen Verordnung (E 54, 143: Straßen- und Anlagenverordnung der Stadt Mönchengladbach), sowie die darauf gestützten Einzelmaßnahmen, besonders Verwaltungsakte. Allerdings ist auch hier der Parlamentsvorbehalt (vgl. oben Rdnr. 304 ff.) zu beachten, der besonders für Eingriffe in die Einzelverbürgungen des Art. 2 Abs. 1 bedeutsam ist.

Das die freie Entfaltung der Persönlichkeit einschränkende Recht muß aber formell und materiell mit der Verfassung übereinstimmen. Auf der Prüfung der „Schranken-Schranken", namentlich des *Verhältnismäßigkeitsgrundsatzes*, liegt in vielen Fällen der Schwerpunkt der Prüfung am Maßstab des Art. 2 Abs. 1. Als Folge des Übermaßverbots hat das BVerfG folgende Abwägungsdirektive aufgestellt: „Je mehr dabei der gesetzliche Eingriff elementare Äußerungsformen der menschlichen Handlungsfreiheit berührt, umso sorgfältiger müssen die zu seiner Rechtfertigung vorgebrachten Gründe gegen den grundsätzlichen Freiheitsanspruch des Bürgers abgewogen werden" (E 17, 306/314). Für Eingriffe in das Recht der informationellen Selbstbestimmung, dessen Bedeutung vor dem Volkszählungsurteil noch nicht allgemein anerkannt war, hat der Gesetzgeber erst teilweise die erforderlichen Grundlagen geschaffen. Wieviel Zeit ihm insoweit unter dem Gesichtspunkt von Übergangsschwierigkeiten einzuräumen ist, ist fraglich (großzügig BVerwGE 84, 375/379; dazu krit. *Simitis/Fuckner*, NJW 1990, 2713). 441

*2. Rechte anderer*

Rechte anderer sind von bloßen Interessen anderer zu unterscheiden. Der Begriff umfaßt danach *alle subjektiven Rechte*. Diese sind aber schon vollständig in der verfassungsmäßigen Ordnung in der weiten Auslegung des BVerfG enthalten. 442

*3. Sittengesetz*

Vielfach wird dieser Begriff mit historisch überlieferten Moralauffassungen gleichgesetzt (z. B. *Starck*, Festschrift Geiger, 1974, S. 259/276). Das widerspricht aber der freiheitsbewahrenden Funktion des Art. 2 Abs. 1. 443

> **Beispiele:** Im Jahr 1957 hat das BVerfG festgestellt: „Gleichgeschlechtliche Betätigung verstößt eindeutig gegen das Sittengesetz" (E 6, 389/434). Begründet wurde dies mit einer entsprechenden „allgemeinen Anerkennung", für die die strafgesetzliche Sanktion (§ 175 StGB a.F.) einen „Anhalt" liefere. Dieser ist aber seit 1969 entfallen. — Im Jahr 1954 hat das OLG Karlsruhe die nichteheliche Lebensgemeinschaft als gegen das Sittengesetz verstoßend angesehen (FamRZ 1955, 117). Auch das erweist sich heute als unzulässige Freiheitsbeschränkung (*v. Münch*, vM, Art. 2 Rdnr. 36). 444

Das Sittengesetz ist richtigerweise i. S. d. „altbewährten und praktikablen Rechtsbegriffe" (*Dürig*, M/D, Art. 2 Abs. I Rdnr. 16; *Starck*, M/K, Art. 2 Abs. 1 Rdnr. 26) *gute Sitten, Treu und Glauben* (vgl. §§ 138, 242, 826 BGB) zu verstehen. Da diese ihrerseits grundgesetzkonform auszulegen sind (vgl. oben Rdnr. 98 ff.), kommt dem Sittengesetz als Grundlage für Freiheitsbeschränkungen keine praktische Bedeutung zu (ebenso *Stein*, StR, § 20 II 5; dagegen spricht *Erbel*, Das Sittengesetz als Schranke der Grundrechte, 1971, S. 209 von einer „Auffang-" und zugleich „rechtsethischen Kontrollschranke"). 445

> **Lösungsskizze zum Fall:** I. Das Reiten im Walde ist nicht durch ein spezielles Grundrecht geschützt; es kommt allein der Schutz durch Art. 2 Abs. 1 in Betracht. Macht man den Schutz davon abhängig, daß Verhalten „eine gesteigerte, dem Schutzgut der übrigen 446

Grundrechte vergleichbare Relevanz für die Persönlichkeitsentfaltung besitzen" (so abw. M. E 80, 164/165), dann fällt das Reiten im Walde schwerlich in den Schutzbereich von Art. 2 Abs. 1. Es unterfällt auch keiner der von Rechtsprechung und Schrifttum entwickelten besonderen Konkretisierungen des allgemeinen Persönlichkeitsrechts. Gleichwohl ist es nach BVerfG, gefolgt von Rechtsprechung und Schrifttum, durch Art. 2 Abs. 1 geschützt, da mit der freien Entfaltung der Persönlichkeit die allgemeine Handlungsfreiheit und mit dieser „jede Form menschlichen Handelns ohne Rücksicht darauf, welches Gewicht der Betätigung für die Persönlichkeitsentfaltung zukomme", erfaßt ist (E 80, 137/152). — II. Durch die Regelung im nordrhein-westfälischen Landschaftsgesetz wird der Reiter belastet, weil er nicht alle Wege, sondern nur die als Reitwege gekennzeichneten Wege benutzen darf. — III. Die Belastung ist gerechtfertigt, wenn sie zur verfassungsmäßigen Ordnung gehört, d. h. formell und materiell mit der Verfassung in Einklang steht. Zu prüfen ist ein Verstoß gegen des Übermaßverbot. Zweck der Regelung ist es, die Gefahren zu vermeiden, die sich für erholungsuchende Wanderer aus der Begegnung mit Pferden und aus der durch das Reiten verursachten Auflockerung des Waldbodens ergeben. Die Verweisung von Reitern auf besondere Wege ist hierfür ein geeigetes Mittel. Sie ist auch erforderlich. Zwar wäre der Zweck der Regelung statt durch die Ausgrenzung der Reitwege aus der Gesamtheit der Waldwege auch durch eine Ausgrenzung besonderer Wanderwege zu erreichen. Aber dies wäre kein milderes Mittel. Ebenso wie die Reiter können sich auch die Wanderer auf Art. 2 Abs. 1 berufen; sie, deren Zahl die Zahl der Reiter übersteigt, schwerer zu belasten, fällt als milderes Mittel aus. — E 80, 137/160 f. thematisiert und akzeptiert den hier „dem Gesetzgeber aufgetragenen gerechten Interessenausgleich" zwischen Wanderern und Reitern unter dem Stichwort der Verhältnismäßigkeit im engeren Sinn.

**Literatur:** *C. Degenhart,* Die allgemeine Handlungsfreiheit des Art. 2 I GG, JuS 1990, 161; *ders.,* Das allgemeine Persönlichkeitsrecht, Art. 2 I i. V. mit 1 I GG, JuS 1992, 361; *H.-U. Erichsen,* Das Grundrecht aus Art. 2 Abs. 1 GG, Jura 1987, 367; *G. Groß,* Das Recht auf informationelle Selbstbestimmung mit Blick auf die Volkszählung 1987, das neue Bundesstatistikgesetz und die Amtshilfe, AöR 1988, 161; *H. D. Jarass,* Das allgemeine Persönlichkeitsrecht im GG, NJW 1989, 857; *D. Rohlf,* Der grundrechtliche Schutz der Privatsphäre, 1980; *G. Rüpke,* Der verfassungsrechtliche Schutz der Privatheit, 1976; *B. Schlink,* Das Recht der informationellen Selbstbestimmung, Staat 1986, 233; *D. Suhr,* Entfaltung der Menschen durch die Menschen, 1976; *K. Vogelsang,* Grundrecht auf informationelle Selbstbestimmung?, 1987.

# § 9 RECHT AUF LEBEN UND KÖRPERLICHE UNVERSEHRTHEIT (Art. 2 Abs. 2 S. 1)

**Fall:** Röntgenzwang für Studenten (nach VGH Mannheim, DÖV 1979, 338)

Das Hochschulgesetz eines Landes bestimmt, daß ein Student u. a. dann exmatrikuliert werden kann, wenn sein Gesundheitszustand ein ordnungsgemäßes Studium ausschließt. Das Gesetz ermächtigt zu einer Regelung der Einzelheiten der Exmatrikulation in einer Universitätssatzung. Diese sieht an einer Universität vor, daß ein Student exmatrikuliert werden kann, wenn er sich nicht alle 4 Semester einmal röntgenologisch untersuchen läßt. Verstößt diese Satzungsbestimmung gegen Art. 2 Abs. 2 S. 1?

## I. Überblick

447 Das Grundrecht auf Leben und körperliche Unversehrtheit ist zum einen ein Abwehrrecht gegen den Staat. Noch E 1, 97/104 f. hat seine Wirkung ausdrücklich „darauf beschränkt, *negativ* ein Recht auf Leben und körperliche Unversehrtheit zu statuieren, d. h. insbesondere den staatlich organisierten Mord und die zwangsweise durchgeführten Experimente an Menschen auszuschließen". Seit E 39, 1/41 leitet das BVerfG dagegen aus Art. 2 Abs. 2 S. 1 auch eine Pflicht des Staates zum Schutz von Leben ab. Hierfür mag der

systematische Zusammenhang mit Art. 1 Abs. 1 angeführt werden: Das Recht auf Leben und körperliche Unversehrtheit steht dem Gebot des Art. 1 Abs. 1, die menschliche Identität und Integrität zu achten und zu schützen (vgl. oben Rdnr. 408), nahe. Art. 2 Abs. 2 S. 1 hat mit anderen Worten einen besonders sichtbaren Menschenwürdegehalt.

Das Recht auf Leben und körperliche Unversehrtheit hat keine Vorläufer in der deutschen Verfassungsgeschichte. Es ist eine Reaktion auf die Verbrechen der nationalsozialistischen Zeit („Endlösung der Judenfrage“, Vernichtung „rassisch wertlosen“ oder „lebensunwerten“ Lebens, Zwangssterilisationen, Zwangsversuche am lebenden Menschen, Folterungen). 448

## II. Das Abwehrrecht des Art. 2 Abs. 2 S. 1

### *1. Schutzbereich*

a) Das Recht auf **Leben** ist das Recht zu leben. Leben ist körperliches Dasein. Das Recht auf Leben beginnt schon vor der Geburt (vgl. oben Rdnr. 149) und endet mit dem Tod. Es umfaßt nicht das Recht auf den Tod: Die Selbsttötung (Selbstmord, Suizid) wird durch Art. 2 Abs. 2 S. 1 nicht gewährleistet, wohl aber durch die allgemeine Handlungsfreiheit des Art. 2 Abs. 1; ob es ein Recht auf menschenwürdiges Sterben gibt, beurteilt sich ebenfalls nicht nach Art. 2 Abs. 2 S. 1 (so aber *Lorenz*, Hdb. StR VI, S. 37 f.), sondern nach Art. 1 Abs. 1 (vgl. *Uhlenbruck*, ZRP 1986, 209/214 f.). Maßnahmen der Zwangsernährung in staatlichen Anstalten betreffen nicht das Recht auf Leben, möglicherweise aber die allgemeine Handlungsfreiheit und die Menschenwürde (*v. Münch*, vM, Art. 2 Rdnr. 42; *Podlech*, AK, Art. 2 Abs. 2 Rdnr. 24). 449

b) **Körperliche Unversehrtheit** bedeutet zum einen Gesundheit im biologisch-physiologischen Sinn. Zum anderen ist Schutzgut auch die Gesundheit im geistig-seelischen Bereich. Das folgt aus dem Zusammenhang des Art. 2 Abs. 2 S. 1 mit der Menschenwürde, die die Wahrung der Identität und Integrität ebenfalls nicht auf den körperlichen Bereich beschränkt (vgl. oben Rdnr. 408), sowie aus der Entstehungsgeschichte: Zu den Verbrechen der nationalsozialistischen Zeit gehören gerade auch psychischer Terror, seelische Folterungen und entsprechende Verhörmethoden. Damit enthält also Art. 2 Abs. 2 S. 1 einen Schutz vor Schmerzen (E 56, 54/75). Nicht dagegen gehört zur körperlichen Unversehrtheit auch das soziale Wohlbefinden (*Schmidt-Aßmann*, AöR 1981, 205/209 f.; offengelassen E 56, 54/74 ff.). 450

### *2. Eingriffe*

a) Zu den Eingriffen in das **Leben** gehört die Euthanasie, wie sie in der nationalsozialistischen Zeit als „staatlich organisierter Mord“ (vgl. oben Rdnr. 447 f.) praktiziert wurde. Davon ist eine Sterbehilfe zu unterscheiden, die das Sterben erleichtert, ohne das Leben zu verkürzen, oder entsprechend dem Willen des Patienten unterläßt, eine lebensverlängernde Behandlung aufzunehmen oder fortzusetzen (auch passive Euthanasie genannt). Auch eine gesetzliche Regelung, die es erlauben würde, dem Willen des unheilbar und qualvoll kranken Patienten nach Beendigung des Lebens unter materiell- und verfahrensrechtlich engen Voraussetzungen Rechnung zu tragen (auch aktive Euthanasie genannt), wäre bei aller ethischer Problematik kein Eingriff in das Leben (vgl. *v. Münch*, vM, Art. 2 Rdnr. 43 f.; *Zippelius*, JuS 1983, 659; a.A. *Starck*, M/K, Art. 2 Abs. 2 Rdnr. 139). Eingriffe sind dagegen die Verhängung und Vollstreckung der Todesstrafe, der polizeiliche Todesschuß und die Pflicht zum Einsatz von Leben 451 und Gesundheit in den öffentlich-rechtlichen Dienstverhältnissen der Bundeswehr, Polizei, Feuerwehr und des Katastrophenschutzes (vgl. *Sachs*, BayVBl. 1983, 460, 489).

452 b) *Eingriffe* in die **körperliche Unversehrtheit** sind Menschenversuche, Zwangskastration und Zwangssterilisation, körperliche Strafen und Züchtigungen (vgl. oben Rdnr. 408, 416), Impfzwang (BVerwGE 9, 78/79) sowie strafprozessuale Eingriffe wie Blutentnahme (E 5, 13/15), Liquorentnahme (E 16, 194/198), Hirnkammerlüftung (E 17, 108/115) und Veränderung der Haar- und Barttracht (E 47, 239/248 f.). Auch die Gefährdung der Gesundheit hat das BVerfG als Eingriff gewertet (E 66, 39/57 f.; BVerfG, NJW 1987, 180; dazu *Dehner/Jahn*, JuS 1988, 30).

453 *Kein Eingriff* ist dagegen die mit der Einwilligung des Betroffenen vorgenommene ärztliche Heilbehandlung (*v. Münch*, vM, Art. 2 Rdnr. 54; vgl. auch oben Rdnr. 167). Nach einigen höchstrichterlichen Entscheidungen sollen auch unwesentliche Beeinträchtigungen der körperlichen Unversehrtheit keine Eingriffe sein.

454 **Beispiele:** Nach E 17, 108/115 ist die Beeinträchtigung durch eine Hirnstrommessung „nur geringfügig und damit zumutbar"; nach BVerwGE 46, 1/7 führt der Haarerlaß des Bundesministers der Verteidigung bloß zu „Eingriffen, die weder mit Schmerzzufügung noch mit einer Gesundheitsbeschädigung verbunden sind".

455 Dem kann *nicht gefolgt* werden (*Lorenz*, Hdb. StR VI, S. 12 f.; *Podlech*, AK, Art. 2 Abs. 2 Rdnr. 33). Die Frage der Intensität eines Eingriffs ist im Rahmen der verfassungsrechtlichen Rechtfertigung zu berücksichtigen.

*3. Verfassungsrechtliche Rechtfertigung*

456 a) Die Grundrechte auf Leben und auf körperliche Unversehrtheit stehen unter dem **Gesetzesvorbehalt** gem. Art. 2 Abs. 2 S. 3. Nach systematischer (vgl. zum Zusammenhang mit Art. 104 Abs. 1 S. 1, der ein förmliches Gesetz verlangt, unten Rdnr. 481 f.) und entstehungsgeschichtlicher (vgl. JöR 1951, 64 ff.) Interpretation bedeutet Gesetz hier nicht nur das Gesetz im formellen, sondern auch das *im materiellen Sinn* (*Kern*, in: Die Grundrechte II, S. 51/61 ff.; *v. Olshausen*, DÖV 1979, 340/341; a.A. VGH Mannheim, DÖV 1979, 338; *v. Münch*, vM, Art. 2 Rdnr. 68 f.). Wegen der außerordentlichen Intensität, die staatliche Eingriffe in den Schutzbereich des Art. 2 Abs. 2 S. 1 haben können, ergibt sich aber aus der Wesentlichkeitslehre bzw. Lehre vom *Parlamentsvorbehalt* (vgl. oben Rdnr. 306 ff.), daß für Eingriffe in das Leben und regelmäßig auch für Eingriffe in die körperliche Unversehrtheit ein Parlamentsgesetz erforderlich ist. Lediglich für unwesentliche Beeinträchtigungen der körperlichen Unversehrtheit (vgl. oben Rdnr. 453 ff.) mag ein Gesetz im materiellen Sinn ausreichen.

457 **Beispiele:** Aufgrund Parlamentsgesetzes dürfen körperliche Eingriffe zu Untersuchungszwecken im Strafprozeß (§ 81 a StPO) und Impfungen zur Bekämpfung von Seuchen (§ 14 BSeuchenG) vorgenommen werden. Als unwesentliche Beeinträchtigung hätte die Regelung des Haarschnitts durch den Bundesminister der Verteidigung einer Rechtsverordnung bedurft. Die Verwaltungsvorschrift reichte nicht aus (a.A. BVerwGE 46, 1/6 ff.). Körperliche Züchtigungen durch den Lehrer sind mit Schmerzen verbunden und sollen gerade damit verbunden sein; sie zählen nicht zu den unwesentlichen Beeinträchtigungen und bedürfen der Grundlage in einem Parlamentsgesetz (*Dürig*, M/D, Art. 2 Abs. II Rdnr. 47 f.; *v. Münch*, vM, Art. 2 Rdnr. 70; a.A. die strafrechtliche Rechtsprechung, z. B. BGHSt 11, 241; *v. Olshausen*, DÖV 1979, 340/341).

458 b) Als **Schranken-Schranken** sind neben dem speziellen Art. 104 Abs. 1 S. 2 die Rechtfertigungsanforderungen des *Verhältnismäßigkeitsgrundsatzes* hier besonders

sorgfältig zu beachten, denn das Grundrecht auf Leben und körperliche Unversehrtheit ist besonders „sensibel“ (*v. Münch*, vM, Art. 2 Rdnr. 72). Es hat auch einen besonders sichtbaren *Menschenwürdegehalt*, der auch als sein *Wesensgehalt* i. S. d. Art. 19 Abs. 2 verstanden wird. Soweit er reicht, dürfen Leben und körperliche Unversehrtheit in keinem Fall angetastet werden und sind sie wegen Art. 79 Abs. 3 sogar der Disposition des verfassungsändernden Gesetzgebers entzogen.

Dabei ist aber das Leben nicht zugleich sein eigener Wesens- oder Menschenwürdegehalt. Obwohl der *Entzug des Lebens* vom Leben nichts mehr übrig läßt, steht er als solcher mit Art. 19 Abs. 2 und auch Art. 79 Abs. 3 noch nicht in Widerspruch. Denn Art. 2 Abs. 2 S. 3 läßt Eingriffe auch in das Leben gerade zu, und zu den Eingriffen in das Leben zählt in erster Linie dessen Entzug. Wenn Art. 19 Abs. 2 verlangt, daß vom Grundrecht stets noch etwas übrig bleiben muß, kann dies also nicht im individuellen, sondern nur im kollektiven und generellen Sinn gemeint sein. **459**

Für die Frage nach der Zulässigkeit des *gezielten polizeilichen Todesschusses*, der als Befreiungsschuß zur Rettung einer Geisel abgegeben wird, bedeutet dies, daß das verfassungsrechtliche Problem nicht darin liegt, ob eine Verletzung von Art. 19 Abs. 2 durch kollidierendes Verfassungsrecht ausnahmsweise gerechtfertigt werden kann, sondern in der sorgfältigen Beachtung des Verhältnismäßigkeitsgrundsatzes. Der gezielte polizeiliche Todesschuß darf nur als äußerstes und letztes Mittel zur Rettung der Geisel aus unmittelbar drohender Lebensgefahr abgegeben werden, und d. h. auch nur dann, wenn der Geiselnehmer die Möglichkeit hatte, durch Freilassung der Geisel den Befreiungsschuß abzuwenden (vgl. *Lerche*, Festschrift v. d. Heydte, 1977, S. 1033; *v. Münch*, vM, Art. 2 Rdnr. 73). Sind diese Voraussetzungen gegeben, dann ist der Schuß aber selbst dann zulässig, wenn der Tod nicht nur billigend in Kauf genommen, sondern gewollt wurde (vgl. *Starck*, M/K, Art. 1 Abs. 1 Rdnr. 57; a. A. *Podlech*, AK, Art. 2 Abs. 2 Rdnr. 13); u. U. muß er gerade gewollt sein, damit das Leben der Geisel gerettet werden kann. **460**

Auch bei der Frage nach der Zulässigkeit einer *Wiedereinführung der Todesstrafe* liegt das Problem nicht einfach darin, daß mit der Todesstrafe das Leben entzogen wird. Das wäre wegen Art. 2 Abs. 2 S. 3 aufgrund Gesetzes möglich, und Art. 102, der die Todesstrafe abschafft und damit auch als Schranken-Schranke von Art. 2 Abs. 2 S. 2 ihre Wiedereinführung durch Gesetz verbietet, ist in Art. 79 Abs. 3 der Verfassungsänderung nicht entzogen. Mit der Aufhebung von Art. 102 durch verfassungsänderndes Gesetz wäre somit der Weg zur Wiedereinführung der Todesstrafe durch einfaches Gesetz frei (*Dürig*, M/D, Art. 2 Abs. II Rdnr. 14; *Tettinger*, JZ 1978, 128). **461**

Wenn die Wiedereinführung der Todesstrafe an *Art. 1 Abs. 1* bzw. am Menschenwürdegehalt von Art. 2 Abs. 2 S. 1 scheitern soll, bedarf es *zusätzlicher Argumente*. So wird damit argumentiert, daß die Verhängung und Vollstreckung der Todesstrafe den Körper in einer die Personalität beeinträchtigenden Weise zum bloßen Instrument machen würde (*Lorenz*, Hdb. StR VI, S. 25; *Starck*, M/K, Art. 1 Abs. 1 Rdnr. 29), und näher damit, daß es keine Form der Vollstreckung der Todesstrafe gebe, die als Vorgang die Achtung der Menschenwürde gewährleiste, und daß daher „die Vollstrekkung für die an diesem Vorgang Beteiligten die staatliche Zumutung würdelosen Verhaltens“ bedeute (*Podlech*, AK, Art. 1 Abs. 1 Rdnr. 43). Ferner kann auf die Schutzpflicht des Staates für das Leben verwiesen werden; die staatliche Schutzpflicht kommt bei irreparablen Schäden zu besonderer Geltung (vgl. oben Rdnr. 108 f. und **462** unten Rdnr. 467), und Fehlurteile, die schlechterdings unvermeidbar sind, führen mit der Todesstrafe zu irreparablen Eingriffen.

**463** Als Schranken-Schranke kann Art. 102 auch bei der *Verfassungsbeschwerde* Bedeutung gewinnen, obwohl es sich bei ihm, der nicht in Abschnitt I des Grundgesetzes steht und auch nicht in Art. 93 Abs. 1 Nr. 4 a erwähnt ist, nicht um ein Grundrecht, sondern um objektives Verfassungsrecht handelt (*Kunig*, vM, Art. 102 Rdnr. 3; a. A. *Scholz*, M/D, Art. 102 Rdnr. 2 ff.). Etwaige Verstöße gegen Art. 102 können als Verletzung von Art. 2 Abs. 2 S. 1 geltend gemacht werden.

**464** Umstritten ist, ob Art. 102 der deutschen öffentlichen Gewalt die *Auslieferung eines Ausländers* wegen einer Straftat verbietet, die in dem um die Auslieferung ersuchenden Staat mit der Todesstrafe bedroht ist. Das ist vom BVerfG früher mit dem Argument verneint worden, die Auslieferung entspreche der völkerrechtsfreundlichen Grundhaltung des Grundgesetzes, „die vor allem Achtung vor fremden Rechtsordnungen und Rechtsanschauungen fordert" (E 18, 112/121). Später hat das Gericht offengelassen, ob hieran „heute noch in vollem Umfang festzuhalten wäre"; es hat einen Verstoß gegen Art. 102 aber jedenfalls dann verneint, „wenn der Auszuliefernde in dem ersuchenden Staat hinreichend vor der Vollstreckung einer ihm drohenden Todesstrafe geschützt wird", und eine entsprechende Zusicherung des ersuchenden Staates ausreichen lassen (E 60, 348/354; vgl. *Frankenberg*, JZ 1986, 414; *Lagodny*, NJW 1988, 2146; *Weides/Zimmermann*, DVBl. 1988, 461). Bei der Ausweisung und Abschiebung von Ausländern ist eine im Ausland drohende Verhängung und Vollstreckung der Todesstrafe in die Ermessenserwägungen einzubeziehen (BVerwGE 78, 285/294).

## III. Die Schutzpflicht des Art. 2 Abs. 2 S. 1

### *1. Grund der Schutzpflicht*

**465** Das BVerfG hat seine Ableitung staatlicher Schutzpflichten aus der grundrechtlichen Wertordnung zwar allgemein formuliert. Es nahm aber besonders Fälle zum Anlaß, bei denen es um den Schutz gegen Gefährdungen der Grundrechte des Lebens und der körperlichen Unversehrtheit ging (vgl. die Beispiele oben Rdnr. 109).

**467** Zum Recht auf Leben hat das BVerfG besonders nachdrücklich ausgesprochen: „Diese Schutzpflicht ist umfassend. Sie gebietet dem Staat, sich schützend und fördernd vor dieses Leben zu stellen; d. h. vor allem, es auch vor rechtswidrigen Eingriffen von seiten anderer zu bewahren" (E 46, 160/164). Gerade beim Recht auf Leben eine Schutzpflicht zu bejahen, liegt deshalb nahe, weil hier Grundrechtsverletzungen, die sich aus Grundrechtsgefährdungen zu entwickeln drohen, *stets irreparabel* wären. Das ist bei anderen Grundrechten anders; Eigentum kann restituiert, ein Inhaftierter wieder freigelassen, eine Genehmigung nachträglich erteilt werden. Auch bei der körperlichen Unversehrtheit ist die Schutzpflicht schwächer als beim Leben, weil die Grundrechtsverletzungen nicht von derselben schrecklichen Endgültigkeit sein müssen. Die staatliche Schutzpflicht ist außerdem vom Anspruch auf staatliche Leistung zu unterscheiden; daß der Staat der Grundrechtsverletzung schon im Stadium der Grundrechtsgefährdung wehren und dabei Eingriffe nicht nur von seiten des Staates selbst, sondern auch von seiten des einzelnen vorbeugen muß, ist etwas anderes als die Gewährung sozialer Fürsorge und medizinischer Versorgung (vgl. dazu E 57, 70;

*Jung*, Das Recht auf Gesundheit, 1982; *Seewald*, Zum Verfassungsrecht auf Gesundheit, 1981; vgl. zur Sicherung des Existenzminimums oben Rdnr. 410).

### 2. *Erfüllung der Schutzpflicht*

Ob und wie der Schutz verwirklicht werden kann, hängt von vielen Faktoren ab (vgl. oben Rdnr. 104). Der Staat hat daher einen *erheblichen Spielraum* bei der Erfüllung der Schutzpflicht (*Kunig*, Jura 1991, 415/419 f.). 468

**Beispiele:** E 46, 160/165 betont die Kollision zwischen der Schutzpflicht für das Leben des entführten Arbeitgeberverbandspräsidenten Schleyer und der Schutzpflicht für das Leben aller anderen Menschen, deren Bedrohung durch den Terrorismus wachsen würde, wenn der Staat den Entführern nachgeben und dadurch für Terroristen kalkulierbar würde; über eine solche Kollision könne nur von den staatlichen Organen in eigener Verantwortung entschieden werden. — Im übrigen besteht der Schwerpunkt des Grundrechtsschutzes darin, daß die staatlichen Verfahren so ausgestaltet werden, daß ein Ausgleich der widerstreitenden Schutzgüter herbeigeführt werden kann, etwa durch die Genehmigungsvorschriften für die das Leben und die körperliche Unversehrtheit gefährdenden Anlagen gemäß dem Atomgesetz, der Gewerbeordnung und dem Bundesimmissionsschutzgesetz (vgl. E 53, 30/55 ff.; 56, 54/73 ff.; vgl. zum Asylrecht E 56, 216/236 ff.; zur Schutzpflicht des Staates beim Konflikt zwischen Aktiv- und Passivrauchern OVG Münster, DVBl. 1983, 53; *Merten*, JuS 1982, 365; *Suhr*, JZ 1980, 166; zur Schutzpflicht des Staates beim Umgang mit der Gentechnik VGH Kassel, NJW 1990, 336; *Enders*, AöR 1990, 610; *Preu*, JZ 1991, 265; *Wahl/Masing*, JZ 1990, 553). 469

Äußerst fraglich ist, ob bzw. wann sich die Schutzpflicht auch auf den *Erlaß von Strafrechtsnormen* erstreckt. Das BVerfG hat die Straffreiheit des Schwangerschaftsabbruchs während der ersten drei Monate daran scheitern lassen, daß sie das Leben der Leibesfrucht nicht ausreichend schütze, und statt der Fristen- eine Indikationenregelung verlangt (E 39, 1). Grundsätzlich ist es jedoch eine Verkehrung des Sinns und Zwecks von Grundrechten, aus ihnen die staatliche Pflicht zum Strafen, und damit zu schwerwiegenden Eingriffen in die Grundrechte abzuleiten (vgl. abw. M. E 39, 68/73 ff.). Eine Ausnahme hiervon ist allenfalls dann anzuerkennen, wenn es andere Mittel zum Schutz des verfassungsrechtlich geschützten Rechtsgutes nicht gibt und die strafrechtliche Sanktion nachweisbar den Schutz dieses Rechtsgutes leistet. Diese Voraussetzungen sind bei der strafrechtlichen Sanktion des Schwangerschaftsabbruchs nicht gegeben. Das BVerfG hat selbst festgestellt, daß der Gesetzgeber eigentlich nicht gehindert sein könne, „die grundgesetzlich gebotene rechtliche Mißbilligung des Schwangerschaftsabbruchs auch auf andere Weise zum Ausdruck zu bringen als mit dem Mittel der Strafandrohung" (E 39, 1/46). Außerdem sind zum Schutz des ungeborenen Lebens andere Maßnahmen besser geeignet (vgl. *Schünemann*, ZRP 1991, 379/387 ff.). Demgegenüber sind die Strafandrohungen zum Schutz des Lebens gem. §§ 211 ff. StGB eher, wenn auch gewiß nicht in allen Einzelheiten, von der Schutzpflicht aus Art. 2 Abs. 2 S. 1 geboten (*v. Münch*, vM, Art. 2 Rdnr. 48; *Podlech*, AK, Art. 2 Abs. 2 Rdnr. 20). 470

**Lösungsskizze zum Fall:** I. Der *Schutzbereich* der körperlichen Unversehrtheit ist durch eine röntgenologische Untersuchung betroffen, da die Strahlen physiologische Veränderungen verursachen können. — II. Rechtsfolge der Ablehnung der Untersuchung ist die Exmatrikulation, die ihrerseits in das Grundrecht der Ausbildungsfreiheit (Art. 12 Abs. 1) eingreift. Um diese Sanktion zu vermeiden, ist jeder Student gezwungen, die Beeinträchtigung der körperlichen Unversehrtheit durch die röntgenologische Untersuchung hin- 471 zunehmen. Insofern wird ein Element des Schutzbereichs des Art. 2 Abs. 2 S. 1 zum Anknüfungspunkt einer beeinträchtigenden staatlichen Maßnahme gemacht. Es liegt ein *Eingriff* auch in dieses Grundrecht vor (ebenso *v. Olshausen*, DÖV 1979, 340/341; a. A. VGH Mannheim, DÖV 1979, 338: nur Eingriff in Art. 12 Abs. 1). — III. Da die röntgenologische Untersuchung keineswegs völlig ungefährlich und also auch nicht unwesentlich ist, muß sie ein *Parlamentsgesetz* zur Grundlage haben. Das Hochschulgesetz verlangt zwar einen Gesundheitszustand, der ein ordnungsgemäßes Studium gewährleistet. Wesentlich ist aber, wie der Gesundheitszustand nachgewiesen werden muß und ob zum Nachweis der Eingriff der röntgenologischen Untersuchung verlangt werden kann. Hierzu schweigt das Hochschulgesetz und scheidet daher als Grundlage des Eingriffs aus. Allein in der Satzung findet der Eingriff nicht die gem. Art. 2 Abs. 2 S. 3 erforderliche gesetzliche Grundlage (a. A. *v. Olshausen*, DÖV 1979, 340). — Auch bei großzügigem Verständnis des Gesetzesvorbehalts in Art. 2 Abs. 2 S. 3 bleibt die Satzungsbestimmung verfassungsrechtlich problematisch. Denn auch wenn in der Satzung ein Gesetz i. S. d. Art. 2 Abs. 2 S. 3 erblickt wird, muß doch weiter gefragt werden, ob ihr Erfordernis der röntgenologischen Untersuchung nicht *unverhältnismäßig* ist. Hierfür sprechen die ohnehin durchgeführten Röntgenreihenuntersuchungen, die Gefährlichkeit von Röntgenstrahlen und die Seltenheit von Tuberkuloseerkrankungen (a. A. für Soldaten BVerwGE 83, 191/195).

**Literatur:** *W. Brugger*, Abtreibung — ein Grundrecht oder ein Verbrechen?, NJW 1986, 896; *K. Doehring*, Zum „Recht auf Leben" in nationaler und internationaler Sicht, in: Festschrift Mosler, 1983, S. 145; *G. Hermes*, Das Grundrecht auf Schutz von Leben und Gesundheit, 1987; *P. Kunig*, Grundrechtlicher Schutz des Lebens, Jura 1991, 415; *H. Reis*, Das Lebensrecht des ungeborenen Kindes als Verfassungsproblem, 1984; *H. Rüping*, Therapie und Zwang bei untergebrachten Patienten, JZ 1982, 744; *R. Stürner*, Die Unverfügbarkeit ungeborenen menschlichen Lebens und die menschliche Selbstbestimmung, JZ 1990, 709; *R. Zippelius*, An den Grenzen des Rechts auf Leben, JuS 1983, 659.

## § 10 FREIHEIT DER PERSON (Art. 2 Abs. 2 S. 2, Art. 104)

**Fall:** Festnahme eines Eckenstehers (nach OVG Münster, DVBl. 1979, 733)

An einem Tag, an dem wegen nicht angemeldeter Demonstrationen mehrere Polizeieinsätze stattfinden, steht der Bürger B längere Zeit vor dem Polizeipräsidium. Er wird von dem Polizeibeamten P festgenommen, weil dieser annimmt, B spähe das Einsatzverhalten der Polizei aus, um weitere nicht angemeldete Demonstrationen organisieren zu helfen. P glaubte sich hierzu befugt durch § 35 Abs. 1 Nr. 2 nw PolG, wonach die Polizei eine Person in Gewahrsam nehmen kann, wenn das unerläßlich ist, um die unmittelbar bevorstehende Begehung oder Fortsetzung einer Straftat oder einer Ordnungswidrigkeit von erheblicher Bedeutung für die Allgemeinheit zu verhindern. B beteuert gegenüber P, er sei nur ein harmloser Eckensteher. Dennoch hält ihn P noch 5 Stunden lang fest. Hat P rechtmäßig gehandelt?

### I. Überblick

472 Art. 2 Abs. 2 S. 2 und Art. 104 haben den gleichen Schutzbereich: die Freiheit der Person. Insofern stellt Art. 104 also eine eigentlich überflüssige *Verdoppelung der Gewährleistung* dar. Selbständige Bedeutung gewinnt er aber dadurch, daß er mit seinem qualifizierten Gesetzesvorbehalt lex specialis zum einfachen Gesetzesvorbehalt von Art. 2 Abs. 2 S. 3 ist. Soweit Art. 2 Abs. 2 S. 3 neben den Schutzbereichen des Lebens und der körperlichen Unversehrtheit den Schutzbereich der Freiheit der Person betrifft, wird er durch Art. 104

verdrängt (zu dem die Menschenwürde und die körperliche Unversehrtheit konkretisierenden Art. 104 Abs. 1 S. 2 vgl. schon oben Rdnr. 418 und 458).

Daß Art. 2 Abs. 2 S. 2 und Art. 104 innerhalb des Grundgesetzes so weit auseinandergerissen worden sind, hat rein entstehungsgeschichtliche Gründe. Art. 104 knüpft an das zunächst in der englischen Verfassungsgeschichte entwickelte Institut des *habeas corpus* an (vgl. *Riedel*, EuGRZ 1980, 192). Dieses betrifft die rechtsstaatlichen Maßstäbe für Festnahmen und sonstige Freiheitsbeschränkungen durch die öffentliche Gewalt, die vor allem durch den Richter zu gewährleisten sind. Daher hat sie der Parlamentarische Rat in den Abschnitt über die Rechtsprechung eingeordnet. 473

## II. Schutzbereich

Freiheit der Person bedeutet *körperliche Bewegungsfreiheit*. Das Grundrecht umfaßt das Recht, (positiv) jeden beliebigen, nahen oder fernen Ort aufzusuchen und (negativ) jeden beliebigen Ort zu meiden. In den Schutzbereich fällt, daß man dort, wo man nicht bleiben will, auch nicht bleiben muß. 474

Die überwiegende Auffassung will die *negative Freiheit* hier nicht geschützt sehen (vgl. *Dürig*, M/D, Art. 2 Abs. II Rdnr. 50; *v. Münch*, vM, Art. 2 Rdnr. 62). Hoheitliche Gebote zum Erscheinen einer Person, wie die Vorladung eines Zeugen und die Verpflichtung zur Teilnahme am Verkehrsunterricht (E 22, 21/26; BVerwGE 6, 354/355), sollen die Art. 2 Abs. 2 S. 2 und 104 nicht berühren. Aber wie bei den anderen Grundrechten vervollständigt auch hier die negative Freiheit den Schutzbereich. Die überwiegende Auffassung ist letztlich inkonsequent. Denn auch sie bestreitet nicht, daß ein Verbot, sich zu einem bestimmten Zeitpunkt an einem bestimmten Ort aufzuhalten, die Freiheit der Person beeinträchtigt (anders und also konsequent *Grabitz*, Hdb. StR VI, S. 112). Das Gebot, sich zu einem bestimmten Zeitpunkt nur an einem bestimmten Ort aufzuhalten, ist aber logisch nichts anderes als ein Bündel unendlich vieler Verbote, zum selben bestimmten Zeitpunkt einen beliebigen anderen Ort aufzusuchen (*Podlech*, AK, Art. 2 Abs. 2 Rdnr. 45 f.). Als Bündel von Verboten ist es sogar eine besonders schwerwiegende Beschränkung der Freiheit der Person. 475

Bei einer *Pflicht zum Erscheinen* muß daher differenziert werden: Die Pflicht, bis zu einem bestimmten Zeitpunkt an einem bestimmten Ort etwas Bestimmtes zu tun, läßt dem Betroffenen die Freiheit, wann und wie er der Pflicht nachkommen will, und berührt damit noch nicht die Freiheit der Person. Denn deren Schutzbereich betrifft die körperliche Bewegungsfreiheit als solche und nicht die Freiheit von jeglicher Handlungspflicht, die mit körperlicher Bewegung verbunden ist. Wenn sich die Pflicht jedoch zusätzlich auf einen bestimmten Zeitpunkt bezieht, ist die Freiheit der Person in ihrer negativen Ausprägung berührt. 476

## III. Eingriffe

Eingriffe in die Freiheit der Person *(Freiheitsbeschränkungen)* reichen von der Vorladung über die kurzfristige Festnahme bis zur lebenslangen Freiheitsstrafe (vgl. oben Rdnr. 408). Die körperliche Bewegungsfreiheit wird außerdem etwa durch die Wehr- und die Schulpflicht (a. A. *Gusy*, NJW 1992, 457/459 f.) beschränkt. Zu den Eingriffen zählen sowohl entsprechende Gebote und Verbote als auch die zu ihrer Durchsetzung eingesetzten Vollstreckungshandlungen, besonders der unmittelbare Zwang (die Einschränkung des Schutzbereichs des Art. 104 — im Gegensatz zu dem Art. 2 Abs. 2 S. 2 477

— auf die Anwendung unmittelbaren Zwangs bzw. die Androhung der Anwendung unmittelbaren Zwangs durch *Podlech*, AK, Art. 2 Abs. 2 Rdnr. 59, ist unbegründet).

478 **Beispiele:** Das Urteil eines Strafgerichts über die Verhängung einer Freiheitsstrafe ist zu unterscheiden von der Festnahme des Täters sowie von dem Vollzug der Strafe in einer Anstalt. Jede dieser drei Maßnahmen stellt aber einen Eingriff in die Freiheit der Person dar (vgl. auch E 14, 174/186). — Auch das Nachsitzen eines Schülers ist ein Eingriff in die Freiheit der Person (*Hantel*, S. 191); a. A. VGH Mannheim, NVwZ 1984, 808, wonach der Regelungsinhalt des Nachsitzens „nicht darin (besteht), daß von dem Schüler verlangt wird, eine Einschränkung seiner körperlichen Bewegungsfreiheit zu dulden, sondern darin, daß er verpflichtet wird, über sein Stundenmaß hinaus in seiner Freizeit . . . zusätzliche Unterrichtsstunden zu besuchen und sich dabei vom Lehrer mit besonderen Aufgaben beschäftigen zu lassen".

479 Als besonderen Fall eines Eingriffs in die Freiheit der Person hebt Art. 104 Abs. 2—4 die *Freiheitsentziehung* hervor. Sie bedeutet das Festhalten (durch Anordnung und/oder Vollzug) an eng umgrenztem Ort (BVerwGE 62, 325/328; BGHZ 82, 261/267; *Azzola*, AK, Art. 104 Rdnr. 21; *Dürig*, M/D, Art. 104 Rdnr. 6), also jede Art von Arrest, Gewahrsam, Haft, Freiheitsstrafe und Unterbringung. Keine Freiheitsentziehungen, sondern nur Freiheitsbeschränkungen sind aufenthaltsbeschränkende und führungsaufsichtliche Maßnahmen, Vorladungen und Vorführungen, auch soweit sie zwangsweise durchgesetzt werden (vgl. BVerwGE 62, 325/327; 82, 243/245; BGHZ 82, 261/267; BayObLG, DVBl. 1983, 1069). Eine Freiheitsentziehung ist aber das Festhalten über den mit der Vorladung und Vorführung verfolgten Zweck hinaus (vgl. *Kunig*, vM, Art. 104 Rdnr. 20).

## IV. Verfassungsrechtliche Rechtfertigung

### *1. Qualifizierter Gesetzesvorbehalt des Art. 104*

480 Art. 104 stellt verschiedene *form- und verfahrensmäßige Anforderungen* an die Zulässigkeit von Eingriffen in die Freiheit der Person, die auf verschiedene Eingriffsarten und -situationen zugeschnitten sind. Sie sind als Spezial- und Ausnahmeregelungen ineinander verschachtelt: Die Absätze 2—4, die der Freiheitsentziehung gelten, sind leges speciales zu Abs. 1, der von der Freiheitsbeschränkung handelt. Abs. 2 S. 2 und 3 sowie Abs. 3 normieren Ausnahmen zur Regel des Abs. 2 S. 1, wonach die Freiheitsentziehung der vorgängigen richterlichen Entscheidung bedarf. Dabei sind Abs. 2 S. 3 und Abs. 3 wiederum Spezialvorschriften zu Abs. 2 S. 2; sie gelten den besonderen Situationen, in denen jemand von der Polizei und wegen Strafverdachts in Gewahrsam bzw. festgenommen wurde.

481 a) Für alle **Freiheitsbeschränkungen** gilt gem. Art. 104 Abs. 1 S. 1, daß sie

— nur aufgrund förmlichen Gesetzes, also nicht aufgrund Rechtsverordnung, Satzung oder Gewohnheitsrechts, und

— nur unter Beachtung der im förmlichen Gesetz vorgeschriebenen Formen ergehen dürfen.

482 **Beispiel:** Die polizeiliche Vorladung nach § 10 nw PolG kann schriftlich oder mündlich (Abs. 1) und soll unter Angabe ihres Grundes (Abs. 2) erfolgen; ihre Durchsetzung mit-

tels zwangsweiser Vorführung setzt, außer bei Gefahr im Verzug, eine entsprechende richterliche Anordnung voraus (Abs. 3). Das Gesetz ist hier von um so größerer Formstrenge, je intensiver der Eingriff ist; bei der Freiheitsentziehung überläßt Art. 104 die Aufstellung der Formerfordernisse nicht allein dem Gesetz, sondern formuliert sie z. T. in Abs. 2—4 selbst (vgl. sogleich Rdnr. 483 f.). Aber auch schon der Verstoß gegen eine gesetzliche Formvorschrift ist, da Art. 104 Abs. 1 ihre Beachtung zur Verfassungspflicht macht, ein Verfassungsverstoß und möglicher Gegenstand einer Verfassungsbeschwerde.

b) Die *zusätzliche* Anforderung für die verfassungsrechtliche Zulässigkeit einer **Freiheitsentziehung** besteht in erster Linie darin, daß *vorher* ein Richter entscheiden muß (Art. 104 Abs. 2 S. 1). Ausnahmsweise ist gem. Art. 104 Abs. 2 S. 2 und 3 und Abs. 3 auch eine Freiheitsentziehung ohne vorherige richterliche Entscheidung zulässig. Dann ist aber „unverzüglich eine richterliche Entscheidung herbeizuführen" (S. 2). Aus der *Unverzüglichkeit* folgt, daß nur dann von der vorherigen richterlichen Entscheidung abgesehen werden darf, wenn „der mit der Freiheitsentziehung verfolgte verfassungsrechtlich zulässige Zweck nicht erreichbar wäre, wenn der Festnahme die richterliche Entscheidung vorausgehen müßte" (E 22, 311/317). Die richterliche Entscheidung darf sich nicht auf eine Prüfung der Plausibilität der von der Polizei vorgetragenen Gründe beschränken, sondern muß selbst prüfen, ob der Gewahrsam unerläßlich ist (E 83, 24/33). Abs. 2 S. 3 und Abs. 3 stellen noch besondere Voraussetzungen für die Fälle auf, in denen die ohne vorherige richterliche Entscheidung ergehende Freiheitsentziehung durch die Polizei bzw. im Zuge einer vorläufigen Festnahme wegen Verdachts einer strafbaren Handlung geschieht. 483

Eine weitere zusätzliche Anforderung für die verfassungsrechtliche Zulässigkeit einer Freiheitsentziehung ist die *Benachrichtigungspflicht* gem. Abs. 4. Sie begründet ein subjektives Recht auf die Benachrichtigung lediglich in der Person des Festgehaltenen, nicht auch bei den Angehörigen oder Vertrauenspersonen (vgl. E 16, 119/122; BVerwG, NJW 1985, 339; zur Verzichtbarkeit dieses Rechts vgl. oben Rdnr. 167). 484

*Gesetze* gestalten die Formerfordernisse des Art. 104 Abs. 2—4 näher aus und verstärken sie gelegentlich sogar. 485

**Beispiel:** Die Landesgesetze über die Unterbringung von psychisch Kranken regeln die Voraussetzungen und das Verfahren für das zwangsweise Einweisen und Festhalten in einer Krankenanstalt. Sie verlangen eine Entscheidung des Amtsgerichts und konkretisieren damit Art. 104 Abs. 2, der einfach vom Richter spricht. Sie verlangen zusätzlich, daß das Amtsgericht grundsätzlich den Kranken mündlich anhört. Weil dieses Verlangen den in Art. 104 Abs. 1 S. 1 genannten „vorgeschriebenen Formen" unterfällt, ist die Unterlassung der Anhörung nicht nur ein Verstoß gegen das entsprechende Landesgesetz, sondern zugleich gegen Art. 104 und kann mit der Verfassungsbeschwerde gerügt werden (vgl. E 58, 208/220 f.; 66, 191/195 ff.; VBlBW 1990, 294). 486

*2. Schranken-Schranken*

Freiheitsbeschränkung und Freiheitsentziehung müssen wie immer sowohl auf der Ebene des Gesetzes als auch auf der des Vollzugsakts geeignet, erforderlich und auch verhältnismäßig im engeren Sinn sein. 487

**Beispiele:** Betreibt ein Gläubiger gegen einen Schuldner die Zwangsvollstreckung wegen einer Geldforderung und führt die Pfändung nicht zur vollständigen Befriedigung des Gläubigers, so ist der Schuldner auf Antrag des Gläubigers verpflichtet, ein Verzeichnis seines Vermögens vorzulegen und zu Protokoll an Eides Statt zu versichern, daß er seine 488

Angaben nach bestem Wissen und Gewissen richtig und vollständig gemacht hat (§ 807 ZPO). Die Einzelheiten des Verfahrens sind in den §§ 899 ff. ZPO geregelt. Danach kann das Gericht gegen den Schuldner auf Antrag die Haft zur Erzwingung der Angabe anordnen (§ 901 ZPO). Dies ist u. U. zur Sicherstellung des Erfolgs der Zwangsvollstreckung erforderlich und dann auch im engeren Sinne verhältnismäßig, weil die Schwere des Eingriffs und das Gewicht seiner Gründe in angemessenem Verhältnis zueinander stehen (vgl. E 61, 126/135 f.). Die Anordnung der Erzwingungshaft ist jedoch dann ungeeignet, wenn bereits feststeht, daß der Schuldner leistungsunfähig ist. Das Gericht kann in diesem Fall den Verhältnismäßigkeitsgrundsatz in der Weise berücksichtigen, daß es den Antrag des Gläubigers wegen mangelnden Rechtsschutzinteresses zurückweist. — Zu den strengen Anforderungen des Verhältnismäßigkeitsgrundsatzes bei strafrichterlichen Entscheidungen über die Unterbringung in einem psychiatrischen Krankenhaus vgl. E 70, 297/307 ff.

**489** Einen besonders intensiven Eingriff stellt die *lebenslange Freiheitsstrafe* dar. Durch sie wird die Freiheit der Person „auf die Dauer entzogen" (E 45, 187/223). Sie bedarf daher „einer besonders strengen Prüfung am Maßstab des Verhältnismäßigkeitsgrundsatzes" (ebd.) wie auch der Rechtfertigung vor dem Verbot des Art. 1 Abs. 1, die Würde des Menschen anzutasten. Das BVerfG hält sie bei seiner Prüfung für rechtfertigbar; es verlangt allerdings, daß der Verurteilte nicht nur auf die gesetzlich nicht geregelte Begnadigung soll hoffen dürfen, sondern daß die Voraussetzungen, unter denen die Vollstreckung einer lebenslangen Freiheitsstrafe ausgesetzt werden kann, und das dabei anzuwendende Verfahren gesetzlich geregelt werden (E 45, 187/242 ff.; 72, 105/113; für Verfassungswidrigkeit dagegen *Erichsen,* NJW 1976, 1721).

**490** Auch die *Untersuchungshaft* ist eine schwere Sanktion gegen jemanden, der wegen der Unschuldsvermutung bis zu seiner Verurteilung von der öffentlichen Gewalt als unschuldig anzusehen ist. Die Unschuldsvermutung findet ihre Grundlage in der EMRK, in einigen Landesverfassungen und ist Ausprägung des grundgesetzlichen Rechtsstaatsprinzips (E 74, 358/370 f.; 82, 106/114 f.). Sie verlangt nicht, den Angeklagten oder Verdächtigen in jeder Hinsicht wie einen Unschuldigen zu behandeln; denn dann wären alle grundrechtseingreifenden Strafverfolgungsmaßnahmen unzulässig. Vielmehr verbietet die Unschuldsvermutung, einerseits mit dem Verdächtigen ebenso zu verfahren wie mit einem Verurteilten und andererseits mit dem Verdächtigen ohne sachlichen Grund anders zu verfahren als mit einem Nichtverdächtigen. Anordnung und Vollzug der Untersuchungshaft sind verhältnismäßig, wenn sie geeignet und erforderlich zur Klärung von Schuld oder Unschuld des Verdächtigen bzw. zur Sicherung der Durchführung des Strafverfahrens sind, d. h. wenn

- wegen dringenden Tatverdachts begründete Zweifel an der Unschuld des Verdächtigen bestehen (§ 112 Abs. 1 S. 1 StPO),
- die vollständige Aufklärung der Tat und rasche Bestrafung des Täters nicht anders gesichert werden können als dadurch, daß der Verdächtige vorläufig in Haft genommen wird (§ 112 Abs. 2 StPO),
- das Verfahren von den zuständigen Verfolgungsorganen mit größtmöglicher Beschleunigung betrieben wird (E 19, 342/347 f.; 53, 152/158 f.; vgl. auch E 61, 28/34 f.) und
- die Untersuchungshaft eine Höchstdauer nicht überschreitet (*Gropp,* JZ 1991, 804/808 f.).

**491** Der *Haftgrund der Wiederholungsgefahr* (§§ 112 Abs. 3, 112a StPO) geht darüber hinaus, weil er den Schutz der Allgemeinheit vor weiteren Straftaten, also einen präventiv-polizeilichen Gesichtspunkt für die Verhängung der Untersuchungshaft genügen läßt. Er wird in E 19, 342/350 zunächst nur bei Verbrechen wider das Leben und bei Sittlichkeitsverbrechen „damit gerechtfertigt, daß es hier um die Bewahrung eines besonders schutzbedürftigen Kreises der Bevölkerung vor mit hoher Wahrscheinlichkeit drohenden schweren Straftaten geht". Später rechtfertigt E 35, 185/192 f. den Haftgrund der Wiederholungsgefahr auch bei Vermögensdelikten und sieht dabei den Verhältnismäßigkeitsgrundsatz schon dann gewahrt, wenn es um Kriminalität von einigem Gewicht geht (ebenso die h. L.; a. A. *Müller/Pieroth*, in: Sozialwissenschaften im Öffentlichen Recht, 1981, S. 228 ff.).

**Lösungsskizze zum Fall:** Es ist zu unterscheiden zwischen der Rechtmäßigkeit der Festnahme und der des weiteren Festhaltens des B. I. § 35 Abs. 1 Nr. 2 nw PolG ermächtigt zu einem Eingriff in die Freiheit der Person. Als förmliches Gesetz ist er von Art. 104 Abs. 1 S. 1 gedeckt. Art. 104 Abs. 2 S. 2 läßt auch eine nicht auf richterlicher Anordnung beruhende Freiheitsentziehung zu. Ob die Anwendung dieser Vorschrift im vorliegenden Fall rechtmäßig war, muß im Hinblick auf die Merkmale „unmittelbar bevorstehend" und „von erheblicher Bedeutung für die Allgemeinheit" bezweifelt werden, soll aber mangels näherer Sachverhaltsangaben dahinstehen. — II. Die Rechtmäßigkeit des weiteren Festhaltens des B beurteilt sich nach § 36 Abs. 1 S. 1 nw PolG, der mit Art. 104 Abs. 2 S. 2 übereinstimmt. Hier ist nicht unverzüglich eine richterliche Entscheidung herbeigeführt worden. Es fragt sich aber, ob die Polizei die in Art. 104 Abs. 2 S. 3 genannte Frist ausschöpfen darf, was der Fall wäre, wenn diese Vorschrift eine verdrängende lex specialis zu Art. 104 Abs. 2 S. 2 wäre. Diese Frist stellt jedoch — das ergibt sich aus dem Ausnahmecharakter der polizeilichen Freiheitsentziehung — eine *zusätzliche* Einschränkung dar; das Gebot der unverzüglichen Herbeiführung der richterlichen Entscheidung bleibt davon unberührt (vgl. *Azzola*, AK, Art. 104 Rdnr. 36; *Kunig*, vM, Art. 104 Rdnr. 27). Daher hat das OVG Münster, DVBl. 1979, 733 entschieden, daß im Normalfall zwei bis drei Stunden für das Herbeiführen einer richterlichen Entscheidung zu veranschlagen sind und das fünfstündige Festhalten des B rechtswidrig gewesen ist. 492

**Literatur:** *K. Amelung*, Rechtsschutz gegen strafprozessuale Grundrechtseingriffe, 1976; *K. Bernsmann*, Maßregelvollzug und Grundgesetz — Einige Anmerkungen zum Verhältnis von Verfassung und strafrechtlicher Unterbringung in einem psychiatrischen Krankenhaus, in: Straftäter in der Psychiatrie, 1984, S. 142; *C. Gusy*, Freiheitsentziehung und Grundgesetz, NJW 1992, 457; *P. Hantel*, Das Grundrecht der Freiheit der Person nach Art. 2 II 2, 104 GG, JuS 1990, 865; *H.-H. Jescheck/O. Triffterer* (Hrsg.), Ist die lebenslange Freiheitsstrafe verfassungsmäßig?, 1978; *V. Neumann*, Freiheitssicherung und Fürsorge im Unterbringungsrecht, NJW 1982, 2588; *A. Tiemann*, Der Schutzbereich des Art. 2 II 2 GG, NVwZ 1987, 10.

## § 11 DAS GLEICHHEITSGEBOT (Art. 3, 6 Abs. 5, 33 Abs. 1—3, 38 Abs. 1 S. 1)

**Fall:** Ausbildungsförderungsabgabe (nach E 55, 274)

Das Ausbildungsplatzförderungsgesetz von 1976 traf folgende Regelungen: Bei unzureichendem Ausbildungsplatzangebot sollten Betriebe für die Schaffung von Ausbildungsplätzen Zuschüsse erhalten, und es sollten überbetriebliche Ausbildungsstätten geschaffen werden. Zur Finanzierung sollte bei den Arbeitgebern eine Ausbildungsplatzförderungsabgabe erhoben werden, errechnet aus der Lohn- und Gehaltssumme unter Abzug eines Freibetrags. Wegen dieses Freibetrags kamen als Abgabepflichtige nur rund 10% aller Arbeitgeber in Betracht. Ist die Ausbildungsplatzförderungsabgabe mit Art. 3 vereinbar?

## I. Überblick

493 Das Grundgesetz enthält Gewährleistungen der Gleichheit an verschiedenen Stellen und mit verschiedenen Akzenten. Art. 3 Abs. 1 ist der allgemeine Gleichheitssatz; er verlangt allgemein die *Rechtsanwendungsgleichheit* (Gleichheit vor dem Gesetz) und die *Rechtsetzungsgleichheit* (Gleichheit des Gesetzes). Das Gebot der Rechtsetzungsgleichheit folgt zwar nicht aus dem Wortlaut von Art. 3 Abs. 1, aber aus dem Zusammenhang von Art. 3 Abs. 1 mit Art. 1 Abs. 3, der Bindung der Gesetzgebung an die Grundrechte. Art. 3 Abs. 2 und 3 verbieten, bestimmte Gegebenheiten zum Grund für Bevorzugungen und Benachteiligungen zu nehmen. Sie lassen damit erkennen, daß Art. 3 Abs. 1 nicht die völlige Gleichbehandlung verlangt, nicht jede Bevorzugung und Benachteiligung verbietet. Wäre das der Inhalt von Art. 3 Abs. 1, dann bedürfte es der Art. 3 Abs. 2 und 3 nicht. Es bedarf ihrer darum, weil Art. 3 Abs. 1 nur die *grundlose Ungleichbehandlung* verbietet; Art. 3 Abs. 1 verlangt rechtfertigende Gründe für Ungleichbehandlungen, und Art. 3 Abs. 2 und 3 statuiert, welche Gegebenheiten als rechtfertigende Gründe für Ungleichbehandlungen schlechthin ausfallen.

494 Neben Art. 3 Abs. 2 und 3 enthalten Art. 6 Abs. 5, Art. 38 Abs. 1 S. 1 und Art. 33 Abs. 1—3 spezielle Gleichheitsgebote und Diskriminierungsverbote. Auch diese speziellen Gleichheitssätze stellen besondere Anforderungen an die rechtfertigende Begründung von Ungleichbehandlungen, indem sie entweder wie Art. 3 Abs. 2 und 3 bestimmte Unterscheidungskriterien nicht zulassen oder wie Art. 33 Abs. 2 allein bestimmte Rechtfertigungsgründe zulassen.

495 Die *politische Forderung* nach möglichst viel gesellschaftlicher Freiheit gerät mit der politischen Forderung nach möglichst viel gesellschaftlicher Gleichheit in *Konflikt:* Gesellschaftliche Freiheit ist auch die Ellenbogenfreiheit des Stärkeren, gesellschaftliche Gleichheit ist gerade die Chancengleichheit des Schwächeren. Die *grundrechtlichen Verbürgungen* von Freiheit und Gleichheit stehen dagegen *konfliktfrei* nebeneinander. Sie überlassen weitgehend dem Gesetzgeber, wieviel Spielraum er den Starken lassen und wieviel Schutz er den Schwachen geben, d. h. wie er die gegenläufigen politischen Forderungen befriedigen will. Sie setzen ihm dabei nach beiden Seiten nur gewisse Grenzen. Gemeinsam ist den Grenzsetzungen durch Freiheitsverbürgungen und durch Gleichheitsverbürgungen, daß sowohl die Freiheitsverkürzung als auch die Ungleichbehandlung *nicht grundlos* geschehen darf. Unterschiedlich ist jedoch die *Rechtstechnik* der Verbürgungen. Bei den Freiheitsrechten gibt es die einzelnen Lebensbereiche oder das Handeln schlechthin als Schutzbereiche und gibt es die Eingriffe in die Schutzbereiche. An die Feststellung eines Eingriffs schließt dann die Frage nach seiner verfassungsrechtlichen Rechtfertigung an. Bei den Gleichheitsrechten gibt es dagegen keine Schutzbereiche und daher auch keinen Eingriff in den Schutzbereich. Hier vollzieht sich die Prüfung einer Grundrechtsverletzung in *zwei Schritten;* sie besteht aus der Feststellung einer Ungleichbehandlung und aus der Frage nach deren verfassungsrechtlicher Rechtfertigung.

## II. Ungleichbehandlung

### *1. Verfassungsrechtlich relevante Ungleichbehandlung*

496 Das BVerfG hat früher stets die Formel verwendet, der Gleichheitssatz verbiete, „wesentlich Gleiches willkürlich ungleich ... zu behandeln“ (z. B. E 49, 148/165). Eine neuere Formel zu Art. 3 Abs. 1 lautet: Der Gesetzgeber darf, „wenn er die Rechtsverhältnisse verschiedener Personengruppen differenzierend regelt, eine Gruppe von Normadressaten im Vergleich zu anderen Normadressaten nur dann anders behandeln, wenn zwischen beiden Gruppen Unterschiede von solcher Art und solchem Gewicht bestehen, daß sie die Ungleichbehandlung rechtfertigen können“ (z. B. E 84,

133/157; vgl. auch *Maaß*, NVwZ 1988, 14). Beide Formeln zielen schon auf die verfassungsrechtliche Rechtfertigung der Ungleichbehandlung, lassen aber auch folgende Voraussetzungen für eine relevante, verfassungsrechtlicher Rechtfertigung bedürftige Ungleichbehandlung erkennen: Erste Voraussetzung ist, daß die Ungleichbehandlung durch dieselbe Rechtsetzungsgewalt erfolgt. Soweit die Bürger eines Landes durch ein Landesgesetz anders behandelt werden als die Bürger eines anderen Landes, das kein entsprechendes oder ein abweichendes Landesgesetz erlassen hat, fehlt von vornherein die wesentliche Gleichheit; entsprechendes gilt im Verhältnis zwischen Bundes- und Landesgesetzen und zwischen Satzungen verschiedener Gemeinden, Universitäten usw. (vgl. E 33, 224/231; *Fastenrath*, JZ 1987, 170/173). Im übrigen gilt, daß kein Mensch genau wie der andere und keine Situation genau wie die andere ist. Daher kann wesentliche Gleichheit nur bedeuten, daß Personen, Personengruppen oder Situationen vergleichbar sind. Vergleichbarkeit bedarf zunächst eines *Bezugspunkts* (tertium comparationis).

**Beispiel:** Für den, der einen Personenkraftwagen führt, gilt das Straßenverkehrsrecht, und für den, der eine Schankwirtschaft betreibt, das Gaststättenrecht. Hier werden zwar verschiedene Personengruppen rechtlich verschieden behandelt, aber es fehlt der Bezugspunkt eines Vergleichs, der von einer relevanten, verfassungsrechtlicher Rechtfertigung bedürftigen Ungleichbehandlung reden ließe. Vergleichbar ist dagegen das Führen von Personenkraftwagen mit dem Führen von Lastkraftwagen und Krafträdern und das Betreiben von Schankwirtschaften mit dem Betreiben von Speisewirtschaften und Beherbergungsbetrieben. Der Bezugspunkt liegt das eine Mal darin, daß Kraftfahrzeuge geführt, das andere Mal darin, daß Gaststätten betrieben werden. 497

Der Bezugspunkt ist der *gemeinsame Oberbegriff* (genus proximum), unter den die rechtlich verschieden behandelten verschiedenen Personen, Personengruppen oder Situationen fallen. Unter ihm müssen die gemäß einem Unterscheidungsmerkmal (differentia specifica) verschiedenen Personen, Personengruppen oder Situationen vollständig und abschließend sichtbar werden. Anders werden auch der Inhalt, das Ausmaß und der mögliche Grund der Ungleichbehandlung nicht sichtbar. 498

**Beispiel:** Wenn der Gesetz- oder Verordnunggeber alleinerziehende Mütter bei der Vergabe von Kindergartenplätzen privilegiert oder ihnen bei Krankheit des Kindes einen zusätzlichen Urlaubsanspruch gibt, ist ein Grund für diese Bevorzugung möglicherweise gegenüber gemeinsam erziehenden Eltern erkennbar, nicht jedoch gegenüber alleinerziehenden Vätern. Das zeigt sich aber nur, wenn als nächster gemeinsamer Oberbegriff der der Alleinerziehenden gesehen, und nicht auf den der Eltern abgestellt wird. Der Begriff der Eltern ist nächster gemeinsamer Oberbegriff nur, wenn die Alleinerziehenden (Mütter und Väter) anders behandelt werden als gemeinsam erziehende Paare. 499

Eine Ungleichbehandlung, die verfassungsrechtlicher Rechtfertigung bedarf, ist also dann *gegeben*, wenn 500

- eine Person, Personengruppe oder Situation in einer bestimmten Weise, durch Eingriff oder Leistung, in Teilhabe oder Verfahren, rechtlich behandelt wird,
- eine andere Person, Personengruppe oder Situation in einer bestimmten anderen Weise rechtlich behandelt wird und
- beide Personen, Personengruppen oder Situationen unter einen gemeinsamen, weitere Personen, Personengruppen oder Situationen ausschließenden Oberbegriff gefaßt werden können.

*2. Gleichbehandlung von wesentlich Ungleichem?*

501 Die traditionelle Formel des BVerfG verbietet nicht nur, „wesentlich Gleiches willkürlich ungleich", sondern auch „wesentlich Ungleiches willkürlich gleich zu behandeln" (z. B. E 49, 148/165). Somit gäbe es neben der Ungleichbehandlung, die verfassungsrechtlicher Rechtfertigung bedarf, auch eine Gleichbehandlung, die verfassungsrechtlicher Rechtfertigung bedarf. Wie aus den vielen rechtlichen Ungleichbehandlungen wären auch aus den vielen rechtlichen Gleichbehandlungen zunächst einmal die relevanten, verfassungsrechtlicher Rechtfertigung bedürftigen herauszufiltern. Wie dies genau zu geschehen hätte, mag jedoch dahinstehen. Die zweite Hälfte der Formel kann *vernachlässigt* werden. Denn Probleme der Gleichbehandlung lassen sich stets auch als Probleme der Ungleichbehandlung fassen. Es muß nur die richtige Vergleichsgruppe gewählt werden (*Podlech,* S. 53 ff.).

502 **Beispiele:** Nach dem Ladenschlußgesetz gibt es eine weitgehende Ausnahme von den allgemeinen Ladenschlußzeiten für Bahnhofsverkaufsstellen und eine weniger weitgehende Ausnahmeregelung für Apotheken. Für Bahnhofsapotheken gilt nach dem Gesetz letztere. Bahnhofsapotheken werden also im Vergleich mit anderen Bahnhofsverkaufsstellen ungleich, im Vergleich mit anderen Apotheken dagegen gleich behandelt (vgl. E 13, 225/228 f.). — E 13, 46 hatte die Anwendung von § 6 Abs. 1 Nr. 2 BEG zu überprüfen. Die Bestimmung schloß alle diejenigen von der Entschädigung aus, die die freiheitliche demokratische Grundordnung bekämpft hatten. Die Anwendung machte keinen Unterschied zwischen denen, die als Funktionäre einer vom BVerfG zu späterem Zeitpunkt als verfassungswidrig festgestellten Partei deren Ziele mit durchaus erlaubten Mitteln verfolgt hatten, und den anderen, die die freiheitliche demokratische Grundordnung mit verbotenen Mitteln bekämpft hatten. Das BVerfG sah hierin eine willkürliche, mit Art. 21 unvereinbare Gleichbehandlung von wesentlich Ungleichem. Ebenso kann darin aber auch eine willkürliche Ungleichbehandlung von wesentlich Gleichem gesehen werden. Zwischen Funktionären, die die Ziele ihrer Partei mit allgemein erlaubten Mitteln verfolgen, darf dann eben wegen Art. 21 nicht danach unterschieden werden, ob die Partei zu einem späteren Zeitpunkt vom BVerfG als verfassungswidrig festgestellt wird oder nicht. Vergleichsgruppe sind dabei nicht die, die die freiheitliche demokratische Grundordnung mit verbotenen Mitteln bekämpft haben, sondern die Funktionäre anderer Parteien.

## III. Verfassungsrechtliche Rechtfertigung

*1. Allgemeine Anforderungen*

503 Eine Ungleichbehandlung ist verfassungsrechtlich gerechtfertigt, wenn sie nicht willkürlich erfolgt bzw. wenn nach Art und Gewicht erhebliche sachliche Unterschiede bestehen (vgl. oben Rdnr. 496). Da auch Willkür das Fehlen eines sachlichen Grundes bedeutet (E 17, 122/130: „sachfremd und deshalb willkürlich"), verlangt die verfassungsrechtliche Rechtfertigung einen *sachlichen Grund* (st. Rspr.; vgl. E 71, 39/53; 84, 133/157 f.).

504 Oft stellt das BVerfG das Vorliegen eines sachlichen Grundes fest, ohne einem bestimmten Prüfungs- oder Begründungsschema zu folgen. Es appelliert gewissermaßen an die Einsicht in die *Evidenz* sachlicher Gegebenheiten und plausibler Wertungen.

505 **Beispiel:** Ein baden-württembergisches Feuerwehrgesetz sah für alle männlichen Gemeindeeinwohner zwischen 18 und 50 Jahren die Pflicht zu einem Feuerwehrdienst bzw., wenn dieser nicht geleistet wurde, zu einer Feuerwehrabgabe vor, die je nach persönlichen und wirtschaftlichen Verhältnissen des Pflichtigen auf jährlich zwischen 5 und 100 DM festgesetzt werden konnte. Die Abgabepflicht sollte auch den treffen, der zwar

den Dienst leisten wollte, den die Feuerwehr aber nicht brauchte. Hieran wurde ein doppelter Verstoß gegen den Gleichheitssatz gerügt: Zum einen die Auferlegung hier von Dienstleistungspflicht und dort von Abgabepflicht und zum anderen die Staffelung der Abgabe nach den persönlichen und sachlichen Verhältnissen des Betroffenen. E 13, 167 weist beide Rügen knapp zurück: Die Dienst- und die Abgabepflichtigen „werden — der Idee nach — weder mehr noch weniger, sondern nur in anderer Form belastet" (171), und die Staffelung ist „sachgerecht, weil der auszugleichende Vorteil vor allem in Zeitersparnis besteht und deren wirtschaftlicher Wert bei den einzelnen Pflichtigen je nach ihrer persönlichen und wirtschaftlichen Lage sehr verschieden sein kann" (174).

Derart knappe Begründungen des Vorliegens eines sachlichen Grundes lassen leicht Zweifel offen. Vorzugswürdig ist das in der Rechtsprechung des BVerfG ebenfalls anzutreffende *Prüfungs- und Begründungsschema,* in dem der sachliche Grund für die Ungleichbehandlung dieselbe Rolle spielt wie die Verhältnismäßigkeit bei der Freiheitsverkürzung (ähnlich *Schoch,* DVBl. 1988, 863/874; *Wendt,* NVwZ 1988, 778/781 ff.). Wie die Freiheitsverkürzung muß die Ungleichbehandlung 506
— einen legitimen Zweck verfolgen,
— zur Erreichung dieses Zwecks geeignet und notwendig sein und
— auch sonst in angemessenem Verhältnis zum Wert des Zwecks stehen.

**Beispiel:** Der Berechnung des Arbeitslosengelds wird für einen nicht verheirateten Arbeitnehmer mit einem Kind, das in seinem Haushalt lebt, eine günstigere Leistungsgruppe zugrunde gelegt, als für einen nicht verheirateten Arbeitnehmer mit einem Kind, das nicht in seinem Haushalt lebt. E 63, 255 hält diese Ungleichbehandlung für gerechtfertigt. Der Gesetzgeber verfolgt bei der Berechnung des Arbeitslosengelds den legitimen Zweck, die „Relation zu dem infolge Arbeitslosigkeit weggefallenen Arbeitseinkommen (zu) erhalten" (263). Die Gleichbehandlung beider Gruppen würde „der Zweckbestimmung des Arbeitslosengeldes widersprechen" (265), d. h. die Ungleichbehandlung ist zur Erreichung des Zwecks geeignet und notwendig. Eine zusätzliche Prüfung der Angemessenheit des Verhältnisses zwischen Ungleichbehandlung und Wert des Zwecks entfällt; sie spielt bei den Ungleichbehandlungen ebenso wie bei den Freiheitsverkürzungen regelmäßig keine Rolle. 507

Der Gesetzgeber hat bei Ungleichbehandlungen einen weiten *Ermessens- oder Gestaltungsspielraum.* Das BVerfG will „nur die Überschreitung äußerster Grenzen (des Spielraums) beanstanden": Es kommt nicht darauf an, „ob der Gesetzgeber die jeweils gerechteste und zweckmäßigste Regelung getroffen" hat, sondern ob für die Regelung „sachlich einleuchtende Gründe schlechterdings nicht mehr erkennbar sind" (st. Rspr., vgl. E 64, 158/168 f.; 66, 84/95). Im obigen Prüfungs- und Begründungsschema bedeutet dies 508
— Betonung der gesetzgeberischen Freiheit bei der Wahl der zu verfolgenden Zwekke und
— Anerkennung einer gesetzgeberischen Prärogative bei der Einschätzung von Geeignetheit und Notwendigkeit.

**Beispiele:** Einen Verstoß gegen Art. 3 Abs. 1 hat das BVerfG bei folgenden Regelungen *angenommen:* unterschiedliche Besoldung von Richtern verschiedener Gerichtsbarkeiten in gleicher Instanz (E 12, 326/333 ff.; 26, 100/110 f.); unterschiedliche Gewährung von Kinderfreibeträgen bei Lohnsteuerpflichtigen einerseits und Einkommensteuerpflichtigen andererseits (E 23, 1/7 ff.; 33, 106); Begünstigung der Gewerkschaften gegenüber sonstigen Arbeitnehmervereinigungen bei den Sozialversicherungswahlen (E 30, 227/246 ff.); genereller Ausschluß der Studenten von Bezug des Arbeitslosengeldes (E 74, 9/24 ff.); 509

unterschiedliche erbschaftsteuerliche Behandlung von Hinterbliebenenbezügen bei Versorgung auf arbeitsrechtlicher und gesellschaftsvertraglicher Grundlage (E 79, 106/121 ff.); kürzere Kündigungsfristen für Arbeiter als für Angestellte (E 82, 126/146 ff.).—*Abgelehnt* hat das BVerfG einen Verstoß gegen Art. 3 Abs. 1 in folgenden Fällen: Stichtagsregelungen, „wenn die Einführung eines Stichtags überhaupt und die Wahl des Zeitpunkts am gegebenen Sachverhalt orientiert und somit sachlich vertretbar ist" (E 13, 31/38; 79, 212/219 f.); Nichtzulassung von staatlich nicht anerkannten Dentisten zu den gesetzlichen Krankenkassen im Unterschied zu den staatlich anerkannten (E 25, 236/249); unterschiedliche Leistungsvoraussetzungen in der Altershilfe für Landwirte und in der Arbeiterrenten- und Angestelltenversicherung (E 25, 314/321 f.); Nichterstreckung des Zeugnisverweigerungsrechts gem. § 53 Abs. 1 StPO auf Sozialarbeiter und Tierärzte (E 33, 367/382; 38, 312/323 f.); Erhebung des Stabilitätszuschlags in den Jahren nach 1973 nur von den Beziehern mittlerer und höherer Einkommen (E 36, 66/72). — Für das *Steuerrecht* verlangt der Gleichheitssatz, daß die Steuerpflichtigen durch ein Steuergesetz rechtlich und tatsächlich gleich belastet werden, und zwar durch die normative Steuerpflicht ebenso wie bei der Durchsetzung in der Steuererhebung (E 84, 239/271). Ferner entnimmt das BVerfG dem Gleichheitssatz als „besondere Ausprägung" den Grundsatz der Steuergerechtigkeit; dieser verpflichtet den Gesetzgeber auf die Ausrichtung der Besteuerung an der wirtschaftlichen Leistungsfähigkeit, eröffnet ihm aber eine besonders weitgehende Gestaltungsfreiheit, die allerdings durch andere Verfassungsnormen, wie die Pflicht des Staates zum Schutz von Ehe und Familie gem. Art. 6 Abs. 1, eingeschränkt ist (E 82, 60/86 ff.).

510 **Lösungstechnischer Hinweis:** In Übungsarbeiten ist eine bestimmte Maßstabsnorm zum Ausgangspunkt der Prüfung zu machen, wobei die spezielle Norm vor der allgemeinen zu prüfen ist. Anders als in der vorliegenden Darstellung sind daher in Übungsarbeiten die im folgenden näher erläuterten speziellen Gleichheitsgebote und Diskriminierungsverbote, die jeweils besondere Anforderungen im Rahmen des entwickelten Prüfungs- und Begründungsschemas stellen, *vor* dem allgemeinen Gleichheitssatz zu prüfen. Kommt keiner der speziellen Gleichheitssätze in Betracht, ist zu fragen, ob die Ungleichbehandlung nach den allgemeinen Anforderungen des Art. 3 Abs. 1 zu rechtfertigen ist oder nicht. Andernfalls sind zwei Fallkonstellationen zu unterscheiden: *Entweder* die Ungleichbehandlung ist gemäß dem speziellen Gleichheitssatz nicht zu rechtfertigen; dann braucht Art. 3 Abs. 1 nicht mehr untersucht zu werden. *Oder* der spezielle Gleichheitssatz steht der Ungleichbehandlung nicht entgegen; dann ist es immer noch möglich, daß die Ungleichbehandlung den allgemeinen Anforderungen nicht genügt, und es ist Art. 3 Abs. 1 zu untersuchen. Insoweit unterscheidet sich also die Spezialität eines speziellen gegenüber dem allgemeinen Gleichheitssatz von der Spezialität eines speziellen Freiheitsrechts gegenüber der allgemeinen Handlungsfreiheit (vgl. oben Rdnr. 422 ff.). Der Grund liegt darin, daß die speziellen Gleichheitssätze keinen Schutzbereich haben, sondern Rechtfertigungsanforderungen stellen.

511 **Beispiel:** Durch Gesetz wird eine bestimmte Frauensportart verboten, weil sie eine überdurchschnittliche Unfallquote aufweist. Das Gesetz scheitert nicht an Art. 3 Abs. 2, weil das Gesetz nicht auf dem Unterschied zwischen Mann und Frau, sondern auf der erhöhten Gefährlichkeit der Sportart beruht. Weiter ist zu fragen, ob nicht Art. 3 Abs. 1 verletzt ist. Denn andere Sportarten, die ebenfalls überdurchschnittliche Unfallquoten aufweisen, sind erlaubt.

### 2. *Die besonderen Anforderungen aus Art. 3 Abs. 2 und 3*

512 Von den hier genannten *Merkmalen* braucht der Unterschied von Mann und Frau (inhaltsgleich mit dem Merkmal „Geschlecht" in Abs. 3) nicht näher erläutert zu werden. „Abstammung" bezieht sich auf die biologische Beziehung zu den Vorfahren. „Heimat" bedeutet die örtliche Beziehung zur Umwelt und zielt vor allem auf eine

Gleichbehandlung deutscher Flüchtlinge; es ist nicht zu verwechseln mit dem Merkmal „Staatsangehörigkeit", das hier nicht genannt ist; selbstverständlich gilt für Ausländer aber der allgemeine Gleichheitssatz des Art. 3 Abs. 1 (vgl. auch *Sachs*, NJW 1981, 1133; *Zuleeg*, DÖV 1973, 361). „Herkunft" meint den sozialen, schichtenspezifischen Aspekt der Abstammung. „Rasse" umfaßt Gruppen mit bestimmten vererblichen Eigenschaften. Die Merkmale „Sprache", „religiöse Anschauungen" (ohne inhaltlichen Unterschied zum Begriff „Glauben", vgl. näher unten Rdnr. 578) und „politische Anschauungen" verstehen sich hier von selbst.

Art. 3 Abs. 2 und 3 setzt der Ermessens- oder Gestaltungsfreiheit „feste Grenzen" (st. **513**
Rspr., vgl. etwa E 48, 346/365 f.). Gelegentlich werden diese Grenzen von der Rechtsprechung sehr weit gezogen: Die Diskriminierungsverbote sollen „nicht absolut" gelten und „nur die bezweckte Benachteiligung oder Bevorzugung" verbieten, „nicht aber einen Nachteil oder einen Vorteil, der die Folge einer ganz anders intendierten Regelung ist" (E 75 , 40/70; BVerwGE 75, 86/96). Das verfehlt den Sinn dieser Diskriminierungs- und Privilegierungsverbote; daher muß gefordert werden, daß der in Art. 3 Abs. 2 angesprochene Unterschied von Mann und Frau und die in Art. 3 Abs. 3 bezeichneten Merkmale nicht als rechtfertigende Kriterien und Gründe für Ungleichbehandlungen taugen (ähnlich BVerfG, NJW 1992, 964/965). Im obigen Prüfungs- und Begründungsschema wirkt sich das so aus:

a) Nach dem Unterschied von Mann und Frau und nach den Merkmalen des Art. 3 **514**
Abs. 3 zu differenzieren, ist kein **Zweck,** den die öffentliche Gewalt verfolgen dürfte.

**Beispiele:** Der Gesetzgeber darf sich nicht zum Ziel nehmen, Frau und Mann in ihren **515**
tradierten Rollen festzuhalten oder aus ihnen hinauszudrängen; er darf nicht eine Rasse züchten, nicht bestimmte sprachliche oder regionale Minderheiten assimilieren oder erhalten wollen, nicht die Förderung oder Unterdrückung bestimmter religiöser oder politischer Anschauungen anstreben.

Von diesen durch Art. 3 Abs. 2 und 3 verwehrten Zwecksetzungen ist zu unterschei- **516**
den, wenn der Gesetzgeber kulturelles, religiöses und politisches Leben, sprachliche oder regionale Vielfalt *insgesamt fördert.*

**Beispiele:** Gem. § 6 Abs. 6 S. 2 BWahlG findet die 5%-Klausel „auf die von Parteien natio- **517**
naler Minderheiten eingereichten Listen keine Anwendung". Hierin liegt keine Bevorzugung wegen Abstammung, Sprache oder Heimat, weil nicht eine bestimmte, sondern jede nationale Minderheit privilegiert wird, obwohl diese Bestimmung derzeit nur für die Dänen in Schleswig-Holstein praktisch wird (vgl. auch E 5, 77/83). — Schwieriger ist eine Antidiskriminierungsgesetzgebung zugunsten der Frau zu beurteilen. Für Quotenregelungen, die einen bestimmten Prozentsatz der Stellen mit Frauen zu besetzen verlangen und damit zu einer „reversed discrimination", d. h. zur Zurücksetzung eines geeigneten männlichen Bewerbers hinter einer weniger geeigneten weiblichen Bewerberin führen, kann die Rechtfertigung vor Art. 3 Abs. 2 und 3 nur darin gesucht werden, daß Art. 3 Abs. 2 als Gruppengrundrecht (*Sacksofsky*, S. 374 ff.; *Slupik*, S. 71 ff.) oder objektiv-rechtlich als Verfassungsauftrag zu kompensatorischer Gesetzgebung verstanden wird (vgl. *Maidowski*, S. 112 ff.; *Pfarr/Fuchsloch*, NJW 1988, 2201; dagegen OVG Münster, NVwZ 1991, 501; *Kruse*, DÖV 1991, 1002; *Sachs*, NVwZ 1991, 437). Von einem als Auftrag für den Gesetzgeber zu verstehenden Gleichberechtigungsgebot, die Gleichberechtigung der Geschlechter auch in der gesellschaftlichen Wirklichkeit durchzusetzen, spricht auch das BVerfG (NJW 1992, 964/965); zu Quotenregelungen hat es sich allerdings bisher nicht geäußert. Kontrollen und Sanktionen, die gewährleisten, daß Frauen nicht wegen ihres Geschlechts nicht eingestellt oder schlechter bezahlt werden, geraten mit Art. 3 Abs. 2 und 3

von vornherein nicht in Konflikt. Dabei überläßt der Gesetzgeber der Frau, ob sie arbeiten oder nicht arbeiten will, drängt sie also nicht in eine bestimmte Rolle, läßt seine Antidiskriminierungsmaßnahme auch nicht als Diskriminierung auf den Mann zurückschlagen, sondern sorgt nur dafür, daß die Gleichheit von Mann und Frau in der Arbeitswelt zur Geltung kommt.

518 b) Die **Geeignetheit** und **Notwendigkeit** einer Ungleichbehandlung für die Erreichung eines legitimen Zwecks muß begründet werden können, ohne daß auf den Unterschied von Mann und Frau oder auf die Merkmale des Art. 3 Abs. 3 als Kriterien abgestellt wird. Gelingt eine solche Begründung nicht, dann scheitert die Ungleichbehandlung an Art. 3; gelingt sie jedoch, dann hat sie vor Art. 3 selbst dann Bestand, wenn sie zu einer verschiedenen rechtlichen Behandlung von einerseits Männern und andererseits Frauen, von Personen verschiedener Sprache oder Herkunft, verschiedener religiöser oder weltanschaulicher Anschauung führen. „Differenzierungen, die auf anderen Unterschiedlichkeiten der Person oder auf Unterschiedlichkeiten der Lebensumstände beruhen, bleiben von dem Differenzierungsverbot unberührt" (E 3, 225/241; 57, 335/342 f.).

519 **Beispiele:** Ein nordrhein-westfälisches Gesetz räumte Frauen mit eigenem Hausstand Anspruch auf einen bezahlten arbeitsfreien Wochentag (Hausarbeitstag) ein. E 52, 369 erklärte es für unvereinbar mit Art. 3 Abs. 2, Männern in der gleichen Lage den gleichen Anspruch vorzuenthalten. Die Regelung beruhe „allein auf der herkömmlichen Vorstellung, daß es der Frau zufällt, den Haushalt . . . zu besorgen" (376). Eine andere Begründung, die nicht auf den Unterschied von Mann und Frau in ihren tradierten Rollen abstellt, ist nicht ersichtlich. Das gleiche gilt für die Regelung, daß Arbeiterinnen anders als Arbeiter nachts nicht arbeiten dürfen (BVerfG, NJW 1992, 964/965), daß nur Mädchen Pflichtunterricht im Fach Handarbeiten haben (VGH München, NJW 1988, 1405), und für die Vorschrift im BGB, wonach der Mannesname automatisch Ehename wurde, wenn die Ehegatten sich nicht über den Ehenamen einigen konnten (E 84, 9/18 f.).

520 Das BVerfG hat früher die „Unanwendbarkeit" des Art. 3 Abs. 2 behauptet, „wenn der zu ordnende Lebenstatbestand überhaupt nur in einem Geschlecht verwirklicht werden kann". Deshalb spiele die Gleichberechtigung im Sexualstrafrecht und im Mutterschutzrecht keine Rolle (E 6, 389/423). Später hat es für die Mutterschutzregelungen doch eine Rechtfertigung gesucht und in den *„objektiven biologischen und funktionalen Unterschieden"* beider Geschlechter gefunden (E 10, 59/74; 71, 224/229). Zunehmend stellt das BVerfG nicht mehr auf funktionale, sondern nur noch auf die objektiven biologischen Unterschiede ab (E 74, 163/179 f.; BVerfG, NJW 1992, 964/965). Das leuchtet ein: Entweder die Funktion ist eine objektiv biologische oder immerhin typischerweise biologisch bedingte, dann braucht sie nicht eigens erwähnt zu werden; oder sie ist eine sozial tradierte, dann beruht sie auf unmaßgeblichen „herkömmlichen Vorstellungen" (vgl. auch *Gubelt,* vM, Art. 3 Rdnr. 83). Für die rechtliche Behandlung von Eltern bedeutet dies, daß Art. 3 Abs. 2 die Privilegierung der Mutter gegenüber dem Vater nur soweit erlaubt, als sie den Belastungen der Schwangerschaft, der Geburt und des Stillens Rechnung trägt. Im übrigen verdient der Mann, wenn er die Funktion der primären Bezugsperson erfüllt, nicht weniger Schutz als die Mutter, die dieselbe Funktion erfüllt.

521 Allerdings spielt hier noch *Art. 6 Abs. 4* mit hinein: Er kann dahin verstanden werden, daß der Verfassungsgeber selbst einer „herkömmlichen Vorstellung" in auch für Art. 3 Abs. 2 maßgebender Weise gefolgt ist. Überzeugender stellt sich das Zusam-

menspiel zwischen Art. 3 Abs. 2 und Art. 6 Abs. 4 aber dar, wenn Art. 6 Abs. 4 die Verpflichtung zum Schutz der Mutter und Art. 3 Abs. 2 die Verpflichtung zur Gleichstellung des Vaters, wenn er die Funktion der Mutter übernimmt, entnommen wird (vgl. *Gernhuber*, Familienrecht, 3. Aufl. 1980, S. 57 f.).

Art. 3 Abs. 2 spricht nur vom Unterschied zwischen Männern und Frauen und Art. 3 Abs. 3 nur von bestimmten Merkmalen. Vom Verhalten, das aus dem Unterschied bzw. aus den Merkmalen folgt, ist nicht die Rede. Die Zulässigkeit solchen *Verhaltens* beurteilt sich auch nicht nach Art. 3, sondern nach den anderen Grundrechten, in deren Schutzbereiche das Verhalten fällt. Ist allerdings ein Verhalten nach Maßgabe der anderen Grundrechte zulässig und die gewissermaßen natürliche Folge der in Art. 3 Abs. 2 und 3 genannten Gegebenheiten, dann darf es ebensowenig wie diese Gegebenheiten selbst zur Begründung einer Ungleichbehandlung herangezogen werden. Eine Ungleichbehandlung darf dann mit dem Sprechen ebensowenig begründet werden wie mit der Sprache, mit dem schichtenspezifischen Verhalten ebensowenig wie mit der Herkunft, mit dem Äußern und Betätigen einer politischen Anschauung ebensowenig wie mit deren Haben. 522

**Beispiel:** Der gleiche Zugang zum öffentlichen Dienst kann einem Bewerber nicht allein mit der Begründung verwehrt werden, er habe nicht nur eine verfassungsfeindliche politische Anschauung, sondern er äußere und betätige sie auch. Entscheidend ist, ob das Äußern und Betätigen der als verfassungsfeindlich bezeichneten Anschauung von Art. 5, 8, 9 und 2 Abs. 1, besonders aber von Art. 5 gedeckt und durch ein Gesetz, besonders durch ein allgemeines Gesetz nach Art. 5 Abs. 2, zulässigerweise beschränkt ist. Ist es nach Maßgabe der genannten Freiheitsrechte frei, dann darf es auch nicht zum Grund für eine Ungleichbehandlung genommen werden. Beim BVerfG klingt dies anders: Es „geht ... nicht an, das Verbot in Art. 3 Abs. 3 GG nicht nur auf das bloße ‚Haben' einer politischen Überzeugung, sondern auch auf das Äußern und Betätigen dieser politischen Anschauung zu beziehen" (E 39, 334/368). Aber das BVerfG will damit nur deutlich machen, daß das Verbot von Art. 3 Abs. 3 dem Gesetzgeber, der das Äußern und Betätigen politischer Anschauungen nach Maßgabe der Freiheitsrechte zulässigerweise beschränkt, nicht „im Wege steht" (vgl. zum gleichen Zugang zum öffentlichen Dienst unten Rdnr. 538 ff.) 523

Schließlich ist zu beachten, daß von den Anforderungen der Abs. 2 und 3 durch spezielle Verfassungsnormen *Ausnahmen* zugelassen werden. So hatte Art. 117 Abs. 1 das dem Art. 3 Abs. 2 entgegenstehende Recht (vor allem Regelungen des BGB, wie das Letztentscheidungsrecht des Vaters über die Kindererziehung bei fehlender Einigung der Eltern, der Name des Mannes als Ehe- und Familienname) für eine Übergangszeit, „jedoch nicht länger als bis zum 31. März 1953", in Kraft gelassen. Heute noch aktuell ist demgegenüber Art. 12a Abs. 1, wonach nur Männer zum Wehrdienst verpflichtet werden können (vgl. auch Art. 12a Abs. 4 S. 2). Auch Art. 3 Abs. 2 hat, wenn als Gruppengrundrecht oder objektiv-rechtlich als Verfassungsauftrag verstanden (vgl. oben Rdnr. 517), die Funktion einer ausnahmsweisen verfassungsrechtlichen Rechtfertigung des Abstellens auf den Unterschied von Mann und Frau. 524

### *3. Die besonderen Anforderungen aus Art. 6 Abs. 5*

Art. 6 Abs. 5 liest sich als *Auftrag* an den Gesetzgeber. Das BVerfG hat in seiner frühen Rechtsprechung auch noch „dahinstehen (lassen), ob dem Art. 6 Abs. 5 ein zum unmittelbaren Vollzug geeigneter präziser Rechtsgehalt innewohnt, so daß dieser Ar- 525 tikel eine ähnliche Funktion übernehmen könnte wie Art. 3 Abs. 2" (E 8, 210/216). Später hat es Art. 6 Abs. 5 jedoch zunächst die „Wertentscheidung, daß ein Kind nicht wegen seiner unehelichen Geburt benachteiligt werden darf", entnommen (E 17, 148/154) und dann auch die *unmittelbare Anwendbarkeit* dieses Grundrechts anerkannt (E 25, 167/178 ff.). Für die Ehelichkeit oder Nichtehelichkeit der Geburt gilt somit dasselbe wie für die Eigenschaft, Mann oder Frau zu sein (Art. 3 Abs. 2), und die Merkmale des Art. 3 Abs. 3: Sie taugen nicht als rechtfertigende Gründe für Ungleichbehandlungen (vgl. E 74, 33/38 ff.; BVerfG, NJW 1992, 1747). Im Hinblick darauf hat das BVerfG inzwischen auch den gesetzlichen Ausschluß des gemeinsamen Sorgerechts der Eltern nichtehelicher Kinder für verfassungwidrig erklärt (vgl. unten Rdnr. 743).

*4. Die besonderen Anforderungen bei den politischen Rechten*

526 a) Art. 38 Abs. 1 S. 1 schreibt für die Wahl der Abgeordneten zum Deutschen Bundestag u. a. die **Allgemeinheit und die Gleichheit der Wahl** vor (zu den anderen Geboten des Art. 38 Abs. 1 S. 1 und zu dessen Anwendungsbereich vgl. unten Rdnr. 1137 ff.).

527 Allgemeinheit bedeutet gleiche *Fähigkeit* aller Deutschen (vgl. oben Rdnr. 129), zu wählen und gewählt zu werden. Allgemeinheit der Wahl ist also ein Sonderfall der Gleichheit der Wahl. Diese bedeutet darüber hinaus für das aktive Wahlrecht gleichen *Zählwert* („one man, one vote") und gleichen *Erfolgswert* (jede Stimme muß bei der Umsetzung der Stimmen in die Zuteilung von Parlamentssitzen gleiche Berücksichtigung finden), für das passive Wahlrecht *Chancengleichheit* aller Wahlbewerber (E 71, 81/94). Für die Wahlberechtigten wie für die Wahlbewerber bedeutet Wahlgleichheit überdies den Anspruch auf ein Wahlprüfungsverfahren (BVerfG, DÖV 1992, 401).

528 „Der Grundsatz der Gleichheit der Wahl ist ein Anwendungsfall des allgemeinen Gleichheitssatzes ... Er unterscheidet sich vom allgemeinen Gleichheitssatz durch seinen formalen Charakter" (E 57, 43/56). Unter dem Gebot *rechnerisch formaler Gleichbehandlung* verbleibt dem Gesetzgeber „nur ein eng bemessener Spielraum für Differenzierungen ... Diese bedürfen hier stets zu ihrer Rechtfertigung eines zwingenden Grundes" (E 82, 322/338).

529 Der eng bemessene Spielraum des Gesetzgebers und natürlich ebenso der Verwaltung bedeutet wieder eine Verschärfung der Rechtfertigungs- bzw. Begründungslast. Diese Verschärfung wirkt im obigen Prüfungs- und Begründungsschema als

- Beschränkung auf wenige zu verfolgende Zwecke und
- strenger Maßstab der Geeignetheit und Notwendigkeit.

530 **Beispiele:** Die *Allgemeinheit* wird durchbrochen durch das Erfordernis der Seßhaftigkeit im Wahlgebiet (§ 12 Abs. 1 Nr. 2 BWahlG). Diese Durchbrechung ist in § 12 Abs. 2 BWahlG jedoch wieder stark relativiert; auch Auslandsdeutsche können seit 1985 weitgehend wählen. Von ihnen eine, durch gelegentliche Aufenthalte in der Bundesrepublik gewährleistete, gewisse Vertrautheit mit den politischen Problemen der Bundesrepublik zu verlangen, ist legitim. — Die *Gleichheit* der Wahl wird durch die 5 %-Sperrklausel (z. B. § 6 Abs. 6 BWahlG) durchbrochen. Die Stimmen, die für die danach nicht berücksichtigten Parteien abgegeben wurden, haben nicht den gleichen Erfolgswert wie die übrigen Stimmen. Diese Ungleichbehandlung wird damit gerechtfertigt, daß sie unter den Bedingungen der Verhältniswahl, die das Aufkommen kleiner Parteien begünstigt, zur Sicherung der Funktionsfähigkeit des Parlaments „unbedingt" erforderlich ist (vgl. E 51, 222/235 ff.; krit. *Achterberg/Schulte*, M/K, Art. 38 Rdnr. 140; *Meyer*, Hdb. StR II, S. 286).

In dieser Entscheidung genügt das BVerfG diesen seinen eigenen Anforderungen allerdings nicht; es hält die 5 %-Sperrklausel bei der Wahl zum Europäischen Parlament mit dem Gleichheitssatz für vereinbar, obwohl die Funktionsfähigkeit nicht gefährdet ist. Die meisten anderen europäischen Staaten kennen keine 5%-Sperrklausel, so daß ohnehin Splitterparteien in das Europäische Parlament kommen, deren allfällig funktionsgefährdende Wirkung durch zusätzliche deutsche Mandate eher funktionsgünstig verbessert würde (krit. *Murswiek*, JZ 1979, 48). Unter den „besonderen Umständen" der deutschen Vereinigung am 3. 10. 1990 verstieß die einheitliche 5 %-Klausel für das um die frühere DDR erweiterte Wahlgebiet gegen die Chancengleichheit der politischen Parteien (E 82, 322/339 ff.). — Die ungleiche Gewichtung des Erfolgswerts der abgegebenen Stimmen, der mit einem Mehrheitswahlsystem verbunden wäre, scheint dem BVerfG dagegen überhaupt nicht rechtfertigungsbedürftig zu sein; es sieht gem. Art. 38 dem Gesetzgeber die Entscheidung zwischen Mehrheits- und Verhältniswahlsystem freigestellt (E 1, 208/246; 34, 81/100).

Auch hier gilt, daß von den besonderen Anforderungen durch spezielle Verfassungsnormen *Ausnahmen* zugelassen werden. So ist es für den legitimen Zweck, das Wahlrecht von einem Mindestmaß an Einsichtsfähigkeit abhängig zu machen, möglicherweise nicht notwendig, dies erst mit der Vollendung des achtzehnten Lebensjahres als gegeben anzusehen (vgl. §§ 12 Abs. 1 Nr. 1, 15 Abs. 1 Nr. 2 BWahlG). Darauf kommt es aber nicht an, weil Art. 38 Abs. 2 diese Durchbrechung der Allgemeinheit der Wahl ausdrücklich vorsieht. Eine weitere Ausnahme sieht Art. 137 Abs. 1 vor (E 48, 64/89). Auf die hergebrachten Grundsätze des Berufsbeamtentums (Art. 33 Abs. 5) hat BayVerfGHE 21, 83/90 die Altersgrenzen für die Wählbarkeit kommunaler Wahlbeamter gestützt (krit. *Gramlich*, JA 1986, 129/132 f.). 531

b) **Chancengleichheit bei der politischen Meinungsbildung, insbesondere Chancengleichheit der Parteien.** Das BVerfG hat diese besonderen Anforderungen an die verfassungsrechtliche Rechtfertigung vom Wahlrecht als dem Recht der politischen Willensbildung auch auf das „Vorfeld der politischen Meinungsbildung" erstreckt und allgemein vom „Grundsatz der formalen Gleichheit, der die Ausübung politischer Rechte in der freien Demokratie beherrscht", gesprochen (E 8, 51/68 f.; 69, 92/107). Das Gebot rechnerisch formaler Gleichbehandlung kann bei der Wahlvorbereitung und bei der politischen Meinungsbildung aber nur dann gelten, wenn Chancen, Sendezeiten, Plakatflächen und Steuervorteile rechnerisch zugeteilt werden. Selbst dann muß es Modifikationen erfahren: Art. 38 Abs. 1 S. 1 spricht jeder Stimme das gleiche Gewicht beim staatsorganschaftlichen Akt der Wahl zu; die Vorbereitung der Wahl und die Bildung des politischen Willens finden dagegen in der Gesellschaft statt, und hier lassen die Freiheitsrechte zu, daß die Bürger, Gruppen und Parteien sich verschieden stark Gehör und Geltung verschaffen können. Der Staat brächte diese Freiheit um ihren Ertrag und die Freiheitsrechte um ihre Bedeutung, wenn er formale Gleichbehandlung im Sinn nivellierenden Eingreifens praktizieren würde. 532

Das BVerfG hat dies in seiner umfangreichen Rechtsprechung zur *Chancengleichheit der Parteien* durchweg berücksichtigt. Sie hängt mit der Wahlrechtsgleichheit zusammen und ergibt sich aus der Freiheit der Parteigründung und dem Mehrparteienprinzip des Art. 21 Abs. 1 (näher *Frowein*, AöR 1974, 72/97 ff.). Zwar wird auch die Chancengleichheit der Parteien als besondere Ausprägung des allgemeinen Gleichheitssatzes (Art. 3 Abs. 1) angesehen und sind vom BVerfG für Ungleichbehandlungen besondere, „zwingende" Gründe verlangt worden (z. B. E 41, 399/413 f.; vgl. 533

auch *Starck*, M/K, Art. 3 Abs. 1 Rdnr. 31). Gleichwohl ist insoweit keine formale, schematische Gleichheit gefordert worden; das BVerfG gibt sich mit einer „abgestuften", einer „proportionalen" Gleichheit zufrieden.

534 **Beispiele:** § 5 Abs. 1 PartG bestimmt, daß u. a. bei der Zuteilung von Sendezeiten für die Wahlwerbung durch die öffentlich-rechtlichen Rundfunkanstalten alle Parteien gleichbehandelt werden „sollen". Die Zuteilung kann aber „nach der Bedeutung der Parteien ... abgestuft werden. Die Bedeutung der Parteien bemißt sich insbesondere auch nach den Ergebnissen vorausgegangener Wahlen zu Volksvertretungen." Diese Vorschrift entspricht der Rechtsprechung des BVerfG, die im Ergebnis überzeugt (a. A. *Lipphardt*, Die Gleichheit der politischen Parteien vor der öffentlichen Gewalt, 1975): Eine formale Gleichbehandlung würde im Sinn eines nivellierenden Eingreifens Parteien um die Bedeutung bringen, die sie sich selbst in der Gesellschaft erkämpft haben. Die Begründung beispielsweise von E 14, 121 ist allerdings wenig stimmig: Sie stellt einerseits auf die soeben vorgetragene Überlegung ab, die dem Grundsatz der formalen Gleichbehandlung bei der Zuteilung von Sendezeiten keinen Raum gibt (134), um andererseits doch einen besonders wichtigen Grund für das Abweichen vom Grundsatz der formalen Gleichheit zu suchen und in der Funktionsfähigkeit des Parlaments auch zu finden (135 ff.). — Vgl. zur Chancengleichheit bei Wahlwerbesendungen zuletzt BVerwGE 75, 67/76 f.; bei redaktionell gestalteten Sendungen während des Wahlkampfs VGH München, NVwZ 1991, 581; bei der steuerlichen Abzugsfähigkeit von Parteispenden BVerfG, DVBl. 1992, 764. — Eine umfangreiche Rechtsprechung gibt es zum gleichen Zugang politischer Parteien zu öffentlichen Einrichtungen; vgl. BVerwG, NJW 1990, 134; DVBl. 1992, 430.

534a Die normative Verankerung der Chancengleichheit der politischen Parteien in Art. 3 Abs. 1 durch die Rechtsprechung des BVerfG hat noch einen *prozessualen* Grund: Verstöße der öffentlichen Gewalt gegen Art. 21, der selbst kein Grundrecht oder grundrechtsgleiches Recht ist, können auf diese Weise von den Parteien im Verfahren der Verfassungsbeschwerde vor das BVerfG gebracht werden. Gerät eine Partei dagegen bei der Mitwirkung an der staatlichen Willensbildung in ihrer besonderen, anderen gesellschaftlichen Gruppen und Verbänden nicht zukommenden Rolle mit Verfassungsorganen in Konflikt, dann sieht das BVerfG sie nicht als jedermann i. S. d. Art. 93 Abs. 1 Nr. 4a, sondern als Quasi-Verfassungsorgan an und erkennt ihnen die Beteiligtenfähigkeit im Organstreitverfahren (Art. 93 Abs. 1 Nr. 1) zu (E 84, 290/299; *Maurer*, JuS 1992, 296).

### *5. Die besonderen Anforderungen bei den staatsbürgerlichen Rechten und Pflichten*

535 a) **Art. 33 Abs. 1** ist gegenüber Art. 3 in doppelter Weise speziell: Er verbürgt nicht die Gleichheit allgemein, sondern die gleichen *staatsbürgerlichen* Rechte und Pflichten, und er verbürgt sie nicht allen Menschen, sondern den *Deutschen*. Dabei bestimmt sich der Begriff des Deutschen nach Art. 116 und versteht sich der Begriff der staatsbürgerlichen Rechte und Pflichten in weitem Sinn und umfaßt „das gesamte Rechtsverhältnis des Staatsbürgers zum Staat", Wahlrecht, Zugang zu Ausbildungsstätten, Steuer- und Dienstleistungspflicht etc. (*Maunz*, M/D, Art. 33 Rdnr. 6). Bezüglich der Dienstleistungspflicht ist Art. 12 Abs. 2 (vgl. unten Rdnr. 957 ff.) speziell. Als Ausnahme zu Art. 33 Abs. 1 ist der wiederum speziellere Art. 36 zu beachten.

536 Art. 33 Abs. 1 verdrängt Art. 3 Abs. 2 und 3 nicht, sondern ergänzt ihn. Die *Ergänzung* liegt darin, daß neben die Begründungs- und Rechtfertigungsverbote von Art. 3 Abs. 2 und 3 ein weiteres Begründungs- und Rechtfertigungsverbot tritt: Daß ein

Deutscher Landeskind des einen Bundeslandes ist, kann kein Grund sein, ihn im anderen Bundesland anders als dessen Landeskinder zu behandeln; daß er von außerhalb der Bundesrepublik Deutschland kommt, kann kein Grund sein, ihn anders zu behandeln, als den, der aus der Bundesrepublik Deutschland stammt. Wieder ist damit aber nicht ausgeschlossen, daß eine Regelung die verschiedenen Deutschen in verschiedener Weise trifft.

**Beispiele:** Seßhaftigkeit im Land als Voraussetzung für das Wahlrecht zum Landtag (vgl. 537
z. B. § 1 Nr. 3 nwWahlG) führt dazu, daß der, der kurz vor der Wahl innerhalb des Landes umgezogen ist, wählen darf, während der, der kurz vor der Wahl von außerhalb des Landes zugezogen ist, nicht wählen darf. Obwohl die Versagung des Wahlrechts die Landeskinder zumeist verschonen und vielmehr die treffen wird, die nicht Landeskinder sind, ist sie zulässig (a. A. *Sachs*, AöR 1983, 68/89). Die Begründung, daß erst Seßhaftigkeit die nötige Nähe zu den politischen Problemen eines Landes vermittelt und die sinnvolle Ausübung der politischen Rechte erlaubt (vgl. oben Rdnr. 530), stellt nicht auf die Landeskindereigenschaft ab. Zur Vergleichsgruppe, die kurz vor der Wahl von außerhalb des Landes zugezogen sind, gehören denn auch Landeskinder, die das Land zuvor verlassen haben. — Entsprechendes gilt, wenn beim Zugang zum Referendariat die Absolventen der Universitäten des Landes bevorzugt werden; darin kann allerdings ein Problem von Art. 33 Abs. 2 liegen (vgl. einerseits BVerwGE 75, 133/136; andererseits VGH München, NJW 1982, 786). — Dagegen verstößt es gegen Art. 33 Abs. 1, wenn in einem Land die Gewährung von Familiengründungsdarlehen vom längerfristig bestehenden Wohnsitz eines Ehepartners in diesem Land abhängig gemacht wird (*Fastenrath*, JZ 1987, 170/176).

b) **Art. 33 Abs. 2** enthält nochmals und zusätzlich Begründungs- und Rechtferti- 538
gungsverbote. Bei der Übertragung eines *öffentlichen Amts* darf nicht nur weder auf die Gegebenheiten von Art. 3 Abs. 2 und 3 noch darauf abgestellt werden, ob der Bewerber Landeskind ist oder aus der Bundesrepublik Deutschland — im Unterschied zu Deutschen von außerhalb der Bundesrepublik Deutschland — stammt. Bei der Übertragung darf nichts anderes als allein Eignung, Befähigung und fachliche Leistung des Bewerbers zählen. Dabei stehen diese Begründungs- und Rechtfertigungsverbote nicht neben-, sondern greifen ineinander: Eignung, Befähigung und fachliche Leistung dürfen ihrerseits nicht mit Gesichtspunkten begründet werden, die nach Art. 3 Abs. 2 und 3 und nach Art. 33 Abs. 1 verpönt sind. Beim Begriff der fachlichen Leistung, der sich auf Fachwissen, Fachkönnen und fachliche Bewährung bezieht, und beim Begriff der Befähigung, der Begabung, Allgemeinwissen und Lebenserfahrung meint, liegt dies auch nicht nahe; wohl aber bei der Eignung, der die ganze Person mit ihren körperlichen, seelischen und charakterlichen Eigenschaften erfaßt.

**Beispiel:** BVerfGE 39, 334/351 und die h. M. rechnen zur Eignung auch die Verfassungs- 539
treue, die dann fehlen soll, wenn jemand einer verfassungsfeindlichen Partei angehört. Dabei meint Verfassungsfeindlichkeit etwas anderes als Verfassungswidrigkeit: Über diese kann nach Art. 21 Abs. 2 S. 2 nur das BVerfG entscheiden, über jene soll der Dienstherr bzw. das die Entscheidung des Dienstherrn kontrollierende Gericht befinden können. Mit Art. 3 Abs. 3, der nach politischen Anschauungen zu diskriminieren verbietet, ist dieses Verständnis von Eignung bzw. Verfassungstreue unverträglich: Von Grundgesetz wegen genießt, solange das BVerfG nicht gem. Art. 21 Abs. 2 S. 2 entschieden hat, die politische Position jeder Partei dieselbe Freiheit; erst wenn das BVerfG entschieden hat, können an die politische Position einer Partei bzw. an die entsprechende politische Anschauung eines Bürgers negative Rechtsfolgen geknüpft werden. Das BVerfG und die h. M. versuchen, dieser Konsequenz unter Berufung auf Art. 33 Abs. 4 und 5 und auf die dogmatische Figur der streitbaren Demokratie zu entgehen: Seit jeher verlange das Be-

amtenverhältnis als Treueverhältnis eine besondere Identifikation des Beamten mit dem Staat und der Verfassung; dies gelte zumal in der streitbaren Demokratie des Grundgesetzes. Aber das Verständnis des Beamtenverhältnisses als Treueverhältnis schwankt in der Geschichte, und die Streitbarkeit der Demokratie ist in Art. 21 Abs. 2 S. 2 durch das Entscheidungsmonopol des BVerfG gerade begrenzt (vgl. näher *Pieroth/Schlink,* JuS 1984, 345; *Schlink,* Staat 1976, 335 m. w. N.).

540 Wieder gilt, daß die Begründungs- und Rechtfertigungsverbote nicht dadurch verletzt werden, daß der Mann statt der Frau, der Inlandsdeutsche statt des Auslandsdeutschen, der Protestant statt des Katholiken das Amt bekommt. Entscheidend ist, daß eben hierin nicht die Begründung liegt. Das BVerfG meint, es sollte „auf der Hand liegen", daß z. B. die Leitungsfunktion einer Mädchenschule von einer Frau versehen wird (E 39, 334/368). Aber auf der Hand liegt es nicht. Nicht weil die Schule eine Mädchenschule und die Bewerberin eine Frau ist, darf ihr das Amt gegeben werden, sondern nur wenn die Leitungsaufgaben gerade von ihr pädagogisch und disziplinarisch besonders gut erfüllt werden können. Erfüllt ein Mann sie besser, verdient er den Vorzug.

541 Nach h. M. soll das Sozialstaatsprinzip *Ausnahmen* verlangen, z. B. wenn es um die Unterbringung von Schwerbehinderten geht (*Maunz,* M/D, Art. 33 Rdnr. 22). Das erscheint jedoch fraglich; dem Sozialstaatsprinzip und Art. 33 Abs. 2 kann entsprochen werden, wenn Schwerbehinderte so gefördert werden, daß sie für bestimmte Funktionen nach Eignung, Befähigung und fachlicher Leistung ebenso gut wie ihre nicht behinderten Mitbewerber qualifiziert sind (vgl. *Schmidt-Aßmann,* NJW 1980, 16; zur Relevanz des Sozialstaatsprinzips für die Beurteilung der Eignung im Hinblick auf eine später drohende Dienstunfähigkeit vgl. *Seewald,* VerwArch 1989, 163/202).

542 c) **Art. 33 Abs. 3** *wiederholt* schon erörterte Begründungs- und Rechtfertigungsverbote und wird seinerseits teilweise nochmals in Art. 140 i.V.m. 136 Abs. 2 WRV wiederholt. In Art. 33 wurde er aus historischen und systematischen Gründen aufgenommen: Die Irrelevanz der historisch besonders konfliktträchtigen Religions- und Konfessionsunterschiede sollte im systematischen Zusammenhang der staatsbürgerlichen Rechte- und Pflichtenstellung nochmals deutlich herausgestellt werden, das Verbot konfessioneller Patronage und konfessionellen Proporzes im öffentlichen Dienst sollte besonders betont werden.

543 Art. 33 Abs. 3 ist neben den anderen Begründungs- und Rechtfertigungsverboten zwar eigentlich überflüssig, aber er ist doch *spezieller* als sie. Einschlägige Fälle und Probleme sind daher in erster Linie an ihm zu überprüfen.

544 **Beispiele:** Aufgrund eines Vertrags zwischen dem Heiligen Stuhl und dem Freistaat Bayern unterhält dieser an mehreren Universitäten sog. Konkordatslehrstühle für Philosophie, Soziologie und Pädagogik, „gegen deren Inhaber hinsichtlich ihres katholisch-kirchlichen Standpunkts keine Erinnerung zu erheben ist". Dabei hat der zuständige Diözesanbischof eine Zustimmungsbefugnis. Für den Bewerber um ein solches öffentliches Amt, dem die Zulassung wegen einer Erinnerung hinsichtlich seines katholisch-kirchlichen Standpunkts verweigert wird, ist Art. 33 Abs. 3 lex specialis zu Art. 3 Abs. 3 und zu Art. 33 Abs. 2. Hier liegt eine Ungleichbehandlung wegen des religiösen Bekenntnisses vor; eine verfassungsrechtliche Rechtfertigung ist nicht ersichtlich (*F. Müller,* DuR 1976, 175; a. A. *v. Campenhausen,* Hdb. StR VI, S. 399 f.). — Bei der Einstellung von Lehrern für Gemeinschaftsschulen darf die Konfessionszugehörigkeit der Schüler nicht zu einer Berücksichtigung der Konfessionszugehörigkeit der Bewerber führen (BVerwGE 81, 22/24 f.).

**Lösungstechnischer Hinweis:** In welcher Reihenfolge die speziellen Gleichheitsgebote und Diskriminierungsverbote *untereinander* — im Gegensatz zum allgemeinen Gleichheitssatz (vgl. oben Rdnr. 510 f.) — zu prüfen sind, mag zuweilen Schwierigkeiten bereiten. Nur teilweise, wie etwa im letzten Beispiel, liegen Spezialitätsverhältnisse vor; die verdrängte(n) Norm(en) braucht (brauchen) dann nicht mehr untersucht zu werden. Häufig greifen die speziellen Gleichheitsgebote und Diskriminierungsverbote aber, wie beispielsweise bei Art. 33 Abs. 1 und 2 deutlich geworden ist, ineinander. In einem solchen Fall ist die sachnächste Bestimmung als Ausgangspunkt der Prüfung zu nehmen und ein einschlägiges weiteres Begründungs- und Rechtfertigungsverbot, etwa aus Art. 3 Abs. 2 und 3, in diese Rechtfertigungsprüfung einzuarbeiten. So hätte die schulmäßige Prüfung der Verfassungsmäßigkeit des § 6 Abs. 6 S. 2 BWahlG (vgl. das Beispiel oben Rdnr. 517) mit Art. 38 Abs. 1 S. 1 zu beginnen; im Rahmen der Rechtfertigung der Wahlrechtsungleichheit müßte zusätzlich Art. 3 Abs. 3 untersucht werden. 545

### 6. *Die besonderen Anforderungen bei einzelnen Freiheitsrechten*

Das BVerfG sieht dem Spielraum, den besonders der Gesetzgeber bei Ungleichbehandlungen hat, auch „dort engere Grenzen gezogen, wo es sich um Regelungen handelt, die Auswirkungen auf die durch Art. 12 Abs. 1 GG geschützte Freiheit der beruflichen Tätigkeit haben" (E 62, 256/274). Es entwickelte dies aus der allgemeinen Überlegung, daß „bei der Anwendung des Gleichheitsgebotes . . . der jeweilige Lebens- und Sachbereich zu berücksichtigen" ist. Unter dieser allgemeinen Überlegung muß der Spielraum auch dort engere Grenzen finden, wo Auswirkungen auf andere *grundrechtliche Freiheiten* in Rede stehen. Dabei kann eine Auswirkung auf das Grundrecht der allgemeinen Handlungsfreiheit nicht genügen, da sonst der Spielraum stets begrenzt wäre. 546

Im obigen Prüfungs- und Begründungsschema bedeutet die Begrenzung eine *Verschärfung* der Anforderungen an Geeignetheit und Notwendigkeit der Ungleichbehandlung als des Mittels zur Zweckerreichung. Während Zweifel mit Rücksicht auf die gesetzgeberische Einschätzungsprärogative sonst eher zu Lasten des Bürgers gehen, gehen sie hier eher zu Lasten des Staates. Das ist keine sehr klare Aussage, aber auch in den einschlägigen Entscheidungen des BVerfG ist nur zu verzeichnen, daß das Vorliegen eines die Ungleichbehandlung rechtfertigenden Grundes besonders sorgfältig geprüft wird. 547

## IV. Wirkungen eines Gleichheitsverstoßes

### 1. *Gleichheitsverstoß durch Gesetzgebung*

Die folgenden Ausführungen betreffen die Gesetzgebung im *materiellen* Sinne, d. h. nicht nur die Gesetzgebung durch das Parlament, sondern auch die vom Parlament auf die Exekutive delegierte Rechtsetzung in Form von Rechtsverordnungen und Satzungen. 548

a) **Allgemeines.** Eine verfassungswidrige Ungleichbehandlung hat *andere Folgen* als ein verfassungswidriger Eingriff in ein Freiheitsrecht. Der Eingriff in das Freiheitsrecht muß einfach abgestellt werden; der Bürger muß wieder in den Genuß der Freiheit kommen, in dem er ohne den Eingriff war. Die Ungleichbehandlung zweier Gruppen kann dagegen verschieden behoben werden: Die eine Gruppe kann ebenso wie die andere, die andere kann ebenso wie die eine, und beide können auf neue dritte Weise behandelt werden. 549

Diese verschiedenen Möglichkeiten, eine Ungleichbehandlung zu beheben, gibt es sowohl dann, wenn ein Bürger sich gegen eine *Belastung* wendet, die ihn gegenüber an- 550 deren ungleich trifft, als auch dann, wenn er eine *Begünstigung* erstrebt, die ihm gegenüber anderen ungleich vorenthalten wird. Beidemal kann sich der Bürger auf das Gleichheitsgebot berufen: Es wehrt nicht nur Belastungen ab, sondern alle verfassungswidrigen Ungleichbehandlungen, auch wenn sie Begünstigungen, Leistungen und Teilhaben betreffen. Es ist bei Ungleichbehandlungen auch oft eine Frage der Perspektive, ob die Belastung oder die Begünstigung im Vordergrund steht, denn bei zwei ungleich behandelten Gruppen ist für die eine Begünstigung, was für die andere Belastung ist. Die Behebung der Ungleichbehandlung kann in der Ausweitung der Begünstigung, in der Ausweitung der Belastung und neuartiger gleichmäßiger Begünstigung oder Belastung bestehen.

551 Gleichwohl kann es einen *Unterschied* machen, ob ein Bürger sich gegen eine ihn ungleich treffende Belastung wendet oder eine ihm ungleich vorenthaltene Begünstigung erstrebt. Der Unterschied ist allerdings nicht darin begründet, daß das Gleichheitsgebot nur Belastungen abwehren würde, sondern im Zusammenspiel zwischen Gesetzgebung und Rechtsprechung.

552 — Wendet sich ein Bürger gegen eine *Belastung*, die unter Verstoß gegen das Gleichheitsgebot für ihn bzw. seine Gruppe in einem Rechtssatz niedergelegt ist, dann kann die Rechtsprechung den Rechtssatz aufheben und dadurch die Belastung beseitigen.

553 — Erstrebt ein Bürger eine *Begünstigung*, die unter Verstoß gegen das Gleichheitsgebot für eine andere Gruppe in einem Rechtssatz niedergelegt ist, dann kann die Rechtsprechung ihm durch Aufhebung des Rechtssatzes die Begünstigung nicht verschaffen. Wird der Rechtssatz aufgehoben, dann bekommt zwar die andere Gruppe, dann bekommt aber auch der Bürger die Begünstigung nicht. Lediglich dann, wenn ausnahmsweise ein Rechtssatz die Begünstigung allen Bürgern zuspricht und ein weiterer Rechtssatz eine Gruppe von Bürgern von der Begünstigung ausschließt, kann durch Aufhebung dieses weiteren Rechtssatzes der Gruppe von Bürgern die Begünstigung verschafft werden (E 22, 349/360).

554 Die Rechtsprechung kann im gewaltenteiligen Gefüge des Grundgesetzes gegenüber der Gesetzgebung grundsätzlich zwar *kassatorisch*, nicht aber gestaltend tätig werden. Und selbst da, wo sie kassatorisch tätig werden kann — regelmäßig bei belastenden, ausnahmsweise bei Begünstigungsausschlußregelungen —, läßt sich die Rechtsprechung des BVerfG von *Zurückhaltung* leiten. Denn die Kassation enthält immerhin ein gestalterisches Moment: Sie realisiert eine Möglichkeit zur Behebung der Ungleichbehandlung, obwohl auch andere Möglichkeiten bestehen. Das BVerfG gibt seine Zurückhaltung auf, wenn es selbst eine Übergangsregelung „bis zum Inkrafttreten einer gesetzlichen Neuregelung" trifft, zu der sich das Gericht veranlaßt sieht, wenn ohne sie eine unerträgliche Rechtsunsicherheit einträte (vgl. E 84, 9/20 f.).

555 b) **Ungleich vorenthaltene Begünstigung.** Nur mit besonderer Zurückhaltung ist das BVerfG bereit, eine *Begünstigung*, die ein Rechtssatz der einen Gruppe vorbehält, auf die andere Gruppe *auszudehnen*. Die besondere Zurückhaltung entspricht dem besonderen gestalterischen Moment, das einer solchen Ausdehnung innewohnt: Das BVerfG, das die Begünstigung ausdehnt, füllt eine „Gesetzeslücke" (E 22, 349/360) und gestaltet da, wo der Gesetzgeber zu gestalten gerade unterlassen hat — das Schrifttum spricht von teilweisem Unterlassen (*Gubelt*, vM, Art. 3 Rdnr. 9), Teilunterlassen

(*Starck*, M/K, Art. 3 Abs. 1 Rdnr. 168) oder von unterlassener Teilregelung (*Stein*, AK, Art. 3 Rdnr. 57), um den Unterschied zur völligen Untätigkeit des Gesetzgebers gegenüber einem sozialen Problem deutlich zu machen. Eine solche Gesetzeslücke zu schließen, sieht sich das BVerfG nur unter *zwei Voraussetzungen* berechtigt:

- Wenn ein *Verfassungsauftrag* oder sonst eine Verfassungsbestimmung eine bestimmte begünstigende Behandlung des Bürgers verlangt und der Gesetzgeber diese Behandlung einer Gruppe von Bürgern gleichheitswidrig vorenthalten hat, darf die Begünstigung auf diese Gruppe von Bürgern ausgedehnt werden (E 22, 349/360; *Dürig*, M/D, Art. 3 Abs. I Rdnr. 374). Allerdings ist das Gleichheitsgebot in dieser Konstellation unergiebig, und es bedarf neben dem Eingehen auf den Verfassungsauftrag oder die sonstige Verfassungsbestimmung keines Eingehens auf das Gleichheitsgebot: Wenn die Verfassung eine bestimmte begünstigende Handlung der Bürger verlangt, dann muß die Behandlung die gleiche sein, weil sie die bestimmte sein muß. **556**
- Hat der Gesetzgeber ein *Regelungssystem* geschaffen und will er daran erkennbar festhalten und bleibt das Regelungssystem nur dann *konsequent und stimmig*, wenn eine Begünstigung auf eine übersehene Gruppe ausgedehnt wird, dann darf diese Ausdehnung auch durch das BVerfG erfolgen. In diesem Sinn hat das BVerfG bei Ungleichbehandlungen im Bereich des Beamtenrechts (E 21, 329/337 f.) und des Sozialrechts (E 22, 163/174 f.; 29, 283/303; 55, 100/113 f.), also dort entschieden, wo komplexe Regelungsmaterien ein entwickeltes System erkennen lassen. **557**

Sind diese Voraussetzungen für eine Ausdehnung der Begünstigung nicht gegeben, dann stellt das BVerfG lediglich die *Verfassungswidrigkeit* des Ausschlusses von der Begünstigung fest, ohne die Norm für nichtig zu erklären (vgl. näher zu dieser Entscheidungsvariante *Schlaich*, Das BVerfG, 2. Aufl. 1991, Rdnr. 359 ff.). Es fordert zugleich den Gesetzgeber explizit oder implizit auf, eine verfassungsgemäße Rechtslage herzustellen. Teilweise setzt es dem Gesetzgeber darüber hinaus eine Frist, innerhalb derer die verfassungswidrige Rechtslage bereinigt werden muß (vgl. E 82, 126/155). **558**

**Beispiel:** Zum nordrhein-westfälischen Gesetz über den Hausarbeitstag (vgl. oben Rdnr. 519) tenorierte das BVerfG, es sei „mit Art. 3 Abs. 2 des Grundgesetzes unvereinbar, soweit der Hausarbeitstag weiblichen, aber nicht alleinstehenden männlichen Arbeitnehmern mit eigenem Hausstand gewährt wird" (E 52, 369/370). Das auf der verfassungswidrigen Vorschrift beruhende Urteil eines Arbeitsgerichts wird vom BVerfG unter Zurückverweisung aufgehoben: „Wenn (das Arbeitsgericht) sein Verfahren aussetzt, wird dem Beschwerdeführer die Chance offengehalten, an einer etwaigen Erweiterung des Rechts auf den Hausarbeitstag durch den Gesetzgeber teilzunehmen" (ebd.). **559**

Dieselbe Zurückhaltung, die das BVerfG bei der Ausdehnung einer Begünstigung beobachtet, hält es auch bei der Kassation eines *Ausschlusses von einer Begünstigung* für angezeigt. Denn derselbe Wille des Gesetzgebers habe im einen und im anderen Fall lediglich einen unterschiedlichen gesetzestechnischen Ausdruck gefunden; in beiden Fällen liege eigentlich dieselbe Gesetzeslücke vor (E 22, 349/360 f.). Eine bloße Feststellung der Verfassungswidrigkeit greift auch bei zivil- und arbeitsrechtlichen Vorschriften Platz, die nicht im Verhältnis zur öffentlichen Gewalt, sondern nur in Bezug aufeinander als begünstigend oder belastend charakterisiert werden können. **560**

**Beispiel:** E 82, 126/146 ff. hat § 622 Abs. 2 BGB, der für Arbeiter kürzere Kündigungsfristen als § 622 Abs. 1 BGB für Angestellte normierte, nicht für nichtig, sondern lediglich für „unvereinbar" mit Art. 3 erklärt und dem Gesetzgeber unter Fristsetzung (vgl. oben Rdn. 558) zur Neuregelung aufgefordert. Das BAG (NJW 1991, 3174) hat einen Rechts- **560a**

streit, in dem § 622 Abs. 2 BGB entscheidungserheblich war, bis zur gesetzlichen Neuregelung, jedoch längstens bis zum Ablauf der vom BVerfG gesetzten Frist, ausgesetzt.

561 c) **Ungleich auferlegte Belastung.** Auch einen ungleich belastenden Rechtssatz hält das BVerfG seit Beginn seiner Rechtsprechung nur dann für nichtig, wenn „keinem Zweifel unterliegt, daß der Gesetzgeber die sonstige gesetzliche Regelung auch ohne den verfassungswidrigen Teil aufrechterhalten hätte" (E 4, 219/250). Daneben ist auch hier, obwohl vom BVerfG nicht benannt, die erste der beiden Voraussetzungen für die Ausdehnung einer Begünstigung einschlägig: Eine ungleiche Behandlung darf als nichtig kassiert werden, wenn eine Verfassungsbestimmung eben diese Belastung verbietet.

562 Im übrigen mag zunächst scheinen, das BVerfG könne dann, wenn die Voraussetzungen für die Kassation einer ungleichen Belastung als nichtig nicht gegeben sind, auch nur die Verfassungswidrigkeit der Regelung, soweit sie die eine Gruppe nicht belastet und die andere belastet, feststellen. Diese Möglichkeit scheidet aber aus, weil die Feststellung der Verfassungswidrigkeit und die Kassation als nichtig hier dasselbe Resultat hätten: So oder so dürfte die Belastung dem Bürger nicht mehr auferlegt werden. Bei der ungleichen Begünstigung ist das anders: Würde sie als nichtig kassiert, dann dürfte kein Bürger mehr in ihren Genuß kommen; wird lediglich ihre Verfassungswidrigkeit festgestellt, soweit sie eine Gruppe von der Begünstigung ausschließt, kann der anderen die Begünstigung weitergewährt werden, denn das Ergebnis, daß auch der anderen Gruppe die Begünstigung nicht mehr gewährt wird, könnte ohne weiteres durch Ausspruch der Nichtigkeit anstelle der Feststellung der Verfassungswidrigkeit erreicht werden (a. A. *Heußner*, NJW 1982, 258; BAGE 37, 352/355; vgl. auch *Schlaich*, Das BVerfG, 2. Aufl. 1991, Rdnr. 382 ff.). So spricht denn das BVerfG da, wo es nicht die ungleiche Belastung als nichtig kassieren kann, die Nichtigkeit der gesamten Regelung aus.

563 **Beispiel:** In einer Entscheidung zum Vorläufer des oben Rdnr. 505 erwähnten baden-württembergischen Feuerwehrgesetzes hatte das BVerfG einen Feuerwehrbeitrag zu beurteilen. Dieser sollte zwar nicht nach dem Text, aber nach dem Motiv des Gesetzes von denen erbracht werden, die, obwohl feuerwehrdienstpflichtig, keinen Feuerwehrdienst leisteten. Auferlegt wurde er jedoch allen Männern zwischen 18 und 60 Jahren, unter anderem auch Schwerkriegsbeschädigten, die nicht feuerwehrdienstpflichtig waren. Hierin hatten vorlegende Gerichte Gleichheitsverstöße erblickt. Die Schwerkriegsbeschädigten wurden gegenüber anderen Gruppen (Frauen, Kindern, Männern mit höherem Alter als 60 Jahre), die ebenfalls nicht feuerwehrdienstpflichtig waren, dadurch ungleich belastet, daß gerade ihnen der Feuerwehrbeitrag auferlegt wurde. Ein sachlicher Grund dafür war nicht ersichtlich. Das BVerfG hat die gesamte Regelung als nichtig kassiert. Es führte aus, es könne „nicht dadurch eine dem Gleichheitssatz gerecht werdende Fassung herstellen, daß es — unter Beschränkung auf den Gegenstand des Ausgangsverfahrens — feststellt, die Heranziehung der Schwerkriegsbeschädigten sei verfassungswidrig. Denn es muß mindestens auch entschieden werden, wie die übrigen nicht dienstpflichtigen Personen behandelt werden sollen . . . Der Gesetzgeber wird sich deshalb zunächst darüber klarwerden müssen, welche der verschiedenen rechtlichen Gestaltungsmöglichkeiten er verwirklichen und wie er dabei dem Gleichheitssatz gerecht werden will" (E 9, 291/302).

564 d) **Zusammenfassend** sind die folgenden Situationen und Wirkungen, in bzw. mit denen das Gleichheitsgebot den Bürger gegen einen ihn ungleich treffenden Rechtssatz schützt, zu unterscheiden:

— Von einer Belastung, die den Bürger unter Verstoß gegen das Gleichheitsgebot trifft, wird er frei: Nichtig ist entweder die belastende Teilregelung oder die Gesamtregelung.

— An einer Begünstigung, die dem Bürger unter Verstoß gegen das Gleichheitsgebot vorenthalten wird, wird er dann beteiligt, wenn ein entsprechendes Verfassungsgebot oder die Systematik der Regelungsmaterie und des Regelungswillens dies verlangen.
— An einer Begünstigung, die dem Bürger zwar ebenfalls unter Verstoß gegen das Gleichheitsgebot vorenthalten wird, deren Ausdehnung aber weder ein Verfassungsgebot noch die Systematik von Regelungsmaterie und -willen verlangt, wird er nicht beteiligt. Er kann nur die Feststellung der Verfassungswidrigkeit, die Aufhebung abschlägiger Entscheidungen und die Aussetzung laufender Verfahren erreichen.

Von diesen Situationen bzw. Wirkungen sind die anderen Situationen zu unterschei- **565**
den, in denen ein Verstoß gegen das Gleichheitsgebot zwar vorliegt, aber nicht derart zu Lasten der Bürger geht, daß diese dagegen den Schutz des Gleichheitsgebots genießen würden:
— Wird den Bürgern eine begründete und gerechtfertigte Belastung auferlegt und wird davon eine Gruppe willkürlich ausgenommen, dann verbürgt das Gleichheitsgebot den Bürgern weder, daß auch sie in den Genuß dieser Willkür kommen, noch daß die Willkür beseitigt und die Belastung der Gruppe auferlegt wird. Das Gleichheitsgebot ist hier zwar in seiner Qualität als *objektives Recht* verletzt, nicht aber als subjektives Recht. Es gibt kein subjektives Recht auf Willkür, und es gibt auch kein subjektives Recht dort, wo die eigene Position nicht verbessert, sondern nur eine andere verschlechtert werden soll. Verfahrensrechtlich bedeutet das, daß zwar eine abstrakte oder konkrete Normenkontrolle zulässig und begründet wäre, nicht aber eine Verfassungsbeschwerde.
— Wird einer Gruppe willkürlich eine Begünstigung zugeteilt, dann verbürgt das Gleichheitsgebot den Bürgern ebenfalls weder die Teilnahme an dieser Willkür noch ihre Beseitigung.

**Beispiel:** Ein Amnestiegesetz, das willkürlich eine bestimmte Tätergruppe straffrei stel- **566**
len würde, würde das Gleichheitsgebot, wie es den übrigen Tätern verbürgt ist, nicht verletzen.

### *2. Gleichheitsverstoß durch Verwaltung und Rechtsprechung*

a) **Allgemeines:** Die Möglichkeit, gleich oder ungleich zu behandeln, haben Verwal- **567**
tung und Rechtsprechung nur dort, wo sie einen *Handlungsspielraum* haben. Wo ein Rechtssatz keinen Handlungsspielraum läßt, sondern bei Vorliegen einer bestimmten Voraussetzung die Setzung einer bestimmten Rechtsfolge vorschreibt, behandeln Verwaltung und Rechtsprechung, wenn sie bei vorliegender Voraussetzung die Rechtsfolge nicht anwenden, den Bürger zwar ungleich. Diese ungleiche Behandlung ist aber schlicht eine unrichtige Anwendung des Rechtssatzes und wird auch als solche gerügt und durch die Fachgerichte korrigiert.

Einen Handlungsspielraum hat die Verwaltung zunächst dort, wo sie zur Rechtset- **568**
zung ermächtigt ist (Erlaß von Rechtsverordnungen und Satzungen). Insoweit gelten die Aussagen oben Rdnr. 548 ff. Einen Handlungsspielraum hat die Verwaltung weiter im Bereich des *Ermessens* und haben Verwaltung und Rechtsprechung bei der Auslegung und Anwendung *unbestimmter Rechtsbegriffe.*

569 b) **Gleichheitsverstoß durch die Verwaltung.** Im Bereich des *Ermessens* realisiert sich die Bindung an das Gleichheitsgebot als Selbstbindung dadurch, daß die Verwaltung von

— Verwaltungsvorschriften, mit denen sie selbst die Ausübung ihres Ermessens steuern will, und
— ständiger Verwaltungspraxis, die sie selbst bei Ausübung ihres Ermessens eingeübt hat,

nicht ohne rechtfertigenden Grund abweichen darf (zur Selbstbindung vgl. *Burmeister*, DÖV 1981, 503; *Ossenbühl*, DVBl. 1981, 857; *Pietzcker*, NJW 1981, 2087).

570 Bei Verstoß gegen diese Selbstbindung kann der Bürger sowohl Belastungen abwehren als auch Begünstigungen erreichen. Die Bedenken, die gegen die Ausdehnung einer durch Rechtssatz vorenthaltenen Begünstigung sprechen, greifen hier nicht: Die Gestaltungsfreiheit bei der Vollziehung ist geringer als die bei der Gesetzgebung, und im Zusammenspiel von Rechtsprechung und Verwaltung hat die nicht nur kassatorische, sondern auch *gestaltende* Entscheidung ihren legitimen Ort.

571 **Beispiel:** Ein Sozialhilfeträger gewährte Sozialhilfeempfängern für die Weihnachtsfeier eine Weihnachtsbeihilfe. Obdachlosen wurde die Weihnachtsbeihilfe vorenthalten, weil sie ohne Obdach Weihnachten gar nicht feiern könnten. VGH Mannheim, NVwZ 1983, 427 erkannte auch ihnen ohne Umschweife den Anspruch auf Weihnachtsbeihilfe zu. Der vom Sozialhilfeträger angegebene Grund sei diskriminierend und auch mit dem Sozialstaatsprinzip unvereinbar.

572 Dasselbe gilt für die Wertungen und Entscheidungen innerhalb eines *Beurteilungsspielraums*. Auch hier bindet die den Spielraum konkretisierende Verwaltungsvorschrift und -praxis. Allerdings will der Gesetzgeber bei Einräumung eines gerichtlich nur beschränkt zu kontrollierenden Beurteilungsspielraums zuweilen gerade der Situationsgebundenheit und Unwiederholbarkeit der Wertungen und Entscheidungen Rechnung tragen (vgl. unten Rdnr. 1109 f.). In diesen Fällen sind die Konkretisierungen des Beurteilungsspielraums ebenso unvergleichbar wie unwiederholbar.

573 Standen Verwaltungsvorschriften oder -praxis im Widerspruch zum Gesetz und geht die Verwaltung bei einem Bürger zu gesetzmäßiger Verwaltungspraxis über, so steht dies nicht im Widerspruch zum Gleichheitsgebot. Der Bürger genießt *keine Gleichheit im Unrecht*, hat keinen Anspruch auf Fehlerwiederholung (h. M.; a. A. — Abwägung zwischen Vertrauensschutz und Gesetzmäßigkeit — *Starck*, M/K, Art. 3 Abs. 1 Rdnr. 185). Wird allerdings die gleiche Belastung, die ein Gesetz in seinen materiellen Regelungen erreichen will, in seinen Verfahrensregelungen generell verfehlt, dann kann der Bürger verlangen, nicht belastet zu werden; die Gleichheitswidrigkeit des Verfahrens und der Verfahrensregelung schlägt hier auf die materielle Regelung durch (E 84, 239/268 ff., 284).

574 c) **Gleichheitsverstoß durch die Rechtsprechung.** Eine Selbstbindung durch ständige Rechtsprechung entsprechend der durch ständige Verwaltungspraxis wird vom BVerfG nur *zögernd* und auch vom Schrifttum nur vorsichtig anerkannt. Das BVerfG hat einerseits ausgesprochen, daß durch das Gleichheitsgebot Rechtsentwicklung und Rechtsfortbildung nicht behindert werden dürfen; andererseits läßt es offen, ob nicht eine Entscheidung des BFH, die „ohne schwerwiegende Argumente eine aus wohlerwogenen Gründen geschaffene Rechtsprechung, die auch zur Grundlage der Verwal-

tungspraxis geworden ist, wieder umstieße, den verfassungsrechtlichen Grundsatz der Gleichbehandlung aller Steuerpflichtigen verletzen würde" (E 19, 38/47). Vorstellbar ist dem BVerfG immerhin, daß „einzelne Entscheidungen so sehr die Bahnen organischer Fortentwicklung der Rechtsprechung verließen, daß sie als willkürlich bezeichnet werden müßten" (E 18, 224/240). Auch das Schrifttum will Rechtsentwicklung und Rechtsfortbildung nicht behindert, zugleich aber eine Selbstbindung gewahrt sehen (*Gubelt*, vM, Art. 3 Rdnr. 38; *Dürig*, M/D, Art. 3 Abs. I Rdnr. 402 ff. mit dem Verlangen einer Ankündigung der Rechtsprechungsänderung durch Warnurteile; *Stein*, AK, Art. 3 Rdnr. 69 mit der sonderbaren Beschränkung der Selbstbindung auf die Person und Tätigkeit des einzelnen Richters).

Gelegentlich nutzt das BVerfG das Gleichheitsgebot auch zu einer *Gerechtigkeitskontrolle*, mit der es einer von ihm für schlechthin unvertretbar und willkürlich gehaltenen unrichtigen Anwendung einfachen Rechts entgegentritt (E 70, 93/97; 80, 48/51). Mit dem Anspruch des BVerfG, keine Superrevisionsinstanz zu sein, ist dies schwer verträglich (krit. denn auch *Stein*, AK, Art. 3 Rdnr. 32). 575

**Lösungsskizze zum Fall:** I. Spezielle Gleichheitsgebote oder Diskriminierungsverbote kommen ersichtlich nicht in Betracht. Der allgemeine Gleichheitssatz verlangt, daß der Staat seinen Finanzbedarf unter Wahrung des Grundsatzes der Lastengleichheit deckt. Wenn der Staat bestimmte öffentliche Aufgaben nicht aus Steuergeldern finanziert, sondern die Finanzierung einer Gruppe als Sonderabgabe zusätzlich zu ihrer Steuerlast aufbürdet, behandelt er diese Gruppe ungleich und bedarf der verfassungsrechtlichen Rechtfertigung (E 55, 274/303 unter Berufung auf *Friauf*, Festschrift Jahrreiß, 1974, S. 45/48). In der Auferlegung der Ausbildungsplatzförderungsabgabe kann eine doppelte *Ungleichbehandlung* erblickt werden: Zum einen wird die Gruppe der Arbeitgeber gegenüber dem Rest der Steuerzahler ungleich belastet, zum anderen werden unter dem Oberbegriff der Arbeitgeber die großen Betriebe, bei denen der Freibetrag nicht greift, ungleich gegenüber den mittleren und kleinen Betrieben belastet. Die zweite Ungleichbehandlung wird vom BVerfG keines Wortes gewürdigt. Der Grund dürfte darin liegen, daß es im Steuer- und Abgabenrecht zu selbstverständlich ist, daß der einzelne „nach seiner individuellen und damit (nur) relativ gleichen Leistungsfähigkeit" herangezogen wird (302). Freibeträge sind ein überkommenes und anerkanntes Mittel, der individuell verschiedenen Leistungsfähigkeit gerecht zu werden. Rechtfertigungsbedürftig ist jedoch die erste Ungleichbehandlung. — II. Als *rechtfertigender Zweck* der Ausbildungsplatzförderungsabgabe kann nicht einfach die Deckung eines Finanzbedarfs genügen. Denn sonst könnten Sonderabgaben beliebig gerechtfertigt werden, während doch der Finanzbedarf der Gemeinschaft grundsätzlich von der Gemeinschaft, d. h. aus den Steuern gedeckt werden soll, die von allen gemeinsam aufgebracht werden (303). Eine Sonderabgabe darf nicht der „Mittelbeschaffung für den allgemeinen Finanzbedarf eines öffentlichen Gemeinwesens" dienen (309). Als rechtfertigender Zweck einer Sonderabgabe taugt nur ein besonderer Finanzbedarf, zu dem die Gruppe, die besonders belastet wird, eine besondere Beziehung hat. Die Sonderabgabe muß „ein zweckbezogenes Mittel zur Bewältigung einer besonderen Aufgabe durch Einschaltung der Beteiligten" sein (309). Das BVerfG prüft und bejaht (309 ff.), daß 576

- die Ausbildung der Arbeitskräfte, der die Ausbildungsplatzförderungsabgabe dient, eine besondere, von den allgemeinen Aufgaben der Gemeinschaft abgrenzbare Aufgabe ist,
- die Arbeitgeber eine homogene, durch besondere gemeinsame Interessen verbundene Gruppe sind,
- diese Gruppe an der Ausbildung der Arbeitskräfte ein besonderes Interesse und für sie eine besondere Verantwortung hat und daß
- die Gruppe der Arbeitgeber von der Ausbildung der Arbeitskräfte auch besonders profitiert (Gruppennützigkeit).

Daher hält es die Ausbildungsplatzförderungsabgabe mit Art. 3 Abs. 1 für vereinbar. — III. Die abw. M. (329 f.) meldet Kritik an; bei der Ausbildungsplatzförderungsabgabe gehe es nicht um ein besonderes Interesse, eine besondere Verantwortung und einen besonderen Nutzen der Arbeitgeber, sondern um das allgemeine Interesse der Gemeinschaft am Bildungs- und Ausbildungsstand der Jugend. Der Finanzbedarf sei von der Gemeinschaft über Steuern aufzubringen (vgl. zu den Sonderabgaben ferner E 57, 139 — Schwerbehinderte — mit vorsichtigem Abrücken vom Erfordernis der Gruppennützigkeit (167 ff.) und E 67, 256 — Investitionshilfe —).

**Literatur:** *C. Gusy,* Der Gleichheitssatz, NJW 1988, 2505; *M. Heckel,* Art. 3 III GG, in: Festschrift Dürig, 1990, S. 241; *K. Hesse,* Der Gleichheitssatz in der neueren deutschen Verfassungsentwicklung, AöR 1984, 174; *M. Kloepfer,* Gleichheit als Verfassungsfrage, 1980; *J. Pietzcker,* Zu den Voraussetzungen des Anspruchs auf Gleichbehandlung nach Art. 3 I GG, JZ 1989, 305; *A. Podlech,* Gehalt und Funktionen des allgemeinen verfassungsrechtlichen Gleichheitssatzes, 1971; *H. H. Rupp,* Art. 3 GG als Maßstab verfassungsrechtlicher Gesetzeskontrolle, in: Festgabe BVerfG, 2. Bd., 1976, S. 364; *M. Sachs,* Grenzen des Diskriminierungsverbots, 1987. — Speziell zu Art. 3 Abs. 2: *I. Ebsen,* Leistungsbezogene Quotierung für den öffentlichen Dienst, Jura 1990, 510; *K. H. Friauf,* Gleichberechtigung der Frau als Verfassungsauftrag, 1981; *P. Hanau,* Die umgekehrte Geschlechtsdiskriminierung im Arbeitsleben, in: Festschrift Herschel, 1982, S. 191; *J. Hofmann,* Das Gleichberechtigungsgebot des Art. 3 II GG, JuS 1988, 249; *C. Hohmann-Dennhardt,* Ungleichheit und Gleichberechtigung, 1982; *U. Maidowski,* Umgekehrte Diskriminierung, 1989; *U. Sacksofsky,* Das Grundrecht auf Gleichberechtigung, 1991; *W. Schmitt Glaeser,* Die Sorge des Staates um die Gleichberechtigung der Frau, DÖV 1982, 381; *V. Slupik,* Die Entscheidung des Grundgesetzes für Parität im Geschlechterverhältnis, 1988.

## Anhang: Aufbauschema

**577** Die Frage, ob ein Gleichheitsgrundrecht durch ein Gesetz verletzt ist, ist in folgenden Einzelfragen abzuarbeiten (Zwei-Schritt-Prüfung):

I. Behandelt das Gesetz wesentlich Gleiches (Vergleichbares) ungleich (verschieden)?

II. Ist die Ungleichbehandlung verfassungsrechtlich gerechtfertigt?
   1. Ist das Gesetz kompetenz- und verfahrensmäßig zustande gekommen?
   2. Genügt das Gesetz den Anforderungen des Parlamentsvorbehalts?
   3. a) Dient die Ungleichbehandlung einem legitimen Zweck?
      b) Sind die besonderen Anforderungen der speziellen Gleichheitssätze an die Begründung der Ungleichbehandlung erfüllt, d. h.
         — verzichtet diese auf nicht zugelassene Diskriminierungskriterien (z. B. gem. Art. 3 Abs. 3)
         — bzw. bedient sie sich der allein zugelassenen Rechtfertigungsgründe (z. B. gem. Art. 33 Abs. 2)
         — oder ist das Abstellen auf die nicht zugelassenen Diskriminierungskriterien bzw. das Nichtabstellen auf die allein zugelassenen Rechtfertigungsgründe ausnahmsweise verfassungsrechtlich gerechtfertigt (z. B. gem. Art. 12a Abs. 1 bzw. Art. 20 Abs. 1 — Sozialstaatsprinzip —)?
      c) Ist die Ungleichbehandlung zur Erreichung des Zwecks im übrigen geeignet und erforderlich?
   4. Ist das Gesetz in Tatbestand und Rechtsfolge klar und bestimmt gefaßt?

Zum Arbeiten mit diesem Aufbauschema wird auf die Anmerkungen zum Aufbauschema zu den Freiheitsgrundrechten (vgl. oben Rdnr. 393 ff.) verwiesen.

# § 12 RELIGIONS-, WELTANSCHAUUNGS- UND GEWISSENSFREIHEIT (Art. 4, 12 a Abs. 2, 140 i.V.m. Art. 136 Abs. 1, 3 und 4, Art. 137 Abs. 2, 3 und 7 WRV)

**Fall:** Das Haschisch der Rastafari

R gehört zur Gemeinschaft der Rastafari, die an Jesus, Haile Selassie und die kultische Bedeutung gemeinsamen Haschischgenusses glauben. In seinem Wintergarten zieht er, allein für den gemeinsamen kultischen Bedarf, Haschischpflanzen. Die Ernte teilt und genießt er mit anderen Rastafari. Er wird wegen Verstoßes gegen das Betäubungsmittelgesetz letztinstanzlich verurteilt. Verletzt das Urteil die Glaubensfreiheit von R?

## I. Überblick

### *1. Textaussage*

Dem unbefangenen Verständnis bietet Art. 4 verschiedene Schutzbereiche (vgl. auch *Herzog*, M/D-GG, Art. 4 Rdnr. 2, 6 ff.): Abs. 1 schützt mit der Freiheit des Glaubens und Gewissens das *Denken*, das sog. forum internum der religiösen (Glauben) und moralischen (Gewissen) Überzeugungen, und mit der Freiheit des religiösen und weltanschaulichen Bekenntnisses das *Äußern* religiöser und areligiöser Sinngebungen und -deutungen. Abs. 2 und Abs. 3 schützen glaubens- und gewissensgeleitetes *Handeln*, allerdings nicht schlechthin, sondern in zwei vor dem Hintergrund des Nationalsozialismus besonders schutzwürdigen Bereichen: Nach dem Kirchenkampf sollte die ungestörte Religionsausübung, nach der moralischen Katastrophe des Kriegs die Kriegsdienstverweigerung aus Gewissensgründen gewährleistet werden. **578**

Zur Textaussage gehören auch die durch Art. 140 zum Bestandteil des Grundgesetzes gemachten Art. 136, 137, 138, 139 und 141 WRV. Diese *inkorporierten Artikel* sind „vollgültiges Verfassungsrecht der Bundesrepublik Deutschland geworden und stehen gegenüber den anderen Artikeln des Grundgesetzes nicht etwa auf einer Stufe minderen Ranges" (E 19, 206/219). Die drei Schutzbereiche des Denkens, Redens und Handelns werden hier ausdrücklich durch das *negative* und *kollektive* Element ergänzt: Gem. Art. 136 Abs. 3 S. 1 WRV ist niemand verpflichtet, seine religiöse Überzeugung zu offenbaren. Gem. Art. 137 Abs. 2 S. 1 WRV wird die Freiheit der Vereinigung zu Religionsgesellschaften gewährleistet, wobei den Religionsgesellschaften die Vereinigungen gleichgestellt sind, die sich die gemeinschaftliche Pflege einer Weltanschauung zur Aufgabe machen (Art. 137 Abs. 7 WRV). **579**

Art. 4 enthält keine Eingriffsermächtigung. Lediglich beim Recht der Kriegsdienstverweigerung aus Gewissensgründen ist in Abs. 3 S. 2 eine nähere Regelung vorbehalten. Im übrigen ist Art. 4 ein *vorbehaltloses Grundrecht.* Demgegenüber enthalten Art. 140 i.V.m. Art. 136 Abs. 1 und 3 S. 2, 137 Abs. 3 S. 1 einzelne Schrankenregelungen. **580**

### *2. Einheitlicher Schutzbereich*

Zwischen den aufgezeigten verschiedenen Schutzbereichen wurden *Schutzlücken* entdeckt. Wenn vom überzeugungsgeleiteten Handeln neben der Kriegsdienstverweigerung aus Gewissensgründen nur die Religionsausübung geschützt ist, dann wird Religion gegenüber anderen Gewissen und Weltanschauungen privilegiert. Das scheint schlecht zur Gleichsetzung von Religion und Weltanschauung in Art. 4 Abs. 1, Art. 33 Abs. 3 S. 2 und Art. 137 Abs. 2 und Abs. 7 WRV zu passen. Es scheint auch abzuschneiden, wozu Gewissen und Weltanschauung ebenso wie Religion drängen: Betätigung dessen, was aus tiefer Überzeugung als richtig empfunden wird. Daher ist verständlich, daß die aufgezeigten textlichen Unterscheidungen in der Rechtsprechung des BVerfG nicht genau genommen werden: Art. 4 Abs. 1 und Abs. 2 werden als *einheitlicher Bereich* gefaßt und schützen die Freiheit, Glauben und Gewissen, Religion und Weltanschauung zu bilden, zu haben, zu **581** äußern und demgemäß zu handeln. Wenn dabei die Religions- und Weltanschauungsfreiheit einerseits und die Gewissensfreiheit andererseits als getrennte Schutzbereiche behandelt werden, bedeutet das keinen Unterschied in der jeweiligen Intensität des verbürgten Schutzes. Er reicht beidemal vom Denken über das Äußern bis zum Handeln.

**582** Die Vereinheitlichung hat freilich *Folgeprobleme:* Zum einen werden Abs. 2 und Abs. 3 neben Abs. 1 nahezu überflüssig; auch das Verhältnis des Art. 4 zu den verwandten Gewährleistungen der inkorporierten Artikel der Weimarer Reichsverfassung einschließlich der dort normierten Schranken verschwimmt (vgl. näher unten Rdnr. 609 ff.). Zum anderen wachsen durch die Ausweitung des Schutzbereichs auf jedes glaubens-, gewissens-, religiös und weltanschaulich geleitete Handeln die Konfliktmöglichkeiten. Dadurch wächst auch die Notwendigkeit und Schwierigkeit, Eingriffe zu rechtfertigen, wo doch Art. 4 entsprechende ausdrückliche Ermächtigungen nicht enthält. Art. 4 muß unter den Vorbehalt kollidierenden Verfassungsrechts gestellt werden. Gleichwohl ist das einheitliche Verständnis von Art. 4 ganz herrschend geworden; auch die folgende Darstellung knüpft daran an.

## II. Schutzbereiche

### 1. *Religions- und Weltanschauungsfreiheit*

**583** a) **Positive Religions- und Weltanschauungsfreiheit.** Der Schutzbereich umfaßt insoweit die Freiheit, einen Glauben (religiöse Überzeugung) oder eine Weltanschauung (areligiöse Überzeugung) zu *bilden*, zu *haben* und zu *äußern* sowie demgemäß zu *handeln*.

**584** Näher bestimmt werden muß der Schutzbereich vor allem für das *Handeln* gemäß dem Glauben und der Weltanschauung. Der Wortlaut des Art. 4 Abs. 2 („ungestörte Religionsausübung") und die historische Entwicklung der Glaubensfreiheit (vgl. *Lutz*, Zur Geschichte der Toleranz und Religionsfreiheit, 1977) legen eine *Beschränkung* auf die traditionelle (häusliche und öffentliche) Manifestation der Glaubensinhalte durch Symbole und Riten, Gebete, Gottesdienste, Sakramente, Prozessionen, Glockengeläut usw. nahe (vgl. auch *Preuß*, AK, Art. 4 Abs. 1, 2 Rdnr. 25 f.).

**585** Das BVerfG ist weit darüber hinaus gegangen. Es ist dem in den Kirchen, Religions- und Weltanschauungsgemeinschaften lebendigen, darüber hinausdrängenden *Selbstverständnis* gefolgt und hat ihm ausdrücklich eine wichtige Bedeutung für die Bestimmung des Schutzbereichs zuerkannt (E 24, 236/247 f. — Aktion Rumpelkammer —). Geschützt sind dabei nicht nur die genannten kultischen Handlungen und religiösen Gebräuche, sondern „auch religiöse Erziehung, freie religiöse und atheistische Feiern sowie andere Äußerungen des religiösen und weltanschaulichen Lebens" (E 24, 236/246; krit. *Herzog*, M/D, Art. 4 Rdnr. 103 ff.), schließlich insgesamt „das Recht des Einzelnen, sein gesamtes Verhalten an den Lehren seines Glaubens auszurichten und seiner inneren Glaubensüberzeugung gemäß zu handeln" (E 32, 98/106 — Gesundbeter —).

**586** Es ist dann nur *folgerichtig*, wenn die Aussage von E 12, 1/4 — Tabakfall —, das Grundgesetz schütze nur diejenige Betätigung des Glaubens, „die sich bei den heutigen Kulturvölkern auf dem Boden gewisser übereinstimmender sittlicher Grundanschauungen im Laufe der geschichtlichen Entwicklung herausgebildet hat", von E 41, 29/50 aufgegeben worden ist (a. A. *Badura*, S. 42 ff.). Auch auf die zahlenmäßige Stärke und die soziale Relevanz einer religiösen Vereinigung kommt es nicht an (E 32, 98/106); die Glaubensfreiheit ist den Mitgliedern der Großkirchen und den Angehörigen kleiner kirchlicher und religiöser Gemeinschaften in gleicher Weise gewährleistet. Auf sie können sich auch die Angehörigen sog. Minderheitenreligionen und Jugendsekten berufen (VGH Mannheim, NVwZ 1989, 279); die Probleme, die sich aus dem Aufkommen unserem Kulturkreis fremder oder ihn sogar ablehnender religiöser Vereinigungen ergeben (vgl. *Franz,* DVBl. 1987, 727; *Starck,* M/K, Art. 4 Abs. 1, 2 Rdnr. 31, 34; *Schatzschneider,* BayVBl. 1985, 321), können nicht durch eine Verengung des Schutzbereichs gelöst werden. Auch die vereinzelt auftretende Glaubensüberzeugung, die von den offiziellen Lehren der Kirchen und Religionsgemeinschaften abweicht, wird von Art. 4 Abs. 1 und 2 geschützt (E 33, 23/28 f.).

Bei dieser extensiven Interpretation besteht die *Gefahr,* daß der Schutzbereich *konturenlos* wird. Das BVerfG sucht diese Gefahr manchmal dadurch zu bannen, daß es fordert, es müsse sich „auch tatsächlich, nach geistigem Gehalt und äußerem Erscheinungsbild, um eine Religion und Religionsgemeinschaft handeln" (E 83, 341/353). Manchmal verlangt es auch vom einzelnen, sein Handeln als glaubensgeleitet und -verpflichtet nicht nur zu behaupten, sondern plausibel zu machen. Im Schrifttum wird gelegentlich weitergehend gefordert, das Handeln müsse „nach objektiven Kriterien wesensnotwendig" für den religiösen oder weltanschaulichen Auftrag sein und in entsprechendem organisatorischen und sachlichen Zusammenhang damit stehen (*Badura,* S. 49 ff., 89 f.). 587

**Beispiele** für bloß behauptete Glaubensgeleitetheit des entgegenstehenden Handelns: Schulbesuchspflicht hinsichtlich der Förderstufe (E 34, 165/195); Pflicht der Mitglieder und Angehörigen der Universitäten, die gesellschaftlichen Folgen wissenschaftlicher Erkenntnis mitzubedenken (E 47, 327/385); Friedhofszwang für Urnen (E 50, 256/262). 588

Religiöses und weltanschauliches Handeln ist auch von dem Verhalten zu unterscheiden, das nur bei Gelegenheit religiöser und weltanschaulicher Handlungen, nur im äußeren Zusammenhang mit ihnen stattfindet (vgl. *F. Müller,* Die Positivität der Grundrechte, 2. Aufl. 1990, S. 99 f.). 589

**Beispiele:** Zwar ist die Werbung für den Glauben von Art. 4 geschützt, nicht aber jedes Mittel der Werbung beispielsweise unter Ausnutzung einer Zwangslage (E 12, 1) oder eines Abhängigkeitsverhältnisses (BVerwGE 15, 134); zwar ist der Übertritt zu einer anderen Glaubensgemeinschaft geschützt, nicht aber jedes Verhalten bei Gelegenheit dieses Übertritts (E 17, 302); zwar ist die Veranstaltung von religiösen Treffen geschützt, nicht aber der Verkauf von Speisen und Getränken an die Teilnehmer (E 19, 129; vgl. auch OLG Hamburg, NJW 1986, 2841). 590

b) **Negative Religions- und Weltanschauungsfreiheit.** Die Religions- und Weltanschauungsfreiheit wäre unvollständig gewährleistet, wenn nicht auch die Negationen des entsprechenden Denkens, Redens und Handelns mit gewährleistet wären. Das ergibt sich in gewisser Weise schon aus der Gleichstellung von Glaube und Weltanschauung; ein Teilbereich der negativen Religions- und Weltanschauungsfreiheit ist ferner in Art. 136 Abs. 3 S. 1, Abs. 4 und Art. 141 WRV i.V.m. Art. 140 normiert. Zum Schutzbereich gehört daher auch die Freiheit, nicht zu glauben, einen Glauben oder eine Weltanschauung nicht zu bekennen, d. h. zu verschweigen, sowie glaubensgeleitete Handlungen zu unterlassen (vgl. E 49, 375/376; 52, 223/245 f.; 65, 1/38 f.; ferner *Kiskalt,* NJW 1986, 2479), nach BVerwG sogar, der Demonstration einer religiösen Überzeugung nicht unentziehbar ausgesetzt zu werden (NVwZ 1988, 937/938). 591

c) **Kollektive Religions- und Weltanschauungsfreiheit.** In Art. 137 Abs. 2 und 7 WRV i.V.m. Art. 140 ist die *Freiheit der Vereinigung* zu religiösen und weltanschauli- 592 chen Gemeinschaften gewährleistet. Dies ist eine gegenüber Art. 9 spezielle Regelung. Die extensive Deutung der Religions- und Weltanschauungsfreiheit durch das BVerfG führt dazu, daß die religiöse und weltanschauliche Vereinigungsfreiheit schon von Art. 4 Abs. 1 und 2 erfaßt wird. Auch die Betätigung weltanschaulicher und religiöser Gemeinschaften genießt unabhängig von ihrer Rechtsform grundrechtlichen Schutz aus Art. 4; Art. 19 Abs. 3 hat insofern nur noch deklaratorische Bedeutung (vgl. E 19, 129/132; 83, 341/355). Unmittelbar aus Art. 4 grundrechtsberechtigt sollen sogar gegenüber den Kirchen verselbständigte Vereinigungen sein, wie ein nichtrechtsfähiger katholischer Jugendverein (E 24, 236/247), privatrechtlich organisierte konfessionelle Krankenhäuser (E 46, 73/85 ff.; 53, 366/391 f.) und als Körperschaften des öffentlichen Rechts verfaßte Erziehungseinrichtungen (E 70, 138/161).

593 Mit dem *Selbstbestimmungsrecht* der Religionsgesellschaften gem. Art. 137 Abs. 3 WRV i.V.m. Art. 140 werden die vom BVerfG wieder weitest verstandenen institutionellen und organisatorischen Voraussetzungen der Religions- und Weltanschauungsfreiheit gewährleistet (vgl. näher *v. Campenhausen*, M/K, Art. 140, Art. 137 WRV Rdnr. 29 ff.; *Hollerbach*, Hdb. StR VI, S. 563 ff.). Dazu zählt nach der Rechtsprechung auch die Gewährleistung einer eigenen, den staatlichen Rechtsschutz verdrängenden kirchlichen Gerichtsbarkeit (BVerfG, NVwZ 1989, 452; krit. *Ehlers*, JuS 1989, 364; *Steiner*, NVwZ 1989, 410). In der Konsequenz der weiten Interpretation des BVerfG würde es liegen, auch das Selbstbestimmungsrecht als zum Schutzbereich des Art. 4 Abs. 1, 2 gehörig anzusehen. Anders ist aber wohl die neuere Rechtsprechung des BVerfG zu verstehen: Art. 137 Abs. 3 WRV ist eine „notwendige, wenngleich rechtlich selbständige Gewährleistung, die der Freiheit des religiösen Lebens und Wirkens der Kirchen und Religionsgemeinschaften die zur Wahrnehmung dieser Aufgaben unerläßliche Freiheit der Bestimmung über Organisation, Normsetzung und Verwaltung hinzufügt" (E 53, 366/401; 72, 278/289).

594 Die kollektive Religions- und Weltanschauungsfreiheit betrifft auch Religionsgesellschaften als *Körperschaften des öffentlichen Rechts* (Art. 137 Abs. 5 WRV i.V.m. Art. 140), die wegen Art. 4 nicht als „normale", d. h. in den Staat eingegliederte Körperschaften des öffentlichen Rechts betrachtet werden können. Sie sind keine Organe der öffentlichen Gewalt und gehören nicht zur mittelbaren Staatsverwaltung (E 66, 1/19 f.). „Sie können also unbeschadet ihrer besonderen Qualität wie der Jedermann dem Staat ‚gegenüber' stehen, eigene Rechte *gegen* den Staat geltend machen" (E 42, 312/322). Das gilt nur dann nicht, wenn sie in bestimmten Teilbereichen, besonders bei der Erhebung von Kirchensteuer gem. Art. 140 i.V.m. Art. 137 Abs. 6 WRV, selbst öffentliche Gewalt ausüben (vgl. E 73, 388/400). Dann unterliegen sie auch wie beliehene private Rechtssubjekte (vgl. oben Rdnr. 199) der Bindung an die Grundrechte (vgl. *v. Campenhausen*, M/K, Art. 140, Art 137 WRV Rdnr. 134 f.; *Stern*, StR III/1, S. 1210 ff.).

### *2. Gewissensfreiheit*

595 a) **Der Begriff des Gewissens** betrifft psychische Vorgänge und Zustände, die sich beschreiben und analysieren lassen (vgl. *Klier*, S. 32 ff.). Wesentliches Element ist eine *moralische Haltung*, die die personale Identität eines Menschen mitkonstituiert und ihm subjektiv bindend vorschreibt, in einer konkreten Situation bestimmte Handlungen als „gut" oder „gerecht" zu tun bzw. als „böse" oder „ungerecht" zu lassen. Keine

Gewissensentscheidung liegt danach vor bei einer Bewertung nach den Kategorien „schön/häßlich" oder „wahr/unwahr".

E 12, 45/55 hat daher zu Recht wie folgt *definiert:* „Als eine Gewissensentscheidung 596
ist somit jede ernste sittliche, d. h. an den Kategorien von ‚gut' und ‚böse' orientierte Entscheidung anzusehen, die der einzelne in einer bestimmten Lage als für sich bindend und unbedingt verpflichtend innerlich erfährt, so daß er gegen sie nicht ohne ernste Gewissensnot handeln könnte." Es ist unstreitig, daß der Begriff des Gewissens in Art. 4 Abs. 1 und 3 *identisch* ist.

b) **Reichweite des Schutzbereichs.** Wie oben Rdnr. 581 dargelegt, wird in der Recht- 597
sprechung des BVerfG zwischen der Religions- und Weltanschauungsfreiheit einerseits und der Gewissensfreiheit andererseits kein Unterschied gemacht, was die Intensität des verbürgten Schutzes angeht: Auch hier reicht er vom *Denken* über das *Äußern* bis zum *Handeln.* Auch hier gilt, daß die Gewissensgeleitetheit des Handelns plausibel gemacht werden muß (vgl. oben Rdnr. 587 und unten Rdnr. 607). Es läßt sich im übrigen gut begründen, daß die Gewissensfreiheit nicht auf den Innenbereich (forum internum) beschränkt ist, sondern auch den Außenbereich, das vom Gewissen ausgelöste und von ihm bestimmte Handeln (forum externum) umfaßt: Eine Gewissensentscheidung wird regelmäßig überhaupt erst durch ein entsprechendes Handeln zu einem gesellschaftlichen Konflikt, den zu regeln Aufgabe des Art. 4 ist; für sozial folgenlose Gewissensentscheidungen wäre das Grundrecht der Gewissensfreiheit praktisch entbehrlich (h. M.; offengelassen *Zippelius,* BK, Art. 4 Rdnr. 44 ff.). Auf der Grenze zwischen Innen- und Außenbereich liegt die Gewissensäußerung im Tagebuch (*Amelung,* NJW 1988, 1002/1004).

c) **Kriegsdienstverweigerung aus Gewissensgründen gem. Art. 4 Abs. 3.** Der exten- 598
siven Interpretation des Art. 4 Abs. 1 durch das BVerfG würde es entsprechen, dem Art. 4 Abs. 3 keine selbständige Bedeutung zuzuerkennen, weil alles gewissensgeleitete Handeln schon durch Art. 4 Abs. 1 erfaßt ist. Diese Folgerung hat das BVerfG hier aber nicht gezogen; vielmehr hält es Art. 4 Abs. 3 für eine *lex specialis* gegenüber Abs. 1, die die Wirkungen der Gewissensfreiheit im Bereich der Wehrpflicht abschließend regelt:

Es würde — wie E 19, 135/138; 23, 127/132 festgestellt haben — dem Sinn der Beschränkung des Zwangsverbots auf den „Kriegsdienst mit der Waffe" widersprechen, wenn man ein Verbot des Zwanges zum Kriegsdienst „ohne Waffe" unter Rückgriff auf Art. 4 Abs. 1 annehmen wollte. In der Konsequenz dieser Auffassung liegt, daß der Ersatzdienst nicht aus Gewissensgründen verweigert werden kann (vgl. *Franke,* AöR 1989, 7/28 ff.; a. A. *Kempen,* AK, Art. 4 Abs. 3 Rdnr. 26; *Stein,* StR, § 21 IV 2).

Dienst mit der Waffe ist ein Dienst, bei dem der einzelne entweder selbst Waffen an- 599
wenden oder Waffenanwendung anderer unmittelbar unterstützen muß. Zu ihm rechnen auch Transport und Reparatur von Waffen und der Sanitätsdienst, bei dem zur Verteidigung von Sanitätseinrichtungen von Handfeuerwaffen Gebrauch gemacht wird (BVerwGE 80, 62/64 ff.; *Daum,* NVwZ 1986, 1002). Kriegsdienst mit der Waffe ist Dienst mit der Waffe nicht nur im Krieg, sondern auch im Frieden, d. h. Ausbildung an der Waffe. Das ergibt sich aus dem systematischen Zusammenhang mit Art. 12a Abs. 2, da der Ersatzdienst, zu dessen Einführung der Gesetzgeber hier ermächtigt wird, gerade an die Stelle des Wehrdienstes im Frieden treten soll. Diese Auslegung ist auch einzig sinnvoll „nicht nur, weil der Staat kein Interesse daran ha-

ben kann, Wehrpflichtige mit der Waffe auszubilden, die im Kriegsfall die Waffenführung verweigern werden, sondern auch vom Standpunkt des einzelnen aus, dem eine Ausbildung nicht aufgezwungen werden darf, die einzig den Zweck hat, ihn zu einer Betätigung vorzubereiten, die er aus Gewissensgründen ablehnt" (E 12, 45/56; weiter differenzierend *Starck*, M/K, Art. 4 Abs. 3 Rdnr. 93 ff.).

600 Das Kriegsdienstverweigerungsrecht wird aber nicht nur derart weiter ausgelegt, als es zunächst verstanden werden könnte, sondern in einer wichtigen Hinsicht auch enger: Das BVerfG erkennt das Kriegsdienstverweigerungsrecht des sog. *situationsbedingten Kriegsdienstverweigerers*, der „geltend macht, sein Gewissen verbiete ihm nicht den Kriegsdienst mit der Waffe schlechthin, sondern lediglich die Teilnahme an bestimmten Kriegen, etwa an Kriegen gegen bestimmte Gegner, unter bestimmten Bedingungen, in bestimmten historischen Situationen, mit bestimmten Waffen", nicht an (E 12, 45/57). Dies wird damit begründet, daß sich eine Gewissensentscheidung gem. Art. 4 Abs. 3 gegen „das Töten im Kriege schlechthin" wenden müsse. Diese Einschränkung ist aber mit dem Gewissensbegriff nicht vereinbar (vgl. abw. M. E 69, 57/77 ff.; *Böckenförde*, VVDStRL 28, 1970, 33/74 f.; *Herzog*, M/D, Art. 4 Rdnr. 198 f.; *Podlech*, S. 126 ff.). Außerdem spricht hiergegen Art. 12a Abs. 2 (vgl. unten Rdnr. 616).

### III. Eingriffe

601 Hier empfiehlt es sich, nochmals an die durch die Textaussage nahegelegten drei Bereiche des Denkens, Redens und Handelns anzuknüpfen: In das *Denken* wird schon dann eingegriffen, wenn der Staat die Bildung und den Bestand der religiösen und weltanschaulichen Überzeugungen sowie der moralischen Haltung bzw. sittlichen Wertkonzepte beeinflußt (vgl. *v. Münch*, vM, Art. 4 Rdnr. 40; a. A. *Badura*, S. 83), etwa durch staatliche oder staatlich geförderte Warnungen vor einer Religions- oder Weltanschauungsgemeinschaft (BVerfG, NJW 1989, 3269; BVerwGE 82, 76/77 ff.; NJW 1991, 1770). Eingriffe in das *Reden* können — je nachdem ob die positive oder negative Dimension der Freiheit betroffen ist — in einer Verpflichtung oder einem Zwang zum Offenbaren oder Verschweigen bestehen. *Verhaltens*mäßige Eingriffe können in einer Verpflichtung oder einem Zwang zu einem Handeln oder Unterlassen bestehen, das gegen eine Glaubens-, Weltanschauungs- oder Gewissensposition des einzelnen oder gegebenenfalls einer Gemeinschaft verstößt. Daran fehlt es, wenn die entsprechende Position das Handeln lediglich erlaubt, man es also sowohl tun als auch lassen kann, und nicht gebietet oder jedenfalls nachdrücklich empfiehlt. Die Identität der Person, die mit deren Glauben und Gewissen, Religion und Weltanschauung geschützt werden soll, ist hier noch nicht gefährdet.

602 **Beispiel:** Ein Mitglied einer Glaubensgemeinschaft, die Vielehe erlaubt, schließt, da die staatliche Rechtsordnung seinem Verhältnis zu mehreren Frauen die rechtliche Anerkennung verweigert, obwohl schon verheiratet, unter Verheimlichung dieser Ehe weitere Ehen. Die Bestrafung gem. § 171 StGB ist kein Eingriff in Art. 4.

603 Die Rechtsordnung kann Eingriffe dadurch vermeiden, daß sie bei Geboten und Verboten *Alternativen* eröffnet. So läßt sie den Eid mit oder ohne religiöse Beteuerung zu, und das BVerfG hat in der Nichteröffnung der weiteren Alternative einer dem Eid gleichstehenden Bekräftigung einen Eingriff in Art. 4 erblickt (E 33, 23; 79, 69/76). Es kann auch demjenigen, dem seine Überzeugungen ein Handeln ge- oder ver-

bieten, zugemutet und abverlangt werden, *seinerseits Alternativen* zu eröffnen und die Verantwortung anderen zu überlassen.

**Beispiel:** Ein Mitglied einer Glaubensgemeinschaft, die die Verwendung der Erzeugnisse moderner medizinischer und pharmazeutischer Forschung als Teufelswerk verbietet, hat ein todkrankes Kind. Der Arzt verschreibt ein heilendes Antibiotikum und gibt dem Vater das Rezept. Vom Vater kann zwar nicht verlangt werden, daß er gegen seine Überzeugung dem Kind das Medikament besorgt und verabreicht (vgl. E 32, 98/106 f.). Aber es kann verlangt werden, daß er seine fehlende Bereitschaft, das Kind medikamentös zu versorgen, dem Arzt offenlegt, so daß dieser die Verlegung ins Krankenhaus veranlassen kann, und es kann auch verlangt werden, daß er im Krankenhaus nicht den Schlauch zerschneidet, über den dem Kind das Medikament zugeführt wird. Entsprechende Verpflichtungen stellen also keine Eingriffe in Art. 4 dar. 604

Zu beachten ist eine gewisse *Wechselwirkung* zwischen den verschiedenen Ausübungsarten des Denkens, Redens und Handelns sowie der positiven und negativen Freiheitsausübung. Wer sich gegenüber einer staatlichen Handlungs- oder Unterlassungspflicht auf eine entgegenstehende Glaubens- oder Gewissensposition beruft, kann nicht zugleich sein Recht auf Verschweigen seiner Glaubens- oder Gewissensposition geltend machen. Die Verfassung setzt also „für die Ausübung des Verweigerungsgrundrechts gerade die Offenbarung der Überzeugung voraus“ (E 52, 223/246). 605

**Beispiele** für Eingriffe in die individuelle Religions- und Weltanschauungsfreiheit: Schulpflicht in einer bekenntnisgebundenen Schule (E 41, 29/48 gegen E 6, 309/339 f.); Pflicht zur Teilnahme am Schwimm- und Sportunterricht, wenn dies mit islamischen Bekleidungsvorschriften unvereinbar ist (OVG Münster, NWVBL 1992, 35 und 136; OVG Lüneburg, DVBl. 1991, 772); prozeßrechtliche Pflichten, die Glaubens- oder Gewissenspositionen widerstreiten, wie die Ableistung eines Eids (E 33, 23/29 f.) und das Verhandeln unter einem Kruzifix (E 35, 366/375 f.); Kirchensteuerpflicht aufgrund einer Zwangsmitgliedschaft in einer Religionsgemeinschaft (E 30, 415/423 f.; 44, 37/50 ff.); Verbot des religiös motivierten Schächtens (*Kuhl/Unruh,* DÖV 1991, 94). — Beispiele für Eingriffe in die kollektive Religions- und Weltanschauungsfreiheit: Verbot der Kanzelabkündigung einer karitativen Sammlung (E 24, 236); Verbot des Läutens der Kirchenglocken (BVerwGE 68, 62/66 f.); speziell zum *Selbstbestimmungsrecht:* Durchführung einer Betriebsratswahl in einem kirchlichen Krankenhaus (E 46, 73); Mitbestimmungsrechte von Mitarbeitern in kirchlichen Krankenhäusern (E 53, 366 mit abw. M. 408); Kündigungsschutz für Angehörige des kirchlichen Dienstes (E 70, 138/166 f.). 606

Speziell zu Art. 4 Abs. 3 ist die Frage viel diskutiert worden, ob nicht ein Verwaltungsverfahren zur Anerkennung als Kriegsdienstverweigerer aus Gewissensgründen einen Eingriff in dieses Grundrecht darstellt. Da sich die Gewissensentscheidung auf ein bestimmtes moralisches bzw. sittliches Wertkonzept beziehen muß, darf nachgeprüft werden, ob es sich um ein solches (und nicht etwa um ein ästhetisches, ökonomisches oder dergleichen) Konzept handelt. Zu diesem Zweck kann von demjenigen, der sich auf eine Gewissensentscheidung beruft, eine Begründung verlangt werden. In Art. 4 Abs. 1 und 3 wird nämlich wohl eine freie, nicht aber auch eine heimliche Gewissensentscheidung geschützt. Das Begründungserfordernis verletzt deshalb nicht die Gewissensfreiheit, weil die Bewußtwerdung der moralischen Haltung zum Gewissensphänomen hinzugehört. Damit die Pflicht zur Begründung der Gewissensentscheidung — soweit sie vorgesehen wird — nicht leerläuft, kann auch ein Mindestmaß an inhaltlichen Anforderungen gestellt werden: Die Begründung muß mit anderen Worten glaubhaft sein (vgl. *Böckenförde,* VVDStRL 28, 1970, 33/70 f.; krit. *Kempen,* 607

AK, Art. 4 Abs. 3 Rdnr. 18 ff.); insoweit kann von einer „Darlegungslast" des Wehrpflichtigen gesprochen werden (*Starck*, M/K, Art. 4 Abs. 3 Rdnr. 107).

## IV. Verfassungsrechtliche Rechtfertigung

*1. Die Problematik*

608 Art. 4 enthält keine Eingriffsermächtigung; er ist ein *vorbehaltloses Grundrecht.* Auch der Regelungsvorbehalt des Art. 4 Abs. 3 S. 2 kann keine Eingriffe in die Gewissensfreiheit des Kriegsdienstverweigerers legitimieren (E 12, 45/53; 69, 1/23). Die inkorporierten Artikel der Weimarer Reichsverfassung enthalten zwar Schrankenregelungen; doch ist im Zuge der extensiven Interpretation durch das BVerfG fraglich geworden, wie sie mit Art. 4 zusammenpassen. Darüber hinaus ist in der Rechtsprechung des BVerfG anerkannt, daß eine „Schrankenübertragung" aus Art. 2 Abs. 1 und Art. 5 Abs. 2 unzulässig ist; d. h. weder die Rechte anderer, die verfassungsmäßige Ordnung oder das Sittengesetz noch die allgemeinen Gesetze dürfen als Rechtfertigung für Eingriffe in die Religions-, Weltanschauungs- und Gewissensfreiheit herangezogen werden (E 32, 98/107 — Gesundbeter —). — Gleichwohl wird in Glaubens- und Gewissens-, religiöse und weltanschauliche Positionen eingegriffen, und gewisse Eingriffe erscheinen zwingend geboten. Nur ein Stück weit werden hier die speziellen Schrankenregelungen angewandt (vgl. unten Rdnr. 609 ff.); in manchen Fällen erscheint daher der Rückgriff auf kollidierendes Verfassungsrecht unausweichlich (vgl. unten Rdnr. 618 f.).

*2. Art. 136 Abs. 1, 3 S. 2, Art. 137 Abs. 3 S. 1 WRV i. V. m. Art. 140*

609 Von diesen Schrankenregelungen hat lediglich Art. 136 Abs. 3 S. 2 in der Rechtsprechung des BVerfG praktische Bedeutung erlangt. Durch ihn können Eingriffe in die negative *Religions- und Weltanschauungsfreiheit* gerechtfertigt werden (vgl. auch *Zippelius*, BK, Art. 4 Rdnr. 100).

610 **Beispiele:** E 46, 266 hat die Frage nach der Konfessionszugehörigkeit bei der Aufnahme in ein staatliches Krankenhaus für zulässig gehalten, allerdings ohne davon abhängige Rechte und Pflichten zu benennen, vielmehr mit Rücksicht auf eine institutionelle Gewährleistung der Krankenhausseelsorge in Art. 141 WRV. Die Eintragung der Religionszugehörigkeit eines Bürgers auf der Lohnsteuerkarte ist wegen Art. 137 Abs. 6 WRV bei Kirchensteuerpflicht des Bürgers zulässig (E 49, 375). Die statistische Erhebung der Zugehörigkeit oder Nichtzugehörigkeit zu einer Religionsgemeinschaft ist in Art. 136 Abs. 3 S. 2 WRV ausdrücklich vorgesehen (vgl. E 65, 1/38 f. — Volkszählungsurteil —).

611 Eine Schranke der Religionsausübung bzw., in Konsequenz des einheitlichen Verständnisses von Art. 4, allen glaubens-, gewissens-, religiös und weltanschaulich geleiteten Handelns kann in Art. 136 Abs. 1 WRV erblickt werden. Diese Bestimmung drückt aus, daß die *privat- und öffentlich-rechtlichen* Pflichten ungeachtet des Glaubens und Gewissens, der Religion und Weltanschauung eingefordert und durchgesetzt werden dürfen. Sie enthält damit nicht weniger als einen einfachen Gesetzesvorbehalt. Dies hält das BVerfG mit der vorbehaltlosen Verbürgung der Glaubens- und Gewissens-, Religions- und Weltanschauungsfreiheit in Art. 4 für unvereinbar; es sieht Art. 136 Abs. 1 WRV von Art. 4 „überlagert" (E 33, 23/31). Dies ist konsequent; lediglich bei differenziertem Verständnis von Art. 4 (vgl. oben Rdnr. 578 ff.) würde Art. 136 Abs. 1 mit Art. 4 Abs. 2 zusammenstimmen (krit. aber *Herdegen*, S. 287 ff.; *Starck*, M/K, Art. 4 Abs. 1, 2 Rdnr. 48; *Stolleis*, JuS 1974, 770; *v. Campenhausen*, M/K, Art. 140, Art. 136 WRV Rdnr. 6).

Eine weitere Schranke enthält Art. 137 Abs. 3 S. 1 WRV (vgl. oben Rdnr. 593). Allerdings gilt sie nur für den Schutzbereich der *Ordnung und Verwaltung eigener Angelegenheiten* und ist selbst insoweit vom BVerfG auf ein Gebot der Güterabwägung mit möglichster Schonung des Selbstverständnisses der religiösen oder weltanschaulichen Gemeinschaft zurückgenommen worden (E 53, 366/399 ff.; 72, 278/289; krit. *Wieland,* Staat 1986, 321/328 ff.). 612

*3. Art. 12a Abs. 2*

Für das BVerfG und die h. M. hat Art. 12a Abs. 2 im wesentlichen keine konstitutive, sondern nur *deklaratorische (klarstellende) Bedeutung:* Da Art. 4 Abs. 3 die Wirkungen der Gewissensfreiheit im Bereich der Wehrpflicht abschließend regele, könne nicht auch der Ersatzdienst aus Gewissensgründen verweigert werden. Es ist darauf hingewiesen worden, daß diese Auffassung schon vom eigenen Ansatz des BVerfG zu Art. 4 aus problematisch ist (vgl. oben Rdnr. 598; zum Zusammenhang zwischen Art. 4 Abs. 3, 12a Abs. 1 und 2 vgl. auch E 48, 127/159 ff. — Wehrpflichtnovelle — mit abw. M. 185). 613

Nach seinem Wortlaut ist Art. 12a Abs. 2 S. 1 eine *Eingriffsermächtigung:* Daß eine Gewissensentscheidung, die gem. Art. 4 Abs. 3 grundrechtlichen Schutz genießt, zum Anknüpfungspunkt für eine belastende Regelung, nämlich den Ersatzdienst, gemacht wird, ist hierdurch verfassungsrechtlich gerechtfertigt. Art. 12a Abs. 2 S. 2 und 3 sind dann *Schranken-Schranken* folgenden Inhalts: 614

— Das den Ersatzdienst regelnde Gesetz darf die *Freiheit der Gewissensentscheidung* nicht beeinträchtigen, z. B. keine abschreckend wirkende Form der Durchführung des Ersatzdienstes vorschreiben (E 69, 1/32). 615

— In dem den Ersatzdienst regelnden Gesetz muß auch eine Möglichkeit des Ersatzdienstes vorgesehen werden, die in *keinem Zusammenhang* mit den Verbänden der Streitkräfte und des Bundesgrenzschutzes steht. Hieraus läßt sich ein Argument gegen die Rechtsprechung des BVerfG gewinnen, wonach die sog. situationsbedingte Kriegsdienstverweigerung nicht grundrechtlich geschützt sein soll (vgl. oben Rdnr. 600). 616

— Die *Dauer* des Ersatzdienstes darf die *Dauer* des Wehrdienstes nicht übersteigen. Bedenklich ist danach die Regelung des § 24 Abs. 2 ZDG, wonach der Zivildienst drei Monate länger als der Grundwehrdienst dauert. Der Wehrdienst dauert gem. § 5 Abs. 1 S. 4 WPflG 12 Monate, gem. § 6 Abs. 2 WPflG kommen bei Mannschaften höchstens 9 Monate Wehrübungen hinzu. Faktisch werden aber von Mannschaften nur wenige Wehrübungen abgehalten; 1979 betrugen sie durchschnittlich 3,5 Tage (vgl. *Dörig,* Gewissensfreiheit und Diskriminierungsverbot als Grenzen einer Neugestaltung des Zivildienstes nach Art. 12a Abs. 2 GG, 1981, S. 68 f.). Gleichwohl haben E 48, 127/171 und E 69, 1/28 ff. für unbedenklich erklärt, „den Zivildienst . . . zu verlängern, so daß er der Dauer des Wehrdienstes einschließlich der in § 6 WPflG vorgesehenen Wehrübungen voll entspricht" (krit. abw. M. E 69, 57/66 ff.; *Gubelt,* vM, Art. 12a Rdnr. 10; *Kempen,* AK, Art. 4 Abs. 3 Rdnr. 33, 35; *Starck,* M/K, Art. 4 Abs. 3 Rdnr. 111). Allerdings soll von demjenigen, der den Grundwehrdienst in vollem Umfang geleistet hat, im Falle seiner Kriegsdienstverweigerung nicht verlangt werden können, die volle an der Gesamtdauer des Zivildienstes noch fehlende Zeit nachzudienen (E 78, 364/371). 617

*4. Kollidierendes Verfassungsrecht*

618 Zu Art. 4 hat das BVerfG zum ersten Mal ausgesprochen, auf welchem Wege allein auch Eingriffe in vorbehaltlos gewährleistete Grundrechte verfassungsrechtlich gerechtfertigt werden können: „Nur kollidierende Grundrechte Dritter und andere mit Verfassungsrang ausgestattete Rechtswerte sind mit Rücksicht auf die Einheit der Verfassung und die von ihr geschützte gesamte Wertordnung ausnahmsweise imstande, auch uneinschränkbare Grundrechte in einzelnen Beziehungen zu begrenzen. Dabei auftretende Konflikte lassen sich nur lösen, indem ermittelt wird, welche Verfassungsbestimmung für die konkret zu entscheidende Frage das höhere Gewicht hat. Die schwächere Norm darf nur soweit zurückgedrängt werden, wie das logisch und systematisch zwingend erscheint; ihr sachlicher Grundwertgehalt muß in jedem Fall respektiert werden" (E 28, 243/260 f.). Das bedeutet insbesondere, daß auch die Eingriffsrechtfertigung durch kollidierendes Verfassungsrecht unter den „Schranken-Schranken" des Übermaßverbots und der Wesensgehaltsgarantie steht.

619 **Beispiele:** Gemäß den Schulgesetzen vieler Länder haben die öffentlichen Grund- und Hauptschulen einen religiös-weltanschaulichen Charakter. Das kann zu Konflikten mit areligiösen Eltern und Kindern führen. E 41, 29 sieht verfassungsrechtlich eine doppelte Kollision: zwischen Art. 4 auf seiten der areligiösen Eltern und Kinder und der staatlichen Schulhoheit, die in Art. 7 Abs. 1 anerkannt und in Art. 7 Abs. 5 speziell zur Errichtung von Gemeinschafts- und Bekenntnisschulen legitimiert ist, aber auch zwischen Art. 4 auf seiten der areligiösen und auf seiten der religiösen Eltern und Kinder. Diese Kollision läßt keinen Beteiligten ungeschoren, sie verlangt und rechtfertigt bei allen Beteiligten Beschränkungen. Das Ergebnis muß i. S. „praktischer Konkordanz" die verschiedenen betroffenen Grundrechtspositionen miteinander ausgleichen. — Zu einer ähnlichen Kompromißlösung beim Schulgebet vgl. E 52, 223 sowie *Böckenförde,* DÖV 1980, 323; *Scheuner,* DÖV 1980, 513; beim Kruzifix in Schulräumen vgl. VGH München, NVwZ 1991, 1099; krit. *Renck,* BayVBl. 1991, 347. — Abzulehnen ist dagegen die Rechtfertigung staatlicher Warnungen vor Religions- oder Weltanschauungsgemeinschaften allein mit Kompetenztiteln (so aber BVerfG, NJW 1989, 3269; BVerwGE 82, 76/77 ff.; NJW 1991, 1770; krit. *Meyn,* JuS 1990, 630).

620 **Lösungsskizze zum Fall:** I. Daß der Schutzbereich der Religions- und Weltanschauungsfreiheit von R beeinträchtigt ist, ließe sich zum einen dann bestreiten, wenn Art. 4 Abs. 1 und 2 die Betätigung des Glaubens nur im Rahmen „bei den heutigen Kulturvölkern . . . übereinstimmender sittlicher Grundanschauungen" gewährleistet wäre (vgl. noch E 12, 1/4). Es ist jedoch heute anerkannt, daß im Zeichen grundgesetzlicher „Offenheit gegenüber dem Pluralismus weltanschaulich-religiöser Anschauungen" auch unserem Kulturkreis fremde religiöse Gemeinschaften den Schutz von Art. 4 Abs. 1 und 2 genießen (E 41, 29/50). Zum anderen könnte man die Einschlägigkeit des Schutzbereichs bezweifeln, wenn man — eng am Text von Art. 4 Abs. 1 und 2 — als geschütztes religiöses Verhalten nur ungestörte Religionsausübung i.S. überlieferter kultischer Handlungen sähe. Hierzu gehört das Rauchen von Haschisch nicht. Aber das BVerfG interpretiert Art. 4 extensiv dahin, daß er das Recht des einzelnen umfaßt, das gesamte Verhalten an den Lehren des Glaubens auszurichten. Das hat R getan. Nach der anderen, engeren Auffassung wäre immerhin die Gewissensfreiheit betroffen (vgl. *Preuß,* AK, Art. 4 Abs. 1, 2 Rdnr. 24, 26). — II. In der strafrechtlichen Verurteilung nach dem Betäubungsmittelgesetz liegt ein Eingriff, weil ein glaubensgeleitetes Handeln zum Anknüpfungspunkt einer Belastung wird. — III. Zur Rechtfertigung des Eingriffs können nicht Art. 2 Abs. 1 und 5 Abs. 2 herangezogen werden, möglicherweise aber Art. 140 i.V.m. Art. 136 Abs. 1 WRV. Das Verbot, Betäubungsmittel herzustellen und anderen die Gelegenheit unbefugten Verbrauchs zu verschaffen, wäre dabei als Begründung einer staatsbürgerlichen

Pflicht i.S.v. Art. 136 Abs. 1 WRV anzusehen. Jedoch wird diese Bestimmung nach Ansicht des BVerfG von Art. 4 „überlagert“ (E 33, 23/31). Als Rechtfertigung des Eingriffs kommt allenfalls kollidierendes Verfassungsrecht in Betracht, hier eine Schutzpflicht des Staates für Leben und Gesundheit aus Art. 2 Abs. 2 S. 1. Diese Rechtfertigung ist deshalb problematisch, weil die Rastafari vor ihrem eigenen Verhalten geschützt würden; die Pflicht zum Schutz der Grundrechtsgüter und -träger würde gegen deren eigene Freiheit gerichtet. Außerdem hat das BVerfG in ähnlicher Kollisionslage angesichts des Übermaßverbots einen Schuldvorwurf verneint, wenn „Kriminalstrafe . . . unter keinem Aspekt (Vergeltung, Prävention, Resozialisierung des Täters) eine adäquate Sanktion“ ist (E 32, 98/109). Im vorliegenden Fall ist nicht ersichtlich, daß Vergeltung, Prävention oder Resozialisierung die Bestrafung des glaubensgeleiteten Handelns fordern oder daß die Bestrafung den Strafzielen nützen würde.

**Literatur:** Zur Religions- und Weltanschauungsfreiheit: *P. Badura,* Der Schutz von Religion und Weltanschauung durch das Grundgesetz, 1989; *A. v. Campenhausen,* Staatskirchenrecht, 2. Aufl. 1983; *P. Mikat,* Staat, Kirchen und Religionsgemeinschaften, in: Hdb.VerfR, S. 1059; *K. Obermayer,* Die Schranken des Grundrechts der Religionsfreiheit, ZevKR 1982, 253; *L. Renck,* Staatliche Religionsneutralität und Toleranz, JuS 1989, 451; *U. Steiner,* Der Grundrechtsschutz der Glaubens- und Gewissensfreiheit (Art. 4 Abs. 1, 2 GG), JuS 1982, 157; *J. Wieland,* Die Angelegenheiten der Religionsgesellschaften, Staat 1986, 321. — Zur Gewissensfreiheit: *W. Berg,* Das Grundrecht der Kriegsdienstverweigerung in der Rechtsprechung des Bundesverfassungsgerichts, AöR 1982, 585; *R. Eckertz,* Die Kriegsdienstverweigerung aus Gewissensgründen als Grenzproblem des Rechts, 1986; *D. Franke,* Gewissensfreiheit und Demokratie, AöR 1989, 7; *M. Herdegen,* Gewissensfreiheit und Normativität des positiven Rechts, 1989; *G. Klier,* Gewissensfreiheit und Psychologie, 1978; *A. Podlech,* Das Grundrecht der Gewissensfreiheit und die besonderen Gewaltverhältnisse, 1969; *H. H. Rupp,* Verfassungsprobleme der Gewissensfreiheit, NVwZ 1991, 1033; *F. K. Schoch,* Das neue Kriegsdienstverweigerungsrecht, Jura 1985, 127; *P. Tiedemann,* Der Gewissensbegriff in der höchstrichterlichen Rechtsprechung, DÖV 1984, 61; *ders.,* Gewissensfreiheit und Demokratie, Staat 1987, 371.

# § 13 MEINUNGS-, INFORMATIONS-, PRESSE-, RUNDFUNK- UND FILMFREIHEIT (Art. 5 Abs. 1 und 2)

**Fall:** Plakettentragen durch einen beamteten Lehrer im Dienst (nach BVerwGE 84, 292)

L ist beamteter Lehrer an einer öffentlichen Schule. Er trägt auch im Unterricht sichtbar eine Ansteckplakette mit der Aufschrift: „Atomkraft? Nein danke!“ Das zuständige Schulamt untersagt L das Tragen der Plakette im Schulbereich unter Berufung auf die einschlägige Bestimmung des Landesbeamtengesetzes, die § 53 des Bundesbeamtengesetzes entspricht: „Der Beamte hat bei politischer Betätigung diejenige Mäßigung und Zurückhaltung zu wahren, die sich aus seiner Stellung gegenüber der Gesamtheit und aus der Rücksicht auf die Pflichten seines Amtes ergeben.“ Verstößt die Untersagungsverfügung gegen die Meinungsfreiheit des L?

## I. Überblick

Art. 5 Abs. 1, der oft pauschal als das Grundrecht der Meinungsfreiheit bezeichnet wird, 621
enthält insgesamt fünf Grundrechte:
- die Meinungsäußerungsfreiheit (S. 1, 1. Halbsatz) als das Recht, seine Meinung in Wort, Schrift und Bild frei zu äußern und zu verbreiten,
- die Informationsfreiheit (S. 1, 2. Halbsatz) als das Recht, sich aus allgemein zugänglichen Quellen ungehindert zu unterrichten,

— die Pressefreiheit (S. 2, 1. Variante),
— die Freiheit der Rundfunkberichterstattung (S. 2, 2. Variante) und
— die Freiheit der Filmberichterstattung (S. 2, 3. Variante).

Ihre Zusammenfassung zu einer einheitlichen Kommunikationsfreiheit kann keine normativen Wirkungen über die einzelnen Grundrechte hinaus entfalten (*Degenhart*, BK, Art. 5 Abs. 1 u. 2 Rdnr. 32 ff.).

622 Einige dieser Grundrechte sind nicht vom Grundrechtsberechtigten („jeder hat das Recht ...“), sondern vom Schutzbereich her („die Pressefreiheit ...“) formuliert. Gleichwohl verbürgen auch sie subjektive Rechte. Für die Pressefreiheit hat das BVerfG das Verhältnis zwischen der subjektiv-rechtlichen und der objektiv-rechtlichen Dimension (vgl. oben Rdnr. 88, 90 ff.) richtig dahingehend bestimmt, daß „zunächst — entsprechend der systematischen Stellung der Bestimmung und ihrem traditionellen Verständnis — ein subjektives Grundrecht“ gewährt wird und die Bestimmung „zugleich auch eine objektiv-rechtliche Seite“ hat (E 20, 162/175 — Spiegel —). Aus dieser leitet es eine staatliche Schutzpflicht für die Presse und die grundsätzliche Zulässigkeit meinungsneutraler staatlicher Maßnahmen zur Förderung der Presse ab (E 80, 124/133).

623 Die Regelung des Art. 5 Abs. 1 S. 3 („Eine Zensur findet nicht statt.“) ist kein selbständiges Grundrecht, sondern nur eine für die Grundrechte des Art. 5 Abs. 1 geltende Schranken-Schranke (h. M.; a. A. *Löffler*, § 1 LPG Rdnr. 151). Eine weitere Schranken-Schranke enthält Art. 42 Abs. 3.

624 Art. 5 Abs. 2 enthält drei Schrankenregelungen, von denen die erste, die der „allgemeinen Gesetze“ praktisch die bedeutsamste ist. Alle drei gelten — wie sich schon aus der systematischen Stellung ergibt — nur für die Grundrechte des Art. 5 Abs. 1 (E 30, 173/191 — Mephisto —).

## II. Schutzbereiche und Eingriffe

### *1. Meinungsäußerungsfreiheit (Art. 5 Abs. 1 S. 1, 1. Halbsatz)*

#### a) Schutzbereich

625 aa) Bestimmend für den **Begriff der Meinung** ist „das Element der Stellungnahme, des Dafürhaltens, des Meinens im Rahmen einer geistigen Auseinandersetzung; auf den Wert, die Richtigkeit, die Vernünftigkeit der Äußerung kommt es nicht an“ (E 61, 1/8; 65, 1/41). Erfaßt werden also jedenfalls *Werturteile*, und zwar gleichgültig, auf welchen Gegenstand sie sich beziehen. Deshalb ist die vom BVerfG selbst gelegentlich benutzte Formulierung, Meinungen seien „Werturteile über Tatsachen, Verhaltensweisen oder Verhältnisse“ (E 33, 1/14), zu eng, weil hierdurch Werturteile über Werturteile ausgeklammert würden, obwohl gerade sie eine erhebliche Bedeutung in geistigen Auseinandersetzungen haben. Auch sonst kommt es auf den Inhalt des Werturteils nicht an; es kann politisch oder unpolitisch sein, private oder öffentliche Angelegenheiten betreffen. Es kann sogar beleidigend sein, wie sich aus der Schranke „Recht der persönlichen Ehre“ in Art. 5 Abs. 2 rückschließen läßt.

626 **Beispiele** aus der Rechtsprechung sind der Boykottaufruf, die Filme des nationalsozialistischen Regisseurs Veit Harlan nicht mehr zu spielen und zu besuchen (E 7, 198; vgl. dazu schon oben Rdnr. 211); die Unterschriftensammlung eines Wehrdienstleistenden auf dem Kasernengelände gegen den in der Nähe geplanten Bau eines Kernkraftwerks (E 44, 197); der Brief eines Strafgefangenen, in dem beleidigende Äußerungen über den Anstaltsleiter fallen (E 33, 1); die Werbung mit Greenpeace-Symbol auf Briefumschlag (BVerwGE 72, 183); die kommerzielle Wirtschaftswerbung (E 71, 162/175).

Seit alters wird die Frage diskutiert, ob bzw. wieweit auch *Tatsachenbehauptungen* unter den Meinungsbegriff fallen. Besonders in den fünfziger Jahren ist unter Berufung auf das Weimarer Schrifttum die Auffassung vertreten worden, die rein sachliche Behauptung oder Mitteilung von Tatsachen könne keine Meinungsäußerung sein (*Ridder,* in: Die Grundrechte II, S. 243/264; *Wernicke,* BK, Erstbearbeitung, Art. 5 Anm. II 1 b; *Hamann/Lenz,* Art. 5 Anm. B 1). *Für* diese Auslegung sprechen grammatische, historische und systematische Argumente: Der begriffliche Gegensatz von Meinung und Tatsache hat in unserer Rechtsordnung eine lange Tradition. Das Strafrecht knüpft bei den Beleidigungsdelikten (§§ 186 ff. StGB) und auch beim Betrugstatbestand (§ 263 StGB) unterschiedliche Rechtsfolgen an eine Äußerung, je nachdem ob sie sich als Meinungskundgabe oder Tatsachenmitteilung darstellt. Die Landespressegesetze gewähren einen Gegendarstellungsanspruch nur dann, wenn Tatsachenbehauptungen vorliegen. Art. 5 Abs. 1 S. 2 schützt die Freiheit der Berichterstattung durch Rundfunk und Film, was zu dem Umkehrschluß verleiten kann, die Berichterstattung, d. h. die Tatsachenmitteilung, sei durch Art. 5 Abs. 1 S. 1 noch nicht geschützt. 627

*Gegen* die Ausklammerung der Tatsachenbehauptung spricht indessen, daß auch sie regelmäßig (zumindest stillschweigend) mit einem Werturteil des Behauptenden verbunden ist. Mit Blick auf den Rundfunk hat das BVerfG ausgeführt: „Jedes Rundfunkprogramm wird durch die Auswahl und Gestaltung der Sendungen eine gewisse Tendenz haben, insbesondere soweit es um die Entscheidung darüber geht, was nicht gesendet werden soll, was die Hörer nicht zu interessieren braucht, was ohne Schaden für die öffentliche Meinungsbildung vernachlässigt werden kann, und wie das Gesendete geformt und gesagt werden soll" (E 12, 205/260). Diese Aussage gilt sinngemäß für alle Medien: Nicht nur die Aufmachung und die Placierung einer Tatsache innerhalb der Berichterstattung, sondern bereits die Entscheidung darüber, ob sie überhaupt in der Zeitung oder dem Rundfunk- bzw. Fernsehprogramm berichtet wird, ist mit einem Werturteil verbunden. Im Schrifttum wird teilweise die Abgrenzung von Tatsachenbehauptungen und Werturteilen generell für unmöglich gehalten (*Herzog,* M/D, Art. 5 Abs. I, II Rdnr. 51; *Stein,* StR, § 13 II 2). 628

Das *BVerfG* geht einen Mittelweg, indem es einen weiten Meinungsbegriff verwendet. Danach fällt eine Äußerung, die durch „die Elemente der Stellungnahme, des Dafürhaltens oder Meinens geprägt" sei, auch dann in den Schutzbereich des Art. 5 Abs. 1 S. 1, wenn „sich diese Elemente, wie häufig, mit Elementen einer Tatsachenmitteilung oder -behauptung verbinden oder vermischen" (E 61, 1/7 ff.). Die Verbindung und Vermischung geschieht besonders dadurch, daß Tatsachenmitteilungen „Voraussetzung der Bildung von Meinungen" sind (ebd.). Nur Tatsachenmitteilungen, die weder mit Werturteilen verbunden noch für die Bildung von Meinungen relevant sind, fallen aus dem Schutzbereich von Art. 5 Abs. 1 S. 1, 1. Halbsatz heraus, z. B. Angaben im Rahmen statistischer Erhebungen (E 65, 1/41 — Volkszählungsurteil —). 629

Das BVerfG sieht „die erwiesen oder bewußt unwahre Tatsachenbehauptung nicht vom Schutz des Art. 5 Abs. 1 S. 1 GG umfaßt"; es sei nämlich die „unrichtige Information kein schützenswertes Gut" (BVerfG, NJW 1992, 1439/1440). Daran ist richtig, daß bewußte Entstellungen der Wahrheit, die die Meinung des Äußernden nicht wiedergeben, auch nicht als dessen Meinungsäußerung geschützt sein können (vgl. E 54, 208/219; 61, 1/8; *Ridder,* in: Die Grundrechte II, S. 243/265). Darüber hinaus 631 kann es für den Schutzbereich nicht auf Wahrheitserweise, d. h. die objektive Richtigkeit von Tatsachen ankommen; Meinungsfreiheit ist immer auch die Freiheit zum Irrtum.— Geschützt ist auch die Frage, die rhetorische wie die echte (BVerfG, NJW 1992, 1442/1443 f.).

632 bb) **Äußern und Verbreiten in Wort, Schrift und Bild.** Mit diesen Schutzbereichsmerkmalen ist die Form angesprochen, in der eine Meinung den Mitmenschen kundgegeben wird. Bei den Kundgabemodalitäten des Äußerns und Verbreitens in Wort, Schrift und Bild handelt es sich nur um beispielhafte Aufzählungen; das Äußern und das Verbreiten können überhaupt nicht im Sinne fester Tatbestandsmerkmale streng voneinander getrennt werden (*v. Münch,* vM, Art. 5 Rdnr. 11). Geschützt ist *jede* Form der Meinungskundgabe.

633 Eine Ausnahme ist lediglich in den Fällen zu machen, in denen eine Meinung einem anderen mehr oder weniger gewaltsam *aufgezwungen* werden soll. Das BVerfG hat immer wieder darauf hingewiesen, daß der Sinn und das Wesen des Grundrechts der Meinungsäußerungsfreiheit darin liegt, „den geistigen Kampf der Meinungen" zu gewährleisten, der als elementare Grundvoraussetzung einer freiheitlichen demokratischen Staatsordnung anzusehen ist (E 25, 256/265 — Blinkfüer —). Entsprechend endet der Schutz des Art. 5 Abs. 1 S. 1, 1. Halbsatz dort, wo das Feld rein geistiger Auseinandersetzung verlassen wird und Druckmittel anstelle von Argumenten zur Meinungsbildung eingesetzt werden (vgl. oben Rdnr. 213).

634 Zum Äußern und Verbreiten einer Meinung gehört nicht nur, daß sich der Äußernde und Verbreitende ihrer entledigt. Geschützt ist auch, daß die Meinung beim Adressaten ankommt, von ihm *empfangen* werden kann. Allerdings wirkt dieser Schutz lediglich zu Gunsten dessen, der seine Meinung äußert und verbreitet. Dem Adressaten ist das Recht auf den Empfang nicht durch Art. 5 Abs. 1 S. 1, 1. Halbsatz, sondern nur durch die Informationsfreiheit des Art. 5 Abs. 1 S. 1, 2. Halbsatz verbürgt, d. h. soweit es um den Empfang aus allgemein zugänglichen Quellen geht.

635 cc) **Negative Meinungsfreiheit.** Art. 5 Abs. 1 S. 1, 1. Halbsatz gewährleistet ferner das Recht, Meinungen nicht zu äußern und nicht zu verbreiten (E 65, 1/40), und schützt damit gleichzeitig davor, fremde Meinungen als eigene äußern und verbreiten zu müssen. Die Gewährleistung der negativen Meinungsfreiheit macht verständlich, daß das BVerfG statistische Angaben und Tatsachenbehauptungen und -mitteilungen ohne jedes Moment wertender Stellungnahme aus dem Meinungsbegriff herausfallen lassen will. Denn sie einzubeziehen würde bedeuten, daß die zahlreichen, besonders wirtschafts- und gewerberechtlichen Auskunfts- und Meldepflichten Eingriffe in die negative Meinungsäußerungsfreiheit wären.

635a **Beispiele:** Die negative Meinungsfreiheit schützt vor der Pflicht zur Teilnahme an staatlich organisierten Grußbotschaften und Ergebenheitsadressen. — Bei staatlich verordneten Produkthinweispflichten, z. B. dem Aufdruck „Rauchen gefährdet die Gesundheit", muß unterschieden werden: Darf die Hinweispflicht nicht als solche ausgewiesen werden, etwa mit dem Zusatz „Der Bundesgesundheitsminister warnt", liegt ein Eingriff in die negative Meinungsfreiheit vor. Anders liegt es, wenn die fremde Urheberschaft des Aufdrucks kenntlich gemacht werden darf; eine derartige Verpflichtung zur Äußerung einer erkennbar fremden Meinung mag Berufs- und Eigentumsfreiheit beeinträchtigen, doch ist Art. 5 Abs. 1 S. 1, 1. Halbsatz nicht einschlägig (a.A. *Kloepfer*, Produkthinweispflichten bei Tabakwaren als Verfassungsfrage, 1991, S. 28 f.; *Merten*, DÖV 1990, 761/767 f.).

Die Gewährleistung der negativen Meinungsäußerungsfreiheit macht weiter eine Ab- **635b**
grenzung zwischen den Schutzbereichen der Art. 5 Abs. 1 und 10 Abs. 1 erforderlich. Denn wie zur positiven Meinungsäußerungsfreiheit gehört, daß die Meinung ihren Adressaten erreicht, so gehört zur negativen, daß die Meinung dem, dem der Äußernde und Verbreitende sie nicht zukommen lassen will, auch nicht zukommt. Das aber gewährleistet bei brieflichen, telefonischen und ähnlichen Mitteilungen auch Art. 10 Abs. 1: Sie sollen an niemanden anders als an den gelangen, an den sie gerichtet sind. Art. 10 Abs. 1 ist insoweit lex specialis (vgl. oben Rdnr. 389 f.).

### b) Eingriffe

Zu den Eingriffen in die Meinungsäußerungsfreiheit rechnen **636**
— das Verbot, eine bestimmte Meinung zu äußern,
— das Verbot, eine Meinung auf bestimmte Art zu äußern,
— die Sanktion des einen wie des anderen Verbots,
— tatsächliche Maßnahmen, die den Schutzbereich verkürzen.
In die negative Meinungsäußerungsfreiheit wird statt durch Verbote durch Gebote eingegriffen.

**Beispiele:** In § 88 a StGB wurde das Verbreiten bestimmter rechtsstaats- und sicherheitsge- **637**
fährdender Meinungen verboten; in § 4 GjS wird verboten, jugendgefährdende Schriften über den Versandhandel zu vertreiben (E 30, 347); E 44, 197 überprüft die Verhängung von Disziplinararrest für einen Gefreiten, der in der Kaserne Unterschriften gegen den Bau eines Kernkraftwerks gesammelt hatte; eine einschlägige tatsächliche Maßnahme liegt etwa im polizeilichen Entfernen von verkehrsgefährdenden Aushängen. — Im Verbot für Soldaten, an politischen Veranstaltungen in Uniform teilzunehmen (§ 15 Abs. 3 SG), sieht E 57, 29/35 keinen Eingriff, sofern dieselbe Meinungsäußerung in Zivil möglich bleibt. Daraus folgt, daß das Verbot dann ein Eingriff ist, wenn der Soldat gerade durch das Tragen der Uniform eine Meinung zum Ausdruck bringen will (vgl. auch BVerwGE 76, 30).

## 2. *Informationsfreiheit (Art. 5 Abs. 1 S. 1, 2. Halbsatz)*

### a) Schutzbereich

Informations*quelle* ist zum einen jeder denkbare *Träger* von Informationen, zum an- **638**
deren der *Gegenstand* der Information selbst (*Herzog*, M/D, Art. 5 Abs. I, II Rdnr. 87; *v. Münch*, vM, Art. 5 Rdnr. 15).

**Beispiele:** Zeitung, Rundfunk- und Fernsehsendung, Akte, Brief, mündliche Auskunft; **639**
Verkehrsunfall, Naturkatastrophe, Gerichtsverhandlung. In der Informationsfreiheit und nicht in der Presse- und Rundfunkfreiheit finden die Zeitungsleser bzw. Rundfunkteilnehmer ihren Schutz (BVerfG, JZ 1989, 339).

*Allgemein zugänglich* ist eine Informationsquelle dann, wenn sie „technisch geeignet **640**
und bestimmt ist, der Allgemeinheit, d. h. einem individuell nicht bestimmbaren Personenkreis, Informationen zu verschaffen" (E 27, 71/83). Daraus, daß nur die technische, d. h. die *tatsächliche* Eignung zur Information der Allgemeinheit gegeben sein muß, ergibt sich, daß der Staat durch rechtliche Regelungen oder Maßnahmen nicht die Möglichkeit hat, über die allgemeine Zugänglichkeit einer Informationsquelle zu entschei-

den. Sonst könnten durch vorweggenommene Verengung des Begriffs „allgemein zugängliche Quellen" die Schranken des Art. 5 Abs. 2 unterlaufen werden (E 27, 71/83 ff.).

641 **Beispiele:** Eine Zeitung, die von der Post zum Abonnenten befördert wird, ist, anders als ein privater Brief, der mit derselben Sendung an den Empfänger gelangt, eine allgemein zugängliche Quelle, weil die Gesamtauflage allgemein zugänglich ist. Die Tatsache, daß das konkrete, von der Post beförderte Exemplar dem Zugriff für jedermann entzogen ist, ändert hieran nichts (E 27, 71/84). Besonders die Massenkommunikationsmittel der Presse, des Rundfunks, Fernsehens und Films sind grundsätzlich allgemein zugänglich, auch wenn sie aus dem Ausland kommen (*Schmitt Glaeser*, Jura 1987, 567/570). Dagegen ist das Abhören von Polizeifunk nicht durch das Grundrecht der Informationsfreiheit gedeckt. Keine allgemein zugänglichen Quellen sind ferner Behördenakten (BVerfG, NJW 1986, 1243) — außer sie lagern in Archiven (*Wyduckel*, DVBl. 1989, 327/334) —, Verwaltungsvorschriften, die von einer übergeordneten an eine nachgeordnete Behörde gerichtet sind (BVerwGE 61, 15/22), die Redaktion eines privaten Verlags (E 66, 116/137).

641a Geschützt ist *positiv* die Unterrichtung aus den allgemein zugänglichen Informationsquellen, d. h. das schlichte Entgegennehmen wie das aktive Beschaffen (E 27, 71/82 f.) mit seinen notwendigen Voraussetzungen, z. B. der Errichtung einer Funkantenne (BVerfG, NVwZ 1992, 463). Allerdings ist der Staat und sind auch die öffentlich-rechtlichen Rundfunkanstalten nicht verpflichtet, dem Bürger verfügbare Informationen zu beschaffen und zu präsentieren (VGH München, NJW 1992, 929/930). Neben der positiven ist auch hier eine *negative* Freiheit anzuerkennen. Sie besteht im Schutz vor unentrinnbar aufgedrängter staatlicher Information (*Degenhart*, BK, Art. 5 Abs. 1 u. 2 Rdnr. 286; nach a.A. soll insofern nur das allgemeine Persönlichkeitsrecht gem. Art. 2 Abs. 1 i.V.m. Art. 1 Abs. 1 einschlägig sein; vgl. *Hoffmann-Riem*, AK, Art. 5 Abs. 1, 2, Rdnr. 95; *Kimminich*, Staat 1964, 61/83).

### b) Eingriffe

642 Ein Eingriff in die Informationsfreiheit liegt zum einen dann vor, wenn der Zugang zur Information staatlicherseits *endgültig* verwehrt wird.

643 **Beispiel:** Da auch die grundsätzlich öffentliche Gerichtsverhandlung eine allgemein zugängliche Quelle ist, ist der Ausschluß der Öffentlichkeit ein Eingriff in die Informationsfreiheit (vgl., allerdings bezogen auf den Ausschluß eines Pressevertreters, E 50, 234/239 ff.).

644 Aber auch die auf einer Kontrolle beruhende *zeitliche Verzögerung* des Eingangs der Information beim Empfänger greift in Art. 5 Abs. 1 S. 1, 2. Halbsatz ein (E 27, 88/98 f.). Ferner stellt die staatliche Erfassung und Registrierung der Informationsquellen, deren sich die Bürger bedienen, einen Eingriff dar. Es versteht sich, daß derartige Maßnahmen nicht erst dann in die Informationsfreiheit eingreifen, wenn sie sich auf *alle* allgemein zugänglichen Quellen beziehen, sondern schon wenn sie einer einzigen Informationsquelle gelten. Insofern beinhaltet Art. 5 Abs. 1 S. 1, 2. Halbsatz das Recht auf Auswahl zwischen mehreren zur Verfügung stehenden Informationsquellen.

645 **Beispiele:** Der Leiter einer Strafanstalt hat einem Untersuchungshäftling den Rundfunkempfang u. a. mit der Begründung verweigert, es stehe ihm frei, Zeitungen zu halten (E 15, 288). — Aufgrund des Sonntagsbeschäftigungsverbots wird das Verpacken von Zeitschriften zur Auslieferung am Montag verboten (BVerwGE 84, 86/92).

*3. Pressefreiheit (Art. 5 Abs. 1 S. 2, 1. Variante)*

### a) Schutzbereich

646 aa) Der **Begriff der Presse** umfaßt alle zur Verbreitung geeigneten und bestimmten Druckerzeugnisse. Hiermit stimmen die Legaldefinitionen in den Landespressegesetzen inhaltlich überein (vgl. *Herzog*, M/D, Art. 5 Abs. I, II Rdnr. 129 Fn. 3). Zur Presse gehören daher nicht nur *periodisch* erscheinende Druckwerke (Zeitungen, Zeitschriften), sondern auch solche, die *einmalig* gedruckt werden, wie etwa Bücher, Flugblätter, Handzettel, Aufkleber und Plakate. Nicht hierunter fallen Schallplatten, die gepreßt, und Kassetten, die bespielt werden (*Degenhart*, BK, Art. 5 Abs. 1 u. 2 Rdnr. 298; *Herzog*, M/D, Art. 5 Abs. I, II Rdnr. 130 ff.; a. A. *Bullinger*, Hdb. StR VI, S. 668 f.).

647 bb) **Umfang der Gewährleistung.** Die Pressefreiheit „reicht von der Beschaffung der Information bis zur Verbreitung der Nachrichten und Meinungen“ (E 20, 162/176 — Spiegel —). Sie schützt dabei auch pressefunktionswichtige Hilfstätigkeiten, allerdings regelmäßig nur die presseinternen, d. h. den Presseunternehmen organisatorisch eingegliederten Hilfstätigkeiten; für die presseexternen bleibt es grundsätzlich beim Schutz anderer Grundrechte, besonders Art. 12 Abs. 1 (E 77, 346/354 f.).

648 **Beispiele:** Freie Gründung von Presseorganen (E 20, 162/175 ff.), Bestimmung und Verwirklichung der Tendenz einer Zeitung (E 52, 283/296), Vertraulichkeit der Redaktionsarbeit (E 66, 116/133), Vertrieb einer Zeitung durch den Presse-Grossisten (E 77, 346/354 f.; weitere Beispiele bei *Herzog*, M/D, Art. 5 Abs. I, II Rdnr. 136).

649 **Grundrechtsberechtigt** sind alle „im Pressewesen tätigen Personen und Unternehmen“ (E 20, 162/175). Dazu gehören neben Verleger, Herausgeber, Redakteuren und Journalisten auch der Buchhalter im Presseunternehmen (E 25, 296/304) und der Sachbearbeiter in der Anzeigenabteilung (E 64, 108/114 f.; weitergehend *Rebe*, Die Träger der Pressefreiheit nach dem Grundgesetz, 1968). Daraus, daß die Pressefreiheit sowohl dem Verleger als auch dem Redakteur und dem Journalisten zusteht, können sich schwierige Drittwirkungsprobleme ergeben: Darf ein Verleger einem Redakteur und dieser einem Journalisten vorschreiben, über bestimmte Ereignisse nicht oder nur in bestimmter Weise zu berichten? Diese Fragen werden unter dem Stichwort der inneren Pressefreiheit diskutiert (vgl. *Liesegang*, JuS 1975, 215; *Starck*, M/K, Art. 5 Abs. 1, 2 Rdnr. 59 ff.).

650 cc) **Verhältnis zu den Grundrechten aus Art. 5 Abs. 1 S. 1.** Die Pressefreiheit ist insofern ein *Spezialfall* der Meinungsäußerungs- und Informationsfreiheit des Art. 5 Abs. 1 S. 1, als sie die Meinungsäußerung durch das Medium der Presse (unklar BVerfG, NJW 1992, 1439) und auch die vorbereitende Beschaffung von Informationen aus allgemein zugänglichen Quellen schützt. Die Pressefreiheit ist jedoch insofern *mehr* als ein Spezialfall der Meinungsäußerungsfreiheit, als „es um die im Pressewesen tätigen Personen in Ausübung ihrer Funktion, um ein Presseerzeugnis selbst, um seine institutionell-organisatorischen Voraussetzungen und Rahmenbedingungen sowie um die Institution einer freien Presse überhaupt geht“ (NJW 1992, 1439 f.). Sie ist auch mehr als ein Spezialfall der Informationsfreiheit, indem sie, wie das BVerfG formuliert, „die Beschaffung der Information“, d. h. die Beschaffung von Informationen nicht nur aus allgemein zugänglichen Quellen, sondern auch durch besondere Recherchen, Beobachtungen, Interviews etc. umfaßt und dabei sogar einen gewissen

Schutz des Vertrauensverhältnisses zwischen der Presse und ihrem privaten Informanten verlangt (E 36, 193/204). Sie gewährleistet aber gegenüber öffentlichen Stellen keinen Anspruch auf Auskünfte (BVerwGE 70, 310/315; a. A. *Degenhart*, BK, Art. 5 Abs. 1 u. 2 Rdnr. 322) und erst recht nicht auf Film- oder Tonbandaufzeichnungen (BVerwGE 85, 283/285); ein solcher Anspruch kann nur aus den Landespressegesetzen folgen. Soweit Spezialität vorliegt, gelten die oben zu den Schutzbereichen der Meinungsäußerungs- und Informationsfreiheit getroffenen Feststellungen sinngemäß auch für die Pressefreiheit.

**651** **Beispiele:** Ebenso wie es für den Meinungsbegriff nicht auf den Inhalt ankommt, spielt es auch für den Pressebegriff keine Rolle, ob die Veröffentlichung ein bestimmtes Niveau besitzt oder — Regenbogenpresse — nicht besitzt (E 34, 269/283 — Soraya —; 66, 116/134 — Wallraff —). Ähnlich wie die Einbeziehung von bloßen Tatsachenbehauptungen oder -mitteilungen in den Schutz von Art. 5 Abs. 1 S. 1, 1. Halbsatz ist die Einbeziehung des Anzeigenteils, bei dem das Element der wertenden Stellungnahme durch das veröffentlichende Presseunternehmen fast ganz hinter der sachlichen Wiedergabe zurücktritt, in den Schutz der Pressefreiheit zum Problem geworden; das BVerfG hat sie bejaht (E 21, 271/278 — Südkurier —; 64, 108/114), und OLG Köln, NJW 1984, 1121 hat sie zum Schutz auch der Anzeigenblätter ohne redaktionellen Teil erweitert.

### b) Eingriffe

**652** Eingriffe in die Pressefreiheit können wegen ihrer Spezialität in denselben Modalitäten erfolgen wie bei Art. 5 Abs. 1 S. 1.

**653** **Beispiele:** Durchsuchung von Redaktionsräumen und Beschlagnahme von Pressematerial (E 20, 162 — Spiegel —), Festsetzung eines Ordnungsgeldes gegen einen Anzeigenredakteur, der sich weigert, im Rahmen eines Strafverfahrens Angaben über den Auftraggeber einer Chiffreanzeige zu machen (E 64, 108/115). — Ein Eingriff liegt dagegen noch nicht vor, wenn der Staatsanwalt den Erlaß eines Durchsuchungsbefehls für die Räume eines Verlages beim Richter beantragt, weil es sich hierbei lediglich um einen internen Vorgang zwischen der Staatsanwaltschaft und dem Richter handelt. Erst wenn der Richter den Durchsuchungsbefehl erläßt, ist der Betroffene beschwert (E 20, 162/172).

*4. Freiheit der Rundfunkberichterstattung (Art. 5 Abs. 1 S. 2, 2. Variante)*

### a) Schutzbereich

**654** aa) Der **Rundfunkbegriff** umfaßt neben dem — in der Umgangssprache allein als Rundfunk bezeichneten — Hörfunk auch das Fernsehen (E 12, 205/226 — 1. Fernseh-Urteil —: „Hörrundfunk und Fernsehrundfunk"; 31, 314/315; 57, 295/319). Rundfunk ist jede an eine unbestimmte Vielzahl von Personen gerichtete Übermittlung von Gedankeninhalten durch physikalische, besonders elektromagnetische Wellen. Nach dieser Definition spielt es keine Rolle, ob die Übermittlung drahtlos oder über Leitungen erfolgt. Daher werden auch Kabelhörfunk und -fernsehen von der Rundfunkfreiheit erfaßt, nicht aber das private Telefongespräch, weil es nicht an eine unbestimmte Vielzahl von Personen gerichtet ist (*Herzog*, M/D, Art. 5 Abs. I, II Rdnr. 194 f.). Beim Bildschirmtext ist umstritten, ob er den Medien der Massenkommunikation (Adressat: unbestimmte Vielzahl von Personen) oder denen der Individualkommunikation (Adressat: bestimmte einzelne Personen) zugeordnet werden muß (vgl. *Starck*, M/K, Art. 5 Abs. 1, 2 Rdnr. 63; *Schlink/Wieland*, Jura 1985, 570/572, 575; zu weiteren Abruf- und auch zu Spartenprogrammen *Bullinger*, Hdb. StR VI, S. 718 ff.).

bb) **Umfang der Gewährleistung.** Wie die Pressefreiheit reicht auch die Rundfunkfreiheit „von der Beschaffung der Information bis zur Verbreitung der Nachrichten und Meinungen" (E 77, 65/74). Was zum engen Zusammenhang zwischen Tatsachenmitteilung und Werturteil gesagt wurde (vgl. oben Rdnr. 628), gilt auch hier. Vom BVerfG werden Tatsachenmitteilungen und Werturteile gleichermaßen in den Schutzbereich der Rundfunkfreiheit einbezogen: „Trotz der engeren Fassung des Wortlauts (‚Berichterstattung') unterscheidet sich die Rundfunkfreiheit wesensmäßig nicht von der Pressefreiheit. Sie gilt in gleicher Weise für rein berichtende Sendungen wie für Sendungen anderer Art. Information und Meinung können ebenso durch ein Fernsehspiel oder durch eine Musiksendung vermittelt werden wie durch Nachrichten oder politische Kommentare" (E 35, 202/222 — Lebach —; ebenso *Herzog*, M/D, Art. 5 Abs. I, II Rdnr. 200 ff.; a. A. *Hesse*, VerfR, Rdnr. 396, der Meinungsäußerungen in Rundfunk und Film nur durch Art. 5 Abs. 1 S. 1, 1. Halbsatz geschützt sieht). 655

Seit Jahrzehnten ist problematisch, *wer* das Grundrecht der Rundfunkfreiheit für sich in Anspruch nehmen kann. Dabei geht es um die medienpolitische Grundentscheidung zwischen öffentlich-rechtlichem, privatrechtlichem und gemischtem Hörfunk- und Fernsehsystem. Bis Dezember 1983 wurden die Rundfunkprogramme in der Bundesrepublik Deutschland ausschließlich von den öffentlich-rechtlichen *Rundfunkanstalten* ausgestrahlt. Diese sind zwar juristische Personen des öffentlichen Rechts, unterliegen aber zugleich dem aus Art. 5 Abs. 1 S. 2, 2. Variante folgenden Gebot der Staatsfreiheit des Rundfunks (st. Rspr.; zuletzt E 83, 238/322). Sie können auch das Grundrecht der Rundfunkfreiheit für sich in Anspruch nehmen. Denn das BVerfG verneint zwar grundsätzlich die Grundrechtsberechtigung der juristischen Personen des öffentlichen Rechts, läßt aber dann etwas anderes gelten, „wenn ausnahmsweise die juristische Person des öffentlichen Rechts unmittelbar dem durch die Grundrechte geschützten Lebensbereich zuzuordnen ist" (E 31, 314/322; vgl. oben Rdnr. 189 f.). Dadurch ergibt sich die Besonderheit, daß die Rundfunkanstalten gleichzeitig Grundrechtsberechtigte und — als juristische Personen des öffentlichen Rechts sind sie Bestandteil der vollziehenden Gewalt i. S. d. Art. 1 Abs. 3 — Grundrechtsverpflichtete sind. Dies wurde vom BVerfG für die Vergabe von Sendezeiten an politische Parteien ausdrücklich anerkannt (E 7, 99/103; 14, 121/133). Entsprechendes muß für die Landesmedienanstalten gelten (*Gersdorf*, Staatsfreiheit des Rundfunks in der dualen Rundfunkordnung der Bundesrepublik Deutschland, 1991, S. 151 ff.). 656

Keine Träger der Rundfunkfreiheit sind die *Rundfunkteilnehmer* (BVerG, NJW 1990, 311). Ob und wieweit sich der *einzelne Rundfunkjournalist* gegenüber der Rundfunkanstalt auf sein Grundrecht aus Art. 5 Abs. 1 S. 2, 2. Variante berufen kann, ist umstritten. Nach teilweise vertretener Auffassung kann er das Grundrecht nur gegenüber den außerhalb der Rundfunkanstalt stehenden staatlichen Instanzen geltend machen, d. h. sein Grundrechtsschutz wirkt lediglich parallel zu dem der Anstalt selbst (OVG Münster, NJW 1982, 670; *Bethge*, UFITA 1973, 143; *H. P. Ipsen*, Mitbestimmung im Rundfunk, 1972, S. 36 f.). Gegen diese Auffassung wird eingewandt, sie eliminiere den Grundrechtsschutz der Rundfunkmitarbeiter gegenüber der Rundfunkanstalt, ohne daß die Verfassung dafür einen Anhalt biete. Wird dem Einwand folgend auch dem Rundfunkjournalisten die Berufung auf die Rundfunkfreiheit in vollem Umfang zugestanden (vgl. *F. Müller/Pieroth*, Politische Freiheitsrechte der Rundfunkmitarbeiter, 657

1976, S. 39), dann ist es Aufgabe des Gesetzgebers, die Grundrechtspositionen beider zueinander ins rechte Verhältnis zu setzen.

**658** In der Diskussion um die neuen Medien spielt die Frage eine große Rolle, ob und vor allem unter welchen Voraussetzungen auch *Privaten* die *Veranstaltung* von Rundfunksendungen zusteht. Ein entsprechender grundrechtlicher Anspruch wird im Schrifttum vielfach bejaht (vgl. *Bullinger,* Kommunikationsfreiheit im Strukturwandel der Telekommunikation, 1980; *H. Klein,* Rundfunkfreiheit, 1978; *Scheuner,* Das Grundrecht der Rundfunkfreiheit, 1982), aber auch nachdrücklich verneint (*Böckenförde/Wieland,* AfP 1982, 77; *Rossen,* Freie Meinungsbildung durch den Rundfunk, 1988). Das BVerfG hat diese Frage ausdrücklich offengelassen (E 57, 295/318) und in seinen bislang sechs Fernsehurteilen (E 12, 205; 31, 314; 57, 295; 73, 118; 74, 297; 83, 238; dazu *Hesse,* JZ 1991, 357) vornehmlich objektiv-rechtlich argumentiert (vgl. auch *Stock,* Medienfreiheit als Funktionsgrundrecht, 1985).

**659** Das BVerfG knüpft an die *Sondersituation* des Rundfunks im Vergleich zur Presse an. Bis Anfang der 80er Jahre ergab sie sich aus der Knappheit der verfügbaren Frequenzen und dem außergewöhnlich hohen finanziellen Aufwand für die Veranstaltung von Rundfunksendungen. In neuerer Zeit ist diese Situation nicht entfallen; sie hat sich nur dadurch verändert, daß sich die technischen Voraussetzungen der Veranstaltung und Verbreitung von Rundfunkprogrammen durch die Entwicklung neuer Medien verbessert haben und daß ein europäischer und sogar über Europa hinausreichender Rundfunkmarkt entstanden ist (E 73, 118/121 ff.). Nach wie vor bestimmt die verfassungsgerichtliche Rechtsprechung den Schutzbereich der Rundfunkfreiheit nach der Funktion des Rundfunks als Medium und Forum öffentlicher Meinungsbildung. Danach verlangt die Rundfunkfreiheit eine gesetzliche Ausgestaltung durch materielle, organisatorische und Verfahrensregelungen, die einen freien Kommunikationsprozeß gewährleisten, d. h. sicherstellen, daß die Vielfalt der bestehenden Meinungen im Rundfunk in möglichster Breite und Vollständigkeit Ausdruck findet; insoweit versteht das BVerfG die Rundfunkfreiheit als normgeprägtes Grundrecht. Früher verstieß die ausschließlich öffentlich-rechtliche Organisation der Rundfunkanstalten nicht gegen diese Maßstäbe. Auch heute ist im sog. dualen System die für die demokratische Ordnung und für das kulturelle Leben unerläßliche „Grundversorgung" der Bürger mit Rundfunksendungen eine Aufgabe der öffentlich-rechtlichen Anstalten, weil ihre terrestrischen Programme nahezu die gesamte Bevölkerung erreichen und sie zu einem inhaltlich umfassenden Programmangebot in der Lage sind (E 73, 118/158 f.). Das Angebot weitergehender Dienste und Programme, u. a. die Veranstaltung lokaler und regionaler Programme, darf ihnen nicht verwehrt werden; insofern gibt es eine Bestands- und Entwicklungsgarantie für den öffentlich-rechtlichen Rundfunk (E 74, 297/327 ff.). Anstelle des „äußeren Dualismus" eines Nebeneinander von öffentlichen und privaten Veranstaltern ist auch ein „innerer Dualismus" in Form privat-öffentlicher Veranstaltergemeinschaft zulässig (E 83, 238/303 ff.). Bezüglich der privaten Veranstalter beschränkt sich das BVerfG darauf, dem (Landes-) Gesetzgeber grundsätzlich freizustellen, auf eine Meinungsvielfalt durch viele Veranstalter zu setzen (Außenpluralismus) oder die Meinungsvielfalt durch organisatorische und inhaltliche Anforderungen an die Veranstalter zu sichern (Binnenpluralismus). Diese Anforderungen brauchen zwar nicht gleich hoch zu sein wie im öffentlich-rechtlichen

Rundfunk, müssen aber auch nicht niedriger sein (E 83, 238/316). Wichtig ist, daß das Entstehen vorherrschender Meinungsmacht verhindert wird. Außerdem verlangt das BVerfG (E 57, 295/324 f.; 73, 118/153 f.; 83, 238/296 f.) vom (Landes-)Gesetzgeber Regelungen, die

- ein Mindestmaß an inhaltlicher Ausgewogenheit, Sachlichkeit und gegenseitiger Achtung gewährleisten,
- bei privat-öffentlicher Veranstaltergemeinschaft eine Aushöhlung des öffentlichen Programmauftrags verhindern,
- eine begrenzte Staatsaufsicht (durch die Länder) vorsehen,
- den gleichen Zugang zur Veranstaltung privater Rundfunksendungen eröffnen und
- bei öffentlich-rechtlichem Rundfunk ein Überwiegen der Gebührenfinanzierung sicherstellen (zu diesen Anforderungen vgl. *Schlink/Wieland*, Jura 1985, 570/574 f.; *Stock*, Media Perspektiven 1991, 133).

### b) Eingriffe

Eingriffe in die Organisation und Sendungen der öffentlich-rechtlich organisierten Rundfunkanstalten sind selten gewesen und haben wegen der organisatorisch bedingten Nähe der Rundfunkanstalten zum Staat nicht den inhaltlichen Nerv der Rundfunkfreiheit getroffen. 660

**Beispiele:** E 31, 314 hat in der Heranziehung der Rundfunkanstalten zur Umsatzsteuer einen Eingriff in deren Rundfunkfreiheit erblickt. Das baden-württembergische Landesmediengesetz griff mit dem Verbot öffentlich-rechtlicher Programme im regionalen und lokalen Rundfunk in die Grundrechte des Süddeutschen Rundfunks und des Südwestfunks ein (E 74, 297/331 ff.). 661

Bei der Beschaffung der Informationen sind dagegen die Journalisten des Rundfunks den gleichen Eingriffen ausgesetzt wie die Journalisten der Presse; die in der StPO auch gegenüber Journalisten ermöglichten Vernehmungen, Durchsuchungen und Beschlagnahmen (vgl. E 77, 65/77 ff.) treffen Presse-, Hörfunk- und Fernsehjournalisten gleichermaßen. Falls die bisher offen gebliebene Frage eines grundrechtlichen Anspruchs auf die Veranstaltung privater Rundfunksendungen bejaht wird, dann weisen die erlassenen oder vorbereiteten Rundfunk- und Mediengesetze der Länder eine Fülle von Eingriffen in die Rundfunkfreiheit Privater auf, soweit sie nicht als Ausgestaltung der normgeprägten Rundfunkfreiheit qualifiziert werden können (vgl. E 73, 118/166). 662

*5. Freiheit der Filmberichterstattung (Art. 5 Abs. 1 S. 2, 3. Variante)*

### a) Schutzbereich

Angelehnt an die Definition des Rundfunks versteht man unter Film eine Übermittlung von Gedankeninhalten durch Bilderreihen, die zur Projektierung bestimmt sind (*Herzog*, M/D, Art. 5 Abs. I, II Rdnr. 198). Entgegen einer auch heute noch vertretenen Auffassung ist auch für die Filmfreiheit mit der h. L. zu betonen, daß sie, anders als der Wortlaut nahelegen mag, nicht nur dokumentarische Filme erfaßt (so aber *Hamann/Lenz*, Art. 5 Anm. B 7), sondern auch Spielfilme und alle anderen filmischen Meinungsäußerungen. 663

### b) Eingriffe

664 Auch in die Freiheit der Filmberichterstattung kann in derselben Weise wie in die Meinungsäußerungsfreiheit, d. h. besonders durch Verbote, Sanktionen und auch tatsächliche Maßnahmen eingegriffen werden.

665 **Beispiele:** Verbote von Filmen wegen ihres politischen oder pornographischen Inhalts, Beschränkung des Filmbesuchs auf bestimmte Altersgruppen (§ 6 JÖSchG), Auflösung einer verkehrsgefährdenden Besucherschlange vor einem Filmtheater.

## III. Verfassungsrechtliche Rechtfertigung

*1. Schranken*

666 Die wichtigsten Schranken der Grundrechte aus Art. 5 Abs. 1 sind in Art. 5 Abs. 2 normiert. Daneben findet sich in Art. 17a ein Gesetzesvorbehalt, der nur für das Grundrecht der Meinungsäußerungsfreiheit gilt. Schließlich können auch die Eingriffsermächtigungen der Art. 9 Abs. 2, 18, 21 Abs. 2 für die Grundrechte aus Art. 5 Abs. 1 von Bedeutung werden.

### a) Die qualifizierten Gesetzesvorbehalte des Art. 5 Abs. 2

667 aa) **Allgemeine Gesetze** sind Gesetze sowohl im formellen wie im materiellen Sinn. Daher können die Grundrechte aus Art. 5 Abs. 1 auch durch auf gesetzlicher Grundlage ergehende Rechtsverordnungen und durch Satzungen eingeschränkt werden.

668 **Beispiel:** Nach der Marktordnung der Stadt Bochum ist es unzulässig, Geschäftsanzeigen, Reklamezettel, Werbeprospekte oder sonstige Gegenstände auf dem Markt zu verteilen (vgl. BVerfG, JuS 1980, 141).

669 *Allgemein* ist ein solches Gesetz nicht schon dann, wenn es abstrakt-generell formuliert ist. Wäre das nämlich der Fall, dann würde sich das Erfordernis der Allgemeinheit vollständig mit dem Verbot des Einzelfallgesetzes in Art. 19 Abs. 1 S. 1 decken und wäre daneben überflüssig. Ferner würden die allgemeinen Gesetze auch die weiteren Schranken der gesetzlichen Bestimmungen zum Schutze der Jugend und des Rechts der persönlichen Ehre schon mitumfassen. Der Vorbehalt der allgemeinen Gesetze wäre schlicht der einfache Gesetzesvorbehalt, obwohl er gerade anders formuliert ist als der einfache Gesetzesvorbehalt anderer Grundrechte. Daher besteht Einigkeit, daß der Begriff der allgemeinen Gesetze in Art. 5 Abs. 2 nicht einfach die Abstraktheit und Generalität von Gesetzen, sondern eine bestimmte inhaltliche Qualität meint (*Herzog*, M/D, Art. 5 Abs. I, II Rdnr. 252 ff.; *Starck*, M/K, Art. 5 Abs. 1, 2 Rdnr. 122).

670 Schon zum insoweit gleichlautenden Art. 118 Abs. 1 S. 2 WRV wurde die sog. *Sonderrechtslehre* vertreten, die das Merkmal der nicht-allgemeinen, also der besonderen Gesetze darin erblickte, daß sie „eine an sich erlaubte Handlung allein wegen ihrer geistigen Zielrichtung und der dadurch hervorgerufenen schädlichen geistigen Wirkung verbieten oder beschränken“ (*Häntzschel*, in: Anschütz/Thoma, Handbuch des Deutschen Staatsrechts II, 1932, S. 651/659 f.). Die Sonderrechtslehre wurde auch dahin formuliert, daß allgemeine Gesetze „nicht eine Meinung als solche verbieten, sich nicht gegen die Äußerung der Meinung als solche richten“ (*Anschütz*, VVDStRL 4, 1928, 75), wobei unter dem Spezifischen einer Meinung und ihrer Äußerung, das mit „als solche“ angesprochen ist, eben die geistige Zielrichtung und geistige Wirkung zu

verstehen ist. Weniger streng und weniger klar ist die Formulierung, allgemeine Gesetze müßten „dem Schutze eines schlechthin ohne Rücksicht auf eine bestimmte Meinung zu schützenden Rechtsgutes dienen“ (*Rothenbücher*, VVDStRL 4, 1928, 5/20). Aber auch mit dieser Formulierung sollte ausgedrückt werden, daß die nichtallgemeinen, also die besonderen Gesetze „Sonderrecht gegen die Meinungsfreiheit“ (*Häntzschel*, a.a.O.) sind.

**Beispiele:** Als Beispiel für ein besonderes Gesetz wurde in der Weimarer Staatsrechtslehre ein „Gesetz, das die Verbreitung kommunistischer oder faszistischer oder atheistischer oder bibelwidriger Lehrmeinungen (etwa solcher, die mit dem biblischen Schöpfungsbericht in Widerspruch stehen) verbietet“, angeführt (*Anschütz*, Die Verfassung des Deutschen Reichs, 14. Aufl. 1933, Art. 118 Anm. 3), als Beispiel für allgemeine Gesetze die meisten Strafgesetze und die allgemeinen Polizeigesetze. 671

Diese Sonderrechtslehre wahrt die *Freiheit des Geistes;* sie traut und mutet der Gesellschaft einen freien Prozeß des Austauschs und auch Konflikts zwischen Meinungen zu, solange nicht ein „Einbruch vom Gebiet des Überzeugens in das Gebiet des unmittelbaren Handelns erfolgt“ (*Häntzschel*, a.a.O.). Sie greift damit genau das, was in der *Entwicklung* der Grundrechte als Meinungsfreiheit gefordert und erkämpft wurde. Sie erhellt auch, warum dem Vorbehalt der allgemeinen Gesetze noch die Schranken des Ehren- und Jugendschutzes beigefügt wurden: Gesetze zum Schutze der Jugend und der Ehre sind Sonderrecht gegen die Meinungsfreiheit, denn sie beschränken oder verbieten Meinungsäußerungen wegen ihrer geistigen Zielrichtung und Wirkung und mußten daher neben den allgemeinen Gesetzen *gesondert* aufgeführt werden. 672

Aber schon unter der WRV wurde die Sonderrechtslehre als formalistisch, ihr Begriff des allgemeinen Gesetzes als formal kritisiert und ein *materialer Begriff* des allgemeinen Gesetzes gefordert. Danach sollten als allgemeine Gesetze diejenigen gelten, „die deshalb den Vorrang vor Art. 118 haben, weil das von ihnen geschützte gesellschaftliche Gut wichtiger ist als die Meinungsfreiheit“ (*Smend*, VVDStRL 4, 1928, 44/52). In diesem Sinn sollte es z. B. die „materiale Überwertigkeit des Strafrechtsgutes gegenüber dem Grundrechtsgut (sein), die dem Strafrecht den Vorzug gibt“ (*Smend*, a.a.O.). Die Feststellung, ob ein Gesetz allgemein ist, ist danach das Ergebnis einer Abwägung, und *Smend* selbst hat gesehen: „Derartige Abwägungsverhältnisse können schwanken . . .“ (a.a.O., S. 53). 673

Diese Weimarer Konkurrenz zwischen herrschender Sonderrechtslehre und Abwägungslehre fand das *BVerfG* vor, als es sich im *Lüth-Urteil* (E 7, 198) erstmals mit dem Begriff des allgemeinen Gesetzes zu befassen hatte. Es hat einfach beide Lehren kombiniert und versteht seitdem in ständiger Rechtsprechung unter allgemeinen Gesetzen die Gesetze, „die nicht eine Meinung als solche verbieten, die sich nicht gegen die Äußerung der Meinung als solche richten, die vielmehr dem Schutze eines schlechthin, ohne Rücksicht auf eine bestimmte Meinung, zu schützenden Rechtsguts dienen, dem Schutze eines Gemeinschaftswerts, der gegenüber der Betätigung der Meinungsfreiheit den Vorrang hat“ (E 7, 198/209 f.). Diese Formel läßt die Sonderrechtslehre noch intakt; sie scheint deren freiheitssichernde Wirkung durch das zusätzliche Erfordernis, daß mit dem allgemeinen Gesetz nicht ein beliebiger, sondern nur ein besonders wertvoller Zweck verfolgt werden darf, nur zu verstärken. Allerdings ist unschwer zu sehen, daß der Frage nach dem Wert und dem Vorrang des Gesetzeszwecks 674 dasselbe Rationalitätsdefizit eignet wie der Prüfung der Verhältnismäßigkeit im engeren Sinn: Beidemal werden mangels eines objektiven Maßstabs letztlich die subjektiven Einschätzungen der Wert- und Rangverhältnisse zwischen Meinungsfreiheit und Gesetzeszweck entscheidend. Bedenklich sind darum Formulierungen, die sich beim BVerfG ebenfalls zum Begriff des allgemeinen Gesetzes finden und in denen das Erbe der Sonderrechtslehre hinter dem der Abwägungslehre völlig zurücktritt: „Es wird ... eine ‚Güterabwägung' erforderlich: Das Recht zur Meinungsäußerung muß zurücktreten, wenn schutzwürdige Interessen eines anderen von höherem Rang durch die Betätigung der Meinungsfreiheit verletzt würden" (E 7, 198/210). Derartige Formulierungen sind die unglückliche und mißverständliche Verselbständigung eines Aspekts des Begriffs des allgemeinen Gesetzes. Ihnen gegenüber ist daran zu erinnern, daß das BVerfG die Sonderrechtslehre keineswegs preisgeben, sondern aufrechterhalten und sogar verstärken will (E 74, 297/336; *Hesse*, VerfR, Rdnr. 399; *Schwark*, Der Begriff der „allgemeinen Gesetze" in Art. 5 Abs. 2 des Grundgesetzes, 1970, S. 131).

**675** Was das BVerfG in Aufrechterhaltung der Sonderrechtslehre verlangt, ist — zu einem Leitbegriff zusammengezogen — die *Meinungsneutralität* der allgemeinen Gesetze. In mehrere Prüfschritte auseinandergelegt bedeutet es, daß ein allgemeines Gesetz

— nicht den Zweck verfolgen darf, den einzelnen zu bestimmten Meinungsinhalten zu bekehren oder von bestimmten Meinungsinhalten abzubringen (Verbot des missionarischen Eingriffszwecks),
— nicht das Mittel einsetzen darf, die Wertlosigkeit oder Schädlichkeit von Meinungsinhalten zu Tatbestandsvoraussetzungen von Eingriffen zu machen (Verbot des diskriminierenden Eingriffsmittels),
— sich als geeignet und notwendig zur Erreichung eines legitimen Zwecks begründen lassen muß, ohne daß die Begründung auf den inhaltlichen Wert und die geistige Wirkung von Meinungsinhalten abstellt (*Hoffmann-Riem*, JZ 1986, 494; *Schlink*, Staat 1976, 335/353 ff.).

**676** Der Ergänzung durch die Abwägungslehre kommt dabei dieselbe Bedeutung wie sonst der *Verhältnismäßigkeit i. e. S.* zu (vgl. oben Rdnr. 333 f.). Die Prüfung, wie wertvoll die Verfolgung des Gesetzeszwecks und die Betätigung der Meinungsfreiheit sind und ob das Rangverhältnis zwischen Gesetzeszweck und Meinungsfreiheit stimmt, ist eine das Ergebnis der vorangegangenen Prüfschritte in den Blick nehmende Stimmigkeitskontrolle, die, wenn sie unbefriedigend ausfällt, zunächst die nochmalige Kontrolle der vorausgegangenen Prüfschritte verlangt und nur als letzten Ausweg die Korrektur unter Hinweis auf das Abwägungsverhältnis erlaubt (vgl. auch *Erichsen*, StR I, S. 29 f.; *Schmitt Glaeser*, AöR 1972, 276/286; *Starck*, Festschrift Weber, 1974, S. 189/215).

**677** Das BVerfG hat noch einen weiteren Aspekt der Eingriffsrechtfertigung, der auch bei den übrigen Grundrechten einschlägig ist, bei Art. 5 Abs. 2 begrifflich verselbständigt: Seiner zum allgemeinen Gesetz entwickelten sogenannten *Wechselwirkungslehre*, auch spöttisch Schaukeltheorie genannt, kommt hier dieselbe Bedeutung zu wie sonst dem Grundsatz der *verfassungskonformen Auslegung* (*Herzog*, M/D, Art. 5 Abs. I, II Rdnr. 264): „Die gegenseitige Beziehung zwischen Grundrecht und ‚allgemeinem Gesetz' ist . . . nicht als einseitige Beschränkung der Geltungskraft des Grundrechts durch die ‚allgemeinen Gesetze' aufzufassen; es findet vielmehr eine Wechselwirkung in dem Sinne statt, daß die ‚allgemeinen Gesetze' zwar dem Wortlaut nach dem

Grundrecht Schranken setzen, ihrerseits aber aus der Erkenntnis der wertsetzenden Bedeutung dieses Grundrechts im freiheitlichen demokratischen Staat ausgelegt und so in ihrer das Grundrecht begrenzenden Wirkung selbst wieder eingeschränkt werden müssen" (E 7, 198/208 f.; 71, 206/214). Besonders „eine Auslegung der die Meinungsfreiheit beschränkenden Gesetze, die an die Zulässigkeit öffentlicher Kritik überhöhte Anforderungen stellt, ist mit Art. 5 nicht vereinbar"; das BVerfG läßt bei einem „Beitrag zum geistigen Meinungskampf in einer die Öffentlichkeit wesentlich berührenden Frage . . . die Vermutung für die Zulässigkeit der freien Rede" sprechen (E 54, 129/137; 68, 226/232). Das bedeutet zum einen, daß ein allgemeines Gesetz wie jedes Gesetz, wenn es mehrere Auslegungen zuläßt, nur in der Auslegung gilt und zur Grundlage und Rechtfertigung eines Eingriffs taugt, die mit der Verfassung und dabei besonders dem Grundsatz der Verhältnismäßigkeit vereinbar ist. Zum anderen verlangt es, eine öffentliche Äußerung, die sich auf verschiedene Weise deuten läßt, der rechtlichen Würdigung grundsätzlich in der Deutung zugrunde zu legen, in der sie mit anderen Rechtsgütern nicht in Konflikt kommt (E 82, 43/52 f.; 82, 272/280 f.; zwiespältig E 82, 236/259 f.); auch hier gilt ein vom BVerfG zunächst zur Kunstfreiheit entwickelter (vgl. unten Rdnr. 700 f.) Grundsatz der wohlwollenden Auslegung.

**Beispiele:** Die Landesstraßengesetze enthalten Vorschriften einerseits zum Gemeingebrauch und andererseits zur erlaubnispflichtigen Sondernutzung von Straßen, Wegen und Plätzen und treffen dabei die Abgrenzung zwischen beidem in auslegungsfähiger und -bedürftiger Weise. Die an Art. 5 Abs. 1 orientierte verfassungskonforme Auslegung verlangt, auch den sog. kommunikativen Straßenverkehr (z. B. das Verteilen von Flugblättern) als Gemeingebrauch, erlaubnisfreie Sondernutzung oder sonst von den Behörden zu duldendes Verhalten anzusehen (BVerfG, NVwZ 1992, 53; *Steinberg/Herbert*, JuS 1980, 108). — § 13 Abs. 1 Nr. 3 PostO verbietet, auf der Aufschriftseite von Postsendungen Vermerke politischen Inhalts anzubringen. Das ist offensichtlich keine meinungsneutrale Regelung. Sie ist aber verfassungsmäßig, wenn sie einschränkend dahin ausgelegt wird, daß sie sich nur auf solche Vermerke bezieht, bei denen nicht auszuschließen ist, daß sie der Bundespost zugeschrieben werden oder daß sie den Postverkehr mit dem Ausland stören (BVerwGE 72, 183/188; NJW 1990, 464). — Ein Transparent mit der Aufschrift „Strauß deckt Faschisten" kann nicht nur als die Schmähung, Strauß sei von faschistischer Gesinnung, sondern auch dahin verstanden werden, Strauß halte aus anderen Gründen für politisch angezeigt oder geboten, Faschisten zu decken, und befinde sich damit auf einem politischen Irrweg. Ohne besondere Umstände ist die Deutung i.S. der Schmähung mit Art. 5 Abs. 1 nicht vereinbar (E 82, 43/52 f.). Die fachgerichtliche Rechtsprechung folgt dem nicht durchweg; für den Satz „Soldaten sind potentielle Mörder" hat zuletzt BayObLG eine wohlwollende Deutung verweigert, obwohl keine besonderen Umstände vorlagen (NJW 1991, 1493). — Zivil- und strafrechtliche Bestimmungen zum Schutz der Ehre, die unwahre Äußerungen untersagen, dürfen nicht im Sinne einer so hohen Darlegungslast des Äußernden interpretiert werden, daß sie „sich auf den generellen Gebrauch des Grundrechts der Meinungsfreiheit abschreckend auswirken"; z. B. muß die Berufung auf unwidersprochene Pressemitteilungen ausreichen (BVerfG, NJW 1992, 1439/1442). 678

Unter den Begriff des allgemeinen Gesetzes fällt die große Menge der Gesetze, die das nicht nur geistige, sondern handfeste und tatkräftige *Wirken* der Menschen regeln. 679

**Beispiele:** Meinungsneutral sind etwa die ordnungs- und polizeirechtliche Generalklausel (BVerwGE 84, 247/256; *Hesse*, VerfR, Rdnr. 399), die meisten Bestimmungen des materiellen Strafrechts und des Strafprozeßrechts (vgl. zu § 119 Abs. 3 StPO unten Rdnr. 871; zu § 353 d Nr. 3 StGB, der die Meinungsäußerungen über Strafverfahren beschränkt, E 71, 206/214 f.), die Bestimmungen des Straßenverkehrs-, Bau-, Gewerbe- 680 rechts usw. — Das BVerfG hat überhaupt erst einer Bestimmung die Qualität eines allgemeinen Gesetzes abgesprochen: der Genehmigungspflicht für die Veröffentlichung von Stellenangeboten für die Beschäftigung von Arbeitnehmern im Ausland (E 21, 271/280 — Südkurier —). — Nicht meinungsneutral wären auch Einschränkungen der Pressefreiheit um des Niveaus, der Ausgewogenheit oder der Vielfalt der Presse willen (vgl. *Bullinger*, Hdb. StR VI, S. 681 ff.).

**681** Einige Bestimmungen des *politischen Strafrechts* und auch des *Beamtenrechts* verbieten allerdings zum Schutz der freiheitlichen demokratischen Grundordnung bestimmte Meinungsäußerungen und -betätigungen. Die entsprechenden Bestimmungen des Strafrechts (zu denen des Beamtenrechts vgl. unten Rdnr. 691) beziehen sich jedoch überwiegend entweder nur auf das in der Verfassung vorgesehene Partei- und Vereinigungsverbot (§§ 84 ff. StGB; vgl. auch unten Rdnr. 691) oder bloß auf die verunglimpfende Art und Weise, in der Meinungen geäußert und betätigt werden (§§ 90 ff. StGB). Die letzteren Bestimmungen haben vor Art. 5 Abs. 2 deswegen Bestand, weil sie nicht mit dem inhaltlichen Wert oder der geistigen Wirkung von Meinungsinhalten begründet werden müssen, sondern mit der *Art und Weise* ihrer Äußerung und Betätigung, d. h. mit dem oft nur schwer zu präzisierenden und in der Rechtsprechung gelegentlich auch falsch präzisierten, aber insgesamt deutlichen und traditionsreichen Unterschied von Form und Inhalt. An der Grenze der Verletzung von Art. 5 Abs. 2 lag § 88 a StGB, der geistiges Wirken pönalisierte, wo es vom Umschlagen in handfeste und tatkräftige Folgen noch weit entfernt war.

**683** bb) Das *BVerfG* neigt dazu, den **gesetzlichen Bestimmungen zum Schutze der Jugend** ihre eigenständige Bedeutung abzusprechen und sie lediglich als Unterfall der allgemeinen Gesetze zu betrachten (E 11, 234/238; vgl. aber auch E 30, 336/353). Es bringt auch das **Recht der persönlichen Ehre** um seine eigenständige schrankenziehende Bedeutung, indem es den zivilrechtlichen Persönlichkeits- und Ehrenschutz unter die Schranke der allgemeinen Gesetze faßt (E 7, 198/211; 34, 269/282). Seinen Grund mag beides darin haben, daß die Abwägungslehre, wenn sie, wie in manchen Wendungen des BVerfG, die Sonderrechtslehre nicht etwa ergänzt, sondern ersetzt, den Jugend- und Ehrenschutz als vorrangig gegenüber der Meinungsfreiheit verstehen und damit unter den materialen Begriff des allgemeinen Gesetzes ziehen kann. An Wortlaut und Systematik von Art. 5 Abs. 2 geht dieser Bedeutungsverlust der zusätzlichen Teilschranken und mit ihm auch die Abwägungslehre jedoch vorbei; die zusätzlichen Teilschranken sind ernst zu nehmen (*Gornig*, JuS 1988, 274/276 f.; *Herzog*, M/D, Art. 5 Abs. I, II Rdnr. 244 f.).

### b) Art. 17 a Abs. 1

**685** Auch diese Schranke gewinnt ihre besondere Bedeutung dadurch, daß kein allgemeines Gesetz erforderlich ist. Die Vorschrift ermöglicht im Sinne eines einfachen Gesetzesvorbehalts gesetzliche Einschränkungen der Meinungsäußerungsfreiheit für die Angehörigen der Streitkräfte und des Ersatzdienstes.

**686** **Beispiel:** § 15 Abs. 1 SG, der den Soldaten politische Betätigung im Dienst verbietet, ist entgegen E 28, 282/292 f. kein allgemeines Gesetz, sein Eingriff in Art. 5 Abs. 1 ist aber durch Art. 17 a verfassungsrechtlich gerechtfertigt (zu § 15 Abs. 2 SG vgl. E 44, 197/201 f.; zu § 10 Abs. 6 SG vgl. BVerwGE 86, 188/194 ff.).

**c) Art. 9 Abs. 2, 18, 21 Abs. 2**

An diese sog. Staatsschutzbestimmungen ist hier deswegen zu erinnern, weil sie zwar nicht speziell auf Art. 5 Abs. 1 bezogen sind, für Art. 5 Abs. 1 aber besondere Bedeutung besitzen. Individuelle wie kollektive politische Meinungsäußerungen, Partei- und Vereinigungszeitungen, -plakate, -embleme können insoweit einem Sonderrecht unterzogen werden, als dieses die Entscheidungen nach Art. 9 Abs. 2, 18 und 21 Abs. 2 vollzieht (vgl. z. B. § 86 Abs. 1 Nr. 1—3 StGB). **687**

*2. Zensurverbot (Art. 5 Abs. 1 S. 3)*

Zu den allgemeinen, bei allen Grundrechtseingriffen geltenden Schranken-Schranken tritt für Art. 5 Abs. 1 und 2 mit dem Zensurverbot eine spezielle Schranken-Schranke hinzu. Sie gilt entsprechend ihrer systematischen Stellung grundsätzlich für alle Grundrechte des Abs. 1. Auf die Informationsfreiheit will E 27, 88/102 diese Vorschrift hingegen nicht anwenden. Das Zensurverbot schütze „der Natur der Sache nach" nur den „Hersteller eines Geisteswerkes", nicht aber dessen Bezieher und Leser. Für die bei diesen allein betroffene Informationsfreiheit wirke das Zensurverbot nur als Reflex (ebenso *Herzog*, M/D, Art. 5 Abs. I, II Rdnr. 297; in andere Richtung weist allerdings E 33, 52/65 ff.; widersprüchlich *Starck*, M/K, Art. 5 Abs. 1, 2 Rdnr. 102). **688**

Zensur i. S. d. Art. 5 Abs. 1 S. 3 ist jede „einschränkende Maßnahme vor der Herstellung oder Verbreitung eines Geisteswerkes, insbesondere das Abhängigmachen von behördlicher Vorprüfung und Genehmigung seines Inhalts" (E 33, 52/72; 73, 118/166). Damit ist nur die sog. *Vor- oder Präventivzensur* erfaßt (a. A. *Hamann/Lenz*, GG, Art. 5 Anm. B 8; *Löffler*, § 1 LPG Rdnr. 147 f.). Nachträgliche Kontroll- und Repressionsmaßnahmen (Nachzensur) sind dagegen solange zulässig, als sie sich im Rahmen der dargestellten Schranken des Art. 5 Abs. 2 halten. Umstritten ist, wann Präventivmaßnahmen, die die Herstellung oder Verbreitung zwar nicht rechtlich von einer behördlichen Genehmigung abhängig machen, wohl aber faktisch dahin wirken, daß eine behördliche Äußerung abgewartet wird, als Vor- oder Präventivzensur anzusehen sind (vgl. einerseits E 33, 52/74 ff., andererseits abw. M. E 33, 78/88 ff.). **689**

Aus der dogmatischen Einordnung des Zensurverbots als Schranken-Schranke folgt, daß es selbst nicht den Schranken des Art. 5 Abs. 2 unterliegen kann. Erwägungen, die etwa eine Zensur durch Jugend- und Ehrschutzbestimmungen für zulässig halten wollen, sind daher abzulehnen (E 33, 52/72; *Jarass*, S. 209 f.; *Starck*, M/K, Art. 5 Abs. 1, 2 Rdnr. 104). **690**

**Lösungsskizze zum Fall:** I. Der *Schutzbereich* des Art. 5 Abs. 1 S. 1, 1. Halbsatz ist einschlägig, da das Tragen einer Plakette mit der Aufschrift „Atomkraft? Nein danke!" eine Meinungsäußerung darstellt. — II. Die Untersagungsverfügung beinhaltet das Verbot gegenüber L, seine Meinung auf eine bestimmte Art, nämlich durch das Tragen der Ansteckplakette im Schulbereich zu äußern, und ist daher ein *Eingriff*. — III. Die Untersagungsverfügung auf der Grundlage der genannten Norm ist *verfassungsrechtlich gerechtfertigt*, wenn diese Vorschrift durch die Schranken des Art. 5 Abs. 2 gedeckt ist und auch ihre Anwendung im konkreten Fall nicht gegen die Meinungsfreiheit verstößt. 1. § 53 des Bundesbeamtengesetzes und die ihm entsprechenden landesrechtlichen Vorschriften müßten *„allgemeine Gesetze"* i. S. d. Art. 5 Abs. 2 sein. In der Auseinandersetzung zwischen Abwägungslehre und Sonderrechtslehre ist grundsätzlich der letzteren der Vorzug zu geben (vgl. oben Rdnr. 667 ff.). Die genannten Normen über die Mäßigungs- und Zu- **691**

rückhaltungspflicht des Beamten verfolgen keinen missionarischen Eingriffszweck; sie bezwecken nicht, den einzelnen zu bestimmten Meinungsinhalten zu bekehren oder von bestimmten Meinungsinhalten abzubringen. Sie stellen auch kein diskriminierendes Eingriffsmittel dar, da sie nicht die Wertlosigkeit oder Schädlichkeit von Meinungsinhalten zu Tatbestandsvoraussetzungen von Eingriffen machen. Sodann müssen sie sich als geeignet und notwendig zur Erreichung eines legitimen Zwecks begründen lassen, ohne daß die Begründung auf den inhaltlichen Wert und die geistige Wirkung von Meinungsinhalten abstellt. Zweck dieser Vorschrift ist, die Funktionsfähigkeit des Beamtentums dadurch zu gewährleisten, daß zum einen im Rahmen des Dienstbetriebs störende politische Auseinandersetzungen vermieden werden und daß zum andern das Vertrauen der Öffentlichkeit in die politische Neutralität der Amtsführung nicht beeinträchtigt wird. Dies ist als hergebrachter Grundsatz des Berufsbeamtentums i. S. d. Art. 33 Abs. 5 (vgl. unten Rdnr. 1132) ein legitimer Zweck. Ob die Eignung und Erforderlichkeit der Mäßigungs- und Zurückhaltungspflicht begründet werden kann, ohne daß auf die geistige Wirkung abgestellt wird, läßt sich bezweifeln; denn bei den befürchteten Störungen des Dienstbetriebs geht es nicht um Handgreiflichkeiten, sondern um Geistiges, und auch bestehendes oder mangelndes Vertrauen der Bevölkerung sind geistige Phänomene. Die Rechtfertigung gelingt nur, wenn auf den Unterschied von Form und Inhalt und darauf abgestellt wird, daß der Beamte jeden Meinungsinhalt äußern kann und lediglich in der Form der Äußerung Mäßigung und Zurückhaltung wahren muß. Daß diese Pflicht gänzlich unangemessen wäre, ist nicht erkennbar. — 2. Die *Anwendung* der Bestimmung auf L könnte den Art. 5 Abs. 1 S. 1, 1. Halbsatz verletzen, insbesondere könnte sie unverhältnismäßig sein. Die Verwirklichung des Zwecks der Mäßigungs- und Zurückhaltungspflicht hängt vor allem von zwei Faktoren ab: ob die Meinungsäußerung innerhalb oder außerhalb des Dienstes getätigt wurde und welches konkrete Amt der Beamte bekleidet. Die normativen Anforderungen an die Amtsführung eines beamteten Lehrers werden neben den allgemeinen beamtenrechtlichen Pflichten durch die landesrechtlichen Vorschriften über den Erziehungsauftrag der öffentlichen Schule und die Grundrechte der Eltern und Schüler bestimmt. Daraus ergibt sich als Inhalt der Mäßigungs- und Zurückhaltungspflicht für Lehrer besonders, daß sie die Schüler nicht indoktrinieren, d. h. nicht autoritär, einseitig und unsachlich beeinflussen dürfen. Das Plakettentragen stellt nicht die in der öffentlichen Schule gebotene sachlich-argumentative, diskursive Auseinandersetzung mit strittigen politischen und weltanschaulichen Fragen dar und ist insofern als Verstoß gegen die beamtenrechtliche Mäßigungs- und Zurückhaltungspflicht zu werten (BVerwGE 84, 292/298). Die Gegenauffassung (z. B. VG Berlin, NJW 1979, 2629/2630) argumentiert, daß die Gefahr der einseitigen Beeinflussung durch das Tragen von Plaketten nicht größer sei als bei sonstigen Meinungsäußerungen des Lehrers im Unterricht; dabei wird übersehen, daß auch sonstige Meinungsäußerungen jedenfalls nicht einseitig beeinflussend sein dürfen. Die Untersagungsverfügung verletzt den L nicht in seiner Meinungsfreiheit.

**Literatur:** *W. Brugger*, Rundfunkfreiheit und Verfassungsinterpretation, 1991; *M. Bullinger*, Freiheit und Gleichheit in den Medien, JZ 1987, 257; *J. A. Frowein*, Reform durch Meinungsfreiheit, AöR 1980, 169; *A. Hesse*, Rundfunkrecht, 1990; *W. Hoffmann-Riem*, Massenmedien, in: Hdb. VerfR, S. 389; *B. Hoppe*, Die „allgemeinen Gesetze“ als Schranke der Meinungsfreiheit, JuS 1991, 734; *M. Löffler/R. Ricker*, Handbuch des Presserechts, 2. Aufl. 1986; *B. Schlink/J. Wieland*, Rechtsprobleme der Organisation neuer Medien, Jura 1985, 570; *W. Schmitt Glaeser*, Das Grundrecht auf Informationsfreiheit, Jura 1987, 567; *ders.*, Die Rundfunkfreiheit in der Rechtsprechung des Bundesverfassungsgerichts, AöR 1987, 215; *ders.*, Die Meinungsfreiheit in der Rechtsprechung des Bundesverfassungsgerichts, AöR 1988, 52; *P. J. Tettinger*, Schutz der Kommunikationsfreiheiten im deutschen Verfassungsrecht, JZ 1990, 846; *J. K. Wente*, Das Recht der journalistischen Recherche, 1987; *J. Wieland*, Die Freiheit des Rundfunks, 1984; *J. Wilke* (Hrsg.), Pressefreiheit, 1984.

# § 14 KUNST- UND WISSENSCHAFTSFREIHEIT (Art. 5 Abs. 3)

**Fall:** Der Sprayer (nach BVerfG, NJW 1984, 1293)

S praktiziert eine Spray-Kunst, die ihn heimlich auf die Fassaden von Büro- und Geschäftshäusern bizarre, vom Betrachter durchaus als künstlerisch aussagestark empfundene Gestalten sprühen läßt. Die Eigentümer sehen dadurch ihre Büro- und Geschäftsgebäude beschädigt. Als S schließlich gefaßt wird, wird er wegen Sachbeschädigung zu Freiheitsstrafe verurteilt. Verletzt die Verurteilung sein Grundrecht der Kunstfreiheit?

## I. Überblick

Art. 5 Abs. 3 S. 1 enthält zwei Grundrechte, nämlich die Kunstfreiheit und die Wissenschaftsfreiheit, wobei Wissenschaft der gemeinsame Oberbegriff für Forschung und Lehre ist (E 35, 79/113 — Hochschulurteil —; a. A. *Hailbronner*, S. 21 ff.). Art. 5 Abs. 3 S. 2 normiert, daß die Freiheit der Lehre nicht von der Treue zur Verfassung entbindet; dies stellt eine Schutzbereichsbegrenzung dar. Kunst- und Wissenschaftsfreiheit unterliegen keinem Gesetzesvorbehalt. **692**

Zu Art. 5 Abs. 3 S. 1 hat das BVerfG festgestellt, er enthalte „zunächst eine objektive . . . wertentscheidende Grundsatznorm. Zugleich gewährleistet die Bestimmung jedem, der in diesem Bereich tätig ist, ein individuelles Freiheitsrecht“ (E 30, 173/188; 35, 79/112). Das ist ein weder durch den Wortlaut geforderter noch mit der Systematik oder mit der Tradition verträglicher Vorrang der objektiv-rechtlichen vor der subjektiv-rechtlichen Grundrechtsdimension. Auch die Freiheiten der Kunst und der Wissenschaft sind wie die Pressefreiheit in erster Linie subjektive Rechte (vgl. oben Rdnr. 88, 622). **693**

## II. Schutzbereiche und Eingriffe

### 1. *Kunstfreiheit*

#### a) Schutzbereich

aa) Die Bemühungen in Rechtsprechung und Schrifttum, eine allgemeingültige **Definition der Kunst** zu entwickeln, waren bislang vergebens. Zunehmend setzt sich auch die Einsicht durch, daß eine solche Definition gar *nicht möglich* ist. **694**

Das *BVerfG* war noch in E 30, 173/188 f. — Mephisto — von der Definierbarkeit der Kunst ausgegangen: „Das Wesentliche der künstlerischen Betätigung ist die freie schöpferische Gestaltung, in der Eindrücke, Erfahrungen, Erlebnisse des Künstlers durch das Medium einer bestimmten Formensprache zu unmittelbarer Anschauung gebracht werden.“ In neuerer Zeit betont das BVerfG aber die „Unmöglichkeit, Kunst generell zu definieren“ (E 67, 213/225 — Anachronistischer Zug —). Es verwendet nebeneinander mehrere Kunstbegriffe: **695**

— den von ihm als material bezeichneten Kunstbegriff der Mephisto-Entscheidung,
— einen von ihm formal genannten Kunstbegriff, der das „Wesentliche eines Kunstwerks“ darin sieht, daß es einem bestimmten Werktyp (Malen, Bildhauen, Dichten, Theaterspielen usw.) zugeordnet werden kann,
— einen gewissermaßen offenen Kunstbegriff, der „das kennzeichnende Merkmal einer künstlerischen Äußerung darin sieht, daß es wegen der Mannigfaltigkeit ihres Aussagegehalts möglich ist, der Darstellung im Wege einer fortgesetzten Interpretation immer weiterreichende Bedeutungen zu entnehmen, so daß sich eine praktisch unerschöpfliche, vielstufige Informationsvermittlung ergibt“ (E 67, 213/226 f.).

696 Den Anachronistischen Zug, die schauspielerische Darstellung eines Gedichts von Bertolt Brecht, subsumiert das *BVerfG* unter alle drei Kunstbegriffe. Es läßt offen, welcher Definition der Kunst es folgen will, wenn die verschiedenen Kunstbegriffe miteinander in Konflikt geraten. Immerhin stellt es im Fortgang der Entscheidungsbegründung immer wieder auf die Interpretationsfähigkeit, die Interpretationsbedürftigkeit und die vielfältigen Interpretationsmöglichkeiten des Anachronistischen Zugs ab und steht damit dem *offenen Kunstbegriff* nahe (E 67, 213/228 ff.; 81, 278/293 f.; vgl. auch *Denninger,* Hdb. StR VI, S. 858 f.). Dessen Vorzug liegt nicht zuletzt darin, daß er auch die innere Rechtfertigung für die vorbehaltlose Gewährleistung der Kunstfreiheit erkennen läßt: Weil die Kunst vielfältig interpretierbar ist, entbehrt sie weithin der eindeutigen Aussage- und Stoßrichtung, die sie mit anderen Rechten, Gütern und Interessen in Konflikt bringen und einzuschränken verlangen würde.

697 Im *Schrifttum* hat jeder der drei Kunstbegriffe seine Vertreter (vgl. die Nachweise E 67, 213/226 f.; zum formalen Kunstbegriff *Müller,* S. 40; zum offenen Kunstbegriff *v. Noorden,* S. 82 ff.). Ferner wird nach dem sog. Kriterium der Drittanerkennung verfahren und die Frage, ob ein Gegenstand ein Kunstwerk ist, davon abhängig gemacht, daß ein in Kunstfragen kompetenter Dritter für vertretbar hält, den Gegenstand als Kunstwerk anzusehen (*Starck,* M/K, Art. 5 Abs. 3 Rdnr. 186; *v. Münch,* vM, Art. 5 Rdnr. 60 b). Schließlich wird die Kunstfreiheit auch als Definitionsverbot verstanden, das dem Staat verwehrt, dem Kommunikationsprozeß Kunst seine Vorstellungen von richtiger, wahrer und guter Kunst aufzuoktroyieren (*Knies,* Schranken der Kunstfreiheit als verfassungsrechtliches Problem, 1967, S. 214 ff.; *Hoffmann,* NJW 1985, 237). Angesichts der Verschiedenheit der Kunstbegriffe besteht auch im Schrifttum weitgehend Einigkeit darüber, daß die Gewährleistung der Kunstfreiheit offen verstanden werden muß und auch ungewöhnliche und überraschende Ausdrucksformen umfassen kann (Happening, satirischer Aufkleber, pornografische Provokation, Duftereignis, Spraybild usw.).

698 bb) **Umfang der Gewährleistung.** Der einzelne muß nicht als Künstler anerkannt sein, Kunst nicht als Beruf ausüben und seine Produkte weder publizieren oder ausstellen noch sonst öffentlich darbieten. Tut er letzteres allerdings, dann wird es von der Kunstfreiheit geschützt (*Wirkbereich* im Unterschied zum *Werkbereich;* E 30, 173/189 im Anschluß an *Müller,* S. 97 ff.). Auch Akte der Vorbereitung der Produktion, z. B. das Üben, sind geschützt (*Denninger,* Hdb. StR VI, S. 860). Das BVerfG erstreckt den Schutz der Kunstfreiheit sogar vom Künstler auf diejenigen, die eine „unentbehrliche Mittlerfunktion" zwischen Künstler und Publikum ausüben (ebenso *Starck,* M/K, Art. 5 Abs. 3 Rdnr. 190; a.A. *Müller,* S. 101; *Scholz,* M/D, Art. 5 Abs. III Rdnr. 13). Dagegen ist der bloße Kunstkonsum nicht mehr gewährleistet.

699 **Beispiele:** E 30, 173/191 erstreckt den Schutz der Kunstfreiheit auf den Verleger eines Romans, E 36, 321/331 auf den Hersteller von Schallplatten; entsprechend unterfallen ihm auch Buchhändler, Theater- und Museumsdirektoren, Galeristen, Literaturagenten usw. E 77, 240/251 erstreckt den Schutz der Kunstfreiheit auf die Werbung für das Kunstwerk.

700 Die vorbehaltlose Gewährleistung mit ihren Problemen der Rechtfertigung von Eingriffen macht eine besonders sorgfältige Bestimmung des Schutzbereichs notwendig. Das BVerfG hat, ohne dies in späteren Entscheidungen zu wiederholen und zu vertiefen, im Hinblick auf einen Konflikt zwischen Kunst- und Eigentumsfreiheit ausgeführt: Die „Reichweite erstreckt sich aber von vornherein nicht auf die eigenmächti-

ge Inanspruchnahme oder Beeinträchtigung fremden Eigentums zum Zwecke der künstlerischen Entfaltung (sei es im Werk- oder Wirkbereich der Kunst)" (BVerfG, NJW 1984, 1293). Das muß ebenso bei der *eigenmächtigen Beeinträchtigung* von fremdem Leib und Leben, fremder Ehre und Freiheit gelten. Es „kann sich Kunst auch ohne Beschädigung fremden Eigentums entfalten" — diese Aussage, in der „kann" auch „muß" bedeutet, geht in ihrer Konsequenz über das Eigentum hinaus. Wird die Reichweite des Schutzbereichs derart bestimmt, dann konzentriert sich die Gewährleistung der Kunstfreiheit darauf, auch sonst erlaubtes Verhalten dann zu schützen, wenn es Kunst herstellt und darbietet. Wie die Berufsfreiheit ein sonst verbotenes Verhalten nicht etwa dann schützt, wenn es beruflich betätigt wird, sondern sich auf die Bündelung sonst erlaubter Handlungen zum Beruf bezieht (vgl. unten Rdnr. 905), so bezieht sich auch die Kunstfreiheit auf die spezifische künstlerische Betätigung erlaubten Verhaltens. Das ist nicht etwa eine überflüssige zusätzliche Erlaubnis des ohnehin schon Erlaubten. Es schützt die spezifische Anstößigkeit und Provokation, die in der Kunst mit der Mannigfaltigkeit ihres Aussagegehalts stecken kann. Denn im Zusammenhang mit dem offenen Kunstbegriff bedeutet Kunstfreiheit im gekennzeichneten Sinn, daß der rechtlichen Würdigung von mehreren möglichen Interpretationen eines Kunstwerks diejenige zugrunde zu legen ist, in der das Kunstwerk fremde Rechte *nicht beeinträchtigt* (E 67, 213/230; 81, 298/307). Ist das Kunstwerk in dieser einen Interpretation erlaubt, dann ist auch das Herstellen und Darbieten des Kunstwerks erlaubtes Verhalten; die ebenfalls möglichen, u. U. anstößigen und provokativen weiteren Interpretationen sind nur Folge der spezifisch künstlerischen Betätigung des erlaubten Verhaltens und genießen den Schutz der Kunstfreiheit.

**Beispiele:** Unzulässig wären nicht nur das Verbot einer Kunst als entartet, das Erfordernis einer Sondernutzungserlaubnis für Straßenkunst, wo andere Formen des kommunikativen Straßenverkehrs erlaubnisfrei sind (VGH Mannheim, NJW 1989, 1299; a.A. — Erlaubnisfreiheit nur bei Spontankunst — BVerwGE 84, 71/73 ff.; dazu *Laubinger*, VerwArch 1990, 583; *Steinberg/Hartung*, JuS 1990, 795), Anforderungen an die künstlerische Gestaltung von Bauwerken, die ansonsten bauplanungs- und bauordnungsrechtlich zulässig sind. Unzulässig wäre besonders auch, die tiefere Bedeutung von Satire und Ironie mit der interpretatorischen Elle eines angeblich gesunden Menschenverstandes zu messen und Verletzungen des Ehr-, Persönlichkeits- oder auch Staatsschutzes anzunehmen, wo es auch andere, symbolische und metaphorische Interpretationen gibt. Wird etwa ein Politiker satirisch so gezeichnet, daß sein Körper ein Hakenkreuz oder Sichel und Hammer formt, dann muß das nicht als verbotener Angriff auf seine persönliche Ehre interpretiert werden; es kann vielmehr auch eine künstlerische Aussage über dem Politiker gerade nicht bewußte und von ihm gerade nicht gewollte objektive Tendenzen einer von ihm bloß symbolisierten Politik und als diese Aussage erlaubt sein. Die Collage, bei der ein Mann auf die anläßlich eines Gelöbnisses von Soldaten gezeigte Bundesflagge uriniert, muß nicht den Staat und die verfassungsmäßige Ordnung angreifen, sondern kann als Satire lediglich dem Militärdienst und den Militäreinrichtungen gelten (E 81, 278/294); eine satirische Nachdichtung des Deutschlandlieds muß dieses nicht der Lächerlichkeit preisgeben, sondern kann Widersprüche zwischen Anspruch und Wirklichkeit anprangern wollen und dabei den Idealen des Deutschlandslieds gerade verpflichtet sein (E 81, 298/306 f.). Verfehlt ist es, mit dem BVerfG seit E 75, 369/377 ff. bei Satire und Karikatur zwischen Aussagekern und Einkleidung zu unterscheiden und beide verschiedenen Maßstäben zu unterwerfen; was auch immer Kunst sein mag, sie ist jedenfalls Einheit von Form und Inhalt (vgl. auch *Nolte*, EuGRZ 1988, 253; *Zechlin*, NJW 1984, 1091). 701

702 Die erwähnte Bestimmung der Reichweite des Schutzbereichs der Kunstfreiheit durch das BVerfG berührt sich mit einer älteren, die das kunstspezifische Verhalten durch die Ausgrenzung dessen zu bestimmen versucht, was bloß *bei Gelegenheit* der künstlerischen Betätigung geschieht, nur im äußeren Zusammenhang mit ihr steht (*Müller*, S. 104 ff.).

703 **Beispiele:** Der Bildhauer, der den Marmor, und der Musikant, der das Instrument stiehlt, tut dies nur im Zusammenhang mit seiner künstlerischen Betätigung; der Maler, der sein 13jähriges Modell verführt, handelt lediglich bei Gelegenheit seines Kunstschaffens. — Wer ein Happening dadurch veranstaltet, daß er die Bahnschranke zerstört und dadurch Zug und Bus zusammenstoßen läßt, handelt allerdings in diesem Sinn nicht nur bei Gelegenheit oder im Zusammenhang seines künstlerischen Schaffens. Ein solches Happening fällt nur beim bundesverfassungsgerichtlichen Verständnis von Kunstfreiheit aus dem Schutzbereich heraus.

### b) Eingriffe

704 Eingriffe in die Kunstfreiheit können wie die Eingriffe in die Grundrechte von Art. 5 Abs. 1 durch Verbote, Sanktionen und (schutzbereichsverkürzende) tatsächliche Maßnahmen erfolgen. Sie können sowohl das Herstellen (Werkbereich) als auch das Darbieten (Wirkbereich) der Kunst treffen.

705 **Beispiele:** Bestrafung der Darstellung des Kanzlerkandidaten F. J. Strauß im Anachronistischen Zug als Beleidigung (E 67, 213); Auslieferung des sog. Sprayers von Zürich an die Schweiz, damit er dort die Haftstrafe antrete, zu der er wegen des Sprayens verurteilt worden war (BVerfG, NJW 1984, 1293); Verbot des Vertriebs des Romans „Mephisto" von Klaus Mann, weil er das Persönlichkeitsrecht von Gustav Gründgens verletzte (E 30, 173).

## 2. *Wissenschaftsfreiheit*

### a) Schutzbereich

706 aa) Nach der Definition des *BVerfG* ist **Wissenschaft** „jede Tätigkeit, die nach Inhalt und Form als ernsthafter planmäßiger Versuch der Wahrheitsermittlung anzusehen ist" (E 35, 79/113; 47, 327/367). Diese Formel wird im Schrifttum zu Recht für präzisierungsbedürftig gehalten. Nähme man sie nämlich wörtlich, so wäre jeder Kriminalbeamte, der einen Ladendiebstahl aufzuklären hat, Wissenschaftler. Zusätzlich sind daher folgende Kriterien zu fordern:

- Das Merkmal „planmäßig" muß im Sinne methodisch geordneten Denkens verstanden werden;
- das Merkmal „ernsthaft" bringt zur Geltung, daß Wissenschaft stets einen gewissen Kenntnisstand voraussetzt und pflegt;
- die Ermittlung der Wahrheit lebt wesentlich davon, daß die schon gewonnenen Erkenntnisse ständig wieder kritisch infrage gestellt werden.

707 Demnach ist *Wissenschaft* der ernsthafte, auf einem gewissen Kenntnisstand aufbauende Versuch der Ermittlung wahrer Erkenntnisse durch methodisch geordnetes und kritisch reflektierendes Denken (vgl. *v. Münch*, vM, Art. 5 Rdnr. 66; *Scholz*, M/D, Art. 5 Abs. III Rdnr. 91; dagegen will *Starck*, M/K, Art. 5 Abs. 3 Rdnr. 222 auf das Erfordernis einer rationalen Methode verzichten). Dabei ist zu beachten, daß die Wahrheitsermittlung und ihre Methode und Kritik selbst wieder Gegenstand der

Wissenschaft sind und sich wandeln können. Auch der Prozeß der Wissenschaft gewinnt immer wieder ungewöhnliche und überraschende Inhalte und Formen, auch der Wissenschaftsbegriff ist insofern offen.

bb) **Umfang der Gewährleistung.** „Jeder, der in Wissenschaft, Forschung und Lehre tätig ist, hat — vorbehaltlich der Treuepflicht gem. Art. 5 Abs. 3 S. 2 — ein Recht auf Abwehr jeder staatlichen Einwirkung auf den Prozeß der Gewinnung und Vermittlung wissenschaftlicher Erkenntnisse" (E 35, 79/112 f.). Daraus ergibt sich, daß der Schutzbereich nicht auf die wissenschaftliche Tätigkeit an der Hochschule beschränkt ist. Allerdings liegt hier ein Schwerpunkt wissenschaftlicher Betätigung. Dabei steht die Wissenschaftsfreiheit *Hochschullehrern, Assistenten* und sogar *Studenten* zu, freilich in funktionsspezifisch unterschiedlichem, auf den Typ der Hochschule und die Aufgabe in ihr abstellendem Umfang (vgl. BVerfG, VBlBW 1986, 415; BVerwG, NVwZ 1987, 681); nichtwissenschaftliche Bedienstete der Universität sind dagegen nicht erfaßt. Auch die *staatlichen Hochschulen* und ihre *Fakultäten* selbst sind als juristische Personen des öffentlichen Rechts aus Art. 5 Abs. 3 grundrechtsberechtigt (vgl. oben Rdnr. 189 ff.). Das gleiche muß für *private Hochschulen* gelten (vgl. *Thieme,* Privathochschulen in Deutschland, 1988, S. 19 ff.). Außerhalb der Hochschule ist der Unterricht an allgemeinbildenden Schulen nicht von Art. 5 Abs. 3 erfaßt, und zwar auch dann nicht, wenn er in höheren Klassen ein wissenschaftliches Gepräge besitzt. Denn Art. 7 Abs. 1 ist insoweit als lex specialis anzusehen (vgl. unten Rdnr. 772); pädagogische Freiheit kann es nur aufgrund einfach-gesetzlicher Gewährleistung geben (vgl. *Hennecke,* RdJB 1986, 233). Hingegen genießen *private Forschungseinrichtungen* in Wirtschaft und Gesellschaft, von den Labors des Chemiegiganten bis zum ökologischen Institut der Umweltschützer, den Grundrechtsschutz ebenso wie der einzelne *Privatgelehrte.* 708

Auch bei der Wissenschaftsfreiheit macht die Vorbehaltlosigkeit der Gewährleistung die besonders sorgfältige Bestimmung des Schutzbereichs erforderlich. Denn Art. 5 Abs. 3 S. 2 begrenzt die Reichweite des Schutzbereichs nur für den Teilbereich der *Lehre* und hat selbst insoweit nur eine beschränkte Bedeutung: Von seiner Entstehungsgeschichte her soll Art. 5 Abs. 3 S. 2 nur eine die Verfassung vom Katheder aus verächtlich machende, diffamierende und verunglimpfende Politik verwehren, aber die Freiheit auch kritischer Äußerungen lassen (*Schlink,* Staat 1976, 335/352 f.). Im übrigen geht es auch bei der Wissenschaftsfreiheit um die Frage, ob eine wissenschaftliche Betätigung, die eigenmächtig fremde Rechte beeinträchtigt, noch in den Schutzbereich fällt (verneinend für den Einsatz technischer Arbeitsmittel für die Forschung *Waechter,* Staat 1991, 19/44 f.). Die Frage besitzt hier allerdings nicht dieselbe Brisanz wie bei der Kunstfreiheit: Wissenschaft ist spezialisierter, stilisierter und abgehobener als Kunst, die alles und jedes zu ihrem Inhalt und Gegenstand macht. Denkbar sind *eigenmächtige Beeinträchtigungen* von fremdem Leib, Leben und Eigentum, fremder Ehre und Gesundheit aber auch hier. 709

**Beispiele:** Für den Sozialwissenschaftler mag es ergiebig sein, soziale Situationen durch den Einsatz unerlaubten technischen Geräts zu belauschen und zu beobachten; der Archäologe mag versucht sein, Ausgrabungsgegenstände zu stehlen; beim Arzt ist an verbotene Tier- oder gar Menschenversuche sowie an genetische Manipulationen zu denken (vgl. *Hofmann,* JZ 1986, 253). 710

711 Es spricht viel dafür, die Reichweite des Schutzbereichs bei der Wissenschaftsfreiheit nicht anders als bei der Kunstfreiheit zu bestimmen. Auch sie gilt der spezifischen *wissenschaftlichen Betätigung erlaubten Verhaltens.* Wiederum ist dies nicht etwa die überflüssige zusätzliche Erlaubnis des ohnehin schon Erlaubten. Denn auch Wissenschaft kann mit ihrem kritischen und der Wahrheit verpflichteten Anspruch von einer Anstößigkeit und Provokation sein, die spezifischen Schutzes bedarf.

### b) Eingriffe

712 Auch hier können Eingriffe in den von Art. 5 Abs. 1 und von der Kunstfreiheit bekannten Formen erfolgen. Die höchstrichterliche, auch die bundesverfassungsgerichtliche Rechtsprechung ist hierzu unergiebig; der abgehobene Charakter der Wissenschaft hat kein nennenswertes Konfliktpotential zwischen Wissenschaft und Gesellschaft und daher auch keine nennenswerten Eingriffsnotwendigkeiten aufkommen lassen. Zu den innerorganisatorischen Konflikten an den Hochschulen hat das BVerfG mehr aus der objektiv- als aus der subjektiv-rechtlichen Dimension der Grundrechte argumentiert (E 35, 79/112 ff., 120 ff.); allerdings ging es dabei um einen vorbeugenden Eingriffsschutz, der für die Zusammensetzung und Entscheidungsfindung der Hochschulgremien Verfahren verlangt, die Verletzungen der individuellen Freiheit des einzelnen Wissenschaftlers von vornherein ausschließen (vgl. oben Rdnr. 114; zum Anspruch auf Förderung der wissenschaftlichen Tätigkeit oben Rdnr. 117). Gesetzliche Lehrziel- und Lehrstoffvorgaben sind erst dann Eingriffe in die Wissenschaftsfreiheit, wenn sie dem wissenschaftlich Lehrenden nicht mehr die Freiheit der Aufbereitung und Darbietung des Stoffs, der Wahl von Lehrmethoden und -mitteln lassen (VGH Mannheim, NVwZ 1985, 667). Kein Eingriff ist die Auflösung einer Hochschule oder anderer öffentlicher wissenschaftlicher Einrichtungen (vgl. BVerfG, NJW 1992, 1373/1376).

## III. Verfassungsrechtliche Rechtfertigung

713 Dem Art. 5 Abs. 3 ist kein Gesetzesvorbehalt beigefügt. Zur Anwendung der Schranken des Art. 5 Abs. 2 oder auch des Art. 2 Abs. 1 auf Art. 5 Abs. 3 hat das BVerfG festgestellt: „Die systematische Trennung der Gewährleistungsbereiche in Art. 5 weist den Abs. 3 dieser Bestimmung gegenüber Abs. 1 als lex specialis aus und verbietet es deshalb, die Schranken des Abs. 2 auf die in Abs. 3 genannten Bereiche anzuwenden ... Abzulehnen ist auch die Meinung, daß die Freiheit der Kunst gem. Art. 2 Abs. 1 Halbsatz 2 durch die Rechte anderer, durch die verfassungsmäßige Ordnung und durch das Sittengesetz beschränkt sei" (E 30, 173/191 f.). Der Vorbehaltlosigkeit des Grundrechts soll die Bedeutung zukommen, „daß die Grenzen der Kunstfreiheitsgarantie nur von der Verfassung selbst zu bestimmen sind" (E 30, 173/193). Daraus folgt — allgemeiner formuliert —, daß Eingriffe in die Grundrechte des Art. 5 Abs. 3 nur, aber immerhin durch *kollidierendes Verfassungsrecht* gerechtfertigt werden können.

714 **Beispiele:** Die Kunstfreiheit des Verlegers des Romans „Mephisto" war durch das kollidierende Persönlichkeitsrecht (Art. 2 Abs. 1 i.V.m. Art. 1 Abs. 1) beschränkt (E 30, 173/193 ff.); hierauf und auf das elterliche Erziehungsrecht (Art. 6 Abs. 2 S. 1) können auch Abgabe-, Vertriebs- und Werbebeschränkungen für künstlerische Schriften gestützt werden, die offensichtlich geeignet sind, Kinder oder Jugendliche sittlich schwer zu gefährden (E 83, 130/139 f.); die Kunstfreiheit soll einem Film dann nicht zugute kommen,

wenn „durch die Wirkung eines solchen Films auf den verständigen Durchschnittsbetrachter eine unmittelbare und gegenwärtige Gefahr für den Bestand der Bundesrepublik Deutschland und ihrer Grundordnung herbeigeführt wird" (E 33, 52/71); die szenische Darstellung eines Gedichts auf einem Friedhof muß einen Rahmen wahren, bei dem auch die Totenruhe und das Totengedenken zu ihrem Recht kommen (OVG Koblenz, NJW 1990, 2016). — Die Beschränkung oder das Verbot von Tierexperimenten durch das Tierschutzrecht läßt sich mit kollidierendem Verfassungsrecht dagegen kaum noch rechtfertigen; der Rückgriff auf die Kompetenzbestimmung des Art. 74 Nr. 20 (so *Heyde*, Festschrift Zeidler, 1987, 2. Bd., S. 1429/1440 ff.; vgl. auch *Pieroth*, AöR 1989, 422/447) ist ebenso problematisch (vgl. oben Rdnr. 375 f.) wie die Annahme, die Würde des Menschen verlange auch den Respekt vor der Natur (so *Mädrich*, Forschungsfreiheit und Tierschutz im Spiegel des Verfassungsrechts, 1988, S. 97 ff.; BVerwGE 77, 214/216 ff. geht ohne Begründung von der Verfassungsmäßigkeit der Beschränkung wissenschaftlicher Tierexperimente aus).

Soweit mit der erwähnten Entscheidung des BVerfG schon bei der Bestimmung der Reichweite des Schutzbereichs verlangt wird, Kunst und Wissenschaft sollen sich ohne Beeinträchtigung fremder Rechte entfalten (vgl. oben Rdnr. 700 f.), ist der Rückgriff auf die Schranken kollidierenden Verfassungsrechts entbehrlich. Neuerlich fordert das BVerfG aber wieder „eine die Umstände des Einzelfalles berücksichtigende Abwägung"; es spielt mit dem Gedanken an eine nach Werk- und Wirkbereich differenzierende Stufentheorie und verwirft ihn zwar, verlangt aber, „staatliche Eingriffe umso weniger zuzulassen, je näher die umstrittene Handlung dem Kern der Kunstfreiheit zuzuordnen ist und je mehr sie sich im Bereich des Schaffens abspielt. Daraus ergibt sich jedoch nur eine tatsächliche Vermutung dafür, daß die Kunstfreiheit im Werkbereich eher Vorrang genießt als im Wirkbereich." (E 77, 240/254) Darüber hinaus soll die Menschenwürde eine „absolute Schranke" bilden, die keine verhältnismäßige Zuordnung der kollidierenden Verfassungsgüter erlaubt (E 75, 369/380). 715

**Lösungsskizze zum Fall:** I. Nach sowohl dem materialen und dem formalen als auch dem offenen Kunstbegriff und dem sog. Kriterium der Drittanerkennung könnten die Spray-Werke in den *Schutzbereich* der Kunstfreiheit fallen. Wird dieser jedoch mit der neueren Rechtsprechung des BVerfG in seiner Reichweite durch die Rechte anderer begrenzt und damit auf die spezifisch künstlerische Betätigung erlaubten Verhaltens bezogen, handelt der Spray-Künstler nicht mehr im Schutzbereich der Kunstfreiheit. Damit wäre die Lösung schon gewonnen: Eine Verletzung der Kunstfreiheit scheidet aus. Im folgenden wird skizziert, wie die Lösung unter Zugrundelegung eines weiteren Verständnisses des Schutzbereichs fortzusetzen ist. — II. Die Verurteilung zu Freiheitsstrafe ist Sanktion für die Produktion der Spray-Werke und also ein *Eingriff* in den Schutzbereich. — III. Die *verfassungsrechtliche Rechtfertigung* des Eingriffs in den vorbehaltlos gewährleisteten Art. 5 Abs. 3 kann nur im kollidierenden Verfassungsrecht gefunden werden. Das „Eigentumsgrundrecht (enthält) gleichfalls eine Verbürgung von Freiheit; nach den vom Grundgesetz getroffenen Wertungen steht es nicht prinzipiell hinter der Freiheit der Kunst zurück" (BVerfG, NJW 1984, 1293). In der Kollision zwischen Kunst- und Eigentumsfreiheit erscheint es gerechtfertigt, die Kunstfreiheit jenseits der Grenze der Strafbarkeit hinter der Eigentumsfreiheit zurücktreten zu lassen. Es bleibt also bei dem Ergebnis, daß eine Verletzung der Kunstfreiheit ausscheidet. 716

**Literatur:** Zur Kunstfreiheit: *G. Erbel*, Wie weit darf das Theater gehen?, DVBl. 1986, 114; *P. Häberle*, Die Freiheit der Kunst im Verfassungsstaat, AöR 1985, 577; *J. F. Henschel*, Die Kunstfreiheit in der Rechtsprechung des BVerfG, NJW 1990, 1937; *F. Hufen*, Die Freiheit der Kunst in staatlichen Institutionen, 1982; *F. Müller*, Freiheit der Kunst als Problem der Grundrechtsdogmatik, 1969; *W. D. v. Noorden*, Die Freiheit der Kunst nach dem Grundgesetz (Art. 5 Abs. 3 Satz 1 GG) und die Strafbarkeit der Verbreitung unzüchtiger Darstellungen (§ 184 Abs. 1 Nr. 1 StGB), Diss. Köln 1969. — Zur Wissenschaftsfreiheit: *T. Dickert*, Naturwissenschaften und Forschungsfreiheit, 1991; *H.-J. Faller*, Schutz der Wissenschaftsfreiheit in der Gruppenuniversität, in: Festschrift Stein, 1983, S. 25 ; *P. Häberle*, Die Freiheit der Wissenschaften im Verfassungsstaat, AöR 1985, 329; *K. Hailbronner*, Freiheit der Forschung und Lehre als Funktionsgrundrecht, 1979; *D. Lorenz*, Wissenschaft zwischen Hochschulautonomie und Staatsintervention, JZ 1981, 113; *B. Pieroth*, Störung, Streik und Aussperrung an der Hochschule, 1976; *B. Schlink*, Die Wissenschaftsfreiheit des Bundesverfassungsgerichts, DÖV 1973, 541; *K. Waechter*, Forschungsfreiheit und Fortschrittsvertrauen, Staat 1991, 19.

# § 15 SCHUTZ VON EHE UND FAMILIE (Art. 6)

**Fall:** Streit um ein Pflegekind

Ein zweijähriges Kind wurde zu Pflegeeltern gegeben, nachdem seinen leiblichen Eltern wegen drohender Verwahrlosung des Kindes gem. § 1666 Abs. 2 BGB das Aufenthaltsbestimmungsrecht entzogen worden war. Später verbesserten sich die Lebensverhältnisse der leiblichen Eltern wesentlich; sie wollten das inzwischen fünfjährige Kind wieder zu sich nehmen. Im Rechtsstreit zwischen leiblichen Eltern und Pflegeeltern ordnete das Landgericht gem. § 1632 Abs. 4 BGB die Herausgabe des Kindes an die leiblichen Eltern an. Hierzu waren die Pflegeeltern nicht bereit. Ist ihre auf Art. 6 gestützte Verfassungsbeschwerde begründet?

## I. Überblick

717 Art. 6 betrifft Ehe und Familie, Eltern und Kinder in verschiedenen Hinsichten. Abs. 1 verbürgt grundsätzlich und allgemein den Schutz von Ehe und Familie durch die staatliche Ordnung. Abs. 2 und Abs. 3 gewährleisten als leges speciales die Beziehung zwischen Eltern und Kindern in ihrer pflegerischen und erzieherischen Funktion (Abs. 2) und ihrer Grundlage räumlichen Zusammenseins (Abs. 3). Abs. 4 hebt unter den Eltern die Mutter hervor und räumt für die besonderen Belastungen von Schwangerschaft, Geburt und Stillzeit einen besonderen Anspruch auf Schutz und Fürsorge ein. Abs. 5, die Forderung nach Gleichstellung un- bzw. nichtehelicher Kinder, trifft sich mit Abs. 2 und Abs. 3 in dem Anliegen, daß die Entwicklungsbedingungen der Kinder nicht durch Defizite der familiären Situation beeinträchtigt werden sollen.

718 In Art. 6 treffen auch verschiedene grundrechtliche Wirkweisen zusammen. Abs. 1 bis Abs. 3 enthalten *Abwehrrechte* und sichern die Freiheit des ehelichen und familiären Zusammenlebens gegen staatliche Eingriffe. Abs. 1 und Abs. 4 formulieren mit der Verbürgung von Schutz für Ehe und Familie bzw. des Anspruchs der Mutter auf Schutz und Fürsorge aber auch *Leistungsrechte*. Allerdings bedürfen diese der gesetzgeberischen Umsetzung und erweisen sich damit als *Gesetzgebungsaufträge*. Umgekehrt spricht Abs. 5 einen Gesetzgebungsauftrag aus, der jedoch in der Rechtsprechung des BVerfG in einen unmittelbaren Anspruch des un- bzw. nichtehelichen Kindes auf Gleichbehandlung umgeschlagen ist (vgl. oben Rdnr. 525). Schließlich enthält Abs. 1 *Institutsgarantien* und beschränkt dadurch nochmals die gesetzgeberische Gestaltungsmacht bei der Regelung ehelicher und familiärer Rechtsbeziehungen.

719 Als Verfassungsnorm soll Art. 6 dem Staat für den Umgang mit Ehe und Familie, Eltern und Kindern verbindliche Maßstäbe vorgeben. Zugleich sind die Beziehungen der Ehe, in der Familie und zwischen Eltern und Kindern aber stets schon vom Staat rechtlich geregelte Beziehungen. Obwohl der Bereich von Ehe und Familie dem Staat nicht unverfügbar vorausliegt, sondern von ihm mitkonstituiert wird, soll er gegenüber dem Staat gesichert sein — hierin liegt das Grundproblem der Interpretation von Art. 6.

## II. Abwehrrechte

### *1. Schutzbereiche*

a) Die **Ehe** in Art. 6 Abs. 1 ist zugleich soziales und rechtliches Gebilde. Als *soziales Gebilde* ist sie die Gemeinschaft, die einen Mann und eine Frau nach beiderseitiger Absicht und gegenseitigem Versprechen umfassend und — zwar nicht ausnahmslos, aber doch grundsätzlich — lebenslang verbindet. Insoweit verzichtet der Ehebegriff noch auf alle rechtliche Förmlichkeit und umfaßt jedes dauernde Zusammenleben, auch die sog. wilde oder freie Ehe, die nichteheliche oder eheähnliche Lebensgemeinschaft. Aber diese Formen des Zusammenlebens sollen nach allgemeiner, schon vom Verfassungsgeber geäußerter und vom BVerfG bekräftigter Auffassung nicht unter den Begriff der Ehe fallen. Die Ehe ist zugleich *rechtliches Gebilde;* der Verfassung liegt insoweit „das Bild der ‚verweltlichten' bürgerlich-rechtlichen Ehe" zugrunde, die in der rechtlich vorgesehenen Form geschlossen wird (E 53, 224/245). 720

Dieser Ehebegriff drückt ein Idealbild aus. Fraglich ist, wie *Abweichungen vom Idealbild,* die es sowohl nach der rechtlichen als auch nach der sozialen Seite gibt, zu beurteilen sind. 721

> **Beispiele:** Eine Deutsche und ein Engländer werden in Deutschland von einem englischen Geistlichen getraut. Sie leben zunächst in England, später in Deutschland und gehen stets von der Rechtswirksamkeit ihrer Ehe aus. Auch ihre Umwelt betrachtet und behandelt sie als Ehepaar; bei der Geburt ihres Kindes stellt der deutsche Standesbeamte die entsprechenden Urkunden aus. Als die Frau nach dem Tod ihres Mannes Rente beansprucht, lehnt die zuständige Versicherungsanstalt ab, weil die Eheschließung nach deutschem Recht unwirksam ist. E 62, 323 bezieht auch eine derartige sog. hinkende Ehe in den Schutzbereich von Art. 6 Abs. 1 ein. Umgekehrt erstreckt das Schrifttum den Schutzbereich von Art. 6 Abs. 1 auf die sog. Namens- oder Scheinehe, die zwar in der rechtlich vorgesehenen Form, aber ohne Absicht umfassender, lebenslanger Gemeinschaft nur zur Weitergabe des Namens oder zur Verhinderung der Abschiebung eines Ausländers geschlossen wird (*Huber,* Ausländer- und Asylrecht, 1983, Rdnr. 63; *Wacke,* Münchener Kommentar zum Bürgerlichen Gesetzbuch, 2. Aufl., 5. Bd., 2. Halbbd., 1989, § 1353 Rdnr. 10 f.; a. A. BVerwGE 65, 174/179 ff.). Die Mehrehe ist zwar keine Ehe i. S. d. Art 6 Abs. 1 (E 62, 323/330); sie kann aber am verfassungsrechtlichen Familienschutz teilhaben (BVerwGE 71, 228/231). 722

Sowohl die *hinkende* als auch die *Namens-* oder *Scheinehe* in den Schutzbereich einzubeziehen, leuchtet ein: Würde der verfassungsrechtliche Ehebegriff den einfach-rechtlichen schlicht abbilden, dann wäre das Verfassungsrecht dem einfachen Recht nicht mehr über-, sondern untergeordnet; würde der verfassungsrechtliche Ehebegriff auf die persönlichen Motive abstellen, dann müßten diese erforscht und gewertet werden und nähme das Grundrecht als Freiheitsrecht Schaden. Die Abweichungen lassen als entscheidenden Gesichtspunkt hervortreten, daß die Partner für ihr Verhältnis zueinander die *öffentliche Anerkennung als Ehe* gesucht und gefunden haben. Unter diesem Gesichtspunkt bleiben die wilde oder freie Ehe, die nichteheliche oder eheähnliche, auch gleichgeschlechtliche Lebensgemeinschaft aus dem Schutzbereich von Art. 6 Abs. 1 ausgespart; sie stehen aber verfassungsrechtlich unter dem Schutz von Art. 2 Abs. 1 (E 82, 6/16) und einfach-rechtlich unter dem Regime der §§ 705 ff. BGB. 723

Der Schutzbereich der Ehe *reicht* von der Eheschließung über das eheliche Zusammenleben bis zur Ehescheidung. Frei ist die Wahl des Ehepartners und des Zeitpunkts der Eheschließung, frei sind die Ehepartner bei der Entscheidung, ob sie einen gemeinsa- 724 men Ehe-/Familiennamen führen wollen oder nicht (E 84, 9/23), und bei dessen Wahl, bei der Bestimmung des gemeinsamen Wohnorts (BVerwGE 56, 246/250) und bei der Verteilung der Aufgaben in der Ehegemeinschaft (E 68, 256/267 f.). Die Ehescheidung fällt in den Schutzbereich der Ehe, da sie die Wiedererlangung der Eheschließungsfreiheit bedeutet (E 53, 224/245; a. A. *Lecheler*, Hdb. StR VI, S. 243 f.).

725 b) **Familie** ist das *Beziehungsverhältnis zwischen Eltern und Kindern*, seien diese ehelich oder nichtehelich, minder- oder volljährig (E 57, 170/178), aus Ein- oder Mehrehe hervorgegangen (BVerwGE 71, 228/231 f.), Adoptiv-, Stief- oder Pflegekinder (E 68, 176/187; 80, 81/90). Auch hier können Formfehler bei der Begründung der Adoptiv- oder Pflegeelternschaft die Familienqualität nicht ausschließen, sofern der entsprechende soziale Zusammenhalt gelebt und dafür die *öffentliche Anerkennung* gesucht und gefunden wurde. Der natürliche Zusammenhang genügt allein noch nicht; das nichteheliche Kind und sein Vater werden unter den Familienbegriff des Art. 6 Abs. 1 erst gefaßt, seit das BGB beide als miteinander verwandt anerkennt (E 45, 104/123).

726 Das familiäre Beziehungsverhältnis muß nicht in einer Hausgemeinschaft gelebt werden; wird es aber in einer Hausgemeinschaft gelebt, dann umschließt der Familienbegriff *alle*, die einander durch das Beziehungsverhältnis verbunden sind. Ihn auf die Kleinfamilie im Gegensatz zur Großfamilie (so E 48, 327/339; *Maunz*, M/D, Art. 6 Rdnr. 16; *v. Münch*, vM, Art. 6 Rdnr. 4; a. A. aber *Richter*, AK, Art. 6 Rdnr. 15 a; vorsichtig auch *Pirson*, BK, Art. 6 Rdnr. 21), auf die Hausgemeinschaft mit verheirateten im Gegensatz zu der mit unverheirateten Eltern zu beschränken (so *Maunz*, M/D, Art. 6 Rdnr. 16 a; a. A. aber *v. Münch*, vM, Art. 6 Rdnr. 4 a) besteht kein Grund. Den Schutz als Ehe *und* Familie genießt allerdings nur die Hausgemeinschaft mit verheirateten Eltern.

727 Der Schutzbereich der Familie *reicht* von der Familiengründung bis in alle Bereiche des familiären Zusammenlebens. Er umfaßt unter anderem die freie Entscheidung der Eltern, wann und wieviele Kinder sie haben wollen. Das BVerfG mißt dem Art. 6 Abs. 1 allerdings abgestufte Schutzwirkungen zu, je nachdem ob es sich um eine Lebens- und Beistands- bzw., bei Minderjährigen, Erziehungsgemeinschaft oder um eine bloße Begegnungsgemeinschaft handelt (E 80, 81/90 f.).

728 c) Wie die Eltern für das körperliche Wohl *(Pflege)* und für die seelische und geistige Entwicklung, die Bildung und Ausbildung *(Erziehung)* der Kinder sorgen wollen, ist im **Elternrecht** des Art. 6 Abs. 2 S. 1 gegenüber dem Schutzbereich der Familie zum eigenen Schutzbereich verselbständigt. Dieser hat besonders über den Auseinandersetzungen um die Reform des Schulwesens seine Konturen gewonnen.

729 **Beispiele:** Vom Ausgangspunkt aus, daß hier eine „gemeinsame Erziehungsaufgabe" von Eltern und Schule vorliege (E 34, 165/183 — Förderstufenurteil —), hat das BVerfG den Eltern ein Wahlrecht zwischen verschiedenen Schulformen zuerkannt, das aber solange noch nicht verletzt wird, als es nicht bloß eine einzige Schulform mit einem einzigen Bildungsgang gibt (E 45, 400/416); es hat den Eltern Mitwirkungsrechte bei der Einrichtung einer Förderstufe (E 34, 165), bei der Neuordnung der Oberstufe (E 45, 400; 53, 185) und bei der Gestaltung des inhaltlichen und didaktischen Unterrichtsprogramms (E 45, 400; 47, 46 — Sexualkunde —) versagt; lediglich bei der Einführung eines fächerübergreifenden Sexualkundeunterrichts hat es aus dem Elternrecht einen Anspruch auf Information über Inhalt und Methode abgeleitet (E 47, 46). Die landesrechtlich normierten elterlichen Anhörungs- und Mitspracherechte in Art. 6 Abs. 2 S. 1 verankert zu sehen, wird im Schrifttum zuweilen gefordert (*v. Münch*, vM, Art. 6 Rdnr. 25; *Fehnemann*, AöR 1980,

529/559 ff.), findet aber beim BVerfG keinen Anhalt (E 59, 360/380 f.). Ihre Veränderung und Reduzierung berührt also den Schutzbereich des Elternrechts nicht; ihrer vollständigen Beseitigung würde aber nach E 47, 46 wohl Art. 6 Abs. 2 entgegenstehen.

### 2. *Eingriffe*

Weil Ehe und Familie zugleich soziale und rechtliche Gebilde sind, ist nicht jede ehe- und familienbezogene Regelung auch schon ein Eingriff. Vielmehr kann es sich um eine der Regelungen handeln, die Ehe und Familie als rechtliche Gebilde überhaupt definieren (vgl. oben Rdnr. 241 ff.). Zu den *definierenden Regelungen* gehören grundsätzlich die Normen des Ehe- und Familienrechts; zu den *eingreifenden Regelungen* können die Normen anderer Rechtsgebiete gehören, wenn sie auf Ehe und Familie freiheitsbeschränkend einwirken. 730

**Beispiele** zur Eheschließungsfreiheit: Eine definierende Regelung ist § 1357 Abs. 1 BGB, wonach jeder Ehegatte berechtigt ist, Geschäfte zur angemessenen Deckung des Lebensbedarfs der Familie mit Wirkung auch gegen den anderen Ehegatten zu besorgen („Schlüsselgewalt"; E 81, 1/7). Eine definierende Regelung war auch das ehemalige Eheverbot der Geschlechtsgemeinschaft, das die Eheschließung z. B. zwischen einem geschiedenen oder verwitweten Mann und seiner Stieftochter untersagte (E 36, 146). Dagegen stellte die ehemals übliche Zölibatsklausel, die Polizisten während der Jahre des kasernierten Dienstes die Eheschließung verwehrte (BVerwGE 14, 21), eine eingreifende Regelung dar. Auf der Grenze des Unterschieds liegt es, wenn Normen ausländischen Eherechts, die vom deutschen Eherecht abweichen, aber nach internationalem Privatrecht (vgl. Art. 13 Abs. 1 EGBGB) maßgebend sind, einer Eheschließung in Deutschland mit oder zwischen Ausländern entgegenstehen (E 31, 58). — Beispiele für das eheliche und familiäre Zusammenleben: Auch hier gibt es die definierenden Regelungen, die im früheren Recht z. B. mit der Haushaltsführungspflicht der Ehefrau und dem Stichentscheid des Ehemanns die Verteilung der Aufgaben in der Ehegemeinschaft der freien Bestimmung beider Ehegatten entzogen (E 10, 59; 48, 327/338) oder dem Ehepaar verwehrt haben, den Geburtsnamen der Frau als Ehenamen zu wählen (E 48, 327). Andererseits würde z. B. das Steuerrecht in Ehe und Familie eingreifen, wenn es Entscheidungen der Eltern für oder gegen die Kinder nicht nur zu beeinflussen, sondern zu erzwingen suchte. — Beispiele zur Auflösung der Ehe: Auch hier sind neben den definierenden Regelungen des Ehescheidungsrechts (E 53, 224) eingreifende Regelungen oder Praktiken denkbar, z. B. wenn im Beamtenrecht durch eine Erschwerung der Beförderung für geschiedene Beamte die scheidungswilligen Beamten an der Auflösung der alten und Eingehung einer neuen Ehe gehindert würden. — Beispiele zum Elternrecht: Die vormundschaftsgerichtliche Zuweisung des Sorgerechts an einen Elternteil greift in das Sorgerecht des anderen Elternteils ein. Dagegen ist das Verbot entwürdigender Erziehungsmaßnahmen in § 1631 Abs. 2 BGB nur eine Definition dessen, was Art. 6 Abs. 2 S. 1 mit verantwortungsbewußter „Pflege und Erziehung" meint. Der klassische Eingriff in das elterliche Erziehungsrecht ist die Schulpflicht. 731

Die *definierenden* Regelungen des einfachen Rechts sind aber stets am verfassungsrechtlichen Ehe- und Familienbegriff zu *messen;* wenn sie ihm nicht entsprechen, schlägt die Definition in einen *Eingriff* um. Es handelt sich dann, genau besehen, um eine zwar versuchte, aber nicht gelungene Definition. Die Prüfung, ob eine Definition vor Art. 6 Abs. 1 Bestand hat, nimmt das BVerfG ganz ähnlich vor wie sonst die Prüfung, ob ein Eingriff in ein Grundrecht vor diesem Grundrecht Bestand hat: Es fragt nach *rechtfertigenden Gründen.* 732

**Beispiele:** Für das ehemalige Eheverbot der Geschlechtsgemeinschaft hat das BVerfG weder in der traditionellen Gestalt oder sozialen Funktion der Ehe noch im allgemeinen 733 sittlichen Empfinden oder in erbbiologischen Erkenntnissen hinreichende Gründe gefunden und daher die Vereinbarkeit mit Art. 6 Abs. 1 GG verneint (E 36, 146). Bei einer Orientierung an Tradition, Funktion und Sittlichkeitsempfinden werden der Wandel der Gesellschaft, der Wandel der Rollen und die grundrechtliche Gewährleistung der Gleichberechtigung von Mann und Frau (Art. 3 Abs. 2) bedeutsam (vgl. oben Rdnr. 513 ff.). Das BVerfG hat daran den Stichentscheid des Ehemanns scheitern lassen (E 10, 59), die Haushaltsführungspflicht der Ehefrau problematisiert (E 48, 327/338), die Freiheit bei der Bestimmung des Ehenamens erweitert (E 48, 327) und inzwischen sogar die Festlegung eines Ehenamens für entbehrlich erklärt und für die Festlegung des Kindesnamens einen Losentscheid anerkannt (E 84, 9/19; dazu *Dethloff/Walther*, NJW 1991, 1575). Zur rechtspolitischen Entwicklung seit 1949 vgl. *Schlüter/Liedmeier*, JA 1991, 145 und 177.

**733a** Die *Ausweisung von Ausländern*, die in der Bundesrepublik Deutschland verheiratet sind und/oder Kinder haben, ist nicht darum ein Eingriff, weil sie die Aufrechterhaltung des ehelichen bzw. familiären Zusammenhalts in der Bundesrepublik Deutschland unmöglich macht (E 76, 1/47; a. A. *Zuleeg*, DÖV 1988, 587). Denn für Ausländer ist der Aufenthalt in der Bundesrepublik Deutschland als solcher nicht grundrechtlich gewährleistet (vgl. oben Rdnr. 135). Ausländer und Deutsche, die Ehen mit Ausländern schließen, müssen damit rechnen, daß das eheliche und familiäre Zusammenleben sich nicht stets in der Bundesrepublik Deutschland vollziehen kann (VGH Mannheim, NJW 1970, 2178). Für minderjährige Kinder gilt, daß ihre Minderjährigkeit sie grundsätzlich das Schicksal ihrer Eltern teilen läßt; gerade dieses Teilen des Schicksals ist durch Art. 6 Abs. 1 geschützt. Entsprechendes gilt für den Nachzug von ausländischen Ehegatten und Familienangehörigen. Weil minderjährige Kinder grundsätzlich das Schicksal der Eltern teilen, kann die Festsetzung einer Altershöchstgrenze für den Kindernachzug (vgl. *Meyer-Teschendorf*, ZRP 1987, 149) nur in den Fällen Bestand haben, in denen der familiäre Zusammenhalt und die Abhängigkeit der Kinder von den Eltern ausnahmsweise schon unterhalb der Volljährigkeitsschwelle weitgehend gelöst ist. In den anderen Fällen ist sie ein unzulässiger Eingriff in Art. 6 Abs. 1. Umgekehrt ist daran zu denken, in der Ausweisung oder Verweigerung des Nachzugs für volljährige Ehepartner oder Familienangehörige ausnahmsweise dann einen Eingriff in das Ehe- und Familiengrundrecht zu sehen, wenn es aus besonderen Umständen nicht möglich oder nicht zumutbar ist, die Ehe- bzw. Familiengemeinschaft im Ausland zu verwirklichen (vgl. *Gusy*, DÖV 1986, 321).

### *3. Verfassungsrechtliche Rechtfertigung*

**734** Der Unterschied zwischen definierenden und eingreifenden Regelungen und Maßnahmen ist wichtig, weil *Ehe und Familie* in Art. 6 Abs. 1 *vorbehaltlos* geschützt werden. Lediglich beim *Elternrecht* ermächtigen Abs. 2 und 3 zu Eingriffen. Art. 6 Abs. 2 enthält diese Ermächtigung *implizit*, indem er eine Pflicht der Eltern zur Pflege und Erziehung der Kinder begründet und die staatliche Gemeinschaft zum Wächter über die Betätigung der Pflicht einsetzt (*Erichsen*, S. 48; *Maunz*, M/D, Art. 6 Rdnr. 26a, b; a. A. *Ossenbühl*, S. 59 f., 76, 84). Daß von dieser Ermächtigung nur durch oder aufgrund Gesetzes Gebrauch gemacht werden darf, folgt aus dem Parlamentsvorbehalt (vgl. oben Rdnr. 306 ff.). Art. 6 Abs. 3 stellt das räumliche Zusammensein von Eltern und Kindern *explizit* unter *Gesetzesvorbehalt*. Beide Eingriffsermächtigungen sind *qualifiziert:* Staatliche Regelungen und Maßnahmen müssen bei Eingriffen in das Elternrecht der Pflege und Erziehung der Kinder dienen bzw., wenn sie zur Trennung der Kinder ermächtigen, dies um der Verhinderung einer Verwahrlosung willen tun.

a) In die **vorbehaltlosen Schutzbereiche von Ehe und Familie** darf der Staat nicht eingreifen, er darf sie durch *definierende Regelungen* von Ehe und Familie nur gestalten. 735

**Beispiel:** Nicht eine Definition der Ehe, sondern einen Eingriff in die Eheschließungsfreiheit sieht E 31, 58 in der Beachtung ausländischer Ehehindernisse, die vom deutschen Recht abweichen, aber nach internationalem Privatrecht (vgl. Art. 13 Abs. 1 EGBGB) maßgebend sind und einer Eheschließung in Deutschland mit oder zwischen Ausländern entgegenstehen. Allerdings läßt es die Beachtung nicht schon daran scheitern, daß sie einen Eingriff in die Eheschließungsfreiheit darstellt, sondern erst an der Unverhältnismäßigkeit des Eingriffs — vielleicht, weil die Grenze zwischen Definition und Eingriff hier nur schwer zu ziehen ist. 736

Ist der Bereich der definierenden Regelungen verlassen, dann können ehe- oder familienungünstige Regelungen oder Maßnahmen ihre Legitimation allenfalls in *kollidierendem Verfassungsrecht* finden. 737

**Beispiel:** Einem Bereitschaftspolizisten, der wie alle Bereitschaftspolizisten unter Zölibatsklausel stand, wurde die Heiratserlaubnis verweigert. BVerwGE 14, 21 hat die Zölibatsklausel für Bereitschaftspolizisten bei freiwilligem Eintritt in den Bereitschaftspolizeidienst grundsätzlich als verfassungsmäßig akzeptiert. Aber es ist nicht einzusehen, warum die Effizienz der Polizei als möglicherweise in Betracht kommendes kollidierendes Verfassungsrechtsgut vom Bereitschaftspolizisten mehr verlangen soll, als daß er, ob unverheiratet oder verheiratet, seinen Dienst versieht. Auch BVerwGE 14, 21 hat die Verweigerung als unverhältnismäßig und verfassungswidrig abgelehnt, weil die Geburt eines Kindes bevorstand, dem die Nichtehelichkeit erspart werden sollte (vgl. zur Zölibatsklausel *Maunz,* M/D, Art. 6 Rdnr. 18; *v. Münch,* StR I, Rdnr. 281; *Richter,* AK, Art. 6 Rdnr. 19). 738

Auch wenn die *Ausweisung eines Ausländers,* die den ehelichen oder familiären Zusammenhalt zerreißt, kein Eingriff in das Ehe- und Familiengrundrecht ist (vgl. oben Rdnr. 733 a), stellt das BVerfG sie doch unter den Grundsatz der Verhältnismäßigkeit. Es spricht in diesem Zusammenhang von Art. 6 Abs. 1 als wertentscheidender Grundsatznorm, die auch hier, wo das Abwehrrecht und die Institutsgarantie von Art. 6 Abs. 1 nicht greifen, die Berücksichtigung ehelicher und familiärer Bindungen verlangt (E 76, 1/41 ff.). Die Ausweisung von Ausländern, die in der Bundesrepublik verheiratet sind, Kinder oder Eltern haben, bedarf daher umso wichtigerer Gründe, je verwurzelter die Ehe und/oder Familie in der Bundesrepublik Deutschland sind. Ähnliches gilt für die Erteilung und Verlängerung einer Aufenthaltserlaubnis (BVerwGE 71, 228/232 ff.; NVwZ 1989, 761) und für Einbürgerungen (BVerwGE 77, 164/171 ff.; 84, 93/98 f.). 739

**Beispiele:** Ein Ausländer, dessen Ehepartner die deutsche Staatsangehörigkeit hat, darf nicht wegen Bagatelldelikten ausgewiesen werden, und verstärkt spricht gegen die Ausweisung, wenn Kinder deutscher Staatsangehöriger vorhanden sind (E 51, 386/397 f.). — Der Ausweisung eines Ausländers, der als Erwachsener von einem deutschen Staatsangehörigen adoptiert wird, steht die Adoption nicht entgegen, wenn sie nur eine Begegnungs-, wohl aber, wenn sie eine Lebens- und Beistandsgemeinschaft begründet (E 80, 81/90 ff.; BVerfG, VBlBW 1990, 212). — Die Versagung einer Aufenthaltserlaubnis an den nicht sorgeberechtigten ausländischen Vater eines deutschen Kindes aus geschiedener Ehe ist mit Art. 6 Abs. 1 vereinbar, weil das Verhältnis des Vaters zum Kind nicht mehr Lebens- und Erziehungs-, sondern bloße Begegnungsgemeinschaft ist (BVerfG, DVBl. 1989, 1246; vgl. oben Rdnr. 727). 740

741 Auch an abschlägige Entscheidungen der Aufenthaltsbehörden zum Nachzug von ausländischen Ehegatten und Familienmitgliedern sind umso höhere Anforderungen zu stellen, je verwurzelter der Ehegatte oder das Familienmitglied, zu dem der Nachzug angestrebt wird, in der Bundesrepublik Deutschland ist und je härter die abschlägige Entscheidung die eheliche und familiäre Gemeinschaft trifft (E 76, 1/49 ff.). Es macht auch einen Unterschied, ob der bereits in der Bundesrepublik Lebende Deutscher oder Ausländer ist, wie lange der Ausländer schon in der Bundesrepublik lebt, ob Kinder deutscher Staatsangehörigkeit da sind oder nicht, ob die Kinder minderjährig sind oder nicht, ob volljährige Kinder oder Eltern auf die in der Familiengemeinschaft geleistete Lebenshilfe angewiesen sind oder nicht (vgl. BVerwG, DÖV 1990, 570 f.; *Hailbronner,* Ausländerrecht, 2. Aufl. 1989, Rdnr. 321 ff.).

742 b) Eingriffe in das **Elternrecht** sind nur gerechtfertigt, wenn sie dem *Wohl des Kindes* dienen. Allerdings tritt der Staat den Eltern nicht nur als Wächter über deren Pflichtbetätigung gegenüber. In seiner Schulhoheit (Art. 7 Abs. 1) hat er eine weitere Rechtfertigung für Eingriffe in das Elternrecht; in ihr ist eine den Prinzipien der Toleranz und der Neutralität verpflichtete, von Indoktrination freie staatliche Erziehungsgewalt grundgelegt (vgl. BVerfG, NVwZ 1990, 54; BVerwGE 79, 298/301); in ihr findet auch der Eingriff in das Elternrecht, der in der Schulpflicht der Kinder liegt, seine Rechtfertigung (VGH München, BayVBl. 1992, 343/344). Mit der Regelung des Sorgerechts, nach der die Eltern Rücksicht auf die zunehmende Einsichts- und Verantwortungsfähigkeit der Kinder nehmen müssen, trifft er den Ausgleich zwischen dem Elternrecht und erstarkenden Grundrechten der heranwachsenden Kinder (vgl. *Böckenförde, Geiger, Simon,* in: Essener Gespräche, 1980, S. 54, 9, 128). Hierzu gehört auch die Einräumung der gesetzlichen Vertretungsmacht (vgl. § 1629 Abs. 1 BGB), die aber nicht soweit gehen darf, daß Kinder mit erheblichen Schulden in die Volljährigkeit eintreten (E 72, 155/173). Bei Interessenkollisionen zwischen dem Kind und seinen Eltern kommt den Interessen des Kindes grundsätzlich der Vorrang zu (E 61, 358/378; 72, 122/137).

743 Der Eingriff in das Elternrecht des einen Elternteils, der in der Zuweisung des Sorgerechts an den anderen Elternteil liegt, ist meistens durch das Kindeswohl gerechtfertigt. Den gesetzlichen *Ausschluß eines gemeinsamen Sorgerechts* geschiedener Ehegatten hat das BVerfG für den Fall als verfassungswidrig verworfen, daß die geschiedenen Eltern willens und fähig sind, ihre Elternverantwortung zum Wohl des Kindes weiterhin zusammen zu tragen (E 61, 358/374). Auch den gesetzlichen Ausschluß eines gemeinsamen Sorgerechts nichtehelicher Kinder hat es inzwischen für verfassungswidrig erklärt, wenn die nichtehelichen Eltern die mit der Pflege und Erziehung des Kindes verbundenen Aufgaben gemeinsam wahrnehmen und die Mutter das Sorgerecht mit dem Vater zusammen ausüben möchte (E 84, 168/181; anders noch E 56, 363/385). Die Umkehr der Rechtsprechung leuchtet ein. Das Kindeswohl rechtfertigt bei der nichtehelichen Lebensgemeinschaft kein anderes Ergebnis als bei geschiedenen Ehepaaren. Ein Ausschluß des gemeinsamen Sorgerecht nichtverheirateter Paare verträgt sich auch schlecht mit Art. 6 Abs. 5, weil es das nichteheliche Kind u. U. um ein Verhältnis zum Vater bringt, das dem des ehelichen Kindes zu dessen Vater entspricht (vgl. oben Rdnr. 525, 718).

744 Unter engen Voraussetzungen kann das Kindeswohl sogar den *Verlust des Elternrechts* rechtfertigen.

**Beispiel:** Ein Kind einer Witwe wächst nicht bei dieser, sondern bei den Eltern ihres Mannes auf. Als die Witwe wieder heiratet, holt sie das siebenjährige Kind zu sich, bringt es aber nach einem Jahr wieder zurück, weil das Zusammenleben nicht klappt. Die Großeltern wollen das Kind adoptieren. Die Mutter ist damit zunächst einverstanden, verweigert jedoch schließlich die Einwilligung. Das Vormundschaftsgericht möchte die Einwilligung ersetzen, weil die Mutter ihre Pflichten schuldhaft verletzt habe, die Einwilligung böswillig verweigere und weil das Wohl des Kindes die Adoption verlange. E 24, 119 bejaht die Möglichkeit einer Ersetzung der Einwilligung. Damit übe der Staat sein Wächteramt aus. In den Wesensgehalt des Elternrechts greife er dabei nicht ein; die wahren Eltern seien hier nicht die natürlichen, sondern die Adoptiveltern. 744a

Die Trennung des Kindes von seinen Eltern ist der stärkste Eingriff in das Elternrecht und allein unter den Voraussetzungen des Art. 6 Abs. 3 zulässig (E 72, 122/137). Das muß auch für die Adoption eines Kindes gegen den Willen der Eltern gelten (a. A. E 24, 119/139 ff.). Die zwangsweise Adoption trennt das Kind nicht einfach von den falschen Eltern, um es den wahren zu geben. Bis zur Trennung sind die natürlichen Eltern die einzigen Eltern; die zwangsweise Adoption muß daher durch *drohende Verwahrlosung* gerechtfertigt werden können. 745

Auch in der Literatur wird Art. 6 Abs. 3 zuweilen wenig ernst genommen. Es findet sich die Auffassung, neben dem Versagen der Erziehungsberechtigten und der drohenden Verwahrlosung der Kinder gebe es noch *andere Trennungsgründe*, z. B. die Einberufung zum Wehrdienst und den Vollzug einer Freiheitsstrafe (*Maunz*, M/D, Art. 6 Rdnr. 37; *v. Münch*, vM, Art. 6 Rdnr. 32). Mit dem Wortlaut von Art. 6 Abs. 3 ist das *nicht vereinbar* (vgl. auch *Erichsen*, S. 56). Vor Eintritt der Volljährigkeit verbietet Art. 6 Abs. 3 die Einberufung gegen den Willen der Erziehungsberechtigten, und bei der Verhängung einer Freiheitsstrafe verlangt er das Einverständnis der Erziehungsberechtigten, deren Versagen oder aus anderen Gründen drohende Verwahrlosung. 746

## III. Institutsgarantien

Art. 6 Abs. 1 garantiert Ehe und Familie als Institute. Damit werden den definierenden und zulässigerweise eingreifenden Regelungen i.S. einer Schranken-Schranke letzte Grenzen gezogen. Schon oben wurde auf die Bedeutung verwiesen, die die traditionelle Gestalt und Funktion, aber auch der Wandel der Lebensverhältnisse und Betrachtungsweisen sowie die grundrechtliche Gewährleistung der Gleichberechtigung von Mann und Frau hierbei haben. 747

Die Institutsgarantie des Art. 6 Abs. 1 hat wie alle Institutsgarantien einen *bewahrenden* Gehalt. Die soziale und rechtliche Gestalt, die Ehe und Familie als Institute geschichtlich gewonnen haben, ist zwar nicht jeder Änderung durch den Gesetzgeber entzogen, muß aber im Kern oder Wesen intakt bleiben. Dieses Prinzip wird erfüllt, wenn die Änderung aus der gesellschaftlichen Entwicklung gewissermaßen wächst und vom Staat nicht als Fremdkörper aufgezwungen wird. 748

**Beispiele:** Dem staatlichen Zugriff entzogen sind die Gestalt der Ehe als Einehe, das Erfordernis des Einverständnisses bei Begründung der Ehe, die grundsätzlich lebenszeitliche Dauer der Ehe (E 31, 58/69; 53, 224/245). Dagegen durfte das Eherecht vom Verschuldens- zum Zerrüttungsprinzip übergehen (E 53, 224), den Versorgungsausgleich einführen (E 53, 257), und, indem es die Wahlfreiheit beim Ehenamen erweitert, die Aufgabenverteilung in der Ehegemeinschaft den Eheleuten überlassen und ihnen gleich- 749 berechtigt Entscheidungsmacht eingeräumt hat (E 10, 59; 48, 327), ist es nicht nur der gesellschaftlichen Entwicklung gefolgt, sondern hat dem Gleichberechtigungsgebot des Art. 3 Abs. 2 gehorcht (vgl. oben Rdnr. 513 ff.).

750 Mit diesem Inhalt scheint die Institutsgarantie lediglich objektiv-rechtliche Widerspiegelung dessen zu sein, was oben schon subjektiv-rechtlich ausgeführt wurde. Der Garantiegehalt *geht* jedoch *darüber hinaus.* Auch dort, wo Art. 6 Abs. 1 als subjektives Recht gar nicht betroffen ist, ist der Gesetzgeber in seiner Gestaltungsfreiheit durch die Institutsgarantie des Art. 6 Abs. 1 beschränkt.

751 **Beispiel:** Würde für diejenigen, die polygam leben wollten, die Mehr- oder Vielehe als Institut des Privatrechts eingeführt, wären diejenigen, die monogam leben wollen und denen dafür nach wie vor die Einehe als Institut des Privatrechts offen steht, in keiner Weise betroffen. Gleichwohl wäre die Relativierung der Einehe durch Einführung der Mehr- oder Vielehe mit der Institutsgarantie des Art. 6 Abs. 1 unvereinbar.

## IV. Leistungsrechte

752 Art. 6 Abs. 1 verbürgt Ehe und Familie den Schutz der staatlichen Gemeinschaft, Art. 6 Abs. 4 räumt der Mutter einen Anspruch auf Schutz und Fürsorge der Gemeinschaft ein, und in Art. 6 Abs. 5 hat das BVerfG hinter dem Auftrag an den Gesetzgeber einen Anspruch des nichtehelichen Kindes auf die gleichen Bedingungen für leibliche und seelische Entwicklung und gesellschaftliche Stellung, wie sie die ehelichen Kinder haben, gesehen (vgl. oben Rdnr. 525). Diese Leistungsrechte bedürfen letztlich der *gesetzgeberischen Umsetzung,* sei es im bürgerlichen Recht und Arbeitsrecht (E 84, 133/156), im Steuer- oder Sozial-, Beamten- oder Dienstrecht (E 62, 323/333; 82, 60/85). Ausnahmsweise können sie auch Einzelmaßnahmen erfordern, z. B. für Besuche von Ehegatten und Kindern von Untersuchungsgefangenen Besuchsgelegenheiten auch außerhalb der allgemeinen Besuchstage zu schaffen (E 42, 95/101 f.).

753 Die Leistungsrechte wirken außerdem als *Diskriminierungsverbote* (vgl. oben Rdnr. 546 f.). So kann unter Berufung auf Art. 6 Abs. 1 einer Benachteiligung von Ehe und Familie z. B. gegenüber Ledigen (E 69, 188/205 f.; 76, 126/129) oder gegenüber eheähnlichen Gemeinschaften (E 67, 186/196), unter Berufung auf Art. 6 Abs. 4 einer Benachteiligung der Mutter entgegengetreten werden (E 65, 104/113).

754 **Lösungsskizze zum Fall:** I. Der Rechtsstreit zwischen leiblichen Eltern und Pflegeeltern wird im Verfahren der freiwilligen Gerichtsbarkeit geführt. Dies ist ein sog. objektives Verfahren, in dem die leiblichen und die Pflegeeltern nicht die Stellung von Parteien haben, sondern nur antrags- und anhörungsberechtigt sind. Hier spricht der Staat nicht Parteien private Rechte zu, sondern trifft selbst Anordnungen. Die Grundrechte gelten nicht lediglich nach Maßgabe der Lehre von der mittelbaren Drittwirkung, sondern unmittelbar. — II. Die Verpflichtung der Pflegeeltern zur Herausgabe des Kindes an die leiblichen Eltern könnte ein Eingriff in das *Elternrecht der Pflegeeltern* sein. Denn „auch die aus dem Kind und den Pflegeeltern bestehende Pflegefamilie (ist) durch Art. 6 Abs. 1 geschützt", und damit wirkt Art. 6 Abs. 2 und 3 bei der Trennung des Kindes von den Pflegeeltern auch zu deren Gunsten (E 68, 176/187). — Ein Eingriff in das Elternrecht, der in der Trennung des Kindes von der Familie liegen könnte, ist gem. Art. 6 Abs. 3 nur bei Versagen der Erziehungsberechtigten und bei sonst drohender Verwahrlosung des Kindes gerechtfertigt. Im vorliegenden Fall haben die Pflegeeltern nicht versagt und droht dem Kind bei den Pflegeeltern auch sonst keine Verwahrlosung. — Dennoch ist die Verpflichtung der

Pflegeeltern zu einer Herausgabe des Kindes an die leiblichen Eltern vorliegend gerechtfertigt. Das Verhältnis des Kindes zu den leiblichen Eltern ist auf Dauer, das zu den Pflegeeltern auf Zeit angelegt. Wenn ein Kind wegen drohender Verwahrlosung von den leiblichen Eltern getrennt und zu Pflegeeltern gegeben wird, dann wird nicht der dauernde Verbleib des Kindes bei den Pflegeeltern, sondern die behutsame Rückkehr zu den leiblichen Eltern angestrebt. Wenn bei diesen keine Verwahrlosung mehr droht, endet das Elternrecht der Pflegeeltern. — In der Verpflichtung der Pflegeeltern zur Herausgabe des Kindes an die leiblichen Eltern liegt vorliegend also gar *kein Eingriff* in deren Elternrecht. Der Schutz von Art. 6 Abs. 3 zugunsten der Pflegeeltern wirkt zwar gegenüber Dritten und gegenüber dem Staat, nicht aber gegenüber den leiblichen Eltern, bei denen dem Kind keine Verwahrlosung mehr droht. Anders liegt es, wenn die leiblichen Eltern das Kind von den Pflegeeltern nur herausverlangen, um es anderen Pflegeeltern in Obhut zu geben (E 75, 201/220), nochmals anders, wenn die Trennung von den Pflegeeltern die Adoption und dafür zunächst die Adoptionspflege ermöglichen soll (E 79, 51/65). — III. Der rechte *Zeitpunkt* für das Ende des Elternrechts der Pflegeeltern kann jedoch schwer zu bestimmen sein. Die Gefahr, daß die richterliche Anordnung der Herausgabe des Kindes an die leiblichen Eltern den Zeitpunkt falsch ansetzt, bedeutet eine Gefährdung des Elternrechts der leiblichen Eltern und der Pflegeeltern. Durch das Antragsrecht und die Anhörung sowohl der leiblichen Eltern als auch der Pflegeeltern (§ 1632 Abs. 1 bzw. 4 BGB, §§ 50a bzw. 50c FGG) sind beide Grundrechte immerhin *verfahrensrechtlich* gleichermaßen gesichert. Dadurch ist außerdem gewährleistet, daß der richterlichen Anordnung die relevanten Gesichtspunkte zugrunde liegen. Im Zweifel verlangt Art. 6 Abs. 2, daß „das Wohl des Kindes immer den Richtpunkt" bildet (E 68, 176/188). — IV. E 68, 176 verfolgt bei dem etwas anders gelagerten Fall einen unterschiedlichen Lösungsweg: Das Gericht sieht zunächst die Elternrechte der leiblichen Eltern und der Pflegeeltern miteinander kollidieren und stellt auch nicht mit der nötigen Deutlichkeit auf den entscheidenden Gesichtspunkt der Verwahrlosung ab. Es löst die Kollision dann von der Dauerhaftigkeit des Elternrechts der leiblichen Eltern und der Vorläufigkeit des Elternrechts der Pflegeeltern her. Eben darum läßt sich aber von einer Kollision der Elternrechte letztlich gar nicht sprechen.

**Literatur:** Zu Art. 6 Abs. 1: *K. H. Friauf*, Verfassungsgarantie und sozialer Wandel — das Beispiel von Ehe und Familie, NJW 1986, 2595; *C. Gusy*, Der Grundrechtsschutz von Ehe und Familie, JA 1986, 183; *P. Häberle*, Verfassungsschutz der Familie — Familienpolitik im Verfassungsstaat, 1984; *I. v. Münch*, Verfassungsrecht und nichteheliche Lebensgemeinschaft, in: G. Landwehr (Hrsg.), Die nichteheliche Lebensgemeinschaft, 1978, S. 137; *W. Zeidler*, Ehe und Familie, in: Hdb. VerfR, S. 555; *M. Zuleeg*, Verfassungsgarantie und sozialer Wandel — das Beispiel von Ehe und Familie, NVwZ 1986, 800. — Zu Art. 6 Abs. 2: *H.-U. Erichsen*, Elternrecht — Kindeswohl — Staatsgewalt, 1985; *W. Geiger*, Recht des Staates und Elternrecht, FamRZ 1979, 457; *F. Ossenbühl*, Das elterliche Erziehungsrecht im Sinne des Grundgesetzes, 1981; *A. Schmitt-Kammler*, Elternrecht und schulisches Erziehungsrecht nach dem Grundgesetz, 1983; *C. Starck*, Schulhoheit, pädagogische Freiheit und Elternrecht, DÖV 1979, 269; *H. F. Zacher*, Elternrecht, in: Hdb. StR VI, S. 265.

# § 16 SCHULISCHE GRUNDRECHTE UND PRIVATSCHULFREIHEIT (Art. 7 Abs. 2—5)

**Fall:** Genehmigung eines privaten Gymnasiums

P ist ein bekannter Pädagoge und möchte seine Theorien in die Praxis umsetzen. Er hat einen „Förderverein des P-Gymnasiums" gegründet, der die erforderlichen Mittel für die Errichtung und den Betrieb des privaten Gymnasiums in der Stadt S aufgebracht hat. Der Antrag des Vereins auf Genehmigung des P-Gymnasiums als Ersatzschule wird von der zuständigen Schulbehörde mit der Begründung abgelehnt, in S bestünden schon Gymnasien aller Art und bei dem in den nächsten Jahren zu erwartenden Schülerrückgang sei für ein weiteres Gymnasium kein Bedürfnis vorhanden. Verstößt die Ablehnung gegen Art. 7 Abs. 4?

## I. Überblick

755 Art. 7 enthält nicht nur Grundrechte, sondern auch „Einrichtungsgarantien . . . und Auslegungsregeln für den Bereich des Schulrechts" (E 75, 40/61). Auf die organisationsrechtlichen Gehalte von Art. 7 Abs. 1 und 6 wird hier nicht eingegangen. Auch Art. 7 Abs. 3 S. 1 stellt eine Organisationsnorm dar, die aber im engen Zusammenhang mit den Grundrechten aus Art. 7 Abs. 2 und Abs. 3 S. 2 und 3 steht. Art. 7 Abs. 4 und 5 regeln die Freiheit der Privatschulen oder Freien Schulen, wie sie teilweise genannt werden. Entsprechend der überwiegenden Gesetzgebungskompetenz der Länder für diesen Bereich sind die — teilweise ausführlichen — landesverfassungsrechtlichen Grundrechte hier von besonderer Bedeutung (vgl. *Tettinger,* in: Landesverfassungsgerichtsbarkeit, 3. Bd., 1983, S. 271/298 ff.). Wegen Art. 5 Abs. 3 erfaßt Art. 7 nicht die Hochschulen.

## II. Schulische Grundrechte (Art. 7 Abs. 2 und 3)

### *1. Schutzbereiche*

756 a) **Art. 7 Abs. 3 S. 2.** Es handelt sich um ein *Grundrecht der Religionsgemeinschaften* (vgl. oben Rdnr. 65). Die Vorschrift konkretisiert Art. 4 Abs. 1 und 2, der nach der Rechtsprechung des BVerfG auch die religiöse Erziehung beinhaltet (vgl. oben Rdnr. 585). Sie geht aber über die Religions- und Weltanschauungsfreiheit hinaus; denn hier wird — im Zusammenhang mit S. 1 — die Religionsausübung in der Form des Religionsunterrichts *innerhalb* des staatlichen Schulwesens und als Teil der Ausübung öffentlicher Gewalt garantiert. Zugleich wird hierdurch die grundsätzliche Trennung von Staat und Kirche durchbrochen; Art. 7 Abs. 3 ist lex specialis zu Art. 137 Abs. 1 WRV i.V.m. Art. 140.

757 *Religionsgemeinschaften* sind nicht nur diejenigen, die die Rechte einer Körperschaft des öffentlichen Rechts erworben haben (vgl. Art. 140 i.V.m. Art. 137 Abs. 5 WRV); es genügt die Erlangung einer bürgerlich-rechtlichen Rechtsfähigkeit (vgl. Art. 140 i.V.m. 137 Abs. 4 WRV). Unter dieser Voraussetzung kann z. B. auch islamischer Religionsunterricht in öffentlichen Schulen erteilt werden (vgl. *Füssel/Nagel,* EuGRZ 1985, 497).

758 Art. 7 Abs. 3 S. 2 garantiert — im Zusammenhang mit S. 1 — den Religionsgemeinschaften, daß Religionsunterricht vorgesehen und *veranstaltet* wird, und zwar unter folgenden tatbestandlichen Voraussetzungen: *Öffentliche* Schulen bezeichnet den Ge-

gensatz zu Privatschulen; es fallen alle Schulen darunter, die vom Staat, den Gemeinden oder öffentlich-rechtlichen Körperschaften, nicht aber den Religionsgemeinschaften selbst, getragen werden. — *Bekenntnisfreie Schulen* meint weltliche, herkömmlich und im Widerspruch dazu, daß in Art. 4 Abs. 1 auch bezüglich der Weltanschauungen von Bekenntnis die Rede ist, auch Weltanschauungsschulen. — Eine *territoriale* Beschränkung ergibt sich aus der Sondervorschrift des Art. 141, von der die Länder Berlin und Bremen betroffen sind. — *Ordentliches Lehrfach* bedeutet, daß der Religionsunterricht nicht Wahl- sondern Pflichtfach ist (unbeschadet der aus Art. 7 Abs. 2 und Abs. 3 S. 3 folgenden Besonderheiten). Er ist also anderen Fächern grundsätzlich gleichberechtigt. Im System der Jahrgangsklassen muß er also jedes Jahr im Fächerkanon vertreten sein; im System der Jahrgangsstufen zählt er zwar zum Pflichtbereich, kann aber auf bestimmte Jahrgangsstufen konzentriert werden. Wegen des Charakters als ordentliches Lehrfach darf die Landesgesetzgebung gewisse Mindestschülerzahlen für die Erteilung des Religionsunterrichts festsetzen. — Daraus, daß der Religionsunterricht ordentliches Lehrfach *in* den öffentlichen Schulen ist, folgt schließlich, daß der Staat verpflichtet ist, Räume zur Verfügung zu stellen und die Kosten zu tragen.

Diese Garantie richtet sich von vornherein nur auf die *inhaltlichen* Fragen des Religionsunterrichts, nicht auf solche der äußeren Organisation, die ganz beim Staat liegt. Das BVerfG nimmt an, der Religionsunterricht sei in konfessioneller Positivität und Gebundenheit zu erteilen (E 74, 244/252). Wenn es aber die Religionsgemeinschaften sind, die den Religionsunterricht inhaltlich bestimmen sollen, können diese nicht auf einen bestimmten Inhalt festgelegt werden. Danach ist sowohl ein Religionsunterricht möglich, der eher Verkündigung oder eher Information ist, ebenso etwa ein konfessionell-kooperativer, bikonfessioneller, multikonfessioneller oder konfessionell geöffneter Religionsunterricht. Die Zulassung bekenntnisfremder Schüler zum Religionsunterricht gehört danach zu den Grundsätzen der Religionsgemeinschaften (E 74, 244/253). Zu der inhaltlichen Einflußnahme gehören ferner die Möglichkeiten, sie personell zu gewährleisten — dazu darf die Erteilung des Religionsunterrichts von einer kirchlichen Erlaubnis (vocatio, missio canonica) abhängig gemacht werden — und sich zu informieren — dazu darf der Religionsunterricht besucht werden (visitatio) —. Schließlich ist die staatliche Dienstaufsicht über die Religionslehrer durch die inhaltliche Bestimmungsbefugnis der Religionsgemeinschaften eingeschränkt (vgl. *Winter*, VBlBW 1982, 287). 759

b) **Art. 7 Abs. 3 S. 3.** Das Recht der Lehrer, die Erteilung von Religionsunterricht *abzulehnen*, ist eine Konkretisierung ihrer Religions- und Weltanschauungsfreiheit und hat vor allem zur Folge, daß dem Lehrer hieraus keine Nachteile entstehen dürfen. Dieses Grundrecht hat insofern selbständige Bedeutung, als mögliche Beschränkungen der Grundrechte der Lehrer aus Art. 4 Abs. 1 und 2, die mit ihrem Sonderstatus als Beamte begründet werden könnten, hierdurch ausdrücklich ausgeschlossen werden. Aus dem systematischen Zusammenhang mit Art. 7 Abs. 3 S. 1 sowie aus der allgemeinen Überlegung der grundsätzlichen Staatsgerichtetheit der Grundrechte (vgl. oben Rdnr. 204) ergibt sich, daß nur die Lehrer an öffentlichen Schulen erfaßt sind und sich das Grundrecht nur gegen den jeweiligen öffentlichen Schulträger richtet. 760

761 c) **Art. 7 Abs. 2.** Das Recht der Erziehungsberechtigten, über die Teilnahme des Kindes am Religionsunterricht zu bestimmen, ist eine Konkretisierung des elterlichen Erziehungsrechts (Art. 6 Abs. 2) und der Religions- und Weltanschauungsfreiheit der Eltern (Art. 4 Abs. 1 und 2). Erziehungsberechtigte sind diejenigen, die nach dem Familienrecht — das selbstverständlich seinerseits nicht gegen Art. 6 Abs. 2 verstoßen darf — das Recht der Personensorge haben, d. h. in der Regel die *Eltern* gemeinsam. Das Recht des *Kindes* selbst, über die Teilnahme am Religionsunterricht zu bestimmen, ergibt sich unmittelbar aus Art. 4 Abs. 1 und 2 (vgl. *Maunz*, M/D, Art. 7 Rdnr. 32). Soweit Art. 7 Abs. 2 reicht, ist er aber gegenüber Art. 4 Abs. 1 und 2 speziell.

762 **Beispiel:** Nach den schulrechtlichen Bestimmungen eines Landes ist Religionslehre ein versetzungserhebliches Fach. Darin liegt kein Verstoß gegen Art. 7 Abs. 3, da „ordentliches Lehrfach" bedeutet: Pflichtfach, abgesehen von den besonderen verfassungsrechtlichen Ausnahmen. Der systematische Zusammenhang des Art. 7 Abs. 3 S. 1 mit Art. 7 Abs. 2 kann nicht dazu führen, den Religionsunterricht als (nicht versetzungserhebliches) Wahlfach zu qualifizieren; denn wenn „ordentliches Lehrfach" auch diese Bedeutung hätte, wäre die Normierung des Art. 7 Abs. 2 überflüssig gewesen. Die Versetzungserheblichkeit kann nicht als Verstoß gegen Art. 4 Abs. 1 und 2 gewertet werden (so aber OVG Münster als Vorinstanz zu BVerwGE 42, 346 und *Obermayer*, NJW 1973, 1817). Denn die Verwirklichung der Religions- und Weltanschauungsfreiheit gegenüber dem Religionsunterricht als staatliche Veranstaltung ist durch Art. 7 Abs. 2 speziell und abschließend in der Weise gesichert, daß der Schüler jederzeit die Teilnahme verweigern darf (BVerwGE 42, 346 mit zust. Anm. *Scheuner*, NJW 1973, 2315 und ausführlich *Müller/Pieroth*, Religionsunterricht als ordentliches Lehrfach, 1974).

763 Fraglich ist, bis zu welchem *Alter des Kindes* die Frage der Bestimmung der Teilnahme am Religionsunterricht als eine Frage der „Erziehung" i. S. d. Art. 6 Abs. 2 — mit der Folge des Vorrangs des Bestimmungsrechts der Eltern gegenüber dem des Kindes selbst — angesehen werden kann. § 5 RelKErzG hat hier eine Regelung getroffen, die allgemein als eine dem Grundgesetz entsprechende Abgrenzung angesehen wird (vgl. BGHZ 21, 340): Vor dem 12. Lebensjahr entscheiden allein die Erziehungsberechtigten. Zwischen dem 12. und 14. Lebensjahr bedarf eine Entscheidung der Erziehungsberechtigten der Zustimmung des Kindes. Nach dem 14. Lebensjahr entscheidet allein das Kind (Einzelheiten bei *Feuchte*, DÖV 1965, 661 ff.).

### *2. Eingriffe und verfassungsrechtliche Rechtfertigung*

764 Art. 7 Abs. 2 und 3 unterliegen keinem Gesetzesvorbehalt. Art. 7 Abs. 1 ist eine Kompetenzvorschrift und begrenzt gem. dem Wortlaut des Art. 7 Abs. 3 S. 2 von vornherein das Bestimmungsrecht der Religionsgemeinschaften auf inhaltliche Fragen. Art. 7 Abs. 1 kann aber darüber hinaus keine Eingriffe rechtfertigen, da die genannten Konkretisierungen der Religions- und Weltanschauungsfreiheit sowie des Elternrechts speziellе Ausprägungen dieser Grundrechte gegenüber dem staatlichen Schulwesen beinhalten. Ihr eigentlicher Sinn würde also zunichte gemacht, wollte man aus der Kompetenzvorschrift für das staatliche Schulwesen die Rechtfertigung von Eingriffen ableiten (vgl. auch *v. Münch*, StR I, Rdnr. 428).

## III. Privatschulfreiheit

*1. Schutzbereich*

765 Art. 7 Abs. 4 S. 1 verbürgt Einzelpersonen und Personenmehrheiten (Art. 19 Abs. 3) das *Grundrecht*, Privatschulen zu errichten. Damit ist auch das Recht gewährleistet, Privatschulen zu betreiben, da sonst die Verbürgung leerliefe. Ferner enthält Art. 7 Abs. 4 S. 1 eine Einrichtungsgarantie.

766 Insgesamt sichert Art. 7 Abs. 4 S. 1 der Privatschule „eine ihrer Eigenart entsprechende Verwirklichung ... Der dem staatlichen Einfluß damit entzogene Bereich ist dadurch gekennzeichnet, daß in der Privatschule ein eigenverantwortlich geprägter und gestalteter Unterricht erteilt wird, insbesondere soweit er die Erziehungsziele, die weltanschauliche Basis, die Lehrmethode und Lehrinhalte betrifft" (E 27, 195/200 f.). Im einzelnen hat der Träger der Privatschule danach das Recht zur

— Gestaltung des *äußeren Schulbetriebs* (Organisation von Schule und Unterricht),
— Gestaltung des *inneren Schulbetriebs* (Aufstellung von Lehrplänen, Festlegung von Lehrzielen, Lehrstoffen und Lehrmethoden, Auswahl der Lehr- und Lernmittel),
— *freien Schülerwahl* und
— *freien Lehrerwahl* (vgl. *Heckel*, Deutsches Privatschulrecht, 1955, S. 233 ff.).

767 Nach Art. 7 Abs. 4 und 5 ist begrifflich zu unterscheiden: Privatschulen „als Ersatz für öffentliche Schulen", d. h. Privatschulen, „die nach dem mit ihrer Errichtung verfolgten Gesamtzweck als Ersatz für eine in dem Land vorhandene oder grundsätzlich vorgesehene öffentliche Schule dienen sollen" (E 27, 195/201 f.), nennt man *Ersatzschulen*. Die Privatschulen, die diese Eigenschaft nicht haben, heißen *Ergänzungsschulen*. Art. 7 Abs. 4 S. 1 gilt für Ersatz- und Ergänzungsschulen, Art. 7 Abs. 4 S. 2—4 und Abs. 5 nur für Ersatzschulen.

768 Das Recht zur Errichtung und zum Betrieb von Ersatzschulen ist ein normgeprägtes Grundrecht. Denn es steht unter dem in Abs. 4 S. 2, 1. Halbsatz genannten und gesetzlich ausgestalteten Vorbehalt der *Genehmigung*. Ohne die Genehmigung kann vom Recht kein Gebrauch gemacht werden. Auf ihre Erteilung bzw. ihren Fortbestand besteht allerdings bei Vorliegen und Fortdauer folgender Voraussetzungen (S. 3 und 4) ein Anspruch:

— Die Ersatzschule steht in ihren Lehrzielen und Einrichtungen sowie der wissenschaftlichen Ausbildung ihrer Lehrkräfte nicht hinter den öffentlichen Schulen zurück;
— sie fördert keine Sonderung der Schüler nach den Besitzverhältnissen der Eltern;
— sie sichert genügend die wirtschaftliche und rechtliche Stellung der Lehrkräfte (ausführlich *Müller*, S. 127 ff.).

Bei der privaten Volksschule sind diese Voraussetzungen durch Abs. 5 weiter verschärft; hier geht das Grundgesetz vom Vorrang der staatlichen Grundschule aus und erkennt die Rechtsprechung der Schulverwaltung bei der Anerkennung des besonderen pädagogischen Interesses an der Zulassung einen gerichtlich nur beschränkt überprüfbaren Beurteilungsspielraum zu (BVerwGE 75, 275/277; krit. *Jach*, DÖV 1990, 506/508 ff.).

769 Das Landesrecht kennt, mit Ausnahme Nordrhein-Westfalens (Art. 8 Abs. 4 S. 2 nw Verf.), neben der Genehmigung noch eine *Anerkennung* als Voraussetzung dafür, daß die Ersatzschulen Berechtigungen (Zeugnisse, Versetzung, Hochschulzugang) mit öf-

fentlich-rechtlicher Wirkung, d. h. als Beliehene erteilen (vgl. BVerwGE 68, 185/187 f.). Die verfassungsrechtliche Zulässigkeit einer von der Genehmigung gesonderten Anerkennung ist von E 27, 195/204 ff. damit bejaht worden, daß Art. 7 Abs. 4 S. 2 ein herkömmlicher, die Erteilung der Berechtigungen nicht umfassender Ersatzschulbegriff zugrunde liege, daß die Ordnung des Berechtigungswesens eine „natürliche Aufgabe des Staates" sei und daß die Gegenauffassung zu „unannehmbaren Ergebnissen" führe. Das ist eine fragwürdige Argumentation (vgl. *Müller*, S. 353 ff.): Damit die Privatschulen im eigentlichen Sinn als Ersatz für öffentliche Schulen fungieren können, gehört unter heutigen Bedingungen das Berechtigungswesen mit dazu, und eine Anerkennung neben der Genehmigung hat im Normtext des Art. 7 Abs. 4 keinen Anhalt.

770 Ebenfalls über den Normtext gehen Fragen der *Privatschulförderung* mit öffentlichen Mitteln hinaus. Während das BVerwG früher sogar einen Anspruch anerkannter Ersatzschulen auf Kostenhilfe für ihre Unterhaltung aus Art. 7 Abs. 4 abgeleitet hat (BVerwGE 23, 347; 70, 290), halten das BVerfG (E 75, 40/62 ff.), der BayVerfGH (NVwZ 1985, 481) und inzwischen auch das BVerwG (E 79, 154/156 f.) den Staat aus Art. 7 Abs. 4 S. 1 objektiv-rechtlich für verpflichtet, das private Ersatzschulwesen neben dem öffentlichen Schulwesen zu fördern und seinen Bestand zu schützen. Diese Schutzpflicht soll dann eine Handlungspflicht auslösen, wenn anderenfalls der Bestand des Ersatzschulwesens evident gefährdet wäre. Wegen der generellen Hilfsbedürftigkeit privater Ersatzschulen sei auf eine verfassungsrechtliche Pflicht zur Privatschulförderung mit öffentlichen Mitteln zu schließen (zust. *F. Müller*, Die Positivität der Grundrechte, 2. Aufl. 1990, S. 120 ff.; krit. *Gramlich*, JuS 1985, 607).

### *2. Eingriffe und verfassungsrechtliche Rechtfertigung*

771 Art. 7 Abs. 4 enthält *keinen Gesetzesvorbehalt.* Auch Art. 7 Abs. 4 S. 2, 2. Halbsatz („unterstehen den Landesgesetzen") stellt nach Wortlaut, Systematik und Entstehungsgeschichte keinen Gesetzesvorbehalt dar; er setzt die aus Art. 7 Abs. 1, Abs. 4 S. 2—4 und Abs. 5 folgenden Regelungsbefugnisse voraus und stellt nur klar, daß es auch bei Ersatzschulen der Landesgesetzgeber ist, der von den Regelungsbefugnissen Gebrauch macht.

772 Art. 7 Abs. 1 gibt dem Staat, d. h. in der Kompetenzordnung des Grundgesetzes den Ländern die *Schulaufsicht.* Sie ist die Gesamtheit der staatlichen Befugnisse zur Organisation, Planung, Leitung und Beaufsichtigung des Schulwesens (E 26, 228/238; BVerwGE 47, 201/204), einschließlich der Festlegung der Ausbildungsgänge und Unterrichtsziele (E 59, 360/377; BVerwGE 64, 308/313). Sie gilt für staatliche Schulen wie für private Ersatzschulen.

773 Bei diesen ist sie allerdings inhaltlich beschränkt. Schulaufsicht darf den Betrieb privater Ersatzschulen nicht wie den der staatlichen Schulen bestimmen, sondern nur *überwachen,* ob er die Voraussetzungen von Art. 7 Abs. 4 S. 2—4 und Abs. 5 fortdauernd erfüllt. Entsprechend ist sie zur Rücknahme der Genehmigung und zu allen Maßnahmen befugt, die nach dem Grundsatz der Verhältnismäßigkeit im Einzelfall geeignet, erforderlich und nach h. M. auch angemessen sind, um beim Betrieb einer Ersatzschule die Einhaltung der genannten Voraussetzungen zu gewährleisten.

**Lösungsskizze zum Fall:** Ein Verein kann Berechtigter aus Art. 7 Abs. 4 sein. Das P-Gymnasium ist eine Ersatzschule, weil Gymnasien in allen Ländern vorgesehene öffentliche Schulen sind. Aus Art. 7 Abs. 4 S. 2—4 ergibt sich daher ein Anspruch auf Genehmigung unter den Voraussetzungen, daß das P-Gymnasium in seinen Lehrzielen und Einrichtungen sowie in der wissenschaftlichen Ausbildung seiner Lehrkräfte nicht hinter anderen Gymnasien zurücksteht, eine Sonderung der Schüler nach den Besitzverhältnissen der Eltern nicht gefördert, d. h. kein diskriminierendes Schulgeld erhoben wird und auch die wirtschaftliche und rechtliche Stellung der Lehrkräfte genügend gesichert ist. Da diese Voraussetzungen hier erfüllt sind und der Katalog der Genehmigungsvoraussetzungen abschließend ist, ließe sich die Ablehnung des Antrags des Vereins nur noch mit sonstigen verfassungsrechtlichen Eingriffsrechtfertigungen begründen. Jedoch unterliegt Art. 7 Abs. 4 keinem Gesetzesvorbehalt, und die Schulaufsicht gem. Art. 7 Abs. 1 ist gegenüber Ersatzschulen darauf beschränkt zu überwachen, ob die genannten Voraussetzungen erfüllt werden. Das auf den Besuch der konkurrierenden staatlichen Schulen abstellende Bedürfnis ist keine für die Errichtung oder den Betrieb einer Ersatzschule zulässige Genehmigungsvoraussetzung. Dies gilt sogar bei der nach Art. 7 Abs. 5 schwächer geschützten privaten Volksschule. Die Ablehnung verstößt also gegen Art. 7 Abs. 4. 774

**Literatur:** *P. Theuersbacher,* Die Entwicklung des Schulrechts von 1984—1987, NVwZ 1988, 886. — Zu II: *C. Link,* Religionsunterricht, in: Handbuch des Staatskirchenrechts der Bundesrepublik Deutschland, 2. Bd., 1975, S. 503; *J. Listl,* Religionsunterricht als bekenntnisgebundenes Lehrfach, 1983; *B. Pieroth,* Religionsunterricht, in: Evangelisches Staatslexikon, 3. Aufl. 1987, Sp. 2982. — Zu III: *K. Blau,* Bedeutung und Probleme der Privatschulfreiheit, JA 1984, 463; *G. Eiselt,* Zur Privatschulsubventionierung, DÖV 1987, 557; *J. A. Frowein,* Zur verfassungsrechtlichen Lage der Privatschulen, 1979; *F. Müller,* Das Recht der Freien Schule nach dem Grundgesetz, 2. Aufl. 1982.

# § 17 VERSAMMLUNGSFREIHEIT (Art. 8)

**Fall:** Sitzblockade einer Kaserne (nach BVerfGE 73, 206 — Mutlangen —)

Mitglieder der Friedensbewegung entschließen sich vor einem amerikanischen Militärlager spontan zu einer Sitzblockade. Das Militärlager ist als Stationierungsort für neue Raketen vorgesehen. Die Blockade hindert die Weiterfahrt eines Konvois amerikanischer Militärfahrzeuge. Verstößt eine Auflösung der Demonstration durch die Polizei gegen Art. 8 Abs. 1?

## I. Überblick

Das Grundrecht der Versammlungsfreiheit schützt eine Form der Kommunikation mit anderen, das Sich-Versammeln. Gemeinsam mit Art. 5 und 9 wird es daher als „Kommunikationsgrundrecht" bezeichnet (*Ossenbühl,* Staat 1971, 53/60). Im Hinblick auf einen wichtigen Anwendungsfall der Art. 5 und 8 nennt man beide auch „Demonstrationsgrundrechte" (*Blumenwitz,* in: Loccumer Protokolle, Heft 23, 1981, S. 113 ff.). Die Versammlungsfreiheit gehört wie die Meinungsfreiheit zu den „unentbehrlichen und grundlegenden Funktionselementen eines demokratischen Gemeinwesens" (E 69, 315/344 f. — Brokdorf —). Art. 8 Abs. 2 enthält einen Gesetzesvorbehalt nur für Versammlungen unter freiem Himmel, so daß Art. 8 Abs. 1 Versammlungen in geschlossenen Räumen vorbehaltlos schützt. 775

## II. Schutzbereich

### *1. Versammlungsbegriff*

776 Bei der Frage nach dem Versammlungsbegriff ist man sich einig, daß nicht jedes rein zufällige Zusammenkommen mehrerer Personen ausreichen kann, vielmehr eine gewisse *innere Verbindung* erforderlich ist. Keine Versammlungen, sondern bloße Ansammlungen sind daher ein Menschenauflauf (z. B. bei einem Verkehrsunfall, vor einem Schaufenster) oder zuhörende Passanten vor einem politischen Informationsstand (BVerfG, NJW 1977, 671; BVerwGE 56, 63/69). Doch auch solche zufälligen Ansammlungen können zu Versammlungen werden, wenn sich die anfangs fehlende innere Verbindung einstellt (*v. Münch,* vM, Art. 8 Rdnr. 10).

777 Keine Einigkeit herrscht über ein weiteres Erfordernis des Versammlungsbegriffs: Nach überwiegender Auffassung soll es neben der inneren Verbindung auf den *Zweck der Zusammenkunft* ankommen, der in der gemeinsamen Meinungsbildung und -äußerung gesehen wird. Hierbei ist weiter streitig, ob diese Meinung öffentliche Angelegenheiten betreffen muß (so der engste Versammlungsbegriff; vgl. *v. Mangoldt/Klein,* GG, 2. Aufl. 1966, Art. 8 Anm. III 2) oder ob die Erörterung irgendwelcher Angelegenheiten ausreicht, gleich ob es um private oder öffentliche Meinungsäußerungen geht (so die noch h. M.; vgl. BVerwGE 56, 63/69; 82, 34/38 f.; *Hoffmann-Riem,* AK, Art. 8 Rdnr. 12; *v. Münch,* vM, Art. 8 Rdnr. 12; *Schwäble,* S. 97 ff.). Diese Ansichten stützen sich auf die Komplementärfunktion der Versammlungsfreiheit zur Meinungsfreiheit, wobei die Vertreter des engsten Versammlungsbegriffs zusätzlich darauf hinweisen, daß nach der geschichtlichen Erfahrung, die zu Art. 8 geführt hat, vor allem politische Versammlungen staatlichen Eingriffen ausgesetzt waren.

778 **Beispiele:** Unstreitig Versammlungen sind nach allen Auffassungen: politische Diskussionsveranstaltungen oder Demonstrationen; wissenschaftliche Kongresse, Betriebs- oder Gesellschafterversammlungen fallen nach dem engsten Versammlungsbegriff aus dem Schutzbereich heraus; rein gesellige Zusammenkünfte sind vom Schutz des Art. 8 nur umfaßt, wenn man für eine Versammlung nicht den Zweck gemeinsamer Meinungsbildung und -äußerung fordert.

779 Die Einschränkung des Versammlungsbegriffs auf die Erörterung *öffentlicher Angelegenheiten* ist *nicht haltbar.* Sie ergibt sich weder aus dem Wortlaut noch aus der systematischen Stellung des Art. 8. Die Tatsache, daß sich der Kampf um die Versammlungsfreiheit historisch gesehen vorwiegend an politischen Zusammenkünften entzündet hat, schließt nicht aus, andere Treffen ebenfalls als schützenswert anzusehen. Die engste Auffassung zum Versammlungsbegriff ist damit abzulehnen.

780 Doch auch die h. M. vermag nicht zu überzeugen. Die behauptete Komplementärfunktion des Art. 8 zur Meinungsfreiheit läßt sich ebenfalls nicht aus Wortlaut oder Systematik herleiten. Es ist nicht ersichtlich, warum die Versammlungsfreiheit gerade auf die gemeinsame Meinungsbildung und -äußerung beschränkt sein soll (ausführlich *Geck,* DVBl. 1980, 797; *Müller,* S. 42 ff.). Gegen die einengende Auslegung des Art. 8 spricht ferner der Zusammenhang mit der freien Entfaltung der Persönlichkeit (Art. 2 Abs. 1): Das Grundrecht der Versammlungsfreiheit soll die drohende Isolierung des einzelnen verhindern und (gemeinsam mit Art. 9) die Persönlichkeitsentfaltung in Gruppenform gewährleisten (*Herzog,* M/D, Art. 8 Rdnr. 13; *Geck,* DVBl. 1980, 800;

ähnlich *Müller*, S. 44, 48 ff.; inkonsequent *Hoffmann-Riem*, AK, Art. 8 Rdnr. 13). Auch das BVerfG (E 69, 315/343) neigt zum weiten Versammlungsbegriff (a. A. *Frowein*, NJW 1985, 2376; *Hofmann*, BayVBl. 1987, 97/106): Es sieht „Versammlungen und Aufzüge . . . als Ausdruck gemeinschaftlicher, auf Kommunikation angelegter Entfaltung (geschützt). Dieser Schutz ist nicht auf Versammlungen beschränkt, auf denen argumentiert und gestritten wird, sondern umfaßt vielfältige Formen gemeinsamen Verhaltens bis hin zu nichtverbalen Ausdrucksformen". Den Schutz speziell der meinungsbildenden und -äußernden Versammlung gewährleistet Art. 8 *i. V. m. Art. 5* (344 ff.). Somit kann auf das Erfordernis eines *besonderen Versammlungszwecks* neben dem der inneren Verbindung ganz *verzichtet* werden (vgl. auch *Herzog*, M/D, Art. 8 Rdnr. 50; *Kloepfer*, Hdb. StR VI, S. 748 ff.).

**Beispiele:** Gemeinsames Musizieren stellt daher ebenso wie ein Vereinsabend eine Versammlung dar. Bei dem Besuch kultureller und sportlicher Veranstaltungen kommt es darauf an, ob eine innere Verbindung mit anderen vorliegt. So gibt es Kinovorführungen, Konzerte und Sportfeste, bei denen gerade das Zusammenkommen mit anderen von besonderer Bedeutung ist (z. B. Kultfilme, Rockkonzerte). Treten die Teilnehmer dagegen nicht als Akteure, sondern als bloße Konsumenten in Erscheinung, bilden sie keine Versammlung. **781**

Umstritten ist auch das Erfordernis einer bestimmten *Teilnehmerzahl*. Unter Hinweis auf bürgerlich-rechtliche Bestimmungen zum Verein (§§ 56, 73 BGB) werden als Mindestzahl 7 oder 3 Personen erwogen, teilweise wird mit dem allgemeinen Sprachgebrauch argumentiert, wonach mindestens 3 Teilnehmer erforderlich seien (vgl. *v. Münch*, vM, Art. 8 Rdnr. 9). Beides überzeugt nicht: Der Wortlaut deckt auch eine Versammlung von 2 Personen, und der Rückgriff auf unterverfassungsrechtliche Normen ist wie immer problematisch. Legt man den weiten Versammlungsbegriff zugrunde, so reichen bereits 2 Personen für die Annahme einer Versammlung aus, denn „systematische Isolierung . . . macht vor der Isolierung vom letzten Freund nicht halt" (*Herzog*, M/D, Art. 8 Rdnr. 48; im Ergebnis ebenso *Kloepfer*, Hdb. StR VI, S. 747 f.; *Müller*, S. 54). **782**

*2. Weitere Schutzbereichsmerkmale*

Der sachliche Schutzbereich wird von Art. 8 Abs. 1 auf friedliche Versammlungen ohne Waffen begrenzt. *Waffen* sind neben den Waffen i. S. d. § 1 WaffG (Pistole, Dolch, Schlagring) auch gefährliche Werkzeuge (Spazierstöcke, Flaschen), wenn sie zum Zweck des Einsatzes mitgeführt werden. Keine Waffen sind reine Schutzgegenstände (Gasmasken, Schutzbrillen); der hierfür häufig gebrauchte Ausdruck „passive Bewaffnung" ist irreführend (*Herzog*, M/D, Art. 8 Rdnr. 68; *Hoffmann-Riem*, AK, Art. 8 Rdnr. 22). **783**

Wann eine Versammlung *friedlich* ist, wird meist negativ in Anlehnung an §§ 5 Nr. 3, 13 Abs. 1 Nr. 2 VersammlG in der Weise definiert, daß sie nicht „einen gewalttätigen oder aufrührerischen Verlauf nimmt". Zwar kann das Grundrecht nicht durch einfaches Gesetz definiert werden, doch handelt es sich hier um einen einleuchtenden Definitionsansatz. Schon die Entstehungsgeschichte zeigt, daß der Begriff der Friedlichkeit nicht eng, etwa im Sinn fehlender Rechts- oder Polizeiwidrigkeit ausgelegt werden darf, sondern mit Blick auf den allgemeinen Gesetzesvorbehalt des Art. 8 Abs. 2 **784** weit zu verstehen ist (vgl. JöR 1951, 115). Auch die Gleichstellung von Unfriedlichkeit und Waffentragen läßt darauf schließen, daß nur ein gefährliches, potentiell aggressives Verhalten als unfriedlich aus dem Schutzbereich des Art. 8 Abs. 1 ausscheiden soll. Deshalb hat das BVerfG zu Recht den „Einklang" zwischen dem grundrechtlichen Ausschluß unfriedlicher und dem versammlungsgesetzlichen Verbot gewalttätiger, aufrührerischer Versammlungen festgestellt (E 73, 206/249 — Mutlangen —).

**785** Dagegen ist es völlig *unbestimmt* und untauglich, mit BGH, DVBl. 1951, 736 zur Bestimmung der Unfriedlichkeit auf die „Störung des staatsbürgerlichen Friedens" abzustellen. Eine andere Auffassung, nach der jede Rechtsverletzung zur Unfriedlichkeit führt, leistet zwar klare Abgrenzungen, hat aber die Entstehungsgeschichte gegen sich und interpretiert schon in Art. 8 Abs. 1 den einfachen Gesetzesvorbehalt hinein, den erst Art. 8 Abs. 2 enthält (*Hoffmann-Riem*, AK, Art. 8 Rdnr. 17). Ein einfacher Gesetzesvorbehalt wird sogar dann in Art. 8 Abs. 1 hineininterpretiert, wenn zwar nicht jede Rechtsverletzung, wohl aber jeder Verstoß gegen das Strafrecht als Unfriedlichkeit gewertet wird. Denn dem Gesetzgeber steht anheim, die Schutzwürdigkeit von Rechtsgütern zu definieren und zu entscheiden, welche Verhalten für die schutzwürdigen Rechtsgüter abstrakt gefährlich und daher strafrechtlich zu sanktionieren sind. Also kann Unfriedlichkeit auch nicht mit Strafrechtswidrigkeit gleichgesetzt werden (E 73, 206/248; *Müller*, S. 99; a. A. *Kloepfer*, Hdb. StR VI, S. 760).

**786** Die Bestimmung der unfriedlichen als einer gewalttätigen, aufrührerischen Versammlung bedarf der *Präzisierung*. Zur Präzisierung wird teilweise gefordert, daß körperliche Gewalt gegen Personen oder Sachen sowie schwere Rechtsverstöße aus dem Schutzbereich ausgeschlossen sein sollen (*Erichsen*, VerwArch 1973, 197/199; *Müller*, S. 99 f.; *Schneider*, in: Loccumer Protokolle, Heft 23, 1981, S. 137). Dabei bleibt allerdings die Schwierigkeit, zwischen schweren und leichten Rechtsverstößen zu unterscheiden. Die Schwierigkeit läßt sich vermindern, wenn die Präzisierung in Einzelauslegung der Merkmale „gewalttätig" und „aufrührerisch" geleistet wird. Der Begriff der Gewalttätigkeit fordert seit jeher die aktive körperliche Einwirkung des Täters auf Personen oder Sachen. Überwiegend wird verlangt, daß die körperliche Einwirkung aggressiv und von einiger Erheblichkeit ist (*v. Bubnoff*, Leipziger Kommentar zum StGB, 10. Aufl. 1978, § 125 Rdnr. 22, 25; *Lenckner*, Schönke/Schröder, StGB, 23. Aufl. 1988, § 125 Rdnr. 6 f.; *Rudolphi*, Systematischer Kommentar zum StGB, 4. Aufl., Stand: Februar 1988, § 125 Rdnr. 5). Der Begriff der Gewalttätigkeit ist enger als der heutige Begriff der Gewaltanwendung, der jede körperliche Zwangswirkung beim Opfer genügen läßt (*Schäfer*, Leipziger Kommentar, § 240 Rdnr. 28 ff.). Der Begriff „aufrührerisch" bezieht sich seit alters zum einen auf den Umsturz als das Ziel der Versammlung, zum anderen auf das Mittel des aktiven gewaltsamen Widerstands gegen rechtmäßig handelnde Vollstreckungsbeamte. Da die Frage, inwieweit auf einer Versammlung umstürzlerische Meinungen geäußert und propagiert werden dürfen, heute nach Maßgabe von Art. 5 zu beantworten ist (vgl. *Müller*, S. 100 f.), ist im Rahmen von Art. 8 nur das Merkmal des gewaltsamen Widerstands relevant. Es erfordert, wie das Merkmal der Gewalttätigkeit, die aktive körperliche Einwirkung, läßt aber, anders als das Merkmal der Gewalttätigkeit, auch eine geringfügige Einwirkung von geringfügiger Aggressivität genügen (*Rudolphi*, Systematischer Kommentar, § 125 Rdnr. 5). Unfriedlich ist eine Versammlung mithin dann, wenn sie erheblich und aggressiv körperlich auf Personen oder Sachen einwirkt, wobei gegenüber rechtmäßig handelnden Vollstreckungsbeamten schon eine geringe Erheblichkeit der Einwirkung ausreicht.

**Beispiele:** Eine passive Sitzblockade mag nach derzeit herrschender Meinung regelmäßig eine gewaltsame Nötigung gem. § 240 StGB darstellen (vgl. E 73, 206/257 ff.; BGHSt 35, 270; *Starck*, JZ 1987, 145/148; krit. *Köhler*, NJW 1983, 10; *Ott*, NJW 1985, 2384); vgl. inzwischen aber auch BVerfG, NJW 1991, 971, wonach bei der Würdigung einer Sitzblockade als Nötigung gem. § 240 StGB eine besonders sorgfältige Verwerflichkeitsprüfung geboten ist. Jedenfalls ist die Sitzblockade aber weder als gewalttätig noch als aufrührerisch zu bezeichnen, da beide Merkmale ein aktives Vorgehen voraussetzen. Im übrigen wird häufig übersehen, daß die Strafbarkeit ein Einschreiten der zuständigen Versammlungsbehörde voraussetzt (*Brohm*, JZ 1985, 501/505 ff.). – Beim Werfen mit sog. weichen Gegenständen (z. B. Tomaten, Eiern) ist nach den oben ausgeführten Kriterien zu differenzieren; entscheidend ist sowohl, gegen wen das Werfen gerichtet ist, als auch ob es bloßen Happening-Charakter hat oder Verletzungen intendiert und bewirkt (vgl. *v. Münch*, vM, Art. 8 Rdnr. 21). 787

Gesondert zu würdigen ist das unfriedliche Verhalten *einzelner*. Werden die Rechtsverstöße nicht von der Gesamtgruppe getragen, sondern gehen sie nur von einzelnen innerhalb einer ansonsten friedlichen Versammlung aus, so wird dadurch die Friedlichkeit der Versammlung insgesamt nicht beeinträchtigt (E 69, 315/359 ff.). Der Übergang zu einer unfriedlichen Versammlung ist jedoch besonders im Fall der „Sprengung" (Gewalttätigkeiten zwischen einzelnen Versammlungsteilnehmern) schwierig zu bestimmen (ausführlich *Herzog*, M/D, Art. 8 Rdnr. 115 ff.). 788

Unfriedlich ist eine Versammlung schließlich auch dann schon, wenn ein gewalttätiger, aufrührerischer Verlauf *droht*, also unmittelbar bevorsteht. Hierfür ist jedoch die Vermummung von Versammlungsteilnehmern allein kein ausreichendes Indiz; es müssen weitere Anhaltspunkte vorliegen (*Herzog*, M/D, Art. 8 Rdnr. 68, 75; *Hoffmann-Riem*, AK, Art. 8 Rdnr. 20; *Jahn*, JZ 1988, 545/547). 789

**Beispiele:** Als nicht mehr von Art. 8 Abs. 1 gedeckt wurden angesehen der Aufruf zu verbrecherischen Handlungen (VG Köln, NJW 1971, 210); Sperraktionen gegen die Auslieferung von Zeitungen (BGH, NJW 1972, 1366; NJW 1972, 1571); Behinderung einer Versammlung durch Gegendemonstrationen (OVG Saarlouis, JZ 1970, 283; vgl. auch *Rühl*, NVwZ 1988, 577). 790

*3. Umfang der Gewährleistung*

Durch Art. 8 werden die Organisation und Vorbereitung der Versammlung (Versendung von Einladungen, Werbung), die Leitung sowie die Teilnahme an der Versammlung geschützt. Nicht geschützt sind der Zutritt zu einer Versammlung und die Anwesenheit auf ihr, wenn sie in der Absicht geschehen, die Versammlung zu verhindern, statt an ihr teilzunehmen (E 84, 203/209 f.). Art. 8 enthält auch die negative Versammlungsfreiheit, daß niemand zur Teilnahme an oder Bildung von Versammlungen gezwungen werden darf (E 69, 315/343). 791

## III. Eingriffe

In Art. 8 Abs. 1 werden zwei Eingriffsfälle genannt: *Anmeldungs- und Erlaubnispflicht*. Klare Eingriffe sind auch Auflösungen und Verbote von Versammlungen sowie Teilnahmebehinderungen oder -beschränkungen, wie „Behinderung von Anfahrten und schleppende vorbeugende Kontrollen" (E 69, 315/349 — Brokdorf —). Schwieriger ist die Eingriffsqualität *staatlicher Überwachungsmaßnahmen* zu beurtei- 792 len. Nach h. M. soll es auf den Abschreckungseffekt ankommen: Da auch die innere Entschlußfreiheit, an einer Versammlung teilzunehmen, geschützt werde, liege ein Eingriff vor, wenn die Angst vor staatlicher Überwachung dazu führe, daß man lieber auf die Grundrechtsausübung verzichte (E 65, 1/43 — Volkszählungsurteil —; *Hoffmann-Riem*, AK, Art. 8 Rdnr. 36). Von daher hat das BVerfG einen Eingriff bei „exzessiven Observationen und Registrierungen" (E 69, 315/349) angenommen. Damit ist das wesentliche noch nicht hinreichend erfaßt, weil unklar bleibt, welche Überwachung „exzessiv" ist, und weil Angst auch bei „normaler" Überwachung entstehen kann. Vielmehr ist ein Eingriff immer dann anzunehmen, wenn es um die Beobachtung und Registrierung gerade der Versammlung oder ihrer Teilnehmer gerade in dieser Eigenschaft geht (*Bäumler*, JZ 1986, 469/471; vgl. auch *Herzog*, M/D, Art. 8 Rdnr. 87).

793 **Beispiele:** Die Observation eines einer Straftat Verdächtigen wird nicht dadurch zu einem Eingriff in die Versammlungsfreiheit, daß der Verdächtige an einer Versammlung teilnimmt. Ebenso verhält es sich bei der Beobachtung von gegen die Verfassung gerichteten Aktivitäten bestimmter Personen oder Gruppen. Gilt die Beobachtung dagegen der Frage, ob die Versammlung oder die Teilnahme an ihr selbst eine gegen die Verfassung gerichtete oder sonst rechtswidrige Aktivität ist, so liegt ein Eingriff in Art. 8 vor. Eingriffe sind auch polizeiliche Bildaufnahmen von Versammlungen, Einzel- und Übersichtsaufnahmen, sowie die beiderseitige Begleitung eines Demonstrationszugs durch mit Einsatzanzug, Helm und Schlagstock ausgerüstete Polizeibeamte (OVG Bremen, NVwZ 1990, 1188; vgl. zu den polizeilichen Bildaufnahmen mit engerem Eingriffsbegriff *Götz*, NVwZ 1990, 112).

## IV. Verfassungsrechtliche Rechtfertigung

### *1. Gesetzesvorbehalt des Art. 8 Abs. 2*

794 Dieser Gesetzesvorbehalt gilt nur für Versammlungen *unter freiem Himmel*, nicht dagegen für Versammlungen in geschlossenen Räumen, bei denen der Raum nach oben überdacht und nach den Seiten umschlossen ist (Haus, Zelt). Problematisch ist die Anwendung des Art. 8 Abs. 2 bei nur teilweise geschlossenen Räumen wie ummauerten Innenhöfen, Stadien, überdachten Forumsplätzen. Hierbei sollte man den Sinn der Unterscheidung von Versammlungen unter freiem Himmel und in geschlossenen Räumen bedenken: Es geht nicht um die Gefahr des Naßwerdens durch Regen, sondern darum, daß die Kommunikation mit der Außenwelt die Versammlung besonders störanfällig und gefährlich macht (BVerwGE 26, 135/137; *Frowein*, NJW 1969, 1081/1083). Beachtet man diese Zielrichtung, so wird man für das Erfordernis des freien Himmels insbesondere auf die seitlichen Begrenzungen zu achten haben (im Ergebnis ebenso *v. Münch*, vM, Art. 8 Rdnr. 31; vgl. auch *Herzog*, M/D, Art. 8 Rdnr. 91, der allerdings inkonsequent ist bei Stadien).

795 **Beispiele:** Zusammenkünfte in ummauerten Innenhöfen und Stadien finden demnach nicht „unter freiem Himmel" statt; (bloß) überdachte Forumsplätze sind andererseits keine geschlossenen Räume.

796 Gem. Art. 8 Abs. 2 kann die Beschränkung durch Gesetz oder aufgrund eines Gesetzes erfolgen. Beispiel für letzteres ist die *aufgrund* des Gesetzes zum Schutz des olympischen Friedens vom 31. 5. 1972 erlassene Verordnung vom 25. 7. 1972 (BGBl. 1972 I, S. 865). *Durch* Gesetz wird die Versammlungsfreiheit vor allem durch das Versammlungsgesetz, aber auch durch Polizei- und Ordnungsgesetze, Bannmeilengeset-

ze, Sonn- und Feiertagsgesetze, Straßen- und Wegegesetze und das Straßenverkehrsrecht eingeschränkt (*Breitbach,* NVwZ 1988, 584; *v. Mutius,* Jura 1988, 79/81 ff.). Allerdings zählt die Ausübung der Versammlungsfreiheit zum Gemeingebrauch und tritt hinter dem Straßenverkehr keineswegs zurück (VGH Kassel, NJW 1988, 2125).

Bei Anwendung des Versammlungsgesetzes muß man beachten, daß es gem. § 1 Abs. 1 **797**
nur auf *öffentliche,* d. h. jedermann zugängliche, Versammlungen Anwendung findet. Soweit es eingreift, geht es als Spezialgesetz dem allgemeinen Polizei- und Ordnungsrecht (*Drosdzol,* JuS 1983, 409/412 f.) sowie dem Straßenverkehrsrecht (BVerwGE 82, 34/38) vor (zur Rechtsgrundlage einer Straßenreinigungspflicht von Demonstranten bei und nach Demonstrationen BVerwGE 80, 158 und 164; dazu *Brohm,* JZ 1989, 324). Fraglich ist, ob dies auch schon für gegebenenfalls als Eingriff qualifizierte Vorfeldmaßnahmen gilt, oder ob sich die Polizei insoweit auf andere Ermächtigungsgrundlagen stützen kann (vgl. VGH München, BayVBl. 1983, 434). Wenn allerdings die Voraussetzungen für einen Eingriff nach § 15 VersammlG gegeben sind, ist das allgemeine Polizei- und Ordnungsrecht dafür maßgeblich, mit welchen Einzelbefugnissen die unmittelbare Gefahr abgewehrt werden darf (OVG Bremen, NVwZ 1990, 1188/1192).

Die in § 14 VersammlG normierte *Anmeldepflicht* und die in § 15 Abs. 2 VersammlG **798**
geregelte Auflösungsmöglichkeit bei Verletzung dieser Pflicht verstoßen für den Regelfall, daß eine Anmeldung binnen 48 Stunden möglich ist, nicht gegen das Grundgesetz. Das öffentliche Interesse erfordert die rechtzeitige Benachrichtigung der Polizei von dem Vorhaben, damit sie ausreichende Maßnahmen zum Schutze der öffentlichen Sicherheit und Ordnung treffen kann. Von besonderer praktischer Bedeutung ist die Auflage (vgl. *Schwerdtfeger,* Die Grenzen des Demonstrationsrechts in innerstädtischen Ballungsbereichen, 1988). Häufig dient die Information der zuständigen Stellen auch unmittelbar den Interessen der Veranstalter, indem z. B. durch Verkehrsregelungen bei einer Demonstration für einen reibungslosen Ablauf gesorgt wird (vgl. zu dieser doppelten Schutzrichtung *Crombach,* S. 30). Ist eine Anmeldung nicht (Spontandemonstration) oder nicht rechtzeitig (Eildemonstration) möglich, ist § 14 VersammlG verfassungskonform dahin auszulegen, daß die Anmeldepflicht entfällt oder eine kürzere Anmeldepflicht ausreicht (E 69, 315/350 ff.; BVerfG, NJW 1992, 890 f.).

*2. Art. 17 a Abs. 1*

Neben Art. 8 Abs. 2 enthält Art. 17 a Abs. 1 einen Gesetzesvorbehalt für das Wehr- **799**
und Ersatzdienstverhältnis. Die besondere Bedeutung dieses gleichrangig neben Art. 8 Abs. 2 bestehenden Vorbehalts liegt in der Möglichkeit, auch Versammlungen in geschlossenen Räumen zu reglementieren. Das Zivildienstgesetz hat von dieser Ermächtigung bisher noch keinen Gebrauch gemacht. Anders ist die Lage bei Soldaten. Diese dürfen z. B. nach § 15 Abs. 3 SG nicht in Uniform an politischen Veranstaltungen, d. h. auch nicht an Versammlungen, teilnehmen.

*3. Kollidierendes Verfassungsrecht*

Einschränkungen des Art. 8 Abs. 1 aufgrund kollidierenden Verfassungsrechts sind **800**
bezüglich einzelner Bestimmungen des Versammlungsgesetzes in Betracht zu ziehen, die Versammlungen in *geschlossenen Räumen* betreffen und damit nicht dem Gesetzesvorbehalt des Art. 8 Abs. 2 unterfallen.

801 **Beispiel:** Die Polizei erhält Kenntnis davon, daß möglicherweise eine Bombe in einer Versammlung in einem geschlossenen Raum detonieren wird. Um keine Panik hervorzurufen, löst die Polizei die Versammlung kurzerhand auf. Dieses Vorgehen ist durch § 13 Abs. 1 Nr. 2, 2. Alt. VersammlG („unmittelbare Gefahr für Leben und Gesundheit der Teilnehmer") gedeckt, der seinerseits als Konkretisierung des insoweit mit Art. 8 Abs. 1 kollidierenden Art. 2 Abs. 2 S. 2 anzusehen ist (vgl. auch *Gallwas*, JA 1986, 484/488).

802 Zweifelhaft ist die Verfassungsmäßigkeit der *Pflicht zur Bestellung eines Leiters* (§ 7 Abs. 1 VersammlG). Bei größeren Versammlungen läßt sie sich damit rechtfertigen, daß ohne einen Veranstalter solche Versammlungen faktisch nicht organisiert werden können und die Pflicht zur Bestellung eines Leiters damit der Verwirklichung der Versammlungsfreiheit selbst dient. Das gilt aber nicht für kleinere Zusammenkünfte. Die ausnahmslose Pflicht zur Bestellung eines Leiters ist daher verfassungswidrig (*Hoffmann-Riem*, AK, Art. 8 Rdnr. 41; anders die h. M., vgl. *Herzog*, M/D, Art. 8 Rdnr. 105, 137).

803 **Lösungsskizze zum Fall:** I. Die Teilnehmer der Blockade haben sich zusammengetan, um gemeinsam gegen die Raketenstationierung bzw. die militärische Rüstung zu protestieren. Hierin liegt nach allen Auffassungen eine Versammlung. Fraglich ist, ob es sich um eine friedliche Versammlung handelt. Dies ist zu verneinen, wenn man die Blockade als Nötigung i.S.v. § 240 StGB und eine nötigende als eine unfriedliche Versammlung annimmt (so für den Fall einer Straßenbahnblockade BGHSt 23, 46/57 f. — Laepple —). Demgegenüber wird im Schrifttum darauf hingewiesen, daß bei einem passiven Sitzstreik gerade auf Aufruhr und Gewalt verzichtet werde, und eine friedliche Versammlung angenommen (vgl. *Herzog*, M/D Art. 8 Rdnr. 62; *Schwäble*, S. 121; *Stein*, StR, § 14 III; *Tiedemann*, JZ 1969, 717/723). Nach hier vertretener Auffassung kann nicht jeder Verstoß gegen einfaches (auch Straf-)Recht, sondern erst ein Verhalten nicht nur einzelner Versammungsteilnehmer, das erheblich und aggressiv körperlich auf Personen und Sachen einwirkt, zur Unfriedlichkeit der Versammlung führen. Der passive Sitzstreitk ist nicht in diesem Sinn als gewalttätig oder aufrührerisch zu bezeichnen. Auf die Frage der Strafbarkeit gem. § 240 StGB (vgl. oben Rdnr. 787) kommt es also nicht an. — II. Die Auflösung durch die Polizei ist ein Eingriff in den Schutzbereich von Art. 8 Abs. 1 . — III. Der Eingriff könnte jedoch gem. Art. 8 Abs. 2 durch § 15 Abs. 1 und 2 VersammlG verfassungsrechtlich gerechtfertigt sein. Eine Auflösung wegen fehlender Anmeldung der Versammlung scheidet aus, weil es sich hier um eine Spontandemonstration handelt. Nach § 15 Abs. 1 und 2 VersammlG war die Auflösung nur zulässig, wenn nach den Umständen die öffentliche Sicherheit und Ordnung unmittelbar gefährdet war. Zum Schutzgut der öffentlichen Sicherheit gehört auch die Bewegungsfreiheit der Verkehrsteilnehmer, hier der ein- und ausfahrenden Soldaten. Nach Ansicht des BVerfG ist daher die Auflösung der Versammlung zulässig, „um den Rechten der behinderten Dritten Geltung zu verschaffen, wenn deren Behinderung über eine Geringfügigkeit hinausgeht" (E 73, 206/250). Im Schrifttum wird hingegen teilweise das Übermaßverbot korrigierend herangezogen; bei Straßenbahnblockaden wird ein Zeitraum von 15—30 Minuten zur Artikulation von Protest für angemessen gehalten, bei EC- und IC-Zügen weniger (vgl. *Schneider*, in: Loccumer Protokolle, Heft 23, 1981, S. 139).

**Literatur:** *H. Bäumler*, Versammlungsfreiheit und Verfassungsschutz, JZ 1986, 469; *E. Crombach*, Die öffentliche Versammlung unter freiem Himmel, 1976; *W.-D. Drosdzol*, Grundprobleme des Demonstrationsrechts, JuS 1983, 409; *G. Ketteler*, Die Einschränkbarkeit nichtöffentlicher Versammlungen in geschlossenen Räumen, DÖV 1990, 954; *M. Kniesel*, Die Versammlungs- und Demonstrationsfreiheit — Verfassungsrechtliche Grundlagen und versammlungsgesetzliche Konkretisierung, NJW 1992, 857; *K. Kühl*, Demonstrationsfreiheit und Demonstrationsstrafrecht, NJW 1985, 2379; *W. Müller*, Wirkungsbereich und Schranken der Versammlungsfreiheit, insbesondere im Verhältnis zur Meinungsfreiheit, 1974; *A. v. Mutius*, Die Versammlungsfreiheit des Art. 8 Abs. 1 GG, Jura 1988, 30, 79; *U. Schwäble*, Das Grundrecht der Versammlungsfreiheit, 1975. — Kommentare zum Versammlungsgesetz: *Dietel/Gintzel/Kniesel*, 10. Aufl. 1991; *Ott*, 5. Aufl. 1987.

# § 18 VEREINIGUNGS- UND KOALITIONSFREIHEIT (Art. 9)

**Fall:** Zwangsmitgliedschaft in der Studentenschaft (nach VG Sigmaringen, DVBl. 1968, 717)

S ist als Jurastudent an der Universität Bochum immatrikuliert und entrichtet bei jeder Rückmeldung den Studentenbeitrag in Höhe von DM 47,—. Im Laufe seines Studiums erfährt er, daß ein gewisser Prozentsatz des Studentenbeitrags dem AStA als Organ der Studentenschaft zufließt. S ist der Ansicht, er sei kein Mitglied der Studentenschaft, da er nie einen Mitgliedsantrag unterschrieben habe; er sei daher auch nicht verpflichtet, den Studentenbeitrag in dieser Höhe zu zahlen. Eine Mitgliedschaft, die ohne sein Dazutun entstehe, sei mit seinem Grundrecht der allgemeinen Vereinigungsfreiheit aus Art. 9 Abs. 1 nicht vereinbar. Hat S Recht?

## I. Überblick

In Art. 9 Abs. 1 wird die allgemeine Vereinigungsfreiheit garantiert. Art. 9 Abs. 3 schützt das Recht, Vereinigungen zur Wahrung und Förderung der Arbeits- und Wirtschaftsbedingungen zu bilden (Koalitionsfreiheit) als Sonderfall der allgemeinen Vereinigungsfreiheit. Das Grundrecht, sich zu politischen Parteien zusammenzuschließen, ist von Art. 9 Abs. 1 gewährleistet; die verfassungsrechtliche Stellung der Parteien bestimmt sich im übrigen nach Art. 21; einfach-gesetzlich ist darüber hinaus das Parteiengesetz lex specialis zum Vereinsgesetz (vgl. auch dessen § 2 Abs. 2). **804**

Die allgemeine Vereinigungsfreiheit und die Koalitionsfreiheit umfassen beide nach h. M. einerseits das *Individualfreiheitsrecht* der Vereinigungsmitglieder und andererseits das *kollektive Freiheitsrecht* der Vereinigungen selbst. Art. 9 Abs. 3 enthält darüber hinaus nach st. Rspr. die *Institutsgarantie* des Kernbestandes eines Tarifvertragssystems (E 4, 96/106; 44, 322/340). Gelegentlich wird versucht, aus Art. 9 Abs. 1 eine entsprechende Garantie der Rechtsinstitute Verein und Gesellschaft herauszulesen. Da aber die Nennung dieser Vereinigungen nur beispielhaften Charakter hat (vgl. unten Rdnr. 809 f.), ist diese Ansicht unzutreffend. **805**

Art. 9 Abs. 3 schützt nicht nur vor Eingriffen von staatlicher Seite, sondern entfaltet unmittelbare *Drittwirkung* auch gegenüber Beeinträchtigungen durch Private. Der ausdrückliche Hinweis in Art. 9 Abs. 3 S. 2, wonach Abreden, die die Koalitionsfreiheit einzuschränken oder zu behindern suchen, nichtig und darauf gerichtete Maßnahmen rechtswidrig sind, bezieht sich auf alle privat- oder arbeitsrechtlichen Vereinbarungen einschließlich der Tarifverträge. Insbesondere sind auch die Koalitionen selbst daran gebunden. **806**

Der im Zuge der Notstandsgesetzgebung eingefügte Art. 9 Abs. 3 S. 3 sichert das Arbeitskampfrecht im *Notstandsfall.* **807**

Art. 9 Abs. 2 enthält eine verfassungsrechtliche Rechtfertigung für ein *Vereinigungsverbot,* die sowohl für die allgemeine Vereinigungsfreiheit als auch — entgegen der systematischen Stellung — für die Koalitionsfreiheit gilt (vgl. unten Rdnr. 845 f.). **808**

## II. Schutzbereiche

### *1. Allgemeine Vereinigungsfreiheit*

a) Art. 9 spricht von Vereinen und Gesellschaften. Der **Begriff des Vereins** wird in *§ 2 Abs. 1 VereinsG* beschrieben als „Vereinigung, zu der sich eine Mehrheit natürlicher oder juristischer Personen für längere Zeit zu einem gemeinsamen Zweck frei- **809** willig zusammengeschlossen und einer organisierten Willensbildung unterworfen hat"; die Rechtsform dieser Vereinigung ist nicht ausschlaggebend.

810 Es ist anerkannt, daß diese weite Definition den Schutzgegenstand von Art. 9 Abs. 1 *zutreffend* umschreibt. Die zivilrechtlichen Bestimmungen bezüglich der Vereine und der Gesellschaften sind für den Schutzgegenstand von Art. 9 Abs. 1 nicht maßgeblich; ihre Nennung stellt nur eine beispielhafte Aufzählung dar, die verdeutlichen soll, daß ein umfassender Freiheitsschutz gewährleistet wird. Er umfaßt „das gesamte Spektrum des Assoziationswesens von der lose gefügten Bürgerinitiative bis zum hoch-aggregierten Spitzenverband" (*Rinken,* AK, Art. 9 Abs. 1 Rdnr. 46; zur Abgrenzung von Verein und Partei vgl. BVerwGE 74, 176/179 ff.). — Im einzelnen sind für eine Vereinigung die folgenden Elemente konstitutiv:

811 Der Zusammenschluß erfolgt *freiwillig.* Zwangszusammenschlüsse genießen den Grundrechtschutz aus Art. 9 Abs. 1 nicht (zur negativen Vereinigungsfreiheit des einzelnen gegenüber Zwangszusammenschlüssen vgl. unten Rdnr. 816 ff.). Auch öffentlich-rechtliche Zusammenschlüsse scheiden aus dem Schutzbereich von Art. 9 Abs. 1 aus (so auch BVerfG in ständiger Rechtsprechung: E 10, 89/102; 38, 281/297 f.). Sie können nur durch staatlichen Hoheitsakt, also aufgrund des dem Staat als Sonderrecht vorbehaltenen öffentlichen Rechts errichtet werden. Private können sich nicht freiwillig zu öffentlich-rechtlichen Vereinigungen zusammenschließen. Der Zusammenschluß zu Religionsgesellschaften als Körperschaften des öffentlichen Rechts ist nicht durch Art. 9 Abs. 1, sondern durch Art. 140 i. V. m. Art. 137 Abs. 5 WRV geschützt (vgl. oben Rdnr. 592).

812 Der Zusammenschluß dient einem *gemeinsamen Zweck.* Dieser kann ganz frei bestimmt werden, sich auf Sport, Kunst, Politik, Wohltätigkeit, Geselligkeit usw. beziehen. Er wird nicht dadurch gefährdet, daß zwischen den Mitgliedern neben einer Übereinstimmung im Hauptziel unterschiedliche Auffassungen über Nebenziele bestehen (*v. Münch,* vM, Art. 9 Rdnr. 12).

813 Der Zusammenschluß vereinigt mehrere natürliche oder juristische Personen mit einer gewissen *organisatorischen Festigkeit.* Diese stellt sich dadurch her, daß eine gemeinsame Willensbildung stattfindet, die allerdings durchaus locker organisiert sein kann.

814 **Beispiele:** Vereinigungen i. S. d. Art. 9 Abs. 1 sind u. a. Handels- und Kapitalgesellschaften, Konzerne und Holdings (teilweise a. A. *Rübenach,* „Wirtschaftliche Vereinigungsfreiheit" und Vereinigungsfreiheit, 1984). Keine Vereinigungen stellen Ein-Mann-GmbH und Stiftung dar, da sie nicht auf einem personalen Zusammenschluß beruhen. Kartelle, bei denen lediglich Marktstrategien abgesprochen werden, sind noch nicht Vereinigungen; sie werden dies erst mit organisatorischem Zusammenschluß.

815 b) **Art. 9 Abs. 1 als Individualgrundrecht.** Nach seinem Wortlaut schützt Art. 9 Abs. 1 die *Bildung* von Vereinen und Gesellschaften. Ausdrücklich ist mit Bildung nur die Konstituierung angesprochen, nämlich das Individualrecht der Mitglieder, sich mit anderen zusammenzuschließen und Vereine zu gründen. Das schließt die Freiheit der Entscheidung über den Zeitpunkt der Gründung, den Zweck, die Rechtsform, den Namen, die Satzung und den Sitz der Vereinigung ein (sog. Vereinsautonomie).

Würde in Art. 9 Abs. 1 nicht mehr als die Möglichkeit freier Vereinsbildung garantiert, bestünde die Gefahr, daß der Schutz der Vereinigungsfreiheit leerliefe. Es ist daher anerkannt, daß Art. 9 Abs. 1 auch den *Beitritt* zu bereits bestehenden Vereinen, die *Betätigung* innerhalb der Vereine und durch die Vereine und den *Verbleib* (sog. positive Vereinigungsfreiheit) schützt sowie korrespondierend das Recht zum *Fernbleiben* (E 4, 7/26; 10, 89/102) und *Austritt* (sog. negative Vereinigungsfreiheit), jedenfalls soweit es sich um privatrechtliche Vereinigungen handelt (a. A. *Friauf*, Festschrift Reinhardt, 1972, S. 389/392, der eine negative Vereinigungsfreiheit nur aus Art. 2 Abs. 1 ableitet). **816**

Umstritten ist, ob die negative Vereinigungsfreiheit auch das Recht umfaßt, *öffentlich-rechtlichen Zwangsvereinigungen* fernzubleiben, z. B. Rechtsanwalts-, Ärzte-, Industrie- und Handelskammern. BVerfG und BVerwG sehen den Schutzbereich von Art. 9 Abs. 1 als nicht einschlägig an und messen die Zulässigkeit von Pflichtmitgliedschaften ausschließlich an Art. 2 Abs. 1 (E 10, 89/102; 38, 281/297 f.; NJW 1990, 1653). Dabei sieht das BVerwG den einzelnen als Pflichtmitglied einer öffentlich-rechtlichen Vereinigung immerhin dagegen geschützt, daß diese ihren Aufgabenbereich überschreitet (BVerwG, NJW 1987, 337; *Meßerschmidt*, VerwArch 1990, 55). Das BVerfG knüpft dies allerdings an die einschränkende Voraussetzung, daß die Tätigkeit der Vereinigung über die Beitragspflicht hinaus in Grundrechte des Mitglieds eingreift (E 78, 320/330 f.). **817**

*Begründet* wird dies mit dem Vereinigungsbegriff, der nur privatrechtliche Vereinigungen schützt: Da der einzelne aus Art. 9 Abs. 1 kein Recht ableiten könne, sich mit anderen zu einer öffentlich-rechtlichen Vereinigung zusammenzuschließen, sei umgekehrt von Art. 9 Abs. 1 auch nicht das Recht umfaßt, solchen Vereinigungen fernzubleiben (*Merten*, Hdb. StR VI, S. 798 ff.; *v. Münch*, BK, Art. 9 Rdnr. 52). Die negative Vereinigungsfreiheit stelle das Korrelat zur positiven dar. **818**

Dieser Umkehrschluß ist *nicht zwingend* (*Friauf*, Festschrift Reinhardt, 1972, S. 389/394; *v. Mutius*, VerwArch 1973, 81; *Quidde*, DÖV 1958, 521/523). Zwar trifft es zu, daß Privaten kein Recht auf positive Vereinigungsfreiheit zu öffentlich-rechtlichen Körperschaften zusteht. Das Fernbleiben bedeutet aber gerade keine für den Privaten unmögliche Inanspruchnahme öffentlich-rechtlicher Gestaltungsformen. Vielmehr geht es insoweit um die klassische Grundrechtsfunktion: die Abwehr eines staatlichen Zwangsaktes. Geschichtlich richtete sich die allgemeine Vereinigungsfreiheit gerade auch gegen hoheitliche Zwangszusammenschlüsse wie beispielsweise Zünfte (vgl. *F. Müller*, Korporation und Assoziation, 1965, S. 231 ff.). Diese Schutzfunktion wird auch von der h. M. anerkannt, wonach Art. 9 Abs. 1 gegen privatrechtliche Zwangszusammenschlüsse schütze. Wenn aber Art. 9 Abs. 1 vor Vereinigungszwang schützen soll (so auch *Etzrodt*, S. 42 ff. und 123), kann es keinen Unterschied machen, ob sich ein Privater gegen die Pflichtmitgliedschaft in privatrechtlichen oder in öffentlich-rechtlichen Vereinigungen wehrt (*Friauf*, Festschrift Reinhardt, 1972, S. 389/395; *Mronz*, Körperschaften und Zwangsmitgliedschaft, 1973, S. 208 ff.; *v. Mutius*, VerwArch 1973, 81). In beiden Fällen wird die Vereinigungsfreiheit des Bürgers gleichermaßen beschnitten. Schließlich ist der h. M. entgegenzuhalten, daß die unterschiedliche Behandlung der negativen Vereinigungsfreiheit bei privatrechtlichen Vereinigungen (von Art. 9 Abs. 1 geschützt) und öffentlich-rechtlichen Zusammenschlüssen (von Art. 9 Abs. 1 nicht erfaßt) den Staat, soweit er Formenwahlfreiheit genießt, verleiten **819** könnte, statt der Bildung einer privatrechtlichen Vereinigung die Einrichtung eines öffentlich-rechtlichen Zwangsverbandes vorzuschreiben. Damit könnte der Schutz des Art. 9 Abs. 1 ausgehöhlt werden (*Scholz,* M/D, Art. 9 Rdnr. 90; ähnlich *v. Mutius,* VerwArch 1973, 81/83; *Rode,* DÖV 1976, 841/845).

**820** Die negative Vereinigungsfreiheit schützt den einzelnen nach alledem auch vor dem staatlichen Zwang, einer öffentlich-rechtlichen Vereinigung beizutreten und in ihr zu verbleiben.

**821** c) **Art. 9 Abs. 1 als kollektives Freiheitsrecht.** Das BVerfG sieht in ständiger Rechtsprechung (E 13, 174/175; 30, 227/241; 50, 290/353 f.) neben den aufgezeigten Gewährleistungen für die einzelnen Vereinigungsmitglieder auch die *Vereinigungen selbst* durch Art. 9 Abs. 1 als geschützt an. Es beruft sich auf den Gesichtspunkt der Effektivität des Grundrechtsschutzes, der erst bei Einbeziehung auch der Vereinigungen selbst voll gewährleistet sei. Hiergegen kann folgendes eingewandt werden (vgl. *W. Schmidt,* Festschrift Mallmann, 1978, S. 233; *Scholz,* Hdb. StR VI, S. 1156): Die Frage, in welchem Umfang Vereinigungen grundrechtsberechtigt sind, ist in Art. 19 Abs. 3 speziell und abschließend geregelt. Danach hat die Vereinigung gerade nicht den gleichen Grundrechtsschutz wie ihre Mitglieder. Die dogmatische Konstruktion des „Doppelgrundrechts" von individueller und kollektiver Vereinigungsfreiheit paßt somit nicht zu Art. 19 Abs. 3.

**822** Die kollektive Vereinigungsfreiheit soll die *Existenz* und die *Funktionsfähigkeit* der Vereinigungen umfassen sowie — nach innen — die „Selbstbestimmung über die eigene Organisation, das Verfahren ihrer Willensbildung und die Führung ihrer Geschäfte" (E 50, 290/354 — Mitbestimmung —). Umstritten ist, ob — nach außen — *jede* Vereinstätigkeit geschützt ist. Das BVerfG hat nur einen „Kernbereich der Vereinstätigkeit" als geschützt anerkannt, wozu es beispielsweise die Namensführung (E 30, 227/241) und die werbewirksame Selbstdarstellung (E 84, 372/378) gerechnet hat. Jedenfalls schützt Art. 9 Abs. 1 einen Verein bei seiner Tätigkeit nicht mehr als einen einzelnen bei der gleichen Tätigkeit (BVerwGE 88, 9/12; vgl. auch E 70, 1/25).

*2. Koalitionsfreiheit*

**823** a) Die Aussage des Art. 9 Abs. 3 S. 1 zum **Koalitionsbegriff** beschränkt sich auf die Beschreibung des Koalitionszwecks, nämlich die Wahrung und Förderung der Arbeits- und Wirtschaftsbedingungen. *Arbeitsbedingungen* sind Bedingungen, die sich auf das Arbeitsverhältnis selbst beziehen, z. B.: Lohnbedingungen, Arbeitszeit, Arbeitsschutz, Urlaubsregelungen. *Wirtschaftsbedingungen* haben darüber hinaus wirtschafts- und sozialpolitischen Charakter, wie z. B. Maßnahmen zur Verringerung der Arbeitslosigkeit, Einführung von neuen Technologien, Konjunkturfragen. Beide Ziele müssen *gemeinsam,* d. h. nicht bloß alternativ, angestrebt werden. Daher genießen reine Wirtschaftsvereinigungen, die die Arbeitsbedingungen nicht berücksichtigen, wie z. B. Kartelle, Einkaufsgenossenschaften, Verbraucherverbände, nicht den Schutz von Art. 9 Abs. 3.

**824** Nach allgemeiner Auffassung wird der Koalitionsbegriff aber nicht allein durch die Zweckbestimmung definiert. Vielmehr müssen die Vereinigungen noch *weitere Merkmale* aufweisen, um als Koalition angesehen werden zu können. Sie müssen zwar keine Kampfbereitschaft, aber Durchsetzungskraft gegenüber dem sozialen Gegenspieler besitzen (E 18, 18/32; 58, 233/249 f.). Allgemein anerkannt ist daher, daß eine Koalition jedenfalls *Gegnerfreiheit* — Ausschließlichkeit von entweder Arbeitnehmern oder Arbeitgebern als Mitglieder — und *Unabhängigkeit* — wirtschaftliche Selbständigkeit gegenüber der Gegenseite — voraussetzt (vgl. E 50, 290/368; BVerfG, NJW 1986, 1923; *Däubler/Hege,* S. 57 ff.; *v. Münch,* BK, Art. 9 Rdnr. 125 ff.). Erst wenn diese Voraussetzungen erfüllt sind, hat eine Vereinigung eine so starke Stellung, daß sie in der Lage ist, wirksam und nachhaltig auf die in Art. 9 Abs. 3 genannten Arbeits- und Wirtschaftsbedingungen hinzuarbeiten, insbesondere sich bei Verhandlung und Abschluß eines Tarifvertrags zu behaupten. Andernfalls liegt nur eine Vereinigung i. S. d. Art 9 Abs. 1 vor.

**Beispiele:** Koalitionen sind die Berufsverbände der Arbeitnehmer und Arbeitgeber (Gewerkschaften und Arbeitgeberverbände) sowie deren Spitzenorganisationen Deutscher Gewerkschaftsbund und Bundesvereinigung der deutschen Arbeitgeberverbände (vgl. § 2 Abs. 2 TVG). Die Einzelverbände sind in der Regel nach dem Industrieverbandsprinzip organisiert, d. h. sie betätigen sich nur in einem bestimmten Wirtschafts- oder Gewerbezweig (IG Metall, IG Bergbau etc.); zulässig ist aber auch eine nach Berufsgruppen gebildete Verbandsstruktur wie bei der Deutschen Angestelltengewerkschaft (DAG). **825**

b) Art. 9 Abs. 3 gibt dem einzelnen Arbeitnehmer oder Arbeitgeber das **Individualgrundrecht,** Koalitionen zu bilden, d. h. sich mit anderen zu einer Koalition zusammenzuschließen. Dies gilt für jedermann und alle Berufe, z. B. auch für Beamte (§ 57 BRRG), Richter (§ 46 DRiG), Soldaten (§ 6 S. 1 SG). Außer einer der Vereinsautonomie (vgl. oben Rdnr. 815) entsprechenden Koalitionsautonomie werden von Art. 9 Abs. 3 geschützt der *Beitritt* zu bereits bestehenden Vereinigungen, der *Verbleib* und die *Betätigung* innerhalb und mit der Organisation (sog. positive Koalitionsfreiheit). Darüber hinaus gehört auch das Recht, sich keiner Koalition anzuschließen oder aus ihr auszutreten (sog. negative Koalitionsfreiheit), zum Schutzbereich von Art. 9 Abs. 3 (E 50, 290/367; 64, 208/213; *v. Münch,* BK, Art. 9 Rdnr. 140; *Scholz,* M/D, Art. 9 Rdnr. 226; a. A. aufgrund einer historischen Argumentation: *Däubler/Hege,* S. 89; *Kittner,* AK, Art. 9 Abs. 3 Rdnr. 41). **826**

c) Wie bei Art. 9 Abs. 1 tritt nach h. M. auch hier die **kollektive Freiheit** neben die individuelle: der Schutz der Koalition als solcher und ihr Recht, durch spezifisch koalitionsmäßige Betätigung die in Art. 9 Abs. 3 genannten Zwecke zu verfolgen (E 50, 290/367). Wie bei Art. 9 Abs. 1 ist auch bei Art. 9 Abs. 3 die Annahme einer eigenständigen kollektiven Freiheit dem Einwand aus Art. 19 Abs. 3 ausgesetzt (vgl. oben Rdnr. 821); allerdings ist mit dem Arbeitskampf immerhin eine spezifisch koalitionsmäßige Betätigung der kollektiven Freiheit in Art. 9 Abs. 3 S. 3 ausdrücklich benannt. Wie bei Art. 9 Abs. 1 wird die Betätigungsfreiheit nur in einem „Kernbereich" als geschützt angesehen (E 50, 290/368; 57, 220/246). **827**

Die kollektive Koalitionsfreiheit bedeutet vor allem den Abschluß von *Tarifverträgen,* durch die die Tarifpartner insbesondere die Arbeitsbedingungen regeln. Dadurch überläßt es der Staat weitgehend den Koalitionen, „in einem von staatlicher Rechtsetzung frei gelassenen Raum in eigener Verantwortung und im wesentlichen ohne staatliche Einflußnahme ... die von Art. 9 Abs. 3 intendierte autonome Ordnung des Arbeitslebens (zu) verwirklichen" (E 44, 322/341). Zur koalitionsmäßigen Betätigung rechnen ferner die Werbung für die Koalition (E 57, 220/245 f.), die Beteiligung an der betrieblichen Mitbestimmung (E 50, 290/372) und auch der *Ausschluß von Mitglie-* **828** dern, die gegen die Ziele der Koalition handeln (BGH, JZ 1973, 167; JZ 1978, 448). Als eine weitere Form koalitionsmäßiger Betätigung wird überwiegend auch der *Arbeitskampf* angesehen. Der Bezug zur Förderung und Wahrung der Arbeits- und Wirtschaftsbedingungen führt Rechtsprechung und h. L. allerdings dazu, den *politischen* (nicht unmittelbar gegen den Tarifpartner gerichteten), den *wilden* (nicht von einer Koalition geführten) und den Solidaritäts- oder Sympathiestreik (ebenfalls nicht unmittelbar gegen den Tarifpartner gerichtet; vgl. BAG, NJW 1988, 2061) als nicht von Art. 9 Abs. 3 geschützt anzusehen.

829 **Beispiele:** Arbeitskampfmittel der Arbeitnehmerseite sind Streik, d. h. die gemeinsame und planmäßig durchgeführte Arbeitsniederlegung durch eine größere Anzahl von Arbeitnehmern zu einem bestimmten Kampfziel (BAGE 1, 291/304), Boykott, Betriebsblockaden und -besetzungen. — Arbeitskampfmittel der Arbeitgeberseite sind insbesondere Aussperrung, d. h. die planmäßige Ausschließung einer Mehrzahl von Arbeitnehmern von der Arbeit zu einem bestimmten Kampfziel, wobei als spezifisch koalitionsgemäß und damit verfassungsrechtlich geschützt jedenfalls die suspendierende Abwehraussperrung angesehen wird (E 84, 212/225; dazu *Coester*, Jura 1992, 84; *Richardi*, JZ 1992, 27; ein Aussperrungsrecht lehnen wegen fehlender Erforderlichkeit dieses Kampfmittels ganz ab: *Kittner*, AK, Art. 9 Abs. 3 Rdnr. 66; *Wolter*, in: Däubler (Hrsg.), Arbeitskampfrecht, 2. Aufl. 1987, Rdnr. 871 ff.); Einstellung der Lohnzahlung; Massenänderungskündigung. — Zur Koalitionsfreiheit im kirchlichen Dienst vgl. *Pahlke*, Kirche und Koalitionsrecht, 1983.

## III. Eingriffe

### *1. Eingriffe in die allgemeine Vereinigungsfreiheit*

830 Staatliche Beeinträchtigungen der Vereinigungsfreiheit sind vom Gründungs- bis zum Auflösungsstadium denkbar. Keine Eingriffe stellen aber solche Normen dar, dieTypen der Vereinigungen (OHG, AG etc.) festlegen (vgl. oben Rdnr. 243 f.). Sie erschweren nicht die Möglichkeit, überhaupt eine Vereinigung zu bilden, sondern normieren lediglich die Voraussetzungen für die Inanspruchnahme bestimmter Rechtsformen, die in ihrer einfach-gesetzlichen Ausprägung nicht vom Schutzbereich umfaßt werden. In der Literatur werden sie deshalb als bloße *Ordnungsvorschriften* bezeichnet, die die Ausübung der Vereinigungsfreiheit in besonderen Formen überhaupt erst ermöglichen, beispielsweise Mindestkapitalvorschriften oder Eintragungspflichten in Vereins- und Handelsregister.

831 **Beipiele** für Eingriffe in die *individuelle* allgemeine Vereinigungsfreiheit: Verbot der Gründung eines Vereins; präventive Kontrolle, etwa durch ein Konzessionssystem (vgl. *Knittel*, DB 1965, 243; *v. Münch*, BK, Art. 9 Rdnr. 44); Verhinderung des Beitritts oder Verbleibs in der Vereinigung durch den Staat. Davon muß die Frage, inwieweit die Vereinigung verpflichtet ist, Mitglieder aufzunehmen, als ein Drittwirkungsproblem scharf unterschieden werden. — Beispiele für Eingriffe in die *kollektive* allgemeine Vereinigungsfreiheit: Untersagung oder Erschwerung der vereinsspezifischen Tätigkeit; Abhängigmachung der Vereinssatzung von einer behördlichen Genehmigung; Reglementierung der Mitgliederwerbung. Ein vollständiges Vereinsverbot ist der stärkste Eingriff. (Es zeigt sich an diesen Beispielen, daß die Annahme einer eigenständigen kollektiven Vereinigungsfreiheit auch deswegen entbehrlich ist, weil Eingriffe in die kollektive Vereinigungsfreiheit in aller Regel ohnehin zugleich Eingriffe in die individuelle Vereinigungsfreiheit sind.)

*2. Eingriffe in die Koalitionsfreiheit*

Die Koalitionsfreiheit ist nicht nur vor staatlichen Beeinträchtigungen geschützt, sondern Art. 9 Abs. 3 S. 2 verbietet ausdrücklich auch *Dritten*, in die Koalitionsfreiheit einzugreifen. **832**

**Beispiele** für Eingriffe in die *individuelle* Koalitionsfreiheit: Verhinderung des Beitritts oder des Verbleibs in einer Gewerkschaft durch einen Arbeitgeber; daraus folgen die Unzulässigkeit einer Kündigung wegen Beitritts zu einer Gewerkschaft und die Nichtigkeit eines Versprechens, aus einer Gewerkschaft auszutreten. Ausübung von Zwang zum Austritt oder Beitritt durch unterschiedliche Behandlung wegen Gewerkschaftszugehörigkeit oder -nichtzugehörigkeit; unzulässig sind daher tarifvertragliche Klauseln, die Arbeitgeber verpflichten, nur organisierte Arbeitnehmer einzustellen oder weiter zu beschäftigen (sog. Organisations- oder Absperrklauseln) oder bei der Gewährung von Leistungen zwischen organisierten und nichtorganisierten Arbeitnehmern zu unterscheiden (sog. Differenzierungsklauseln; vgl. BAGE 20, 175/218 ff.; *Scholz*, M/D, Art. 9 Rdnr. 231). — Beispiele für Eingriffe in die *kollektive* Koalitionsfreiheit: Zuweisung der den Koalitionen nach Art. 9 Abs. 3 obliegenden Aufgaben an öffentlich-rechtliche Körperschaften mit Zwangsmitgliedschaft (sog. Arbeitnehmerkammern, die die Interessen der Arbeitnehmer in wirtschaftlicher, sozialer und kultureller Hinsicht wahrnehmen; vgl. E 38, 281/302; *Peters*, Die Arbeitnehmerkammern, 1972); staatliche Zwangsschlichtung eines Arbeitskampfes (E 18, 18/30; BAGE 12, 184/190); fraglich ist, ob die Neufassung des § 116 Abs. 3 AFG einen Eingriff enthält (vgl. *Benda*, Sozialrechtliche Eigentumspositionen im Arbeitskampf, 1986; *Scholz*, Hdb. StR VI, S. 1145). **833**

## IV. Verfassungsrechtliche Rechtfertigung

*1. Allgemeine Vereinigungsfreiheit*

a) Die allgemeine Vereinigungsfreiheit des Art. 9 Abs. 1 steht nicht unter Gesetzesvorbehalt; in Art. 9 Abs. 2 ist aber das **Verbot bestimmter Vereinigungen** enthalten. Der Wortlaut „sind verboten" läßt an sich vermuten, daß die in Art. 9 Abs. 2 genannten Vereinigungen wie bei Art. 8 Abs. 1 die unfriedlichen und bewaffneten Versammlungen bereits aus dem Schutzbereich herausfallen (offengelassen E 80, 244/254). **834**

Nach allgemeiner Auffassung ist Art. 9 Abs. 2 jedoch nicht als Schutzbereichsbegrenzung, sondern als *verfassungsrechtliche Rechtfertigung* für einen Eingriff anzusehen (*v. Münch*, BK, Art. 9 Rdnr. 32; *v. Mutius*, Jura 1984, 193/199; *Scholz*, M/D, Art. 9 Rdnr. 113). Dafür spricht erstens ein Vergleich von Art. 9 Abs. 2 und Art. 21 Abs. 2: Obwohl auch nach Art. 21 Abs. 2 S. 1 bestimmte Parteien verfassungswidrig „sind", bedeutet dies anerkanntermaßen nicht, daß sie bereits vom Schutzbereich des Art. 21 Abs. 1 nicht erfaßt würden. Für die Interpretation des Art. 9 Abs. 2 als Eingriffsermächtigung sprechen zweitens rechtsstaatliche Gründe: Der Grundsatz der Rechtssicherheit verlangt bestimmte Verfahrens- und Zuständigkeitsregelungen; hiermit wäre es unvereinbar, wenn es beliebigen Verwaltungsbehörden überlassen bliebe, Vereinigungen als verboten zu behandeln. **835**

Ebenso wie Art. 21 Abs. 2 S. 1 stellt daher Art. 9 Abs. 2 eine verfassungsrechtliche Rechtfertigung für einen Eingriff dar. Das Vereinsverbot hat mit anderen Worten *konstitutive Wirkung* (vgl. *v. Münch*, BK, Art. 9 Rdnr. 77; *Scholz*, M/D, Art. 9 Rdnr. 132; a. A. *Ridder*, AK, Art. 9 Abs. 2 Rdnr. 23 ff.). Dazu paßt die unterverfassungsrechtliche Regelung des § 3 Abs. 1 S. 1 VereinsG, wonach Vereine erst dann „als verboten **836** behandelt werden" dürfen, wenn dies „durch Verfügung der Verbotsbehörde festgestellt ist", in der die Auflösung des Vereins angeordnet wird; daß die Verfügung nicht unanfechtbar geworden sein muß (E 80, 244/254), steht der Annahme konstitutiver Wirkung nicht entgegen. Für die Verbotsverfügung ist anders als bei politischen Parteien nicht das BVerfG, sondern der Bundes- oder Landesinnenminister zuständig (§ 3 Abs. 2 VereinsG). Das Vereinsgesetz geht — ebenso wie das Versammlungsgesetz (vgl. oben Rdnr. 597) — als Spezialgesetz dem allgemeinen Polizei- und Ordnungsrecht vor.

**837** Die *Verbotsgründe* sind in Art. 9 Abs. 2 abschließend aufgezählt, d. h. aus anderen Gründen ist ein Verbot nicht möglich:

**838** aa) Verboten sind Vereinigungen, deren Zwecke oder deren Tätigkeit den **Strafgesetzen** zuwiderlaufen. Mit Strafgesetzen sind nur die allgemeinen Strafgesetze gemeint, d. h. solche Strafvorschriften, die kein gegen die Vereinigungsfreiheit gerichtetes Sonderstrafrecht darstellen (a. A. *Merten,* Hdb. StR VI, S. 806). Macht man diese Beschränkung auf die allgemeinen Strafgesetze nicht, steht Art. 9 Abs. 1 ganz zur Disposition des Gesetzgebers.

**839** Allerdings gibt es im Strafgesetzbuch Bestimmungen, die ansonsten erlaubte Betätigungen allein deshalb unter Strafe stellen, weil sie von mehreren gemeinsam ausgeübt werden, oder die gemeinsame Ausübung straferschwerend berücksichtigen (z. B. §§ 30 Abs. 2, 121, 129 StGB). Dies ist solange unproblematisch, als die Gemeinsamkeit der Ausübung noch nicht die Qualität einer Vereinigung erreicht. Bei § 129 StGB ist eben dies schon nach dem Wortlaut der Bestimmung der Fall; daraus resultieren Probleme, die unter Zugrundelegung der konstitutiven Wirkung des Vereinsverbots nur schwer lösbar sind.

**840** bb) Verboten sind Vereinigungen, die sich gegen die **verfassungsmäßige Ordnung** richten. Wegen der sachlichen Zusammengehörigkeit mit Art. 18 S. 1 und 21 Abs. 2 S. 1 ist der Begriff „verfassungsmäßige Ordnung" in Art. 9 Abs. 2 dem der „freiheitlichen demokratischen Grundordnung" (vgl. unten Rdnr. 895) gleichzusetzen (*v. Münch,* vM, Art 9 Rdnr. 25). Anders wird der Begriff „verfassungsmäßige Ordnung" in Art. 2 Abs. 1 in der verfassungsgerichtlichen Praxis seit E 6, 32 — Elfes — verstanden (vgl. oben Rdnr. 440 f.).

**841** cc) Verboten sind Vereinigungen, die sich gegen den Gedanken der **Völkerverständigung** richten, insbesondere indem sie die rassische oder nationale Minderwertigkeit von bestimmten Gruppen propagieren, z. B. Bekämpfung des Judentums (VGH Kassel, DÖV 1961, 830). Allein die bloße Kritik an fremden Staaten reicht aber ebensowenig aus, wie die Ablehnung von politischen oder völkerrechtlichen Kontakten mit bestimmten Ländern.

**842** In allen Fällen ist Voraussetzung für ein Vereinsverbot gem. Art. 9 Abs. 2, daß sich die Vereinigung gegen die genannten Rechtsgüter *„richtet"*. Wie bei Art. 21 Abs. 2 ist hierfür eine „aggressiv kämpferische Haltung" (E 5, 85/141) erforderlich. Es genügt also nicht die bloße Nichtanerkennung oder Ablehnung der in Art. 9 Abs. 2 aufgezählten Rechtsgüter. Soweit es um das Verhalten *einzelner Mitglieder* geht, kommt es darauf an, ob dies der Vereinigung zuzurechnen ist, z. B. weil die Mehrheit der Mitglieder dieses Verhalten billigt oder widerspruchslos hinnimmt (BVerwGE 80, 299/306 ff.; *v. Münch,* StR I, Rdnr. 379).

b) Wird der Schutzbereich der Vereinigungsfreiheit so weit gefaßt, daß auch die Vereinstätigkeit geschützt ist (vgl. oben Rdnr. 822), dann kann die Figur des **kollidierenden Verfassungsrechts** als Eingriffsrechtfertigung unverzichtbar werden. 843

**Beispiele:** Die Vereinigung von Strafgefangenen, die sich nicht nur kulturell und sportlich, sondern auch dadurch betätigt, daß Ausbruchstechniken entwickelt und unterrichtet werden, ist mit dieser Tätigkeit bei der weiten Auslegung des Schutzbereichs durch Art. 9 Abs. 1 zunächst geschützt. Der Eingriff, der in der Unterbindung dieser Tätigkeit liegt, ist dann durch kollidierendes Verfassungsrecht zu rechtfertigen: durch Art. 103 Abs. 2 und 3 und Art. 104, aus denen sich die verfassungsrechtliche Anerkennung des Strafvollzugs ableiten läßt, oder durch die verfassungsrechtlich geschützten Rechtsgüter, denen die Strafrechtspflege einschließlich des Strafvollzugs dient. Entscheidend ist dabei, daß die Beschränkung der Vereinstätigkeit für den Bestand und die Funktionsfähigkeit des Strafvollzugs erforderlich ist (vgl. *H.-P. Schneider,* Festschrift Klug, 1983, S. 597). — Fusionsverbote werden mit der Aufrechterhaltung der Wettbewerbsfreiheit (vgl. unten Rdnr. 909 f.) gerechtfertigt (vgl. *Scholz,* Konzentrationskontrolle und Grundgesetz, 1971, S. 61 ff.). 844

*2. Koalitionsfreiheit*

a) Umstritten ist, ob die Eingriffsermächtigung des **Art. 9 Abs. 2** auch auf die Koalitionsfreiheit anwendbar ist. Dies wird teilweise verneint unter Hinweis auf die systematische Stellung des Abs. 2 — *nach* der Vereinigungsfreiheit, aber *vor* der Koalitionsfreiheit — sowie auf Art. 5, wo anerkanntermaßen (vgl. oben Rdnr. 713) die in Abs. 2 normierten Schranken nur für Abs. 1, nicht aber für Abs. 3 gelten (*Kittner,* AK, Art. 9 Abs. 3 Rdnr. 36; *W. Schmidt,* NJW 1965, 426). 845

Die h. M. wendet demgegenüber Art. 9 Abs. 2 auch auf die Koalitionsfreiheit an. In der Tat ergeben die Entstehungsgeschichte und der systematische Zusammenhang zwischen Art. 9 und Art. 21, daß die Koalitionsfreiheit nicht weitergehend geschützt sein kann als die Parteienfreiheit. Die Eingriffsermächtigung der verfassungsmäßigen Ordnung gilt daher auch für die Koalitionsfreiheit. 846

b) **Kollidierendes Verfassungsrecht.** Kollisionen können sich in Art. 9 Abs. 3 selbst ergeben, wenn individuelle (besonders negative) und kollektive Koalitionsfreiheit gegenläufig wirken oder die Koalitionsfreiheit einer Koalition mit der einer anderen in Konflikt gerät. Das BAG sieht den Arbeitskampf daher durch den Grundsatz der Verhältnismäßigkeit regiert (vgl. *Kreuz,* Der Grundsatz der Verhältnismäßigkeit im Arbeitskampfrecht, 1988). 847

**Beispiele:** Gewerkschaftliche Werbung neuer Mitglieder kann u. U. gegen deren negative Koalitionsfreiheit verstoßen (BAGE 19, 217/227); unzulässig ist ein ruinöser Arbeitskampf, in dessen Verlauf gegen eine andere Koalition in hetzerischer Weise vorgegangen wird oder die Vernichtung des Gegners angestrebt wird (BAG, NJW 1967, 843). 848

Ferner können nach den allgemeinen Grundsätzen Rechtsgüter, die mit Verfassungsrang ausgestattet sind, Art. 9 Abs. 3 einschränken. Die weitergehende Annahme einer „Gemeinwohlbindung" der Koalitionen (*Scholz,* Hdb. StR VI, S. 1132 ff.) entbehrt demgegenüber jeder verfassungsrechtlichen Grundlage. 849

**Beispiele:** Beamte genießen zwar Koalitionsfreiheit (vgl. den Wortlaut von Art. 9 Abs. 3: „für jedermann und alle Berufe"), jedoch liegt in Art. 33 Abs. 5 („hergebrachte Grundsätze des Berufsbeamtentums") wenn nicht überhaupt eine Begrenzung des Schutzbereichs, dann jedenfalls eine Rechtfertigung für Eingriffe. Für Beamte gibt es daher kein Streik- 850 recht und keine Tarifautonomie (E 44, 249/264; *Stern,* StR I, S. 373 f.; *Tettinger,* ZBR 1981, 357); unzulässig sind ferner Arbeitskämpfe, wenn dadurch die Funktionsfähigkeit von Betrieben gefährdet ist, die die Bevölkerung mit lebensnotwendigen Gütern versorgen, etwa Krankenhäuser, Feuerwehr (arg. Art. 2 Abs. 2 S. 2). Art. 33 Abs. 4, 5 soll auch den Einsatz von Beamten während eines Streiks auf bestreikten Arbeitnehmer-Dienstposten rechtfertigen (BVerwGE 69, 208/214 f.; i. E. ebenso BAGE 49, 303; a. A. *Säcker/Oetker,* AöR 1987, 345; *Kolmetz,* Einsatz von Beamten bei Streik im öffentlichen Dienst aus verfassungsrechtlicher Sicht, 1989).

851 **Lösungsskizze zum Fall:** I. Vom *Schutzbereich* der Vereinigungsfreiheit wird nicht nur die positive, sondern auch die negative Freiheit erfaßt, einer Vereinigung fernzubleiben oder aus ihr auszutreten. Fraglich ist, ob sich S gegen die Mitgliedschaft in der Studentenschaft auf seine negative Vereinigungsfreiheit gem. Art. 9 Abs. 1 berufen kann. Die Studentenschaft ist eine rechtsfähige Gliedkörperschaft der Hochschule, deren Mitgliedschaft mit der Immatrikulation erworben wird (§ 71 Abs. 1 nw WissHG). S ist daher als immatrikulierter Student auch ohne Antrag Mitglied der Studentenschaft als öffentlich-rechtlicher Körperschaft geworden. Ob die negative Vereinigungsfreiheit auch gegen öffentlich-rechtliche Zwangsverbände schützt, ist umstritten (zum Streitstand vgl. oben Rdnr. 817 ff.). Nach der Rechtsprechung ist Art. 9 Abs. 1 insoweit nicht einschlägig; doch sprechen die besseren Argumente für die Gegenmeinung. — II. Die Zwangsmitgliedschaft der immatrikulierten Studenten in der Studentenschaft *greift* in die negative Vereinigungsfreiheit des S *ein.* — III. Problematisch ist die *verfassungsrechtliche Rechtfertigung* für diesen Eingriff. Ein Verbotstatbestand gem. Art. 9 Abs. 2 liegt nicht vor. Es kommt allenfalls eine Rechtfertigung durch kollidierendes Verfassungsrecht in Betracht: Aus Art. 5 Abs. 3 ist zwar ein Mindestmaß an Mitwirkungsrechten der Studenten in den Selbstverwaltungsorganen der Hochschule abzuleiten (vgl. dazu E 35, 79/125 — Hochschulurteil —), aber dies erfordert nicht notwendig den öffentlich-rechtlichen Zwangszusammenschluß der Studenten. Die meisten der in § 71 Abs. 2 Nr. 1—6 nw WissHG genannten Aufgaben der Studentenschaft gehören noch nicht einmal zum Schutzbereich der Wissenschaftsfreiheit (z. B. wirtschaftliche, soziale und kulturelle Belange der Studenten, Förderung des Studentensports, Pflege der überörtlichen und internationalen Studentenbeziehungen). Soweit einzelne Aufgaben der Studentenschaft in den Schutzbereich des Art. 5 Abs. 3 fallen (z. B. fachliche Belange der Studenten), ist sehr fraglich, ob zu ihrer Verfolgung die Zwangsmitgliedschaft erforderlich ist oder nicht privatrechtliche Zusammenschlüsse ausreichend sind (vgl. *Damkowski,* DVBl. 1978, 229; *Pieroth,* Störung, Streik und Aussperrung an der Hochschule, 1976, S. 192 f.). — Es sprechen daher gute Gründe dafür, daß S Recht hat. Demgegenüber hat BVerwGE 59, 231/236 ff. die Zwangsmitgliedschaft in der Studentenschaft für vereinbar mit Art. 2 Abs. 1 gehalten.

**Literatur:** Zu Art. 9 Abs. 1 allgemein: *D. Murswiek,* Grundfälle zur Vereinigungsfreiheit — Art. 9 I, II GG, JuS 1992, 166; *A. v. Mutius,* Die Vereinigungsfreiheit gemäß Art. 9 Abs. 1 GG, Jura 1984, 193; *T. Schmidt,* Die Freiheit verfassungswidriger Parteien und Vereinigungen, 1983. — Zur negativen Vereinigungsfreiheit gegenüber öffentlich-rechtlichen Zwangsverbänden: *H. Bethge,* Grundrechtsprobleme einer Zwangsmitgliedschaft in Verbänden des öffentlichen Rechts, Jura 1979, 281; *W. Etzrodt,* Der Grundrechtsschutz der negativen Vereinigungsfreiheit, 1980; *K. H. Friauf,* Die negative Vereinigungsfreiheit als Grundrecht, in: Festschrift Reinhardt, 1972, S. 389; *R. Jäckel,* Voraussetzungen und Grenzen der Zwangsmitgliedschaft in öffentlich-rechtlichen Körperschaften, DVBl. 1983, 1133. — Zu Art. 9 Abs. 3: *W. Däubler/H. Hege,* Koalitionsfreiheit, 1976; *R. Scholz,* Koalitionsfreiheit als Verfassungsproblem, 1971; *M. Kemper,* Die Bestimmung des Schutzbereichs der Koalitionsfreiheit (Art. 9 Abs. 3 GG), 1990; *G. Schwerdtfeger,* Individuelle und kollektive Koalitionsfreiheit, 1981; *H. Seiter,* Die Rechtsprechung des Bundesverfassungsgerichts zu Art. 9 Abs. 3 GG, AöR 1984, 88; *P. J. Tettinger,* Grundlinien der Koalitionsfreiheit nach Art. 9 Abs. 3 GG, Jura 1981, 1.

# § 19 BRIEF-, POST- UND FERNMELDEGEHEIMNIS (Art. 10)

**Fall:** Sicherstellung des Inhalts eines Postfachs (nach BVerwGE 79, 110)

Durch ordnungsgemäße Verfügung des Innenministers ist der Verein „Volkssozialistische Bewegung Deutschlands" (V) gem. § 3 Abs. 1 VereinsG verboten und sein Vermögen beschlagnahmt und eingezogen worden. V besaß im Hauptpostamt seines Sitzortes ein Postfach. Der für den Vollzug der Verfügung des Innenministers zuständige Regierungspräsident erläßt einen Sicherstellungsbescheid gem. § 10 Abs. 2 S. 1 VereinsG, wonach die Deutsche Bundespost den Inhalt des Postfachs herausgeben muß. Ist dieser Bescheid mit Art. 10 vereinbar?

## I. Überblick

Art. 10 schützt einen wichtigen Aspekt der Privatheit: die Vertraulichkeit bestimmter Kommunikationsmedien. Nach den allgemeinen Regeln (vgl. oben Rdnr. 185 ff.) ist die Post selbst nicht berechtigt (*Pappermann*, vM, Art. 10 Rdnr. 15; a. A. BVerwGE 6, 299/301; 79, 110/114 ff.). Ebensowenig gewährt Art. 10 einen Anspruch auf Postbeförderung oder Anschluß an das Telefonnetz; dieser kann sich nur aus einfachem Recht bzw. aus der Monopolstellung der Post ergeben (vgl. dazu z. B. BVerwG, NJW 1971, 532). Die Unterscheidung von Brief-, Post- und Fernmeldegeheimnis beruht auf der historischen Entwicklung des modernen Nachrichtenverkehrs. Heute hat das Briefgeheimnis selbständige Bedeutung nur noch im nichtpostalischen Bereich, also besonders vor und nach der Postbeförderung, ansonsten ist es lediglich ein Sonderfall des Postgeheimnisses. Auch das Fernmeldegeheimnis stellt einen Sonderfall des Postgeheimnisses für die Fälle dar, in denen — wie zur Zeit üblich — die Post die Fernmeldeanlage betreibt. Darüber hinaus schützt das Fernmeldegeheimnis auch den außerpostalischen Fernmeldeverkehr. 852

Art. 10 Abs. 2 S. 1 enthält einen einfachen Gesetzesvorbehalt. Art. 10 Abs. 2 S. 2 ist kein qualifizierter Gesetzesvorbehalt in dem Sinn, daß er die Ermächtigung zum Eingriff in den Schutzbereich durch Gesetz an zusätzliche Voraussetzungen bindet. Vielmehr ermächtigt er in bestimmten Fällen (des Verfassungs- und Staatsschutzes) zu besonders weitgehenden Eingriffen in die Schutzbereiche des Art. 10 Abs. 1. 853

## II. Schutzbereiche

### *1. Briefgeheimnis*

Das Briefgeheimnis schützt den *Briefverkehr außerhalb des Postbereichs* dagegen, daß die öffentliche Gewalt von dem Inhalt des Briefes Kenntnis nimmt (vgl. E 33, 1/11). Das Briefgeheimnis hat gegenüber dem Postgeheimnis selbständige Bedeutung zum einen für die nicht per Post beförderten, sondern vom hilfsbereiten Besucher mitgenommenen oder im Großbetrieb von Boten überbrachten Schriftstücke, zum anderen — bei Postbenutzung — für die Zeiträume vor der Einlieferung des Briefes bei der Post und nach seinem Ausscheiden aus dem Postbereich. Vom Briefgeheimnis erfaßt werden nach h. M. nicht nur Briefe i. S. d. Postrechts (vgl. § 15 Abs. 1 PostO), sondern alle den mündlichen Verkehr ersetzenden *schriftlichen Mitteilungen.* 854

**Beispiele:** Normale und eingeschriebene Briefe, Telegramme, Drucksachen, Postwurfsendungen und Postkarten (a. A. *Dürig*, M/D, Art. 10 Rdnr. 13, der zusätzlich das Verschließen der schriftlichen Mitteilung verlangt). — Demgegenüber sind Päckchen und Pakete, Zeitungs- und Büchersendungen keine Briefe i. S. d. Art. 10 Abs. 1, weil sie nicht der Beförderung schriftlicher Mitteilungen des Absenders an den Empfänger dienen. 855

*2. Postgeheimnis*

856 In den Schutzbereich des Postgeheimnisses fällt der gesamte durch die Post vermittelte Verkehr von der Einlieferung der Sendung bei der Post bis zur Ablieferung an den Empfänger. *Gegenstände* des Postgeheimnisses sind alle der Post übergebenen Sendungen, vom Brief über die Warenprobe bis zur Postanweisung.

857 Der *Zweck* des Postgeheimnisses ist die Geheimhaltung der postalischen Kommunikation. Dies ist vor allem deshalb vonnöten, weil der Post als staatlicher Einrichtung das Übermittlungsmonopol zusteht und „der Staat der dauernden Versuchung ausgesetzt ist, sein Postmonopol zur Befriedigung seines Informationsbedarfs zu instrumentalisieren" (*Schuppert*, AK, Art. 10 Rdnr. 1).

858 Vom *Umfang* her erstreckt sich das Postgeheimnis nicht nur auf den Inhalt der Sendung, sondern auch auf alle Daten des Postverkehrs.

859 **Beispiele:** Tatsache der Postbenutzung als solche, Absender- und Empfängerangaben, Art und Weise der Beförderung, Ort und Zeit der Benutzung, Häufigkeit des Eingehens bestimmter Sendungen.

860 Das Postgeheimnis *verpflichtet* gem. Art. 1 Abs. 3 nicht nur die Post, sondern auch alle postfremden Staatsorgane, die mit der Beförderung selbst nicht in Berührung kommen, zumal die Sicherheitsorgane (*Gusy*, JuS 1986, 89/91).

*3. Fernmeldegeheimnis*

861 Gegenstand des Fernmeldegeheimnisses ist die gesamte individuelle Kommunikation über das Medium drahtloser oder drahtgebundener elektromagnetischer Wellen. Geschützt sind daher nicht nur Telephon-, Telegramm- und Telexverkehr, sondern auch der Kontakt mittels neuer Medien (z. B. Teletext, Telefax, Bildschirmtext). Dies gilt unabhängig davon, ob die Kommunikation von der Post vermittelt wird oder von Privaten (z. B. Amateuerfunk, Haustelephon). Zu beachten ist aber, daß Art. 10 nur vor Eingriffen durch die öffentliche Gewalt schützt; vor Beeinträchtigungen durch Privatpersonen schützt er auch dann nicht, wenn diese den Fernmeldeverkehr unterhalten. Privatpersonen können sich aber gem. § 201 StGB strafbar machen. — Bezüglich Zweck, Umfang und Adressaten des Fernmeldegeheimnisses gilt das zum Postgeheimnis Gesagte entsprechend.

## III. Eingriffe

*1. Eingriffe in das Briefgeheimnis*

862 In das Briefgeheimnis wird eingegriffen, wenn staatliche Stellen Briefe öffnen oder auf andere Weise vom Inhalt *Kenntnis nehmen.* Einen Eingriff stellt es auch dar, wenn die Kenntnisnahme erfolgt, nachdem ein anderer den Brief geöffnet oder der Verschluß sich von selbst gelöst hat.

*2. Eingriffe in das Postgeheimnis*

863 In das Postgeheimnis wird eingegriffen, wenn staatliche Stellen und auch die Post selbst vom Inhalt einer Postsendung *Kenntnis nehmen* oder Dritten Inhalte von Postsendungen oder Daten des Postverkehrs *mitteilen.* Staatliche Stellen außerhalb der

Post greifen auch dadurch in das Postgeheimnis ein, daß sie sich von der Post Kenntnisnahme von Inhalten der Postsendungen oder Daten des Postverkehrs gewähren lassen. Die Nichtweiterleitung von Postsendungen ist dagegen kein Eingriff in Art. 10 Abs. 1 (*Dürig*, M/D, Art. 10 Rdnr. 17).

Umstritten ist die rechtliche Qualifikation von *betriebsbedingten Maßnahmen* zur stö- **864**
rungsfreien Abwicklung des Postverkehrs, etwa Öffnung unzustellbarer, absenderloser Sendungen oder Überprüfung von Drucksachen auf ihren gedruckten Inhalt. Teilweise werden solche Maßnahmen als Schutzbereichsbegrenzung angesehen (*Badura*, BK, Art. 10 Rdnr. 49; BVerwG, NJW 1984, 2112); teilweise werden sie als Eingriffe in den Schutzbereich gewertet und konsequent an Art. 10 Abs. 2 S. 1 gemessen (*Pappermann*, vM, Art. 10 Rdnr. 16). Zu denken ist auch daran, zwischen betriebsbedingten Maßnahmen, die wie das Sortieren von Sendungen bereits für die Beförderung durch die Post unerläßlich sind, und anderen betrieblichen Maßnahmen, die lediglich vor einem Mißbrauch der Postbenutzung schützen sollen, zu differenzieren und lediglich den Maßnahmen, ohne die Postbetrieb und Postbenutzung schlechterdings nicht möglich wären, die Eingriffsqualität abzusprechen.

*3. Eingriffe in das Fernmeldegeheimnis*

Auch hier ist die Eingriffsqualität betriebsbedingter Maßnahmen streitig und könnte **866**
auch wieder zwischen den für die Vermittlung des Fernmeldekontakts unerläßlichen (keine Eingriffe) und den übrigen betriebsbedingten Beschränkungen des Fernmeldegeheimnisses (Eingriffe) unterschieden werden. Das BVerfG hat hier aber in einer auch für Eingriffe in das Postgeheimnis maßgebenden Grundsätzlichkeit abgelehnt, betriebsbedingte Maßnahmen als bloße Schutzbereichsbegrenzungen anzusehen. Sie sind Eingriffe (BVerfG, EuGRZ 1992, 208).

**Beispiele:** Eine Fangschaltung zur Identifizierung eines anonymen Anrufers ist Eingriff, **867**
obwohl sie der Verhinderung eines Mißbrauchs des Telephons dient (BVerfG, EuGRZ 1992, 208). — In der Konsequenz der neuen Entscheidung des BVerfG ist auch die elektronische Erfassung von Dienst- und Privatgesprächen, die von dienstlichen Telephonapparaten aus geführt werden, vorbehaltlich ausdrücklich erteilten Einverständnisses, ein Eingriff; a. A. noch BVerwG, NVwZ 1990, 71/73; VGH Mannheim, VBlBW 1991, 347. Vgl. zur entsprechenden Problematik bei der Telephondatenerfassung in privaten Betrieben BAGE 52, 88/89.

Im übrigen liegen Eingriffe besonders darin, daß zu Staats- und Verfassungsschutz- **868**
zwecken sowie zum Zweck der Bekämpfung schwerer Kriminalität *abgehört* wird. Regelmäßig vermittelt die Post die Leitungen, über die besonders die Geheimdienste die Telephongespräche verfolgen können; denkbar ist aber auch, daß die Geheimdienste sich selbst in die Leitung einschalten. Von diesen Eingriffen zu unterscheiden sind die sog. Lauschangriffe, bei denen nicht Fernmeldeanlagen angezapft, sondern sog. Wanzen installiert oder Richtmikrophone benutzt werden. Sie beurteilen sich, sofern Gespräche in der Wohnung belauscht werden, nach Art. 13 (vgl. unten Rdnr. 974). Stets ist zu beachten, daß Eingriffe in das Fernmeldegeheimnis nicht nur einen, sondern beide Kommunikationspartner treffen (*Gusy*, JuS 1986, 89/94 ff.).

## IV. Verfassungsrechtliche Rechtfertigung

*1. Gesetzesvorbehalt des Art. 10 Abs. 2 S. 1*

**869** Beschränkungen des Brief-, Post- und Fernmeldegeheimnisses sind aufgrund eines Gesetzes im materiellen Sinn (a. A. ohne Begründung BVerwGE 6, 299/301: formelles Gesetz oder vorkonstitutionelle Rechtsverordnung) zulässig. Hierzu zählen zahlreiche postrechtliche und andere Bestimmungen.

**870** **Beispiele:** Einschränkung des Postgeheimnisses im Interesse des Postbetriebs gem. § 5 Abs. 2 PostG; Postsperre des Gemeinschuldners gem. § 121 Abs. 1 S. 1 KO; zollamtliche Überwachung von Postsendungen gem. § 6 Abs. 7 ZollG; Postbeschlagnahme und Überwachung des Fernmeldeverkehrs in Strafverfahren gem. §§ 99 ff. StPO, 12 f. FernmG; Überwachung des Schriftwechsels aus Gründen der Sicherheit oder Ordnung der Anstalt gem. § 29 Abs. 3 StrafVollzG; Öffnung von Post zur Verhinderung der Verbreitung übertragbarer Krankheiten gem. § 7 Abs. 3 BSeuchenG.

**871** Problematisch sind die strafprozessualen Einschränkungen des Art. 10 für Untersuchungshäftlinge. BVerfG und h. M. leiten die Rechtfertigung zum Anhalten, Öffnen und Lesen aller ein- und ausgehenden *Post von Untersuchungshäftlingen* aus § 119 Abs. 3 StPO ab. Diese Bestimmung ermächtigt dazu, dem Untersuchungshäftling solche Beschränkungen aufzuerlegen, die der Zweck der Untersuchungshaft oder die Ordnung in der Vollzugsanstalt erfordert, handelt allerdings nicht eigens von Beschränkungen des Brief- und Postgeheimnisses. Wenn man hierin überhaupt eine ausreichend bestimmte gesetzliche Grundlage erblicken will (a. A. abw. M. E 57, 182/185), fordert der Verhältnismäßigkeitsgrundsatz jedenfalls, daß eine Kontrolle der Post des Untersuchungshäftlings nur erfolgt, wenn konkrete Anhaltspunkte für eine Störung der Anstaltsordnung vorliegen (E 35, 5/9 f.; 42, 234/236; 57, 170/177).

*2. Erweiterung des Gesetzesvorbehalts gem. Art. 10 Abs. 2 S. 2*

**872** Art. 10 Abs. 2 S. 2 eröffnet die Möglichkeit, von der das Gesetz zur Beschränkung des Brief-, Post- und Fernmeldegeheimnisses (G 10) Gebrauch gemacht hat, daß dem Betroffenen Überwachungs- und Abhörmaßnahmen *nicht mitgeteilt* werden. Dadurch gewinnt der entsprechende Eingriff eine besondere Intensität: Der Betroffene kann ihn nicht bemerken, nicht vermeiden und auch nicht gerichtlich angreifen. Ohnehin ist durch Art. 10 Abs. 2 S. 2 (vgl. auch Art. 19 Abs. 4 S. 3) auch die Möglichkeit eröffnet, daß die Kontrolle durch Kommissionen des Bundestages den *Rechtsweg ersetzt.* Beides gilt dann, wenn der Eingriff dem Schutz der freiheitlichen demokratischen Grundordnung oder des Bestandes oder der Sicherung des Bundes oder eines Landes dient. Allerdings eröffnet das G 10 gerichtlichen Rechtsschutz insoweit, als die Überwachungs- und Abhörmaßnahmen nach ihrer Einstellung dem Betroffenen mitgeteilt werden müssen und dieser dann auch ihre Rechtswidrigkeit von den Verwaltungsgerichten feststellen lassen kann (vgl. BVerwGE 87, 23/25 ff.).

**873** Die *Verfassungsmäßigkeit* des durch die Notstandsgesetzgebung von 1968 eingefügten Satzes 2 in Art. 10 Abs. 2 sowie des G 10 war heftig umstritten: Wegen Verstoßes gegen die Menschenwürde und das Rechtsstaatsprinzip bzw. deren Schutz durch Art. 79 Abs. 3 habe Satz 2 auch mittels Verfassungsänderung nicht eingeführt werden dürfen. Auch das BVerfG, das Art. 10 Abs. 2 S. 2 und das darauf gestützte Gesetz mit dem Grundgesetz für vereinbar hielt (E 30, 1 — Abhörurteil —), wurde stark kritisiert, besonders weil es Art. 79 Abs. 3 dahingehend relativiert, daß er es nicht ausschließe, „elementare Verfassungsgrundsätze systemimmanent zu modifizieren" (vgl. abw. M. E 30, 33/38 ff.).

Das auf Art. 10 Abs. 2 S. 2 gestützte Gesetz ist mit den umfangreichen, sog. *strategischen Überwachungen* des Post- und Fernmeldeverkehrs mit den früheren Ostblockstaaten, die es erlaubt, Gegenstand einer weiteren Entscheidung des BVerfG geworden (E 67, 157). Das BVerfG hat auch diese Überwachungsmaßnahmen mit dem Grundgesetz für vereinbar gehalten, aber angedeutet, die Überwachungsmaßnahmen seien nicht mehr erforderlich und mit dem Grundgesetz unvereinbar, „wenn die Erkenntnisse zum Beispiel durch den Einsatz von Satelliten gewonnen werden können, die in der Lage sind, aus großer Höhe jede Bewegung in anderen Staaten exakt zu übermitteln" (E 67, 157/177; vgl. auch *Arndt*, NJW 1985, 107). **874**

**Lösungsskizze zum Fall:** I. Einschlägig ist der *Schutzbereich* des Postgeheimnisses, da das Postfach des V der Post übergebene Sendungen enthält. Nicht einschlägig ist dagegen der Schutzbereich des Briefgeheimnisses, das den Briefverkehr außerhalb des Postbereichs dagegen schützt, daß die öffentliche Gewalt von dem Inhalt des Briefes Kenntnis nimmt. — II. Der *Eingriff* erfolgt hier nicht durch die Post selbst, sondern durch andere staatliche Stellen; er liegt darin, daß der Regierungspräsident auf die dem Postgeheimnis unterliegenden Gegenstände zugreifen will, um von ihrem Inhalt Kenntnis zu nehmen. — III. Der Eingriff ist *verfassungsrechtlich gerechtfertigt*, wenn er gem. Art. 10 Abs. 2 S. 1 aufgrund eines Gesetzes angeordnet wurde. In Betracht kommt allein § 10 Abs. 2 S. 1 VereinsG: „Auf Grund der Beschlagnahme können Sachen im Gewahrsam des Vereins und auf Grund besonderer Anordnung Sachen des Vereinsvermögens im Gewahrsam Dritter sichergestellt werden." Die Voraussetzungen, daß eine Beschlagnahme des Vereinsvermögens sowie eine besondere Sicherstellungsanordnung erfolgt sind, liegen vor. Fraglich ist, ob der Inhalt des Postfachs im Gewahrsam Dritter steht. Nach dem *Wortlaut* des § 10 Abs. 2 S. 1 VereinsG läßt sich das annehmen; denn die Deutsche Bundespost ist im Verhältnis zum verbotenen Verein Dritte, und sie hat Gewahrsam über das Postfach. Der *systematische Zusammenhang* spricht aber dagegen, daß diese Norm eine Ermächtigung zum Eingriff in das Postgeheimnis enthält. Zum einen gestattet § 4 Abs. 4 S. 1 VereinsG i. V. m. §§ 99, 100 Abs. 1 StPO die Beschlagnahme der an den Verein gerichteten Briefe und Sendungen auf der Post nur im Rahmen von Ermittlungen gegen einen Verein vor seinem Verbot und ausschließlich durch den Richter bzw. bei Gefahr im Verzug durch die Staatsanwaltschaft, keinesfalls aber durch die Verwaltungsbehörde selbst. Zum andern zeigt § 10 Abs. 2 S. 2 und 3 VereinsG, daß der Gesetzgeber dort, wo er zu einem Eingriff in ein spezielles Freiheitsrecht ermächtigen wollte, eine spezielle gesetzliche Grundlage geschaffen hat. Diese umfaßt aber nur Eingriffe in Art. 13, nicht aber in Art. 10. Da der Gesetzgeber im übrigen sehr wohl die Parallelität von Eingriffen in Art. 10 und 13 erkannt hat (vgl. § 32 VereinsG), ergibt sich, daß § 10 Abs. 2 VereinsG gerade nicht auch zu Eingriffen in Art. 10 ermächtigt (BVerwGE 79, 110/115 ff.). Der Sicherstellungsbescheid verstößt daher gegen Art. 10. **875**

**Literatur:** *C. Arndt*, Rechtsprobleme der Post- und Fernmeldekontrolle, in: Festschrift Schäfer, 1980, S. 147; *K. Engels*, Die Grenzen des Brief-, Post- und Fernmeldegeheimnisses, 1972; *C. Gusy*, Das Grundrecht des Post- und Fernmeldegeheimnisses, JuS 1986, 89; *R. Riegel*, Die Kontrolle von Überwachungsmaßnahmen nach dem Gesetz zu Art. 10 GG, DÖV 1985, 314; *W. Schatzschneider*, Fernmeldegeheimnis und Telefonbeschattung, NJW 1981, 268; *J. Welp*, Nachrichtendienstliche und strafprozessuale Eingriffe in das Post- und Fernmeldegeheimnis, DÖV 1970, 267. — Zum Abhörurteil: *G. Dürig/H.-U. Evers*, Zur verfassungsändernden Beschränkung des Post-, Telefon- und Fernmeldegeheimnisses, 1969; *P. Häberle*, Die Abhörentscheidung des Bundesverfassungsgerichts vom 15. 12. 1970, JZ 1971, 145; *B. Schlink*, Das Abhörurteil des Bundesverfassungsgerichts, Staat 1973, 85.

# § 20 FREIZÜGIGKEIT (Art. 11)

**Fall:** Entschärfung eines Blindgängers

Bei Bauarbeiten innerhalb einer Gemeinde wird eine nicht gezündete Fliegerbombe aus dem Zweiten Weltkrieg gefunden. Die zuständige Polizei- bzw. Ordnungsbehörde gibt allen im Umkreis von 300 m von der Fundstelle wohnenden Personen auf, sich für die Dauer der Entschärfung der Bombe (3 Stunden) außerhalb dieses Gebiets zu begeben, und sperrt es ab. Rechtsgrundlage dieser Maßnahme ist die polizeiliche Generalermächtigung bzw. — in einzelnen Ländern — die spezielle Ermächtigung zur Platzverweisung (z. B. § 34 S. 1 nw PolG: „Die Polizei kann zur Abwehr einer Gefahr eine Person vorübergehend von einem Ort verweisen oder ihr vorübergehend das Betreten eines Ortes verbieten"). Der betroffene Bürger B hält die Maßnahme für verfassungswidrig.

## I. Überblick

876 Im Vergleich mit anderen Grundrechten hat Art. 11 in der Rechtsprechung, gerade auch in der Rechtsprechung des BVerfG, bislang wenig Bedeutung gewonnen. Moderne Industriegesellschaften sind auf hohe Mobilität angelegt, so daß sich für einen Staat, der auf das Funktionieren seiner Industriegesellschaft angewiesen ist, die Freizügigkeit fast von selbst versteht. Lediglich in Krisenlagen verhält es sich anders und können Lenkungen der Bevölkerungsbewegungen notwendig werden. Angesichts der durch Evakuierung, Vertreibung und Flucht gekennzeichneten Lage nach dem Zweiten Weltkrieg wurde Art. 11 formuliert und mit besonders detaillierten qualifizierten Gesetzesvorbehalten versehen.

## II. Schutzbereich

### *1. Aufenthalts- und Wohnsitznahme*

877 Freizügigkeit bedeutet die Möglichkeit, „an jedem Ort innerhalb des Bundesgebietes Aufenthalt und Wohnsitz zu nehmen" (E 2, 266/273; 43, 203/211). Dies ist eine der geschichtlichen Entwicklung (dazu *Randelzhofer*, BK, Art. 11 Rdnr. 1 ff.; speziell zur Ausreisefreiheit *Hartmann*, JöR 1968, 437) entsprechende Inhaltsbestimmung, die vom Parlamentarischen Rat nur deshalb nicht in Art. 11 verwandt wurde, weil sie als inhaltsgleich mit dem Begriff Freizügigkeit betrachtet wurde (JöR 1951, 130).

878 *Wohnsitz* ist gegenüber Aufenthalt der speziellere Begriff. Wohnsitz wird von § 7 Abs. 1 BGB als ständige Niederlassung an einem Ort bestimmt. Die ständige Niederlassung wiederum wird verstanden als Aufenthaltsnahme mit dem Willen, nicht nur vorübergehend zu bleiben, sondern den Ort zum Mittel- oder Schwerpunkt der Lebensverhältnisse zu machen. Von Art. 11 Abs. 1 wird danach geschützt: die Begründung, Verlagerung oder Aufhebung eines Wohnsitzes und auch mehrerer weiterer Wohnsitze. Die bloße, d. h. die vorübergehende im Unterschied zur ständigen Niederlassung unterfällt dagegen dem Begriff des Aufenthalts.

879 *Aufenthalt* bedeutet vorübergehendes Verweilen. Da jede Fortbewegung eine Folge von Augenblicken des Verweilens ist, stellt sich die Frage, wann ein hinreichendes vorübergehendes Verweilen vorliegt. Teilweise wird angenommen, daß erst eine Übernachtung ein Aufenthaltsverhältnis begründe, ein nur stundenweises Verweilen daher nicht durch Art. 11 Abs. 1 geschützt werde (*Merten*, S. 43 f.); teilweise wird ein „mehr als flüchtiger Aufenthalt" verlangt (*Rittstieg*, AK, Art. 11 Rdnr. 32). Zur Abgrenzung von der Bewegungsfreiheit des Art. 2 Abs. 2 S. 2 (vgl. oben Rdnr. 474) ist ein Mindest-

maß an Bedeutung oder Dauer erforderlich; auch ein Besuch von nur wenigen Minuten kann von elementarer Bedeutung für die persönliche Entfaltung des einzelnen sein und verdient daher den Schutz des Grundrechts (übereinstimmend *Dürig*, M/D, Art. 11 Rdnr. 37; *Randelzhofer*, BK, Art. 11 Rdnr. 26). Dabei muß dem einzelnen überlassen bleiben, um welchen Zwecks willen der Aufenthalt für ihn von Bedeutung ist; anders wäre die Qualität der Freizügigkeit als Freiheitsrecht gefährdet.

*2. Fortbewegung zwecks Ortswechsels*

Wohnsitz und Aufenthalt sind nur die Anfangs- und Endpunkte der auf sie bezogenen Fortbewegung, des Ziehens. Das entscheidende Merkmal des Schutzbereichs der Freizügigkeit ist die *Fortbewegung* zwecks Ortswechsels. Sie umfaßt die Möglichkeit, den Weg zwischen altem und neuem Aufenthaltsort zurückzulegen. Sie umfaßt jedoch weder einen bestimmten Weg noch ein bestimmtes Fortbewegungsmittel. Garantiert wird allein die Erreichbarkeit des Ziels, also die Existenz irgendeines zumutbaren Weges und die Benutzung irgendeines zumutbaren Fortbewegungsmittels zum gewünschten Aufenthaltsort. Verkehrs- und straßenrechtliche Regelungen berühren daher, sofern sie den Zugang zu einem bestimmten Ort nicht überhaupt verbieten, schon gar nicht den Schutzbereich. **880**

Ortswechsel läßt sich als interterritoriale, interkommunale und interlokale Freizügigkeit typisieren: *Interterritoriale* Freizügigkeit meint den freien Zug innerhalb des Bundesgebiets ohne Rücksicht auf die Ländergrenzen. Die Garantie des Art. 11 wird insoweit ergänzt durch Art. 33 Abs. 1. *Interkommunale* Freizügigkeit bedeutet den freien Zug von einer Gemeinde zu einer anderen Gemeinde. *Interlokale* Freizügigkeit bedeutet den freien Zug innerhalb von Gemeinden. In allen diesen Fällen umschließt das aus Art. 11 Abs. 1 folgende Recht zum Ortswechsel die Begründung und die Aufhebung von Aufenthalt oder Wohnsitz. Im Schrifttum wird der Begriff des Ortswechsels gelegentlich enger verstanden. Dies führt jedoch zu befremdlichen Ergebnissen. **881**

**Beispiele:** *Dürig* (M/D, Art. 11 Rdnr. 23) hält einen Ortswechsel nur für gegeben bei einem Wechsel zwischen Ortschaften i. S. von Gemeinden. Das führt zu widersinnigen Ergebnissen angesichts zufälliger Gemeindegrenzen; es macht vor allem den Schutzbereich abhängig von Entscheidungen der Exekutive, z. B. im Rahmen der kommunalen Gebietsreform. *Randelzhofer* (BK, Art. 11 Rdnr. 29) hält einen Ortswechsel dann nicht für gegeben, wenn es sich um „Bewegungen innerhalb des Lebenskreises des Bürgers" handelt. Das ist ein viel zu vages Kriterium, ganz abgesehen davon, daß anerkannt typische Ausübungsweisen des Art. 11, etwa Verwandtenbesuche, als solche Bewegungen innerhalb des Lebenskreises bezeichnet werden müssen und damit aus dem Schutzbereich herausfielen. **882**

*3. Einreise und Einwanderung*

Nach h. M. fallen auch die Einreise und die Einwanderung in das Bundesgebiet unter den Schutzbereich des Art. 11 (vgl. *Randelzhofer*, BK, Art. 11 Rdnr. 72), wobei unter Einreise der Zuzug in das Bundesgebiet zur Aufenthaltsnahme und unter Einwanderung der Zuzug zur Wohnsitznahme verstanden wird. **883**

Gegen die h. M. könnte zum einen der *Wortlaut* des Art. 11 Abs. 1 sprechen: Wenn dort von Freizügigkeit *im* ganzen Bundesgebiet die Rede ist, so könnten damit sämtliche Grenzüberschreitungen ausgeklammert sein. Demgegenüber ist aber die genannte Definition der Freizügigkeit als des Rechts, Aufenthalt und Wohnsitz zu nehmen, zu **884** berücksichtigen. Danach ist das *Ziel* des Ortswechsels das Entscheidende: Es muß im Bundesgebiet liegen. Der Ausgangspunkt des Ortswechsels ist dagegen gleichgültig. Es kommt hinzu, daß der Parlamentarische Rat mit der Garantie der Freizügigkeit für alle Deutschen den Bewohnern der ehemaligen Sowjetischen Besatzungszone ein Zuzugsrecht in das Gebiet der Bundesrepublik Deutschland gewähren sollte (JöR 1951, 129 ff.). Danach können also die sprachlichen Zweifel, die der Wortlaut läßt, durch die *Entstehungsgeschichte* entschieden werden. Auch dem Umstand, daß in Art. 73 Nr. 3 die Freizügigkeit neben der Einwanderung genannt ist, läßt sich nicht i. S. eines systematischen Arguments entnehmen, daß Einreise und Einwanderung nicht von Art. 11 erfaßt werden. Denn bei Art. 11 kann es nur um den Zuzug der Deutschen gehen, wogegen Art. 73 Nr. 3 nach der geschichtlichen Erfahrung und gegenwärtigen Bedeutung vornehmlich der Einwanderung von Nichtdeutschen gilt.

**885** Gegen die h. M. wird schließlich vorgebracht, das Recht der Deutschen, überhaupt im Staatsgebiet der Bundesrepublik Deutschland zu verweilen bzw. in es zu gelangen, wurzele unmittelbar in der Staatsangehörigkeit und liege mit dieser dem Grundrecht der Freizügigkeit voraus (*Doehring*, Das Staatsrecht der Bundesrepublik Deutschland, 3. Aufl. 1984, S. 337 f.). In Art. 16 Abs. 2 S. 1 findet diese staatstheoretische Überlegung eine verfassungsrechtliche Stütze: Wenn dort vorbehaltlos gewährleistet ist, daß kein Deutscher an das Ausland ausgeliefert werden darf, dann ist es konsequent, den Deutschen den Zuzug aus dem Ausland nicht nur unter dem Vorbehalt von Art. 11 Abs. 2, sondern schrankenlos zu gewährleisten (*Isensee*, VVDStRL 32, 1974, 49/62). Demgegenüber kann allerdings wieder an die Entstehungsgeschichte erinnert werden: Im Parlamentarischen Rat fielen Äußerungen, die Art. 11 Abs. 2 dahin verstehen, daß er auch Deutsche von der Bundesrepublik fernhalten kann.

*4. Ausreise und Auswanderung?*

**886** Nach der Rechtsprechung (E 6, 32/35 f. — Elfes —; 72, 200/245; BVerwG, DÖV 1969, 74; NJW 1971, 820) sind Ausreise und Auswanderung nicht vom Schutzbereich des Art. 11 umfaßt. Im Schrifttum sind die Stimmen geteilt (vgl. *Bleckmann/Busse*, DVBl. 1977, 794). Dabei wird unter Ausreise die vorübergehende Entfernung aus dem Bundesgebiet ohne Aufgabe des Wohnsitzes und unter Auswanderung das Verlassen des Bundesgebiets in der Absicht, für immer oder jedenfalls für längere Zeit im Ausland einen Wohnsitz zu begründen, verstanden.

**887** Die Worte „*im* ganzen Bundesgebiet“ ebenso wie die Erwähnung der Auswanderung neben der Freizügigkeit in Art. 73 Nr. 3 sprechen hier wie bei der Einreise und der Einwanderung gegen die Einschlägigkeit des Art. 11 Abs. 1. Anders als dort wird dies aber hier nicht durch gewichtigere Argumente ausgeräumt: Mit dem *Wortlaut* „alle Deutschen“ war in Bezug auf Ausreise und Auswanderung anders als bei Einreise und Einwanderung kein besonderes Regelungsziel für die Bewohner der früheren DDR verbunden. Auch das *systematische* Argument aus Art. 73 Nr. 3 hat für die Ausreise und Auswanderung ein größeres Gewicht als für Einreise und Einwanderung; denn anders als die Einwanderungsgesetzgebung bezieht sich die Auswanderungsgesetzgebung fast ausschließlich auf Deutsche, so daß die Erwähnung der Auswanderung neben der Freizügigkeit in Art. 73 Nr. 3 für deren Nichteinbeziehung im Rahmen des Art. 11 Abs. 1 spricht. Des weiteren kann die *Entstehungsgeschichte* nicht dafür angeführt werden, daß Ausreise und Auswanderung zum Schutzbereich des Art. 11 Abs. 1 gehören: Vom Parlamentarischen Rat wurde es im Ergebnis abgelehnt, die Auswanderungsfreiheit in den Grundkatalog aufzunehmen (vgl. E 6, 32/34 f.); es kann vermutet werden, daß man unter den damaligen Umständen im Nachkriegsdeutschland eine größere Auswanderungswelle befürchtete. Schließlich spricht die *historische* Auslegung für das Ergebnis der Rechtsprechung: In der deutschen verfassungsgeschichtlichen Entwicklung hat sich die Auswanderungsfreiheit bereits im 19. Jahrhundert gegenüber der Freizügigkeit verselbständigt und neben dieser in eigenen Verfassungsbestimmungen ihren Schutz gefunden (vgl. Art. 111 im Unterschied zu Art. 112 WRV; ausführlich *Merten*, S. 109 ff.).

### *5. Mitnahme der persönlichen Habe*

Der Schutzbereich des Art. 11 Abs. 1 erstreckt sich zusätzlich darauf, daß die einzelnen ihre persönliche Habe mitnehmen dürfen. Das ergibt sich aus dem systematischen Zusammenhang von Art. 11 mit der Freiheit zur persönlichen Entfaltung: Eine Freizügigkeit, die auf die nackte Existenz beschränkt wäre, würde den Grundvoraussetzungen freier Persönlichkeitsentfaltung widersprechen. Die Mitnahme *jeden* Eigentums ist dagegen um der persönlichen Entfaltung willen nicht geboten und wird von Art. 11 nicht geschützt. 888

**Beispiele:** Ein Ausfuhrverbot für Fabrikationsanlagen berührt die Freizügigkeit auch dann nicht, wenn der Eigentümer sich mit den Anlagen im Ausland niederlassen will (BGH, JR 1953, 296; a. A.: *Kunig*, vM, Art. 11 Rdnr. 17; *Randelzhofer*, BK, Art. 11 Rdnr. 49; *Rittstieg*, AK, Art. 11 Rdnr. 36). Ortsbezogene Beschränkungen der beruflichen Niederlassung, z. B. bei der Kassenarztzulassung oder der Pflicht der Rechtsanwälte, nur bei einem bestimmten Landgericht in Zivilprozessen aufzutreten (Lokalisationsgebot; BVerfG, NJW 1990, 1033), sind ausschließlich an Art. 12 Abs. 1 zu messen (*Breuer*, Hdb. StR VI, S. 927 f.). 889

### *6. Negative Freizügigkeit*

Art. 11 schützt nicht nur die Möglichkeit, Ortswechsel vorzunehmen, sondern auch die Möglichkeit, Ortswechsel nicht vorzunehmen (negative Freizügigkeit). Diese Abrundung des Schutzbereichs des Art. 11 Abs. 1 folgt wiederum aus dem Zusammenhang der Freizügigkeit mit der personalen Freiheit. Das Recht zum Ziehen gewinnt erst durch die Möglichkeit, am Ort der Wahl auch zu bleiben, seine Bedeutung. Die Ausweisung und die Abschiebung von Deutschen sind daher an Art. 11 zu messen; gegen die Auslieferung bietet Art. 16 Abs. 2 S. 1 speziellen Schutz. 890

## III. Eingriffe

Ein Eingriff liegt vor, wenn ein Element des Schutzbereichs des Art. 11 Abs. 1 zum Anknüpfungspunkt einer beeinträchtigenden staatlichen Maßnahme gemacht bzw. durch eine staatliche Maßnahme unmittelbar rechtlich sanktioniert wird. Indirekte Auswirkungen auf den Schutzbereich genügen nicht. 891

**Beispiele:** In die Freizügigkeit wird eingegriffen, wenn sie von Bedingungen, Genehmigungen, Nachweisen etc. abhängig gemacht wird (E 2, 266/274; 8, 95/97 f.; BVerwGE 3, 308/312 f.). Ein Eingriff ist die sog. Residenzpflicht, die den Wohnort vom Beruf abhängig macht (a. A. *Kunig*, Jura 1990, 306/309; zu dem Eingriff in die Berufsfreiheit, der 892 durch die Residenzpflicht auch und nach a. A. nur gesetzt wird, vgl. E 65, 116/125; BVerfG, NJW 1992, 1093). Ist dagegen die Berufsausübung lediglich faktisch abhängig von einem bestimmten Wohnort, liegt kein Eingriff in Art. 11 vor (E 10, 354/372; 12, 319/323; BVerwGE 2, 151/152). Bei einer an den Ortswechsel knüpfenden Abgabe liegt ein Eingriff vor, wenn sie *wegen* des Zuzugs, nicht jedoch, wenn sie nur *anläßlich* des Zuzugs erhoben wird (BVerwG, Buchholz 406.11 § 186 BBauG Nr. 2). Maßnahmen der Unterbringung im Rahmen der Sozialhilfe sind dann Eingriffe, wenn sie bezwecken, den Antragsteller an einem bestimmten Ort fest- oder von einem bestimmten Ort fernzuhalten (VGH Kassel, NVwZ 1986, 861; zum Gesetz über die Festlegung eines vorläufigen Wohnortes für Aussiedler und Übersiedler von 1989 vgl. *Kunig*, Jura 1990, 306/309 f.).

## IV. Verfassungsrechtliche Rechtfertigung

### *1. Qualifizierter Gesetzesvorbehalt des Art. 11 Abs. 2*

893 Der Gesetzesvorbehalt des Abs. 2 ist durch verschiedene Merkmale qualifiziert: In die Freizügigkeit darf nur durch Gesetze eingegriffen werden, die auf die in Abs. 2 genannten Fälle reagieren und die in Abs. 2 genannten Zwecke verfolgen.

894 a) **Fehlende ausreichende Lebensgrundlage und daraus entstehende besondere Lasten der Allgemeinheit.** Von einer ausreichenden Lebensgrundlage ist auszugehen, „wenn vernünftigerweise nach Beruf, Alter und Gesundheit des Antragstellers die Erwartung begründet ist, daß er sich den Lebensmindestbedarf selbst werde verdienen können" (BVerwGE 3, 135/140). Sie fehlt dagegen, „wenn der Aufzunehmende nicht nur vorübergehend — d. h. im Zeitpunkt seiner Zuwanderung und während des Notaufnahmeverfahrens — hilfsbedürftig im Sinne des Fürsorgerechts ist" (BVerwGE 5, 31/36). Im übrigen folgt aus dem Sozialstaatsprinzip eine restriktive Auslegung dieses Gesetzesvorbehalts: Ein Grundrecht darf jedenfalls nicht allein wegen Alters oder Krankheit beschränkt werden (vgl. *Kunig*, vM, Art. 11 Rdnr. 22; *Dürig*, M/D, Art. 11 Rdnr. 59 ff.).

895 b) **Erforderlichkeit zur Abwehr einer drohenden Gefahr für den Bestand oder die freiheitliche demokratische Grundordnung des Bundes oder eines Landes.** Dieser Vorbehalt wird in der Literatur als innerer Notstand bezeichnet — im Gegensatz zum äußeren Notstand (Spannungsfall, Art. 80 a, und Verteidigungsfall, Art. 115 a), der unter besonderen Kautelen jeweils vom Parlament festgestellt werden muß. — Der Begriff „Bestand des Bundes oder eines Landes" wird auch in Art. 10 Abs. 2 S. 2, 73 Nr. 10 b, 87 a Abs. 4 S. 1, 91 Abs. 1 verwandt; in Art. 21 Abs. 2 ist vom „Bestand der Bundesrepublik Deutschland" die Rede. In allen Vorschriften wird *„Bestand"* in gleicher Weise verstanden, nämlich als Bevölkerung, territoriale Integrität und Handlungsfähigkeit des Staates im Verhältnis zu anderen Staaten. — Der Begriff *„freiheitliche demokratische Grundordnung"* wird außer in den eben genannten Vorschriften noch in Art. 18 S. 1 verwandt; er ist darüber hinaus inhaltsgleich mit dem Begriff „verfassungsmäßige Ordnung" in Art. 9 Abs. 2 und 98 Abs. 2 S. 1. Die freiheitliche demokratische Grundordnung läßt sich mit dem BVerfG „als eine Ordnung bestimmen, die unter Ausschluß jeglicher Gewalt- und Willkürherrschaft eine rechtsstaatliche Herrschaftsordnung auf der Grundlage der Selbstbestimmung des Volkes nach dem Willen der jeweiligen Mehrheit und der Freiheit und Gleichheit darstellt. Zu den grundlegenden Prinzipien dieser Ordnung sind mindestens zu rechnen: die Achtung vor den im

Grundgesetz konkretisierten Menschenrechten, vor allem vor dem Recht der Persönlichkeit auf Leben und freie Entfaltung, die Volkssouveränität, die Gewaltenteilung, die Verantwortlichkeit der Regierung, die Gesetzmäßigkeit der Verwaltung, die Unabhängigkeit der Gerichte, das Mehrparteienprinzip und die Chancengleicheit für alle politischen Parteien mit dem Recht auf verfassungsmäßige Bildung und Ausübung einer Opposition" (E 2, 1/12 f.; vgl. *Gusy,* AöR 1980, 279). — Der Begriff *„drohende Gefahr"* bedeutet wie im Polizeirecht, daß eine hinreichende Wahrscheinlichkeit dafür besteht, daß eine Verletzung des Schutzgutes eintreten wird. Erst recht greift der Vorbehalt natürlich ein, wenn es bereits zu einer Verletzung der Schutzgüter gekommen ist. — Denkbare gesetzliche Maßnahmen zur Ausfüllung dieses Vorbehalts sind die Errichtung von Sperrbereichen, Evakuierungen und Ausgangssperren. Allerdings existiert bis heute keine entsprechende Gesetzgebung. Verfassungspolitisch wird der Vorbehalt kritisiert (*Dürig,* M/D, Art. 11 Rdnr. 67 f.; *Evers,* AöR 1966, 193/199 f.; *Hall,* JZ 1968, 159/161 f.).

c) **Erforderlichkeit zur Bekämpfung von Seuchengefahr, Naturkatastrophen oder besonders schweren Unglücksfällen.** Unter *Seuchengefahr* ist die Gefahr der Ausbreitung übertragbarer Krankheiten zu verstehen. Die Ausweitung des Begriffs auf jegliche Gesundheitsgefahr, einschließlich etwa einer Lärmverseuchung oder einer allgemeinen Umweltverseuchung (vgl. *Dagtoglou,* BK, Art. 13 Rdnr. 138), widerspricht der überkommenen Wortbedeutung und ist auch aus systematischen Gründen abzulehnen, weil sie der Normierung der Fälle der Naturkatastrophen und besonders schweren Unglücksfälle neben dem Fall der Seuchengefahr ihren Sinn nehmen würde. Anwendungsfälle des Seuchenvorbehalts sind §§ 34 ff. BSeuchenG und § 19 Abs. 2 TierSG. — Unter *Naturkatastrophen* versteht man durch Naturgewalten hervorgerufene, unvorhersehbare Ereignisse, die für viele Personen und/oder in größeren Gebieten schwerwiegende schädliche Folgen herbeiführen; *schwere Unglücksfälle* sind Katastrophen technischen Ursprungs. 896

d) **Erforderlichkeit zum Schutze der Jugend vor Verwahrlosung.** Anwendungsfälle dieses Vorbehalts sind das JÖSchG, § 71 Abs. 1 JWG und die Maßnahmen des Vormundschaftsgerichts nach §§ 1666 f. BGB. 897

e) **Erforderlichkeit, um strafbaren Handlungen vorzubeugen.** Dieser sog. Kriminalvorbehalt des Art. 11 Abs. 2 betrifft nur Vorbeuge- (präventive) Maßnahmen. Aus rechtsstaatlichen und systematischen Gründen ist anerkannt, daß dieser Vorbehalt eng auszulegen ist. Die tatbestandliche Ausdifferenzierung will ja gerade generalklauselartige Ermächtigungen zur Einschränkung der Freizügigkeit vermeiden. Anwendungsfälle des Kriminalvorbehalts sind §§ 56c Abs. 2 Nr. 1, 68b StGB und § 10 Abs. 1 Nr. 1 und 2 JGG. 898

*2. Weitere Eingriffsrechtfertigungen*

Einen weiteren Gesetzesvorbehalt enthält Art. 17a Abs. 2 für „Gesetze, die der Verteidigung einschließlich des Schutzes der Zivilbevölkerung dienen" (vgl. BVerwGE 35, 146/149). Die Vorbehalte der Art. 117 Abs. 2 und Art. 119 sind heute obsolet. 899

**Lösungsskizze zum Fall:** Die polizeiliche Maßnahme ist jedenfalls von der speziellen Ermächtigung, nach h. M. auch von der Generalermächtigung gedeckt. Fraglich ist aber, ob diese insoweit mit Art. 11 vereinbar sind. Unter Berufung auf die Voraussetzung einer 900

Übernachtung oder eines Mindestmaßes an Bedeutung und Dauer des Aufenthalts könnte die Einschlägigkeit des Schutzbereichs verneint werden. Hält man es dagegen für unerheblich für den Begriff des Aufenthalts i. S. d. Freizügigkeitsgrundrechts, wie lange der Aufenthalt dauert, ist ein Eingriff in den Schutzbereich nicht zu leugnen. Die verfassungsrechtliche Rechtfertigung wirft ein Kompetenz- und ein Inhaltsproblem auf: (a) Gem. Art. 73 Nr. 3 hat der Bund die ausschließliche Gesetzgebungskompetenz für die Freizügigkeit. Wie dem Kriminalvorbehalt des Art. 11 Abs. 2 zu entnehmen ist, bleibt aber das in der Gesetzgebungskompetenz der Länder stehende allgemeine Polizei- und Ordnungsrecht von Art. 73 Nr. 3 unberührt (BayVerfGH, NVwZ 1991, 664/666; *Randelzhofer*, BK, Art. 11 Rdnr. 142; *Kunig*, vM, Art. 11 Rdnr. 21). (b) Inhaltlich haben die polizeilichen Ermächtigungen zu Platzverweisungen vor dem qualifizierten Gesetzesvorbehalt des Art. 11 Abs. 2 nur Bestand, wenn sie verfassungskonform dahin interpretiert werden, daß sie zu Eingriffen in Art. 11 Abs. 1 nur unter den Voraussetzungen der Tatbestände des Art. 11 Abs. 2 ermächtigen (vgl. *Denninger* u. a., Alternativentwurf einheitlicher Polizeigesetze des Bundes und der Länder, 1979, § 19 m. Begr.; hier wird der Platzverweis dann mit Art. 11 für vereinbar gehalten, wenn — abgesehen von den Einschränkungsmöglichkeiten des Art. 11 Abs. 2 — sich die Maßnahme gegen den Verhaltensstörer richtet). Da es hier um die Bekämpfung eines besonders schweren Unglücksfalles geht, verstößt die Maßnahme nicht gegen Art. 11.

**Literatur:** *K. Hailbronner*, Die Freizügigkeit im Spannungsfeld zwischen Staatsräson und europäischem Gemeinschaftsrecht, DÖV 1978, 857; *P. Kunig*, Das Grundrecht auf Freizügigkeit, Jura 1990, 306; *D. Merten*, Der Inhalt des Freizügigkeitsrechts, 1970; *B. Pieroth*, Das Grundrecht der Freizügigkeit (Art. 11 GG), JuS 1985, 81; *C. Tomuschat*, Freizügigkeit nach deutschem Recht und Völkerrecht, DÖV 1974, 757; *M. Zuleeg*, Einwanderungsland Bundesrepublik Deutschland, JZ 1980, 425.

# § 21 BERUFSFREIHEIT (Art. 12)

**Fall:** Versagung der Zulassung zur Rechtsanwaltschaft (nach E 63, 266)

Einem Assessor wurde die Zulassung zur Rechtsanwaltschaft versagt, weil er für eine Partei angetreten war, die verfassungsfeindlich sei. Die Entscheidung wurde auf § 7 Nr. 5 BRAO gestützt, wonach die Zulassung zu versagen ist, „wenn der Bewerber sich eines Verhaltens schuldig gemacht hat, das ihn unwürdig erscheinen läßt, den Beruf eines Rechtsanwalts auszuüben". Daß die Zulassung zu versagen ist, „wenn der Bewerber die freiheitliche demokratische Grundordnung in strafbarer Weise bekämpft" (§ 7 Nr. 6 BRAO), war nicht einschlägig. Verstößt die Versagung der Zulassung gegen Art. 12 Abs. 1?

## I. Überblick

### *1. Textaussage*

901 Dem unbefangenen Verständnis bietet Art. 12 bereits in Abs. 1 *verschiedene Schutzbereiche.* Satz 1 schützt die Freiheit der *Wahl des Berufs*, der *Wahl des Arbeitsplatzes* und der *Wahl der Ausbildungsstätte.* Diese Schutzbereiche entsprechen den Abschnitten eines Berufswegs, der mit der Ausbildung beginnt, sich in der Entscheidung für den erlernten Beruf fortsetzt und in der Arbeit im gewählten Beruf erfüllt. Aber da die Schutzbereiche selbständig nebeneinander stehen, schützt Satz 1 die Wahl einer Ausbildungsstätte unabhängig davon, ob sie in die Wahl eines entsprechenden Arbeitsplatzes mündet, und die Entscheidung für einen ungelernten ebenso wie für einen gelernten Beruf. Satz 2 schließt mit einem *Regelungsvorbehalt für die Berufsausübung* an. Das deutet an, daß neben den genannten Schutzbereichen noch ein weiterer Schutzbereich der Berufsausübung gewähr-

leistet ist. Nur hier ist das Tätigwerden des Gesetzgebers vorgesehen, wobei die Wahl des Regelungs- statt des Eingriffsbegriffs zusätzlich dahin verstanden werden kann, daß der Gesetzgeber besonders behutsam tätig werden muß.

Abs. 2 und Abs. 3 verbürgen die nur unter besonderen Voraussetzungen einschränkbare *Freiheit von Arbeitszwang* (Zwang zur Erbringung bestimmter einzelner Arbeitsleistungen) *und von Zwangsarbeit* (Zwang zum Einsatz der gesamten Arbeitskraft in bestimmter Weise). Sie lassen erkennen, daß die Freiheit der Berufs- und Arbeitsplatzwahl mehr ist als die Freiheit der Entscheidung, welche Arbeitsleistungen man erbringen und wie man seine Arbeitskraft einsetzen will; denn anders wären die Abs. 2 und 3 überflüssig. Beruf ist mithin nicht einfach Erbringung von Arbeitsleistung oder Einsatz der Arbeitskraft, sondern auf gewisse Dauer angelegte, der Schaffung und Erhaltung einer Lebensgrundlage dienende Tätigkeit; Arbeitsplatz ist der Platz, an dem nicht nur gearbeitet, sondern der Beruf ausgeübt wird. 902

### 2. *Einheitliches Grundrecht*

Die aufgezeigte Textaussage des Absatz 1 wurde schon früh anders gelesen (E 7, 377 — Apothekenurteil —). *Berufswahl und Berufsausübung hängen miteinander zusammen:* Mit der Berufswahl beginnt die Berufsausübung, und in der Berufsausübung wird die Berufswahl immer wieder neu bestätigt. Dann ist schon mit der Berufswahl auch die Berufsausübung gewährleistet und mit der Berufsausübung auch die Berufswahl vom Regelungsvorbehalt betroffen. Der Regelungsvorbehalt wurde also ausgedehnt, und zwar bald nicht mehr nur auf die Berufswahl, sondern auch auf die Wahl von Ausbildungsstätte (E 33, 303/336 — Numerus clausus —) und Arbeitsplatz. Zugleich wurde der Regelungsvorbehalt als Gesetzesvorbehalt, d. h. als Vorbehalt nicht nur besonders behutsamen, sondern jedweden gesetzgeberischen Tätigwerdens verstanden (vgl. oben Rdnr. 251 ff.). In neueren Entscheidungen spricht das BVerfG auch von „Gesetzesvorbehalt" (z. B. E 54, 224/234; 54, 237/246). So ist Art. 12 Abs. 1 heute ein einheitliches Grundrecht, das auch einheitlich unter Gesetzesvorbehalt steht. Allerdings sollen für Eingriffe in seinen Wahlaspekt höhere Anforderungen an die verfassungsrechtliche Rechtfertigung gelten als für Eingriffe in seinen Ausübungsaspekt. 903

## II. Das Abwehrrecht des Art. 12 Abs. 1

### 1. *Schutzbereich*

Das einheitliche Grundrecht von Art. 12 Abs. 1 hat zwar einen einheitlichen Schutzbereich. Dessen Inhalt und Umfang werden aber zweckmäßig dadurch beschrieben, daß an die Begriffe Beruf, Ausbildungsstätte und Arbeitsplatz angeknüpft wird. 904

a) Der **Berufsbegriff** wird denkbar weit verstanden. Er umfaßt nicht nur die traditionell fixierten Berufsbilder, sondern auch neu entstandene und frei erfundene Betätigungen. Einschränkend gilt jedoch, daß die einzelnen Handlungen, die der Bürger zum Inhalt seines Berufs macht, *nicht verboten* sein dürfen (vgl. E 7, 377/397; *Berg*, GewArch 1977, 249). Dieses Kriterium wird gelegentlich kritisiert (*Breuer*, Hdb. StR VI, S. 910 f.) oder auch dadurch ersetzt, daß die beruflichen Handlungen nicht sozial- oder gemeinschaftsschädlich sein dürfen (BVerwGE 22, 286/289; *Bachof*, in: Die Grundrechte III/1, S. 155/189 f.; *Gubelt*, vM, Art. 12 Rdnr. 9). Dahinter steht das richtige Anliegen, den Berufsbegriff nicht zur Disposition des Gesetzgebers zu stellen, d. h. diesem nicht zu gestatten, durch ein Verbot einen Beruf einfach aus dem Schutzbereich von Art. 12 Abs. 1 auszuschließen und dem Maßstab von Art. 12 Abs. 1 905 zu entziehen. Aber zum einen sind die Ersatzkriterien der Sozial- oder Gemeinschaftsschädlichkeit völlig vage. Zum anderen verkennt die Kritik am Kriterium des Verbotenseins, daß es sich auf einzelne Handlungen unabhängig von ihrer beruflichen Vornahme bezieht. Beruf ist die Bündelung vieler Handlungen, und ob diese spezifische, d. h. berufliche Bündelung verboten oder beschränkt werden darf, bemißt sich stets nach Art. 12 Abs. 1. Die einzelnen Handlungen sind dagegen durch andere Grundrechte geschützt, und ob sie verboten werden dürfen, richtet sich nach diesen anderen Grundrechten.

906 **Beispiele:** Taschendiebe, Rauschgifthändler, Zuhälter oder Spione haben als solche keine Berufe im Sinn von Art. 12 Abs. 1; ihre Handlungen sind schlechthin strafbar, unabhängig davon, ob sie professionell und dauernd oder nur einmalig und amateurhaft vorgenommen werden. Anders steht es mit dem Schwarzarbeiter, der z. B. mit dem Renovieren einer Wohnung oder der Reparatur eines Autos eine erlaubte Tätigkeit vornimmt und lediglich die steuer- und sozialversicherungsrechtlich geschuldeten Abgaben nicht abführt; hier liegt ein Beruf im Sinn von Art. 12 Abs. 1 vor, dessen Ausübung aber steuer- und sozialversicherungsrechtlich geregelt ist (vgl. *Scholz,* M/D, Art. 12 Rdnr. 29). Auch die Prostitution ist ein Beruf, dessen Ausübung lediglich an gewissen Regelungen Schranken findet, denn der nichteheliche Geschlechtsverkehr gegen Entgelt ist nicht schlechthin verboten (vgl. *Scholz,* M/D, Art. 12 Rdnr. 25).

907 Außerdem muß eine Tätigkeit, um unter den Berufsbegriff zu fallen, auf *gewisse Dauer* angelegt sein (E 32, 1/32 ff.; *Scholz,* M/D, Art. 12 Rdnr. 19). Auch dies ist nicht eng zu verstehen; auch der Gelegenheits- und der Ferienjob, das zur Überbrückung eines Zeitraums und das probeweise eingegangene Beschäftigungsverhältnis sind Berufe. Ebenso ist weit zu verstehen, daß die Tätigkeit der *Schaffung und Erhaltung einer Lebensgrundlage* dienen muß (E 7, 377/397); die Nebentätigkeit fällt darunter, weil sie, anders als ein bloßes Hobby, zur Schaffung und Erhaltung der Lebensgrundlage immerhin beiträgt (vgl. BVerwGE 84, 194/197); und der Künstler hat einen Beruf, auch wenn ihn das Malen, Dichten oder Komponieren nicht so ernährt, wie er es gerne hätte (*Scholz,* M/D, Art. 12 Rdnr. 21). Offen ist der Berufsbegriff schließlich auch insoweit, als er *selbständige und unselbständige Tätigkeiten* abdeckt (E 7, 377/398 f.; 54, 301/322).

908 Die in Art. 12 Abs. 1 geschützte Berufsfreiheit beginnt schon bei der Entscheidung, überhaupt einen Beruf zu ergreifen, und schützt auch den, der ohne Beruf bleiben und z. B. von seinem Vermögen leben möchte (*negative Berufsfreiheit;* vgl. E 58, 358/364). Sie umfaßt besonders die Wahl eines bestimmten Berufs und dessen Ausübung. Sie reicht bis zur Berufsbeendigung, sei es die Aufgabe einer bestimmten oder der Rückzug aus jeder beruflichen Tätigkeit.

909 Eine Gesellschaft, deren Bürgern die Berufs- und die Eigentumsfreiheit grundrechtlich verbürgt sind, wird dadurch in ihrer Wirtschaft geprägt. Nicht, daß das Grundgesetz eine bestimmte Wirtschaftsverfassung enthielte oder eine bestimmte Wirtschaftspolitik verlangte; es ist, wie das BVerfG mehrfach betont hat, *„wirtschaftspolitisch neutral"* und überläßt die Wirtschaftspolitik grundsätzlich dem gesetzgeberischen Ermessen (vgl. z. B. E 50, 290/336 ff. — Mitbestimmung —). So ist nicht etwa die gegenwärtige Wirtschaftsordnung im Schutzbereich von Art. 12 Abs. 1 oder von Art. 12 Abs. 1 i.V.m. Art. 14 enthalten. Gleichwohl sind unter der Bedingung der Berufsfreiheit bestimmte Aspekte der gegenwärtigen Wirtschaftsordnung geschützt. Berufe frei wählend und frei ausübend geraten die einzelnen als Unternehmer, als Handel- und Ge-

werbetreibende, als Freiberufler, aber auch als Arbeitnehmer, notwendig miteinander in Wettbewerb. Das Verhalten im Wettbewerb gehört zur Berufsausübung und zum Schutzbereich der Berufsfreiheit. Mit dieser *Freiheit zum Wettbewerb* ist die Vorstellung einer Freiheit von Konkurrenz unverträglich.

**Beispiele:** Die Berufsfreiheit eines staatlich zugelassenen Unternehmers wird dadurch, daß der Staat andere Unternehmer zuläßt, die den ersten durch scharfe Konkurrenz zur Aufgabe von Unternehmen und Beruf bringen, nicht berührt (E 34, 252/256; BVerwGE 65, 167/173; BVerwG, DVBl. 1983, 1251; HessStGH, NVwZ 1983, 542). Berührt wird die Berufsfreiheit eines Unternehmers aber dann, wenn er im Wettbewerb mit einem Konkurrenten darum unterliegt, weil der Staat dem Konkurrenten durch Subventionen einen Vorteil im Wettbewerb verschafft (BVerwGE 30, 191/197 ff.; 65, 167/174; *Friehe*, JuS 1981, 867). 910

Bei der beruflichen Ausübung von *Staatsfunktionen* ist zu unterscheiden:

— Als Inhalt eines *selbständigen* Berufs scheidet sie von vornherein aus. Zwar können von Privaten regelnde, richtende und schlichtende sowie verwaltende Dienstleistungen angeboten und erbracht werden. Aber sie entbehren der verbindlichen Geltung, die den entsprechenden Staatsakten eignet. 911

— Zum Inhalt eines *unselbständigen* Berufs wird sie im Staatsdienst. Dabei ist aber nicht nur Art. 12 Abs. 1, sondern auch Art. 33 einschlägig: Art. 33 verdrängt Art. 12 Abs. 1 nicht insgesamt, statuiert und erlaubt als Spezialvorschrift jedoch Sonderregelungen für den öffentlichen Dienst, wobei Art. 33 Abs. 2 in Rücksicht auf die staatliche Organisationsgewalt den Schutzbereich des Art. 12 Abs. 1 hinsichtlich der Berufswahl auf das Recht des gleichen Zugangs zu den öffentlichen Ämtern reduziert (E 7, 377/397 f.; 16, 6/21; 39, 334/369). 912

— Auch bei den sog. *staatlich gebundenen* Berufen, die halbamtlichen Charakter haben und bei denen öffentliche Aufgaben in privater Hand liegen, gewinnt die staatliche Organisationsgewalt Bedeutung und können „Sonderregelungen in Anlehnung an Art. 33 . . . die Wirkung des Grundrechts aus Art. 12 Abs. 1 zurückdrängen" (E 73, 280/292). Je nach der Nähe zum öffentlichen Dienst ist das in größerem oder geringerem Maß der Fall (E 17, 371/377; 73, 301/315). Soweit es um Funktionen geht, die der Gesetzgeber auch dem eigenen Verwaltungsapparat vorbehalten könnte, wie bei der Tätigkeit des Notars, ist der Schutzbereich des Art. 12 Abs. 1 hinsichtlich der Festsetzung der Zahl der zur Verfügung gestellten Ämter nicht betroffen, wohl aber hinsichtlich der Art und Weise der Vergabe dieser Ämter (E 73, 280/292 ff.). Bei anderen staatlich gebundenen Berufen, z. B. dem Öffentlich bestellten Vermessungsingenieur und dem Schornsteinfeger, stellen die fraglichen Sonderregelungen durchaus Eingriffe in die Berufsfreiheit dar (E 73, 301/316 ff.), und Art. 33 ist nicht mehr als ein Argument dafür, daß sie verfassungsrechtlich gerechtfertigt werden können (vgl. *Scholz*, M/D, Art. 12 Rdnr. 220 ff. mit der Anregung, auf den Begriff des staatlich gebundenen Berufs überhaupt zu verzichten). 913

b) Art. 12 Abs. 1 spricht nicht von einer freien Wahl und auch nicht von einer freien Durchführung der **Ausbildung,** sondern nur von der freien Wahl der Ausbildungsstätte. Das BVerfG sieht dadurch jedoch allgemein ein *„Abwehrrecht gegen Freiheitsbeschränkungen im Ausbildungswesen"* verbürgt (E 33, 303/329 — Numerus clausus —). Das überzeugt: Wer seine Ausbildung individuell bei einem Lehrer oder Meister, in Gruppen oder Kursen, durch Lesen oder Reisen arrangiert, verdient denselben Schutz 914 wie der, der sie an öffentlichen oder privaten Ausbildungsstätten absolviert. Beidemal sind mithin die Entscheidungen für eine bestimmte, sei es die erste oder eine zweite, zusätzliche Ausbildung, für deren Durchführung und für deren Beendigung frei. Frei ist auch die Entscheidung gegen jede Ausbildung.

**915** Dabei ist Ausbildung nicht Bildung. Zum Inhalt der Bildung kann alles werden, was überhaupt geistig erworben werden kann, und wie die Inhalte sind auch die Ziele der Bildung offen. Dagegen ist Ausbildung auf das Ziel einer *berufsbezogenen Qualifikation* gerichtet, und dieses Ziel bestimmt auch den Inhalt. Daran mangelt es nicht nur bei der Bildung allgemein, sondern auch bei der schulischen Bildung ohne Berufsbezug.

**916** **Beispiele:** Zu den Ausbildungsstätten i. S. d. Art. 12 Abs. 1 S. 1 gehören ebensowenig wie kirchliche Akademien und private Sport- und Kultureinrichtungen auch Grund- und Hauptschulen, wohl aber nach h. M. weiterführende Schulen (E 41, 251/262 f.; 58, 257/273), Fachhochschulen und Hochschulen/Universitäten, staatliche Vorbereitungsdienste (Referendardienste), betriebliche und überbetriebliche Ausbildungsgänge, private Lehrstellen, Sprachschulen, Therapeutenausbildungseinrichtungen etc. Bei städtischen Volkshochschulen ist danach zu differenzieren, ob ihr Bildungsangebot Berufsbezug hat oder nicht hat.

**917** c) Der **Arbeitsplatz** ist die Stätte, an der eine berufliche Tätigkeit ausgeübt wird, sei es bei unselbständiger Tätigkeit in der staatlichen Verwaltung, in der Produktion oder Administration eines Unternehmens, sei es bei selbständiger Tätigkeit in der eigenen Praxis oder Werkstatt, im eigenen Büro oder Atelier. Frei ist die Entscheidung über Wahl, Wechsel, Beibehaltung und Aufgabe des Arbeitsplatzes. Bei abhängig Beschäftigten umfaßt das Grundrecht auch den Zutritt zum Arbeitsmarkt und die Wahl des Vertragspartners (E 84, 133/146).

**918** d) Geschützt sind nur **berufs- und ausbildungsspezifische Handlungen** (vgl. oben Rdnr. 905). Die Rechtsprechung erfaßt diesen Aspekt von der Eingriffsseite her. Sie verlangt, daß eine staatliche Regelung oder Maßnahme nicht nur irgendwie geartete, entfernte Folgen für die berufliche Tätigkeit hat. Vielmehr muß ihr subjektiv oder objektiv eine *berufsregelnde Tendenz* eignen, d. h. sie muß entweder gerade auf die Berufsregelung zielen oder, bei berufsneutraler Zielsetzung, sich unmittelbar auf die berufliche Tätigkeit auswirken oder in ihren mittelbaren Auswirkungen von einigem Gewicht sein (krit. *Breuer*, Hdb. StR VI, S. 983 f.).

**919** **Beispiele:** So ist die Übernahme einer Vormundschaft und Pflegschaft grundsätzlich berufsunspezifisch; E 54, 251/270 spricht von der entsprechenden Pflicht als einer „allgemeinen staatsbürgerlichen Pflicht ohne spezielle berufsregelnde Tendenz“. Wird jedoch ein Anwalt gerade wegen seiner beruflichen Qualifikation und in erheblichem Umfang mit Vormundschaften und Pflegschaften betraut, die er nur im Rahmen seiner beruflichen Tätigkeit wahrnehmen kann und in diesem Rahmen unentgeltlich wahrnehmen soll, dann geht es für ihn um eine berufsspezifische Handlung bzw. liegt ein Eingriff in die Berufsfreiheit vor. — Auch eine Steuer, bei deren Erlaß dem Gesetzgeber zwar eine berufsregelnde subjektive Zielsetzung fehlt, die sich aber objektiv auf bestimmte Berufe wirtschaftlich besonders auswirkt, bedeutet einen Eingriff in die Berufsfreiheit (E 13, 181/186; 47, 1/21 f.). — Das gleiche gilt für die Veröffentlichung von Arzneimittel-Transparenzlisten (BVerwGE 71, 183/191 ff.), Warnungen der Öffentlichkeit vor bestimmten Produkten (BVerwGE 87, 37/41 ff.) und die Nichtaufnahme einer Privatklinik in den Krankenhausplan (E 82, 209/224).

*2. Eingriffe*

a) Ein **Eingriff in die Berufsfreiheit** kann dieser mehr in ihrem Ausübungsaspekt (*Wie* der beruflichen Tätigkeit) oder mehr in ihrem Wahlaspekt (*Ob* der beruflichen Tätigkeit) gelten. Ein Eingriff, der die Berufsfreiheit in ihrem Wahlaspekt betrifft, kann die Wahl entweder an subjektive oder an objektive Zulassungsvoraussetzungen knüpfen. Diese verschiedenen Eingriffe sind zu unterscheiden, weil sie regelmäßig *verschieden intensiv* sind und unter verschieden hohen Rechtfertigungsanforderungen stehen. **920**

*Objektive Zulassungsschranken* verlangen für die Wahl eines Berufs die Erfüllung objektiver, dem Einfluß des Berufswilligen entzogener und von seiner Qualifikation unabhängiger Kriterien. Zu ihnen gehören besonders *Bedürfnisklauseln,* wie sie das Personenbeförderungsgesetz für den Linienverkehr in § 13 Abs. 2 Nr. 2 und für den Verkehr mit Taxen in § 13 Abs. 4 (E 11, 168; BVerwGE 79, 208), das Güterkraftverkehrsgesetz in §§ 8 und 9 (E 40, 196) oder die Zivilprozeßordnung für die Tätigkeit des Prozeßagenten in § 157 Abs. 3 S. 2 (E 10, 185) enthält. Auch das Apothekenurteil, Ausgangspunkt des einheitlichen Verständnisses der Berufsfreiheit, hatte eine Bedürfnisklausel zum Gegenstand, die als Voraussetzung für die Errichtung einer Apotheke verlangte, daß die vorhandenen Apotheken zur Versorgung der Bevölkerung mit Arzneimitteln nicht ausreichten und durch die Errichtung wirtschaftlich nicht wesentlich beeinträchtigt würden (E 7, 377). Bedürfnisklauseln begegnen auch bei den staatlich gebundenen Berufen; so begrenzen manche Landesgesetze die Zahl der Notare nach Maßgabe der ordnungsgemäßen Erfüllung der anfallenden Aufgaben (E 17, 371; 73, 280). **921**

Zu den objektiven Zulassungsbeschränkungen können weiter *steuerliche Vorschriften* zählen, die bestimmten Berufen gelten. Obwohl sie nur mittelbar auf die Berufsfreiheit einwirken, können sie doch bei entsprechender Belastung einen Beruf wirtschaftlich „erdrosseln" und die Möglichkeit seiner Ergreifung tatsächlich ausschließen. **922**

> **Beispiel:** Würde der Verkauf von Tabak, Zigarren und Zigaretten derart besteuert, daß er keinen Gewinn mehr abwirft, dann könnten die Tabakwaren zwar noch verkauft und würden wohl auch im Sortiment des Handels gehalten werden, aber der Beruf des selbständigen Tabakwareneinzelhandelskaufmanns wäre tatsächlich erledigt. — Das BVerfG hat bisher noch keiner steuerlichen Vorschrift diese erdrosselnde Wirkung zuerkannt und nur angelegentlich ausgesprochen, daß erdrosselnde Besteuerung vor Art. 12 schwerlich Bestand haben könnte (E 8, 222/228; vgl. ferner E 13, 181/185 ff.). Ihre Einordnung als objektive Zulassungsvoraussetzung hat es dabei nicht ausdrücklich vorgenommen; und die mittelbare tatsächliche statt einer unmittelbaren rechtlichen Wirkung unterscheidet die erdrosselnde Besteuerung auch von der sonstigen objektiven Zulassungsschranke. **923**

Wo ein *Verwaltungsmonopol* die Ausübung einer Tätigkeit dem Staat vorbehält, da kann der Bürger sie nicht mehr zum Inhalt eines selbständigen Berufs machen. Entsprechend versperrt das Postmonopol (§ 2 PostG) den Beruf des Postbeförderers, das Fernmeldemonopol (§ 1 FernmG) den des Telefonbetreibers (vgl. zum Fernmeldemonopol E 46, 120), das Arbeitsvermittlungsmonopol (§ 4 AFG) den des Arbeitsvermittlers (E 21, 245), das Abfallbeseitigungsmonopol (§ 3 Abs. 2 AbfG) den des Abfallbeseitigers (BVerwGE 62, 224) etc. Zwar kennen die Verwaltungsmonopole regelmäßig Ausnahmen, die bestimmte Aspekte der monopolisierten Tätigkeit unter bestimmten Voraussetzungen zum Inhalt eines Berufs zu machen gestatten, wobei unter die- **924** sen Voraussetzungen wieder objektive Zulassungsvoraussetzungen begegnen. Stets bleibt die monopolisierte Tätigkeit der selbständigen beruflichen Ausübung jedoch überwiegend schlechthin verschlossen (vgl. *Breuer*, Hdb. StR VI, S. 1007 ff.).

925 **Beispiele:** § 2 Abs. 4 PostG sieht die Ausnahme vom Postmonopol und § 2 FernmG die Ausnahme vom Fernmeldemonopol vor, ohne dafür Voraussetzungen zu statuieren. Die Bestimmungen nennen lediglich die für die Bewilligung der Ausnahmen zuständigen Stellen. Diesen ist damit die größte Freiheit gelassen; sie können die Bewilligung der Ausnahmen an sachgerechte objektive und subjektive Zulassungsvoraussetzungen knüpfen. Für die Ausnahme vom Abfallbeseitigungsmonopol sind dagegen schon in § 12 Abs. 1 AbfG sowohl objektive (keine „Beeinträchtigung des Wohls der Allgemeinheit") als auch subjektive (keine „Bedenken gegen die Zuverlässigkeit") Voraussetzungen vorgesehen.

926 Auch der Zugang zum *Staatsdienst* und zu bestimmten staatlich gebundenen Berufen wird durch objektive Zulassungsschranken reglementiert. Wenn die verfügbaren Stellen, über deren Zahl der Staat kraft seiner Organisationsgewalt entscheidet, erschöpft sind, dann bleibt selbst dem qualifiziertesten Lehrer oder Juristen der Zugang zum Staatsdienst verschlossen (vgl. oben Rdnr. 912 f.).

927 *Subjektive Zulassungsvoraussetzungen* knüpfen die Wahl eines Berufs an persönliche Eigenschaften und Fähigkeiten, erworbene Abschlüsse und erbrachte Leistungen. Hierunter fallen die Erfordernisse eines bestimmten Lebensalters (für Hebammen E 9, 338), der Zuverlässigkeit (für Einzelhandelsunternehmer BVerwGE 39, 247/251), der Würdigkeit (für Rechtsanwälte E 63, 266), der Geschäfts- und Prozeßfähigkeit (für Rechtsanwälte E 37, 67), erfolgreich abgelegter Prüfungen und beruflich erworbener Erfahrungen (E 13, 97; 19, 330; 34, 71). Die Erfordernisse der Zuverlässigkeit und der Würdigkeit sind unbestimmte Rechtsbegriffe, unter denen verschiedene Charakterzüge und Verhaltensweisen beurteilt werden müssen. Auch die Eignung und die Befähigung, von denen neben der fachlichen Leistung der Zugang zum öffentlichen Dienst gem. Art. 33 Abs. 2 abhängt, können ganz verschiedene charakterliche und körperliche Voraussetzungen für das betreffende Amt bezeichnen, daneben auch Eigenschaften wie bestimmte Begabungen, Allgemeinwissen und Lebenserfahrung.

928 Mit einer dichten Normierung subjektiver Zulassungsvoraussetzungen fixiert der Gesetzgeber bestimmte *Berufsbilder*. Wenn oben Rdnr. 905 bemerkt wurde, daß der Berufsbegriff des Art. 12 Abs. 1 nicht an fixierte Berufsbilder anknüpft, dann heißt das nicht etwa, daß es fixierte Berufsbilder auch gar nicht geben dürfe oder könne. Es heißt, daß der Schutzbereich von Art. 12 Abs. 1 nicht über fixierte Berufsbilder definiert ist, daß vielmehr die Fixierung eines Berufsbilds einen Eingriff in den Schutzbereich darstellt.

929 *Berufsausübungsregelungen* gelten den Bedingungen, unter denen, und den Modalitäten, in denen sich die berufliche Tätigkeit vollzieht. Sie sind einfach die übrigen Eingriffe in die Berufsfreiheit.

929a **Beispiele:** Festsetzungen von Ladenschlußzeiten (E 13, 237; vgl. *Hufen*, NJW 1986, 1291) und Polizeistunden (BVerwGE 20, 321/323); Beschränkungen des Schwerlastverkehrs in Ferienzeiten (E 26, 259); Werbeverbote für Rechtsanwälte (E 76, 196; 82, 18), Steuerberater (BVerfG, NJW 1992, 550), Ärzte (E 71, 162; BVerfG, DVBl. 1992, 761) und Apotheker (BVerfG, DVBl. 1992, 303); Verpflichtung von Rechtsanwälten, vor Gericht in Robe aufzutreten (E 28, 21); Verpflichtung von Apothekern, nur eine Apotheke zu betreiben (E 17, 232); Verbot einer Sozietät von Anwaltsnotaren und Angehörigen anderer freier Berufe (E 54, 237; 80, 269); Heranziehung von Banken zur Einbehaltung und Abführung der Kapitalertragsteuer (E 22, 380); die Einschränkung der Erwerbstätigkeit von

Ruhestandssoldaten (BVerwGE 84, 194/198); hierzu zählen auch steuerliche Vorschriften, deren berufsregelnde Tendenz nicht auf die Erdrosselung eines Berufs, aber doch auf eine Lenkung seiner Ausübung hinausläuft (E 13, 181/187).

Die *Abgrenzung* zwischen Berufswahl- und Berufsausübungsregelungen ist zuweilen 930
schwierig. Mit der Fixierung von Berufsbildern werden jeweils bestimmte Betätigungen als typisch festgehalten und andere als untypisch ausgeschlossen. Dies wirkt für diejenigen, die gemäß dem fixierten Berufsbild tätig sind und tätig sein wollen, als bloße Ausübungsregelung. Für diejenigen, die sich aus den als typisch festgehaltenen und den als atypisch ausgeschlossenen Betätigungen einen Beruf eigenständig zusammenstellen wollen, wirkt es jedoch als Berufswahlregelung.

**Beispiel:** Das Steuerberatungsgesetz hatte früher die geschäftsmäßige Erledigung der lau- 931
fenden Lohnbuchhaltung den steuerberatenden Berufen vorbehalten. Gleichwohl bot eine Kaufmannsgehilfin und Datentypistin die geschäftsmäßige Erledigung der laufenden Datenerfassung und Lohnbuchhaltung an. Sie wurde wegen Verstoßes gegen das Steuerberatungsgesetz belangt. Im Verfassungsbeschwerdeverfahren hat das BVerfG die einschlägigen Bestimmungen des Steuerberatungsgesetzes als Berufsausübungsregelung gekennzeichnet, die jedoch auch die Berufswahl beschränkten und daher den Rechtfertigungsanforderungen genügen müßten, die für Berufswahlbeschränkungen gelten. Es hat sie daran scheitern lassen (E 59, 302).

Auch mit der Einordnung von Vorschriften, die die *Aufgabe des Berufs* verlangen oder 932
verbieten, tut sich die Rechtsprechung gelegentlich schwer; das BVerfG ordnet die Festsetzung einer Altersgrenze für Hebammen (E 9, 338/345), die Abschaffung der Vollerlaubnis für Rechtsbeistände (E 75, 246/267) und die Anordnung der sofortigen Vollziehung des Widerrufs der Approbation eines Arztes (BVerfG, DVBl. 1991, 482/483) überzeugend den subjektiven Zulassungsvoraussetzungen zu, das BVerwG versteht eine Bestimmung des Soldatengesetzes, die Berufssoldaten vom Antrag auf Entlassung abhält, als Ausübungsregelung (BVerwGE 65, 203/207).

b) Auch bei den **Eingriffen in die Ausbildungsfreiheit** lassen sich objektive Zulas- 933
sungsschranken, subjektive Zulassungsvoraussetzungen und sonstige Regelungen des Ausbildungswesens unterscheiden. *Objektive Zulassungsschranken* sieht das BVerfG im sog. absoluten Numerus clausus, der nicht nur die Wahl einer bestimmten Universität und die Abfolge der Abschnitte und Veranstaltungen des Studiums reglementiert, sondern das gewünschte Studium bundesweit und langfristig Bewerbern versperrt, die mit dem Abiturzeugnis eigentlich die Hochschulreife erworben haben (E 33, 303/337 f.). Auch wenn der Zugang zu staatlichen Vorbereitungsdiensten, die z. B. für Juristen und Lehrer bestimmte Ausbildungsabschnitte monopolisieren, langfristig verschlossen ist, liegen objektive Zulassungsschranken vor. *Subjektive Zulassungsvoraussetzungen* regeln den Zugang und auch den Abgang von Ausbildungsstätten nach Maßgabe persönlicher Qualifikationen. Sie gelten sowohl für staatliche als auch für private Ausbildungsstätten, deren Abschlüsse staatlich anerkannt werden. Schließlich wird in das Ausbildungswesen auch durch *ausbildungsbezogene Regelungen* über Arbeitszeit, Kündigungsschutz und Betriebsverfassung eingegriffen.

c) **Eingriffe in die freie Wahl des Arbeitsplatzes** liegen vor, wenn der Staat den Ein- 934
zelnen am Erwerb eines zur Verfügung stehenden Arbeitsplatzes hindert, ihn zur Annahme eines bestimmten Arbeitsplatzes zwingt oder die Aufgabe eines Arbeitsplatzes verlangt (E 84, 133/147 f.). Insoweit kann nochmals nach objektiven und subjektiven

Voraussetzungen für den Erhalt eines Arbeitsplatzes unterschieden werden. In der vorwiegend privatwirtschaftlich organisierten Arbeitswelt sind Eingriffe an die Voraussetzungen der mittelbaren Drittwirkung (vgl. oben Rdnr. 210 ff.) gebunden; dabei enthält das Arbeitsrecht viele unbestimmte Begriffe als „Einbruchstellen" der Grundrechte.

935 **Beispiele:** Vereinbarungen, die den Arbeitnehmer bei vorzeitigem Ausscheiden aus dem Arbeitsverhältnis zur Erstattung vom Arbeitgeber aufgewandter Ausbildungskosten verpflichten, greifen in die freie Wahl des Arbeitsplatzes ein (BAG, NJW 1977, 973; vgl. zur Bedeutung von Art. 12 Abs. 1 bei Wettbewerbsverboten E 81, 242/252 ff.). Derartige Vereinbarungen finden sich aber auch im öffentlichen Dienst (E 39, 128/141 ff.; BVerwGE 30, 65/69; 40, 237/239; BVerwG, NJW 1982, 1412); hier wie dort sind sie den subjektiven Zulassungsschranken zuzuordnen, solange sie das Ausscheiden aus dem alten Beschäftigungsverhältnis als Voraussetzung für die Wahl eines neuen Arbeitsplatzes von einer dem Ausbildungsvorteil angemessenen vertret- und erbringbaren Geldleistung abhängig machen. Eine exorbitante Geldforderung würde die Vereinbarung zur objektiven Zulassungsschranke machen. In der Auflösung und Abwicklung von Einrichtungen der ehemaligen DDR liegt für die dort Beschäftigten ein Eingriff in die Freiheit der Arbeitsplatzwahl, der einer objektiven Zulassungsschranke gleichkommt (E 84, 133/151).

*3. Verfassungsrechtliche Rechtfertigung*

936 a) **Gesetzesvorbehalt.** Ein Eingriff muß, um verfassungsrechtlich gerechtfertigt zu sein, *durch Gesetz* oder *aufgrund Gesetzes* erfolgen. Dabei meint Art. 12 Abs. 1 S. 2 das formelle Gesetz. Vorkonstitutionelles Recht, das bei der Entstehung der Ermächtigung durch formelles Gesetz noch nicht bedurfte, gilt weiter, wenn es im übrigen inhaltlich mit dem Grundgesetz vereinbar ist (Art. 123 Abs. 1).

937 **Beispiele:** Auch vorkonstitutionelles Gewohnheitsrecht ist im Unterschied zum nachkonstitutionellen taugliche Ermächtigungsgrundlage für Eingriffe in die Berufsfreiheit, sofern es nicht inhaltlich gegen sonstiges Verfassungsrecht verstößt (E 15, 226/233; 22, 114/122). — Das Erfordernis der Ermächtigung durch formelles Gesetz gilt auch bei den staatlich gebundenen Berufen; daß diese „Sonderregelungen in Anlehnung an Art. 33 GG" erfolgen, macht die gesetzliche Grundlage nicht entbehrlich (E 80, 257/265; BVerwGE 75, 109/116). — Die Richtlinien des rechtsanwaltlichen Standesrechts, in denen die Auffassungen der Standesgenossen zusammenfassend niedergelegt sind, sind nicht nur weder Gesetze noch aufgrund gesetzlicher Delegation erlassene sonstige Rechtssätze, sondern dürfen auch nicht als Maßstab für die Auslegung der Generalklausel über die anwaltlichen Berufspflichten (§ 43 BRAO) genommen und damit zu gesetzesähnlicher Bedeutung erhoben werden (E 76, 171/184 ff.; 82, 18/26 f.; dazu *Pietzcker,* NJW 1988, 513).

938 Allerdings ist der Gesetzgeber bei der Delegation von Eingriffsermächtigungen begrenzt. Die Grenzen sind zum einen allgemeiner Art: Die gesetzliche Ermächtigung zum Erlaß von Rechtsverordnungen muß gem. *Art. 80 Abs. 1 S. 2* nach Inhalt, Zweck und Ausmaß bestimmt sein, und außerdem darf der Gesetzgeber gem. dem *Parlamentsvorbehalt* sich durch keinerlei Ermächtigung der Aufgabe entledigen, das Wesentliche selbst zu regeln (vgl. oben Rdnr. 304 ff.). Zum anderen gibt es spezielle Grenzen der Ermächtigung bei Art. 12 Abs. 1: Durch Verleihung von Satzungsgewalt an Berufsverbände des öffentlichen Rechts kann der Gesetzgeber nur zu satzungsrechtlichen Regelungen der Berufsausübung ermächtigen; die sog. statusbildenden Regelungen der Berufswahl muß er selbst treffen (E 33, 125 — Facharzt —; 38, 373; 57, 121). Diese spezielle Grenze der Ermächtigung kann als Ausprägung der allgemeinen Grenze verstanden werden, die durch den Parlamentsvorbehalt gezogen wird. Sie ist vom

BVerfG jedoch schon vor dem Parlamentsvorbehalt entwickelt worden und will dem Umstand, daß Eingriffe in die Berufswahlfreiheit regelmäßig intensiver sind als Eingriffe in die Berufsausübungsfreiheit, dadurch Rechnung tragen, daß sie der größeren Intensität auch einen größeren verfassungsrechtlichen Rechtfertigungsbedarf im Sinn einer höheren gesetzgeberischen Verantwortung korrespondieren läßt (E 33, 125/158 ff.). Diese Zuordnung von Eingriffsintensität und Rechtfertigungsanforderung wird vom BVerfG an der Stufenlehre orientiert.

b) Die **Stufenlehre,** im Apothekenurteil (E 7, 377) entwickelt, unterscheidet die Stufen der Regelung der *Berufsausübung, subjektiver Zulassungsvoraussetzungen* und *objektiver Zulassungsschranken* als drei Stufen zunehmender Eingriffsintensität. Mit der Zunahme der Eingriffsintensität geht eine Abnahme der Gestaltungsfreiheit des Gesetzgebers einher. Dieser steht unter um so höheren Rechtfertigungsanforderungen, je intensiver er eingreift oder einzugreifen ermächtigt. In den Rechtfertigungsanforderungen kommt der *Verhältnismäßigkeitsgrundsatz (Übermaßverbot)* zur Geltung: Die „‚Stufentheorie' ist das Ergebnis strikter Anwendung des Prinzips der Verhältnismäßigkeit bei den vom Gemeinwohl her gebotenen Eingriffen in die Berufsfreiheit" (E 13, 97/104). 939

aa) Stufenlehre bzw. Verhältnismäßigkeitsgrundsatz verlangen also zunächst, daß der Eingriff in die Berufsfreiheit einen **legitimen Zweck** verfolgt und zur Erreichung des Zwecks **geeignet** ist. 940

**Beispiele:** Angenommen, die Ärzte oder die Rechtsanwälte könnten in ihrer Furcht vor verschärftem Wettbewerb den Gesetzgeber dazu bewegen, Hürden gegen das Überschwappen der sog. Mediziner- und Juristenschwemme in ihre freien Berufe zu errichten. Diese berufswahl- oder -ausübungsbeschränkenden Hürden würden mit der Verhinderung von Wettbewerb einen illegitimen Zweck verfolgen (vgl. *Tettinger,* NJW 1987, 294; oben Rdnr. 909 f.). Ein Rechtsanwalt, der zulässigerweise zugleich den Beruf eines Architekten ausübt, darf im Geschäftsverkehr beide Berufsbezeichnungen nebeneinander führen; Konkurrenzschutz ist kein legitimer Zweck für ein diesbezügliches standesrechtliches Verbot (E 82, 18/28). 941

Stufenlehre bzw. Verhältnismäßigkeitsgrundsatz verlangen weiter, daß der Eingriff zur Erreichung des Zwecks notwendig ist und zur Bedeutung des Zwecks in angemessenem Verhältnis steht (Verhältnismäßigkeit im engeren Sinn). Bei der Bestimmung von Notwendigkeit und Angemessenheit machen sie von der Unterscheidung der drei Eingriffsstufen Gebrauch: 942

bb) Daß der Eingriff zur Erreichung des Zwecks **notwendig** sein muß, bedeutet, daß nicht ein anderer Eingriff, der den Bürger weniger belastet, zur Erreichung des Zwecks ebenso geeignet sein darf. Ob nun ein Eingriff den Bürger mehr oder weniger belastet, mehr oder weniger intensiv ist, bemißt sich besonders nach den oben erörterten Eingriffsstufen: Grundsätzlich gilt, daß am intensivsten die objektiven Zulassungsschranken sind, daß dann die subjektiven Zulassungsvoraussetzungen kommen und daß am wenigsten belastend die bloßen Berufsausübungsregelungen sind. Ein Eingriff auf einer höheren Stufe ist nur dann verhältnismäßig, wenn sein Zweck nicht ebenso gut durch einen Eingriff auf einer niederen Stufe erreicht werden kann. Auch auf ein und derselben Stelle kann es mehr und weniger intensive Eingriffe geben. Dies ist der erste Teil der Stufenlehre. 943

944 **Beispiele:** Gegenstand des Apothekenurteils war ein bayerisches Apothekengesetz gewesen, das die Eröffnung neuer Apotheken von einer objektiven Zulassungsschranke, einem entsprechenden Bedürfnis der Allgemeinheit, abhängig gemacht hatte. Ziel der Niederlassungsbeschränkung war die Erhaltung der Volksgesundheit gewesen; der Gesetzgeber fürchtete, freie Konkurrenz vieler Apotheken werde zu einer Vernachlässigung der gesetzlichen Verpflichtungen, zu leichtfertigem Medikamentenverkauf, zu verführerischer Medikamentenwerbung und zu schädlicher Tablettensucht führen. Das BVerfG hat gefragt, ob das gesetzgeberische Ziel nicht auch durch Berufsausübungsregelungen, durch staatliche Kontrollen der Medikamentenherstellung sowie durch Beschränkungen der freien Werbung und des freien Verkaufs erreicht werden könne. Es hat die Frage bejaht und daran das bayerische Apothekengesetz scheitern lassen. — E 69, 209/218 f. hat eine Zulassungsbeschränkung für Angehörige der Finanzverwaltung zur Steuerberaterprüfung verworfen, weil der drohende Loyalitätskonflikt auch durch das — zwar auf derselben Stufe, aber später und milder eingreifende — Mittel der Inkompatibilitätsregelung vermieden werden kann.

945 Allerdings hat die weitere Entwicklung der Rechtsprechung des BVerfG gezeigt, daß die *Stufen ineinander verschwimmen* können; nicht nur kann, wie oben schon bemerkt, die Zuordnung eines Eingriffs zur einen oder zur anderen Stufe schwerfallen, sondern es kann auch ein Eingriff auf niederer Stufe intensiver sein als ein Eingriff auf höherer.

946 **Beispiele:** Eine Berufsausübungsregelung, die für bestimmte Handelssparten die Öffnungszeiten oder das Warensortiment empfindlich beschneiden oder hohe und teuere Anforderungen an Verpackungs- und Lagerungshygiene stellen würde, könnte den Handel in der fraglichen Sparte empfindlicher treffen als leicht zu erfüllende subjektive Zulassungsvoraussetzungen. — Das BVerfG hat schon bald nach dem Apothekenurteil die Regelung der Zulassung zum Kassenarzt als eine Berufsausübungsregelung gekennzeichnet, die aber in ihrer Intensität einer objektiven Berufszulassungsschranke nahekomme (E 11, 30). Es hat auch das Verbot der leihweisen Arbeitnehmerüberlassung in Betriebe des Baugewerbes als eine bloße Regelung der Berufsausübung beurteilt, wegen seiner Auswirkungen aber in die Nähe eines Eingriffs in die Freiheit der Berufswahl gerückt (E 77, 84/106).

947 In derartigen Fällen kann die Prüfung der Notwendigkeit nicht einfach fragen, ob es einen Eingriff auf derselben oder auf niederer Stufe gäbe, der den Zweck ebenfalls erreichte. Vielmehr muß sie die Intensität des Eingriffs und seiner allfälligen Alternativen aus den Sach- und Fallgegebenheiten bestimmen. Wie bei Art. 14 (vgl. unten Rdnr. 1027 f.) ist dabei auch der personale oder soziale Bezug zu berücksichtigen (*Bryde*, NJW 1984, 2177/2181 f.). Die Stufenlehre eröffnet zwar den *Einstieg* in die Frage nach der Notwendigkeit eines Eingriffs und läßt immer wieder auch die Antwort finden. Gelegentlich reicht sie jedoch nicht aus und muß sich die Frage nach der Notwendigkeit des Eingriffs von ihr lösen.

948 cc) Für das BVerfG und die h. L. bedeutet Verhältnismäßigkeit weiter **Verhältnismäßigkeit im engeren Sinn,** d. h., daß der Zweck, dem der Eingriff dient, um so wertvoller sein muß, je intensiver der Eingriff ist. Es ist mit anderen Worten eine *Güterabwägung* vorzunehmen. Dies ist der zweite Teil der Stufenlehre:
— Objektive Zulassungsschranken sind nur gerechtfertigt, wenn sie zur „Abwehr nachweisbarer oder höchstwahrscheinlicher schwerer Gefahren für ein überragend wichtiges Gemeinschaftsgut" notwendig sind;
— subjektive Zulassungsvoraussetzungen sind nur gerechtfertigt, wenn die Ausübung des Berufs ohne Erfüllung der Voraussetzungen „unmöglich oder unsachgemäß wäre" und auch, wenn sie Gefahren oder Schäden für die Allgemeinheit mit sich brächte;

— Berufsausübungsregelungen sind gerechtfertigt, wenn „Gesichtspunkte der Zweckmäßigkeit" sie verlangen, wobei es mal mehr um die Allgemeinheit, der Gefahren oder Schäden drohen, und mal mehr um den Berufsstand, der gesichert und gefördert werden soll, gehen kann.

Diese im Apothekenurteil geprägten und seitdem regelmäßig wiederholten Formeln sind blaß, und mit ihnen läßt sich nicht leicht arbeiten. Auch die Bestimmungen der Wertigkeiten von einzelnen Gemeinschaftsgütern und -zwecken, die das BVerfG vorgenommen hat, zeigen eine ziemliche *Beliebigkeit.* 949

**Beispiele:** Als überragend wichtig hat das BVerfG so heterogene Gemeinschaftsgüter und -zwecke wie z. B. die Volksgesundheit (E 7, 377/414 f.), die Steuerrechtspflege (E 21, 173/179; 69, 209/218), den Schutz vor ungeeigneten Rechtsberatern (E 75, 246/267), die Leistungsfähigkeit des öffentlichen Verkehrs (E 11, 168/184 f.), die Wirtschaftlichkeit der Deutschen Bundesbahn (E 40, 196/218) und die Notwendigkeit des schnellen Aufbaus einer effektiven Verwaltung in den neuen Bundesländern (E 84, 133/151 f.) anerkannt. 950

Die Beliebigkeit war in der Rechtsprechung des BVerfG jedoch deswegen *unschädlich,* weil jeweils die Prüfung der Notwendigkeit ganz im Vordergrund stand. Nur wenn ein Eingriff zur Erreichung des verfolgten Zwecks wirklich notwendig ist, stellt sich noch die Frage, ob der Zweck auch hinreichend wertvoll ist. Zwar hat das BVerfG gelegentlich auf den Nachweis mangelnder Notwendigkeit zugunsten des Hinweises auf offensichtlich nicht hinreichende Wertigkeit verzichtet (z. B. E 11, 168/187). War aber ein Eingriff wirklich notwendig, dann hat das BVerfG ihn nie an der mangelnden Wertigkeit des Zwecks scheitern lassen, sondern hat stets die hinreichende Wertigkeit eingeräumt. Unausgesprochen mag die folgende Erkenntnis dahinter stehen: Wenn ein Gemeinschaftszweck oder -gut tatsächlich nur um den teueren Preis eines intensiven Grundrechtseingriffs erreicht werden kann, dann zeigt sich regelmäßig eben darin sein hoher Wert. Die Prüfung der Verhältnismäßigkeit im engeren Sinn hat die Bedeutung einer Stimmigkeitskontrolle: Zeigt sich ein krasses Mißverhältnis, dann ist das Anlaß, die Prüfung der Notwendigkeit nochmals und besonders sorgfältig vorzunehmen. Sollte sich das krasse Mißverhältnis auch dabei nicht beheben lassen, dann mag ausnahmsweise auf das Kriterium der Verhältnismäßigkeit im engeren Sinn zurückgegriffen werden. Dann bedarf es aber auch keiner schwierigen Bestimmung der Wertigkeiten, sondern liegt das Mißverhältnis auf der Hand. 951

**Beispiele,** bei denen das BVerfG den Eingriff in die Berufsfreiheit für gerechtfertigt hielt: 952

- hinsichtlich objektiver Zulassungsschranken: Festsetzung von Höchstzahlen der Genehmigungen für Kraftfahrzeuge im Güterfernverkehr (E 40, 196/218); Verbot der Errichtung und Erweiterung von Mühlenbetrieben (E 25, 1/11); Arbeitsvermittlungsmonopol der Bundesanstalt für Arbeit (E 21, 245/250);
- hinsichtlich subjektiver Zulassungsvoraussetzungen: Altersgrenzen für Hebammen (E 9, 338/345 ff.) und Prüfingenieure für Baustatik (E 64, 72/82 f.); Befähigungsnachweis für das Handwerk (E 13, 97/113 ff.); Erfordernis, Baupläne von Architekten verfassen zu lassen (E 28, 364/374 f.); Zulassungsregelungen für Rechtsanwälte und Rechtsbeistände (E 41, 378/389 f.); Amtsenthebung eines Notars wegen Amtsunfähigkeit (E 45, 422/428 f.); ärztliche Prüfungen nach dem Antwort-Wahl-(Multiple Choice-)Verfahren (E 80, 1/23 ff.);
- hinsichtlich Berufsausübungsregelungen: Ladenschlußregelung (E 13, 237/240 f.); Nachtbackverbot (E 23, 50/56; 41, 360/370); Anbaubeschränkung von Weinreben auf ungeeigneten Böden (E 21, 150/160); Vergnügungssteuer auf Gewinnapparate

(E 14, 76/100 f.; 31, 8/26 f.); Sonderbesteuerung des Werkfernverkehrs (E 16, 147/162 ff.); Verbot des Betriebs einer zweiten Apotheke (E 17, 232/238 ff.); Rückkehrgebot für Mietwagen (E 81, 70/84 ff.).

**953** Die aufgezeigte Prüfungs- bzw. Rechtfertigungsweise gilt nicht nur bei den Eingriffen in den Teilbereich der Berufsfreiheit, sondern auch bei denen in die Teilbereiche der *Ausbildungsfreiheit* und der *Freiheit der Wahl des Arbeitsplatzes.* Jeweils kann nach objektiven Zulassungsschranken, subjektiven Zulassungsvoraussetzungen und sonstigen Eingriffen unterschieden, eine entsprechende Stufung von Eingriffsintensitäten vorgenommen und der Verhältnismäßigkeitsprüfung zugrunde gelegt werden.

**953a** **Lösungstechnischer Hinweis:** Seit dem Apothekenurteil prüft das BVerfG Verletzungen von Art. 12 Abs. 1 regelmäßig in der Weise, daß es in einem ersten Schritt die Stufe des Eingriffs identifiziert, in einem zweiten Schritt den Wert und den Rang des Zwecks bestimmt und beides, Eingriff und Zweck, gegeneinander abwägt und erst im dritten Schritt untersucht, ob der Eingriff geeignet und notwendig zur Erreichung des Zwecks ist. Es ordnet also die Frage nach der Verhältnismäßigkeit im engeren Sinn der Frage nach Geeignetheit und Notwendigkeit vor. Bessere systematische Gründe sprechen für einen anderen Aufbau. Auch bei Art. 12 Abs. 1 empfiehlt sich, zuerst den Eingriff und den Zweck zu identifizieren, dann die Geeignetheit und die Notwendigkeit des Eingriffs für den Zweck zu prüfen und dabei zu fragen, welcher Stufe der Eingriff zugehört und ob ein Eingriff auf niederer Stufe gleichermaßen geeignet wäre, und erst an- und abschließend, falls überhaupt noch ein Problemrest bleibt, die Verhältnismäßigkeit im engeren Sinn zu untersuchen. Schon eingangs bei der Identifizierung des Eingriffs nach der Stufe zu fragen, der er zugehört, ist ebenfalls systematisch nicht zwingend, wird aber in der Nachfolge des BVerfG wieder häufig gemacht.

### III. Teilhabe-, Leistungs- und Verfahrensrechte des Art. 12 Abs. 1

**954** Soweit die Rechte auf freie Wahl des Berufs, des Arbeitsplatzes und der Ausbildungsstätte gegen den Staat, d. h. auf Zugang zu staatlichen Berufen, Arbeitsplätzen und Ausbildungsstätten gerichtet sind, werden sie unter den Bedingungen der *Knappheit* notwendig zu Teilhaberechten. Wenn es mehr Interessenten als Güter gibt, dann kann jeder Interessent nur noch einen Teil des knappen Guts bekommen. Da staatliche Berufe, Arbeitsplätze und Ausbildungsstätten als Güter nicht teilbar sind, können sie nur unter allen Interessenten in gleicher Weise, d. h. nach gleichen Kriterien verteilt werden. Teilhaberechte sind *Gleichheitsrechte.* Für den Zugang zum öffentlichen Dienst spricht Art. 33 Abs. 2 dies auch aus. Für den Zugang zum Universitäts- oder Hochschulstudium hat das BVerfG es aus der Logik des Problems entwickelt.

**955** **Beispiele:** Die Studienplatzkapazitätsgrenzen müssen in Orientierung an der Funktionsfähigkeit der Universität und unter Ausschöpfung aller sachlichen und personellen Mittel bestimmt und die begrenzten Studienplatzkapazitäten so verteilt werden, daß jeder Interessent die gleiche Chance hat, überhaupt und auch an der bevorzugten Universität zu studieren (E 33, 303/338; BVerfG, NVwZ 1992, 361). Die Chancengleichheit verlangt die gleiche Anwendung legitimer Auswahlkriterien; das BVerfG akzeptiert eine Auswahl nach Leistung (Abiturnoten und Testergebnissen), Los, Wartezeit und Gesichtspunkten sozialer Härte (E 43, 291/317 ff.) und formuliert für die Kumulation dieser Kriterien wiederum Kriterien (E 59, 1/21 ff.; vgl. zu dieser Rechtsprechung *Breuer,* Hdb. StR VI, S. 937 ff.).

**956** Zum *Leistungsrecht* würden die Rechte auf freie Wahl des Berufs, des Arbeitsplatzes und der Ausbildungsstätte, wenn sie vom Staat nicht nur die gleiche Teilhabe an vorhandenen, sondern die Schaffung von zusätzlichen Arbeits- und Ausbildungsmöglichkeiten verlangten. Ein entsprechendes Recht auf Arbeit oder Recht auf Ausbildung wird allgemein verneint (*Scholz*, M/D, Art. 12 Rdnr. 44; *Rittstieg*, AK, Art. 12 Rdnr. 111; *Isensee*, Staat 1980, 367/376 f.; *Schwerdtner*, ZfA 1977, 47); es wäre ohne umfassende, ihrerseits freiheitsgefährdende Ausbildungs- und Berufslenkung auch nicht realisierbar. Für den Zugang zum Studium hat das BVerfG immerhin gefragt, „ob aus den grundrechtlichen Wertentscheidungen und der Inanspruchnahme des Ausbildungsmonopols ein objektiver sozialstaatlicher Verfassungsauftrag zur Bereitstellung ausreichender Ausbildungskapazitäten für die verschiedenen Studienrichtungen folgt" (E 33, 303/333). Es hat aber sogleich hinzugefügt: Ein dem objektiven Verfassungsauftrag entsprechendes subjektives Recht stehe aber jedenfalls „unter dem Vorbehalt des Möglichen im Sinne dessen, was der einzelne vernünftigerweise von der Gesellschaft beanspruchen kann".

Als *Verfahrensrecht* hat das BVerfG Art. 12 Abs. 1 besondes bei Prüfungen entfaltet, die wie die juristischen Staatsprüfungen den Zugang zu Berufen eröffnen oder versperren. Es fordert, daß Prüfung und Benotung transparent sind, daß der Prüfer dem Prüfling einen Antwortspielraum zugesteht und Vertretbares nicht als falsch bewertet und daß der Prüfling Einwände gegen die Benotung wirksam vorbringen kann (E 84, 34; vgl. auch unten Rdnr. 1110). Erheblichen verfahrensmäßigen Aufwands zur Vermeidung von Fehlfragen und -bewertungen bedarf das Antwort-Wahl-Verfahren (E 84, 59). **956a**

## IV. Freiheit von Arbeitszwang und Zwangsarbeit (Art. 12 Abs. 2 und 3)

### *1. Schutzbereich*

Die Freiheit vor Zwang zu bestimmten einzelnen Arbeitsleistungen (Arbeitszwang) oder zum Einsatz der gesamten Arbeitskraft in bestimmter Weise (Zwangsarbeit) gehört systematisch eher zu *Art. 2 Abs. 1* als zu Art. 12 Abs. 1. Denn es geht nicht um den Zwang, bestimmte Berufe und Arbeitsplätze zu wählen oder nicht zu wählen, bestimmte berufliche Tätigkeiten auszuüben oder nicht auszuüben. Zwar kann man während der Zeit, während der man einem Arbeitszwang oder einer Zwangsarbeit unterliegt, nicht seinem Beruf nachgehen. Aber während der Zeit ist man ebenso an allen anderen Betätigungen gehindert, und außerhalb ihrer ist man zu allen beruflichen und nichtberuflichen Aktivitäten frei. Außerdem sind beide Gewährleistungen anders als die Berufsfreiheit Menschenrechte. Art. 12 Abs. 2 und 3 schützen mithin die *allgemeine Handlungsfreiheit* gegen bestimmte Eingriffe. **957**

### *2. Eingriffe und verfassungsrechtliche Rechtfertigung*

In der Qualifizierung einer Pflicht als *Arbeitszwang* (Art. 12 Abs. 2) sind Rechtsprechung und Schrifttum äußerst *zurückhaltend*. Sie verlangen, daß die Arbeitsleistung, zu der gezwungen wird, einen gewissen Aufwand erfordert und üblicherweise erwerbsmäßig erbracht wird; gelegentlich fordern sie auch, daß sie „durch persönliche Arbeitsleistung (zu) erfüllen" ist (BVerwGE 22, 26/29). Aus der Entstehungsgeschichte ergibt sich, daß „im wesentlichen nur die gemeindlichen Hand- und Spanndienste, die Pflicht zur Deichhilfe und die Feuerwehrpflicht als überkommene Pflichten" (E 22, 380/383) zugelassen werden sollten. Diese müssen allerdings i. S. d. Vorbehalts des Gesetzes (vgl. oben Rdnr. 304 ff., 440) eine gesetzliche Grundlage haben (*Gusy*, JuS 1989, 710/713). **958**

959 **Beispiele:** Kein Arbeitszwang soll in der Schulpflicht, der Meldepflicht, der Pflicht zu ehrenamtlicher Tätigkeit (VGH München E 7, 77/80), der Pflicht zur Tätigkeit als Volkszähler (VGH München, NJW 1987, 2538; a. A. *Günther,* DVBl. 1988, 429), der Pflicht der Straßenanlieger zur Gehwegreinigung (BVerwGE 22, 26; VGH Kassel, DVBl. 1979, 83) und der Mitwirkungspflicht der Arbeitgeber bei der Einziehung von Lohnsteuer und Sozialversicherung (E 22, 380) liegen.

960 Art. 12 Abs. 2 erweist sich, derartig auf traditionelle Dienstleistungen beschränkt und gerade sie erlaubend, als wenig bedeutsam.

962 Auch Art. 12 Abs. 3 hat bisher wenig Bedeutung gewonnen. Die Einführung von *Zwangsarbeit* in Arbeits-, Erziehungs- und Konzentrationslagern liegt dem freiheitlichen Staat ohnehin fern. Im freiheitlichen Staat hat nur die Anordnung von Zwangsarbeit bei gerichtlich angeordneter Freiheitsentziehung Tradition (vgl. § 41 Abs. 1 StVollzG); eben sie ist vom Verbot der Zwangsarbeit aber auch ausgenommen. Unter Berufung auf die Entstehungsgeschichte hat das BVerfG auch die in § 10 Abs. 1 S. 3 Nr. 4 JGG als Erziehungsmaßregel vorgesehene Weisung, Arbeitsleistungen zu erbringen (E 74, 102/122; dazu *Gusy,* JuS 1989, 710) sowie die in § 56b Abs. 2 Nr. 3 StGB ermöglichte Bewährungsauflage, gemeinnützige Leistungen zu erbringen (E 83, 119/126) als vom Verbot der Zwangsarbeit und des Arbeitszwangs nicht erfaßt angesehen.

963 **Lösungsskizze zum Fall:** I. Der Beruf des Rechtsanwalts ist ein *Beruf,* dessen freie Wahl und freie Ausübung durch Art. 12 Abs. 1 geschützt sind. Art. 33 ist nicht einschlägig; der Beruf des Rechtsanwalts ist in seiner Unabhängigkeit vom Staat anerkannt und aus beamtenrechtlichen Bindungen gelöst (freie Advokatur). — II. Die Versagung der Zulassung ist ein *Eingriff* in den Wahlaspekt der Berufsfreiheit. Der Versagungsgrund des Eintretens für eine verfassungsfeindliche Partei statuiert eine subjektive Zulassungsvoraussetzung. — III. Die Versagung wegen dieses Versagungsgrunds bedarf einer *gesetzlichen Grundlage.* Als solche kommt die Würdigkeitsklausel des § 7 Nr. 5 BRAO in Betracht. Diese Würdigkeitsklausel ist ihrerseits verfassungsmäßig. Daß als subjektive Zulassungsvoraussetzung die „Gesamtpersönlichkeit des Bewerbers ... und dabei neben seinem Fehlverhalten auch sein früheres und späteres Wohlverhalten und seine Lebensverhältnisse im Ganzen berücksichtigt werden müssen", läßt sich mit der „hohen Bedeutung der Rechtsanwaltschaft für die Rechtspflege" rechtfertigen (E 63, 266/287 f.). — Die Würdigkeitsklausel deckt jedoch nicht den Versagungsgrund des Eintretens für eine verfassungsfeindliche Partei. Die BRAO statuiert in § 7 Nr. 6, daß das Bekämpfen der freiheitlichen demokratischen Grundordnung, wozu das Eintreten für eine verfassungsfeindliche Partei gehören mag, nur dann ein Grund der Versagung der Zulassung ist, wenn es in strafbarer Weise geschieht. Das Eintreten für eine verfassungsfeindliche Partei, das nicht in strafbarer Weise geschieht, kann darum nicht über § 7 Nr. 5 BRAO doch noch zum Versagungsgrund gemacht werden. Die Versagung wegen des Versagungsgrunds des Eintretens für eine verfassungsfeindliche Partei entbehrt somit der gesetzlichen Grundlage und verstößt gegen Art. 12 Abs. 1.

**Literatur:** *P. Badura,* Arbeit als Beruf (Art. 12 I GG), in: Festschrift Herschel, 1982, S. 21; *B.-O. Bryde,* Artikel 12 Grundgesetz — Freiheit des Berufs und Grundrecht der Arbeit, NJW 1984, 2177; *H.-U. Erichsen,* Das Grundrecht der Berufsfreiheit, Jura 1980, 551; *K. H. Friauf,* Die Freiheit des Berufes nach Art. 12 Abs. 1 GG, JA 1984, 537; *P. Häberle,* Arbeit als Verfassungsproblem, JZ 1984, 345; *H. Hege,* Das Grundrecht der Berufsfreiheit im Sozialstaat, 1977; *G. Hoffmann,* Berufsfreiheit als Grundrecht der Arbeit, 1981; *H. J. Papier,* Art. 12 GG — Freiheit des Berufs und Grundrecht der Arbeit, DVBl. 1984, 801; *J. Pietzcker,* Artikel 12 Grundgesetz — Freiheit des Berufs und Grundrecht der Arbeit, NVwZ 1984, 550; *R. Pitschas,* Berufsfreiheit und Berufslenkung, 1983; *P. J. Tettinger,* Das Grundrecht der Berufsfreiheit in der Rechtsprechung des Bundesverfassungsgerichts, AöR 1983, 92; *R. Waltermann,* Freiheit der Arbeitsplatzwahl (Art. 12 Abs. 1 GG) — Grundrecht der Arbeitnehmer, DVBl. 1989, 699.

# § 22 UNVERLETZLICHKEIT DER WOHNUNG (Art. 13)

**Fall:** Die Betretungsbefugnis zur Überwachung einer Abgabepflicht

Das Absatzfondsgesetz begründet für Betriebe der Landwirtschaft eine Abgabepflicht zur Förderung des Absatzes und der Verwertung landwirtschaftlicher Erzeugnisse. § 11 Abs. 1 verpflichtet die Abgabepflichtigen, der zuständigen Behörde auf Verlangen unverzüglich die Auskünfte zu erteilen, die zur Durchführung der durch das Gesetz übertragenen Aufgaben erforderlich sind. § 11 Abs. 2 ermächtigt die von den zuständigen Behörden mit der Einholung von Auskünften beauftragten Personen, Grundstücke und Geschäftsräume des Auskunftspflichtigen zu betreten, dort Prüfungen und Besichtigungen vorzunehmen und in die geschäftlichen Unterlagen des Auskunftspflichtigen Einsicht zu nehmen. Ist § 11 Abs. 2 des Absatzfondsgesetzes mit Art. 13 vereinbar?

## I. Überblick

Der Schutzbereich dieses Grundrechts wird in Abs. 1 nur mit dem einen Begriff der Wohnung umrissen. Abs. 2 und 3 enthalten Eingriffsermächtigungen, wobei Abs. 2 ein Spezialfall von Abs. 3 ist. Abs. 2 und Abs. 3, 2. Halbsatz sind qualifizierte Gesetzesvorbehalte; Abs. 3, 1. Halbsatz läßt in engem Umfang unmittelbar auf die Verfassung gestützte Eingriffe zu. 964

Art. 13 ist ein Abwehrrecht gegen die öffentliche Gewalt. Er gibt also nicht etwa dem Mieter ein Abwehrrecht gegen den Vermieter. Er enthält außerdem kein Leistungsrecht gegen die öffentliche Gewalt, z. B. keinen Anspruch auf Wohnraum. Derartiges sehen aber einige Landesverfassungen vor (vgl. Art. 106 Abs. 1 bay Verf; Art. 19 Abs. 1 berl Verf; Art. 14 Abs. 1 brem Verf). 965

## II. Schutzbereich

Nach seiner geschichtlichen Entwicklung (dazu *Berkemann*, AK, Art. 13 Rdnr. 1 ff.; *Dagtoglou*, BK, Art. 13 Rdnr. 5 ff.) steht das Grundrecht der Unverletzlichkeit der Wohnung im Zusammenhang mit der freien Entfaltung der Persönlichkeit. Es soll dem einzelnen einen „elementaren Lebensraum" (E 42, 212/219; 51, 97/110) gewährleisten; es gibt ihm das Recht, „in Ruhe gelassen zu werden" (E 27, 1/6). Wohnung bedeutet von daher „räumliche Privatsphäre" (E 65, 1/40). Sie umfaßt *nicht nur die Wohnräume i. e. S.*, sondern geht nach ständiger Rechtsprechung und ganz überwiegender Lehre darüber hinaus. 966

Fraglich ist, wo die *Grenzen* des Schutzbereichs zu ziehen sind. Eine Möglichkeit bestünde in der Anknüpfung an unterverfassungsrechtliche Begriffsverständnisse. So ist im *Strafrecht* neben der Wohnung i. e. S. und den Geschäftsräumen auch das befriedete Besitztum i. S. eines eingehegten Teils der Erdoberfläche geschützt (§ 123 Abs. 1 StGB). Der eingefriedete Acker hat aber mit der Privatsphäre des Bauern nichts mehr zu tun (a. A. *Pappermann*, vM, Art. 13 Rdnr. 10). Als *zivilrechtlicher* Anknüpfungspunkt kommt zwar offensichtlich nicht das Eigentum in Betracht, weil dann alle Mieter ohne den Grundrechtsschutz des Art. 13 wären, wohl aber der unmittelbare Besitz (§§ 854 ff. BGB; so besonders *Gentz*, S. 46 f.). Auch das kann aber zu einer von der Verfassung nicht gewollten Verkürzung des Schutzbereichs führen, z. B. im Hinblick auf den Besitzdiener (§ 855 BGB). 967

**968** Unterverfassungsrechtliche Bestimmungen bieten einen ersten Anhaltspunkt, können aber nicht den Schutzbereich abschließend definieren. Dies muß wie immer aus dem *Schutzzweck* des Grundrechts und dem *Gesamtzusammenhang der Verfassung* geschehen. Entscheidend für die räumliche Privatsphäre ist danach zum einen der nach außen erkennbare Wille des einzelnen zur bloß privaten Zugänglichkeit von Räumen und Örtlichkeiten und zum anderen die rechtliche Anerkennung dieser individuellen Bestimmung der räumlichen Privatsphäre (zu weitgehend *Berkemann*, AK, Art. 13 Rdnr. 13 ff., der auf die soziale Anerkennung abstellt).

**969** **Beispiele:** Ohne weiteres Wohnung im verfassungsrechtlichen Sinn sind daher neben den Wohnräumen i. e. S.: Keller, Garage, Innenhof, Campingwagen, Zelt, Yacht usw. Auch dem gekündigten Mieter, der trotz abgelaufener Kündigungsfrist die Wohnung noch innehat, wird der Schutz des Art. 13 zugebilligt (*Maunz*, M/D, Art. 13 Rdnr. 4). Darüber hinaus kann auch das Zimmer eines Besitzdieners, z. B. die Unterkunft eines Soldaten (a. A. *Gentz*, S. 47; *Pappermann*, vM, Art. 13 Rdnr. 13, 17), und unter bestimmten Voraussetzungen die von Hausbesetzern okkupierte Wohnung (a. A. *Maunz*, M/D, Art. 13 Rdnr. 8 b) unter Art. 13 fallen.

**970** Umstritten ist, ob *Betriebs- und Geschäftsräume* zum Schutzbereich der Unverletzlichkeit der Wohnung gehören. Der Zusammenhang des Art. 13 mit der freien Entfaltung der Persönlichkeit und der individuellen Privatheit könnte zunächst dafür sprechen, diese Räume auszuklammern und Wohnung auf den Schutz des einzelnen im Kreis seiner Familie zu beschränken (*Stein*, StR, § 23 I). Dagegen spricht aber die in Art. 12 und 14 zum Ausdruck kommende Bedeutung, die Arbeit, Beruf und Gewerbe für die menschliche Selbstverwirklichung haben. Das BVerfG hat daher im Ergebnis zu Recht die Betriebs- und Geschäftsräume in den Schutzbereich des Art. 13 einbezogen (E 32, 54/68 ff.; 76, 83/88). Dies gilt ohne weiteres aber nur für die der Öffentlichkeit nicht zugänglichen Betriebs- und Geschäftsräume. Die dem Zutritt für jedermann offenstehenden Geschäfts-, insbesondere Laden- und Verkaufsräume, genießen für die Zeit ihrer öffentlichen Zugänglichkeit nicht den Schutz des Art. 13 (so zu Recht differenzierend *Maunz*, M/D, Art. 13 Rdnr. 4; *Pappermann*, vM, Art. 13 Rdnr. 10; weitergehend *Gusy*, JuS 1980, 718). Dies ist keine Frage des Grundrechtsverzichts oder einer Einwilligung in einen Eingriff in das Grundrecht, sondern der sachgemäßen Absteckung des Schutzbereichs.

## III. Eingriffe

**971** Die Verletzungshandlung besteht in einem Eindringen in die Wohnung durch die staatliche Gewalt. Welche Formen des Eindringens dazu zählen, kann vor allem durch Abs. 2 und 3 ermittelt werden, wo für die Unverletzlichkeit der Wohnung typische Gefährdungslagen behandelt sind. *Durchsuchung* i. S. d. Art. 13 Abs. 2 bedeutet „das ziel- und zweckgerichtete Suchen staatlicher Organe nach Personen oder Sachen oder zur Ermittlung eines Sachverhalts, um etwas aufzuspüren, was der Inhaber der Wohnung von sich aus nicht offenlegen oder herausgeben will“ (E 51, 97/107).

**972** **Beispiele:** Unter Art. 13 Abs. 2 fallen nicht nur strafprozessuale, sondern auch administrative Durchsuchungen, z. B. des Gerichtsvollziehers nach § 758 ZPO (E 51, 97; 76, 83), der Finanzbehörden nach der Abgabenordung (E 57, 346), der Polizeibehörden nach den Polizeigesetzen (BVerwGE 28, 285; 47, 31). Keine Durchsuchung ist das Betreten der Wohnung zum Zweck der Entnahme einer Wasserprobe (VGH München, DÖV 1991, 431/432).

Sonstige *Eingriffe und Beschränkungen* (Art. 13 Abs. 3) sind durch ein Eindringen in die Wohnung gekennzeichnet. Das Eindringen kann körperlich (betreten, besichtigen, verweilen) geschehen. Der beabsichtigte Schutz der Privatheit muß darüber hinaus sonstige Formen der Aufhebung der räumlichen Privat- und Geheimnissphäre erfassen. 973

**Beipiele:** E 65, 1/40 hat als Eingriff den „Einbau von Abhörgeräten und ihre Benutzung in der Wohnung" genannt. Ferner kann das Eindringen auch durch Infrarotkameras, Richtmikrophone, also einen Lauschangriff von außen erfolgen (*Berkemann,* AK, Art. 13 Rdnr. 30; *Pappermann,* vM, Art. 13 Rdnr. 46; vgl. auch *de Lazzer/Rohlf,* JZ 1977, 207). Dagegen stellen staatliche Erhebungen und Einholungen von Auskünften, die ohne Eindringen in die Wohnung vorgenommen werden, keinen Eingriff dar. 974

Fraglich ist, ob Art. 13 auch gegen *substanzielle Eingriffe* schützt, mit denen die räumliche Privatsphäre der eigenen Verfügung oder Nutzung ganz oder teilweise entzogen wird; dann würden auch die Räumung wegen Brand-, Einsturz- oder Seuchengefahr, die Beschlagnahme und der Abriß einen Eingriff in die Wohnungsfreiheit darstellen (so *Berkemann,* AK, Art. 13 Rdnr. 31). Damit wird aber das Spezifische der Wohnungsfreiheit verkannt und ihr Anwendungsbereich überdehnt (vgl. *Gentz,* S. 96 ff.). Eingriffe in die Substanz sind grundsätzlich an Art. 14 zu messen; das Institut der Enteignung ist lex specialis für die Entziehung von Wohnraum (a. A. abw. M. E 49, 228/238). Die Abrißverfügung beeinträchtigt daher den Art. 13 nicht. Gegen Wohnraumbewirtschaftungsmaßnahmen (vgl. Abs. 3 „Behebung der Raumnot") schützt Art. 13 allerdings insoweit, als die Privatheit durch Zwangsbelegungen beeinträchtigt wird (offengelassen von E 8, 95/98). Bloße Gebrauchsbeeinträchtigungen, etwa Immissionen, stellen kein Eindringen im dargelegten Sinne dar. Das gleiche gilt für Ein- und Austrittsverbote, für die überdies Art. 2 Abs. 2 S. 2 und Art. 104 leges speciales sind. 975

## IV. Verfassungsrechtliche Rechtfertigung

### *1. Durchsuchungen*

Sie sind unter den Voraussetzungen des Art. 13 Abs. 2 verfassungsrechtlich zulässig. Durchsuchung ist ein Spezialfall eines Eingriffs, der schärferen verfassungsrechtlichen Zulässigkeitsanforderungen unterliegt als die von Art. 13 Abs. 3 erfaßten sonstigen Eingriffe (vgl. BVerwGE 28, 285/286; 47, 31/55 ff.; zu einer anderen Abgrenzung der Abs. 2 und 3 vgl. *Dagtoglou,* BK, Art. 13 Rdnr. 71 ff.; *Gentz,* S. 129 ff.). Grundsätzlich dürfen Durchsuchungen nur durch den Richter angeordnet und nur in der gesetzlich vorgeschriebenen *Form* durchgeführt werden. Aus welchen *inhaltlichen* Gründen der Richter die Durchsuchung anordnen darf, wird hier nicht normiert. Diese ergeben sich aus den entsprechenden Gesetzen, die die Voraussetzungen für die Durchsuchung in rechtsstaatlich einwandfreier Weise festlegen müssen. Auch für die Anwendung der Gesetze gilt wie immer der rechtsstaatliche Grundsatz der Verhältnismäßigkeit. 976

**Beispiel:** Die strafprozessuale Durchsuchung setzt voraus, daß sie den Erfolg verspricht, geeignete Beweismittel zu erbringen, zur Ermittlung und Verfolgung der Straftat erforderlich ist sowie in angemessenem Verhältnis zur Schwere der Straftat und zur Stärke des Tatverdachts steht. Außerdem ist „durch eine geeignete Formulierung des Durchsuchungsbeschlusses im Rahmen des Möglichen und Zumutbaren sicherzustellen, daß der Eingriff in die Grundrechte meßbar und kontrollierbar bleibt" (E 42, 212/220; vgl. auch E 20, 162/223; 59, 95/97). 977

978 Ausnahmsweise sind *bei Gefahr im Verzuge* auch andere gesetzlich vorgesehene Organe befugt, Durchsuchungen anzuordnen. Das betrifft vor allem Staatsanwaltschaft und Polizei. Gefahr im Verzuge liegt nur dann vor, „wenn die vorherige Einholung der richterlichen Anordnung den Erfolg der Durchsuchung gefährden würde" (E 51, 97/111). Aus dem Vergleich der Wortlaute (Abs. 2: „in den Gesetzen", Abs. 3: „auf Grund eines Gesetzes") ergibt sich, daß für Abs. 2 ein förmliches, also Parlamentsgesetz erforderlich ist; denn die Zulassung von Eingriffen „auf Grund eines Gesetzes" weist auf die Unterscheidung zwischen förmlichem Gesetz und Untergesetzesrecht („materielles" Gesetz) hin, und es ist nicht anzunehmen, daß in beiden Absätzen der gleiche Begriff in unterschiedlichem Sinne verwendet wird (vgl. *Maunz*, M/D, Art. 13 Rdnr. 15). Kein Gesetz i. S. d. Abs. 2 ist die polizeiliche Generalermächtigung, weil sie keine Form für die Durchführung der Durchsuchung enthält (im Ergebnis ebenso *Berkemann*, AK, Art. 13 Rdnr. 58; *Dagtoglou*, JuS 1975, 753/758; a. A. aber BVerwGE 47, 31/38 f.).

979 Sieht das Gesetz, das zur Durchsuchung ermächtigt, auch in Fällen fehlender Gefahr im Verzuge keine richterliche Anordnung vor, ergibt sich deren Erforderlichkeit unmittelbar aus Abs. 2; die gesetzliche Regelung wird also durch die im Verfassungstext enthaltene Verfahrensvorschrift *ergänzt* (E 51, 97/114 f.). Das ist ein Anwendungsfall der verfassungkonformen Gesetzesauslegung (vgl. oben Rdnr. 98 ff.).

*2. Sonstige Eingriffe*

980 Sie sind unter den Voraussetzungen des Art. 13 Abs. 3 verfassungsrechtlich zulässig. Dabei sind die beiden Alternativen des *1. Halbsatzes* eng zu interpretieren, weil sie die Exekutive ohne weitere gesetzliche Grundlage zu Eingriffen ermächtigen (*Maunz*, M/D, Art. 13 Rdnr. 19; *Schmitt Glaeser*, Hdb. StR VI, S. 76 f.; teilw. a. A. *Berkemann*, AK, Art. 13 Rdnr. 66 ff.). Allerdings hat der Gesetzgeber auch zu diesen Alternativen eine Fülle gesetzlicher Regelungen getroffen, die von der Exekutive beachtet werden müssen. „Gemein" ist eine Gefahr, die sich auf eine unbestimmte Zahl von Personen und Sachen bezieht und die in ihrer Bedeutung einer Lebensgefahr nahekommt. Zu denken ist an Überschwemmungen, Lawinenkatastrophen, Erdbeben usw. Ein Beispiel für einen Eingriff zur Abwehr einer Lebensgefahr für einzelne Personen ist die (zeitweise) Unterbringung eines Unfallverletzten in einer Wohnung.

981 Nach dem *2. Halbsatz* sind Eingriffe aufgrund eines Gesetzes und zur Verhütung dringender Gefahren für die öffentliche Sicherheit und Ordnung zulässig; die weiter genannten Fälle sind nicht abschließend („insbesondere"). Die polizeiliche Generalermächtigung ist ein Gesetz i. S. d. Abs. 3; wiederum in verfassungskonformer Auslegung ist aber eine dringende Gefahr Voraussetzung der Befugnis zum polizeilichen Einschreiten (BVerwGE 47, 31/40). Dringende Gefahr bedeutet im Hinblick auf die in Abs. 3 aufgeführten Beispielsfälle, daß Rechtsgüter von besonderem Gewicht gefährdet sein müssen (vgl. BVerwGE 47, 31/40).

982 Umstritten ist die verfassungsrechtliche Rechtfertigung der *Betretungs- und Besichtigungsbefugnisse* im Bereich der Wirtschafts-, Gewerbe- und Steueraufsicht (vgl. ausführlich *Dagtoglou*, BK, Art. 13 Rdnr. 149 ff.). E 32, 54/75 ff. will im Hinblick auf die unterschiedliche Schutzbedürftigkeit der Geschäfts- und Betriebsräume einerseits und der im engeren Sinne privaten Räume andererseits erstere von den Anforderungen des Abs. 3 ausnehmen und stellt für die Betretungs- und Besichtigungsbefugnisse in

den Geschäfts- und Betriebsräumen nur folgende aus dem rechtsstaatlichen Grundsatz der Verhältnismäßigkeit abgeleitete Erfordernisse auf:

- Eine besondere gesetzliche Vorschrift muß zum Betreten der Räume ermächtigen;
- das Betreten der Räume, die Vornahme der Besichtigungen und Prüfungen müssen einem erlaubten Zweck dienen und für dessen Erreichung erforderlich sein;
- das Gesetz muß den Zweck des Betretens, den Gegenstand und den Umfang der zugelassenen Besichtigung und Prüfung deutlich erkennen lassen;
- das Betreten der Räume und die Vornahme der Besichtigung und Prüfung sind nur in den Zeiten statthaft, zu denen die Räume normalerweise für die jeweilige geschäftliche oder betriebliche Nutzung zur Verfügung stehen.

Das BVerwG hat das weitere Erfordernis einer Informationspflicht der betretenden und besichtigenden Beamten gegenüber dem Inhaber des Hausrechts statuiert (BVerwGE 78, 251/255; dazu *Kunig*, DVBl. 1988, 578).

Diese Rechtsprechung ist *inkonsequent:* Wenn die Geschäfts- und Betriebsräume dem Schutzbereich unterfallen, sind auch Eingriffe nur nach Maßgabe der Abs. 2 und 3 verfassungsrechtlich zulässig (krit. zum BVerfG auch *Battis*, JuS 1973, 25; *Dagtoglou*, JuS 1975, 753; *Gusy*, JuS 1980, 718; *Schwan*, DÖV 1975, 661). Auch die genannten Betretungs- und Besichtigungsbefugnisse müssen sich daher an den Erfordernissen der Abs. 2 und 3 legitimieren. Soweit sie eine Durchsuchung darstellen (vgl. *Sachs*, NVwZ 1987, 560 f.), bedürfen sie grundsätzlich einer richterlichen Anordnung; im übrigen sind sie verfassungsrechtlich nur zulässig, soweit sie zur Abwendung einer dringenden Gefahr von einem verfassungsrechtlich geschützten oder sonst besonders wichtigen Gut geeignet und erforderlich sind (vgl. E 17, 232/251 f.). 983

### *3. Weitere Eingriffsrechtfertigungen*

Einen Gesetzesvorbehalt enthält noch Art. 17a Abs. 2 für „Gesetze, die der Verteidigung einschließlich des Schutzes der Zivilbevölkerung dienen". 984

**Lösungsskizze zum Fall:** I. Der *Schutzbereich* des Art. 13 Abs. 1 ist nur teilweise einschlägig: Grundstücke sind keine Wohnung. Geschäftsräume fallen zwar grundsätzlich in den Schutzbereich; das gilt aber nicht für die der Öffentlichkeit zugänglichen Geschäftsräume für die Zeit ihrer öffentlichen Zugänglichkeit. — II. Ein *Eingriff* liegt bei jedem Eindringen in die Wohnung durch die staatliche Gewalt vor. Darunter fällt auch die Betretungsbefugnis einer Behörde. Die Rechtsprechung des BVerfG, die die Befugnis zum Betreten eines Geschäftsraums nicht als Eingriff i. S. d. Art. 13 Abs. 3 ansieht, ist als inkonsequent abzulehnen. — III. Die *verfassungsrechtliche Rechtfertigung* richtet sich nicht nach Art. 13 Abs. 2, da die Betretungsbefugnis keine Durchsuchung darstellt, sondern nach Art. 13 Abs. 3. Zweck der Betretungsbefugnis ist, einen ordnungsgemäßen Vollzug des Absatzfondsgesetzes sicherzustellen. Dieser ist dadurch gefährdet, daß der Abgabepflicht nicht oder nicht vollständig nachgekommen wird. Dies ist ein Rechtsverstoß, und damit besteht eine Gefahr für die öffentliche Sicherheit; sie ist aber keine mit den in Art. 13 Abs. 3 aufgeführten Beispielsfällen auf eine Stufe zu stellende dringende Gefahr. Ein Eingriff in den Schutzbereich der Unverletzlichkeit der Wohnung wird durch § 11 Abs. 2 des Absatzfondsgesetzes nicht gerechtfertigt. Soweit durch diese Bestimmung nicht der Öffentlichkeit zugängliche Geschäftsräume erfaßt sind, ist sie verfassungswidrig. — IV. Es kommt eine *verfassungskonforme Auslegung* des § 11 Abs. 2 des Absatzfondsgesetzes in Betracht. Dieser hat einen verfassungsmäßigen (Grundstücke und Geschäftsräume, soweit sie der Öffentlichkeit zugänglich sind) und einen verfassungswi- 985 drigen (Geschäftsräume, soweit sie nicht der Öffentlichkeit zugänglich sind) Anwendungsbereich. Eine Aufrechterhaltung seiner Geltung unter Beschränkung auf den verfassungsmäßigen Anwendungsbereich bestimmt den normativen Gehalt der Vorschrift nicht grundlegend neu (vgl. oben Rdnr. 98). Der Begriff „Geschäftsräume" kann und muß daher verfassungskonform als „der Öffentlichkeit zugängliche Geschäftsräume" interpretiert werden.

**Literatur:** *P. Dagtoglou,* Das Grundrecht der Unverletzlichkeit der Wohnung (Art. 13 GG), JuS 1975, 753; *A. Dittmann,* Grundrechtlicher Wohnungsschutz und Vollstrekkungseffizienz, Verwaltung 1983, 17; *M. Gentz,* Die Unverletzlichkeit der Wohnung, 1968; *D. Jaeschke,* Durchsuchung besetzter Häuser nach der Strafprozeßordnung, NJW 1983, 434; *J. D. Kühne,* Grundrechtlicher Wohnungsschutz und Vollstreckungsdurchsuchungen, 1980; *E. Schwan,* Art. 13 GG und die gefahrenabwehrenden Eingriffe in die Wohnungsfreiheit, DÖV 1975, 661.

# § 23 EIGENTUMSGARANTIE (Art. 14, 15)

**Fall:** Die Buchshecke als Naturdenkmal

Die Einfahrt des schloßartigen Landhauses des E ist von einer selten hohen und sehr schönen Buchshecke flankiert. Vorfahren von E haben sie nicht nur aus ästhetischen, sondern auch aus wirtschaftlichen Gründen gepflanzt: Der langsam wachsende Buchs hat ein außerordentlich festes Holz, das schon immer für die Herstellung mancher Produkte unentbehrlich und entsprechend teuer war. Inzwischen ist der Preis für Buchsholz weiter erheblich gestiegen. E, der in finanziellen Schwierigkeiten und der Buchshecke außerdem überdrüssig ist, will das Holz abschlagen lassen und verkaufen. Die für Natur- und Landschaftsschutz zuständige Behörde erfährt von diesem Vorhaben und setzt die Buchshecke als Naturdenkmal fest. Damit ist das Verbot des Abholzens verbunden (vgl. z. B. §§ 22, 34 Abs. 3 nw LG). Die Zahlung einer Entschädigung lehnt die Behörde ab. Wie ist die Rechtslage nach Art. 14?

## I. Überblick

986 Art. 14 und 15 gelten dem Eigentum und dem Erbrecht. Von der wirtschafts- und gesellschaftspolitischen Bedeutung her tritt Art. 15 hinter Art. 14 und tritt das Erbrecht hinter das Eigentum zurück. Auch Rechtsprechung und Rechtslehre konzentrieren sich auf die Gewährleistung des Eigentums. Diese hat „die Aufgabe . . . , dem Träger des Grundrechts einen Freiheitsraum im vermögensrechtlichen Bereich zu sichern und ihm dadurch eine eigenverantwortliche Gestaltung seines Lebens zu ermöglichen" (E 68, 193/222); das Eigentum soll in der Hand des Grundrechtsträgers „als Grundlage privater Initiative und im eigenverantwortlichen privaten Interesse ‚von Nutzen' sein" (E 50, 290/339). Es steht in engem Zusammenhang mit der persönlichen Freiheit (E 24, 367/389).

986a Die Interpretation des Art. 14 befindet sich seit einiger Zeit im *Umbruch:* In einigen wichtigen Entscheidungen des BVerfG (E 37, 132 — Wohnraumkündigung —; 45, 297 — Hamburger U-Bahn-Bau —; 50, 290 — Mitbestimmung —; 52, 1 — Kleingarten —; 58, 137 — Pflichtexemplar —; 58, 300 — Naßauskiesung —) ist das überkommene Verständnis der Eigentumsgarantie teils preisgegeben, teils in Frage gestellt worden, ohne daß ein neues Verständnis schon durchweg feste Konturen gewonnen hätte.

987 Diese Unsicherheiten resultieren nicht zuletzt aus einer *Schwierigkeit,* die Art. 14 selbst enthält: Abs. 1 gewährleistet das Eigentum und überantwortet zugleich nicht nur die Schranken-, sondern auch die Inhaltsbestimmung des Eigentums dem Gesetzgeber. Wie aber soll Art. 14 das Eigentum gegen den Gesetzgeber schützen, wenn es inhaltlich über-

haupt erst durch den Gesetzgeber bestimmt wird? Diese Schwierigkeit läßt sich nicht dadurch lösen, daß auf vorrechtliche, natürliche oder soziale Gegebenheiten zurückgegriffen wird. Denn unter den normgeprägten Schutzbereichen zeichnet sich der Schutzbereich von Art. 14 durch eine besonders *intensive Normprägung* aus. Während sich z. B. die Ehe immerhin als soziales Gebilde ohne Rückgriff auf Normen beschreiben läßt (vgl. oben Rdnr. 720), bestimmt sich das Eigentum allein durch die normative Zuordnung von Gütern und Rechten zu Personen.

Somit erscheint Art. 14 auf einen ersten Blick als *Grundrecht mit mehreren Unbekannten:* **988**
Unklar ist zunächst, wie Art. 14 Abs. 1 überhaupt etwas als Eigentum soll gewährleisten können bzw. wie er der gesetzgeberischen Inhalts- und Schrankenbestimmungsmacht soll Grenzen ziehen können, in welchem Verhältnis die Inhalts- und Schrankenbestimmungen, die der Gesetzgeber trifft, zu der Pflichtigkeit des Eigentums stehen sollen, die Art. 14 Abs. 2 statuiert, und welche Bedeutung, Notwendigkeit und Berechtigung die Enteignung (Art. 14 Abs. 3) neben der Inhalts- und Schrankenbestimmung (Art. 14 Abs. 1 S. 2) haben soll. Klar ist demgegenüber, welche *Aufgaben* der Auslegung von Art. 14 gestellt sind:

— Art. 14 Abs. 1 S. 2 kann dem Gesetzgeber, den Art. 1 Abs. 3 auch an Art. 14 bindet, **989**
nicht völlige Bestimmungsmacht einräumen. Art. 14 muß absolute Vorgaben und Maßstäbe für die einfach-rechtliche Eigentumsordnung und dabei auch gewisse verfassungsrechtliche Konturen eines Eigentumsbegriffs enthalten. Insoweit wird nach der *Institutsgarantie* (Einrichtungsgarantie) des Eigentums gefragt.

— Als Grundrecht, d. h. als subjektives Recht des einzelnen, muß Art. 14 vor allem dem **990**
einzelnen einen Bestand an Gütern und Rechten garantieren. Unter dem Begriff der *Bestandsgarantie* (Rechtsstellungsgarantie) des Eigentums wird vom einzelnen her danach gefragt, welches dieser Bestand an Gütern und Rechten ist und welches seine Garantien gegenüber der öffentlichen Gewalt sind.

— Mit der Möglichkeit der Enteignung gegen Entschädigung zeigt Art. 14 Abs. 3, daß es **991**
wie die Eigentumsbestandsgarantie auch eine *Eigentumswertgarantie* gibt: Mit ihr wird dem einzelnen nicht der Bestand, sondern der Wert des Eigentums garantiert, wird ihm das Eigentum zwar nicht gelassen, wohl aber entschädigt. Dabei gelten die Fragen zum einen den Voraussetzungen der Enteignung und zum anderen dem Umfang der Entschädigung.

Ein Hauptproblem der Auslegung von Art. 14 ist die Abgrenzung der verschiedenen Ga- **992**
rantieebenen. Hierzu kann das *herkömmliche Verständnis* (vgl. *Dicke*, vM, 2. Aufl., Art. 14) grob dahin zusammengefaßt werden, daß
— Instituts- und Bestandsgarantie die objektiv- und subjektiv-rechtliche Seite derselben Medaille sind und einen recht weit gespannten Güter- und Rechtsschutz gegenüber der legislativen wie gegenüber der administrativen öffentlichen Gewalt bewirken,
— die Bestands- in die Wertgarantie umschlägt, wenn der Gesetzgeber oder die Verwaltung in die geschützten Güter und Rechte gleichheitswidrig oder unzumutbar eingreift, und
— entschädigungslose Eingriffe soweit verfassungsrechtlich gerechtfertigt sind, wie die sog. Sozialbindung, d. h. die in Art. 14 Abs. 2 angelegte und vom Gesetzgeber durch Inhalts- und Schrankenbestimmungen gem. Art. 14 Abs. 1 S. 2 ausgestaltete Pflichtigkeit des Eigentums reicht.

Wo die Sozialbindung endete, da begann die Enteignung, und zur Abgrenzung zwischen **993**
beiden hatte der BGH die *Sonderopfertheorie* entwickelt, die den Gleichheitssatz zum Kriterium machte (st. Rspr. seit BGHZ 6, 270), während das BVerwG mit der *Schweretheorie* auf die Zumutbarkeit abstellte (st. Rspr. seit BVerwGE 5, 143): Enteignung war beim BGH der gleichheitswidrig treffende und beim BVerwG der nicht mehr entschädi-

gungslos zumutbare Eingriff. Jeweils löste der die Sozialbindung überschreitende und daher verfassungsrechtlich nicht gerechtfertigte Eingriff automatisch die Entschädigung aus (vgl. *Lege*, NJW 1990, 864/865 ff.).

994 Das *BVerfG* hat mit diesem überkommenen Verständnis gebrochen (vgl. neben den Entscheidungen des BVerfG auch den Aufsatz des die Rechtsprechung des BVerfG besonders prägenden ehemaligen Bundesverfassungsrichters *Böhmer*, NJW 1988, 2561). Im Bestreben, den Text des Art. 14 ernster zu nehmen, stellt es die Inhalts- und Schrankenbestimmungen einerseits und die Enteignung andererseits selbständig nebeneinander (E 52, 1/27 f.; 58, 300/320). Daraus folgt, daß anders als bisher eine unzulässige Inhalts- und Schrankenbestimmung nicht in eine Enteignung umschlägt. Mit dieser *Trennung der Garantieebenen* ergeben sich neue systematische Linien bei Art. 14: Die Bestandsgarantie beschreibt den Schutzbereich von Art. 14; bei den Eingriffen in den Schutzbereich ist nach gesetzlichen Inhalts- und Schrankenbestimmungen, Legal- und Administrativenteignungen und sonstigen administrativen Maßnahmen zu unterscheiden; die Beachtung der Eigentumswertgarantie ist eine Voraussetzung für die verfassungsrechtliche Rechtfertigung sowohl gewisser Inhalts- und Schrankenbestimmungen als auch der Enteignung; die Institutsgarantie wirkt als Schranken-Schranke. Die folgende Darstellung legt diese Systematik zugrunde.

## II. Schutzbereich

### *1. Begriff des Eigentums*

995 Eigentum i. S. d. Art. 14 Abs. 1 S. 1 umfaßt zu einem bestimmten *Zeitpunkt* alles, was das einfache Recht zu diesem bestimmten Zeitpunkt als Eigentum definiert (vgl. E 58, 300/336). Aus dem Bezug auf den bestimmten Zeitpunkt folgt die *Wandelbarkeit* des Eigentumsbegriffs und damit auch des Eigentumsschutzes (vgl. *Hesse*, VerfR, Rdnr. 442 f.). Daraus folgt auch, daß Änderungen des eigentumsrelevanten einfachen Rechts zugleich Inhalt und Schranke bestimmen, d. h. zugleich den Schutzbereich definieren und Eingriffe darstellen können: In das vor dem Änderungszeitpunkt nach altem Recht begründete Eigentum wird durch das neue Recht eingegriffen; nach dem Änderungszeitpunkt wird Eigentum nur nach neuem Recht begründet und ist von vornherein entsprechend definiert.

996 Bei anderen normgeprägten Grundrechten hat das BVerfG recht hohe *Anforderungen an die einfach-rechtlichen Definitionen* des Schutzbereichs gestellt (z. B. bei Art. 6 — vgl. oben Rdnr. 730 ff. — und bei Art. 19 Abs. 4 — vgl. unten Rdnr. 1111 ff. —). Bei Art. 14 sind die Anforderungen des BVerfG geringer, vielleicht weil die Definitionsmacht des Gesetzgebers erst kürzlich so deutlich festgestellt wurde und seitdem noch nicht kasuistisch eingeschränkt werden konnte, vielleicht aber auch, weil die Definitionsmacht des Gesetzgebers hier besonders weit gesehen wird. Der Wortlaut von Art. 14, der dem Gesetzgeber ausdrücklich schon die Inhaltsbestimmung überantwortet, spricht in der Tat für eine weite Definitionsmacht. Diese findet ihre Grenze erst an der *Institutsgarantie*, die zugleich Schranken-Schranke jedes Eingriffs ist und vor allem als solche ihre Bedeutung hat (vgl. unten Rdnr. 1047 f.).

997 Das *bürgerliche Recht* definiert das Eigentum als Grund- und Fahrniseigentum unter Einräumung der Befugnis, mit der Sache nach Belieben zu verfahren (§ 903 BGB). Das entgegenstehende Gesetz und die entgegenstehenden Rechte Dritter erscheinen in § 903 BGB als gewissermaßen von außen kommende und nachträgliche Beschränkungen. Das Eigentum i. S. d. Art. 14 Abs. 1 S. 1 wird aber durch das gesamte einfache

Recht definiert; die privat- und auch die öffentlich-rechtlichen Beschränkungen des Eigentümerbeliebens sind nicht von außen kommend und nachträglich, sondern von vornherein Bestandteile der Eigentumsdefinition.

**Beispiele:** Die Eigentumsgarantie enthält keine umfassende Baufreiheit, die nachträglich durch das Bauplanungs- und -ordnungsrecht beschränkt wird, sondern schützt von vornherein nur das „Recht . . ., (das) Grundstück im Rahmen der Gesetze zu bebauen" (E 35, 263/276). Das Grundeigentum wird durch die wasser- und die bergrechtlichen Regelungen nicht beschränkt, sondern die wichtigen Bergbauberechtigungen und die Nutzung des Grundwassers sind vom Grundeigentum abgespalten und zu eigenen vermögenswerten Rechten verselbständigt (zum Grundwasser vgl. E 58, 300/337). Andererseits gehören zum Grundeigentum auch der Kontakt nach außen und der Zugang zur Straße als Anliegerrecht (vgl. *Ossenbühl*, S. 138 ff.). 998

Eigentum i. S. d. Art. 14 Abs. 1 S. 1 geht über das hinaus, was das einfache Recht als Eigentum benennt. Unter den Eigentumsbegriff von Art. 14 fallen alle *privatrechtlichen vermögenswerten Rechte* und Güter. Dies ist ein Ertrag schon der Diskussion zu Art. 153 WRV (*M. Wolff*, Festgabe Kahl, 1923, S. 3), mit der den gewandelten gesellschaftlichen Rahmenbedingungen Rechnung getragen wurde: Während im 19. Jahrhundert der Schutz des Sacheigentums, besonders des Grundeigentums, maßgebliche wirtschaftliche Grundlage gesicherter wirtschaftlicher Existenz war, kommt heute auch anderen Vermögensrechten eine gleiche Bedeutung zu. 999

**Beispiele:** Erbbaurecht (E 79, 174/191), Hypotheken, Grundschulden, Pfandrechte, Vorkaufsrecht (E 83, 201/209 f.), Aktien (E 14, 262/276), GmbH-Anteile, Bergbaurechte (E 77, 130/136), private Fischereirechte (E 70, 191/199), Urheber- (E 79, 29/40), Patent- (E 36, 281/290) und Warenzeichenrechte (E 51, 193/217) sowie Forderungen des privaten Rechts (E 45, 142/179; 68, 193/222). 1000

Auch das *Recht am eingerichteten und ausgeübten Gewerbebetrieb* wird von BGH, BVerwG und h. L. dem Eigentumsbegriff unterstellt, und zwar mit allem, was den wirtschaftlichen Wert des Betriebs ausmacht (vgl. BGHZ 23, 157/162 f.; 92, 34/37; BVerwGE 62, 224/226; *Ossenbühl*, S. 136 ff.). Das BVerfG ist skeptisch: „Es ist die Frage, ob der Gewerbebetrieb als solcher die konstituierenden Merkmale des verfassungsrechtlichen Eigentumsbegriffs aufweist. Eigentumsrechtlich gesehen ist das Unternehmen die tatsächliche — nicht aber die rechtliche — Zusammenfassung der zu einem Vermögen gehörenden Sachen und Rechte, die an sich schon vor verfassungswidrigen Eingriffen geschützt sind" (E 51, 193/221 f.; 74, 129/148). Der Schutz des Gewerbebetriebs soll jedenfalls „nicht weitergehen als der Schutz, den seine wirtschaftliche Grundlage genießt" (E 58, 300/353). Damit fallen tatsächliche Gegebenheiten und günstige Umweltbedingungen aus dem Schutz des Gewerbebetriebs heraus. Im übrigen ist beim Gewerbebetrieb der Unterschied zwischen geschütztem Bestand und nicht geschütztem Erwerb (vgl. unten Rdnr. 1006) besonders wichtig. 1001

**Beispiele:** Tatsächliche Gegebenheiten sind „die bestehenden Geschäftsverbindungen, der erworbene Kundenstamm oder die Marktstellung" (E 77, 84/118). Als günstige Umweltbedingungen fallen die Nachbarschaft der Kaserne, die der Gaststätte die Kunden verschafft (BGHZ 55, 261), die Parkmöglichkeiten auf öffentlicher Straße in der Nähe des Geschäfts (BVerwG, NJW 1983, 770) und die Möglichkeit einer Betriebserweiterung (BGHZ 98, 341) nicht unter den Eigentumsbegriff. 1002

Erst recht ist fraglich, ob dem Eigentumsbegriff das *Vermögen als solches* unterfällt. 1003
Die Frage ist bedeutsam dafür, ob die Auferlegung staatlicher Geldleistungspflichten, namentlich von Steuern, an Art. 14 zu messen ist. Dagegen sprechen der Wortlaut —

der Unterschied zwischen Eigentum und Vermögen ist in vielen Rechtsgebieten geläufig — wie die Entstehungsgeschichte — bei den Beratungen des Grundgesetzes stand das Eigentum noch „als das Ausmaß, in dem ein Individuum über Sachen verfügen kann", vor Augen (vgl. JöR 1951, 146) —. Das BVerfG lehnt es in st. Rspr. ab, das Vermögen als solches dem Schutz des Art. 14 zu unterstellen (E 74, 129/148). Es sah einen „Verstoß gegen Art. 14 GG allenfalls dann in Betracht kommen, wenn die Geldleistungspflichten den Pflichtigen übermäßig belasten und seine Vermögensverhältnisse grundlegend beeinträchtigen würden" (E 14, 221/241; sog. konfiskatorische Besteuerung). Auch die überwiegende Auffassung im Schrifttum unterstellt das Vermögen als solches nicht dem Eigentumsbegriff (vgl. *Bryde*, vM, Art. 14 Rdnr. 23; *Papier*, M/D, Art. 14 Rdnr. 150; *Rittstieg*, AK, Art. 14 Rdnr. 125; a. A. *Kimminich*, BK, Art. 14 Rdnr. 57 ff.). Allerdings sieht die h. L. insofern in Art. 14 einen Maßstab für das Steuerrecht, als Steuern zwar aus dem Vermögen bezahlt werden, die Besteuerungstatbestände aber an Eigentumserwerb, -bestand oder -verwendung anknüpfen (vgl. *v. Arnim*, VVDStRL 39, 1981, 286; *Bryde*, vM, Art. 14 Rdnr. 23; *Kirchhof*, VVDStRL 39, 1981, 213).

**1004** Die *vermögenswerten subjektiv-öffentlichen Rechte* werden vom BVerfG dann in den Eigentumsbegriff einbezogen, „wenn der ein subjektiv-öffentliches Recht begründende Sachverhalt dem einzelnen eine Rechtsposition verschafft, die derjenigen des Eigentümers entspricht" (E 53, 257/289). Das BVerfG stellt in erster Linie darauf ab, ob das vermögenswerte subjektiv-öffentliche Recht „im Zusammenhang mit einer eigenen Leistung" steht oder „ausschließlich auf einem Anspruch (beruht), den der Staat in Erfüllung seiner Fürsorgepflicht durch Gesetz einräumt" (E 53, 257/289 ff.; 69, 272/299 ff.). Das Schrifttum ist dem BVerfG gefolgt (vgl. *Bryde*, vM, Art. 14 Rdnr. 25; *Hesse*, VerfR, Rdnr. 444 ff.; *Ossenbühl*, S. 131 ff.; teilw. abw. *Papier*, M/D, Art. 14 Rdnr. 125 ff.); gelegentlich wird neben der eigenen Leistung auch das eigene Opfer als Kriterium genannt (*Dürig*, Festschrift Apelt, 1958, S. 13/24 ff.) oder ein solches einschränkendes Kriterium überhaupt abgelehnt (*Schmidt-De Caluwe*, JA 1992, 129).

**1005** **Beispiele:** Anspruch auf Erstattung zuviel gezahlter Steuern (E 70, 278/285); Ansprüche von Soldaten (E 16, 94/110 f.; 71, 255/271), nicht aber beamtenrechtliche Ansprüche, da insoweit Art. 33 Abs. 5 lex specialis ist (E 52, 303/344 f.; 65, 141/147). Nicht im Zusammenhang mit einer eigenen Leistung stehen Sozialhilfe, Kindergeld (BSG, NJW 1987, 463), Übergangsgeld nach dem Schwerbehindertengesetz (E 77, 370/375 f.) und Subventionen (E 72, 175/193 ff.).

**1005a** Speziell *sozialversicherungsrechtliche* Positionen fallen dann unter die Eigentumsgarantie, wenn sie erstens dem Versicherten ausschließlich und privatnützig zugeordnet sind, zweitens auf nicht unerheblichen Eigenleistungen des Versicherten beruhen und drittens der Sicherung seiner Existenz dienen (E 69, 272/300 ff.; 72, 9/18 ff.; vgl. *v. Brünneck*, JZ 1991, 992).

**1005b** **Beispiele:** Renten der Sozialversicherung (E 58, 81/109; 66, 234/247), einschließlich der Anwartschaften (E 70, 101/110; 75, 78/97); Arbeitslosengeld und Anwartschaft hierauf (E 72, 9/19; 74, 203/213); Unterhalts- und Übergangsgeld nach dem AFG (E 76, 220/235 ff.); rentenversicherungsrechtlicher Anspruch auf Beiträge oder Zuschüsse zur Krankenversicherung, nicht aber auf beitragslosen Krankenversicherungsschutz im Rentenfall (E 69, 272/304 ff.).

*2. Umfang des Eigentumsschutzes*

a) Geschützt ist nur der vorhandene **Bestand** des Eigentums. Hierzu rechnen nicht bloße Umsatz- und Gewinnchancen, Hoffnungen, Erwartungen und Aussichten (E 68, 193/222; 74, 129/148). Es gilt die Faustformel: Art. 14 schützt den Bestand, nicht den Erwerb; der Erwerb ist nach Maßgabe von Art. 12 Abs. 1 geschützt. Zum Bestand eines eingerichteten und ausgeübten Gewerbebetriebs gehören nur diejenigen betrieblichen Vorteile, auf die der Betriebsinhaber von Rechts wegen vertrauen kann. Das Vertrauen in das Ausbleiben rechtlich möglichen und zulässigen Staatshandelns ist hier sowenig wie bei anderen Grundrechten geschützt (vgl. *Bryde*, vM, Art. 14 Rdnr. 18 ff.). 1006

**Beispiele:** Vom Eigentumsschutz nicht umfaßt ist die Erwartung, daß ein landwirtschaftliches Grundstück Bauland wird (BGHZ 62, 96) oder daß von fremder Staatsgewalt vor Geltung des Grundgesetzes entzogene Eigentumspositionen wieder eingeräumt werden (E 84, 90/122 ff.). Der Betriebsinhaber wird nicht in seinem Vertrauen darauf geschützt, daß ein Schutzzoll durch den Gesetzgeber nicht herabgesetzt wird (BGHZ 45, 83), daß eine widerrufliche Konzession oder Genehmigung nicht widerrufen (BVerwGE 62, 224) oder daß ein im übrigen zulässiger Anschluß- und Benutzungszwang nicht eingeführt wird (BVerwGE 62, 224; BGHZ 40, 355; 54, 293; vgl. aber auch BGHZ 77, 179). Auch Beeinträchtigungen durch Straßenarbeiten muß der an der Straße gelegene Gewerbebetrieb wie jeder Anlieger hinnehmen, es sei denn, die Straßenarbeiten würden rechtswidrig verzögert und die Beeinträchtigungen wären von ganz unerwartbarer außergewöhnlicher Schwere (BGHZ 57, 359). 1006a

b) Geschützt ist auch die **Nutzung** des Eigentums. Der Eigentümer hat die Freiheit, sein Eigentum nicht nur schlicht zu behalten, sondern auch es zu verwenden, zu verbrauchen und zu veräußern. Neben dieser positiven gibt es wieder eine *negative* Eigentumsfreiheit, d. h. die Freiheit, das Eigentum nicht zu nutzen. 1007

Zwar werden die meisten menschlichen Handlungen an Gegenständen oder durch Gegenstände vorgenommen und stellen insofern Nutzungen dieser Gegenstände dar. Darum fallen sie aber noch nicht in den Schutzbereich von Art. 14, sondern in die Schutzbereiche der Grundrechte, denen sie nach ihrer sozialen Funktion zugehören (vgl. *Rittstieg*, AK, Art. 14 Rdnr. 75 ff.). Nur wenn die soziale Funktion die Handlung der Eigentums- und Vermögenssphäre zuordnet, ist der Schutzbereich von Art. 14 einschlägig. 1008

**Beispiele:** Die Lektüre der gekauften Zeitung ist Ausübung nicht der Eigentumsfreiheit, sondern der Freiheit, sich aus allgemein zugänglichen Quellen ungehindert zu unterrichten (Art. 5 Abs. 1 S. 1); das Autofahren wird nicht von Art. 14, sondern von der allgemeinen Handlungsfreiheit des Art. 2 Abs. 1 geschützt. Die Nutzung eines Grundstücks zur Sicherung eines Darlehens durch Hypothek oder Grundschuld oder die Nutzung einer Aktienmehrheit zur Einflußnahme auf ein Unternehmen fallen dagegen in den Schutzbereich von Art. 14. 1009

c) Geschützt ist auch das Recht des Eigentümers, seine Eigentümerinteressen im Verwaltungs- und im Gerichtsverfahren effektiv vertreten und gegenüber anderen Privatrechtssubjekten verfolgen und durchsetzen zu können. Diese Schutzwirkungen werden oft unter dem Stichwort der **Verfahrensgarantie** des Art. 14 Abs. 1 zusammengefaßt bzw. daraus abgeleitet (vgl. *Bryde*, vM, Art. 14 Rdnr. 36 ff.; *Papier*, M/D, Art. 14 Rdnr. 43 ff.; *Suhr*, NJW 1979, 145). Wie weit sie gehen sollen, ist strittig. 1010

**Beispiele:** Im Schrifttum wird z. T. vertreten, der Schutz des Eigentümers im Verwaltungsprozeß- und -verfahrensrecht müsse über § 44a VwGO und §§ 45, 46 VwVfG hinausgehen, und das Recht des Eigentümers, im immissionsschutz- und im atomrechtli- 1011 chen Genehmigungsverfahren Einwendungen vorzubringen, müsse auch noch nach Fristablauf bestehen (vgl. *Papier*, M/D, Art. 14 Rdnr. 50 f.). Dagegen hat das BVerfG die materielle Präklusion im Atomrecht anerkannt (E 61, 82/109 ff.; vgl. unten Rdnr. 1113). Vor allem im Mietrecht (E 37, 132/143 ff.; 53, 352/357 ff.) und im Zwangsversteigerungsrecht (E 46, 325/333 ff.; 51, 150/156) hat das BVerfG das Recht des Eigentümers auf Verfolgung und Durchsetzung seiner Interessen betont.

*3. Erbrecht*

1012 Das Recht des Erblassers, sein Vermögen an den zu vererben, an den er es vererben möchte (Testierfreiheit), fällt eigentlich ebenso unter den Schutz des Eigentums wie das Recht des Erben am ererbten Vermögen. Das Erbrecht verdankt seine besondere Erwähnung lediglich der *Tradition:* Schon die Weimarer Reichsverfassung hatte es neben dem Eigentum erwähnt, sogar in einem eigenen Artikel (Art. 154 neben Art. 151). Wie das Eigentum wird auch das Erbrecht durch die Inhalts- und Schrankenbestimmungen des einfachen Rechts *definiert.* Andererseits *greifen* die Inhalts- und Schrankenbestimmungen wie in das Eigentum auch in das Erbrecht *ein* (E 67, 329/340); die folgende Darstellung gilt insoweit auch zum Erbrecht.

## III. Eingriffe

*1. Inhalts- und Schrankenbestimmungen*

1013 Die gesetzlichen Inhalts- und Schrankenbestimmungen gem. Art. 14 Abs. 1 S. 2 können die Eigentumsfreiheit erweitern oder verkürzen: Sie können die Eigentümerbefugnisse vermehren oder vermindern, Eigentumsnutzungen eröffnen oder verschließen. *Verkürzen* die Inhalts- und Schrankenbestimmungen die Eigentumsfreiheit, dann stellen sie, auch wenn sie dadurch das Eigentum für die Zukunft definieren, für das in der Vergangenheit begründete Eigentum Eingriffe dar (vgl. oben Rdnr. 995).

1014 Das BVerfG definiert die Inhalts- und Schrankenbestimmungen auch noch *formell.* Sie „legen generell und abstrakt die Rechte und Pflichten des Eigentümers fest" (E 58, 300/330; 72, 66/76). Verkürzen gesetzliche Bestimmungen die Eigentumsfreiheit dagegen konkret und individuell, dann setzen sie zwar Eingriffe, aber nicht Eingriffe durch Inhalts- und Schrankenbestimmungen.

*2. Enteignung*

1015 Auch die Enteignung gem. Art. 14 Abs. 3 *verkürzt,* sogar besonders drastisch, die Eigentumsfreiheit. Gleichwohl fällt sie aus den Inhalts- und Schrankenbestimmungen heraus. Im Unterschied zu den abstrakten und generellen Inhalts- und Schrankenbestimmungen ist die Enteignung auf „die vollständige oder teilweise Entziehung konkreter subjektiver Rechtspositionen . . ., die durch Art. 14 Abs. 1 S. 1 gewährleistet sind", gerichtet (E 52, 1/27; 72, 66/76). Enteignung bedeutet, entweder „durch Gesetz einem bestimmten oder bestimmbaren Personenkreis konkrete Eigentumsrechte zu entziehen" *(Legalenteignung)* oder aufgrund Gesetzes durch administrative Maßnahmen „konkretes Eigentum Einzelner zu entziehen" *(Administrativenteignung)* (E 58, 300/330 f.; vgl. *Schmidt-Aßmann,* JuS 1986, 833). Der Sache nach nähert sich das BVerfG damit dem klassischen Begriff der Enteignung als Vorgang der Güterbeschaffung (vgl. *Ossenbühl,* S. 122 f.).

1016 Die Enteignung ist somit durch drei Merkmale von den Inhalts- und Schrankenbestimmungen unterschieden: Sie ist *konkret* statt abstrakt, trifft *individuell* statt generell und beläßt das Eigentum dem Eigentümer nicht, sondern *entzieht* es ihm. Allerdings rechnet das BVerfG zur Enteignung neben der vollständigen auch die teilweise Entziehung, und zwischen dieser und einer weitgehenden Verkürzung der Eigentümerbefugnisse durch Inhalts- und Schrankenbestimmungen ist die Grenze u. U. nur schwer zu ziehen. Immerhin lassen sich Orientierungspunkte abstecken: Einerseits ist eine Verkürzung der Eigentümerbefugnisse, die das Eigentum zum nudum ius werden läßt, schon Enteignung. Andererseits kann von Entziehung und auch von teilweiser Entziehung da grundsätzlich keine Rede sein, wo die Befugnisse, um die die Eigentümerbefugnisse verkürzt werden, nicht als gegenständliches Substrat, als rechtliche Position verselbständigt sind. Ohne diese Verselbständigung fehlt das Objekt, das jeder Vorgang der Güterentziehung wie auch der Güterbeschaffung voraussetzt. Auch die Zuordnung zu entweder den abstrakt-generellen oder den konkret-individuellen Eingriffen ist u. U. nur schwer zu treffen. Wegen der verschiedenen Wirkungen, die eine Regelung für alte und für neue Eigentümer haben kann, kann es Doppelzuordnungen geben; das BVerfG selbst hält es nicht für ausgeschlossen, „daß eine neue, für die Zukunft geltende ... Regelung i. S. d. Art. 14 Abs. 1 S. 2 GG zugleich eine Legalenteignung bewirkt, weil und soweit sie subjekte Rechte entzieht, die der Einzelne aufgrund des alten Rechts ausgeübt hat“ (E 58, 300/331 f.).

1017 **Beispiele:** Das Verbot, umweltgefährende Anlagen unter Überschreitung bestimmter Schadstoffwerte zu betreiben, ist Inhalts- und Schrankenbestimmung und nicht Enteignung, weil es die Eigentümerbefugnisse zwar verkürzt, aber nicht um ein verselbständigtes gegenständliches Substrat bzw. eine verselbständigte rechtliche Position. — Eine Regelung, die den Betrieb einer neuen, erst von einigen wenigen Eigentümern installierten, gefährlichen Anlage aus Anlaß eines Unfalls völlig untersagt, trifft diese gegenwärtigen Eigentümer konkret und individuell und ist für sie Enteignung; für andere, die die Bestandteile der Anlage schon erworben, aber noch nicht montiert, d. h. die Anlage noch nicht installiert haben, handelt es sich unter der Voraussetzung, daß die Bestandteile anderweit verwendet werden können, um eine bloße Inhalts- und Schrankenbestimmung. — Weitere Beispiele aus der Rechtsprechung: Das Wasserhaushaltsgesetz entzieht nicht dem Grundeigentümer die Befugnis des freien Zugriffs auf das Grundwasser, sondern definiert das Grundeigentum und den Zugriff auf das Grundwasser als verschiedene vermögenswerte Rechte (E 58, 300/332 ff. — Naßauskiesung —); der nahezu völlige Ausschluß der Kündigung kleingartenrechtlicher Pachtverträge ist keine Enteignung des Eigentümers, sondern eine Inhalts- und Schrankenbestimmung (E 52, 1/26 ff. — Kleingarten —); das gesetzliche Verbot der Erhöhung der Miete um mehr als 30 % ist keine teilweise Entziehung, sondern Inhalts- und Schrankenbestimmung des Eigentums des Vermieters (E 71, 230/247); welches Ausmaß an Verkehrsimmissionen ein Grundstückseigentümer hinnehmen muß, ist eine Frage der Inhalts- und Schrankenbestimmung des Eigentums (E 79, 174/191 f.); die Belastung eines Grundstücks mit dinglichen Rechten (E 45, 297/323 ff., 339 — Hamburger U-Bahn-Bau —; 56, 249/259 f. — Dürkheimer Gondelbahn —) und die Flurbereinigung (E 74, 264/282) sind Enteignungen. — Die Einziehung, eine konkrete und individuelle Entziehung von Eigentum, soll ausnahmsweise keine Enteignung sein (BVerfG, BayVBl. 1990, 276).

1018 Mit der Abgrenzung von Inhalts- und Schrankenbestimmung und Enteignung nach den genannten Merkmalspaaren (abstrakt-konkret, generell-individuell, Beschränkung-Entziehung) hat das BVerfG einen „rechtstheoretisch erstaunlichen Bruch mit einer völlig h. L. ... und der st. Rspr.“ vollzogen (*Bryde*, vM, Art. 14 Rdnr. 52). Das

Schrifttum folgt überwiegend der Abgrenzung des BVerfG (vgl. *Hendler*, DVBl. 1983, 873/874 ff.; *J. Ipsen*, DVBl. 1983, 1029/1030; *Ossenbühl*, NJW 1983, 1/2; *Rittstieg*, NJW 1982, 721/723; *Schwerdtfeger*, JuS 1983, 104/107 ff.; zur Kritik vgl. *Papier*, M/D, Art. 14 Rdnr. 313 ff.), ist dabei lediglich über die Konsequenzen uneins.

*3. Sonstige Eingriffe*

1019 a) Neben den gesetzlichen Inhalts- und Schrankenbestimmungen sowie den Enteignungen durch Gesetz oder aufgrund Gesetzes gibt es noch weitere Eingriffe in das Eigentum. Denkbar, allerdings praktisch bedeutungslos sind konkret-individuelle Eingriffe des Gesetzgebers, die keine Enteignungen sind. Von großer praktischer Bedeutung sind dagegen konkret-individuelle Handlungen der Judikative und besonders der Exekutive. Dabei handelt es sich zum einen um **Anwendungs- und Vollzugsakte,** in denen die gesetzlichen Inhalts- und Schrankenbestimmungen von Rechtsprechung und Verwaltung konkretisiert und individualisiert werden. Zum anderen können aber auch Realakte und gesetzlicher Ermächtigung entbehrende Maßnahmen Bestand und Nutzung des Eigentums nachteilig beeinträchtigen.

1019a b) Die traditionelle Qualifizierung von Eingriffen als **enteignend oder enteignungsgleich** liegt zu der soeben getroffenen Unterscheidung quer. Sie entstand unter der Frage, wann eine Entschädigung gerechtfertigt sei, und stellt darauf ab, ob ein Eingriff
— Unmittelbarkeit besitzt,
— ein Sonderopfer abverlangt und
— von hinreichender Intensität ist.
Unmittelbarkeit bedeutet, daß die Beeinträchtigung des Eigentums entweder eine unmittelbare Folge einer hoheitlich gesetzten Ursache oder eine typische Aktualisierung einer hoheitlich geschaffenen Gefahrenlage oder ein Ergebnis ist, das einem hoheitlichen Verantwortungszusammenhang wertend zuzurechnen ist (vgl. BGHZ 92, 34/41 f.). Sonderopfer bedeutet, daß zu Lasten einzelner Eigentümer die allgemeine, durch Inhalts- und Schrankenbestimmungen gezogene Opfergrenze überschritten wird. Hinreichende Intensität bedeutet, daß das Eigentum wenn schon nicht entzogen dann schwer, unerträglich, unzumutbar beschränkt wird. Handelt die Verwaltung dabei rechtmäßig und ist die Entziehung oder Beschränkung unbeabsichtigte, unvorhergesehene und zumeist atypische Nebenfolge ihres auf ganz andere Folgen gerichteten Handelns, dann spricht man vom *enteignenden Eingriff.* Handelt sie rechtswidrig oder unterläßt sie im Widerspruch zu einer Rechtspflicht (sog. qualifiziertes Unterlassen), dann spricht man vom *enteignungsgleichen Eingriff.*

1020 **Beispiele:** Straßenbauarbeiten können für anliegende Gewerbebetriebe schwere Beeinträchtigungen mit sich bringen. Sind die Beeinträchtigungen die Folge davon, daß die Behörde die Straßenbauarbeiten nicht in möglichst schonender Weise angekündigt, vorbereitet und durchgeführt hat, dann handelt es sich um einen (rechtswidrigen) enteignungsgleichen Eingriff; treten sie dagegen ein, obwohl die Behörde alles ihr Mögliche unternommen hat, um den Gewerbebetrieb zu schonen, handelt es sich um einen (rechtmäßigen) enteignenden Eingriff. Enteignende Eingriffe sah die Rechtsprechung in der Verursachung eines Waldbrands durch Artillerieschießübungen (BGHZ 37, 44), in der Beeinträchtigung von Grundstücken durch Straßen- (BGHZ 97, 369), Fluglärm (BGH, NJW 1986, 2423) und einen Rohrbruch der gemeindlichen Wasserleitung (BGHZ 55, 229) sowie in der Verwüstung eines Ackers durch Möwen und Krähen, die von der gemeindlichen Mülldeponie angelockt worden waren (BGH, NJW 1980, 770). Das Waldsterben ist dem Staat weder als enteignender noch als enteignungsgleicher Eingriff zuzurechnen (BGHZ 102, 350; dazu *Rüfner*, Jura 1989, 134; *R. Schmidt*, ZRP 1987, 345).

## IV. Verfassungsrechtliche Rechtfertigung

### *1. Inhalts- und Schrankenbestimmungen*

a) Um verfassungsrechtlich gerechtfertigt zu sein, müssen Inhalts- und Schrankenbestimmungen durch **Gesetz** erfolgen. Es genügen Gesetze im materiellen Sinn, d. h. neben den Gesetzen im formellen Sinn auch Rechtsverordnungen, Satzungen und Gewohnheitsrecht (vgl. *Papier*, M/D, Art. 14 Rdnr. 279 ff.). 1021

b) Inhalts- und Schrankenbestimmungen müssen weiter dem **Grundsatz der Verhältnismäßigkeit** entsprechen. Die Bindung an den Verhältnismäßigkeitsgrundsatz leitet das BVerfG bei Art. 14 Abs. 1 S. 2 besonders aus dem Nebeneinander von Art. 14 Abs. 1 S. 1 und Art. 14 Abs. 2 her: Es sieht den Gesetzgeber vor der Aufgabe, ein „Sozialmodell zu verwirklichen, dessen normative Elemente sich einerseits aus der grundgesetzlichen Anerkennung des Privateigentums durch Art. 14 Abs. 1 Satz 1 GG und andererseits aus dem Sozialgebot des Art. 14 Abs. 2 GG ergeben: Der Gebrauch des Eigentums soll zugleich dem Wohle der Allgemeinheit dienen"; der Gesetzgeber muß „beiden Elementen ... in gleicher Weise Rechnung tragen", muß sie „in einen gerechten Ausgleich und ein ausgewogenes Verhältnis bringen" (E 52, 1/29; vgl. schon E 37, 132/140, wo vom „dialektischen Verhältnis von verfassungsrechtlich garantierter Freiheit und dem Gebot einer sozialgerechten Eigentumsordnung" die Rede ist). 1022

Mit dieser Herleitung ist der Grundsatz der Verhältnismäßigkeit bei Art. 14 Abs. 1 S. 2 von *besonderer Struktur*. Sonst ist er dadurch geprägt, daß der Gesetzgeber eine große Freiheit bei der Wahl seiner Zwecke hat; er darf jeden Zweck verfolgen, den ihm das Grundgesetz nicht verbietet. Bei der Bestimmung von Inhalt und Schranken des Eigentums gebietet ihm das Grundgesetz dagegen, die sog. Sozialbindung des Eigentums gem. Art. 14 Abs. 2 zu verwirklichen. Er darf hier nicht nur die Freiheit nicht mehr als verhältnismäßig verkürzen, er darf auch die Sozialbindung nicht mehr als verhältnismäßig vernachlässigen. So wäre denn in beiden Richtungen nach der Geeignetheit, Notwendigkeit und Verhältnismäßigkeit i. e. S. zu fragen. Das BVerfG formuliert besonders deutlich in der einen Richtung: „Die Einschränkung der Eigentümerbefugnisse muß zur Erreichung des angestrebten Zieles geeignet und notwendig, sie darf nicht übermäßig belastend und deshalb unzumutbar sein" (E 21, 150/155; 74, 203/214 f.). In der anderen Richtung sind die Formulierungen von geringerer Deutlichkeit und gehen etwa dahin, daß „die Eigentumsgarantie (nicht) eine die soziale Funktion eines Eigentumsobjekts mißachtende Nutzung schützt" (E 37, 132/140 f.; 68, 361/368). 1023

Im *Aufbau der Verhältnismäßigkeitsprüfung* orientiert sich das BVerfG an der ersten Richtung, d. h. es verfährt bei Art. 14 wie bei anderen Grundrechten. Da es dem Verhältnismäßigkeitsgrundsatz aber auch in der zweiten Richtung Rechnung trägt, gerät der Aufbau zuweilen weniger klar als sonst. Ein einzelfallbezogenes Moment kommt in die Prüfung auch dadurch hinein, daß das BVerfG bei den Inhalts- und Schrankenbestimmungen darauf abstellt, ob sie „vom geregelten Sachbereich her geboten und auch in ihrer Ausgestaltung sachgerecht" sind (E 52, 1/29). Weil Inhalts- und Schran- 1024 kenbestimmungen nie völliges Neuland betreten, sondern stets einen durch natürliche und soziale Gegebenheiten stark geprägten, dicht geregelten Lebenszusammenhang schon vorfinden und in ihn hineinwirken, müssen sie auf dessen Strukturen Bedacht nehmen. Insgesamt geht das BVerfG von einem „verhältnismäßig weiten Gestaltungsspielraum" des Gesetzgebers aus (E 8, 71/80; 53, 257/293), der aber unter den folgenden Aspekten und für die folgenden Situationen eingeschränkt ist. Sie können als besondere Ausprägungen des Verhältnismäßigkeitsgrundsatzes betrachtet werden. Wie stets ist der Verhältnismäßigkeitsgrundsatz auch hier ein Maßstab, dem Gesetze nicht nur genügen oder nicht genügen, sondern dem sie in bestimmter verfassungskonformer Auslegung genügen können (E 79, 292/305; 81, 29/31 f. — Eigenbedarfskündigung —; vgl. *Rühl/Breitbach,* JA1991, 111).

1025 c) Der Gesetzgeber muß die **Eigenart des vermögenswerten Guts oder Rechts** beachten. Unter diesem Gesichtspunkt werden Inhalts- und Schrankenbestimmungen gerechtfertigt, die um der Sozialbindung willen notwendig sind.

1026 **Beispiele:** „Die Tatsache, daß der Grund und Boden unvermehrbar und unentbehrlich ist, verbietet es, seine Nutzung dem unübersehbaren Spiel der freien Kräfte und dem Belieben des Einzelnen vollständig zu überlassen; eine gerechte Rechts- und Gesellschaftsordnung zwingt vielmehr dazu, die Interessen der Allgemeinheit beim Boden in weit stärkerem Maße zur Geltung zu bringen als bei anderen Vermögensgütern" (E 21, 73/82 f.; 52, 1/32 f.). — Der BGH hat mit der Lehre von der Situationsgebundenheit des Eigentums für die Beurteilung der Zulässigkeit entschädigungsloser Verbote bestimmter Eigentumsverwendungen einen ähnlichen Gesichtspunkt fruchtbar gemacht und gefragt, ob der vernünftige und einsichtige Eigentümer von sich aus mit Rücksicht auf die natürliche Situation die verbotene Verwendung überhaupt ins Auge fassen würde (BGHZ 23, 30/35; 80, 111/116; 90, 4/15; vgl. *Ossenbühl,* S. 146 ff.).

1027 d) Der Gesetzgeber muß die **Bedeutung des vermögenswerten Guts oder Rechts für den Eigentümer** beachten. Unter diesem Gesichtpunkt kann sowohl die personale wie die soziale Funktion des Eigentums bedeutsam und nach der Geeignetheit und Notwendigkeit von Inhalts- und Schrankenbestimmungen in der einen wie in der anderen Richtung gefragt werden.

1028 **Beispiele:** „Soweit es um die Funktion des Eigentums als Element der Sicherung der persönlichen Freiheit des Einzelnen geht, genießt dieses einen besonders ausgeprägten Schutz" (E 50, 290/340 — Mitbestimmung —). Hieraus folgert das BVerfG, daß der Gesetzgeber beim Verbot der Veräußerung von Eigentum, die ein elementarer Bestandteil der Eigentumsfreiheit sei, und bei Eingriffen in diejenigen vermögenswerten Güter und Rechte, die durch eigene Arbeit und Leistung erworben worden sind, einen eingeschränkteren Gestaltungsspielraum hat (vgl. *v. Brünneck,* JZ 1991, 992/994). — „Dagegen ist die Befugnis des Gesetzgebers zur Inhalts- und Schrankenbestimmung um so weiter, je mehr das Eigentumsobjekt in einem sozialen Bezug und einer sozialen Funktion steht" (E 50, 290/340). Das gilt namentlich für das Eigentum an Produktionsmitteln, das Macht über Dritte verleiht (*Jarass,* J/P, Art. 14 Rdnr. 33). Die Mitbestimmung der Arbeitnehmer nach dem Mitbestimmungsgesetz von 1976 fällt in diesen „Bereich, den das Grundgesetz in Art. 14 Abs. 1 S. 2 der Gestaltung durch den Gesetzgeber öffnet" (E 50, 290/347; vgl. zur Diskussion um die Mitbestimmung die vorbereitenden Gutachten: einerseits *Badura/Rittner/Rüthers,* Mitbestimmungsgesetz 1976 und Grundgesetz, 1977 — Verfassungswidrigkeit der Mitbestimmung — und andererseits *Kübler/Schmidt/Simitis,* Mitbestimmung als gesetzgebungspolitische Aufgabe, 1978 — Verfassungsmäßigkeit der Mitbestimmung —). — Der Gesetzgeber ist auch zu unterschiedlicher Behandlung von Sacheigentum und geistigem Eigentum und von Verfügungsrecht und Verwaltungsrecht des Urhebers verpflichtet (E 79, 29/41).

e) Der Gesetzgeber muß den Eingriff u. U. durch **finanzielle Entschädigung** ausgleichen (sog. ausgleichspflichtige Inhaltsbestimmung; vgl. *Bryde*, vM, Art. 14 Rdnr. 63; krit. *Papier*, M/D, Art. 14 Rdnr. 283 ff.). Darin schlägt die Bestands- in die Wertgarantie um: Der Bestand kann bei der Inhalts- und Schrankenbestimmung im Unterschied zur Enteignung zwar noch nicht entzogen, aber besonders intensiv beeinträchtigt werden und deswegen in seinem Wert ausgeglichen werden müssen. Die Intensitätsgrenze zieht das BVerfG zum einen da, wo in den Ertrag eigener Arbeit und Leistung eingegriffen wird, zum andern da, wo der Gleichheitssatz verletzt wird. 1029

**Beispiele:** Das Urheberrechtsgesetz verlangte in § 46 vom Urheber, daß er sein Werk für die Vervielfältigung und Verbreitung im Kirchen-, Schul- und Unterrichtsgebrauch vergütungsfrei zur Verfügung stelle. Das BVerfG hob dies auf: Es gehe „um das Ergebnis der geistigen und persönlichen Leistung des Urhebers . . ., nicht aber etwa um einen unverdienten Vermögenszuwachs"; der Eingriff sei daher von besonderer Intensität und könne allenfalls durch ein bei § 46 UrhG nicht ersichtliches gesteigertes öffentliches Interesse gerechtfertigt werden (E 31, 229/243 ff.). — Das hessische Landespressegesetz bestimmte in § 9, daß Verleger von jedem Druckwerk ohne Unterschied ein Belegstück unentgeltlich an eine Bibliothek abliefern mußten. Die Pflicht zur unentgeltlichen Ablieferung galt somit auch für mit großem Aufwand und in kleiner Auflage hergestellte, teuere Druckwerke. Dadurch sah das BVerfG besonders intensiv gerade den Verleger getroffen, der „durch seine private Initiative und Risikobereitschaft . . . möglich (macht), künstlerisch, wissenschaftlich und literarisch exklusives Schaffen . . . der Öffentlichkeit zu erschließen" (E 58, 137/150). Außerdem hielt das BVerfG diese Regelung für einen Verstoß gegen den „im Rahmen des Art. 14 Abs. 1 Satz 2 GG zu beachtenden Gleichheitssatz", weil die unterschiedslos unentgeltliche Ablieferungspflicht zur „Belastung von erheblich unterschiedlicher Intensität" führe (ebd.). Es könnte eingewendet werden, daß hier in Wirklichkeit schon eine Enteignung vorliegt; das BVerfG verneint dies, denn die einschlägige Bestimmung begründet „in genereller und abstrakter Weise eine Naturalleistungspflicht in Form einer Abgabe", und das „Eigentum am Druckwerk ist schon bei seiner Entstehung mit der Verpflichtung zur Ablieferung eines Exemplares belastet" (E 58, 137/144). — Die Denkmalschutzgesetze geben dem Eigentümer eines Denkmals das Recht, die Übernahme des Denkmals durch die Gemeinde zu verlangen, wenn ihm wirtschaftlich nicht zumutbar ist, das Denkmal weiter zu behalten (vgl. z. B. § 31 nw DSchG). Zu Unrecht sieht OVG Münster, NJW 1986, 1890/1892 hierin die Folgeregelung eines im denkmalschutzrechtlich begründeten Verbot des Abbruchs liegenden enteignenden Eingriffs. Denn das Verbot ist generell und abstrakt und weder auf vollständige noch auf teilweise Entziehung gerichtet, da der Eigentümer das Denkmal nicht entzogen bekommt, sich seiner nicht durch Abbruch entledigen darf, sondern es eigentlich behalten und erhalten soll. So handelt es sich beim Verbot des Abbruchs um eine Inhalts- und Schrankenbestimmung und bei dem Recht, die Übernahme zu verlangen, um die ausgleichende finanzielle Entschädigung (BVerwG, NJW 1988, 505; vgl. auch OVG Koblenz, DVBl. 1992, 47). 1030

f) Der Gesetzgeber muß den Eingriff u. U. durch **Übergangsregelungen** gewissermaßen abfedern (vgl. *Bryde*, vM, Art. 14 Rdnr. 60, 62; *Papier*, M/D, Art. 14 Rdnr. 268). Hierzu ist nicht nur auf die Verhältnismäßigkeit i. e. S., die Zumutbarkeit für den Eigentümer, sondern auch auf den rechtsstaatlichen Vertrauensschutz zu verweisen, der „für die vermögenswerten Güter im Eigentumsgrundrecht eine eigene Ausprägung und verfassungsrechtliche Ordnung erfahren" hat (E 76, 220/244). Das BVerfG sieht Übergangsregelungen besonders bei der Neuordnung eines ganzen Rechtsgebiets (E 70, 191/201 f.; 83, 201/211 f.) sowie dann als notwendig an, „wenn von einer nach früherem Recht möglichen Nutzungsbefugnis bereits Gebrauch gemacht worden ist und diese entzogen wird" (E 58, 300/338). Würden die Übergangsregelungen nicht ge- 1031 troffen, dann könnten die bereits gebrauchten Nutzungsbefugnisse u. U. nur durch Enteignung entzogen werden (E 58, 300/338, 350 f.). Hier überschneiden sich Inhalts- und Schrankenbestimmungen und Enteignung wieder (vgl. oben Rdnr. 1016).

*2. Enteignung*

1032 a) Eine Enteignung muß gem. Art. 14 Abs. 3 S. 2 entweder durch **Gesetz** (Legalenteignung) oder aufgrund Gesetzes (Administrativenteignung) erfolgen. Das Gesetz muß ein formelles Gesetz sein; „allein dem parlamentarisch-demokratischen Gesetzgeber ist . . . vorbehalten, die eine Enteignung legitimierenden Gemeinwohlaufgaben zu bestimmen" (E 56, 249/261 — Dürkheimer Gondelbahn —), allein er hat „festzulegen, für welche Vorhaben unter welchen Voraussetzungen und für welche Zwecke eine Enteignung zulässig sein soll" (E 74, 264/285 — Teststrecke Boxberg —).

1033 b) Die sog. **Junktimklausel** des Art. 14 Abs. 3 S. 2 verlangt, daß das Gesetz eine Entschädigung vorsieht und deren Art und Ausmaß regelt. Ein Enteignungsgesetz ohne Entschädigungsregelung ist verfassungswidrig (E 24, 367/418); die gem. Art. 14 Abs. 3 S. 4 angerufenen Gerichte können eine fehlende Entschädigungsregelung weder durch Analogie ergänzen noch aus Art. 14 unmittelbar ableiten, sondern müssen das Enteignungsgesetz nach Art. 100 Abs. 1 dem BVerfG vorlegen (E 58, 300/329, 339). Dadurch werden sowohl die Haushaltshoheit des Gesetzgebers als auch das Verwerfungsmonopol des BVerfG gewahrt: Der Haushalt wird nicht mit unbedachten finanziellen Folgen eines Gesetzes belastet — die Junktimklausel hat Warnfunktion (E 46, 268/287) —, und die Verwerfung von Gesetzen durch das BVerfG wird nicht durch Korrekturen der Gesetze durch die Gerichte unterlaufen.

1034 Die *Folgen* für den Enteigneten sind erheblich: Er kann nicht nach dem alten Grundsatz „Dulde, aber liquidiere" darauf vertrauen, mit oder ohne Entschädigungsregelung entschädigt zu werden. Er kann die Entschädigung bei den ordentlichen Gerichten nur einklagen, wenn sie im Gesetz geregelt ist; wenn sie im Gesetz nicht geregelt ist, muß und kann er vor den Verwaltungsgerichten gegen die Enteignung selbst vorgehen. „Läßt er den Eingriffsakt unanfechtbar werden, so verfällt seine Entschädigungsklage der Abweisung. Wer von den ihm durch das Grundgesetz eingeräumten Möglichkeiten, sein Recht auf Herstellung des verfassungsmäßigen Zustands zu wahren, keinen Gebrauch macht, kann wegen eines etwaigen, von ihm selbst herbeigeführten Rechtsverlustes nicht anschließend von der öffentlichen Hand Geldersatz verlangen" (E 58, 300/324).

1035 Die Junktimklausel *gilt nicht für vorkonstitutionelle Gesetze* (E 4, 229/237; 46, 268/288) und läßt zu, daß der Gesetzgeber für die Durchführung des Enteignungsverfahrens und die Regelung der Enteignungsentschädigung auf ein allgemeines Enteignungsgesetz verweist (E 56, 249/263 f.; vgl. *Bryde,* vM, Art. 14 Rdnr. 89). Ob auch sog. salvatorische Entschädigungsklauseln, die eine Entschädigung für den offengelassenen Fall vorsehen, daß das Gesetz enteignende Wirkung haben sollte, mit der Junktimklausel vereinbar sind, hat das BVerfG dahinstehen lassen (E 58, 300/346). Dem Zweck der Junktimklausel ist nur dann genügt, wenn das Gesetz sich nicht mit salvatorischen Klauseln begnügt, sondern die Tatbestände regelt, bei deren Vorliegen die Rechtsfolge der Entschädigung eintreten soll (BVerwGE 84, 361/365; dazu *Ossenbühl,* JZ 1991, 89; *Pietzcker,* JuS 1991, 369; *Melchinger,* NJW 1991, 2524; a. A. BGHZ 99, 24/28; 105, 15/16 f.).

c) Die Enteignung ist gem. Art. 14 Abs. 3 S. 1 nur zum **Wohl der Allgemeinheit** zulässig. Die Legal- und die Administrativenteignung sind darauf zu prüfen, ob der Gesetzgeber das Wohl der Allgemeinheit richtig oder falsch definiert bzw. ob die Verwaltung die definierte Gemeinwohlaufgabe richtig oder falsch konkretisiert hat. Nicht durch das Gemeinwohl gedeckt sind Enteignungen allein aus fiskalischen Gründen (E 38, 175/180) oder allein zur Förderung privater Interessen (abw. M. E 56, 266/284 ff.). Enteignungen zugunsten Privater sind aber dann zulässig, wenn die Verwaltung ihre Zwekke in privatrechtlichen Organisationsformen erfüllt oder wenn ein Privater öffentliche Aufgaben wahrnimmt; insofern schließen sich Gemeinwohl und privates Gewinnstreben nicht aus (E 66, 248/257). Auch Enteignungen, die privates Gewinnerzielungs- und Innovationspotential mehren und dadurch der Erhaltung oder Verbesserung der Wirtschaftsstruktur oder der Bekämpfung der Arbeitslosigkeit dienen, können durch das Gemeinwohl gedeckt sein; dabei verlangt das BVerfG vom Gesetzgeber, die entsprechenden strukturpolitischen Gemeinwohlaspekte ausdrücklich und differenziert als Enteignungszwecke zu bezeichnen (E 74, 264/287 ff. — Teststrecke Boxberg —). 1036

Das Wohl der Allgemeinheit muß die Enteignung *verlangen*. Hierzu fordert das BVerfG „differenzierte materiell- und verfahrensrechtliche Regelungen, die sicherstellen, daß den Grundsätzen der Verhältnismäßigkeit und der Gleichheit vor dem Gesetz . . . Rechnung getragen und insbesondere die Erforderlichkeit der Enteignung sorgfältig geprüft wird“ (E 74, 264/286; dazu *Schmidbauer*, Enteignung zugunsten Privater, 1989). 1037

**Beispiele:** Die Enteignung ist ausgeschlossen, wenn der freihändige Erwerb zumutbar ist, wenn das Vorhaben auch auf einem öffentlichen Grundstück verwirklicht werden kann oder wenn statt der vollständigen auch die teilweise Entziehung, z. B. eine dingliche Belastung, ausreicht. Weil die Administrativenteignung mehr Rechtsschutzmöglichkeiten bietet als die Legalenteignung, ist sie das mildere Mittel; die Legalenteignung ist daher nur eingeschränkt verfassungsrechtlich zulässig (E 24, 367/401 ff.). Wenn der Enteignungszweck nachträglich entfällt, hat der ehemalige Eigentümer einen Anspruch auf Rückübereignung (E 38, 175/179 ff.; BVerwG, NVwZ 1987, 49). 1038

d) Die Bestimmung der Enteignungsentschädigung muß schließlich gem. Art. 14 Abs. 3 S. 3 unter **gerechter Abwägung** der Interessen der Allgemeinheit und der Beteiligten erfolgen. Dieses Abwägungsgebot richtet sich wieder an Gesetzgebung und Verwaltung; das Gesetz muß jedenfalls einen Entschädigungsrahmen festsetzen, der dem Abwägungsgebot genügt, und die Verwaltung muß ihn dem Abwägungsgebot entsprechend ausfüllen. Daneben richtet sich das Abwägungsgebot auch an die gem. Art. 14 Abs. 3 S. 4 im Streitfall entscheidenden ordentlichen Gerichte. Es erlaubt nicht eine bloß nominelle Entschädigung, verlangt andererseits aber auch nicht die Entschädigung zum vollen Verkehrswert (E 24, 367/421; 46, 268/285; BGHZ 67, 190/192). Dazwischen ist die Entschädigung daran zu orientieren, wieweit das enteignete Eigentum eigener Arbeit und Leistung und wieweit es staatlichen Vorkehrungen oder einfach Zufällen zu verdanken ist (vgl. *Opfermann*, Die Enteignungsentschädigung nach dem Grundgesetz, 1974, S. 102 ff.; *Papier*, M/D, Art. 14 Rdnr. 426 ff.). 1039

Die *Verletzung* der Gemeinwohlbindung führt ebenso wie die der Junktimklausel zur Verfassungswidrigkeit der Enteignung und dazu, daß der Enteignete keine Entschädigung erhalten kann, sondern sich gegen die Enteignung selbst wehren muß. Für die Verletzung des Abwägungsgebots durch das die Legalenteignung durchführende oder das 1040 zur Administrativenteignung ermächtigende Gesetz muß konsequent dasselbe gelten, während die Verletzung durch die Verwaltung im Streitfall von den ordentlichen Gerichten korrigiert werden kann, indem eine höhere Entschädigung zugesprochen wird.

*3. Sonstige Eingriffe*

1041 a) Soweit die sonstigen Eingriffe **Anwendungs- und Vollzugsakte** von Inhalts- und Schrankenbestimmungen sind, hängt ihre Rechtfertigung wie stets von der Verfassungsmäßigkeit der Bestimmungen und davon ab, daß etwa vorhandene Beurteilungs- und Ermessensspielräume unter Beachtung von Art. 14 Abs. 1 und 2 ausgefüllt werden. Realakte minderer Intensität sind durch die Sozialbindung des Eigentums gerechtfertigt; erreichen sie die Intensität eines enteigenden oder enteignungsgleichen Eingriffs, stellt sich sogleich die Frage einer Entschädigung. Auch bei den Maßnahmen, die gesetzlicher Ermächtigung entbehren und daher rechtfertigungsunfähig sind, stellt sich die Frage einer Entschädigung.

1042 b) Allerdings kann die Entschädigung den **enteignungsgleichen Eingriff** nicht nachträglich rechtfertigen und den **enteignenden Eingriff** nicht rechtmäßiger machen, als er schon ist. Von der Frage der verfassungsrechtlichen Rechtfertigung her kann die Berechtigung dieser richterrechtlichen Entschädigungsinstitute überhaupt *bezweifelt* werden: Wenn der einzelne bei der rechtswidrigen Enteignung nicht einfach dulden und liquidieren kann — warum soll er dies beim (rechtswidrigen) enteignungsgleichen Eingriff können? Warum soll er beim (rechtmäßigen) enteignenden Eingriff überhaupt liquidieren können? Diese Fragen liegen auf der Linie des BVerfG: „Sieht der Bürger in der gegen ihn gerichteten Maßnahme eine Enteignung, so kann er eine Entschädigung nur einklagen, wenn hierfür eine gesetzliche Anspruchsgrundlage vorhanden ist. Fehlt sie, so muß er sich bei den Verwaltungsgerichten um die Aufhebung des Eingriffsaktes bemühen. Er kann aber nicht unter Verzicht auf die Anfechtung eine ihm vom Gesetz nicht zugebilligte Entschädigung beanspruchen" (E 58, 300/324). Die Passage „sieht der Bürger in der gegen ihn gerichteten Maßnahme eine Enteignung" wurde im Schrifttum z. T. auf die enteignende Wirkung bezogen, die aus der Sicht des Bürgers der enteignungsgleiche und der enteignende Eingriff ebenso wie die Enteignung haben, und da bei ihnen die gesetzliche Anspruchsgrundlage fehlt, wurden die Rechtsinstitute des enteignungsgleichen und enteignenden Eingriffs z. T. für *überholt* erklärt (*Rupp*, NJW 1982, 1731/1733; *Scholz*, NVwZ 1982, 347; *Sendler*, DVBl. 1982, 812/816; *Weber*, JuS 1982, 855).

1043 Die h. L. versucht dagegen, die Rechtsinstitute zu *retten* (exemplarisch *Papier*, M/D, Art. 14 Rdnr. 631 ff.). Sie kann darauf verweisen, daß das BVerfG zum enteignungsgleichen und enteignenden Eingriff ausdrücklich nichts gesagt hat. Sie versteht die beiden Entschädigungsinstitute als Ausprägungen des neben Art. 14 Abs. 3 stehenden, einstmals in §§ 74, 75 Einl. ALR positivierten, richterrechtlich entfalteten, heute gewohnheitsrechtlich anerkannten Gedankens der Aufopferung (BGHZ 91, 20/26; 102, 350/357; vgl. *Bryde*, vM, Art. 14 Rdnr. 99 ff.; *Hendler*, DVBl. 1983, 873/881; *Ossenbühl*, NJW 1983, 1), über die nach wie vor die ordentlichen Gerichte entscheiden können (a. A. *Schwerdtfeger*, JuS 1983, 104/109). Damit eröffnet sich die Perspektive einer ganz vom Eigentumsgrundrecht abgelösten und z. B. auch Eingriffe in andere Grundrechte umfassenden Haftung für staatliches Unrecht (vgl. *Maurer*, Allg. VwR, § 26 Rdnr. 59 m; *Schoch*, Jura 1989, 529/534 f.).

Ohne Einbußen können die Entschädigungsinstitute des enteignungsgleichen und des enteignenden Eingriffs vor Art. 14 jedoch *keinen Bestand* haben. Eine vom Gesetzgeber als Legal- oder von der Verwaltung als Administrativenteignung gemeinte Maßnahme, die als Enteignung jedoch rechtswidrig und gescheitert ist, kann nicht als enteignungsgleicher Eingriff doch noch zu dem Erfolg für den Staat und zu der Entschädigung für den Betroffenen führen, die von Verfassung wegen nur die Enteignung haben kann: Hier gilt grundsätzlich, daß der Betroffene sich gegen die Maßnahme wehren oder sie entschädigungslos hinnehmen muß (vgl. *Hendler,* DVBl. 1983, 873/881 f.). Auch da, wo Eingriffe in das Eigentum gesetzlich ausdrücklich geregelt sind, kann dieses Regelungssystem nicht dadurch gesprengt werden, daß gesetzlich nicht vorgesehene oder gesetzwidrige Eingriffe als enteignungsgleich (mit der Folge der Entschädigung) gerettet werden. Demgegenüber hält die Rechtsprechung des BGH auch in diesen Fällen an dem Institut des enteignungsgleichen Eingriffs fest; auch sie erkennt allerdings grundsätzlich den Vorrang des primären Rechtsschutzes vor den Verwaltungsgerichten an, wertet eine unterbliebene Anfechtung der Enteignungsmaßnahme als Mitverschulden (§ 254 BGB analog) und schließt den Entschädigungsanspruch für solche Nachteile aus, die der Betroffene durch eine Anfechtung hätte vermeiden können (vgl. BGHZ 90, 17/31 ff.; 110, 12/15 f.; *Papier,* JuS 1985, 184; mit noch weitergehendem Festhalten an der alten Dogmatik BGHZ 105, 15/16 f.; dazu krit. *Ossenbühl,* JZ 1989, 190). 1044

Es bleiben jedoch Beeinträchtigungen des Eigentums durch *Realakte,* die als unbeabsichtigte Nebenfolge rechtmäßigen Verwaltungshandelns vom Gesetzgeber nicht vorhersehbar und dadurch auch nicht regelbar waren, und es bleiben rechtswidrige Eingriffe, die *sogleich vollzogen* worden sind. Gegen beide kann sich der einzelne nicht mehr wehren. Zwar nennt das BVerfG im Zusammenhang mit der Anfechtbarkeit rechtswidriger Eingriffe den verwaltungsrechtlichen Folgenbeseitigungsanspruch. Aber dieser richtet sich nur auf die Wiederherstellung des status quo ante, die überhaupt unmöglich sein kann und jedenfalls für zwischenzeitlich erlittene Nachteile keine Entschädigung bietet. Hier zumindest müssen enteignender und enteignungsgleicher Eingriff ihre Bedeutung behalten (vgl. *Ossenbühl,* S. 183 f., 227). Als rechtliche Begründung hierfür könnte die Rechtsprechung des BVerfG herangezogen werden, wonach Inhalts- und Schrankenbestimmungen gelegentlich nur bei finanzieller Entschädigung für verfassungsrechtlich gerechtfertigt angesehen werden (vgl. oben Rdnr. 1029 f.): Die Rechtsordnung ist auch insofern Inhalts- und Schrankenbestimmung, als sie derartige enteignende und enteignungsgleiche Eingriffe nicht verhindern kann; sie ist insofern aber nur bei Einräumung eines Entschädigungsanspruchs verfassungsrechtlich gerechtfertigt (ähnlich sieht *Maurer,* DVBl. 1991, 781, den enteignenden Eingriff in der ausgleichspflichtigen Inhaltsbestimmung aufgehen). Insofern ist die Entschädigung beim enteignungsgleichen und beim enteignenden Eingriff doch Voraussetzung der verfassungsrechtlichen Rechtfertigung. 1045

Insgesamt wird die Rechtslage als unklar, unbefriedigend und *gesetzgeberischer Reform bedürftig* empfunden; die Reform durch das Staatshaftungsgesetz von 1981 war jedoch mit den Kompetenzbestimmungen des Grundgesetzes unvereinbar und ist gescheitert (E 61, 149). 1046

### V. Die Institutsgarantie als Schranken-Schranke

1047 Als Schranken-Schranke setzt die Institutsgarantie des Art. 14 Abs. 1 S. 1 den ansonsten verfassungsrechtlich gerechtfertigten Inhalts- und Schrankenbestimmungen sowie der Enteignung *letzte Grenzen.* Über sie darf sich auch keine Eigentumsdefinition hinwegsetzen. Ihre Bedeutung in der Rechtsprechung des BVerfG ist gering, ihre Konturen bleiben vage (vgl. *Bryde,* vM, Art. 14 Rdnr. 31 ff.). Sie zu präzisieren bestand auch kein Anlaß, weil das Netz der übrigen Anforderungen verfassungsrechtlicher Rechtfertigung dicht genug ist.

1048 Die Institutsgarantie sichert einen „Grundbestand von Normen", die ein Rechtsinstitut ausformen, das den Namen des Eigentums verdient (E 24, 367/389). Um den *Namen des Eigentums* zu verdienen, muß das Rechtsinstitut „Privatnützigkeit", d. h. die Zuordnung zu einem Rechtsträger, der zugleich Nutznießer ist, gewährleisten (E 53, 257/290). Insofern soll Art. 14 Abs. 1 S. 1 eine „grundlegende Wertentscheidung des Grundgesetzes zugunsten des Privateigentums" (E 21, 150/155) enthalten. Verwehrt ist aber nur, „daß solche Sachbereiche der Privatrechtsordnung entzogen werden, die zum elementaren Bestand grundrechtlich geschützter Betätigung im vermögensrechtlichen Bereich gehören" (E 24, 367/389). Das alles ist sogar noch bei einer sozialistischen Wirtschaftordnung gewährleistet; unter einem wirtschaftspolitisch neutralen Grundgesetz darf Art. 14 dem Gesetzgeber auch nicht mehr an absoluten Bindungen auferlegen.

### VI. Vergesellschaftung

1049 Die Vergesellschaftung des Art. 15 ist ein *Eingriff* in das Eigentum, der sich sowohl von den Inhalts- und Schrankenbestimmungen als auch von der Enteignung unterscheidet: Anders als die Inhalts- und Schrankenbestimmungen beläßt sie das Eigentum dem Eigentümer nicht, sondern entzieht es ihm; anders als die Enteignung ist sie nicht konkret und individuell, sondern abstrakt und generell. Sie ist strukturelle Enteignung.

1050 Art. 15 läßt sie nur bei *Grund und Boden, Naturschätzen und Produktionsmitteln* zu. Bei anderen vermögenswerten Gütern und Rechten ist nicht die strukturelle Enteignung der Vergesellschaftung, sondern nur eine konkrete und individuelle Enteignung zulässig. Die Entschädigungsregelung ist die des Art. 14 Abs. 3 S. 3 und 4. Sie soll als „Sozialisierungsbremse" (*Bryde,* vM, Art. 15 Rdnr. 21), nicht aber als Ausschluß der Sozialisierung wirken. Auch daraus folgt, daß das Abwägungsgebot des Art. 14 Abs. 3 S. 3 keine Entschädigung nach dem Verkehrswert verlangen kann. Ob vergesellschaftet wird, ist in die gesetzgeberische Entscheidung gestellt. An den Verhältnismäßigkeitsgrundsatz ist der Gesetzgeber hier nicht gebunden (*Bryde,* vM, Art. 15 Rdnr. 9; *Rittstieg,* AK, Art. 14/15 Rdnr. 243; a. A. *Kimminich,* BK, Art. 15 Rdnr. 14); von der Pflicht zur verhältnismäßigen Berücksichtigung der Eigentümerinteressen des Art. 14 ist er deswegen befreit, weil Art. 15 gegenüber Art. 14 zur eigenen Grundgesetzbestimmung verselbständigt ist (vgl. oben Rdnr. 1022 ff.). Nur dies wird auch der Entstehung der Bestimmung gerecht: Die SPD hat dem Grundgesetz nicht zuletzt deswegen zugestimmt, weil es ihr in Art. 15 die Möglichkeit eröffnete, bei entsprechender Mehrheit im Parlament eine grundlegende Umgestaltung der Wirtschaftsordnung vorzunehmen (vgl. *Bryde,* vM, Art. 15 Rdnr. 1).

**Lösungsskizze zum Fall:** I. Die Buchshecke steht im zivilrechtlichen Eigentum von E (§ 94 BGB) und fällt insofern unter den *Eigentumsbegriff* von Art. 14 Abs. 1 S. 1. Es fragt sich aber, ob das Abschlagenlassen und Verkaufen der Buchshecke als Nutzung vom Schutzbereich des Eigentums umfaßt ist. Sieht man das Eigentum an Naturdenkmälern als durch das naturschutz- oder landschaftsgesetzliche Beseitigungs- und Veränderungsverbot definiert, dann könnte die fragliche Nutzung aus dem Schutzbereich von Art. 14 Abs. 1 S. 1 herausfallen. Die durch die Naturschutz- und Landschaftsgesetze eingeführten Beseitigungs- und Veränderungsverbote sind jedoch neueren Datums und haben hier einen schon vorhandenen Bestand vorgefunden. Das Eigentum an der Buchshecke ist also nicht etwa durch die genannten Gesetze lediglich definiert. — II. Die mit dem Verbot des Abholzens verbundene Festsetzung der Buchshecke als Naturdenkmal durch die zuständige Behörde ist ein *Eingriff.* Fraglich ist, welcher Art der Eingriff ist. 1. Eine *Entziehung* scheidet aus. E soll sowohl das Grundstück, dessen wesentlicher Bestandteil die Buchshecke ist, als auch diese selbst behalten dürfen, sogar müssen; damit entfällt eine vollständige Entziehung. Auch eine teilweise Entziehung scheidet aus; denn das Eigentum selbst soll E ganz erhalten bleiben, nur sein Eigentümerbelieben, seine Eigentümerbefugnisse sollen verkürzt werden (vgl. auch BGH, DVBl. 1957, 861 — Buchendom —). 2. Beim Verbot, die Buchshecke abholzen zu lassen und zu verkaufen, handelt es sich mithin um eine *Beschränkung* des Eigentums. — III. Diese Beschränkung ist *verfassungsrechtlich gerechtfertigt,* wenn sie in Anwendung oder Vollzug einer verfassungsmäßigen Inhalts- und Schrankenbestimmung erfolgt ist. 1. Zu den Beseitigungs- und Veränderungsverboten der Naturschutz- und Landschafts*gesetze* läßt sich vertreten, daß sie um der Eigenart des vermögenswerten Guts willen überhaupt geboten sind: Eine für die Gefährdung der Natur sensible Zeit hat erkannt, daß die nur knapp vorhandenen und kaum vermehrbaren Naturschönheiten nicht entbehrt werden können. Naturschönheiten dürfen dem freien Spiel der Kräfte und Belieben des einzelnen nicht vollständig überlassen werden. Zwar kann bei einem Verbot der Veräußerung besondere Behutsamkeit verlangt werden, weil das Veräußern ein elementarer Bestandteil der Eigentumsfreiheit ist. Als Naturschönheit, an der viele Freude haben, stehen diese Eigentumsobjekte jedoch in einem sozialen Bezug und haben eine soziale Funktion. Da die Naturschutz- und Landschaftsgesetze auch einen Ausgleich von Eingriffen durch finanzielle Entschädigung vorsehen, sind sie insgesamt verfassungsrechtlich gerechtfertigt. 2. Auch der *Vollzug* der einschlägigen Gesetze läßt keinen Rechtsfehler erkennen. Den Eingriff hier nur bei finanzieller Entschädigung zuzulassen, besteht kein Anlaß, weil die Buchshecke zwar auch aus wirtschaftlichen Gründen angepflanzt worden war, ihren Wert aber nicht durch Arbeit und Leistung gewonnen hat. Sie zu behalten, belastet E auch nicht wirtschaftlich unzumutbar. 1051

**Literatur:** Zu Art. 14 allgemein: *W. Böhmer,* Grundfragen der verfassungsrechtlichen Gewährleistung des Eigentums in der Rechtsprechung des Bundesverfassungsgerichts, NJW 1988, 2561; *A. v. Brünneck,* Die Eigentumsgarantie des Grundgesetzes, 1984; *D. Dörr,* Die neuere Rechtsprechung des Bundesverfassungsgerichts zur Eigentumsgarantie des Art. 14 GG, NJW 1988, 1049; *P. Krause,* Eigentum an subjektiven öffentlichen Rechten, 1982; *L. Osterloh,* Eigentumsschutz, Sozialbindung und Enteignung bei der Nutzung von Boden und Umwelt, DVBl. 1991, 906; *H.-J. Papier,* Grundfälle zu Eigentum, Enteignung und enteignungsgleichem Eingriff, JuS 1989, 630; *ders.,* Entwicklung der Rechtsprechung zur Eigentumsgarantie des Art. 14 GG, NWVBL 1990, 397; *B. Pieroth,* Rückwirkung und Übergangsrecht, 1981; *H. Rittstieg,* Eigentum als Verfassungsproblem, 2. Aufl. 1976; *E. Schmidt-Aßmann,* Öffentlich-rechtlicher Grundeigentumsschutz und Richterrecht, in: Festschrift Juristische Fakultät Heidelberg, 1986, S. 107; *F. Schoch,* Die Eigentumsgarantie des Art. 14 GG, Jura 1989, 113; *G. Schwerdtfeger,* Die dogmatische Struktur der Eigentumsgarantie, 1983. — Speziell zu Enteignung, enteignendem und enteignungsgleichem Eingriff: *G. Krohn/M. Löwisch,* Eigentumsgarantie, Enteignung, Entschädigung, 3. Aufl. 1984; *J. Lege,* Enteignung und „Enteignung“, NJW 1990, 864;

*H. Maurer*, Enteignungsbegriff und Eigentumsgarantie, in: Festschrift Dürig, 1990, S. 293; *K. Nüßgens/K. Boujong*, Eigentum, Sozialbindung, Enteignung, 1987; *F. Ossenbühl*, Staatshaftungsrecht, 4. Aufl. 1991; *A. Scherzberg*, Die Subsidiarität des „enteignungsgleichen Eingriffs", DVBl. 1991, 84; *F. Schoch*, Die Haftungsinstitute des enteignungsgleichen und enteignenden Eingriffs im System des Staatshaftungsrechts, Jura 1989, 529.

## Anhang: Aufbauschemata

**1051a** Die Frage, ob ein *Gesetz* Art. 14 verletzt, ist in folgenden Einzelfragen abzuarbeiten:

I. Unterfällt die vom Gesetz betroffene Vermögensposition nach
   1. Begriff und
   2. Umfang

   dem Schutzbereich der Eigentumsgarantie?

II. Greift das Gesetz in die Eigentumsfreiheit ein, d. h.
   1. verkürzt es Eigentümerbefugnisse durch abstrakt-generelle Inhalts- und Schrankenbestimmungen oder
   2. entzieht es konkret-individuell Eigentumspositionen vollständig oder teilweise (Legalenteignung) oder ermächtigt es die Verwaltung zu solchen Entziehungen (Administrativenteignung)?

III. Ist der Eingriff verfassungsrechtlich gerechtfertigt?
   1. Ist das Gesetz kompetenz- und verfahrensgemäß zustandegekommen?
   2. Bei Enteignungen:
      a) Handelt es sich um ein Parlamentsgesetz, das selbst die Vorhaben und die Voraussetzungen der Enteignung regelt?
      b) Sieht das Gesetz eine Entschädigung vor (Junktimklausel)?
      c) Dient die Enteignung dem Wohl der Allgemeinheit?
      d) Regelt das Gesetz Art und Ausmaß der Entschädigung unter gerechter Abwägung der Interessen der Allgemeinheit und der Beteiligten?
   3. Bei Inhalts- und Schrankenbestimmungen:
      a) Ist das Gesetz zur Erreichung eines legitimen Zwecks geeignet und erforderlich?
      b) Trägt es der Eigenart des vermögenswerten Guts oder Rechts und dessen Bedeutung für den Eigentümer Rechnung, u. U. durch Entschädigungs- und Übergangsregelungen?
   4. Respektiert das Gesetz die Institutsgarantie?

Werden die einschlägigen Einzelfragen bejaht, dann verletzt das Gesetz Art. 14 nicht; wenn das Gesetz das Eigentum durch Enteignung entzieht, bleibt die Eigentumsgarantie nicht als Bestands-, wohl aber als Wertgarantie gewahrt. Wird eine Einzelfrage verneint, dann liegt eine Verletzung des Eigentums vor, bei der nicht einfach geduldet und liquidiert werden kann, sondern die entweder geduldet oder gerichtlich abgewehrt werden muß.

**1051b** Die Frage, ob ein Handeln der *Verwaltung* Art. 14 verletzt, ist in folgenden Einzelfragen abzuarbeiten:

I. Unterfällt die vom Verwaltungshandeln betroffene Vermögensposition nach
   1. Begriff und
   2. Umfang

   dem Schutzbereich der Eigentumsgarantie?

II. Greift das Verwaltungshandeln in die Eigentumsfreiheit ein, d. h.
   1. beschränkt es Eigentümerbefugnisse oder
   2. entzieht es Eigentumspositionen?

III. Ist das Verwaltungshandeln verfassungsrechtlich gerechtfertigt?
   1. Bei Beschränkungen: Erfolgt die Beschränkung in Anwendung oder Vollzug verfassungsmäßiger Inhalts- und Schrankenbestimmungen?
   2. Bei Entziehungen: Erfolgt die Entziehung als Administrativenteignung gegen Entschädigung aufgrund entsprechender verfassungsmäßiger Ermächtigung?

3. Bei unmittelbaren Eingriffen, die ein Sonderopfer abverlangen und hinreichend intensiv sind:
   a) Erfolgen sie
      — als unbeabsichtigte, nicht vorhersehbare und nicht regelbare Nebenfolge rechtmäßigen Verwaltungshandelns (enteignender Eingriff)?
      — durch rechtswidriges, sofort vollzogenes Verwaltungshandeln (enteignungsgleicher Eingriff)?
   b) Sind sie nicht mehr abzuwehren?
   c) Erfolgen sie gegen Entschädigung?

Werden die einschlägigen Einzelfragen bejaht, dann verletzt das Verwaltungshandeln Art. 14 nicht. Die gutachtliche Fallfrage gilt oft nicht einfach der Vereinbarkeit des Verwaltungshandelns mit Art. 14, sondern der Entschädigung. Die Prüfung ist dann entsprechend anders aufzubauen. Sie kann ergeben, daß das Verwaltungshandeln schon ohne Entschädigung mit Art. 14 vereinbar ist (III. 1.) oder daß es nur gegen Entschädigung mit Art. 14 vereinbar ist und daß die Entschädigung daher verlangt werden kann (III. 2. u. 3.). Sie kann aber auch ergeben, daß das Verwaltungshandeln auch gegen Entschädigung nicht mit Art. 14 vereinbar ist (III. 3. Verneinung von a oder b) und daß daher keine Entschädigung verlangt, sondern nur das Verwaltungshandeln gerichtlich abgewehrt werden kann.

# § 24 SCHUTZ VOR AUSBÜRGERUNG UND AUSLIEFERUNG UND DAS ASYLRECHT (Art. 16)

**Fall:** Der chinesische Student

S, Student aus Peking und dort Mitglied einer Studentengruppe, die für China parlamentarische Demokratie fordert, verläßt das Land im Mai 1989 und reist über Hongkong nach London. Dort bleibt er wegen einer Erkrankung und wegen Geldmangels zunächst bei Freunden; die britischen Behörden sichern ihm nach dem Militäreinsatz auf dem Platz des Himmlischen Friedens zu, ihn nicht nach China abzuschieben. Im September 1989 kommt S in die Bundesrepublik Deutschland und stellt Antrag auf politisches Asyl. Er weist auf die seit Juni 1989 in China herrschende Repression hin, die u.a. zur Verhaftung aller Mitglieder seiner Studentengruppe geführt hat. Kann S sich auf Art. 16 Abs. 2 S. 2 berufen?

## I. Überblick

Art. 16 enthält drei Grundrechte: **1052**

— das Verbot der Entziehung und die Beschränkung des Verlusts der deutschen Staatsangehörigkeit,
— das Auslieferungsverbot hinsichtlich Deutscher und
— das Recht auf politisches Asyl.

Der sachliche Zusammenhang dieser drei Grundrechte besteht darin, daß ihnen die Anknüpfung an ein status- oder territorialrechtliches Band zwischen der Bundesrepublik Deutschland und einem einzelnen gemeinsam ist. Dieser kann das eine Mal als Deutscher oder deutscher Staatsangehöriger, das andere Mal als politisch verfolgter Ausländer Rechte geltend machen, und zwar auf Aufrechterhaltung des personenrechtlichen Status (Art. 16 Abs. 1) und auf Einreise und Aufenthalt auf deutschem Territorium (Art. 16 Abs. 2).

Die Unterscheidung der Begriffe des Deutschen und des deutschen Staatsangehörigen von **1053** dem Begriff des Ausländers kennzeichnet verschieden geartete Rechtsbeziehungen. Sie beruhen auf zwei gegenläufigen Prinzipien moderner Staatlichkeit, der Personalhoheit und der Gebietshoheit. Inhalt des ersten Prinzips ist die Zuordnung von Personen zu einem Staat, der ihnen Schutz bietet und von ihnen Gehorsam verlangt und beides selbst dann, wenn sie das Staatsgebiet verlassen. Gebietshoheit meint die grundsätzlich alleinige, d. h. andere Staaten ausschließende Herrschaftsausübung auf einem Teil der Erdoberfläche über alle dort befindlichen Personen und Sachen. Beide Prinzipien sind Ausdruck staatlicher Souveränität. Staatsangehöriger eines Staates ist, wer dessen Personalhoheit unterliegt, Fremder oder Ausländer hingegen, wer zwar der Gebietshoheit eines Aufenthaltsstaates unterliegt, nicht aber dessen Personalhoheit, sondern keinem Staat (sog. Staatenloser) oder einem anderen, dem sog. Heimatstaat, durch ein solches personales Band verbunden ist.

**1054** Die Grundrechte des Art. 16 hängen auch historisch miteinander zusammen. Das Entziehungsverbot des Abs. 1 S. 1 reagiert auf die vorwiegend rassistisch motivierte Ausbürgerungspraxis im nationalsozialistischen Deutschland. Auch Abs. 2 S. 2 geht auf Erfahrungen im und mit dem Dritten Reich zurück, weil damals rassisch bzw. politisch verfolgte Deutsche, wenn überhaupt, so nur unter erheblichen Schwierigkeiten im Ausland Schutz finden konnten und weil mit der Schaffung eines vorbehaltlosen Asylgrundrechts Menschen, die sich in einer ähnlichen politischen Lage in anderen Staaten befinden, geholfen werden sollte. Nur das Auslieferungsverbot, wie es heute in Abs. 2 S. 1 normiert ist, wurde schon Ende des 19. Jahrhunderts als wesentlicher Bestandteil des Reichsbürgerrechts und eigentlich in die Reichsverfassung gehörig bezeichnet (vgl. *Laband*, Das Staatsrecht des Deutschen Reiches, 5. Aufl. 1911, 1. Bd., S. 155). Es war seit 1871 aber nur einfach-gesetzlich verankert, erst 1919 wurde es in die Verfassung aufgenommen (Art. 112 Abs. 3 WRV).

## II. Schutz vor Ausbürgerung (Art. 16 Abs. 1)

### *1. Schutzbereich*

**1055** Art. 16 Abs. 1 S. 1 schützt vor dem Entzug der deutschen Staatsangehörigkeit; Art. 16 Abs. 1 S. 2 nennt die Voraussetzungen, unter denen gesetzlich festgelegte Tatbestände den Verlust der deutschen Staatsangehörigkeit vorsehen dürfen. Berechtigt sind hieraus nur deutsche Staatsangehörige, nicht auch Deutsche ohne deutsche Staatsangehörigkeit (BVerwGE 8, 340/343; *Randelzhofer*, M/D, Art. 16 Abs. I Rdnr. 59; teilweise a. A. *Kimminich*, BK, Art. 16 Rdnr. 42 ff., 56 ff.; zum Begriff des Deutschen vgl. oben Rdnr. 130 ff.).

### *2. Eingriffe*

**1056** Art. 16 Abs. 1 kennt die Entziehung gem. Satz 1 und den Verlust gem. Satz 2. Satz 2 kennt weiter den Verlust mit Willen des Betroffenen und den Verlust gegen den Willen des Betroffenen. Klärungsbedürftig ist das Verhältnis zwischen der Entziehung gem. Satz 1 und dem Verlust gegen den Willen des Betroffenen gem. Satz 2. Denn mit dem Begriff der Entziehung verbindet sich sowohl die Folge des Verlusts als auch das Merkmal der mangelnden Freiwilligkeit; aber wegen der unterschiedlichen Rechtsfolgen müssen die Entziehung gem. Satz 1 und der Verlust gegen den Willen des Betroffenen gem. Satz 2 unterschiedliche Tatbestände bezeichnen. Der Verfassunggeber (vgl. JöR 1951, 158 ff.) hatte in der Tat drei Tatbestandsgruppen vor Augen:

- den Verlust mit Willen des Betroffenen, besonders die Entlassung aus der Staatsangehörigkeit auf Antrag oder den Verzicht auf die Staatsangehörigkeit durch Erklärung (vgl. § 17 Nr. 1 und 3 RuStAG),
- die überkommenen Tatbestände des Verlusts gegen den Willen des Betroffenen, besonders bei Erwerb einer ausländischen Staatsangehörigkeit durch Eheschließung (vgl. § 17 Nr. 6 RuStAG a. F.) oder auf besonderen Antrag (§ 17 Nr. 2 RuStAG),

— die willkürliche Entziehung der Staatsangehörigkeit, besonders die Ausbürgerung und Aberkennung der Staatsangehörigkeit aus politischen Gründen.

Der Wortlaut spiegelt diese dreifache Unterscheidung nicht klar wider. Um zwischen dem Verlust gegen den Willen des Betroffenen gem. Satz 2 und der Entziehung gem. Satz 1 tatbestandlich deutlicher zu unterscheiden, wird daher im Schrifttum gelegentlich der Entziehung als weiteres Merkmal die Unvermeidbarkeit beigelegt; der gegen den Willen erfolgende Verlust bei Erwerb einer ausländischen Staatsangehörigkeit sei vermeidbar, die Entziehung durch Ausbürgerung und Aberkennung der Staatsangehörigkeit dagegen unvermeidbar, da sie erfolge, „ohne auf den Willen oder das Verhalten des Betroffenen in irgendeiner Weise Rücksicht zu nehmen" (*Randelzhofer*, M/D, Art. 16 Abs. I Rdnr. 49; vgl. auch BVerfG, NJW 1990, 2193). Auch damit ist das Problem nicht gelöst, denn die Aberkennung der Staatsangehörigkeit aus politischen Gründen erfolgt natürlich mit Rücksicht auf die politische Einstellung und das politische Verhalten des Betroffenen. Es bleibt nur, ohne scharfe begriffliche Scheidung den Verlust gegen den Willen des Betroffenen gem. Satz 2 auf die traditionellen Verlusttatbestände zu beschränken und weitergehende Verlusttatbestände unter die Entziehung gem. Satz 1 zu fassen.

Umstritten ist, ob die *Rücknahme einer fehlerhaften Einbürgerung* gem. § 48 VwVfG 1057
eine Entziehung im definierten Sinne und damit unzulässig ist. Dies wird von vielen mit dem Argument verneint, Art. 16 Abs. 1 S. 1 habe nicht den Zweck, rechtswidrige Einbürgerungen in ihrem Bestand aufrechtzuerhalten (vgl. VGH Mannheim, DÖV 1990, 1069; *Schnapp*, vM, Art. 16 Rdnr. 13). Dem steht jedoch entgegen, daß die bloß fehlerhafte, aber nicht nichtige Einbürgerung gem. § 43 VwVfG verbindlich ist, also eine Rechtsposition begründet, die nur noch entzogen werden kann. Keine Entziehung ist dagegen die bloß deklaratorische Feststellung des Gesetzes, daß eine zu Unrecht erfolgte Einbürgerung als von Anfang an unwirksam gilt, sofern durch das Verschulden des Antragstellers der Einbürgerung entgegenstehende Tatsachen nicht bekannt waren (vgl. § 24 StAngRegG). Diese Fiktionsregelung schließt schon einen Erwerb der Staatsangehörigkeit aus, so daß sich die Frage der Entziehung gar nicht erst stellt.

### *3. Verfassungsrechtliche Rechtfertigung*

Art. 16 Abs. 1 S. 1 verbietet die Entziehung der Staatsangehörigkeit vorbehaltlos. 1058
Der Verlust der Staatsangehörigkeit steht dagegen unter einem Gesetzesvorbehalt: Er darf nur aufgrund eines Gesetzes erfolgen. Für den Fall, daß der Verlust gegen den Willen des Betroffenen erfolgt, ist der Gesetzesvorbehalt dadurch qualifiziert, daß der Verlust nicht zur Staatenlosigkeit des Betroffenen führen darf.

**Beispiele:** Der Verlust gem. § 17 Nr. 1 RuStAG (Entlassung auf Antrag) ist zulässig, weil 1059
er mit Willen erfolgt. Der Verlust — nicht die Entziehung! — gem. §§ 17 Nr. 2, 25 RuStAG (Erwerb einer ausländischen Staatsangehörigkeit) ist zulässig, weil er zwar gegen den Willen des Betroffenen erfolgt, aber nicht zu dessen Staatenlosigkeit führt; denn der Verlust tritt erst mit rechtswirksamem Erwerb der ausländischen Staatsangehörigkeit ein.

## III. Auslieferungsverbot (Art. 16 Abs. 2 S. 1)

*Auslieferung* bedeutet die — notfalls zwangsweise — Entfernung eines Deutschen aus 1060
dem Hoheitsbereich der Bundesrepublik Deutschland, verbunden mit der Überführung in den Bereich einer ausländischen Macht auf deren Ersuchen. Hierunter fällt auch die sog. *Durchlieferung*, wenn ein Deutscher von einem Staat an einen anderen

unter Durchquerung der Bundesrepublik Deutschland ausgeliefert wird; weder ist die Weitergabe an den Bestimmungsstaat noch die Rückführung an den übergebenden Staat erlaubt (E 10, 136/139).

**1061** Von der Auslieferung zu unterscheiden ist die *Ausweisung* eines Deutschen. Darunter versteht man das ohne Ersuchen eines ausländischen Staates an einen Deutschen ergehende Gebot, die Bundesrepublik egal wohin zu verlassen. Gegen die Ausweisung und deren Vollzug, die sog. *Abschiebung*, schützt aber Art. 11 (vgl. oben Rdnr. 890).

**1062** Schwierig ist der Fall der sog. *Rücklieferung* zu beurteilen. Darunter versteht man die Auslieferung eines Deutschen ins Ausland, nachdem dieser zuvor nur vorläufig aufgrund einer Rückführungszusage aus dem Ausland in die Bundesrepublik Deutschland verbracht worden ist. E 29, 183/193 f. hat hierin keine verbotene Auslieferung gesehen, weil die Rücklieferung nur wieder den Zustand herstellt, der schon vor der vorläufigen Verbringung in das Bundesgebiet bestanden hat, sich also per saldo die Lage des Betroffenen nicht verschlechtert hat. Auch erfolgt die vorläufige Verbringung ins Bundesgebiet mit völkerrechtlicher Rücklieferungspflicht meist zum Vorteil deutscher Behörden und Gerichte. Das sind aber alles Erwägungen, die vor der strikten Anordnung des Art. 16 Abs. 2 S. 1, wonach ein Deutscher niemals gegen seinen Willen einer ausländischen Macht zugeführt werden darf, keinen Bestand haben (vgl. *Schnapp*, vM, Art. 16 Rdnr. 19; differenzierend *Randelzhofer*, M/D, Art. 16 Abs. II S. 1 Rdnr. 10 ff.). Danach ist schon die Abgabe einer Rücklieferungszusicherung verboten, und ihr darf, falls sie doch abgegeben worden ist, nicht nachgekommen werden (auch wenn sich die Bundesrepublik Deutschland dadurch möglicherweise nach völkerrechtlichen Grundsätzen haftbar macht).

## IV. Asylrecht (Art. 16 Abs. 2 S. 2)

**1064** Das subjektiv-öffentliche Recht auf Asylgewährung für politisch Verfolgte geht über die völkerrechtlichen Gewährleistungen hinaus (vgl. *Gornig*, EuGRZ 1986, 521/526). Die Bundesrepublik Deutschland macht damit von der völkerrechtlichen Befugnis eines jeden souveränen Staates gegenüber anderen Staaten Gebrauch, deren verfolgten Staatsangehörigen Zuflucht auf seinem Territorium zu gewähren, ohne daß der Heimatstaat dies als Völkerrechtsverletzung oder unfreundlichen Akt betrachten darf. Das Asylverfahrensgesetz regelt Organisations- und Verfahrensfragen sowie das Aufenthaltsrecht während des Asylverfahrens; das Ausländergesetz schützt darüber hinaus abgelehnte Asylbewerber in bestimmten Situationen vor Abschiebung.

### *1. Schutzbereich*

**1065** a) Herkömmlich wird Art. 16 Abs. 2 S. 2 als das einzige nur Ausländern zustehende Grundrecht verstanden. Für im Ausland **politisch verfolgte Deutsche** wird auf deren Einreisefreiheit und das darin eingeschlossene Aufenthaltsrecht gem. Art. 11 Abs. 1 (vgl. oben Rdnr. 877 ff.) verwiesen. Allerdings steht Art. 11 Abs. 1 — anders als der vorbehaltlos gewährleistete Art. 16 Abs. 2 S. 2 — unter einem qualifizierten Gesetzesvorbehalt. Es ist abwegig, wegen dieser Schrankendivergenz den Art. 16 Abs. 2 S. 2 für verfassungswidrig zu erklären (so aber *Philipp*, NJW 1981, 1857). Vielmehr muß, um das vom Grundgesetz offensichtlich nicht gewollte Ergebnis einer Privilegierung der Ausländer zu vermeiden, diese herkömmliche Auffassung revidiert werden, wonach

Art. 16 Abs. 2 S. 2 das einzige ausschließlich Ausländern zustehende Grundrecht sei. Auch der Wortlaut steht einer Berechtigung der Deutschen aus Art. 16 Abs. 2 S. 2 nicht entgegen (vgl. *Sachs*, NJW 1981, 2608).

b) Das BVerwG definiert den **Begriff des politisch Verfolgten** ausgehend von der Genfer Flüchtlingskonvention vom 28. Juli 1951 (BGBl. 1953 II, 559). Politisch verfolgt ist, wer „wegen seiner Rasse, Religion, Nationalität, Zugehörigkeit zu einer sozialen Gruppe oder wegen seiner politischen Überzeugung Verfolgungsmaßnahmen mit Gefahr für Leib oder Leben oder Beschränkungen seiner persönlichen Freiheit ausgesetzt ist oder solche Verfolgungsmaßnahmen begründet befürchtet" (BVerwGE 67, 184/186; st. Rspr.; krit. *Selk*, NVwZ 1990, 1133/1135). Weitere Kriterien, z. B. schicksalshaft irreversible Homosexualität, treten hinzu; entscheidend ist, daß jemand „Verfolgungsmaßnahmen deshalb befürchten muß, weil er aufgrund unabänderlicher persönlicher Merkmale anders ist als er nach Ansicht des Verfolgers zu sein hat" (BVerwGE 79, 143/146 f.). **1066**

*Verfolgung* kann alle Lebensbereiche beeinträchtigen, auch den religiösen (E 76, 143/158), den kulturellen und den wirtschaftlichen (*Kimminich*, BK, Art. 16 Rdnr. 181). Soweit die Beeinträchtigungen Leben, Leib oder persönliche Freiheit nicht gezielt verletzen oder gefährden und auch soweit sie andere Rechtsgüter betreffen, sind sie nur bei menschenwürdeverletzender Intensität Verfolgung i. S. v. Art. 16 Abs. 2 S. 2 (E 54, 341/357; BVerwGE 80, 321/324). Bei „Nachteilen, die jemand aufgrund der allgemeinen Zustände in seinem Heimatstaat zu erleiden hat, wie Hunger, Naturkatastrophen, aber auch bei den allgemeinen Auswirkungen von Unruhen, Revolutionen und Kriegen" liegt Verfolgung nicht vor (E 80, 315/335). **1067**

> **Beispiele:** Verfolgung wird nicht dadurch begründet, daß in einem Land wirtschaftliche Not herrscht, daß die wehrfähigen Männer eines bestimmten Alters zwangsrekrutiert werden (BVerwGE 69, 320/322; 81, 41/42) oder daß die Bürger bei zahlreichen Gelegenheiten die Staatsflagge grüßen müssen (BVerwGE 80, 321/324 ff.). **1067a**

Verfolgungsfurcht setzt *Verfolgungsgefahr* voraus. Diese ist gegeben, wenn dem Asylsuchenden bei verständiger Würdigung aller Umstände seines Falls politische Verfolgung mit beachtlicher Wahrscheinlichkeit droht, so daß ihm der Aufenthalt in seinem Heimatstaat nicht zumutbar ist, etwa wenn ein christlicher türkischer Wehrpflichtiger weiß, daß in mehreren türkischen Garnisonen christliche Wehrpflichtige zwangsweise beschnitten werden (BVerwG, DVBl. 1992, 828). **1067b**

Die Verfolgung muß eine *eigene* sein. Daß jemand einer Gruppe zugehört, die Verfolgungsmaßnahmen ausgesetzt ist, begründet eigene politische Verfolgung, wenn die Gruppenangehörigen wegen eines bei allen vorliegenden asylerheblichen Merkmals (vgl. oben Rdnr. 1066) verfolgt werden und sie sich in einer nach Ort, Zeit und Wiederholungsträchtigkeit vergleichbaren Lage befinden (sog. Gruppenverfolgung; E 83, 216/231). — Familiäre Verbundenheit mit einem Verfolgten begründet als solche noch keine eigene Verfolgung (BVerwGE 65, 244/245). Allerdings ist bei Ehegatten und Kindern, nicht aber bei anderen Verwandten anerkannt, daß sie gewissermaßen stellvertretend politisch verfolgt werden können; daraus resultiert eine widerlegliche Vermutung für eigene politische Verfolgung (BVerwGE 75, 304/312 f.; 79, 244/246). Daher räumt § 7 a Abs. 3 AsylVfG Ehegatten und Kindern von Asylberechtigten unter bestimmten Voraussetzungen die Rechtsstellung von Asylberechtigten ein (vgl. BVerfG, NVwZ 1991, 978 f.; BVerwGE 88, 326/327 ff.). **1068**

1068a **Beispiel:** Eine kleine Minderheit, wie die Jeziden in der Türkei, wird mit solcher Härte, Ausdauer und Unnachsichtigkeit verfolgt, daß jeder Angehörige dieser Minderheit sich ständig der Gefährdung an Leib, Leben oder persönlicher Freiheit ausgesetzt sieht (E 83, 216/232; BVerwGE 88, 367/371 ff.).

1069 Die Verfolgung muß *gegenwärtig* oder gegenwärtig zu befürchten sein. Dies ist nicht der Fall, wenn jemand erst mehrere Jahre nach erlittener, aber beendeter Verfolgung seinen Heimatstaat verläßt (BVerwGE 87, 52/53 f.). Ihren Anlaß kann die Verfolgung oder Verfolgungsfurcht aber auch in sog. *Nachfluchtgründen* haben, d. h. in nach Verlassen des Heimatstaates eingetretenen Handlungen, Vorgängen oder Ereignissen wie z. B. in einem Putsch oder einer Revolution im Heimatstaat, im Beitritt zu einer Exilorganisation oder in der Stellung eines Asylantrags durch den Asylbewerber. Dabei schränkt die Rechtsprechung neuestens ein: Grundsätzlich verlange das Asylrecht den kausalen Zusammenhang zwischen Verfolgung und Flucht. Danach könne das bloße illegale Verlassen des Heimatstaates allein keinen Asylanspruch begründen (BVerwGE 81, 41/46). Nach der Flucht einsetzende Verfolgung oder Verfolgungsfurcht könne das Asylrecht allerdings dann begründen, wenn sie durch sog. objektive Nachfluchttatbestände, d. h. durch „Vorgänge oder Ereignisse im Heimatland" oder sonstige vom Betroffenen nicht selbst herbeigeführte Umstände ausgelöst werde (E 74, 51/65; BVerwGE 88, 92/95 f.). Sog. subjektive oder selbstgeschaffene Nachfluchttatbestände seien grundsätzlich unbeachtlich; etwas anderes gelte nur, wenn sie „sich als Ausdruck und Fortführung einer schon während des Aufenthalts im Heimatstaat vorhandenen und erkennbar betätigten festen Überzeugung darstellen" (E 74, 51/64 ff.; BVerwGE 77, 258/261) oder Folge einer zum Nachfluchtverhalten drängenden, zumindest latenten Gefährdungslage im Heimatstaat sind (BVerwGE 81, 170/172; DVBl. 1991, 542/543). Diese Einschränkung ist bedenklich; das BVerfG selbst sieht, daß sie vom „Wortsinn" nicht geboten ist, meint aber, sie aus „Sinn und Zweck" rechtfertigen zu können (E 74, 51/57; krit. *Selk,* NVwZ 1990, 1133/1135; zust. *Kimminich,* JZ 1987, 194).

1070 Nicht verfolgt ist, wer eine inländische *Fluchtalternative* derart hat, daß er nicht überall im Heimatland schutzlos ist, sondern in verfolgungsfreie Landesteile ausweichen kann. Das BVerfG spricht in diesem Zusammenhang vom „mehrgesichtigen Staat", der in verschiedenen Landesteilen unterschiedliche politische Ziele verfolgt und unterschiedliche Kultur- und Rechtsordnungen zuläßt (E 80, 315/342 f.; vgl. auch E 81, 58/65 f.). Entsprechend ist nicht mehr verfolgt, wem die Rückkehr in sein Heimatland oder auch nur in bestimmte Gegenden seines Heimatlandes wegen zwischenzeitlich eingetretener Änderungen der dortigen politischen Lage zugemutet werden kann (E 54, 341/360; BVerwGE 74, 160/161; 85, 139/146). Neben den inländischen gibt es auch eine ausländische Fluchtalternative; danach ist nicht mehr verfolgt, wen nicht nur seine Flucht durch einen anderen Staat geführt, sondern wer im anderen Staat Aufnahme und Sicherheit vor Verfolgungen gefunden oder darauf freiwillig verzichtet hat (BVerwGE 84, 115/117 ff.; 88, 226/229 ff.).

1071 Die Verfolgung muß eine *politische* sein, obwohl die Asylgewährung selbst nicht aus politischen, sondern humanitären Gründen erfolgt (E 54, 341/357). Die politische Verfolgung wird oft als die politisch motivierte Verfolgung bestimmt. Jüngst tritt in der Rechtsprechung des BVerfG der subjektiv klingende Motivationsaspekt immer mehr hinter objektiven Kriterien zurück. Die politische Verfolgung hängt mit „Auseinandersetzungen um die Gestaltung und Eigenart der allgemeinen Ordnung des Zusammenlebens von Menschen und Menschengruppen" zusammen und geht von einem „Träger überlegener, in der Regel hoheitlicher Macht" aus (E 80, 315/333 f.). Sie ist grundsätzlich staatliche Verfolgung; es genügt aber auch, wenn der Staat Staatsparteien, -religionen und sogar ihm besonders verbundene Privatpersonen zu Verfolgungsmaßnahmen anregt, ihre Handlungen unterstützt oder hinnimmt, weil er zur erforderlichen Schutzgewährung nicht willens ist (E 54, 341/358; BVerwGE 79, 79/80). Übersteigt dagegen die Schutzgewährung die Kraft des Staates, ist der Staat vom Träger überlegener hoheitlicher Macht zur Bürgerkriegspartei geworden oder gegenüber Guerilleros und Terroristen nicht mehr zu polizeilicher, sondern nur noch zu militärisch-kriegerischer Selbstbehauptung instand, dann sind seine Rechtsgüterbeeinträchtigungen solange keine politische Verfolgung, als sie nur dem „Interesse der Wiederherstellung der staatlichen Friedensordnung" dienen (E 80, 315/336, 340 f.).

Schwierig ist besonders die Zuordnung von *strafrechtlicher* zu politischer Verfolgung. **1073**
Beim sog. politischen Strafrecht (z. B. Hochverrat, Sabotage) differenziert das BVerwG danach, ob der Staat nur gewaltsame Angriffe auf die Integrität seines Territoriums oder seiner Ordnung abwehren oder asylrelevante Eigenschaften politisch diskriminieren und disziplinieren will, weil er die freie Äußerung und geistige Wirkung abweichender politischer Überzeugungen gar nicht zuläßt (BVerwGE 80, 136/140 ff.). Das BVerfG betont, daß eine staatliche Verfolgung von Handlungen, die aus politischer Überzeugung begangen werden, grundsätzlich politische Verfolgung auch dann ist, wenn der Staat seinen eigenen Bestand oder seine politische Identität verteidigt, und daß es einer besonderen Begründung bedarf, wenn sie gleichwohl aus dem Bereich der politischen Verfolgung herausfallen soll (E 80, 315/337). Auch eine Verfolgung wegen Tatbeständen, die nicht dem politischen Strafrecht zugehören, kann politische Verfolgung sein; es kommt darauf an, ob nur der gewissermaßen normale kriminelle Gehalt der Tat geahndet wird oder ob die Sanktion an asylrelevante Eigenschaften, besonders an die politische Überzeugung des Täters anknüpft und auf sie abzielt (vgl. BVerwGE 80, 136/140; *Schnapp*, vM, Art. 16 Rdnr. 24; *Zuleeg*, AK, Art. 16 Abs. 2 Rdnr. 36). Keine politische Verfolgung liegt nach der Rechtsprechung dann vor, wenn ein Staat politischen Terrorismus bekämpft und sich dabei auf die eigentlichen Taten, Täter und Förderer und auf eine gewissermaßen normale Intensität der Bekämpung beschränkt (E 80, 315/339 f.; 81, 142/149; BVerwGE 87, 152; dazu *Dawin*, NJW 1991, 349).

Da Art. 16 Abs. 2 S. 2 eine politische Verfolgung verlangt, bietet er nicht ohne weite- **1074**
res Schutz gegen *Folter* und *Todesstrafe*, die nicht im Zusammenhang mit politischer Verfolgung stehen. Die Folter stellt aber dann politische Verfolgung dar, wenn sie wegen einem der oben Rdnr. 1066 genannten Merkmale eingesetzt oder im Blick auf diese Merkmale in verschärfter Form angewendet wird (E 81, 142/150). Außerdem wird eine Ausweisung des Asylbewerbers in einen Staat, in dem ihm Folter droht, wegen der Bindung der deutschen Staatsorgane an Art. 1 Abs. 1 nicht in Betracht kommen (BVerwGE 74, 226/228; *Frowein/Kühner*, ZaöRV 1983, 537/560 ff.).

c) **Wirkung des Asylgrundrechts.** Es ist umstritten, ob Art. 16 Abs. 2 S. 2 ein Recht **1075**
des *status negativus* oder ein Recht des *status positivus* enthält, d. h. auf Unterlassen aller das Asyl zerstörenden oder gefährdenden Maßnahmen bzw. darüber hinaus auf aktive Asylgewährung durch die öffentliche Gewalt gerichtet ist. Nach der ersten Auffassung ist dem Staat die Abweisung eines Asylsuchenden an der Grenze sowie die

Auslieferung und Ausweisung eines Asylberechtigten untersagt und richtet sich die Rechtsstellung des Asylberechtigten im übrigen nach den ihm als Ausländer zustehenden Menschenrechten und dem einfachen Recht (Recht auf Asyl; *Rottmann,* Staat 1984, 337). Die zweite Auffassung versteht die Gewähr von Einreise und Aufenthalt als Leistung und leitet aus Art. 16 Abs. 2 S. 2 zudem Ansprüche ab auf Hilfeleistung, Unterbringung und Versorgung (Rechte im Asyl; *Randelzhofer,* M/D, Art. 16 Abs. II S. 2 Rdnr. 111 ff.). Diese Auffassung sieht in der Stattgabe des Asylantrags eine konstitutive Statusverleihung, während die abwehrrechtliche Position dieser Entscheidung nur deklaratorische Wirkung beimißt (ebenso trotz leistungsrechtlicher Position *Randelzhofer,* M/D, Art. 16 Abs. II S. 2 Rdnr. 118). Auch versteht die abwehrrechtliche Position das Asylverfahren nicht als Verfahren zur *Anerkennung* eines möglicherweise bestehenden Rechts, sondern als Verfahren zu dessen *Aberkennung,* falls der Asylbewerber über sein Recht getäuscht oder sich geirrt haben sollte (a. A. E 60, 253/295). Ziel dieses Widerlegungsverfahrens ist es, die nicht berechtigten Antragsteller herauszufiltern und über deren Ausreisepflicht zu entscheiden. Nur rechtstechnisch werden die noch nicht anerkannten Asylanten und die unberechtigten Antragsteller unter der Bezeichnung Asylbewerber zusammengefaßt; im Hinblick auf das möglicherweise und bislang nur vermutete Asylrecht wird ihnen vorverlagerter Eingriffsschutz zuteil.

**1076** Entstehungsgeschichte und Systematik der Grundrechte des Grundgesetzes sprechen für die *abwehrrechtliche Position.* Danach ist ein Grundrecht unabhängig von staatlicher Zuteilung gewährt und braucht seine Inanspruchnahme nicht gegenüber dem Staat gerechtfertigt zu werden. Es ist vielmehr Sache des Staats, mit Organisations- und Verfahrensregelungen, die ihrerseits am Grundrecht ausgerichtet sind, die Vermutung zugunsten des berechtigten Freiheitsgebrauchs zu widerlegen. Da es im Asylrecht zwischen Schutzgewährung und Schutzversagung keinen dritten Weg gibt, ist das Verfahrensrecht für die Verwirklichung der Grundrechtsposition von großer Bedeutung.

**1077** **Beispiele:** Das zuständige OLG erklärt die Auslieferung eines Asylbewerbers für zulässig, obwohl das Asylanerkennungsverfahren vor den Verwaltungsgerichten noch nicht rechtskräftig abgeschlossen ist. E 60, 348/358 hat dies unter der Voraussetzung für zulässig erachtet, daß das OLG die Asylberechtigung überprüft. — Umgekehrt hat das BVerfG es als Verstoß gegen Art. 16 Abs. 2 S. 2 angesehen, wenn der Asylbewerber vor einer gerichtlichen Entscheidung über seine Klage im Asylanerkennungsverfahren durch aufenthaltsbeendende Maßnahmen der Ausländerbehörden in den Staat zurückgeschickt wird, in dem er politisch verfolgt wird. Denn dies nehme „ihm auch bei einem späteren Erfolg seiner Asylklage faktisch die Möglichkeit … von seinem Asylrecht Gebrauch zu machen" (E 56, 216/243 f.). — Beide Entscheidungen lassen sich mit der abwehrrechtlichen Sicht des Asylgrundrechts plausibler erklären. Den Gerichten obliegt es, die Vermutung der Asylberechtigung zu widerlegen. Nimmt man demgegenüber an, daß erst die Gerichte den grundrechtlichen Status verleihen, können die in den genannten Entscheidungen anerkannten „Vorwirkungen" nur mit dem Gedanken der Anspruchsvereitelung erklärt werden.

*2. Eingriffe*

**1078** Als Eingriffe stellen sich alle aufenthaltsverweigernden und -beendenden Maßnahmen gegenüber politisch Verfolgten dar. Daher liegt wie in der Abweisung eines Asylsuchenden an der Grenze auch in der Verweigerung eines für die Einreise gegebenenfalls erforderlichen Sichtvermerks durch eine deutsche Auslandsvertretung ein Eingriff (vgl. *Kreßel*, DÖV 1988, 501). Die im Schrifttum umstrittene (vgl. *Hailbronner*, Ausländerrecht, 2. Aufl. 1989, Rdnr. 1318 ff.) Auffassung des BVerwG (BVerwGE 69, 323/325 ff.; DVBl. 1992, 844/848), Ausländer seien aus Art. 16 Abs. 2 S. 2 erst dann berechtigt, wenn sie das Staatsgebiet der Bundesrepublik Deutschland erreicht haben, widerspricht Art. 1 Abs. 3: Alle deutsche Staatsgewalt ist an die Grundrechte gebunden, gleichgültig wo sie ausgeübt wird. Durch ein mit den Nachbarstaaten abgesprochenes, geringfügiges Vorverlagern der Grenzkontrolle könnte das Erreichen des Staatsgebiets den Asylsuchenden außerdem schlechterdings unmöglich gemacht werden. Ob politische Verfolgung im einzelnen vorliegt, darf vom Richter überprüft werden. Kein Eingriff in das Asylgrundrecht — möglicherweise aber die Verletzung von internationalen Menschenrechten oder sonstigen einfach-gesetzlichen Positionen — ist die Vorenthaltung von Hilfeleistungen, Unterbringung und Versorgung (BVerwGE 71, 139/141).

*3. Verfassungsrechtliche Rechtfertigung*

Art. 16 Abs. 2 S. 2 ist vorbehaltlos gewährleistet. Er erfährt auch keine Einschränkungen **1079**
aus dem Völkerrecht (BVerwGE 49, 202/203). Das Asylgrundrecht kann lediglich nach Art. 18 verwirkt werden; die auf eine Verwirkung hinauslaufende, aber nicht als Verwirkung ausgestaltete Ausweisung und Abschiebung von anerkannten Asylberechtigten nach §§ 48 Abs. 1 bzw. 51 Abs. 4 AuslG ist daher verfassungsrechtlich problematisch.

Sehr bedenklich ist es, diesen verfassungstextlichen Befund durch die Annahme kolli- **1080**
dierenden Verfassungsrechts zu unterlaufen. So beruft das BVerwG sich für die Rechtfertigung der Vorläufer von §§ 48 Abs. 1 bzw. 51 Abs. 4 AuslG auf das Sicherheitsinteresse des Staates und der Allgemeinheit (BVerwGE 49, 202/209; 81, 155/158 ff.). Im Schrifttum wird diesem Sicherheitsinteresse gelegentlich sogar ein „Vorbehalt staatlicher Ressourcen" entnommen (*Randelzhofer*, Hdb. StR VI, S. 204 f.). Grundrechte unterliegen jedoch keinem Vorbehalt des Möglichen und dürfen nicht nach vorhandenen Kapazitäten bewirtschaftet werden. Ist der Staat zur Aufnahme von Asylanten nicht mehr bereit oder will er, wie teilweise angestrebt wird, Asyl nur noch nach Maßgabe eines minderen, europäisch koordinierten Standards gewähren (dazu *Hailbronner/Cordes*, NVwZ 1990, 1139), dann muß der Gesetzgeber die Verfassung ändern (vgl. *Wollenschläger/Becker*, EuGRZ 1990, 1; *Rothkegel*, ZRP 1992, 222).

**Lösungsskizze zum Fall:** I. Der Schutz von Art. 16 Abs. 2 S. 2 setzt eine gegenwärtige **1081**
oder gegenwärtig zu befürchtende politische Verfolgung voraus. Diese Voraussetzung war zwar im Zeitpunkt der Ausreise von S aus China nicht gegeben, ist aber zwischenzeitlich durch sog. *Nachfluchtgründe* erfüllt. Hier liegen objektive Nachfluchttatbestände vor, die durch Vorgänge im Heimatstaat unabhängig von der Person des Bewerbers ausgelöst wurden. Die Verhaftung aller Mitglieder der Studentengruppe nach den Ereignissen vom Juni 1989 zeigt, daß auch S in China eine Beeinträchtigung seiner persönlichen Freiheit zu befürchten hat. Gleichwohl wäre S nicht mehr als verfolgt anzusehen, wenn er bereits in Großbritannien Sicherheit vor Verfolgung gefunden hätte (ausländische Fluchtalternative). § 2 Abs. 2 AsylVfG, der nach BVerwGE 79, 347/349 den Schutzbereich von Art. 16 Abs. 2 S. 2 lediglich „verlautbarend nachzeichnet", begründet die Vermutung, daß bei einem länger als drei Monate dauernden Aufenthalt in einem anderen Staat Sicherheit vor Verfolgung erreicht und die Flucht beendet ist. Aber diese Vermutung ist widerlegbar. Zum einen wird sie dadurch widerlegt, daß der Ausländer glaubhaft macht, seine Abschiebung in einen Staat, in dem ihm politische Verfolgung droht, sei nicht mit hinreichender Sicherheit auszuschließen (§ 2 Abs. 2 S. 2 AsylVfG). Dies kann

S nicht, da die britischen Behörden ihm die Nicht-Abschiebung zugesichert hatten. Zum anderen widerlegt der Asylsuchende die Vermutung, indem er die Unmöglichkeit und Unzumutbarkeit einer früheren, die Dreimonatsfrist wahrenden Einreise glaubhaft macht (BVerwGE 84, 115/120). Da S wegen seiner Erkrankung und wegen Geldmangels nicht von London weiterreisen konnte, begründet sein dortiger Aufenthalt keine ausländische Fluchtalternative. — II. S Die Berufung auf Art. 16 Abs. 2 S. 2 zu versagen, wäre ein Eingriff, für den das vorbehaltlos gewährleistete Grundrecht keine verfassungsrechtliche Rechtfertigung kennt.

**Literatur:** Zu II: *R. Grawert,* Staatsangehörigkeit und Staatsbürgerschaft, Staat 1984, 179; *K. Hailbronner/G. Renner,* Staatsangehörigkeitsrecht, 1991; *A. Makarov/H. v. Mangoldt,* Deutsches Staatsangehörigkeitsrecht, Stand: Mai 1986; *K. Stern,* Die deutsche Staatsangehörigkeit, Positionen und Begriffe, DVBl. 1982, 165. — Zu IV: *M. Bertrams,* Zur Überprüfung gerichtlicher Asyl-Entscheidungen durch das Bundesverfassungsgericht, DVBl. 1991,1226; *C. Gusy,* Asylrecht und Asylverfahren in der Bundesrepublik Deutschland, 1980; *ders.,* Das „große" und die „kleinen" Asyle, ZAR 1988, 158; *B. Huber,* Ausländer- und Asylrecht, 1983; *M. Kilian,* Asylverfahren und Grundrechtsgewährleistung, in: Grundrechtsschutz und Verwaltungsverfahren unter besonderer Berücksichtigung des Asylrechts. Internationaler Menschenrechtsschutz, 1985, S. 71; *O. Kimminich,* Der Schutz politisch Verfolgter im Auslieferungsverfahren, EuGRZ 1986, 317; *G. Renner,* 40 Jahre Asylgrundrecht — Zeit für eine grundlegende Reform?, NJW 1989, 1246; *F. Rottmann,* Das Asylrecht des Art. 16 GG als liberal-rechtsstaatliches Abwehrrecht, Staat 1984, 337; *M. Sachs,* Das Asylgrundrecht, JuS 1989, 537; *K. Schenk,* Asylrecht und Asylverfahrensrecht, VBlBW 1990, 401; *U. Schwäble,* Zum Zustand des materiellen Asylrechts, DÖV 1989, 419; *M. Wollenschläger/M. Becker,* 40 Jahre Asylrecht — Rückblick und Ausblick, AöR 1990, 369.

## § 25 PETITIONSRECHT (Art. 17)

**Fall:** Der abgewiesene Lehramtsanwärter (nach E 2, 225)

L wendet sich mit einem Brief an den Kultusminister des Bundeslandes B. Darin führt er aus, daß er die Zurückweisung seines Antrages auf Einstellung in den Schuldienst durch die zuständige Abteilung des Kultusministeriums für rechtswidrig halte und eine Klage erwäge. Zuvor wolle er jedoch dem Minister Gelegenheit bieten, selbst dem Recht zur Geltung zu verhelfen. Daraufhin erhält er folgende Antwort eines Ministerialbeamten: „Der Herr Minister hat Ihre Eingabe vom . . . zur Kenntnis genommen, sieht sich jedoch nicht veranlaßt, auf Ihre Vorstellungen hin eine Verfügung zu treffen." Wird dadurch Art. 17 verletzt?

### I. Überblick

**1082** Das Petitionsrecht ist ein altes Grundrecht. Mit ihm wird dem einzelnen allein oder „in Gemeinschaft mit anderen" (sog. Sammelpetition) ein formloser Rechtsbehelf garantiert. Art. 17 ist nicht nur ein Abwehrrecht; er beinhaltet einen Anspruch auf sachliche Bescheidung der Petition und stellt insofern ein Leistungsrecht dar (vgl. oben Rdnr. 76 ). Das Petitionsrecht hat große praktische Bedeutung; beispielsweise gehen beim Deutschen Bundestag pro Wahlperiode zwischen 20000 und 50000 Einzelpetitionen ein. Die Befugnisse des Petitionsausschusses des Deutschen Bundestages sind in einem aufgrund des Art. 45c ergangenen Gesetz besonders geregelt (ausführlich zu diesen Befugnissen *Vitzthum,* Petitionsrecht und Volksvertretung, 1985).

## II. Schutzbereich

### *1. Petitionsbegriff*

Petitionen i. S. d. Art. 17 werden als „Bitten und Beschwerden“ umschrieben. Bitten richten sich auf künftiges, Beschwerden gegen vergangenes Verhalten. Grundrechtlich geschützt ist allerdings nur die schriftliche Petition (anders z. B. Art. 16 hess Verf). Wortlaut und Systematik führen zu folgenden Abgrenzungen: Bloße Meinungsäußerungen werden ausschließlich von Art. 5 Abs. 1 S. 1 Halbsatz 1 geschützt; für Anträge auf Auskunftserteilung und Akteneinsicht ist Art. 5 Abs. 1 S. 1 Halbsatz 2 speziell (*Dürig*, M/D, Art. 17 Rdnr. 16; a. A. *Stein*, AK, Art. 17 Rdnr. 14). Förmliche Rechtsbehelfe und Rechtsmittel fallen demgegenüber ausschließlich unter Art. 19 Abs. 4. Aus dem Sinn und Zweck des Art. 17 ist schließlich zu folgern, daß anonyme Eingaben keine Petitionen sind. **1083**

**Beispiele:** Petitionen sind nicht nur die herkömmlicherweise unterschiedenen drei Typen der formlosen Rechtsbehelfe, nämlich Gegenvorstellung (Bitte an die handelnde Behörde, die beanstandete Maßnahme zu überprüfen und gegebenenfalls zu korrigieren), Aufsichtsbeschwerde (entsprechende Bitte an die übergeordnete Behörde) und Dienstaufsichtsbeschwerde (Beschwerde an einen Dienstvorgesetzten über das Verhalten eines Bediensteten), sondern alle Bitten und Beschwerden bezüglich der Ausübung öffentlicher Gewalt. **1084**

### *2. Adressaten der Petition*

Die Petition muß an die „zuständige Stelle“ oder an die „Volksvertretung“ gerichtet sein. Zur *Volksvertretung* rechnen nicht nur der Deutsche Bundestag und die Landtage bzw. Bürgerschaften, sondern auch die Gemeinderäte (vgl. Art. 28 Abs. 1 S. 2; OVG Münster, DVBl. 1978, 895; OLG Düsseldorf, NVwZ 1983, 502; a. A. OVG Lüneburg, OVGE 23, 403/407). Die *Zuständigkeit* der Stelle wird nach allgemeiner Meinung nicht streng organisationsrechtlich verstanden: So muß der Instanzenzug nicht gewahrt werden (E 2, 225/229). Bei Petitionen an die sachlich unzuständige Stelle wird allerdings teilweise unter Hinweis auf den Wortlaut des Art. 17 ein grundrechtlicher Anspruch auf Weiterleitung an die zuständige Stelle verneint (E 2, 225/229; *Tschira/Schmitt Glaeser*, Verwaltungsprozeßrecht, 9. Aufl. 1988, Rdnr. 13: nur interne Pflicht zur Weiterleitung). Nach überwiegender Auffassung fordert Art. 17 in einem solchen Fall die Weiterleitung an die zuständige Stelle (BVerwG, DÖV 1976, 315; *Dürig*, M/D, Art. 17 Rdnr. 64; *Rauball*, vM, Art. 17 Rdnr. 12). **1085**

### *3. Inhaltliche Zulässigkeitsvoraussetzungen*

Nach der Rechtsprechung des BVerfG soll eine Petition unzulässig sein, wenn mit ihr „etwas gesetzlich Verbotenes gefordert wird“ oder sie „beleidigenden, herausfordernden oder erpresserischen Inhalt hat“ (E 2, 225/229). Hierbei wird die rechtliche Bewertung des Verhaltens des Petenten mit der rechtlichen Bewertung des Verhaltens, das er von der angeschriebenen Stelle verlangt, vermengt (vgl. *Stein*, AK, Art. 17 Rdnr. 23): Einerseits wird ein allgemein *rechtlich verbotenes Verhalten* nicht dadurch zulässig, daß es sich als Petition ausgibt. Nicht von Art. 17 geschützt ist daher eine Pe- **1086** tition, die gegen Strafgesetze verstößt. Die Auslegung der Strafgesetze muß allerdings die objektiv-rechtliche Bedeutung des Art. 17 berücksichtigen.

1087 **Beispiel:** Beleidigende Äußerungen können durch die Wahrnehmung berechtigter Interessen (§ 193 StGB) gerechtfertigt sein. Da Petitionen nicht auf die Geltendmachung von Individualinteressen beschränkt sind, sondern auch ein allgemeines Anliegen verfolgen dürfen, muß auch die Wahrnehmung von Interessen der Allgemeinheit nach § 193 StGB gerechtfertigt sein (vgl. auch OLG Düsseldorf, NJW 1972, 650).

1088 Andererseits sind Petitionen, die etwas *rechtlich Verbotenes verlangen,* nicht unzulässig. Es kann gerade ein sinnvoller Inhalt der Petition sein, eine Rechtsänderung anzuregen. Außerdem kann vom Petenten keine Rechtskenntnis erwartet werden; wenn er aus Unkenntnis über die Rechtslage etwas rechtlich Verbotenes verlangt, ist es sinnvoll, ihn über seinen Irrtum aufzuklären. Schließlich spricht für die Zulässigkeit derartiger Petitionen die Überlegung, daß gerichtliche Klagen, die viel strengeren Zulässigkeitsvoraussetzungen unterliegen, nicht allein deshalb unzulässig sind, weil sie auf etwas rechtlich Verbotenes gerichtet sind.

#### *4. Anspruch auf sachliche Bescheidung*

1089 Dem Wortlaut nach gewährt Art. 17 nur das Recht, sich an die genannten Stellen zu *wenden.* Auch wenn man daraus noch deren Pflicht entnimmt, die Petition *entgegenzunehmen,* bleibt das Petitionsrecht ein wirkungsloses Instrument. Zu einem Rechtsbehelf im eigentlichen Sinn wird es erst, wenn auch eine inhaltliche Auseinandersetzung mit dem Anliegen des einzelnen erfolgt. Daher ist anerkannt, daß Art. 17 einen Anspruch auf *Prüfung* und *Bescheidung* der Petition gewährt. Aus dem Bescheid muß sich „zum mindesten die Kenntnisnahme von dem Inhalt der Petition und die Art ihrer Erledigung ergeben". Eine „besondere Begründung" soll dagegen nach der Rechtsprechung nicht erforderlich sein (vgl. E 2, 225/230; 13, 54/90; BVerwG, BayVBl. 1991, 152; a. A. OVG Bremen, JZ 1990, 965/966 f.). Im Schrifttum wird dagegen überwiegend ein Anspruch auf Begründung bejaht (vgl. *Burmeister,* Hdb. StR II, S. 80; *Dagtoglou,* BK, Art. 17 Rdnr. 99 ff.; *Stein,* AK, Art. 17 Rdnr. 29). Ist eine Petition durch ordnungsgemäßen sachlichen Bescheid erledigt, so entfällt die Bescheidungspflicht bei erneuter gleichlautender Eingabe an die gleiche Stelle (E 2, 225/231 f.).

### III. Eingriffe und verfassungsrechtliche Rechtfertigung

1090 Jedes Zurückbleiben hinter den dargestellten Anforderungen stellt einen Eingriff dar. Art. 17 enthält keinen Gesetzesvorbehalt; lediglich für Sammelpetitionen von Soldaten sieht Art. 17a Abs. 1 eine Einschränkungsmöglichkeit vor, von der bisher nur für Beschwerden, nicht aber für Bitten, durch § 1 Abs. 4 WBO Gebrauch gemacht worden ist. Die Übertragung der Schranken des Art. 5 Abs. 2 (so *v. Münch,* StR I, Rdnr. 388) oder des Art. 2 Abs. 1 (so *Rauball,* vM, Art. 17 Rdnr. 16) auf Art. 17 ist abzulehnen (vgl. oben Rdnr. 360 ff.). Das BVerfG hat eine Eingriffsrechtfertigung nur durch kollidierendes Verfassungsrecht anerkannt.

1091 **Beispiel:** Das sog. Kontaktsperregesetz hat im Jahr 1977 die §§ 31—38 EGGVG eingeführt. Danach kann jedwede Verbindung von Gefangenen untereinander und mit der Außenwelt unter eng umgrenzten Voraussetzungen für einen begrenzten Zeitraum unterbrochen werden. Den darin liegenden Eingriff u. a. in Art. 17 hat E 49, 24/64 f. mit dem „Interesse überragender Gemeinschaftswerte", nämlich dem Schutz des Lebens vor terroristischen Gewalttätern, gerechtfertigt.

**Lösungsskizze zum Fall:** I. Der *Schutzbereich* des Art. 17 ist betroffen, wenn es sich bei dem Schreiben des L um eine zulässige Petition handelt, die nicht sachlich beschieden wurde. 1. Die Bitte, der Minister möge sich des Falles annehmen und der bisherigen Entscheidung seiner Behörde abhelfen, fällt ohne weiteres unter den Begriff der Petition. L muß sich auch an die zuständige Stelle gewendet haben. Da ein Minister für die Rechtmäßigkeit des Verwaltungshandelns seiner Behörde verantwortlich ist, kann auch diese Voraussetzung bejaht werden. Nach der Rechtsprechung des BVerfG ist eine Petition dann unzulässig, wenn sie „beleidigenden, herausfordernden oder erpresserischen Inhalt hat" (E 2, 225/229). Allgemeiner gesagt darf die Petition nicht gegen — ihrerseits verfassungsmäßige — Strafgesetze verstoßen. Da die Androhung des L, gegebenenfalls den Rechtsweg zu beschreiten, nicht als unzulässiges Druckmittel anzusehen ist, ist die Eingabe keinesfalls unzulässig. — 2. Daraus ergibt sich für L nicht nur ein Anspruch auf Entgegennahme, sondern darüber hinaus auf Prüfung und Bescheidung durch die angegangene Stelle. Der Bescheid muß nach der Rechtsprechung zwar keine Begründung enthalten, wohl aber dem Petenten gegenüber erkennen lassen, daß die Eingabe vom Adressaten zur Kenntnis genommen worden ist und was dieser zur Erledigung veranlaßt hat. Dagegen wird im Schrifttum überwiegend eine, wenn auch kurze, Begründung verlangt. Hier ist dem dem L gegenüber ergangenen Bescheid zu entnehmen, daß der Minister mit der Eingabe befaßt war, jedoch nichts unternehmen wird. Damit wurde den Anforderungen der Rechtsprechung, nicht aber den weitergehenden des Schrifttums genügt. — II. Nach der Rechtsprechung liegt schon kein *Eingriff* in Art. 17 vor. Nach der abweichenden Auffassung wäre ein solcher zu bejahen; da hierfür keine verfassungsrechtliche Rechtfertigung ersichtlich ist, läge auch ein Verstoß gegen Art. 17 vor. 1092

**Literatur:** *E. Friesenhahn,* Zur neueren Entwicklung des Petitionsrechts in der Bundesrepublik Deutschland, in: Festschrift Huber, 1981, S. 353; *W. Hempfer,* Das Petitionsrecht in der parlamentarischen Praxis, in: Festschrift v. Simson, 1983, S. 69; *A. v. Mutius,* Zum personalen Geltungsbereich des Petitionsrechts, VerwArch 1979, 165; *D. Neumeyer,* Rechtsschutzprobleme bei Petitionsbescheiden und der allgemeinen Leistungsklage, JuS 1979, 31; *W.-H. Reckzeh,* Die parlamentarische Petition als Rechtsschutzmöglichkeit des Soldaten, DVBl. 1983, 70; *M. Siegfried,* Begründungspflicht bei Petitionsbescheiden, DÖV 1990, 279; *W. Vitzthum/W. März,* Das Grundrecht der Petitionsfreiheit, JZ 1985, 809.

## § 26 RECHTSSCHUTZGARANTIE (Art. 19 Abs. 4)

**Fall:** Beschwerdeverfahren im Strafvollzug (nach E 40, 237)

A verbüßt eine Freiheitsstrafe in einer Justizvollzugsanstalt. Wegen eines Verstoßes gegen die Anstaltsordnung erteilt ihm der Anstaltsleiter Hausarrest. Zwei Wochen später erhebt A hiergegen Beschwerde, die der Präsident des Justizvollzugsamts zurückweist. Sein Antrag auf gerichtliche Entscheidung gem. § 23 EGGVG wird vom OLG wegen Fristversäumnis als unzulässig zurückgewiesen. Das Gericht stützt sich auf § 24 Abs. 2 EGGVG, wonach der Antrag auf gerichtliche Entscheidung erst nach vorausgegangenem Beschwerdeverfahren gestellt werden darf, sowie eine Verwaltungsvorschrift, in der das Beschwerdeverfahren zu dem Präsidenten des Justizvollzugsamts geregelt und für die Einlegung dieser Beschwerde eine Frist von einer Woche vorgeschrieben ist. Verstößt die Entscheidung des OLG gegen Art. 19 Abs. 4?

## I. Überblick

1093 Art. 19 Abs. 4 ist formelles oder *Verfahrensgrundrecht:* Er setzt die materiellen Grund- und einfach-rechtlichen Rechte voraus und gewährleistet, daß ihre rechtliche Geltung im gerichtlichen Verfahren zu tatsächlicher Wirksamkeit gebracht wird. Seine formellrechtliche Bedeutung entspricht der materiell-rechtlichen Bedeutung von Art. 2 Abs. 1: Wie Art. 2 Abs. 1 den Freiheitsschutz materiell lückenlos abschließt, verbürgt Art. 19 Abs. 4 den lückenlosen gerichtlichen Rechtsschutz. Art. 19 Abs. 4 steht im Zusammenhang mit dem Rechtsstaat und wird als dessen Krönung, als Schlußstein in dessen Gewölbe bezeichnet (vgl. *Dürig*, Gesammelte Schriften 1952—1983, 1984, S. 137 ff.).

1094 Art. 19 Abs. 4 ist Grundrecht mit *normgeprägtem* Schutzbereich. Damit man Rechtswege beschreiten und Rechtsschutz erlangen kann, müssen Gerichte geschaffen, Zuständigkeiten begründet und Verfahren eingerichtet sein; Art. 19 Abs. 4 setzt Gerichtsverfassungs- und -verfahrensgesetze voraus und wird gerne als institutionelle Garantie der Gerichtsbarkeit bezeichnet (*Stern*, StR III/1, S. 1442 f.). Zugleich kann Art. 19 Abs. 4 als verfassungsrechtliche Bestimmung aber nicht dem einfachen Recht überlassen, wie eng- oder weitherzig es Rechtswege eröffnet und Rechtsschutz ermöglicht. Eine gewisse Unabhängigkeit vom einfachen Recht liegt darin, daß Art. 19 Abs. 4 S. 2 bei fehlender anderer Zuständigkeit, d. h. wenn der Gesetzgeber für eine öffentlich-rechtliche Streitigkeit bei einem Fachgericht keine Zuständigkeit begründet hat, die Zuständigkeit der ordentlichen Gerichte bestimmt. Außerdem verlangt das BVerfG „effektiven Rechtsschutz" und gibt damit dem Gesetzgeber einen Maßstab für die Eröffnung von Rechtswegen und Ermöglichung des Rechtsschutzes.

1095 Einzelheiten der Auslegung von Art. 19 Abs. 4 spielen stark ins *Gerichtsverfassungsrecht* und *Prozeßrecht* der einzelnen Gerichtszweige hinein. Mehr noch als sonst beschränken sich die folgenden Ausführungen daher auf die Grundstrukturen des Grundrechts.

## II. Schutzbereich

### *1. Öffentliche Gewalt*

1096 Der Begriff der öffentlichen Gewalt oder der Staatsgewalt bezeichnet im Grundgesetz üblicherweise Gesetzgebung, vollziehende Gewalt und Rechtsprechung (vgl. Art. 1 Abs. 1 und 3, 20 Abs. 2, 93 Abs. 1 Nr. 4 a). Anders in Art. 19 Abs. 4:

1097 — Nach nahezu einhelliger Auffassung (a. A. nur *Lorenz*, Der Rechtsschutz des Bürgers und die Rechtsweggarantie, 1973, S. 241 ff.) ist hier die *Rechtsprechung nicht* erfaßt. Art. 19 Abs. 4 soll den Schutz *durch*, nicht *gegen* den Richter gewährleisten. Das ergibt auch der systematische Zusammenhang mit dem Grundsatz der Rechtssicherheit als Element des Rechtsstaatsprinzipes: Richterliche Entscheidungen müssen um der Rechtssicherheit willen in Rechtskraft erwachsen. Dies würde vereitelt, wenn gegen sie wieder und wieder der Rechtsweg beschritten werden könnte. Ein solcher nochmaliger und nochmaliger Rechtsschutz würde auf absurde Weise ins Unendliche gehen.

1098 — Nach der Rechtsprechung des BVerfG (E 24, 33/49 ff.; 24, 367/401) ist hier auch *nicht* die *Gesetzgebung*, jedenfalls nicht die formelle Gesetzgebung gemeint. Dies ist zwar nicht zweifelsfrei (vgl. *Schenke*, BK, Art. 19 Abs. 4 Rdnr. 249 ff.), aber mit einleuchtenden systematischen Argumenten begründbar: Die gerichtliche Überprüfung von Gesetzen, d. h. die Normenkontrolle, ist im Grundgesetz an mehreren Stellen ausdrücklich geregelt, in Art. 93 Abs. 1 Nr. 2, Art. 93 Abs. 1 Nr. 4 a und Art. 100 Abs. 1. Das Kennzeichnende dieser Vorschriften ist, daß es regelmäßig (mit Ausnahme des Art. 93 Abs. 1 Nr. 4 a) nicht in der Macht des einzelnen steht, die Normenkontrolle bei formellen Gesetzen in Gang zu setzen, und daß es außerdem nicht in der Macht der in Art. 19 Abs. 4 angesprochenen ordentlichen und Fachgerichte steht, sie durchzuführen. Dies darf nicht durch Art. 19 Abs. 4 überspielt werden, und daher muß die (Parlaments-)Gesetzgebung bei Art. 19 Abs. 4 aus dem Begriff der öffentlichen Gewalt ausgenommen werden (ebenso *Bettermann*, AöR 1961, 129/155 f.; *Erichsen*, StR I, S. 129 f.; *Hesse*, VerfR, Rdnr. 337; a. A. *Schmidt-Aßmann*, M/D, Art. 19 Abs. IV Rdnr. 93 ff.).

Die danach übrigbleibende Exekutive unterliegt der gerichtlichen Kontrolle aber *umfassend*. Ebenso umfassend wie die Exekutive durch Art. 1 Abs. 3 an die Grundrechte gebunden ist (vgl. oben Rdnr. 195 ff.), wird sie über Art. 19 Abs. 4 auf die Einhaltung der Grundrechte kontrolliert (a. A. *Papier*, Hdb. StR VI, S. 1244). Aus der Zeit vor der Geltung des Grundgesetzes stammen Versuche, den Rechtsschutz zumal im sog. besonderen Gewaltverhältnis und bei sog. justizfreien Hoheitsakten (Regierungsakten, Gnadenakten) einzuschränken; sie haben vor Art. 19 Abs. 4 keinen Bestand (vgl. ausführlich *Schenke*, BK, Art. 19 Abs. 4 Rdnr. 190 ff.). E 25, 352 lehnte die Erstreckung der Rechtsschutzgarantie auf ablehnende Gnadenentscheidungen noch ab. Davon ist E 30, 108 jedoch im Ergebnis abgerückt, indem hier der Rechtsweg gegen den Widerruf von begünstigenden Gnadenentscheidungen als durch Art. 19 Abs. 4 gewährleistet angesehen wird. Ob auch die Rechtsetzung der Exekutive durch Rechtsverordnung und durch Satzung (materielle Gesetzgebung) zur öffentlichen Gewalt i. S. von Art. 19 Abs. 4 gehört, hat das BVerfG zwar ausdrücklich offengelassen (E 31, 364/367 f.). Die obigen Argumente sprechen aber dafür, sie dazuzurechnen, denn insoweit ist die Normenkontrolle nicht beim BVerfG monopolisiert. In manchen Ländern bietet § 47 VwGO i.V.m. dem entsprechenden Ausführungsgesetz dem einzelnen die Möglichkeit, entsprechende Normenkontrollen in Gang zu setzen. Wo eine solche landesrechtliche Regelung fehlt, hat verwaltungsgerichtlicher Rechtsschutz über die Feststellungsklage oder atypische Klagearten stattzufinden (vgl. *Schmidt-Aßmann*, M/D, Art. 19 Abs. IV Rdnr. 72 ff.). 1099

### 2. *Rechtsverletzung*

Unter Rechten sind *alle subjektiven Rechte* des öffentlichen wie des privaten Rechts zu verstehen. Art. 19 Abs. 4 setzt sie voraus und schafft sie nicht. Es kommt also darauf an, ob im sonstigen Recht ein subjektives Recht begründet ist (E 15, 275/281; 83, 184/194f.). 1100

> **Beispiele:** Grundrechte des Grundgesetzes, die als einfaches Recht geltenden Grundrechte der EMRK, Rechte auf Baugenehmigung, Reisegewerbekarte, Ausbildungsförderung, Sozialhilfe, der öffentlich-rechtliche Folgenbeseitigungsanspruch, privatrechtliche Eigentums-, Forderungs-, Gesellschafter-, Wertpapierrechte usw. 1101

Unter Rechtsverletzung ist der *rechtswidrige Eingriff* zu verstehen. Er muß nicht wirklich erfolgt sein, damit der Rechtsweg offensteht; die Feststellung, ob er wirklich erfolgt ist oder nicht, ist gerade die den Gerichten durch Art. 19 Abs. 4 zugewiesene Aufgabe. Die Verletzung muß lediglich *geltend gemacht*, d. h. immerhin schlüssig und plausibel vorgetragen werden. 1102

> **Beispiel:** Gem. § 42 Abs. 2 VwGO sind die Anfechtungs- und Verpflichtungsklage vor dem Verwaltungsgericht nur zulässig, wenn der Kläger geltend macht, durch den Verwaltungsakt oder seine Ablehnung oder Unterlassung in seinen Rechten verletzt zu sein. Hier wird genau das gefordert, was auch Art. 19 Abs. 4 voraussetzt. Folglich ist § 42 Abs. 2 VwGO nicht etwa eine Beeinträchtigung des Schutzbereichs von Art. 19 Abs. 4. 1103

Mit der Voraussetzung, daß der Grundrechtsberechtigte in *seinen* Rechten verletzt sein muß, ist klargestellt, daß eine *Popularklage* — Klage eines beliebigen Bürgers, der einen beliebigen Rechtsverstoß rügt — und die *Verbandsklage* — Klage eines Ver- 1104 bands, der die Verletzung von Rechten seiner Mitglieder oder auch gemäß dem Verbandsanliegen die Verletzung sonstiger Rechtsnormen geltend macht — nicht von Art. 19 Abs. 4 geschützt sind (vgl. *Schenke*, BK, Art. 19 Abs. 4 Rdnr. 152 ff.; a. A. *Faber*, Die Verbandsklage im Verwaltungsprozeß, 1972, S. 49 ff.). Diese Klagen sind durch die Rechtsweggarantie aber auch nicht verboten. Dem Gesetzgeber steht es frei, sie allgemein oder nur für bestimmte Bereiche einzuführen (krit. *Burmeister*, in: Rechtsfragen des Genehmigungsverfahrens von Kraftwerken, 1978, S. 7/24 ff.).

1105 **Beispiele:** Art. 53 Abs. 1 S. 1 bay VerfGHG lautet: „Die Verfassungswidrigkeit eines Gesetzes oder einer Verordnung wegen unzulässiger Einschränkung eines Grundrechts (Art. 98 Satz 4 der Verfassung) kann von jedermann durch Beschwerde beim Verfassungsgerichtshof geltend gemacht werden" (Popularklage). — Durch § 36 hess NatG ist den nach § 29 Abs. 2 des BNatSchG anerkannten Verbänden ein eigenes Klagerecht in Naturschutzangelegenheiten eingeräumt worden (Verbandsklage; vgl. BVerwGE 78, 347); dagegen ist das Klagerecht der anerkannten Verbände aus § 29 Abs. 1 S. 1 BNatSchG auf die Beteiligung am Verfahren beschränkt (vgl. BVerwGE 87, 62/69 f.).

*3. Offenstehen des Rechtswegs*

1106 Mit dem Offenstehen des Rechtswegs ist der *Zugang* zum Gericht, das *Verfahren* vor dem Gericht und die *Entscheidung* durch das Gericht verbürgt. Dabei sind staatliche Gerichte gemeint, die in ihrer organisatorischen Stellung und personellen Besetzung den Anforderungen von Art. 92 und 97 genügen (E 11, 232/233; 49, 329/340). Das Grundgesetz kennt verschiedene Gerichtsbarkeiten (Art. 95 und 96) und begründet einige Zuständigkeiten der ordentlichen Gerichtsbarkeit (Art. 14 Abs. 3 S. 4, Art. 34 S. 3, hilfsweise Art. 19 Abs. 4 S. 2). Im übrigen überläßt es die Ausgestaltung von Gerichtsverfassung und -verfahren dem Gesetzgeber und *nur dem Gesetzgeber;* da der Richter allein dem Gesetz unterworfen ist, kann der Rechtsweg auch nur durch den Gesetzgeber und nicht etwa durch die Verwaltung eröffnet und verschlossen werden. Der Gesetzgeber ist frei, einen mehrstufigen Instanzenzug oder nur ein einstufiges Gerichtsverfahren einzurichten; da Art. 19 Abs. 4 Schutz nicht gegen, sondern durch den Richter garantiert, verlangt er keinen Rechtsweg in zweiter oder dritter Instanz (st. Rspr.; E 4, 74/94 f.; 83, 24/31).

1107 Die Rechtsschutzgarantie wäre offensichtlich wirkungslos, wenn die Gerichte das Rechtsschutzbegehren inhaltlich nicht prüfen müßten und sich mit der Entscheidung beliebig viel Zeit lassen könnten. Das BVerfG hat deshalb betont, daß Art. 19 Abs. 4 einen *effektiven Rechtsschutz* garantiert.

1108 **Beispiele:** Dem Rechtsschutzsuchenden dürfen keine unangemessenen verfahrensrechtlichen Hindernisse begegnen (E 60, 253/266 ff.); die Gerichte müssen eine vollständige rechtliche und tatsächliche Prüfung vornehmen (E 64, 261/279; 78, 88/99) und in angemessener Frist entscheiden (E 60, 253/269); es muß vorläufiger Rechtsschutz gewährleistet sein, wenn ohne ihn unzumutbare, anders nicht abwendbare Nachteile entstünden (E 65, 1/70 f.; 79, 69/74); schon im Vorfeld des Gerichtsverfahrens verlangt effektiver Rechtsschutz von der Verwaltung das Unterlassen von Maßnahmen, die ohne hinreichenden Grund vollendete Tatsachen schaffen (E 37, 150/153; 69, 220/227 ff.), und die Rechtsbelehrung des rechtsunkundigen einzelnen (abw. M. E 53, 69/74 f.).

1109 Ihre *Grenze* findet die Rechtsschutzgarantie bzw. die richterliche Prüfung da, wo das Handeln der öffentlichen Gewalt *nicht normiert* ist. Gerichte kontrollieren die Rechtmäßigkeit, nicht die Zweckmäßigkeit staatlichen Handelns. Wo der Gesetzgeber der Verwaltung Entscheidungsspielräume einräumt (Ermessens- und Beurteilungsspielräume; vgl. dazu *Maurer*, Allg.VwR, § 7), können die Gerichte nur prüfen, ob die Entscheidungsspielräume überschritten sind. Daß der Gesetzgeber der Verwaltung Entscheidungsspielräume und damit in gewissem Umfang das Letztentscheidungsrecht einräumt, ist mit Art. 19 Abs. 4 vereinbar (vgl. *Schmidt-Aßmann,* M/D, Art. 19 Abs. IV Rdnr. 188); was rechtlicher Regelung unzugänglich ist, kann zwar Interessen, aber keine Rechte verletzen. Das BVerfG hat die Zulässigkeit von Gestaltungs-, Ermessens- und Beurteilungsspielräumen zunächst als selbstverständlich vorausgesetzt (E 61, 82/111), die Zulässigkeit von Beurteilungsspielräumen mit reduzierter richterlicher Kontrolle inzwischen aber beschränkt. Es erkennt sie bei Berufszugangsprüfungen nur insoweit an, als es um „prüfungsspezifische Wertungen" geht (E 84, 34/53), und läßt ihnen bei Entscheidungen der Bundesprüfstelle für jugendgefährdende Schriften insofern kaum noch Raum, als der Konflikt zwischen Kunstfreiheit und Belangen des Kinder- und Jugendschutzes (vgl. oben Rdnr. 714), der den eigentlichen Inhalt der Entscheidungen der Bundesprüfstelle bildet, voller richterlicher Kontrolle unterliegt (E 83, 139/146 ff.).

**Beispiel:** Prüfungsentscheidungen müssen aus der Prüfungssituation heraus getroffen werden, lassen sich in späteren Verwaltungsstreitverfahren faktisch nicht wiederholen, und ihrer Wiederholbarkeit ist rechtlich auch dadurch eine Grenze gesetzt, daß Chancengleichheit die Prüfung und Bewertung eines Kandidaten im Vergleichsrahmen der Prüfung und Bewertung aller Kandidaten verlangt. Daher ist seit langem ein prüfungsrechtlicher Beurteilungsspielraum anerkannt, der nur auf Verfahrens- und sonstige Rechtsfehler, Verkennung des Sachverhalts, Verletzung allgemeingültiger Bewertungsmaßstäbe und sachfremde Erwägungen gerichtlich kontrolliert wird. Das BVerfG hat die gerichtliche Kontrolle erweitert; es hat ihr auch fachliche Meinungsverschiedenheiten zwischen Prüfer und Prüfling unterworfen und dort, wo unterschiedliche Auffassungen vertretbar sind, wie dem Prüfer den Bewertungsspielraum so dem Prüfling einen Antwortspielraum zugestanden (E 84, 34/54 f.; vgl. auch OVG Münster, NWVBL 1992, 63). 1110

## III. Eingriffe

Eingriffe können allein solche staatlichen Maßnahmen sein, die *nicht Elemente der Ausgestaltung des Rechtswegs* sind. Wegen des normgeprägten Schutzbereichs von Art. 19 Abs. 4 ist die Ausgestaltung unerläßlich und gibt es keinen gewissermaßen natürlichen Rechtsschutz, in den durch die prozeßrechtlichen Vorschriften über Partei- und Prozeßfähigkeit, Anwaltszwang, Klage- und Ausschlußfristen, Bindung an Entscheidungen anderer Gerichte, Rechtskraft etc. eingegriffen würde. Lediglich unangemessene, durch die Funktionsbedingungen von Rechtspflege und Rechtssicherheit nicht gebotene und dem Rechtsschutzsuchenden unzumutbare gesetzliche Erschwerungen des Zugangs zu den Gerichten bzw. des Verfahrens vor ihnen sind Eingriffe. Daneben liegen Eingriffe dann vor, wenn die Verwaltung oder die Rechtsprechung selbst den Rechtsweg gegen dessen gesetzliche Ausgestaltung erschwert oder behindert. 1111

Es wäre also *verfehlt,* in *jeder Erschwerung* des Zugangs zu den Gerichten bzw. des Verfahrens vor ihnen Eingriffe zu erblicken, die verfassungsrechtlicher Rechtfertigung bedürfen und diese nur im kollidierenden Verfassungsrecht finden können. Daß das BVerfG die Unangemessenheit, bei der die Ausgestaltung in den Eingriff umschlägt, an den Erfordernissen von Rechtspflege und Rechtssicherheit prüft, heißt nicht, daß es die Ausgestaltung als Eingriff ansieht und durch die kollidierenden Verfassungsgüter der Rechtspflege und Rechtssicherheit rechtfertigt. Es spricht nicht davon, daß Art. 19 Abs. 4 so einzuschränken, sondern daß er so „auszulegen (ist), daß auch anderen Verfassungsnormen und -grundsätzen nicht Abbruch getan wird" (E 60, 253/267). 1112

1113 Ein vielfach diskutiertes Problem stellen die materiellen und verwaltungsverfahrensrechtlichen *Präklusionsvorschriften* dar (vgl. *Badura*, JZ 1984, 14; *Ronellenfitsch*, JuS 1983, 594; *Streinz*, VerwArch 1988, 272). E 61, 82/110 sieht in ihnen Ausformungen des materiellen subjektiven Rechts, das von Art. 19 Abs. 4 nicht geschaffen, sondern vorausgesetzt wird. Gleichwohl seien die Präklusionsvorschriften am Grundrecht des Art. 19 Abs. 4 zu messen, da sich aus ihm auch „Vorwirkungen auf die Ausgestaltung des den gerichtlichen Rechtsschutzverfahren vorgelagerten Verwaltungsverfahrens" (ebd.) ergeben. Diese Vorwirkungen verbieten aber wiederum nur unangemessene Erschwerungen, die Präklusionsvorschriften grundsätzlich nicht darstellen (vgl. auch unten Rdnr. 1186).

## IV. Verfassungsrechtliche Rechtfertigung

1114 Art. 19 Abs. 4 enthält keinen Gesetzesvorbehalt. Eingriffe könnten ihre verfassungsrechtliche Rechtfertigung daher allein in kollidierendem Verfassungsrecht finden. Eingriff im Unterschied zur Ausgestaltung ist jedoch nur die Regelung des Rechtswegs, die durch die Funktionsbedingungen von Rechtspflege und Rechtssicherheit gerade nicht geboten ist. Aus den kollidierenden Verfassungsgütern der Rechtspflege und Rechtssicherheit kann es für Eingriffe daher auch keine Rechtfertigung geben; andere Rechtfertigungen aus anderen Verfassungsgütern sind nicht ersichtlich. Jeder Eingriff ist somit eine verfassungsrechtlich nicht zu rechtfertigende Verletzung.

1115 **Lösungsskizze zum Fall:** I. Der *Schutzbereich* des Art. 19 Abs. 4 ist einschlägig: A will gegen eine Maßnahme der Verwaltung, die Verhängung des Hausarrests, ein Gericht anrufen, und kann eine Verletzung eines subjektiven Rechts, des Grundrechts der Freiheit der Person, geltend machen. Offenstehen des Rechtswegs bedeutet eine vollständige Nachprüfung der Verwaltungsmaßnahme in rechtlicher und tatsächlicher Hinsicht durch das Gericht. — II. Dies erfolgt nicht: Das OLG weist den Antrag auf gerichtliche Entscheidung wegen Fristversäumnis als unzulässig zurück. Es stützt sich dabei auf die Regelung des Beschwerdeverfahrens in der Verwaltungsvorschrift. Hierin liegt dann eine *zulässige Ausgestaltung* von Art. 19 Abs. 4, wenn der Rechtsweg gesetzlich nicht unangemessen und unzumutbar erschwert wird. Eine lediglich einwöchige Beschwerdefrist mag im Strafvollzug angemessen und zumutbar sein (E 40, 237/258). Fragwürdig ist jedoch, daß das BVerfG auch von einer hinreichenden gesetzlichen Ausgestaltung des Rechtswegs ausgeht: Die grundlegende Entscheidung hat der Gesetzgeber in § 24 Abs. 2 EGGVG getroffen, die Verwaltungsvorschrift sei demgegenüber nur eine „untergeordnete Regelung" (E 40, 237/251). Aber die Frage der Fristen ist eine wichtige, sonst durchweg gesetzlich geregelte Frage. Das BVerfG hat denn auch weithin Ablehnung gefunden (abw. M. E 40, 260; *Schenke*, DÖV 1977, 27; *Schwabe*, JuS 1977, 661).

**Literatur:** *V. Buermeyer*, Rechtsschutzgarantie und Gerichtsverfahrensrecht, 1975; *K. Grupp*, Gerichtliche Kontrolle von Prüfungsnoten, JuS 1983, 351; *D. Lorenz*, Das Gebot des effektiven Rechtsschutzes des Art. 19 Abs. 4 GG, Jura 1983, 393; *W.-R. Schenke*, Die Bedeutung der verfassungsrechtlichen Rechtsschutzgarantie des Art. 19 Abs. 4 GG, JZ 1988, 317; *E. Schmidt-Aßmann*, Art. 19 IV als Teil des Rechtsstaatsprinzips, NVwZ 1983, 1.

# § 27 WIDERSTANDSRECHT (Art. 20 Abs. 4)

**Fall:** Bau einer Bunkeranlage

Seit Wochen sichert der Bundesgrenzschutz mit großem Aufwand ein Gelände in der Nähe von Bonn, auf dem eine weitläufige Bunkeranlage entsteht. Die Öffentlichkeit ist darüber, was auf dem Gelände geschieht, nicht unterrichtet. Als der gerade gewählte Bundestag, der unter Parteienzersplitterung und dünnen Mehrheiten leidet und eine krisenreiche Legislatur- und Regierungsperiode verspricht, zusammentreten soll, gewinnen mehrere Bürger den Eindruck, daß sich die Bewegungen der Bundesgrenzschutzeinheiten häufen und mehren. Sie finden sich in einer Gruppe zusammen, die einen überzeugt davon, daß auf dem Gelände Bundesgrenzschutzeinheiten für eine Entmachtung von Bundestag und Bundesregierung zusammengezogen werden, die anderen im Glauben, daß der Bau eines Kernkraftwerks neuen und großen Stils und besonders gefährlichen Typs vorbereitet und gesichert werde. Um ein Zeichen des Widerstands zu setzen, legen sie nachts Nagelbretter auf zwei Zufahrtsstraßen zum Gelände. Dadurch bleiben zwei Bundesgrenzschutzlastwagen liegen; auf der einen Zufahrtsstraße kommt es zu einem größeren Unfall mit erheblichem Sach- und auch Personenschaden. Vor Gericht berufen sie sich auf Art. 20 Abs. 4. Zu Recht?

## I. Überblick

Das Widerstandsrecht ist im Zusammenhang mit der Notstandsgesetzgebung in das 1116
Grundgesetz eingefügt worden. Dahinter stand eine doppelte Absicht: Zum einen sollte der Schutz der Verfassungsordnung nicht nur durch die Notstandsgesetze zur Aufgabe des Staats, sondern mit dem Widerstandsrecht auch zum *Recht der Bürger* gemacht werden. Zum anderen sollte gewährleistet werden, daß der Notstands- oder Ausnahmefall als Stunde der Exekutive, der Verfassungsverkürzung und der Freiheitsbeschneidung *nicht von der Exekutive* dazu *mißbraucht* wird, die Verfassungsordnung zu beseitigen; insoweit sollten Bedenken besonders der Gewerkschaften gegen die Notstandsgesetze ausgeräumt werden. Daß die gute Absicht ein gutes Resultat erbracht hat, muß bezweifelt werden. Art. 20 Abs. 4 will eine Situation rechtlich regeln, in der die rechtlichen Regelungen versagen: Die andere Abhilfe, von der Art. 20 Abs. 4 spricht, ist die Abhilfe in den rechtlich geregelten Bahnen der Verfassungs- und Rechtsordnung, und gerade ihre Unmöglichkeit ist Voraussetzung für das Widerstandsrecht. Wo die Voraussetzung des Widerstandsrechts vorliegt, da kann der Bürger in der nicht mehr funktionierenden Rechts- und Verfassungsordnung für sein Widerstandsrecht keine rechtliche Anerkennung mehr finden; wo der Bürger umgekehrt in der noch funktionierenden Rechts- und Verfassungsordnung die rechtliche Anerkennung seines Widerstandsrechts finden könnte, da fehlt dessen Voraussetzung. Anders und salopp ausgedrückt: Wenn der Staatsstreich mißlingt, werden die, die Widerstand geleistet haben, ohnehin gefeiert; wenn er gelingt, können die, die Widerstand geleistet haben, sich gegenüber der neuen Staatsordnung ohnehin nicht mehr auf die alte berufen. Art. 20 Abs. 4 will rechtlich regeln, was letztlich nicht rechtlich geregelt, sondern nur dem Gewissen des einzelnen überlassen werden kann.

Art. 20 Abs. 4 will verbürgen, daß Widerstandshandlungen, mit denen der Bürger um 1117
der Verteidigung der Verfassungsordnung willen rechtliche Gebote oder Verbote überschreitet, gleichwohl als *rechtmäßig* betrachtet werden. Entsprechend wird ja auch der Staat im Notstand, den das Grundgesetz und das einfache Recht regeln, um der Verteidigung der Verfassungsordnung willen von sonst geltendem Recht suspendiert. Ein Eingriff in den Schutzbereich von Art. 20 Abs. 4 wäre darin zu sehen, daß die Widerstandshandlungen des Bürgers dennoch von der öffentlichen Gewalt als rechtswidrig behandelt würden. Eine verfassungsrechtliche Rechtfertigung hierfür gibt es nicht.

1118 Das Widerstandsrecht gehört nicht zu den Elementen des Art. 20, die nach Art. 79 Abs. 3 auch im Wege einer *Verfassungsänderung* nicht mehr geändert oder aufgehoben werden dürfen. Art. 79 Abs. 3 bezieht sich auf Art. 20 nur mit den ersten drei Absätzen, mit denen er ursprünglich vorlag. Anders könnte der verfassungsändernde Gesetzgeber die Grenzen der Verfassungsänderung verschieben, die ihm in Art. 79 Abs. 3 gerade unverrückbar vorgegeben sind (vgl. *Hesse,* VerfR, Rdnr. 761).

## II. Schutzbereich

### *1. Der Begriff „diese Ordnung"*

1119 Das Widerstandsrecht ist eingeräumt zum Schutz der in Art. 20 Abs. 1—3 normierten Verfassungsordnung. „Diese Ordnung" bezeichnet in Art. 20 Abs. 4 die *wesentlichen Strukturbestimmungen* des Grundgesetzes, die zugleich nach Art. 79 Abs. 3 einer Änderung durch den verfassungsändernden Gesetzgeber entzogen sind. Damit ist der Begriff der Verfassungsordnung i. S. d. Art. 20 Abs. 4 enger als der Begriff der freiheitlichen demokratischen Grundordnung, wie er vom BVerfG unter Einschluß auch der Grundrechte und der Verantwortlichkeit der Regierung entwickelt worden ist (vgl. oben Rdnr. 895): Die Grundrechte sind in Art. 20 Abs. 1—3 gar nicht angesprochen und können allenfalls wegen des systematischen Zusammenhangs, den Art. 79 Abs. 3 zwischen Art. 1 und Art. 20 herstellt, in ihrem Menschenwürdegehalt unter die Verfassungsordnung i. S. d. Art. 20 Abs. 4 gezogen werden; die vom BVerfG wohl als parlamentarische Verantwortlichkeit gemeinte Verantwortlichkeit der Regierung ist der Verfassungsänderung nicht entzogen, sondern Art. 79 Abs. 3 erlaubt die Umwandlung des parlamentarischen in ein präsidentielles Regierungssystem. Was das BVerfG schon zur weiter gefaßten freiheitlichen demokratischen Grundordnung ausführt, gilt somit erst recht für die engere Verfassungsordnung i. S. d. Art. 20 Abs. 4: Der zum Widerstand berechtigende Angriff liegt nicht schon dann vor, wenn eine Person, Gruppe oder staatliche Einrichtung „einzelne Bestimmungen, ja ganze Institutionen des Grundgesetzes ablehnt. Sie muß vielmehr die obersten Werte der Verfassung verwerfen, die elementaren Verfassungsgrundsätze" (E 5, 85/140 f.; vgl. *Herzog,* M/D, Art. 20 Abschnitt IX Rdnr. 13 ff.).

### *2. Weitere Schutzbereichsmerkmale*

1120 Die *Beseitigung* der Verfassungsordnung bedeutet im Unterschied zur Beeinträchtigung, daß die Verfassungsordnung nicht nur kurzfristig und vereinzelt gestört, letztlich aber beibehalten wird, sondern daß sie durch eine andere Art und Form der politischen Existenz abgelöst wird, z. B. durch die Diktatur des Proletariats oder eines Führers. Der Begriff des *Unternehmens* umfaßt entsprechend dem strafrechtlichen Begriff (§ 11 Abs. 1 Nr. 6 StGB) Versuch und Vollendung, aber nicht die Vorbereitung.

1121 Wenn das Widerstandsrecht *gegen jeden* eingeräumt ist, meint dies zum einen staatliche Einrichtungen („Staatsstreich von oben").

1122 **Beispiele:** Der Putsch der Bundeswehr oder die Einsetzung eines Diktators durch eine Ermächtigung des Bundestages wirken wenig realitätsnah. Aber der Staatsstreich ist im modernen Industriestaat einfach realitätsfern; in ihm können Verfassungsordnungen zwar erodieren, aber schwerlich im Handstreich beseitigt werden.

1123 Gemeint ist zum anderen auch der Widerstand gegen gesellschaftliche Gruppen oder einzelne Bürger („Staatsstreich von unten"). Insoweit hat Art. 20 Abs. 4 *unmittelbare Drittwirkung.*

Letzte Voraussetzung ist, daß *andere Abhilfe nicht möglich* ist. Im Falle eines Staatsstreichs von unten entsteht das Widerstandsrecht erst, wenn die staatlichen Kompetenzen, von den Befugnissen der Polizei und der Gerichte bis zu den Notstandsvollmachten der obersten Staatsorgane, nicht mehr ausreichen oder nicht mehr wahrgenommen werden, um dem Unternehmen der Beseitigung der Verfassungsordnung wirksam zu begegenen. Auch im Falle des Staatsstreichs von oben entsteht das Widerstandsrecht erst dann, wenn nicht die Staatsorganisation selbst den Staatsstreich abfängt. 1124

**Beispiele:** Solange den putschenden Bundeswehreinheiten andere noch wirksam entgegentreten oder wenn das BVerfG das Ermächtigungsgesetz des Bundestages erfolgreich aufhebt, ist andere Abhilfe möglich. 1125

Die Ausübung des Widerstandsrechts steht unter dem Grundsatz der *Verhältnismäßigkeit* (vgl. *Herzog*, M/D, Art. 20 Abschnitt IX Rdnr. 60); allerdings wird der Bürger in der Situation des Widerstands weder über den umfassenden Überblick noch über die Vielfalt an Maßnahmen verfügen, die dem Staat ermöglichen, die Wirkungen seines Handelns zu berechnen und unter mehreren geeigneten Eingriffen den schonendsten zu wählen. 1126

**Lösungsskizze zum Fall:** Es ist zu unterscheiden zwischen einer möglichen Rechtfertigung derer, die sich gegen den Bau eines Kernkraftwerks, und derer, die sich gegen einen Putsch des Bundesgrenzschutzes wenden wollen. — I. Aktionen gegen den Bau von Kernkraftwerken, die Stationierung von Raketen, die Lagerung von chemischen oder biologischen Waffen etc. fallen von vornherein aus dem Schutzbereich von Art. 20 Abs. 4 heraus: Der Bau, die Stationierung oder die Lagerung mögen in die Grundrechte eingreifen oder sie sogar verletzen, sie haben aber mit der Beseitigung der Verfassungsordnung noch nichts gemein. Auch die Frage, ob ziviler Ungehorsam in Formen gewaltlosen oder gewaltarmen Widerstands, besonders Blockaden, gegen bestimmte energie- und militärpolitische Unternehmungen gerechtfertigt ist, ist keine Frage des Art. 20 Abs. 4, sondern der Auslegung des Nötigungstatbestandes (§ 240 StGB), seines Gewaltbegriffs und seines Verwerflichkeitskriteriums (vgl. oben Rdnr. 803). Vor allem diese Frage ist gemeint, wenn heute über Widerstand und Loyalität der Bürger diskutiert wird. — II. Eine Entmachtung von Bundestag und Bundesregierung würde sich dagegen durchaus gegen die Verfassungsordnung i. S. d. Art. 20 Abs. 4 richten und sie auch nicht nur beeinträchtigen, sondern beseitigen. Denn mit der Entmachtung würde die Staatsgewalt nicht mehr vom Volk ausgehen. Ob mit dem Zusammenziehen von putschbereiten Bundesgrenzschutzeinheiten schon der Übergang vom Stadium der Vorbereitung zu dem des Versuchs erreicht ist, mag zweifelhaft sein. Außerdem kann bezweifelt werden, ob das Setzen eines Zeichens des Widerstands, das keinerlei Widerstandserfolg verspricht, als Widerstandshandlung gerechtfertigt ist. Jedenfalls ist aber, solange die putschbereiten Bundesgrenzschutzeinheiten erst zusammengezogen werden, noch andere Abhilfe möglich. So wäre das Handeln der Bürger nicht einmal dann durch Art. 20 Abs. 4 gerechtfertigt, wenn ihre Einschätzung der Lage zutreffend wäre (zur Frage der irrtümlichen Berufung auf Art. 20 Abs. 4 vgl. *Herzog*, M/D, Art. 20 Abschn. IX Rdnr. 44). 1127

**Literatur:** *R. Dreier*, Widerstandsrecht im Rechtsstaat?, in: Festschrift Scupin, 1983, S. 573; *C. Enders*, Bürgerrecht auf Ungehorsam?, Staat 1986, 351; *J. Isensee*, Das legalisierte Widerstandsrecht, 1969; *A. Kaufmann/L. E. Backmann*, Widerstandsrecht, 1972; *H. H. Klein*, Ziviler Ungehorsam im demokratischen Rechtsstaat, in: Festgabe Gesellschaft für Rechtspolitik, 1984, S. 177; *T. Laker*, Ziviler Ungehorsam, 1986; *U. K. Preuß*, Politische Verantwortung und Bürgerloyalität, 1984; *R. Rhinow*, Widerstandsrecht im Rechtsstaat?, 1984.

# § 28 BERÜCKSICHTIGUNG DER HERGEBRACHTEN GRUNDSÄTZE DES BERUFSBEAMTENTUMS (Art. 33 Abs. 5)

**Fall:** Beihilfe für Beamte (nach E 58, 68)

P ist Polizeiobermeister a. D. und erhält Versorgungsbezüge aus der Besoldungsgruppe A 8. Seine private Krankenversicherung erstattet ihm bei ambulanter Behandlung 30 % der Aufwendungen. Nach unterverfassungsrechtlichen Vorschriften wird ihm eine Beihilfe von weiteren 65 % gewährt. P meint, gem. Art. 33 Abs. 5 steht ihm ein Beihilfeanspruch in Höhe von 70 % zu, um nicht gegenüber seiner aktiven Dienstzeit schlechter gestellt zu sein. Hat er recht?

## I. Überblick

1128 Unbestritten ist, daß Art. 33 Abs. 5 folgende objektive Rechtssätze enthält: einen *Regelungsauftrag* an den Gesetzgeber und eine *institutionelle Garantie* des Berufsbeamtentums. Bestritten ist dagegen, ob Art. 33 Abs. 5 auch ein grundrechtsgleiches Recht enthält und was dessen Schutzbereich ist.

## II. Grundrechtsgleiches Recht?

1129 Es könnte mit guten Gründen vertreten werden, Art. 33 Abs. 5 enthalte kein grundrechtsgleiches Recht: Nach dem *Wortlaut* ist das Recht des öffentlichen Dienstes zu regeln; das spricht für einen objektiven Regelungsauftrag an den Gesetzgeber. Dafür spricht auch die *Entstehungsgeschichte;* der Parlamentarische Rat war sich der Notwendigkeit einer Neuordnung des Beamtenrechts bewußt, die selbstverständlich durch den Gesetzgeber zu erfolgen hatte (vgl. abw. M. E 43, 177/180 f.). Daß Art. 93 Abs. 1 Nr. 4a auf den Art. 33 insgesamt als grundrechtsgleiches Recht verweist, ist kein Gegenargument, da unbestrittenermaßen Art. 33 Abs. 4 als reine Organisationsnorm nicht zu den grundrechtsgleichen Rechten zählt. Im Gegenteil verstärkt der enge *Zusammenhang* zwischen Abs. 4 und Abs. 5, in denen sogar eine „Regelungseinheit" gesehen wird (*Schuppert,* AK, Art. 33 Abs. 4, 5 Rdnr. 4 ff.), die Argumente, wonach Art. 33 Abs. 5 kein grundrechtsgleiches Recht enthält. In Art. 93 Abs. 1 Nr. 4a wäre dann lediglich auf Art. 33 Abs. 1—3 als grundrechtsgleiche (Gleichheits-) Rechte verwiesen (zu ihnen vgl. oben Rdnr. 535 ff.).

1130 Das *BVerfG* hat sich aber über diese Argumente hinweggesetzt. Es vertritt in st. Rspr. die Auffassung, Art. 33 Abs. 5 gewähre auch ein mit der Verfassungsbeschwerde durchsetzbares *Individualrecht des Beamten.* Das BVerfG hat das damit begründet, daß der einzelne Beamte — anders als die sonstigen Arbeitnehmer mittels der Tarifautonomie — keine Möglichkeit habe, „auf die nähere Ausgestaltung seines Rechtsverhältnisses, insbesondere auf die Höhe seines Gehalts, einzuwirken; ebensowenig ist er nach den hergebrachten Grundsätzen befugt, zur Förderung gemeinsamer Berufsinteressen kollektive wirtschaftliche Kampfmaßnahmen zu ergreifen". Daher sei der Beamte auf die Wächterrolle des BVerfG angewiesen (E 8, 1/17). Diese Argumentation mit dem Rechtsschutz ist zwar gegenüber den dargelegten grammatischen, genetischen und systematischen Gründen nicht durchschlagskräftig (vgl. auch *Lecheler,* AöR 1978, 349/360 f.), aber zur Grundlage einer st. Rspr. geworden. Der Beamte kann, gestützt auf sein grundrechtsgleiches Recht, nicht nur geltend machen, ein Gesetz sei nicht mit

Art. 33 Abs. 5 vereinbar, sondern auch, eine behördliche Einzelmaßnahme verletze sein Recht auf Berücksichtigung der hergebrachten Grundsätze des Berufsbeamtentums (E 43, 154; abw. M. E 43, 177).

### III. Schutzbereich

Den Schutzbereich bezeichnet der Begriff des *Berufsbeamtentums.* Dessen Garantie ist aber in charakteristischer Weise *abgeschwächt:* Erstens geht es nicht um jeden einzelnen Rechtssatz überkommenen Beamtenrechts, sondern nur um die „Grundsätze", um einen „Kernbestand von Strukturprinzipien" (E 8, 332/343). Zweitens sind diese Grundsätze nicht zu beachten, sondern nur zu „berücksichtigen", was vom Parlamentarischen Rat mit Bedacht so formuliert worden ist (vgl. JöR 1951, 322 f.) und dem Gesetzgeber einen „weiten Spielraum des politischen Ermessens" eröffnet (E 76, 256/295). Drittens folgt aus der Eigenschaft des Art. 33 Abs. 5 als „Transformationsnorm" — er übernimmt früheres in geltendes Recht —, daß nur diejenigen hergebrachten Grundsätze verbindlich sind, die mit dem Grundgesetz im übrigen vereinbar sind (E 3, 58/137; vgl. auch Art. 123 Abs. 1). So soll Art. 33 Abs. 5 einerseits eine gewisse Kontinuität gewährleisten, andererseits aber keine „Versteinerung" bewirken. Das Berufsbeamtentum ist eine grundsätzlich auch heute noch gültige Antwort auf die personellen Erfordernisse des modernen Verwaltungsstaats, die aber „auf ihre Funktionsadäquanz für den Staat des Grundgesetzes stets neu überprüft werden muß" (*Schuppert,* AK, Art. 33 Abs. 4, 5 Rdnr. 2). 1131

Das BVerfG *definiert* die hergebrachten Grundsätze des Berufsbeamtentums als „jenen Kernbestand von Strukturprinzipien . . ., die allgemein oder doch ganz überwiegend und während eines längeren, Tradition bildenden Zeitraums, mindestens unter der Reichsverfassung von Weimar, als verbindlich anerkannt und gewahrt worden sind" (E 8, 332/343; 71, 255/268). Als *wichtigste Fälle* hat das BVerfG genannt: „Pflicht zu Treue und Gehorsam gegenüber dem Dienstherrn und zu unparteiischer Amtsführung, fachliche Vorbildung, hauptberufliche Tätigkeit, lebenslängliche Anstellung, Rechtsanspruch auf Gehalt, Ruhegehalt, Witwen- und Waisenversorgung" (E 9, 268/286; vgl. auch *Lecheler,* Hdb. StR III, S. 736 ff.). Die hergebrachten Grundsätze des Berufsbeamtentums enthalten also objektiv-rechtliche Anforderungen an das Beamtenrecht sowie Rechte und Pflichten der einzelnen Beamten. Als Inhalt des Art. 33 Abs. 5 als grundrechtsgleiches Recht kommen vor allem die *Rechte des Beamten* in Betracht. 1132

**Beispiele:** Anspruch auf amtsangemessene Alimentation, d. h. Besoldung und Versorgung (st. Rspr.; E 71, 39/60); Anspruch auf eine amtsangemessene Amtsbezeichnung (E 38, 1/12); Anspruch auf Fürsorge, wodurch der Dienstherr verpflichtet wird, „den Beamten gegen unberechtigte Anwürfe in Schutz zu nehmen, ihn entsprechend seiner Eignung und Leistung zu fördern, bei seinen Entscheidungen die wohlverstandenen Interessen des Beamten in gebührender Weise zu berücksichtigen" (E 43, 154/165); zur Treuepflicht vgl. oben Rdnr. 539. — Dagegen besteht kein Anspruch auf den Schutz wohlerworbener Rechte (E 3, 58/137), kein Recht am Amt im Sinn eines Rechts auf „unveränderte und ungeschmälerte Ausübung der übertragenen dienstlichen Aufgaben" (E 43, 242/282), kein Anspruch auf Beschäftigung jenseits der gesetzlich festgelegten Altersgrenze (E 71, 255/270) und kein Anspruch „auf Erhaltung des Besitzstandes in bezug auf ein einmal erreichtes Einkommen" (E 44, 249/263; vgl. näher *Pieroth,* Rückwirkung und Übergangsrecht, 1981, S. 360 ff.). 1133

### IV. Eingriffe und verfassungsrechtliche Rechtfertigung

1134 Ein Eingriff in das grundrechtsgleiche Recht liegt erst dann vor, wenn die Grundsätze nicht mehr berücksichtigt, d. h. die Strukturprinzipien nicht nur zeitgemäß fortentwickelt, sondern über Bord geworfen werden. Für diesen Eingriff gibt es dann auch keine verfassungsrechtliche Rechtfertigung.

1135 **Lösungsskizze zum Fall:** I. Man könnte aus den dargestellten Gründen bezweifeln, ob Art. 33 Abs. 5 überhaupt einen Anspruch des Beamten beinhaltet. Nach st. Rspr. des BVerfG gewährt er jedoch ein grundrechtsgleiches Recht auf Berücksichtigung der den Beamten begünstigenden hergebrachten Grundsätze des Berufsbeamtentums. — II. Es fragt sich danach, ob der Beihilfeanspruch des P hierunter fällt. Die Gewährung von Beihilfe ist ein Anwendungsfall der beamtenrechtlichen Fürsorgepflicht des Dienstherrn gegenüber dem Beamten für die Fälle von Krankheit, Geburt oder Tod in dessen Familie. Der Anspruch auf Fürsorge ist zwar selbst ein hergebrachter Grundsatz des Berufsbeamtentums (E 43, 154/166), allerdings nur in dem Umfang, wie er 1949 schon bestanden hat (vgl. E 58, 68/76 f.). Damals gab es aber noch kein Beihilfensystem wie heute; es ist erst später entstanden und also nicht hergebracht. Allerdings verlangt der Anspruch auf amtsangemessene Alimentation, der ein hergebrachter Grundsatz des Berufsbeamtentums ist, eine so bemessene Versorgung, daß der Beamte sich eine angemessene Krankenversicherung leisten kann (E 83, 89/101 f.). Daher könnte jedoch allenfalls eine Anpassung der Versorgung, nicht aber eine Erhöhung der Beihilfe aus Art. 33 Abs. 5 verlangt werden.

**Literatur:** *H. Lecheler,* Die „hergebrachten Grundsätze des Berufsbeamtentums" in der Rechtsprechung des Bundesverfassungsgerichts und des Bundesverwaltungsgerichts, AöR 1978, 349; *F. Mayer,* Verfassungsrechtliche Probleme einer Reform des öffentlichen Dienstes, in: Festschrift Scupin, 1973, S. 249; *F. Rottmann,* Der Beamte als Staatsbürger, 1981; *B. Schlink,* Zwischen Identifikation und Distanz. Zur Stellung des Beamten im Staat und zur Gestaltung des Beamtenrechts durch das Staatsrecht, Staat 1976, 335; Studienkommission für die Reform des öffentlichen Dienstrechts (Hrsg.), Bd. 5: Verfassungsrechtliche Grenzen einer Reform des öffentlichen Dienstrechts, 1973.

## § 29 WAHLRECHT UND RECHTSSTELLUNG DER ABGEORDNETEN DES DEUTSCHEN BUNDESTAGES (Art. 38)

**Fall:** Die Wahl von Bezirksvertretungen (nach E 47, 253)

Durch eine Änderung der Gemeindeordnung werden Bezirksvertretungen in den kreisfreien Städten vorgeschrieben, denen selbständige Entscheidungsbefugnisse auf dem Gebiet der Verwaltung übertragen werden. Die Mitglieder der Bezirksvertretungen werden gleichzeitig mit den Mitgliedern des Rates gewählt. Die Sitze für die Bezirksvertretungen werden aufgrund von Listen, die die Parteien und Wählergruppen aufstellen, nach der Wahl des Rates auf die Parteien und Wählergruppen unter Berücksichtigung der auf sie im jeweiligen Stadtbezirk entfallenen gültigen Stimmen nach dem d'Hondtschen Höchstzahlverfahren verteilt. Die Mitglieder der Bezirksvertretungen werden sodann vom Wahlleiter berufen, der die sich aus den Listen ergebende Reihenfolge der Bewerber einzuhalten hat. Bei der Nachfolge ausgeschiedener Mitglieder der Bezirksvertretungen bestimmt die zuständige Stelle der Partei oder der Wählergruppe die Reihenfolge der Sitzzuteilung. Die Vorschrift des kommunalen Wahlgesetzes, wonach die Kandidatenaufstellung durch geheime Wahlen in Mitglieder- und Vertreterversammlungen zu erfolgen hat, ist auf die Aufstellung der Listen für die Bezirksvertretungen nicht anwendbar. Verstößt diese Regelung gegen Art. 38?

## I. Überblick

Art. 38 Abs. 1 S. 1 gewährleistet das aktive und passive Wahlrecht für die Wahlen zum Deutschen Bundestag und stellt mit den sogenannten Wahlrechtsgrundsätzen der Allgemeinheit, Unmittelbarkeit, Freiheit, Gleichheit und Geheimheit bestimmte Anforderungen an diese Wahlen. Diese Gewährleistung steht in engem Zusammenhang mit dem Demokratieprinzip (Art. 20 Abs. 1, 2). Art. 38 Abs. 1 S. 2 normiert die Rechtsstellung der Abgeordneten des Deutschen Bundestages; zugleich ist hier („sie sind Vertreter des ganzen Volkes") auch der Grundsatz der repräsentativen Demokratie verankert. In Art. 38 Abs. 2 findet sich die Festlegung des Beginns der Wahlberechtigung; systematisch ist dies eine Ausnahmevorschrift zur Allgemeinheit der Wahl (vgl. oben Rdnr. 526 ff.). Gem. Art. 38 Abs. 3 bestimmt das Nähere ein Bundesgesetz. Damit ist in erster Linie auf das Bundeswahlgesetz verwiesen; erst dort ist das geltende Wahlsystem („personalisierte Verhältniswahl") normiert. Aber auch die Rechtsstellung der Bundestagsabgeordneten ist in Gesetzen, z. B. dem Abgeordnetengesetz, näher ausgeformt. Es ist ungenau, Abs. 3 als „Gesetzesvorbehalt" zu bezeichnen (so aber *Erichsen*, Jura 1983, 635/636); denn hier wird zu einer form- und verfahrensmäßigen Ausgestaltung, die die Wahlgrundsätze handhabbar macht (vgl. oben Rdnr. 251), nicht aber zu einer sachlichen Verkürzung, zu Eingriffen in die Rechte des Art. 38 Abs. 1 ermächtigt (vgl. *v. Münch*, vM, Art. 38 Rdnr. 67). **1136**

## II. Das unmittelbare, freie und geheime Wahlrecht

Die Wahlrechtsgrundsätze der Allgemeinheit und Gleichheit sind als besondere Anforderungen der Rechtfertigung von Ungleichbehandlungen im Zusammenhang mit dem Gleichheitsgebot schon behandelt worden (vgl. oben Rdnr. 526 ff.). Daher wird hier nur noch auf die Wahlrechtsgrundsätze der Unmittelbarkeit, Freiheit und Geheimheit eingegangen. **1137**

### *1. Schutzbereich*

a) Art. 38 Abs. 1 S. 1 gilt sowohl für das **aktive Wahlrecht** (Wahlberechtigung) als auch für das **passive Wahlrecht** (Wählbarkeit, Eligibilität). Der Schutzbereich umfaßt den gesamten Wahlvorgang, von der Aufstellung der Bewerber bis zur Zuteilung der Abgeordnetensitze (*Stern*, StR I, S. 304 f.). **1138**

Dieses grundrechtsgleiche Recht betrifft direkt nur die *Wahl zum Deutschen Bundestag*. Dieselben Wahlrechtsgrundsätze sind aber gem. Art. 28 Abs. 1 S. 2 auch für die Wahlen in den Ländern, Kreisen und Gemeinden maßgeblich. Darüber hinaus gelten sie nach allgemeiner Meinung als ungeschriebenes Verfassungsrecht auch für die Wahlen zu allen Volksvertretungen und für politische Abstimmungen, wie z. B. Volksentscheide, die in einigen Landesverfassungen vorgesehen sind (E 13, 54/91 f.; 28, 220/224). Hiervon sind Wahlen innerhalb von Selbstverwaltungseinrichtungen zu unterscheiden, soweit die spezifische Sachaufgabe anstelle der allgemeinen demokratischen Legitimation der Ausübung öffentlicher Gewalt im Vordergrund steht. **1139**

**Beispiele:** Der Schlüsselstellung, die den Hochschullehrern an den Universitäten nach „Qualifikation, Funktion, Verantwortung und Betroffenheit" zukommt, muß das Wahlrecht zu den Hochschulgremien durch eine besondere Gewichtung der Stimmen der Hochschullehrer gerecht werden (E 39, 247/254 ff.). — Die Richtergesetze des Bundes und der Länder sehen für die Beteiligung der Richter an allgemeinen, sozialen und personellen Angelegenheiten als Vertretungsorgane Richterräte und Präsidialräte vor. Die spezifische Sachaufgabe einer leistungsfähigen Rechtspflege durch eine unabhängige und unparteili- **1140**

che Richterschaft läßt Abweichungen von den Wahlrechtsgrundsätzen des Art. 38 Abs. 1 S. 1 zu, z. B. daß der Wahlvorschlag für den Vorsitz des Präsidialrates mindestens einen Gerichtspräsidenten enthalten muß (E 41, 1/12 f.). — Dagegen gelten die Wahlrechtsgrundsätze der Allgemeinheit und Gleichheit im Bereich der Sozialversicherung (E 30, 227/ 246), Personalvertretung (E 60, 162/169 ff.) und Arbeitnehmerkammern (E 71, 81/94 f.).

1141 b) Die **Unmittelbarkeit der Wahl** „garantiert die Personenwahl im Parteienstaat. Dem Grundsatz der unmittelbaren Wahl ist mithin dann Genüge getan, wenn das Wahlverfahren so geregelt ist, daß jede abgegebene Stimme bestimmten oder bestimmbaren Wahlbewerbern zugerechnet werden muß, ohne daß erst nach der Stimmabgabe noch eine Zwischeninstanz nach ihrem Ermessen die Abgeordneten endgültig auswählt. Nur wenn die Wähler das letzte Wort haben, haben sie auch das entscheidende Wort; nur dann wählen sie unmittelbar" (E 7, 63/68). Dies ist auch bei einer Listenwahl (vgl. § 1 Abs. 2 BWahlG) gewährleistet, denn „der Grundsatz der unmittelbaren Wahl hindert nicht, daß die Wahl eines Bewerbers von der Mitwahl weiterer Bewerber abhängig gemacht wird" (E 7, 63/69). Auch das Auswechseln von Abgeordneten nach dem sog. Rotationsprinzip beeinträchtigt die Unmittelbarkeit der Wahl nicht (Nds. StGH, NJW 1985, 2319; vgl. *Stoll*, JuS 1987, 25).

1142 c) Die **Freiheit der Wahl** bedeutet zunächst, „daß der Akt der Stimmabgabe frei von Zwang und unzulässigem Druck bleibt" (E 44, 125/139). Um der Freiheit von Zwang und unzulässigem Druck willen ist auch die **Geheimheit der Wahl** verbürgt; Freiheit und Geheimheit der Wahl hängen miteinander zusammen. Ein wirkungsvoller Schutz der Wahl kann sich auf die Stimmabgabe nicht beschränken, sondern muß auch die vorbereitende Willensbildung umfassen und nachträgliche Sanktionen ausschließen. Freiheit und Geheimheit der Wahl gelten demgemäß vor, bei und nach der Stimmabgabe. Inhaltlich bedeutet die Freiheit der Wahl die freie Entschließung über das Ob und das Wie der Wahl sowie die Möglichkeit hinreichender Auswahl zwischen verschiedenen Kandidaten bzw. Listen. Die Geheimheit der Wahl bedeutet inhaltlich, daß niemand von einem anderen ohne dessen Willen wissen darf, wie er gewählt hat, wählt oder wählen wird.

1143 Überwiegend wird den Grundsätzen der Freiheit und Geheimheit der Wahl *unmittelbare Drittwirkung* zuerkannt: Sie sollen nicht nur gegenüber der öffentlichen Gewalt, sondern auch gegenüber nichtstaatlichen Organisationen und Einzelpersonen gelten (*Maunz*, M/D, Art. 38 Rdnr. 47; *v. Münch*, vM, Art. 38 Rdnr. 31). Da der Verfassungstext hier für eine Ausnahme von der grundsätzlichen Staatsgerichtetheit der Grundrechte (vgl. oben Rdnr. 202 ff.) keinen Anhaltspunkt bietet, läßt sich die unmittelbare Drittwirkung allenfalls historisch und systematisch begründen: historisch, weil sich die Wahlgarantien im 19. Jahrhundert vornehmlich gegen den Mißbrauch eines beruflichen, wirtschaftlichen oder sonstigen Abhängigkeitsverhältnisses durch Private gerichtet haben; systematisch wegen des Zusammenhangs mit Art. 38 Abs. 1 S. 2, dessen subjektiv-rechtliche Komponenten (vgl. unten Rdnr. 1155) teilweise auch Private binden. Mit Anerkennung der Grundrechte als Elemente objektiver Ordnung (vgl. oben Rdnr. 90 ff.) ist die Annahme einer unmittelbaren Drittwirkung jedoch unnötig, da die historisch gewachsene Schutzwirkung der Freiheit der Wahl objektiv-rechtlich zur Geltung kommen kann.

1144 **Beispiele:** Durch §§ 108 (Wählernötigung), 108 a (Wählertäuschung) und 108 b (Wählerbestechung) StGB wird die Freiheit der Wahl gegenüber jedermann strafrechtlich geschützt; dies mag als Erfüllung einer aus Art. 38 Abs. 1 S. 1 abzuleitenden Schutzpflicht des Staates angesehen werden. Wo keine Wählernötigung vorliegt, ist die Freiheit der Wahl durch Private nicht verletzt (E 66, 369/380). — Die von einem privaten Arbeitgeber ausgesprochene Kündigung eines Arbeitnehmers wegen einer bestimmten Stimmabgabe bzw. eine entsprechende Bevorzugung eines anderen Arbeitnehmers ist gem. §§ 134, 138 BGB nichtig; diese Beurteilung beruht auf der Berücksichtigung des Art. 38 Abs. 1 S. 1 als objektives Verfassungsrecht (vgl. *v. Münch,* vM, Art. 38 Rdnr. 37). — Andererseits ist selbst massive Wahlpropaganda nichtstaatlicher Stellen, solange sie mit allgemein erlaubten Mitteln erfolgt, von Art. 5 Abs. 1 und 2 geschützt. Das gilt auch für kirchliche Aufrufe zur Wahl einer bestimmten Partei (Hirtenbriefe; vgl. BVerwGE 18, 14; OVG Münster, JZ 1962, 767).

Das BVerfG rechnet zur Wahlfreiheit — über das bisher Gesagte hinaus — auch „ein grundsätzlich freies Wahlvorschlagsrecht für alle Wahlberechtigten" (E 41, 399/417) sowie „eine freie Kandidatenaufstellung unter Beteiligung der Mitglieder der Parteien und Wählergruppen" (E 47, 253/282). Systematisch sind das aber eher Fragen der aus dem passiven Wahlrecht folgenden *Chancengleichheit* der Bewerber (vgl. oben Rdnr. 527 sowie *Merten,* Festschrift Broermann, 1982, S. 301/306). 1145

*2. Eingriffe*

a) Eine **mittelbare Wahl** liegt vor, wenn eine fremde Willensentscheidung außer der des Bewerbers selbst zwischen den Wahlakt und das Wahlergebnis *geschaltet* ist. 1146

**Beispiele:** Der Präsident der USA wird durch Wahlmänner gewählt. Bei der Listenwahl (vgl. § 1 Abs. 2 BWahlG) darf die Liste nicht nachträglich aufgefüllt (E 3, 45/51) oder abgeändert werden (E 47, 253/279 ff.), außer es geschieht durch freie Willensentscheidung des Gewählten selbst, z. B. durch Nichtannahme, späteren Rücktritt (E 3, 45/50) oder freiwilliges Ausscheiden aus der Partei (E 7, 63/72). Soweit § 48 Abs. 1 S. 2 BWahlG dagegen einen auf der Landesliste einer Partei an sich nachrückenden Bewerber von der Nachfolge auch dann ausschließt, wenn er aus der Partei ausgeschlossen worden ist, liegt ein Eingriff in die Unmittelbarkeit der Wahl vor (*Erichsen,* Jura 1983, 635/640). 1147

b) Eine **unfreie Wahl** durch unzulässigen Druck auf die Wahlentscheidung des Bürgers von seiten eines Trägers öffentlicher Gewalt kann bei *kompetenzwidrigem* Verhalten gegeben sein. 1148

**Beispiele:** Die Regierung darf nicht, außer im Rahmen der gesetzlichen Wahlkampfkostenerstattung, einer Partei zur Finanzierung des Wahlkampfes Steuergelder zukommen lassen. Die zulässige Aufgabe der Information durch Öffentlichkeitsarbeit der Regierung darf nicht in unzulässige Wahlwerbung übergehen (zu den Einzelheiten vgl. E 44, 125/145 ff.; 63, 230/243 f.). 1149

Darüber hinaus bestimmt sich die Unzulässigkeit des Drucks danach, ob eine inhaltliche Beeinflussung des Wählers vorliegt. Hinsichtlich des *Ob* der Wahl und damit der Frage der verfassungsrechtlichen Zulässigkeit einer Wahlpflicht ist dies umstritten. Teilweise wird von der Wahlentscheidungsfreiheit eine Wahlbeteiligungsfreiheit unterschieden, die von Art. 38 Abs. 1 S. 1 nicht geschützt sei (*Merten,* Festschrift Broermann, 1982, S. 301/308 ff.). Dagegen ist zu sagen, daß auch im Fernbleiben von der Wahl ein Kundtun des politischen Willens der Wählerschaft liegen kann. Die Einführung einer Wahlpflicht ist daher als Eingriff in die Freiheit der Wahl zu qualifizieren (*Erichsen,* Jura 1983, 635/641; *v. Münch,* vM, Art. 38 Rdnr. 30). Hinsichtlich des *Wie* der Wahl bedeutet inhaltliche Beeinflussung die Bevorzugung einer Partei oder eines Bewerbers gegenüber anderen. Auch die hinreichende *Auswahlmöglichkeit* zwischen verschiedenen Kandidaten bzw. Listen kann durch staatliche Maßnahmen beeinträchtigt werden (vgl. unten Rdnr. 1161). 1150

1151 **Beispiele:** Ein Bürgermeister läßt eine Wahlempfehlung für eine Partei in einer von ihm herausgegebenen „Amtlichen Bekanntmachung" drucken (BVerwG, DÖV 1974, 388). — Im Wahlraum hängen Plakate einiger Parteien. Selbst wenn von allen Parteien Plakate aufgehängt würden, ist ein bevorzugter Platz eines Plakats faktisch nicht zu vermeiden. Daher bestimmt § 32 Abs. 1 BWahlG, daß im Gebäude, in dem sich der Wahlraum befindet, jede Beeinflussung der Wähler durch Wort, Ton, Schrift oder Bild verboten ist.

1152 Eine **nicht geheime Wahl** liegt vor bei einer Pflicht zur Offenbarung, wie jemand wählen will, wählt, oder gewählt hat. Aber auch eine staatliche Regelung, die es erlaubt, daß der Wahlakt selbst nicht geheim vorgenommen wird, beeinträchtigt die Geheimheit der Wahl.

1153 **Beispiele:** Ein Gericht erläßt einen Beweisbeschluß dahingehend, daß die Wahlentscheidung einer Person ermittelt wird (BVerwGE 49, 75/76; vgl. auch BGHSt 29, 380/385 f.). — Die Briefwahl (vgl. § 36 BWahlG) ist solange unbedenklich, als alle geeigneten und erforderlichen Vorkehrungen zur Sicherung des Wahlgeheimnisses getroffen sind (E 21, 200/204 ff.; 59, 119/127 f.). — Keine Beeinträchtigung der Geheimheit der Wahl sind Unterschriftenquoren für Wahlvorschläge (vgl. §§ 20 Abs. 2 und 3, 27 Abs. 1 BWahlG), da eine derartige Unterschrift nicht zwingend auf die Wahlentscheidung schließen läßt (*v. Münch*, vM, Art. 38 Rdnr. 54). Von der Rechtsprechung werden sie demgegenüber als Durchbrechung des Grundsatzes der geheimen Wahl angesehen und damit gerechtfertigt, daß sie zur ordnungsgemäßen Durchführung der Wahl unbedingt erforderlich sind (E 12, 135/137).

### *3. Verfassungsrechtliche Rechtfertigung*

1154 Art. 38 Abs. 3 ermächtigt nicht zu Eingriffen (vgl. oben Rdnr. 1136). Gewisse Durchbrechungen der Allgemeinheit und Gleichheit sind dargestellt worden (vgl. oben Rdnr. 530 f.). Das BVerfG hat dem Gesetzgeber bei der Entscheidung, ob mögliche Gefährdungen der Verwirklichung eines Wahlrechtsgrundsatzes zur besseren Durchsetzung eines anderen Wahlrechtsgrundsatzes in Kauf zu nehmen sind, einen Ermessensspielraum zugebilligt; nicht jeder Wahlrechtsgrundsatz könne „in voller Reinheit" verwirklicht werden (E 59, 119/124; BVerwG, DVBl. 1986, 240: Allgemeinheit contra Geheimheit bei der Briefwahl; krit. *Meyer*, Hdb. StR II, S. 282). Sonstige verfassungsrechtliche Rechtfertigungen von Eingriffen sind nicht ersichtlich.

## III. Die Rechtsstellung der Abgeordneten des Deutschen Bundestages

1155 Art. 38 Abs. 1 S. 2 ist nach h. M. *kein grundrechtsgleiches Recht*. Er ist „von der Anführung des Artikels in § 90 BVerfGG (jetzt auch Art. 93 Abs. 1 Nr. 4a) nicht mitumfaßt, da er nicht ein Individualrecht des Abgeordneten als ‚jedermann' begründet, sondern die organschaftliche Stellung der Abgeordneten umschreibt und ihnen Pflichten als Mitglieder des Parlaments auferlegt" (E 6, 445/448; st. Rspr.; vgl. *Stern*, StR I, S. 1077). Das muß konsequent auch für die einzelnen Ausprägungen des Abgeordnetenstatus in Art. 46 (Indemnität und Immunität), Art. 47 (Zeugnisverweigerungsrecht und Beschlagnahmeverbot) und Art. 48 (Urlaubsanspruch, Behinderungsverbot, Entschädigungs- und Beförderungsanspruch) gelten. Erst recht kann der Abgeordnete sich nicht bei parlamenterischen Reden auf Art. 5 Abs. 1 S. 1 oder bei Fraktionssitzungen auf Art. 8 berufen (vgl. E 60, 374/380).

*Prozessual* bedeutet das, daß der Abgeordnete, der „um die ihm als Abgeordneten verfassungsrechtlich zukommenden Rechte mit einem anderen Staatsorgan, regelmäßig dem Parlament selbst, streitet, dem Staat nicht als ein ‚jedermann' gegenübersteht, der sich gegen eine Verletzung jenes rechtlichen Raumes wehrt, der durch die Grundrechte gegenüber dem Staat gesichert ist" (E 43, 142/148; 70, 324/350). Statt einer Verfassungsbeschwerde steht dem Abgeordneten insoweit nur das Organstreitverfahren zur Verfügung (Art. 93 Abs. 1 Nr. 1; vgl. *Umbach,* Festschrift Zeidler, 1987, 2. Bd., S. 1235). **1156**

Das Organstreitverfahren paßt allerdings dann nicht, wenn der Abgeordnete nicht mit einem anderen Verfassungsorgan streitet, sondern Eingriffe der sonstigen öffentlichen Gewalt in seinen verfassungsrechtlichen Status oder aus diesem folgende Berechtigungen abwehren will. Hier bleibt ihm die Verfassungsbeschwerde unter Berufung auf Art. 3, wenn die öffentliche Gewalt die besondere Rechtsstellung der Abgeordneten nicht berücksichtigt, oder auf einzelne Freiheitsrechte, wenn sie Sanktionen setzt, die vor Art. 38 Abs. 1 S. 2 und dessen Ausprägungen keinen Bestand haben. **1157**

**Beispiele:** Eine Gemeinde entläßt einen Angestellten, nachdem dieser ein Bundestagsmandat angetreten hat (vgl. Art. 48 Abs. 2 S. 2); die Bundesbahn verweigert einem Abgeordneten die Freifahrt (vgl. Art. 48 Abs. 3 S. 2); einem aus dem Parlament ausgeschiedenen Abgeordneten wird die Abgeordnetenaltersversicherung verkürzt (E 32, 157/162); ein Zivilgericht verurteilt einen Abgeordneten zum Widerruf einer Äußerung, die er im Bundestag gemacht hat (vgl. Art. 46 Abs. 1; BGHZ 75, 384). **1158**

**Lösungsskizze zum Fall:** Art. 38 Abs. 1 S. 2 kommt hier als Maßstab offensichtlich nicht in Betracht, da es um die Wahl von Volksvertretern und nicht um die Ausübung eines Abgeordnetenmandats geht. Außerdem betrifft Art. 38 Abs. 1 S. 2 nur die Abgeordneten des Deutschen Bundestages. Dies trifft zwar auch für die Wahlrechtsgrundsätze des Art. 38 Abs. 1 S. 1 zu; doch gelten sie anerkanntermaßen auch darüber hinaus (Art. 28 Abs. 1 S. 2; ungeschriebenes Verfassungsrecht für die Wahlen zu allen Volksvertretungen und für politische Abstimmungen). Im vorliegenden Fall handelt es sich um die Wahl zu einer kommunalen Volksvertretung, für die die Wahlrechtsgrundsätze gelten. — I. *Unmittelbarkeit* der Wahl: Dieser Grundsatz verbietet, daß nach der Wahlhandlung zwischen Wähler und Wahlbewerber eine Instanz eingeschaltet wird, die nach ihrem Ermessen den Vertreter auswählt. Genau das geschieht, wenn bei der Nachfolge ausgeschiedener Mitglieder der Bezirksvertretung eine Stelle der Partei oder Wählergruppe die Reihenfolge der Sitzzuteilung bestimmt. Das ist mit der Unmittelbarkeit der Wahl nicht vereinbar (E 47, 253/280). — II. *Freiheit* der Wahl: 1. Zwar ist die Listenwahl als solche verfassungsge-mäß. Staatliche Maßnahmen dürfen aber nicht die Auswahlmöglichkeit zwischen verschiedenen Listen beeinträchtigen. Die vorgeschriebene einheitliche Stimmabgabe für die Vertreter und Listen des Rates und der Bezirksvertretungen führt zu einer nicht zu rechtfertigenden „Verengung der Entschließungsfreiheit des Wählers": „Hat sich der Wähler für die Wahl eines Ratskandidaten entschlossen, so kann er nicht mehr frei entscheiden, welcher gebundenen Liste von Kandidaten für die Bezirksvertretung er seine Stimme geben will" (E 47, 253/283 f.). — 2. Nach der Rechtsprechung des BVerfG ist auch die freie Kandidatenaufstellung ein Gebot der Freiheit der Wahl: „Der Gesetzgeber darf es nicht bei der Annahme bewenden lassen, eine demokratischen Grundsätzen entsprechende Kandidatenaufstellung werde aufgrund der Parteiensatzungen und tatsächlicher Übung regelmäßig auch ohne Nachweis erfolgen" (E 47, 253/283; a. A. OVG Münster, OVGE 22, 66/70 ff.). Der Ausschluß der Anwendbarkeit der entsprechenden Vorschrift des Kommunalwahlgesetzes verstößt danach gegen die Freiheit der Wahl. **1161**

**Literatur:** Zu II.: *H.-U. Erichsen,* Die Wahlrechtsgrundsätze des Grundgesetzes, Jura 1983, 635; *J. A. Frowein,* Die Rechtsprechung des Bundesverfassungsgerichts zum Wahlrecht, AöR 1974, 72; *L. Gramlich,* Allgemeines Wahlrecht — in Grenzen?, JA 1986, 129; *H. Meyer,* Wahlgrundsätze und Wahlverfahren, Hdb. StR II, S. 269; *W. Schreiber,* Handbuch des Wahlrechts zum Deutschen Bundestag, 4. Aufl. 1990; *K. H. Seifert,* Das Bundeswahlgesetz, 3. Aufl. 1976. — Zu III.: *N. Achterberg,* Die Rechtsstellung des Abgeordneten, JA 1983, 303; *P. Häberle,* Freiheit, Gleichheit und Öffentlichkeit des Abgeordnetenstatus, NJW 1976, 537; *H. H. Klein,* Status des Abgeordneten, in: Hdb. StR II, S. 367.

# § 30 RECHT AUF DEN GESETZLICHEN RICHTER (Art. 101 Abs. 1 S. 2)

**Fall:** Die Massenverhaftung (nach BVerfG, NJW 1982, 29)

Bei einer nächtlichen Großdemonstration kommt es zu kriminellen Ausschreitungen. Die Polizei nimmt mehr als 100 Personen vorläufig fest und beantragt für sie beim örtlichen Amtsgericht den Erlaß von Haftbefehlen. Da der zuständige Ermittlungsrichter E diese Zahl von Anträgen nicht allein bewältigen kann und die nach dem Geschäftsverteilungsplan vorgesehenen fünf Vertreter nicht erreichbar sind, bestimmt der Amtsgerichtsdirektor den zufällig noch im Gerichtsgebäude anwesenden Richter R zum zeitweiligen Vertreter des E. Ist das mit Art. 101 Abs. 1 S. 2 vereinbar?

## I. Überblick

**1162** Von den drei Sätzen, die den Art. 101 bilden, erweist sich Art. 101 Abs. 1 S. 2 schon vom Wortlaut her als ein subjektives Recht. Wegen seiner Erwähnung in Art. 93 Abs. 1 Nr. 4a ist es ein grundrechtsgleiches Recht. Es verbürgt dem einzelnen, daß nur der durch Gesetz bestimmte, nicht ein auf andere Weise bestimmter Richter über ihn Recht spricht. Damit stellt Art. 101 Abs. 1 S. 2 die Bestimmung des zuständigen Richters unter den Vorbehalt des Gesetzes. Zugleich handelt es sich wie bei Art. 19 Abs. 4 um einen stark normgeprägten Schutzbereich: Es sind Gesetze erforderlich, die die richterliche Zuständigkeit ausgestalten. Art. 101 Abs. 1 S. 1 verbietet Ausnahmegerichte, d. h. Gerichte, die entweder keine gesetzliche Grundlage haben oder zwar eine gesetzliche Grundlage, aber keine abstrakt-generelle Festlegung ihrer Zuständigkeit haben (E 3, 213/223). Art. 101 Abs. 2 enthält den Vorbehalt des Gesetzes für Gerichte für besondere Sachgebiete, z. B. Ehren- und Berufsgerichte (E 26, 186/193; 71, 162/178). Die beiden letzten Bestimmungen sind nur Folgerungen aus Art. 101 Abs. 1 S. 2. Insgesamt ist dieser Artikel ein wichtiger Bestandteil des Rechtsstaatsprinzips des Grundgesetzes.

## II. Schutzbereich

### *1. Gesetzliche Zuständigkeit des Richters*

**1163** Dies ist das überkommene und unstreitige Verständnis der Gewährleistung: Die Zuständigkeit eines Richters für einen konkreten Fall muß im voraus abstrakt-generell festgelegt sein.

**1164** a) Es besteht ein kompliziertes Normengeflecht des Gerichtsverfassungsrechts und der verschiedenen Prozeßgesetze, das die **Zuständigkeit des Richters** im konkreten Fall erst über verschiedene Zwischenschritte erkennen läßt: Zunächst ist dies eine Frage der Gerichtsbarkeit (z. B. ordentliche Gerichte oder Verwaltungsgerichte usw.), dann der verschiedenen Gerichte derselben Gerichtsbarkeit (z. B. Amtsgericht oder Landgericht — sachliche und instanzielle Zuständigkeit — bzw. Amtsgericht A oder B — örtliche Zuständigkeit —), weiter der verschiedenen Spruchkörper bzw. Einzelrichter desselben Gerichts (z. B. I. oder II. Kammer bzw. Senat), schließlich der verschiedenen Richter desselben Spruchkörpers (z. B. Richter A, B oder C der I. Kammer).

Richter bedeutet im übrigen: jeder staatliche Richter von der untersten Instanz bis zum BVerfG, sowie der Gerichtshof der Europäischen Gemeinschaften (E 73, 339/366 ff.; 82, 159/192; *Vedder*, NJW 1987, 526). Das umschließt auch die ehren- und nebenamtlichen Richter (z. B. Schöffen); daher verhindert eine ungültige Schöffenwahl, daß der gesetzliche Richter amtiert (E 31, 181/183 f.; vgl. auch BGHSt 33, 41/43; BVerwG, DVBl. 1987,1122). Gleichgültig ist selbstverständlich auch der Status als Richter auf Zeit oder Lebenszeit. Nicht unter den Begriff des Richters i. S. d. Grundgesetzes fallen aber private Gerichte und ihre Richter, wie z.B. Schiedsgerichte gem. §§ 1025 ff. ZPO. 1165

b) Der **Vorbehalt des Gesetzes** fordert Außenrechtssätze: Verwaltungsvorschriften sind zur Zuständigkeitsregelung nicht ausreichend (E 2, 307/320 ff.). Solche Außenrechtssätze sind: Verfassung, Parlamentsgesetze, Rechtsverordnungen, Satzungen, wozu auch die Geschäftsverteilungspläne der Gerichte zu zählen sind. Nach dem Prinzip des Parlamentsvorbehalts müssen die wesentlichen Regelungen, das sind hier die „fundamentalen Zuständigkeitsregeln" (E 19, 52/60), in einem Parlamentsgesetz enthalten sein (vgl. oben Rdnr. 304 ff.). Nach dieser Maßgabe und unter den Voraussetzungen des Art. 80 Abs. 1 kann aber die Bestimmung des zuständigen Richters auch in einer Rechtsverordnung und des weiteren in Satzungen geregelt werden (vgl. E 17, 294/298 ff.; 27, 18/34 f.). 1166

### 2. *Unabhängigkeit des Richters*

Nach der ständigen Rechtsprechung des BVerfG wird Art. 101 Abs. 1 S. 2 nicht nur als Recht auf den gesetzlich zuständigen Richter angesehen, sondern darüber hinaus als Recht auf einen Richter und damit auf Gerichte, die in jeder Hinsicht den Anforderungen des Grundgesetzes entsprechen (vgl. E 3, 377/381; 60, 175/214). Die wesentlichen Anforderungen des Grundgesetzes an den Richter sind seine Unabhängigkeit gem. Art. 97 und seine Unparteilichkeit (E 21, 139/146: „Neutralität und Distanz des Richters gegenüber den Verfahrensbeteiligten") gem. dem Rechtsstaatsprinzip. Praktisch werden so diese nicht grundrechtlichen Vorschriften verfassungsbeschwerdefähig gemacht. Die hiergegen erhobenen Einwände (vgl. *Bettermann*, AöR 1969, 263) haben sich nicht durchgesetzt. 1167

**Beispiel:** In einem Verfahren über die Erteilung eines Erbscheins vor dem Amtsgericht als Nachlaßgericht lehnte der Testamentsvollstrecker den Richter wegen Besorgnis der Befangenheit ab. Das wurde vom Amtsgericht und nach Beschwerde vom Oberlandesgericht unter Berufung auf eine Vorschrift im FGG zurückgewiesen, wonach die Ablehnung eines Richters im Verfahren der freiwilligen Gerichtsbarkeit ausgeschlossen war. Die Verfassungsbeschwerde hiergegen hatte Erfolg, weil zu einem Richter nach den rechtsstaatlichen Anforderungen des Grundgesetzes auch seine Unparteilichkeit gehört: „Deshalb muß im System der normativen Vorausbestimmung des gesetzlichen Richters 1168

Vorsorge dafür getroffen werden, daß im Einzelfall ein Richter, der nicht die Gewähr der Unparteilichkeit bietet, von der Ausübung seines Amtes ausgeschlossen ist oder abgelehnt werden kann" (E 21, 139/146).

## III. Eingriffe

1169 Der Eingriff wird hier als das „Entziehen" des gesetzlichen Richters gekennzeichnet: Das bedeutet eine Verhinderung oder Beeinträchtigung der Verhandlung und Entscheidung einer Sache durch den gesetzlichen Richter. Je nach Zweig der öffentlichen Gewalt wirft das besondere Probleme auf.

### *1. Entziehung durch die Legislative*

1170 Nicht jede Zuständigkeitsregelung durch den Gesetzgeber genügt den Anforderungen des Art. 101 Abs. 1 S. 2. Das zeigt schon Art. 101 Abs. 1 S. 1: Auch gesetzlich eingerichtete Ausnahmegerichte sind unzulässig (vgl. *Bettermann*, in: Die Grundrechte III/2, S. 523/572). Entscheidend ist die vorherige abstrakt-generelle Festlegung einer einzigen Zuständigkeit. Nicht ausreichend — und damit Verstöße des Gesetzgebers gegen Art. 101 Abs. 1 S. 2 — sind die Normierung mehrerer Zuständigkeiten für eine Sache und die gesetzliche Einräumung eines Ermessens an nichtrichterliche Organe bei der Bestimmung der Zuständigkeit.

1171 **Beispiel:** Gem. §§ 7—9 StPO hat die Staatsanwaltschaft die Wahl, bei welchem von mehreren örtlich zuständigen Gerichten sie Anklage erheben will (Begründung des Gerichtsstandes am Tatort, Wohnsitz und Ergreifungsort). Das ist nach dem Gesagten verfassungswidrig (so auch *Hill*, Hdb. StR VI, S. 1332; *Kunig*, vM, Art. 101 Rdnr. 28 Stichwort „Bewegliche Zuständigkeiten). Wenn dagegen gesagt wird, dies sei unbedenklich, „vorausgesetzt, daß es (sc: das Wahlrecht) nach sachlichen, ‚justizgemäßen' Erwägungen ausgeübt wird" (so *Wassermann*, AK, Art. 101 Rdnr. 15), dann wird die Bindung des Gesetzgebers an Art. 101 Abs. 1 S. 2 praktisch preisgegeben. Auch die Rechtsprechung des BVerfG ist hier zu nachgiebig, wenn sie lediglich die „möglichst eindeutige" Bestimmung des zuständigen Richters durch den Gesetzgeber fordert (st. Rspr., vgl. E 6, 45/50 f.; 63, 77/79).

### *2. Entziehung durch die Exekutive*

1172 Hier liegen zwar die geschichtlichen Wurzeln des Rechts auf den gesetzlichen Richter (vgl. *Kern*, Der gesetzliche Richter, 1927), nicht aber die aktuellen Probleme: Daß die Exekutive richterliche Befugnisse wahrnimmt („Kabinettsjustiz"), ist gegenwärtig nicht zu befürchten. Daß die Richter von der Exekutive ernannt und besoldet werden, ist in der gewaltenteiligen Struktur des Grundgesetzes angelegt und nicht als Entziehung anzusehen (vgl. *Kunig*, vM-GG, Art. 101 Rdnr. 29). Eine Entziehung wäre jedoch die Ernennung eines Richters „ad hoc und ad personam" (E 82, 159/194). Auch ist die Aufstellung der Geschäftsverteilungspläne der Gerichte nach dem GVG hinreichend gegenüber Einflußnahmen der Exekutive abgesichert. Das einzige in diesem Zusammenhang zu nennende Beispiel für einen Eingriff in den Art. 101 Abs. 1 S. 2 durch die Exekutive aus der Rechtsprechung des BVerfG (E 22, 49/73 ff.) betraf die Ausübung von Strafgerichtsbarkeit durch die Finanzämter, die ihrerseits auf einem Gesetz beruhte.

*3. Entziehung durch die Judikative*

a) Der im Einzelfall zuständige Richter könnte schon dann durch die Gerichte selbst entzogen werden, wenn bei der **Rechtsprechung** verfahrensrechtliche Bestimmungen, z. B. über die Zusammensetzung der Richterbank, den Ausschluß oder den Nichtausschluß befangener Richter, Abstimmungsmehrheiten usw. falsch angewandt werden. Wenn aber jeder Verstoß gegen derartige prozeßrechtliche Vorschriften Art. 101 Abs. 1 S. 2 verletzen würde, käme dem BVerfG die Aufgabe einer Superrevisionsinstanz zu und würde die Kompetenz der ordentlichen und der Fachgerichte über Gebühr zurückgedrängt. Daher ist eine Differenzierung geboten. Die ständige Rechtsprechung des BVerfG nimmt sie dahingehend vor, daß zwischen einem error in procedendo und einer „willkürlich unrichtigen" Anwendung von Verfahrensvorschriften unterschieden wird (vgl. E 67, 90/95; 75, 223/234). 1173

**Beispiel:** Ein Zivilgericht nimmt nach den maßgeblichen Vorschriften der ZPO seine Zuständigkeit zur Entscheidung über eine Klage an. Im Rahmen einer Verfassungsbeschwerde gegen diese Entscheidung ist das BVerfG der Auffassung, das Zivilgericht sei nicht zuständig gewesen (error in procedendo). Gleichzeitig sei dem Zivilgericht aber keine Willkür vorzuwerfen. Dann liegt keine Entziehung des gesetzlichen Richters vor. 1174

An dem Kriterium der Willkür ist *Kritik* geübt worden (vgl. *Niemöller/Schuppert*, AöR 1982, 387/421; *Wölker*, EuGRZ 1988, 97). In der Tat liegt hier das gleiche Problem vor, das bei anderen Grundrechten als Erfordernis einer spezifischen Grundrechtsverletzung diskutiert wird (vgl. unten Rdnr. 1284 ff.). Zu einer präziseren Abgrenzung ist die allgemeine Diskussion aber auch hier nicht vorgedrungen. 1175

Von dem Grundsatz, daß bei einer auf einem error in procedendo beruhenden gesetzwidrigen Besetzung des Gerichts eine Verletzung des Art. 101 Abs. 1 S. 2 nicht angenommen werden kann, wird in ständiger Rechtsprechung des BVerfG eine *Ausnahme* für den Fall des *ausgeschlossenen Richters* anerkannt. Beispielsweise ist gem. § 23 Abs. 2 StPO der Richter, der bei einer durch einen Antrag auf Wiederaufnahme des Verfahrens angefochtenen Entscheidung mitgewirkt hat, von der Mitwirkung bei Entscheidungen im Wiederaufnahmeverfahren kraft Gesetzes ausgeschlossen. „Schon begrifflich ist ein Verfahrensirrtum nicht möglich, wenn es sich um das Einwirken einer außerhalb der Gerichtsorganisation stehenden Person handelt. Nichts anderes kann aber für die Personen innerhalb der Gerichtsorganisation gelten, die als ausgeschlossene Richter in einer bestimmten Sache keine richterliche Funktion wahrnehmen dürfen" (E 30, 165/167; 63, 77/79 f.). 1176

b) **Gerichtsorganisatorische** Maßnahmen von Gerichtspräsidien und Vorsitzenden von Spruchkörpern, insbesondere die von diesen zu erstellenden Geschäftsverteilungspläne, müssen die Zuständigkeitsverteilung im voraus — d. h. vor dem Beginn des Geschäftsjahres für dessen Dauer — und nach objektiven Kriterien — d. h. ohne Ansehen der Person und des Einzelfalles — regeln. Bereits die Möglichkeit der Manipulation begründet insoweit einen Verstoß gegen Art. 101 Abs. 1 S. 2 (vgl. E 18, 65/70; 18, 344/349 f.). 1177

**Beispiel:** Bei Spruchkörpern, die in der Besetzung von drei Mitgliedern entscheiden müssen, z. B. Zivilkammern und -senate, ist es ein Verstoß gegen Art. 101 Abs. 1 S. 2, wenn der Spruchkörper mehr als fünf ordentliche Mitglieder hat; denn dann ist es mög- 1178 lich, daß in zwei personell voneinander verschiedenen Sitzungsgruppen verhandelt und entschieden werden kann, was die Möglichkeit der Manipulation in sich birgt (E 17, 294/301). Dagegen wird eine Überbesetzung von ein oder zwei Richtern wegen der Fälle des Ausscheidens, der Krankheit, der Verhinderung, des Urlaubs und des Wechsels von Richtern als unvermeidlich hingenommen.

### IV. Verfassungsrechtliche Rechtfertigung

**1179** Art. 101 Abs. 1 S. 2 steht unter keinem Gesetzesvorbehalt. Die oben Rdnr. 1169 ff. aufgeführten Eingriffe sind verfassungswidrig.

**1180** **Lösungsskizze zum Fall:** Gem. Art. 101 Abs. 1 S. 2 muß die Zuständigkeit des R zum Erlaß von Haftbefehlen in dieser Nacht im voraus gesetzlich, d. h. abstrakt-generell festgelegt sein. Als gesetzliche Regelung reicht auch ein Geschäftsverteilungsplan aus. Danach waren E und fünf Vertreter gesetzliche Richter, nicht aber R. Zwar sieht § 21 e Abs. 3 GVG die Möglichkeit der Änderung des Geschäftsverteilungsplans, besonders bei Überlastung, vor; aber eine solche Änderung ist hier nicht vorgenommen worden, und wenn, wäre sie nicht im voraus erfolgt. Alles spricht daher für einen Verstoß gegen Art. 101 Abs. 1 S. 2. — Gleichwohl hat das BVerfG hier (NJW 1982, 29) und in einem vergleichbaren Fall (E 31, 145/163 f.) die Bestellung eines zeitweiligen Vertreters durch den Gerichtspräsidenten für vereinbar mit Art. 101 Abs. 1 S. 2 erklärt. Es hat dies mit dem „Interesse reibungsloser Geschäftsabwicklung“ und damit begründet, daß § 21 i Abs. 2 GVG dem Gerichtspräsidenten die Befugnis zur ergänzenden Vertretungsregelung einräume, nachdem auch das Präsidium einen derartigen Beschluß unter den gegebenen Umständen nicht fassen konnte.

**Literatur:** *K. A. Bettermann*, Der gesetzliche Richter in der Rechtsprechung des Bundesverfassungsgerichts, AöR 1969, 263; *C. Degenhart*, Gerichtsorganisation, in: Hdb. StR III, S. 859; *C. Gloria*, Verfassungsrechtliche Anforderungen an die gerichtlichen Geschäftsverteilungspläne, DÖV 1988, 849; *G. Grünwald*, Die sachliche Zuständigkeit der Strafgerichte und die Garantie des gesetzlichen Richters, JuS 1968, 452; *M. Niemöller/ G. F. Schuppert*, Die Rechtsprechung des Bundesverfassungsgerichts zum Strafverfahrensrecht, AöR 1982, 387.

## § 31 ANSPRUCH AUF RECHTLICHES GEHÖR (Art. 103 Abs. 1)

**Fall:** Die Beschlagnahme von Diebesgut

Die Staatsanwaltschaft verdächtigt den Elektrohändler H der Hehlerei; sie hat Anhaltspunkte dafür, daß er im Keller seiner Geschäftsräume Diebesgut lagert. Auf ihren Antrag ordnet der zuständige Richter die Beschlagnahme aller dort gelagerten Gegenstände an, ohne dem H zuvor Gelegenheit zur Stellungnahme zu geben. Verletzt diese Anordnung Art. 103 Abs. 1?

### I. Überblick

**1181** Art. 103 Abs. 1 enthält ein grundrechtsgleiches Recht, das mit der Verfassungsbeschwerde gem. Art. 93 Abs. 1 Nr. 4a geltend gemacht werden kann. Davon wird reger Gebrauch gemacht: Art. 103 Abs. 1 wird in drei Vierteln aller Verfassungsbeschwerden als verletzt gerügt — mit im übrigen überdurchschnittlichem Erfolg (vgl. *Bryde*, Verfassungsentwicklung, 1982, S. 468, 472). Der Anspruch auf rechtliches Gehör vor Gericht ist eine Ausprägung des Rechtsstaatsprinzips und dient „auch der Achtung der Würde des Menschen, der in einer so schwerwiegenden Lage, wie ein Prozeß sie für gewöhnlich darstellt, die Möglichkeit haben muß, sich mit tatsächlichen und rechtlichen Argumenten zu behaupten" (E 55, 1/6). Wie der verwandte Art. 19 Abs. 4 ist Art. 103 Abs. 1 stark normgeprägt.

## II. Schutzbereich

### *1. Rechtliches Gehör*

Rechtliches Gehör bedeutet, sich grundsätzlich vor Erlaß einer Entscheidung in tatsächlicher und rechtlicher Hinsicht zur Sache äußern zu können (st. Rspr.; E 69, 145/148). Soweit dies bei vorläufigen und Eilmaßnahmen nicht möglich ist, weil sonst der Rechtsschutz und die Rechtspflege als solche verfehlt würden, muß das rechtliche Gehör unverzüglich nachgeholt werden (E 18, 399/404). Rechtliches Gehör setzt voraus, daß der Betroffene vollständig über den Verfahrensstoff informiert wird und erkennen kann, worauf es dem Gericht für seine Entscheidung ankommt (E 84, 188/190). Andererseits ist es mit dem bloßen Äußern-Können nicht getan: Das Gericht muß das Vorbringen auch zur Kenntnis nehmen und in Erwägung ziehen (st. Rspr.; E 70, 288/293). 1182

Daraus ergeben sich *drei Stadien* oder Verwirklichungsstufen des rechtlichen Gehörs (vgl. *Rüping*, BK, Art. 103 Abs. 1 Rdnr. 23 ff.; *Wassermann*, AK, Art. 103 Rdnr. 24 ff.): 1183
- Als *Recht auf Information* zwingt Art. 103 Abs. 1 das Gericht dazu, im Verfahren alle Äußerungen der einen Seite der Gegenseite mitzuteilen;
- als *Recht auf Äußerung* fordert Art. 103 Abs. 1 hinreichende Möglichkeit zu mindestens schriftlicher Äußerung zu Tatsachen- und Rechtsfragen;
- als *Recht auf Berücksichtigung* verlangt Art. 103 Abs. 1 Gegenwart, Aufnahmefähigkeit und -bereitschaft aller an der Entscheidung mitwirkenden Richter sowie grundsätzlich eine Begründung der gerichtlichen Entscheidungen (vgl. E 63, 80/85 ff.; 71, 122/135 f.).

**Beispiele:** Das Gericht muß die Parteien und die von den Parteien angebotenen, vom Gericht als erheblich angesehenen Zeugen ordnungsgemäß laden, für den Fall unverschuldeter Fristversäumung, z. B. durch Verzögerung bei der Post und im Gerichtsbetrieb, Wiedereinsetzung in den vorigen Stand einräumen und Akteneinsicht gewähren. Fristen müssen ausreichend bemessen sein und vom Gericht auch abgewartet werden, wobei neue Umstände neue Äußerungsmöglichkeiten bedingen. Auf unzureichende Sprachkenntnisse von Ausländern ist Rücksicht zu nehmen (BVerfG, BayVBl. 1992, 143). Ein schlafender Richter verletzt Art. 103 Abs. 1; bei blinden bzw. tauben Richtern hängt dies davon ab, ob es, wie z. B. im Strafverfahren erster Instanz (vgl. BGHSt 35, 164), für die Streitsache auf das Seh- bzw. Hörvermögen ankommt. Bei gem. Art. 101 Abs. 1 S. 2 zulässigen Wechseln in der Besetzung des Gerichts während derselben Verhandlung ist Art. 103 Abs. 1 verletzt, wenn die an der Entscheidung mitwirkenden Richter nur mittelbare Kenntnis von den der Entscheidung zugrunde liegenden Beweismitteln erhalten haben (vgl. *Gusy*, JuS 1990, 712). 1184

Umstritten ist, ob Art. 103 Abs. 1 die Heranziehung eines *Rechtsanwalts* garantiert. Das wird von der Rechtsprechung des BVerfG grundsätzlich unter Berufung auf die Entstehungsgeschichte verneint (E 9, 124/132; 39, 156/168). Dagegen spricht, daß angesichts der enormen Kompliziertheit des Rechts die Gefahr besteht, daß einzelne Bürger ohne rechtskundigen Beistand ihr Recht gar nicht zu Gehör bringen können. Die Möglichkeit, die Hilfe eines Rechtsanwalts in Anspruch zu nehmen, gehört daher zum Recht aus Art. 103 Abs. 1 (so auch *Schmidt-Aßmann*, M/D, Art. 103 Abs. I Rdnr. 103 ff.; *Wassermann*, AK, Art. 103 Rdnr. 28). Neuerdings hat das BVerfG aus 1185 dem Rechtsstaatsprinzip das „Recht des Beschuldigten“ abgeleitet, „sich im Strafverfahren von einem Rechtsanwalt als gewähltem Verteidiger seines Vertrauens verteidigen zu lassen“ (E 66, 313/319; 68, 237/255; zust. *Spaniol*, Das Recht auf Verteidigerbeistand im GG und in der EMRK, 1990, S. 234 ff.).

**1186** Die Eigenart rechtlicher und gerichtsförmiger Entscheidungsfindung *begrenzt* nach dem Wortlaut die Reichweite des Art. 103 Abs. 1. Daraus ergibt sich namentlich, daß der einzelne keinen Anspruch darauf hat, mit rechtlich Unerheblichem gehört zu werden. Auch verletzen die Beschränkung der Nachprüfung auf Rechtsfragen im Revisionsverfahren und Ausschluß-(Präklusions-)Vorschriften, wonach schuldhaft verspätetes Vorbringen vom Gericht nicht mehr berücksichtigt werden muß, nicht das rechtliche Gehör (E 60, 305/310; 75,183/190 f.). Dagegen begründet eine offensichtlich fehlerhafte oder mißbräuchliche Anwendung einer Präklusionsvorschrift einen Verstoß gegen Art. 103 Abs. 1 (E 75, 302/316 f.; 81, 97/105 f.).

*2. Vor Gericht*

**1187** Der Anspruch auf rechtliches Gehör besteht vor jedem staatlichen Gericht (vgl. Art. 92). Art. 103 Abs. 1 gilt für alle Gerichtsbarkeiten mit allen Instanzen und für alle Gerichtsverfahren. Dagegen gilt er nicht für das Verwaltungsverfahren; allerdings wird ein grundsätzliches Anhörungsrecht im Verwaltungsverfahren aus dem Rechtsstaatsprinzip und der Menschenwürde abgeleitet (vgl. zu §§ 28 und 46 VwVfG *Schilling*, VerwArch 1987, 45). Das Merkmal „vor Gericht“ markiert im übrigen die tatbestandliche Abgrenzung zwischen Art. 19 Abs. 4 und Art. 103 Abs. 1: Jener betrifft den Rechtsschutz durch Zugang zum Gericht, dieser den Rechtsschutz in einem anhängigen Verfahren (vgl. *Rüping*, BK, Art. 103 Abs. 1 Rdnr. 13 f.; *Wassermann*, AK, Art. 103 Rdnr. 12 f.). Das BVerfG unterscheidet allerdings häufig nicht so genau zwischen diesen beiden Grundrechten (vgl. z. B. E 40, 237/247).

## III. Eingriffe

**1188** Grundsätzlich stellt jedes Zurückbleiben hinter den dargestellten Anforderungen einen Eingriff dar. Funktion und Organisation des Rechtsschutzsystems führen allerdings dazu, in folgenden Fällen *keinen Eingriff* anzunehmen:

— wenn das Fehlen des rechtlichen Gehörs für die gerichtliche Entscheidung *unerheblich* ist bzw. die gerichtliche Entscheidung auf dem fehlenden rechtlichen Gehör *nicht beruht;* das ist der Fall, wenn ausgeschlossen werden kann, daß die Gewährung des rechtlichen Gehörs zu einer anderen, für den Betroffenen günstigeren Entscheidung geführt hätte (st. Rspr.; E 62, 392/396);

— wenn ein zunächst unterbliebenes rechtliches Gehör in der Rechtsmittelinstanz (vgl. E 5, 9/10) — nicht aber in einem neuen gerichtlichen Verfahren (vgl. E 42, 172/175) — *nachgeholt* wird (das BVerfG spricht insoweit von *Heilung*).

## IV. Verfassungsrechtliche Rechtfertigung

**1189** Art. 103 Abs. 1 enthält keinen Gesetzesvorbehalt. Eingriffe könnten ihre Rechtfertigung daher allein in kollidierendem Verfassungsrecht finden, das z. B. in der Rechtssicherheit und der Funktionsfähigkeit der Rechtspflege gesehen wird. Die Normgeprägtheit des Art. 103 Abs. 1 führt jedoch dazu, diesen Gesichtspunkten schon bei der Bestimmung von Schutzbereich und Eingriff Rechnung zu tragen (vgl. auch oben Rdnr. 1114). Jeder Eingriff ist daher eine Verletzung dieses grundrechtsgleichen Rechts.

**Lösungsskizze zum Fall:** Art. 103 Abs. 1 gebietet, „daß einer gerichtlichen Entscheidung nur solche Tatsachen und Beweisergebnisse zugrundegelegt werden, zu denen Stellung zu nehmen den Beteiligten Gelegenheit gegeben war" (E 18, 399/404). Diesem Gebot muß grundsätzlich durch vorherige Anhörung genügt werden. Zur verfassungsmäßigen Rechtspflege gehören auch Maßnahmen der vorläufigen Beweissicherung wie hier die Beschlagnahme (vgl. Art. 13 Abs. 2, 104 Abs. 3). Zu deren Eigenart gehört es aber gerade, daß sie ohne vorherige Anhörung ergehen; andernfalls würden sie ihren Zweck verfehlen, da der Betroffene Gelegenheit erhielte, die zu sichernden Beweise zu beseitigen. Art. 103 Abs. 1 verlangt in solchen Fällen, daß das rechtliche Gehör unverzüglich nach Durchführung der vorläufigen Beweissicherung gewährt wird. H ist in seinem Anspruch auf rechtliches Gehör nicht verletzt. 1190

**Literatur:** *J. Mauder*, Der Anspruch auf rechtliches Gehör, 1986; *H. Rüping*, Der Grundsatz des rechtlichen Gehörs und seine Bedeutung im Strafverfahren, 1976; *E.Schmidt-Aßmann*, Verfahrensfehler als Verletzung des Art. 103 Abs. 1 GG, DÖV 1987, 1029; *W. Waldner*, Der Anspruch auf rechtliches Gehör, 1989; *K.-G. Zierlein*, Die Gewährleistung des Anspruchs auf rechtliches Gehör (Art. 103 Abs. 1 GG) nach der Rechtsprechung und Spruchpraxis des Bundesverfassungsgerichts, DVBl. 1989, 1169.

## § 32 NULLA POENA SINE LEGE (Art. 103 Abs. 2)

**Fall:** Der unkollegiale Architekt (nach E 45, 346)

In einem Landes-Architektengesetz war bestimmt, daß Verstöße von Architekten gegen ihre Berufspflichten im berufsgerichtlichen Verfahren geahndet werden. Die Berufspflichten waren in einer von der Architektenkammer aufgrund einer entsprechenden Ermächtigung im Landes-Architektengesetz erlassenen Berufsordnung festgelegt; zu ihnen zählte u. a. das Gebot, sich kollegial zu verhalten. Architekt A wurde aufgrund dieser Vorschriften zu einer Geldbuße verurteilt, weil er Kollegen erheblich herabgesetzt hatte, um selber Aufträge zu bekommen. Lag darin ein Verstoß gegen Art. 103 Abs. 2?

### I. Überblick

Das Recht auf bestimmte und nicht rückwirkende Strafgesetze („nulla poena sine lege") hat eine lange Tradition (vgl. *Schreiber*, Gesetz und Richter, 1976). Der wortgleiche § 1 StGB erfährt durch Art. 103 Abs. 2 Verfassungskraft. Das grundrechtsgleiche Recht des Art. 103 Abs. 2 steht in engem sachlichen Zusammenhang mit dem Rechtsstaats- und Demokratieprinzip. Es ist insofern normgeprägt, als Strafgesetze vorausgesetzt werden; zugleich werden mit dem Tatprinzip, dem Gesetzlichkeitsprinzip, dem Bestimmtheitsgrundsatz und dem Rückwirkungsverbot bestimmte verfassungsrechtliche Anforderungen an diese Strafgesetze normiert. 1191

### II. Schutzbereich

*1. Begriff der Strafbarkeit*

Strafbarkeit i. S. d. Art. 103 Abs. 2 bezieht sich auf jede staatliche Maßnahme, die „eine mißbilligende hoheitliche Reaktion auf ein schuldhaftes Verhalten" enthält (E 26, 186/204). Neben dem Kriminalstrafrecht fallen daher auch das Ordnungswidrigkeitenrecht (E 81, 132/135) sowie das Disziplinar- und Standesrecht (E 60, 215/233 f.; a. A. *Rüping*, BK, Art. 103 Abs. 2, Rdnr. 78) unter Art. 103 Abs. 2. Strafbarkeit bedeutet im übrigen nicht nur den Straftatbestand, sondern auch die Strafandrohung. 1192

1193 Umstritten ist, ob die strafrechtlichen *Maßregeln der Besserung und Sicherung* (§§ 61 ff. StGB) unter Art. 103 Abs. 2 fallen. § 2 Abs. 6 StGB geht davon aus, daß dies nicht der Fall ist. Im gleichen Sinn hat E 20, 323/331 die Prävention von dem strafrechtlichen Anliegen der Repression und Vergeltung unterschieden. Diese Unterscheidung ist aber für das moderne Strafrecht, das nicht mehr vorrangig auf dem Vergeltungsgedanken beruht, sondern vor allem der Vorbeugung vor Straftaten und der Resozialisierung des Täters dient, überholt. Als typische strafrechtliche Sanktionen fallen daher auch Maßregeln der Besserung und Sicherung unter Art. 103 Abs. 2 (*Wassermann*, AK, Art. 103 Rdnr. 46; offengelassen E 74, 102/126; a. A. BGHSt 24, 103/106; differenzierend *Rüping*, BK, Art. 103 Abs. 2, Rdnr. 61, 75).

1194 Im Unterschied zu den materiellen Regeln über die Strafbarkeit fallen jedoch die formellen Regelungen der *Strafverfolgung* nicht mehr unter den Begriff der „Strafbarkeit" i. S. d. Art. 103 Abs. 2. Diese Vorschrift sagt also nichts über das „wie lange" der Strafbarkeit (E 81, 132/135).

1195 **Beispiele:** Als sich in den sechziger Jahren herausstellte, daß die Ermittlungen gegen nationalsozialistische Verbrechen noch längere Zeit beanspruchen würden, wurde im Jahr 1965 zunächst das Ruhen der Verjährung zwischen 1945 und 1949 gesetzlich festgestellt, im Jahr 1969 sodann die bis dahin geltende Verjährungsfrist von 20 Jahren für Mord auf 30 Jahre verlängert und im Jahr 1979 ganz aufgehoben. Das verstieß nicht gegen Art. 103 Abs. 2, weil die Strafbarkeit für Mord gesetzlich bestimmt war, bevor die Tat begangen wurde, und zu der Strafbarkeit nicht die im Zeitpunkt der Tat geltende Verjährungsregelung gehört: Das die Strafbarkeit kennzeichnende Unwerturteil ergibt sich aus Straftatbestand und Strafandrohung, nicht aber aus den formellen Regelungen der Strafverfolgung (E 25, 269/284 ff.; vgl. *Lüderssen*, JZ 1979, 449). — Fraglich ist die Anwendbarkeit des Art. 103 Abs. 2 bei strafrechtlichen Regelungen, deren materieller oder formeller Charakter umstritten ist, wie z. B. beim Strafantrag (vgl. *Pieroth*, JuS 1977, 394).

*2. Tatprinzip*

1196 Ein rechtsstaatliches Strafrecht knüpft an *Taten*, d. h. Handlungen, nicht an Gesinnungen an.

*3. Gesetzlichkeitsprinzip*

1197 Ein rechtsstaatliches Strafrecht setzt ein Gesetz voraus. Art. 103 Abs. 2 ist ein Spezialfall des *Vorbehalts des Gesetzes*. Die Strafbarkeit kann sich dabei nach Maßgabe des Art. 80 Abs. 1 auch aus Rechtsverordnungen ergeben (E 14, 174/185; 51, 60/70 ff.). Sie kann sich auch aus Satzungen ergeben (E 32, 346/362). Zu beachten ist allerdings, daß nach Art. 104 Abs. 1 für Freiheitsstrafen immer ein Parlamentsgesetz vorliegen muß (vgl. oben Rdnr. 302 ff.); für Rechtsverordnungen und Satzungen bleiben nur „Spezifizierungen" des Straftatbestandes (E 22, 21/25; 75, 329/342).

1198 Dem Gesetzlichkeitsprinzip wird darüber hinaus im Rahmen des Art. 103 Abs. 2 nach seiner historischen Entwicklung noch das Verbot des *Gewohnheitsrechts* und der *Analogie* zu Lasten des Täters entnommen (E 71, 108/114 ff.). Gesetzlichkeit verweist hier also, enger als sonst, nur auf geschriebenes Recht. Nach h. M. wird von der unzulässigen Analogie die zulässige extensive Interpretation unterschieden. Dabei zieht der Wortlaut der Norm der Auslegung die äußerste Grenze (E 71, 108/115; BVerfG, NJW 1992, 890).

1198a **Beispiel:** Der von der Rechtsprechung zu § 240 StGB (Nötigung) entwickelte sog. vergeistigte Gewaltbegriff, der beim Täter keinen körperlichen Kraftaufwand und beim Opfer keine körperliche Krafteinwirkung verlangt, sondern psychischen Zwang genügen läßt, wird von Teilen des BVerfG schon als Verstoß gegen das Analogieverbot, im Ergebnis jedoch als zulässige extensive Auslegung angesehen (E 73, 206/239 ff. — Mutlangen —).

*4. Bestimmtheitsgrundsatz*

Ein rechtsstaatliches Strafrecht erfordert *bestimmte* Gesetze. Der einzelne soll von vornherein wissen können, was strafrechtlich verboten und mit welcher Strafe es sanktioniert ist, damit er in der Lage ist, sein Verhalten danach einzurichten. Art. 103 Abs. 2 schließt allerdings ebenso wie der allgemeine rechtsstaatliche Bestimmtheitsgrundsatz (vgl. oben Rdnr. 357 f.) nicht aus, daß im Tatbestand und bei der Strafandrohung unbestimmte Rechtsbegriffe verwendet werden, die der Auslegung durch den Richter bedürfen. 1199

**Beispiele:** § 360 Abs. 1 Nr. 11 StGB a. F. hatte die Verübung groben Unfugs unter Strafe gestellt (vgl. heute § 118 Abs. 1 OWiG: Vornahme einer „grob ungehörigen Handlung"). E 26, 41/43 hat diese Vorschrift unter Hinweis darauf vor Art. 103 Abs. 2 bestehen lassen, „daß sie zum überlieferten Bestand an Strafrechtsnormen gehört und durch eine jahrzehntelange gefestigte Rechtsprechung hinreichend präzisiert worden ist" (krit. *Rüping,* BK, Art. 103 Abs. 2, Rdnr. 29, 81). — Anders E 78, 374/383 ff. Zum heute nicht mehr geltenden § 15 Abs. 2 lit. a FernmG, wonach die Errichtung, die Änderung oder das Betreiben genehmigungspflichtiger Fernmeldeanlagen unter Strafe gestellt war, soweit gegen die Bedingungen verstoßen wurde, an die die Postbehörden die Genehmigung knüpften: Die Strafbarkeit war nicht im Gesetz hinreichend bestimmt, sondern ergab sich erst aus Ermessensentscheidungen der Exekutive. 1200

*5. Rückwirkungsverbot*

Ein rechtsstaatliches Strafrecht umfaßt ein Verbot der *rückwirkenden* Bestrafung. Art. 103 Abs. 2 verbietet also, jemanden aufgrund eines Gesetzes zu bestrafen, das zur Zeit der Tat noch nicht in Kraft war, bzw. jemanden schärfer zu bestrafen, als zur Zeit der Tat gesetzlich bestimmt war. 1201

**Beispiele:** Das Gesetz gegen Straßenraub mittels Autofallen vom 22. 6. 1938 (RGBl. S. 651) trat „mit Wirkung vom 1. Januar 1936 in Kraft" (zur Abschaffung des Rückwirkungsverbots in der nationalsozialistischen Zeit vgl. *E. Schmidt,* Einführung in die Geschichte der deutschen Strafrechtspflege, 3. Aufl. 1965, S. 435 f.). — Ein Gericht kann dadurch gegen das Rückwirkungsverbot verstoßen, daß es ein Gesetz, das sich selbst keine Rückwirkung zulegt, gleichwohl auf Taten anwendet, die vor Inkrafttreten des Gesetzes begangen worden sind und damals überhaupt nicht oder milder strafbar waren. 1202

## III. Eingriffe

Ein Zurückbleiben hinter den dargestellten Anforderungen bedeutet einen Eingriff in Art. 103 Abs. 2. Der Verstoß gegen das Rückwirkungsverbot kann, wie das letzte Beispiel zeigt, sowohl durch die Legislative als auch durch die Judikative erfolgen. Dagegen steht beim Gesetzlichkeitsprinzip die Judikative, beim Bestimmtheitsgrundsatz die Legislative als Verpflichteter im Vordergrund: Wenn kein Gesetz da ist, verstößt ein gleichwohl bestrafendes Gericht gegen das Gesetzlichkeitsprinzip (vgl. E 64, 389/393 ff.); wenn ein Gesetz existent, aber nicht bestimmt genug ist, verstößt der Gesetzgeber gegen den Bestimmtheitsgrundsatz. 1203

## IV. Verfassungsrechtliche Rechtfertigung

Art. 103 Abs. 2 enthält keine Eingriffsermächtigung. Eingriffe könnten daher allenfalls durch kollidierendes Verfassungsrecht gerechtfertigt werden. Ein derartiger Versuch ist aber bisher weder im Schrifttum noch in der Rechtsprechung gemacht worden. Eingriffe in den Schutzbereich des Art. 103 Abs. 2 führen stets zu seiner Verletzung. 1204

1205 **Lösungsskizze zum Fall:** I. Eine berufsgerichtliche Sanktion betrifft die Strafbarkeit i. S. d. Art. 103 Abs. 2. Es geht hier um eine Tat, die nach vorher bestehenden Vorschriften bestraft wurde. Damit scheiden Verstöße gegen das Tatprinzip und das Rückwirkungsverbot aus und sind nur das Gesetzlichkeitsprinzip und der Bestimmtheitsgrundsatz problematisch: 1. Das Landes-Architektengesetz enthielt als Tatbestand nur den „Verstoß gegen Berufspflichten"; erst die Berufsordnung konkretisierte die Berufspflichten. Es ist daher schon fraglich, ob nicht gegen den *Parlamentsvorbehalt* verstoßen wurde. Das wird von E 45, 346/353 mit der Erwägung verneint, daß das Berufsbild des Architekten im Gesetz festgelegt sei und sich aus diesem Berufsbild und den daraus zu entnehmenden Berufsaufgaben auch die Berufspflichten des Architekten ergeben. — 2. Der *Bestimmtheitsgrundsatz* wird nicht schon durch unbestimmte Rechtsbegriffe verletzt. Da die einzelnen Berufspflichten nicht vollständig aufgezählt werden können, reicht auch eine allgemeine Umschreibung aus (vgl. E 66, 337/355 f.). Hier lag aber noch nicht einmal das vor, so daß Art. 103 Abs. 2 verletzt war (so auch *Kunig*, vM, Art. 103 Rdnr. 34). E 45, 346/352 hat mit der Begründung, es werde von der Norm im Landes-Architektengesetz dadurch, daß sie von „Berufspflichten" spreche, ein entsprechender Pflichtenkodex „vorausgesetzt und sanktioniert", anders entschieden. — II. Der Verstoß der Norm gegen Art. 103 Abs. 2 führt zu ihrer Verfassungswidrigkeit und Nichtigkeit. A durfte unabhängig von der Frage, ob er sich kollegial verhalten hat oder nicht, nicht zu der Geldbuße verurteilt werden.

**Literatur:** *F. Haft*, Generalklauseln und unbestimmte Begriffe im Strafrecht, JuS 1975, 477; *M. Krahl*, Die Rechtsprechung des Bundesverfassungsgerichts und des Bundesgerichtshofs zum Bestimmtheitsgrundsatz im Strafrecht (Art. 103 Abs. 2 GG), 1986; *V. Krey*, Keine Strafe ohne Gesetz, 1983; *B. Pieroth*, Der rückwirkende Wegfall des Strafantragserfordernisses, JuS 1977, 394; *A. Ransiek*, Gesetz und Lebenswirklichkeit, 1989; *B. Schünemann*, Nulla poena sine lege?, 1978.

## § 33 NE BIS IN IDEM (Art. 103 Abs. 3)

**Fall:** Erweiterung der Wiederaufnahmegründe

Aus der Mitte des Bundestags wird ein Gesetz zur Änderung der Strafprozeßordnung eingebracht. Es soll § 362 StPO dahin ergänzen, daß eine Wiederaufnahme zuungunsten des Angeklagten auch dann zulässig ist, wenn Beweismittel beigebracht werden, die vom Angeklagten verändert oder unterdrückt worden waren. Ist die Ergänzung mit Art. 103 Abs. 3 vereinbar?

### I. Überblick

1206 Art. 103 Abs. 3 enthält als grundrechtsgleiches Recht den Grundsatz „ne bis in idem". Der Grundsatz ist alt, allerdings von der Inquisition bis zum Nationalsozialismus immer wieder bestritten und durchbrochen worden. Die Erfahrung der *nationalsozialistischen Durchbrechungen* hat zur Aufnahme in das Grundgesetz geführt.

1207 Der Grundsatz gewährleistet die Rechtskraft des Strafurteils und verwirklicht *Rechtssicherheit.* Hinter die Rechtssicherheit tritt hier die materielle Gerechtigkeit zurück. Der Rechtsstaat verlangt zwar beides, Rechtssicherheit und materielle Gerechtigkeit, aber beides steht in einem Spannungsverhältnis, das manchmal nur nach entweder der einen oder der anderen Seite aufgelöst werden kann. Art. 103 Abs. 3 schützt durch die Auflösung nach der Seite der Rechtssicherheit die individuelle Freiheit: Der einzelne wird davor bewahrt, sich nach einer rechtskräftigen strafgerichtlichen Entscheidung erneut verantworten zu müssen.

Art. 103 Abs. 3 ist insofern *normgeprägt,* als er Strafgesetze und das Institut der Rechtskraft voraussetzt. Der Verfassunggeber wollte den Grundsatz „ne bis in idem" so in das Grundgesetz aufnehmen, wie er im Strafverfahrensrecht ausgebildet und anerkannt war (vgl. *Rüping,* BK, Art. 103 Abs. 3 Rdnr. 16 ff.). Das bedeutet aber nicht, daß alle traditionellen Beschränkungen des Grundsatzes verfassungsmäßig wären: Die Aufnahme in das Grundgesetz betrifft nur den Kerngehalt des Satzes „ne bis in idem" (E 56, 22/34 f.). Im Randbereich sind die traditionellen Beschränkungen daran zu überprüfen, ob sie um der materiellen Gerechtigkeit willen unerläßlich sind. 1208

## II. Schutzbereich

Der Wortlaut verbietet ausdrücklich nur die mehrfache Verhängung von Strafe wegen derselben Tat. Nach der geschichtlichen Entwicklung des Grundsatzes ist die Verhängung von Strafe aber auch dann verboten, wenn wegen derselben Tat ein Freispruch ergangen ist. Nach verurteilender wie nach freisprechender Entscheidung ist sogar schon die *Einleitung eines weiteren Strafverfahrens* ausgeschlossen. Näher wird der Schutzbereich des Art. 103 Abs. 3 durch seine einzelnen Merkmale bestimmt. 1209

### *1. Dieselbe Tat*

Der Begriff derselben Tat meint den „geschichtlichen Vorgang, auf welchen Anklage und Eröffnungsbeschluß hinweisen und innerhalb dessen der Angeklagte als Täter oder Teilnehmer einen Straftatbestand verwirklicht haben soll" (E 23, 191/202; vgl. auch E 56, 22/28). Die Rechtsprechung bestimmt dies danach, ob bei natürlicher Betrachtungsweise ein individualisierbarer Sachverhalt i. S. eines *einheitlichen Lebensvorganges* zu erkennen ist. Der engere Tat- und Handlungsbegriff des materiellen Strafrechts, nach dem sich Tateinheit und Tatmehrheit bestimmen, ist für den prozessualen Tatbegriff, an den Art. 103 Abs. 3 anknüpft, nicht maßgebend (vgl. zu beiden Tatbegriffen *Roxin,* Strafverfahrensrecht, 20. Aufl. 1987, § 20 B I 3). 1210

**Beispiel:** Jemand ist durch ein rechtskräftiges Urteil wegen Beteiligung an einer kriminellen Vereinigung gem. § 129 StGB zu einer Freiheitsstrafe verurteilt worden. Später stellt sich heraus, daß er als Mitglied der kriminellen Vereinigung weitere, bisher unberücksichtigte Straftaten begangen hat. Deretwegen kann er ohne Verstoß gegen Art. 103 Abs. 3 bestraft werden, weil verschiedene geschichtliche Vorgänge zugrunde liegen (E 56, 22/28 ff.). — Hingegen liegt dieselbe Tat vor, wenn die Einberufung zum Ersatzdienst wegen einer ein- für allemal getroffenen Gewissensentscheidung wiederholt nicht befolgt wird (E 23, 191/203 — Zeugen Jehovas —; 78, 391/396). 1211

Nach der rechtskräftigen Verurteilung eintretende *neue Umstände* können nicht dazu führen, daß nicht mehr „dieselbe Tat" angenommen wird. 1212

**Beispiel:** Jemand hat bei einem Verkehrsunfall einen anderen verletzt und ist durch rechtskräftiges Urteil wegen fahrlässiger Körperverletzung gem. § 230 StGB zu einer Geldstrafe verurteilt worden. Später stirbt das Unfallopfer an den Folgen seiner Verletzungen. Schon die Einleitung eines neuen Strafverfahrens und erst recht die Verurteilung wegen fahrlässiger Tötung verstoßen gegen Art. 103 Abs. 3 (vgl. E 56, 22/31; 65, 377/381). 1213

### *2. Die allgemeinen Strafgesetze*

Das Merkmal „auf Grund der allgemeinen Strafgesetze" soll, wie die Entstehungsgeschichte belegt (JöR 1951, 744), den Anwendungsbereich des Art. 103 Abs. 3 auf das *Kriminalstrafrecht* beschränken. Der Grundsatz „ne bis in idem" kann für das Diszi- 1214 plinar- und Berufsstrafrecht nur aus dem Rechtsstaatsgebot und Verhältnismäßigkeitsgrundsatz abgeleitet werden. Art. 103 Abs. 3 gilt auch nicht im Verhältnis von Kriminalstrafrecht einerseits und Disziplinar- und Berufsstrafrecht andererseits (E 66, 337/356 f.). Eine mehrfache Bestrafung ist wegen des unterschiedlichen Rechtsgrunds und der unterschiedlichen Zweckbestimmung gerechtfertigt: „Das strafrechtliche Delikt ist seinem Wesen nach die schuldhafte Verletzung eines für alle gewährleisteten Rechtsgutes, es erscheint als eine Störung des allgemeinen Rechtsfriedens . . . Demgegenüber bezieht sich die Disziplinarmaßnahme auf den besonderen Rechts- und Pflichtenstatus der Angehörigen eines bestimmten Berufsstandes" (E 32, 40/48).

1215 Allerdings folgen aus dem *Verhältnismäßigkeitsgrundsatz* Grenzen für das Nebeneinander von Kriminalstrafrecht einerseits und Disziplinar- und Berufsstrafrecht andererseits: Soweit dieses im Einzelfall keine gegenüber dem Kriminalstrafrecht eigenständige Funktion hat, ist seine Anwendung ein nicht erforderlicher Grundrechtseingriff. Aus dem gleichen Grund ist bei der jeweils nachfolgenden Sanktion die vorangegangene zu berücksichtigen.

1216 **Beispiel:** Ein Soldat wird wegen Gehorsamsverweigerung disziplinarrechtlich von seinem Bataillonskommandeur mit Freiheitsstrafe (Arrest) und strafrechtlich vom Schöffengericht mit Freiheitsstrafe bestraft. Auf die jeweils spätere Freiheitsstrafe muß die frühere angerechnet werden (vgl. E 21, 378/388; 27, 180/192 ff.).

1217 Das Verbot der Doppelbestrafung gilt ferner nicht für das Verhältnis zwischen Kriminalstrafen einerseits und Ordnungs- und Beugemaßnahmen sowie Verwaltungs- und Steuersanktionen andererseits.

1218 **Beispiel:** Die Entziehung der Fahrerlaubnis ist gem. § 69 StGB als strafgerichtliche Maßnahme und gem. § 4 StVG als verwaltungsbehördliche Maßnahme zulässig. Es verstößt nicht gegen Art. 103 Abs. 3, wenn die Verwaltungsbehörde nach Ablauf der mit der strafgerichtlichen Entziehung der Fahrerlaubnis bestimmten Sperrfrist ihrerseits die Erteilung einer neuen Fahrerlaubnis wegen in diesem Zeitpunkt festzustellender fehlender Eignung versagt (E 20, 365/372).

### *3. Mehrmalige Bestrafung*

1219 Der Grundsatz „ne bis in idem" schützt die Rechtskraft sowohl einer Verurteilung als auch eines Freispruchs. Bei sonstigen strafprozessualen Entscheidungen kommt es darauf an, ob sie mit der Rechtskraft eines Urteils einen Vorgang vollständig erfassen und abschließend entscheiden (vgl. *Rüping*, BK, Art. 103 Abs. 3 Rdnr. 61 ff.).

1220 **Beispiele:** Verfahrenseinstellungen durch Staatsanwaltschaft und Gericht haben keine bzw. eingeschränkte Rechtskraft; die Verwerfung der Revision durch Beschluß hat grundsätzlich volle Rechtskraft. Ein Strafbefehl, gegen den nicht rechtzeitig Einspruch erhoben worden ist, erlangt gem. § 410 StPO „die Wirkung eines rechtskräftigen Urteils". Gleichwohl hat die ständige Rechtsprechung der Strafgerichte wegen des summarischen Charakters des Strafbefehlsverfahrens nur eine eingeschränkte Rechtskraft des Strafbefehls angenommen und eine erneute Verfolgung zugelassen, wenn sich nachträglich ein im Strafbefehl nicht gewürdigter rechtlicher Gesichtspunkt ergibt, der eine erhöhte Strafbarkeit begründet. E 3, 248/252 ff. hat das für vereinbar mit Art. 103 Abs. 3 gehalten. Dagegen ist jedoch zu sagen, daß der Einsatz des Strafbefehlsverfahrens im staatlichen Interesse liegt (Verbilligung, Beschleunigung, Entlastung der Gerichte), das jedoch keine Einschränkung des Art. 103 Abs. 3 rechtfertigt (so auch *Dürig*, M/D, Art. 103 Rdnr. 133; *Kunig*, vM, Art. 103 Rdnr. 46). E 65, 377/382 ff. hat die bisherige Rechtsprechung zwar nicht aufgegeben, aber mit einer auf Art. 3 Abs. 1 gestützten Argumentation in ihrer Tragweite erheblich eingeschränkt; der Leitsatz lautet: „Tritt erst nach rechtskräftiger Erledigung eines Strafbefehlsverfahrens ein Umstand ein, der die Bestrafung des Täters wegen eines schwereren Vergehens begründen würde, steht der erneuten Strafverfolgung die Rechtskraft des Strafbefehls ebenso wie beim Urteil entgegen."

## III. Eingriffe und verfassungsrechtliche Rechtfertigung

Als Eingriff in den Schutz rechtskräftiger Verurteilungen und Freisprüche kann die *Wiederaufnahme zuungunsten des Angeklagten* (§ 362 StPO) verstanden werden. Zur verfassungsrechtlichen Rechtfertigung dieses Eingriffs kann dann nur auf die Kollision zwischen Rechtssicherheit und materieller Gerechtigkeit verwiesen und geltend gemacht werden, daß bei Vorliegen der Wiederaufnahmegründe von § 362 StPO die Aufrechterhaltung der Rechtskraft die materielle Gerechtigkeit unerträglich beeinträchtigen würde. Demgegenüber stellt die *Wiederaufnahme zugunsten des Angeklagten* keinen Eingriff in den Schutzbereich des Art. 103 Abs. 3 dar. 1221

**Lösungsskizze zum Fall:** I. Das Änderungsgesetz soll ermöglichen, daß Wiederaufnahmen zuungunsten des Angeklagten in weiterem Ausmaß als bisher stattfinden können. Der Umfang der Geltung des Grundsatzes „ne bis in idem" würde dadurch *beschränkt.* — II. Es fragt sich, ob diese Beschränkung noch als Teil der *immanenten Schranke,* durch die Rechtsprechung und h. L. den Schutzbereich von Art. 103 Abs. 3 begrenzt sehen, verstanden werden kann. Sie gehört nicht zu dem „bei Inkrafttreten des Grundgesetzes geltenden Stand des Prozeßrechts und seiner Auslegung durch die herrschende Rechtsprechung", an dem das BVerfG die immanente Schranke orientiert (E 3, 248/252). Im Schrifttum wird die Festlegung auf den damaligen Stand des Prozeßrechts jedoch überwiegend abgelehnt und eine Erweiterung des § 362 StPO unter mal mehr und mal weniger strengen Voraussetzungen für zulässig gehalten (*Rüping,* BK, Art. 103 Abs. 3 Rdnr. 22; *Deml,* S. 49 f.). Dagegen argumentiert überzeugend *Grünwald,* daß die Einführung einer „Wiederaufnahme zuungunsten des Angeklagten wegen neuer Tatsachen oder Beweismittel . . . durch die Verfassung ausgeschlossen ist. Denn der Tradition der StPO ist sie fremd, und das bedeutet zugleich, daß eine Behauptung, ihr Fehlen sei unerträglich, von einem rechtsstaatlichen Standpunkt aus nicht zu begründen ist" (Beiheft ZStW 1974, 94/103). 1222

**Literatur:** *P. Deml,* Zur Reform der Wiederaufnahme des Strafverfahrens, 1979; *O. Fliedner,* Die verfassungsrechtlichen Grenzen mehrfacher staatlicher Bestrafungen aufgrund desselben Verhaltens, AöR 1974, 242; *G. Grünwald,* Die materielle Rechtskraft im Strafverfahren der Bundesrepublik Deutschland, Beiheft ZStW 1974, 94; *F. Loos,* Probleme der beschränkten Sperrwirkung strafprozessualer Entscheidungen, JZ 1978, 592.

DRITTER TEIL:
**Verfassungsbeschwerde**

## § 34 ALLGEMEINES ZUR VERFASSUNGSBESCHWERDE

1223 Im Grundgesetz handelt Art. 93 Abs. 1 Nr. 4a von der Verfassungsbeschwerde. Er begründet die Zuständigkeit des BVerfG und legt die wesentlichen Voraussetzungen der Zulässigkeit fest. Einzelheiten des Verfahrens sowie weitere Zulässigkeits- bzw. Sachentscheidungsvoraussetzungen sind in dem aufgrund der Ermächtigung des Art. 94 Abs. 2 ergangenen BVerfGG (§§ 90—96) geregelt.

1224 Das Grundgesetz hat im Vergleich zu früher wie auch im Vergleich zu anderen Staaten eine sehr *starke Verfassungsgerichtsbarkeit* eingerichtet. Dadurch kann der Vorrang der Verfassung allgemein durchgesetzt werden (vgl. *Wahl*, Staat 1981, 485). Mit der Verfassungsbeschwerde hat das Grundgesetz den Bürgern die Möglichkeit eröffnet, speziell den Vorrang der Grundrechte durchzusetzen. Das ist in der deutschen Verfassungsgeschichte neu; die Verfassungsstreitigkeiten des Art. 19 WRV umfaßten noch nicht Behelfe des Bürgers gegen den Staat. Die Verfassungsbeschwerde ist der einzige Weg, auf dem der einzelne ein Verfahren vor dem BVerfG einleiten kann. Sie ergänzt insoweit den durch Art. 19 Abs. 4 (vgl. oben Rdnr. 1093 ff.) garantierten Individualrechtsschutz.

1225 Die Verfassungsbeschwerde ist die zahlenmäßig *bedeutendste* Zuständigkeit des BVerfG. Sie macht ca. 96 % aller anhängigen Verfahren aus. Derzeit werden pro Jahr knapp 4000 Verfassungsbeschwerden erhoben, d. h. im Schnitt mehr als 10 pro Tag. Die Erfolgsquote liegt allerdings nur bei etwas über 1,5 % (vgl. *Pestalozza*, S. 164).

1226 Die sehr hohe Zahl von Verfassungsbeschwerden hat im Jahr 1963 zur Einführung des *Vorprüfungsverfahrens* gem. § 93a ff. BVerfGG geführt, das das Gericht entlasten soll. Demselben Ziel dient die umstrittene (vgl. *Schlink*, NJW 1984, 89) Vorprüfung durch die Präsidialräte gemäß der Geschäftsordnung des BVerfG. Die Vorprüfung geschieht folgendermaßen: Hält eine der von beiden Senaten berufenen Kammern einstimmig die Verfassungsbeschwerde für unzulässig oder sonst aussichtslos, lehnt sie ihre Annahme ab. Sie handelt dabei als BVerfG (E 19, 88/90). Die Ablehnung ist das Schicksal der meisten Verfassungsbeschwerden. Andernfalls entscheidet gem. § 93c BVerfGG der Senat über die Annahme. Er nimmt die Verfassungsbeschwerde nur an, wenn mindestens zwei Richter der Auffassung sind, daß von der Entscheidung die Klärung einer verfassungsrechtlichen Frage zu erwarten ist oder dem Beschwerdeführer ein schwerer oder unabwendbarer Nachteil droht (ausführlich *Schlaich*, Rdnr. 256 ff.; *Zacher*, Festgabe BVerfG, 1. Bd., 1976, S. 396).

1227 **Lösungstechnischer Hinweis:** In Übungsarbeiten ist regelmäßig auf das Vorprüfungsverfahren nicht einzugehen, da es sich weder um eine Zulässigkeits- noch um eine Begründetheitsfrage handelt. Vielmehr hängt es von der gutachtlichen Prüfung der Zulässigkeit und der Begründetheit ab, wie die Verfassungsbeschwerde im Vorprüfungsverfahren voraussichtlich behandelt wird. Es gehört aber auch nicht etwa in die Übungsarbeit, daß am Ende eine Prognose über die Behandlung der Verfassungsbeschwerde durch die Kammern geäußert wird.

**Literatur:** Vgl. nach § 36.

# § 35 ZULÄSSIGKEIT DER VERFASSUNGSBESCHWERDE

**Lösungstechnischer Hinweis:** Die folgenden Zulässigkeitsvoraussetzungen sind zwar rechtlich alle wichtig: Das Nichtvorliegen jeder einzelnen macht die Verfassungsbeschwerde unzulässig. In Übungsarbeiten haben sie dagegen unterschiedliche Bedeutung. Allein die Voraussetzungen IV bis VI sind stets zu prüfen; die Voraussetzungen I bis III und VII bis IX bedürfen nur dann der Prüfung, wenn der Sachverhalt entsprechenden Anlaß bietet, z. B. den Hinweis enthält, daß die Verfassungsbeschwerde telegraphisch eingelegt wurde, der Beschwerdeführer ausländische juristische Person oder erst 16 Jahre alt ist, der Akt der öffentlichen Gewalt, der mit der Verfassungsbeschwerde angegriffen wird, schon mehr als einen Monat zurückliegt, etc. 1228

## I. Ordnungsgemäßer Antrag

Gem. § 23 Abs. 1 S. 1 BVerfGG ist die Verfassungsbeschwerde schriftlich einzureichen. Dafür reicht ein Telegramm aus (E 32, 365/368). Ferner ist die Verfassungsbeschwerde zu begründen (§ 23 Abs. 1 S. 2 BVerfGG). Gem. § 92 BVerfGG sind in der Begründung das Recht, das verletzt sein soll, und die Handlung oder Unterlassung des Organs oder der Behörde, durch die der Beschwerdeführer sich verletzt fühlt, zu bezeichnen. Das bedeutet jedoch nicht, daß das als verletzt behauptete Recht mit der Artikel-, Absatz- und Satznummer des Grundgesetzes benannt oder grundrechtsdogmatisch genau bezeichnet werden müßte; vielmehr genügt die Angabe oder Umschreibung dem Inhalt nach (E 59, 98/101). 1229

## II. Beteiligtenfähigkeit

Gem. § 90 Abs. 1 BVerfGG kann „jedermann" Verfassungsbeschwerde erheben bzw. am Verfassungsbeschwerdeverfahren beteiligt sein. Da die Verfassungsbeschwerde die Rüge der Verletzung von Grundrechten oder grundrechtsgleichen Rechten beinhaltet, setzt sie beim Beschwerdeführer nur voraus, daß er überhaupt in Grundrechten oder grundrechtsgleichen Rechten verletzt sein kann. Beteiligtenfähigkeit richtet sich also nach der Grundrechtsberechtigung oder -fähigkeit (vgl. oben Rdnr. 128 ff.). 1230

## III. Prozeßfähigkeit

Das BVerfGG regelt die Prozeßfähigkeit nicht, sondern handelt lediglich vom Recht der Beteiligten auf Hinzuziehung von Prozeßbevollmächtigten (§ 22 BVerfGG). In anderen Gerichtsverfahren bedeutet Prozeßfähigkeit die Fähigkeit, Prozeßhandlungen selbst oder durch selbst bestimmte Bevollmächtigte vorzunehmen. Für Minderjährige und Entmündigte kann normalerweise nur der gesetzliche Vertreter oder, bei Interessenkonflikt zwischen Vertreter und Vertretenem, ein Ergänzungspfleger (E 72, 122/135) die Prozeßhandlungen vornehmen oder den Bevollmächtigten bestimmen. Ist der minderjährige Beschwerdeführer als reif anzusehen und wird er insbesondere von der Rechtsordnung als reif angesehen, in dem vom Grundrecht geschützten Freiheitsbereich eigenverantwortlich zu handeln (vgl. oben Rdnr. 151 ff.), dann kann er selbst die Prozeßhandlungen vornehmen oder den Bevollmächtigten bestimmen. Das gleiche gilt für Geisteskranke, Trunksüchtige usw. in den Verfahren, in denen über ihre Entmündigung entschieden wird (E 10, 302/306). 1231

legally incapacitated

1232 **Beispiele:** Der 15jährige, der sich auf Art. 4 Abs. 1 und 2 beruft, ist unabhängig von der Mitwirkung eines gesetzlichen Vertreters prozeßfähig im Hinblick auf § 5 RelKErzG (E 1, 87/89). Bei minderjährigen Soldaten hat E 28, 243/254 f. zu Art. 4 Abs. 3 auf die Einsichtsfähigkeit abgestellt.

## IV. Beschwerdegegenstand

1233 Gegenstand der Verfassungsbeschwerde kann *jeder* Akt der öffentlichen Gewalt sein, also Akte der vollziehenden Gewalt und der Rechtsprechung (vgl. §§ 94 Abs. 3, 95 Abs. 2 BVerfGG) wie der Gesetzgebung (vgl. §§ 93 Abs. 2, 94 Abs. 4, 95 Abs. 3 BVerfGG). Der Umfang möglicher Beschwerdegegenstände deckt sich also mit dem Umfang der Grundrechtsbindung gem. Art. 1 Abs. 3 (vgl. oben Rdnr. 195 ff.). Der Begriff der öffentlichen Gewalt i. S. d. Art. 19 Abs. 4 ist demgegenüber in der Beschränkung auf die vollziehende Gewalt enger (vgl. oben Rdnr. 1096 ff.); umgekehrt sind alle Akte der öffentlichen Gewalt i. S. d. Art. 19 Abs. 4 zugleich solche i. S. d. Art. 93 Abs. 1 Nr. 4a und § 90 Abs. 1 BVerfGG. Entscheidungen des *BVerfG* selbst scheiden aber selbstverständlich als Gegenstand der Verfassungsbeschwerde aus.

1234 Akte der öffentlichen Gewalt umfassen nicht nur das Handeln, sondern auch das *Unterlassen* (vgl. §§ 92, 95 Abs. 1 S. 1 BVerfGG: „Handlung oder Unterlassung"; näher *Stern,* StR III/1, S. 1283 ff.). Daher kann die grundrechtliche Schutzpflicht (vgl. oben Rdnr. 103 ff.) verfassungsgerichtlich durchgesetzt werden (E 77, 170/215). Ferner brauchen die Akte nicht unbedingt auf Setzung einer Rechtsfolge gerichtet zu sein; auf einen *tatsächlichen* Erfolg gerichtete Akte, wie die Rüge des Vorstands einer Anwaltskammer (E 18, 203/213), reichen aus. Allerdings fehlt bei den auf einen tatsächlichen Erfolg gerichteten Akten u. U. die Beschwerdebefugnis (vgl. unten Rdnr. 1241 f.).

1235 Bei *mehreren* Akten der öffentlichen Gewalt in der gleichen Sache — z. B. Verwaltungsakt, Widerspruchsbescheid, Urteil des Verwaltungsgerichts, Urteil des Oberverwaltungsgerichts/Verwaltungsgerichtshofs, Urteil des Bundesverwaltungsgerichts — läßt das BVerfG dem Beschwerdeführer die Wahl, ob er nur die letztinstanzliche Gerichtsentscheidung oder zusätzlich die Entscheidungen der Vorinstanzen bzw. den zugrunde liegenden Akt der vollziehenden Gewalt mit der Verfassungsbeschwerde angreifen will (vgl. z. B. E 19, 377/389; 54, 53/64 ff.). In jedem Fall liegt nur *eine* Verfassungsbeschwerde vor. Greift der Beschwerdeführer alle Entscheidungen und den Verwaltungsakt an, so sind grundsätzlich auch alle Entscheidungen und der Verwaltungsakt aufzuheben (E 84, 1/3 ff.).

## V. Beschwerdebefugnis

1236 Gem. § 90 Abs. 1 BVerfGG ist die Verfassungsbeschwerde nur zulässig, wenn der Beschwerdeführer behauptet, in einem seiner Grundrechte verletzt zu sein. Daraus ergeben sich folgende einzelne Voraussetzungen der Zulässigkeit, die unter dem Begriff der Beschwerde-, gelegentlich auch der Prozeßführungsbefugnis zusammengefaßt werden.

### *1. Möglichkeit einer Grundrechtsverletzung*

1237 Damit eine Grundrechtsverletzung behauptet werden kann, reicht einerseits das subjektive Empfinden, im Grundrecht verletzt zu sein, nicht aus; andererseits ist es nicht Gegenstand der Zulässigkeits-, sondern erst der Begründetheitsprüfung, ob eine Verletzung wirklich vorliegt. Daher verlangt die Behauptung bei § 90 Abs. 1 BVerfGG wie bei § 42 Abs. 2 VwGO einen Vortrag, aus dem die *Möglichkeit* einer Grundrechts- bzw. Rechtsverletzung hervorgeht; die Verletzung darf mit anderen Worten nicht von vornherein ausgeschlossen sein (vgl. E 6, 445/447; 28, 17/19; 52, 303/327).

Die Möglichkeit einer Grundrechtsverletzung kann auf *allen Stufen* der inhaltlichen Grundrechtsprüfung scheitern, also weil von vornherein der persönliche oder sachliche Schutzbereich nicht betroffen, ein Eingriff ausgeschlossen oder auch die verfassungsrechtliche Rechtfertigung offensichtlich ist. 1238

**Lösungstechnischer Hinweis:** In Übungsarbeiten kann es problematisch sein, welche Gesichtspunkte bei der Zulässigkeit und welche erst bei der Begründetheit zu prüfen sind. Als übliche Vorgehensweise wird vorgeschlagen: Nur eine offensichtliche und daher leicht und rasch zu begründende Ablehnung des Schutzbereichs eines Grundrechts oder des Eingriffs in den Schutzbereich eines Grundrechts führt zur Unzulässigkeit der Verfassungsbeschwerde. Wenn die Ablehnung des Schutzbereichs oder des Eingriffs eingehender Begründung bedarf, sollte diese Erörterung im Rahmen der Begründetheit erfolgen. Die Bejahung eines Eingriffs in den Schutzbereich führt fast stets zur Bejahung der Beschwerdebefugnis; daß die verfassungsrechtliche Rechtfertigung offensichtlich ist, kommt jedenfalls in Übungsarbeiten kaum vor. 1239

**Beispiele:** Die Beschwerdebefugnis fehlt dem Ausländer, der die Verletzung eines Deutschengrundrechts geltend macht; dem Beschwerdeführer, der eine Grundrechtsverletzung behauptet, weil er sich nicht bewaffnet versammeln durfte; dem Bundestagsabgeordneten, der eine Verletzung seiner Stellung im Bundestag (und nicht als Bürger) geltend macht (vgl. E 64, 301/312 ff.); dem Verurteilten, der bei der Geltendmachung einer Verletzung des Art. 103 Abs. 1 nicht die Tatsachen oder Argumente vorträgt, die die Entscheidung im Ergebnis hätten beeinflussen können (vgl. oben Rdnr. 1188 sowie E 58, 1/25 f.). – Auch die Bedeutung der Grundrechte im Zivilrecht (vgl. oben Rdnr. 202 ff.) ist eine Frage der Beschwerdebefugnis; wäre den Grundrechten insoweit jede, d. h. nicht nur die unmittelbare, sondern auch die mittelbare Drittwirkung abzusprechen, dann wären Grundrechtsverletzungen durch zivilrechtliche Gerichtsentscheidungen von vornherein ausgeschlossen. 1240

Die Beschwerdebefugnis bzw. die Beschwer wird verneint, wenn ein Verhalten der öffentlichen Gewalt *keinerlei Regelungsgehalt* und wenn es *keinerlei Außenwirkung* (sog. Rechtsrelevanz) hat. Hier scheidet die Möglichkeit eines Grundrechtseingriffs und daher auch einer Grundrechtsverletzung von vornherein aus. 1241

**Beispiele:** Keinen Regelungsgehalt haben Meinungsäußerungen zur Rechtslage (E 37, 57/61) und Mitteilungen über den Stand der Dinge (E 33, 18/21 f.). Keine Außenwirkung haben Verwaltungsvorschriften (E 41, 88/105), behördeninterne Anträge (E 20, 162/172), noch nicht in Kraft gesetzte Gesetze (E 11, 339/342; offengelassen in E 18, 1/11 f.; zu einer Ausnahme vgl. E 38, 326/335 f.), bloße Entscheidungsentwürfe des Gerichts und noch nicht von allen Richtern unterzeichnete Entscheidungen (BVerfG, NJW 1985, 788; dazu *Lüke*, JuS 1985, 767). 1242

Im übrigen kann die Möglichkeit eines *Eingriffs* unter verschiedenen Aspekten fraglich sein: Liegt überhaupt ein Eingriff vor? Trifft er gerade den Beschwerdeführer oder andere Personen? Trifft er den Beschwerdeführer gerade jetzt oder ist er schon vorbei oder steht er erst bevor? Ist es die als Eingriff zunächst erscheinende oder eine andere Maßnahme, die den Beschwerdeführer trifft? Diese Fragen prüft das BVerfG nach der Formel, ob der Beschwerdeführer „selbst, gegenwärtig und unmittelbar" beschwert bzw. betroffen ist (st. Rspr. seit E 1, 97/101 f.). Zwar hat das BVerfG die For- 1243 mel für die Verfassungsbeschwerde gegen Gesetze entwickelt, aber der Sache nach ist sie auf alle Akte der öffentlichen Gewalt anwendbar (so auch *Pestalozza*, S. 181 f.; *Schlaich*, Rdnr. 223). Freilich ist die eigene, gegenwärtige und unmittelbare Beschwer bei Individualakten wie einem Verwaltungsakt und einer Gerichtsentscheidung in der Regel unproblematisch. Entsprechend der Rechtsprechung werden diese Voraussetzungen im folgenden als selbständige Aspekte der Beschwerdebefugnis dargestellt.

1244 **Lösungstechnischer Hinweis:** Die Beschwerdebefugnis ist in Übungsarbeiten zwar stets zu prüfen. Ihre einzelnen Elemente — Möglichkeit einer Grundrechtsverletzung, eigene, gegenwärtige und unmittelbare Beschwer — sind aber nur dann auch unter verschiedenen Gliederungspunkten in einzelnen Schritten zu prüfen, wenn sie jeweils besondere Probleme aufwerfen. Die Prüfung der Zulässigkeit einer Verfassungsbeschwerde gegen z. B. einen Verwaltungsakt kann einfach unter dem einen Gliederungspunkt der Beschwerdebefugnis fragen, ob die Verletzung des Beschwerdeführers in eigenen Grundrechten nicht von vornherein ausgeschlossen ist.

*2. Eigene Beschwer*

1245 Der Beschwerdeführer muß in *eigenen Grundrechten* betroffen sein. Damit ist eine sog. Popularbeschwerde ausgeschlossen (vgl. E 79, 1/14). Während andere Prozeßordnungen zulassen, daß jemand fremde Rechte in eigenem Namen geltend macht, ist bei der Verfassungsbeschwerde eine Prozeßstandschaft nicht möglich (E 72, 122/131).

1246 **Beispiele:** Ein Verband darf nicht die Rechte seiner Mitglieder wahrnehmen, eine Gesellschaft nicht die Rechte ihrer Gesellschafter, eine Verwertungsgesellschaft nicht die ihr treuhänderisch übertragenen Urheberrechte der Mitglieder, es sei denn, diese können ausschließlich durch die Verwertungsgesellschaft geltend gemacht werden (E 77, 263/269).

1247 Der Beschwerdeführer ist nicht nur dann selbst betroffen, wenn er *Adressat* des Akts der öffentlichen Gewalt ist. Wenn aber der Akt an Dritte gerichtet ist, muß für eine eigene Beschwer zwischen der Grundrechtsposition des Beschwerdeführers und dem Akt eine hinreichend enge Beziehung bestehen; eine bloß „mittelbare" bzw. „wirtschaftliche" Berührung soll nicht ausreichen.

1248 **Beispiele:** Adressat des § 3 des Ladenschlußgesetzes sind nur die Inhaber von Verkaufsstellen; selbst betroffen sind aber auch die Verbraucher (E 13, 230/232 f.). Durch eine Steuernorm, die von zwei Konkurrenten den einen begünstigt, kann der andere in seiner Berufsfreiheit selbst betroffen sein (E 18, 1/12 f.; 43, 58/68 f.). — Andererseits soll eine gerichtliche Entscheidung, die einer GmbH das Armenrecht versagt, den Gesellschafter der GmbH nicht selbst, sondern nur „wirtschaftlich" betreffen (E 35, 348/352; vgl. aber auch E 77, 1/37).

1249 Das sog. Selbstbetroffensein setzt auch voraus, daß das Grundrecht als subjektives Recht des Beschwerdeführers und nicht nur in seiner objektiv-rechtlichen Dimension betroffen ist. Wo das BVerfG in der Begründetheitsprüfung auf die Verletzung der *objektiv-rechtlichen* Dimension der Grundrechte abstellt, bejaht es in der Zulässigkeitsprüfung gleichwohl die Beschwerdebefugnis (vgl. E 7, 198/206 f.; 35, 202/218 f.): Der Träger öffentlicher Gewalt, der den objektiv-rechtlichen Gehalt des Grundrechts nicht beachtet, verletzt zugleich das subjektive Grundrecht des betroffenen einzelnen. Das wird besonders bei der Verfassungsbeschwerde gegen zivilrechtliche Gerichtsentscheidungen aktuell, bei denen die objektiv-rechtliche Dimension der Grundrechte als mittelbare Drittwirkung zu beachten ist (vgl. oben Rdnr. 209 ff.). Stets muß allerdings geltend gemacht werden können, daß die Nichtbeachtung der objektiv-rechtlichen Dimension sich in der Verletzung des subjektiven Grundrechts des Beschwerdeführers niederschlägt.

**Beispiele:** Die Verkennung der objektiv-rechtlichen Dimension von Art. 6 Abs. 1 durch einen Richter, der in einem Scheidungsurteil mit der Schutzunwürdigkeit von Ehen zwischen Deutschen und Ausländern argumentieren würde, wäre keine Verletzung der subjektiven Rechte der Ehegatten, die geschieden werden wollten und geschieden worden sind. — Den objektiv vorliegenden Gleichheitsverstoß eines Gesetzes, das ohne rechtfertigenden Grund die einen Bürger begünstigt und die anderen belastet, kann ein belasteter Bürger nur dann rügen, wenn er geltend machen kann, daß dem Gleichheitssatz nur durch eine Ausdehnung der Begünstigung Genüge geschieht. 1250

### 3. *Gegenwärtige Beschwer*

Der Beschwerdeführer muß *schon* oder *noch* betroffen sein. Die gegenwärtige Beschwer oder Betroffenheit fehlt zum einen, wenn der Beschwerdeführer „irgendwann einmal in der Zukunft (‚virtuell‘) von der gerügten Gesetzesbestimmung betroffen sein könnten“ (E 60, 360/371). Es reicht auch nicht, daß es den Beschwerdeführern gelingt, die Verwaltung schon jetzt zu einer Feststellung über die erst in der Zukunft aktuelle Rechtslage zu provozieren (E 72, 1/5 f.). Es genügt jedoch, „wenn ein Gesetz die Normadressaten bereits gegenwärtig zu später nicht mehr korrigierbaren Entscheidungen zwingt oder schon jetzt zu Dispositionen veranlaßt, die sie nach dem späteren Gesetzesvollzug nicht mehr nachholen können“ (E 65, 1/37; 75, 78/95). Das Merkmal der Gegenwärtigkeit leistet zum anderen die Abgrenzung gegenüber vergangenen Beeinträchtigungen (*Pestalozza*, S. 184 f.). — Das BVerfG ist mit der Annahme gegenwärtiger Betroffenheit recht großzügig. 1251

**Beispiele:** Das Ingenieurgesetz, das den Absolventen bestimmter Ausbildungsgänge verbietet, die Bezeichnung „Ingenieur“ zu führen, betrifft schon die in der Ausbildung Befindlichen gegenwärtig (E 26, 246/251). — Ein Verwaltungsakt, der gerade wegen seiner Grundrechtswidrigkeit aufgehoben worden ist, betrifft den Beschwerdeführer demgegenüber nicht mehr gegenwärtig (E 11, 336/338). 1252

### 4. *Unmittelbare Beschwer*

Die unmittelbare Beschwer oder Betroffenheit fehlt, wenn nicht der angegriffene Akt selbst, sondern erst ein notwendiger oder in der Verwaltungspraxis üblicher Vollzugsakt in Grundrechte des Beschwerdeführers eingreift (E 53, 366/389; 70, 35/50 f.). Zu den Vollzugsakten zählen nicht die Sanktionen des Straf- oder Ordnungswidrigkeitenrechts, da ihr Abwarten dem Betroffenen nicht zugemutet werden kann (E 81, 70/82 f.). Das Problem der Unmittelbarkeit stellt sich hauptsächlich bei Rechtsnormen, die regelmäßig auf den Vollzug durch die Verwaltung angelegt sind. Hier ist darauf abzustellen, ob schon die Rechtsnorm selbst einen Grundrechtseingriff beinhaltet (vgl. oben Rdnr. 271 ff.) oder ob sie den Vollzugsorganen durch Ermächtigung zu ausgestaltenden Regelungen oder zu Ermessensakten Entscheidungsspielräume derart beläßt, daß erst die Vollzugsorgane den Eingriff setzten. — Da das Kriterium der Unmittelbarkeit mit der Ausweitung des Eingriffsbegriffs (vgl. oben Rdnr. 274 f.) seine Ausgrenzungsfunktion weitgehend verloren hat, zieht sich das BVerfG in neueren Entscheidungen auf die Subsidiarität der Verfassungsbeschwerde (vgl. unten Rdnr. 1256) zurück und verlangt, daß die Betroffenen auch bei unmittelbarer Betroffenheit durch ein Gesetz erst einen Vollzugsakt abwarten oder gar herbeiführen und fachgerichtlich überprüfen lassen (vgl. E 69, 122/125 f.; 72, 39/43). 1253

1254 **Beispiele:** Die durch Gesetz erfolgende Änderung von Amtsbezeichnungen (E 38, 1/8), das gesetzliche Verbot, künftig einen bestimmten Beruf ohne Zulassung auszuüben (E 1, 264/270), die gesetzliche Einschränkung des Rechts von Krankenhausärzten, Privatrechnungen auszustellen (E 52, 303/327), und ein Bebauungsplan, der die Bebaubarkeit eines Grundstücks wegfallen läßt (E 70, 35/52 f.) oder eine öffentliche Straße festsetzt (E 79, 174/187 ff.), wirken unmittelbar. — Andererseits fehlt es an einer unmittelbaren Betroffenheit in der Regel bei Vertragsgesetzen gem. Art. 59 Abs. 2 S. 1, bei solchen Abgabengesetzen, die durch Gebühren- oder Beitragsbescheid vollzogen werden (Steuergesetze können allerdings auch unmittelbar wirken), und bei gesetzlichen Ermächtigungen zu Rechtsverordnungen oder Satzungen (E 53, 366/388 ff.; 55, 37/52 f.).

1255 Eine *Ausnahme* vom Erfordernis der Unmittelbarkeit wird unter den gleichen Voraussetzungen wie beim Erfordernis der Gegenwärtigkeit gemacht (vgl. oben Rdnr. 1251). Dies ließe sich auch mit einer analogen Anwendung des § 90 Abs. 2 S. 2 BVerfGG begründen; dieser ist zwar nicht direkt anwendbar (vgl. § 93 Abs. 2 BVerfGG), doch hängt das Unmittelbarkeitserfordernis sachlich eng mit der Subsidiarität gem. § 90 Abs. 2 S. 1 BVerfGG zusammen.

## VI. Erschöpfung des Rechtswegs, Subsidiarität

1256 § 90 Abs. 2 S. 1 BVerfGG verlangt, gestützt auf Art. 94 Abs. 2 S. 2, die Erschöpfung des Rechtswegs, wenn ein Rechtsweg prinzipiell eingeräumt ist. Dies ist bei formellen Gesetzen sowie bei denjenigen Rechtsverordnungen und Satzungen, die mangels landesrechtlicher Ausführungsgesetze nicht von § 47 VwGO (Normenkontrolle) erfaßt werden, nicht der Fall, so daß das Erfordernis der Rechtswegerschöpfung insoweit grundsätzlich keine Bedeutung hat (a. A. *Schenke*, NJW 1986, 1451). In der Rechtswegerschöpfung kommt die sog. *Subsidiarität* der Verfassungsbeschwerde zum Ausdruck (vgl. *E. Klein*, Festschrift Zeidler, 1987, 2. Bd., S. 1305; krit. *Pestalozza*, S. 166 f.): Zunächst ist es Aufgabe der ordentlichen Gerichte und Fachgerichte, Rechtsschutz auch bei Grundrechtsverletzungen zu gewährleisten. Die Verfassungsbeschwerde ist nur zulässig, wenn die Grundrechtsverletzung dort nicht hat oder hätte beseitigt werden können. Auf diese Weise soll gewährleistet werden, daß das BVerfG auf einen in tatsächlicher und rechtlicher Hinsicht aufbereiteten Fall trifft (E 71, 305/336; 79, 1/20). Das BVerfG hält die Verfassungsbeschwerde auch dann für unzulässig, wenn zwar ein Rechtsweg prinzipiell nicht eingeräumt ist, Grundrechtsschutz aber auf andere Weise erreicht werden kann, z. B. durch inzidente Normenkontrolle in einem fachgerichtlichen Verfahren (vgl. *v. d. Hövel*, Zulässigkeits- und Zulassungsprobleme der Verfassungsbeschwerde gegen Gesetze, 1990, S. 156 ff.).

1257 1. **Rechtsweg** ist der Weg, der den einzelnen mit dem Begehren, die behauptete Grundrechtsverletzung zu überprüfen und auszuräumen, vor die deutschen staatlichen Gerichte führt. Er beginnt u. U. bei der Verwaltung, wenn nämlich dem Gerichtsverfahren das Widerspruchsverfahren vorgeschaltet ist. Er endet normalerweise mit der Entscheidung letzter Instanz, gegen die kein Rechtsmittel mehr gegeben ist. Allerdings gehören zum Rechtsweg auch der Antrag auf Wiedereinsetzung in den vorigen Stand (E 42, 252/257) und der Antrag auf Wiederaufnahme des Verfahrens (E 11, 61/63; BVerfG, NJW 1992, 1030 f.). Selbst die nicht als Rechtsmittel ausgestaltete Gegenvorstellung will das BVerfG noch zum Rechtsweg rechnen, wenn ihr „der Erfolg nicht von vornherein abgesprochen werden kann" (E 63, 77/78 f.).

Zum Rechtsweg zählen auch Normenkontrollen gem. § 47 VwGO, Verfahren des 1258
vorläufigen Rechtsschutzes, z. B. nach §§ 80 Abs. 5, 123 VwGO, sowie solche Rechtsbehelfe, die keinen Devolutiveffekt haben, d. h. zur Überprüfung nicht durch eine höhere, sondern dieselbe Instanz führen, z. B. Einspruch gegen einen Strafbefehl gem. §§ 409 ff. StPO und Einspruch gegen ein Versäumnisurteil gem. § 338 ZPO.

2. **Erschöpfung** des Rechtswegs bedeutet, daß der Beschwerdeführer alle prozessua- 1259
len Möglichkeiten zur Beseitigung der behaupteten Grundrechtsverletzung in Anspruch genommen haben muß. Das bedeutet im einzelnen:

- Der Beschwerdeführer darf die prozessualen Möglichkeiten nicht versäumt haben, 1260
  z. B. dadurch, daß er ein zulässiges Rechtsmittel nicht eingelegt oder zurückgenommen hat (E 1, 12/13).
- Der Beschwerdeführer muß Verfahren nicht in Anspruch nehmen, in denen es 1261
  nicht um die Beseitigung der behaupteten Grundrechtsverletzungen geht, sondern um andere, wenngleich damit zusammenhängende Fragen (z. B. Amtshaftungsprozeß; vgl. E 20, 162/173). Andererseits muß er Verfahren durchführen, in denen er die Beseitigung des Eingriffsakts aus anderen als grundrechtlichen Gründen erreichen kann. „Beruht ein Eingriffsakt auf einer grundrechtsverletzenden Regelung, die Ausnahmen vorsieht, so muß der Beschwerdeführer vor der Erhebung der Verfassungsbeschwerde versuchen, die Beseitigung des Eingriffsakts unter Berufung auf die Ausnahmeregelung zu erwirken, wenn dies nicht offensichtlich aussichtslos ist" (E 78, 58/69).
- Wenn zwar das Verfahren des vorläufigen Rechtsschutzes, aber noch nicht das 1262
  Hauptsacheverfahren durchgeführt ist, kann der Rechtsweg schon erschöpft sein, nämlich der Rechtsweg des Eilverfahrens. Wenn der Beschwerdeführer die Versagung gerade des vorläufigen Rechtsschutzes rügt, hat er mit der letztinstanzlichen Versagung des vorläufigen Rechtsschutzes den Rechtsweg erschöpft und kann Verfassungsbeschwerde erheben (E 80, 40/45).

3. Die Subsidiarität kann gem. § 90 Abs. 2 S. 2 BVerfGG **durchbrochen** werden (sog. 1263
*Vorabentscheidung*), wenn die Verfassungsbeschwerde von allgemeiner Bedeutung ist oder wenn dem Beschwerdeführer ein schwerer und unabwendbarer Nachteil entstünde, falls er zunächst auf den Rechtsweg verwiesen würde. Sinn einer solchen Vorabentscheidung ist es, dem Beschwerdeführer den an sich vorgesehenen Rechtsweg zu ersparen. Das setzt voraus, daß der Rechtsweg tatsächlich noch offen steht bzw. bereits beschritten ist.

> **Beispiel:** Einer politischen Partei wird die Einräumung von Rundfunksendezeiten für 1264
> die Ausstrahlung von Wahlpropaganda kurz vor einer Wahl verweigert. Hier ist der Verwaltungsgerichtsweg und in diesem Rahmen die Möglichkeit einstweiligen Rechtsschutzes gegeben. Selbst dieser kommt aber möglicherweise zu spät, so daß der Partei der schwere und unabwendbare Nachteil entstünde, daß sie vor der Wahl nicht in gleicher Weise wie die anderen Parteien (vgl. § 5 PartG) Rundfunksendezeit in Anspruch nehmen konnte (E 7, 99/105; 14, 121/130 f.).

Darüber hinaus läßt das BVerfG Durchbrechungen der Subsidiarität zu, wenn dem 1265
Beschwerdeführer die Erschöpfung des Rechtswegs unzumutbar ist. Es stellt aber „strenge Anforderungen" an die Unzumutbarkeit (E 79, 1/24).

1266 **Beispiele:** Die Erschöpfung des Rechtswegs ist unzumutbar, wenn dem Begehren des Beschwerdeführers eine gefestigte höchstrichterliche Rechtsprechung entgegensteht (E 56, 363/380), wenn das Gericht den Beschwerdeführer falsch darüber belehrt hat, daß kein Rechtsmittel gegeben sei (E 19, 253/256 f.) oder wenn ein Rechtsbehelf nur vereinzelt als zulässig angesehen wird (E 73, 322/329). Zumutbar ist dagegen der Gebrauch eines Rechtsmittels, dessen Zulässigkeit umstritten ist (E 70, 180/185). — Immer wieder hat das BVerfG erfolglose Studienbewerber, die die mangelnde Nutzung vorhandener Kapazitäten nur im Verfahren des vorläufigen Rechtsschutzes gerügt hatten, mit dem Argument zur Verfassungsbeschwerde zugelassen, daß „anderenfalls vorhandene Kapazitäten in erheblichem Umfang für längere Dauer ungenutzt geblieben wären" und daß dies objektiv nicht vertretbar und daher auch subjektiv nicht zumutbar sei (E 51, 130/143); vgl. zur Zumutbarkeit der Erschöpfung des Hauptsacheverfahrens nach Erschöpfung des Eilverfahrens auch BVerfG, EuGRZ 1992, 214.

## VII. Frist

1268 Gem. § 93 Abs. 1 S. 1 BVerfGG ist die Verfassungsbeschwerde *binnen eines Monats* zu erheben. Der Normalfall dieser Fristbestimmung betrifft letztinstanzliche Gerichtsentscheidungen, da der Rechtsweg zunächst zu erschöpfen ist. Bei Hoheitsakten, gegen die ein Rechtsweg nicht offen steht — das sind in erster Linie formelle sowie materielle, nicht unter § 47 VwGO fallende Gesetze —, ist die Verfassungsbeschwerde gem. § 93 Abs. 2 BVerfGG *binnen eines Jahres* zu erheben. Die Frist beginnt bei Gesetzen mit deren Inkrafttreten zu laufen; bei rückwirkenden Gesetzen in sinngemäßer Fortentwicklung des Wortlauts allerdings erst mit der Verkündung (E 1, 415/416 f.). Verfassungsbeschwerden gegen Unterlassungen der öffentlichen Gewalt sind zulässig, solange die Unterlassung dauert (E 6, 257/266; 10, 302/308). Sobald der Beschwerdeführer weiß, daß das Unterlassen beendet ist, gilt die Monatsfrist des § 93 Abs. 1 S. 1 BVerfGG (E 58, 208/218).

## VIII. Einwand der Rechtskraft

1269 Entscheidungen des BVerfG erwachsen wie die anderer Gerichte in materieller Rechtskraft. Dieser allgemeine prozeßrechtliche Grundsatz liegt auch der Regelung der §§ 96, 41 BVerfGG zugrunde. Die *materielle Rechtskraft* bedeutet, daß über dasselbe Begehren desselben Beschwerdeführers bei gleicher Rechts- und Sachlage nicht erneut entschieden werden darf. Die materielle Rechtskraft bezieht sich nur auf den Tenor, nicht auf die Entscheidungsgründe, die aber zur Auslegung des Tenors herangezogen werden dürfen.

1270 **Beispiel:** A erhebt gegen die letztinstanzliche Verurteilung zu einer Geldbuße wegen Verstoßes gegen die Pflicht zum Anlegen von Gurten in Kraftfahrzeugen (§ 21a Abs. 1 StVO) Verfassungsbeschwerde mit der Begründung, dies verstoße gegen seine freie Entfaltung der Persönlichkeit. Die Verfassungsbeschwerde wird von einer Kammer des BVerfG nicht zur Entscheidung angenommen, weil sie keine hinreichende Aussicht auf Erfolg habe (vgl. BVerfG, NJW 1987, 180). Die erneute Verfassungsbeschwerde des A gegen dasselbe Urteil mit dem Antrag, „daß der zuständige Senat über die Sache entscheiden möge", ist unzulässig.

## IX. Allgemeines Rechtsschutzbedürfnis

Alle bisher behandelten Voraussetzungen der Zulässigkeit einer Verfassungsbe- 1271
schwerde sind, genauer betrachtet, besondere Ausprägungen des Rechtsschutzbedürfnisses. Darüber hinaus hat man im Prozeßrecht den *ungeschriebenen Auffangtatbe-*

stand des allgemeinen Rechtsschutzbedürfnisses entwickelt, den das BVerfG auch in verfassungsgerichtlichen Verfahren und damit auch im Verfassungsbeschwerdeverfahren für anwendbar hält. Dieses allgemeine Rechtsschutzbedürfnis hat die Funktion, daß nicht oder nicht mehr erforderliche Verfassungsbeschwerden für unzulässig erklärt werden können. Dies betrifft vor allem folgende beiden Fallkonstellationen:

- Eine Verfassungsbeschwerde ist *nicht erforderlich,* wenn eine einfachere Möglich- 1272
keit des Grundrechtsschutzes besteht. In der Regel wird dieser Aspekt durch das Erfordernis der Rechtswegerschöpfung bereits abgedeckt. Trotz Erschöpfung des Rechtswegs besteht aber eine einfachere Möglichkeit des Grundrechtsschutzes, wenn ein spezielles Verfahren vor dem BVerfG selbst zur Verfügung steht, beispielsweise das Wahlprüfungsverfahren gem. Art. 41 Abs. 2 (E 14, 154/155; 28, 214/218 ff.).
- Eine Verfassungsbeschwerde ist *nicht mehr erforderlich,* wenn sich die Beschwer er- 1273
ledigt hat. In diesem Fall wird richtig zwar schon die Gegenwärtigkeit der Beschwer und damit die Beschwerdebefugnis verneint (vgl. oben Rdnr. 1251). Das BVerfG erörtert die Erledigung aber immer wieder als Problem des Rechtsschutzbedürfnisses. Es bejaht das Rechtsschutzbedürfnis, obwohl die grundrechtsverletzende Maßnahme aufgehoben worden ist, wenn von ihr weiterhin beeinträchtigende Wirkungen ausgehen (E 15, 226/230), wenn eine Wiederholung der angegriffenen Maßnahme zu besorgen ist (E 52, 42/51 f.; 56, 99/106), wenn anders verfassungsgerichtlicher Rechtsschutz nicht erreichbar ist, z. B. bei kurzfristigen Freiheitsentziehungen (E 76, 363/381; 83, 24/29 f.) und auch wenn eine grundsätzlich bedeutsame Frage anhand des Falles geklärt werden kann und der gerügte Grundrechtseingriff besonders belastend erscheint (E 81, 138/141 f.).

**Literatur:** Vgl. nach § 36.

# § 36 BEGRÜNDETHEIT DER VERFASSUNGSBESCHWERDE

## I. Maßstab

Gem. Art. 93 Abs. 1 Nr. 4a ist die Verfassungsbeschwerde begründet, wenn ein 1274
Grundrecht oder ein grundrechtsgleiches Recht verletzt ist. Maßstab sind danach in erster Linie die im Zweiten Teil behandelten *Grundrechte und grundrechtsgleichen Rechte.* Keinen Maßstab im Verfahren der Verfassungsbeschwerde bilden demgegenüber die internationalen Grundrechte, die Grundrechte in den Landesverfassungen und überpositive Menschenrechte (vgl. oben Rdnr. 49 ff.).

**Lösungstechnischer Hinweis:** Im Gutachten zur Begründetheit der Verfassungsbe- 1275
schwerde folgt der Aufbau der Prüfung einer Grundrechtsverletzung der im Ersten Teil dargelegten Struktur, die auch der Darstellung im Zweiten Teil zugrunde liegt (vgl. auch die Schemata oben Rdnr. 393 ff., 577 und 1051a f.).

1276 Die Grundrechtsverletzung kann sich dabei auch aus *sonstigem Verfassungsrecht* des Bundes ergeben. Dies ist vom BVerfG zunächst in seiner Rechtsprechung zu Art. 2 Abs. 1 entwickelt worden (vgl. oben Rdnr. 427 f.). Danach ist ein Eingriff in die allgemeine Handlungsfreiheit nur dann durch die verfassungsmäßige Ordnung gedeckt, wenn er mit der Verfassung im übrigen übereinstimmt. So werden Verstöße gegen sonstiges Verfassungsrecht einschließlich der Kompetenz- und Verfahrensvorschriften zu Grundrechtsverletzungen. Das gleiche gilt aber auch für alle anderen Grundrechte. Soweit sich die verfassungsrechtliche Zulässigkeit eines Eingriffs in sie nach einem *Gesetzesvorbehalt* richtet, muß das Gesetz formell und materiell mit der Verfassung im übrigen übereinstimmen.

1277 **Beispiele:** Eine Verletzung des Art. 12 Abs. 1 kann darin liegen, daß gegen das Rechtsstaatsgebot (E 9, 83/87 f.), die Kompetenzordnung (E 13, 181/190) oder Art. 72 Abs. 2 (E 13, 237/239) verstoßen worden ist.

1278 Soweit die verfassungsrechtliche Zulässigkeit eines Eingriffs in den Schutzbereich eines Grundrechts oder grundrechtsgleichen Rechts nur durch *kollidierendes Verfassungsrecht* gerechtfertigt werden kann, gilt das gleiche. Das kollidierende Verfassungsrecht, das nicht nur in einem Grundrecht oder grundrechtsgleichen Recht, sondern z. B. im Rechtsstaats- und Sozialstaatsgebot bestehen kann, muß richtig ausgelegt und angewandt werden. Die Kollisionslösung, die der Gesetzgeber trifft, muß wiederum den Kompetenz- und Verfahrensvorschriften des Grundgesetzes Rechnung tragen.

1279 Ist eine Verfassungsbeschwerde erst einmal zulässig, nimmt das BVerfG über das bisher Gesagte hinaus eine *umfassende Prüfungsbefugnis* in Anspruch, die sich unabhängig von dem als verletzt gerügten Grundrecht auf die Einhaltung sonstigen Verfassungsrechts erstreckt. Allerdings verweigert das BVerfG bei der Prüfung der Begründetheit wie schon bei der Prüfung der Zulässigkeit die Berücksichtigung der Verletzung von Grundrechten Dritter (E 77, 84/101; vgl. auch oben Rdnr. 565 f.). Das weitet die Verfassungsbeschwerde vom Mittel des subjektiven Rechtsschutzes zum Mittel des objektiven Rechtsschutzes, allerdings auf subjektive Initiative hin, und entspricht dem doppelfunktionalen Verständnis der Verfassungsbeschwerde durch das BVerfG: „Die Verfassungsbeschwerde ist nicht nur ein Rechtsbehelf zur Sicherung und Durchsetzung grundgesetzlich garantierter individueller Rechtspositionen, sondern in gleicher Weise ein ‚spezifisches Rechtsschutzmittel des objektiven Verfassungsrechts' " (E 45, 63/74; vgl. zur Doppelfunktion und zur umfassenden Prüfungsbefugnis zust. *Schlaich,* Rdnr. 263 ff.; krit. zur Doppelfunktion *Schlink,* NJW 1984, 89/92 f., zur umfassenden Prüfungsbefugnis *Rinken,* AK, Art. 93 Rdnr. 63 f.).

1280 **Beispiel:** Die Bremische Evangelische Kirche hat ein Kirchengesetz erlassen, wonach ein Pfarrer für die Dauer der Ausübung eines Abgeordnetenmandats als beurlaubt gilt. Der Bremische Staatsgerichtshof hat diese Vorschrift wegen Verstoßes gegen das Verbot der Abgeordnetenbehinderung (Art. 48 Abs. 2) für unzulässig erklärt. E 42, 312/323 hat die Zulässigkeit der Verfassungsbeschwerde hiergegen bejaht, weil die Kirche als Beschwerdeführerin „plausibel" gemacht habe, daß sie „in ihrem Grundrecht aus Art. 4 GG verletzt sein kann". Die Prüfung der Begründetheit beginnt sodann wie folgt: „Nachdem die Verfassungsbeschwerde zulässig ist, ist das BVerfG bei der materiell-rechtlichen Prüfung nicht mehr darauf beschränkt zu untersuchen, ob eine der gerügten Grundrechtsverletzungen vorliegt. Es kann die verfassungsrechtliche Unbedenklichkeit des angegriffenen Urteils vielmehr unter jedem in Betracht kommenden verfassungsrechtlichen Gesichtspunkt prüfen" (E 42, 312/325 f.; vgl. auch E 70, 138/162). Die weiteren Ausführungen gelten dann nur noch dem Art. 140 i.V.m. Art. 137 Abs. 3 WRV.

## II. Einschränkung des Prüfungsumfangs auf die Verletzung spezifischen Verfassungsrechts

### *1. Das Problem*

Wenn also die Verletzung jeglichen Verfassungsrechts eine Grundrechtsverletzung bedeutet und die Verfassungsbeschwerde begründet macht, müßte das eigentlich auch für den *Vorrang des Gesetzes* gelten, wonach kein Akt der Exekutive und Judikative sich zu Akten der Legislative in Widerspruch setzen darf. Verwaltungsakte und gerichtliche Entscheidungen, die gegen Gesetze verstoßen, verletzen dadurch stets den Verfassungsrechtssatz vom Vorrang des Gesetzes (Art. 20 Abs. 3). Das wiederum müßte dann auch als Grundrechtsverletzung qualifiziert werden. **1281**

**Beispiele:** Die Verurteilung zu einer Freiheitsstrafe ist ein Eingriff in die Freiheit der Person, der nur durch förmliches Gesetz gerechtfertigt werden kann (Art. 2 Abs. 2 S. 2, Art. 104 Abs. 1); beruht sie auf falscher Auslegung und Anwendung des Strafgesetzbuchs, dann liegt ein Verstoß gegen den Vorrang des Gesetzes vor und müßte eigentlich eine Grundrechtsverletzung angenommen werden. Ein zivilgerichtliches Urteil, das jemanden unter falscher Anwendung des BGB zur Übereignung verurteilt, verletzt entsprechend dessen Grundrecht auf Eigentum; ein mit den einschlägigen Normen des Privatrechts nicht übereinstimmendes Scheidungsurteil verletzt entsprechend das Ehegrundrecht. **1282**

Wäre dies richtig, müßte eine Verfassungsbeschwerde auch mit der Begründung erhoben werden können, eine Maßnahme der öffentlichen Gewalt, d. h. wegen des Erfordernisses der Rechtswegerschöpfung in der Regel eine gerichtliche Entscheidung, verstoße gegen einfaches Gesetzesrecht. Damit würde aber das BVerfG zur „Superrevisionsinstanz" über allen Gerichten. Es wäre gezwungen, jede Auslegung des einfachen Rechts zu überprüfen bzw. zu korrigieren. Gerade das ist aber *nicht Aufgabe des BVerfG,* das durch Art. 93 Abs. 1 Nr. 4a auf die Überprüfung von Verstößen gegen die Grundrechte und grundrechtsgleichen Rechte beschränkt werden soll. Die Aufgabe der anderen obersten Bundesgerichte, für die Rechtsgebiete ihrer Zuständigkeit, vorbehaltlich besonderer verfassungsrechtlicher Überprüfung, letzte Instanz zu sein, würde zunichte gemacht. Das BVerfG wäre im übrigen auch tatsächlich völlig überfordert. **1283**

### *2. Die Lösung*

Das BVerfG beschränkt seine Überprüfung gerichtlicher Entscheidungen auf die Verletzung *spezifischen Verfassungsrechts.* Damit meint es, daß eine einschlägige Verfassungsnorm **1284**

- entweder ganz übersehen worden ist
- oder grundsätzlich falsch angewendet worden ist; bei Grundrechten kann sich das auf den Schutzbereich oder auf die Rechtfertigung eines Eingriffs in den Schutzbereich, besonders auch auf den Grundsatz der Verhältnismäßigkeit, beziehen.

**Beispiele:** Eine spezifische Verletzung des Art. 5 Abs. 1 S. 1 liegt vor, wenn das Zivilgericht „die beanstandete Äußerung in Verkennung dieses Grundrechts zu Unrecht nicht als grundsätzlich geschützte Meinungsäußerung, sondern als — unrichtige — Tatsachenbehauptung angesehen" hat (E 61, 1/7), oder auch wenn vom Zivilgericht unter Verkennung des Verhältnismäßigkeitsgrundsatzes allein auf den Ehrenschutz und nicht zugleich **1285**

auf die Bedeutung eines Flugblatts als „Beitrag zum geistigen Meinungskampf in einer die Öffentlichkeit wesentlich berührenden Frage" abgestellt wurde (E 43, 130/137; vgl. in der Sache oben Rdnr. 431 und 683).

**1286** Wo keine spezifische Verfassungsrechtsverletzung in diesem Sinne vorliegt, läßt das BVerfG eine gerichtliche Entscheidung bestehen, selbst wenn sie *gesetzeswidrig* sein sollte: „Die Gestaltung des Verfahrens, die Feststellung und Würdigung des Tatbestands, die Auslegung des einfachen Rechts und seine Anwendung auf den einzelnen Fall sind allein Sache der dafür allgemein zuständigen Gerichte und der Nachprüfung durch das BVerfG entzogen" (E 18, 85/92; st. Rspr.).

**1287** Die Grenze zwischen einer bloßen Verletzung einfachen Rechts im Regelungsbereich eines Grundrechts und einer spezifischen Grundrechtsverletzung ist oft schwer zu ziehen. Gesteigerte Schwierigkeiten entstehen, wenn Gesetzesnormen, die den Schutzbereich eines Grundrechts ausgestalten oder beschränken, fehlen und das Grundrecht selbst schon für die Fachgerichte der Maßstab ist, wie das weitgehend bei Art. 16 Abs. 2 S. 2 der Fall ist (E 76, 143/162), oder auch wenn die grundrechtliche Gewährleistung gerade in der Gesetzlichkeit besteht, wie bei Art. 101 Abs. 1 S. 2 und Art. 103 Abs. 2. — Zur Lösung der Grenzziehungsschwierigkeiten haben BVerfG und Schrifttum die folgenden Kriterien entwickelt (vgl. *Rennert,* NJW 1991, 12; *Schlaich,* Rdnr. 271 ff., 301 ff.).

**1288** a) Nach der sog. **Schumannschen Formel** liegt eine Verletzung spezifischen Verfassungsrechts dann vor, „wenn der angefochtene Richterspruch eine Rechtsfolge annimmt, die der einfache Gesetzgeber nicht als Norm erlassen dürfte" (*Schumann,* Verfassungs- und Menschenrechtsbeschwerde gegen richterliche Entscheidungen, 1963, S. 207).

**1289** **Beispiel:** Ein Beamter wird disziplinarisch gemaßregelt, weil er in seiner Freizeit für eine Sekte geworben hat (vgl. BVerwGE 30, 29). Da ein Gesetz, das Werbung für Sekten durch Beamte verböte, gegen Art. 4 Abs. 1 und 2 verstieße, liegt eine spezifische Grundrechtsverletzung vor.

**1290** b) Eine Verletzung spezifischen Verfassungsrechts liegt weiter dann vor, wenn die **Methode gerichtlicher Rechtsfindung** die Bindung des Richters an das Gesetz vernachlässigt, besonders die Grenzen richterlicher Rechtsfortbildung überschreitet (E 34, 269/280; 65, 182/190; 71, 354/362).

**1291** **Beispiele:** Die Rechtsprechung der Zivilgerichte, die bei immateriellen Schäden über § 253 BGB hinaus Entschädigung in Geld zuspricht, wurde „auf einem zivilrechtlich zumindest diskutablen, jedenfalls den Regeln zivilrechtlicher Hermeneutik nicht offensichtlich widersprechenden Weg gewonnen" und steht „nicht im Gegensatz, sondern als Ergänzung und Weiterführung des geschriebenen Gesetzes" (E 34, 269/291). — Die „Grenzen ... der richterlichen Rechtsfortbildung" sind überschritten, wenn ein schwerer Eingriff seine Rechtfertigung nicht „unzweideutig, verläßlich und sicher in dem erklärten, objektivierten Willen des Gesetzgebers findet" (E 34, 293/301 f.). — Art. 103 Abs. 2 statuiert für die Auslegung von Straf- und Bußgeldvorschriften das „Kriterium: Der mögliche Wortsinn des Gesetzes markiert die äußerste Grenze zulässiger richterlicher Interpretation" (E 71, 108/115).

**1292** c) Auch **Willkür** begründet eine Verletzung spezifischen Verfassungsrechts: Willkür bei der Gestaltung des Verfahrens, bei der Feststellung und Würdigung des Sachverhalts und ohnehin bei der Auslegung und Anwendung des einfachen Rechts.

**Beispiele:** Eine Verletzung von Art. 101 Abs. 1 S. 2, d. h. ein Entzug des gesetzlichen Richters setzt die „willkürliche Anwendung" der einschlägigen Verfahrensnormen voraus (vgl. oben Rdnr. 1173 ff.). — Wenn die Würdigung des Vorbringens eines Prozeßbeteiligten „schlechthin unhaltbar", „offensichtlich sachwidrig und damit objektiv willkürlich" ist, stellt sie einen spezifischen Verstoß gegen Art. 3 Abs. 1 dar (E 57, 39/42). — Ein Strafurteil, das auf einer „schlechthin unhaltbaren und damit objektiv willkürlichen Auslegung der angewendeten Strafnorm" beruht, begründet eine spezifische Verletzung des Art. 103 Abs. 2 (E 64, 389/396 f.). 1293

d) Da grundrechtlicher Freiheitsschutz umso wichtiger wird, je intensiver ein Eingriff in die Freiheit ist, wächst mit der **Eingriffsintensität** die Gefahr einer spezifischen Grundrechtsverletzung und die Notwendigkeit, die Auslegung und Anwendung des einfachen Rechts einer intensiven verfassungsrechtlichen Überprüfung zu unterziehen (E 61, 1/6; 75, 302/314; *Lincke*, EuGRZ 1986, 60). 1294

**Beispiele:** Das BVerfG kontrolliert strafrechtliche Sanktionen für ein Handeln im Schutzbereich eines Grundrechts besonders streng (E 67, 213/223; 75, 369/376; 77, 240/250 f.). — Ebenso streng kontrolliert es Eingriffe in Art. 5; im Schutzbereich dieser Grundrechte mißt es den Eingriffen großes Gewicht zu, und außerdem stoßen hier Freiheitsbetätigungen besonders konfliktträchtig und öffentlich wahrnehmbar aufeinander (E 81, 278/289 f.). Bei der Kontrolle in die Meinungsfreiheit eingreifender strafgerichtlicher Entscheidungen bekennt das BVerfG sich ausdrücklich „auch im einzelnen" zur Überprüfung „der Feststellung und Würdigung des Tatbestandes sowie der Auslegung und Anwendung einfachen Rechts" (E 43, 130/136; 82, 43/50 f.); fast ebenso weitgehend äußert es sich zur Kontrolle in die Meinungsfreiheit eingreifender zivilgerichtlicher Entscheidungen (E 82, 272/280 f.; BVerfG, NJW 1992, 1439). — Die Trennung eines Kindes von seinen Eltern gegen deren Willen, der „stärkste vorstellbare Eingriff in das Elternrecht", verlangt, daß „auch einzelne Auslegungsfehler nicht außer Betracht bleiben" (E 60, 75/91). 1295

**Lösungstechnischer Hinweis:** Die Frage einer spezifischen Verfassungsrechtsverletzung betrifft den Umfang der verfassungsgerichtlichen Kontrolle und wird vom BVerfG zumeist eingangs der Begründetheit der Verfassungsbeschwerde geprüft. Ist eine spezifische Verfassungsrechtsverletzung offensichtlich nicht gegeben, wird dies schon bei der Zulässigkeitsprüfung berücksichtigt; es fehlt dann die Möglichkeit einer Grundrechtsverletzung (vgl. oben Rdnr. 1237 ff.). Im übrigen empfiehlt sich, in Übungsarbeiten einem großzügigen Verständnis des Prüfungsumfangs des BVerfG zu folgen und zumal die im Fall angesprochenen oder angedeuteten grundrechtlichen Probleme nicht etwa unter Berufung darauf, es könne sich nicht um die Verletzung spezifischen Verfassungsrechts, sondern allenfalls um eine Verletzung einfachen Rechts handeln, zu umgehen. Nur wenn die Fallgestaltung oder Aufgabenstellung einen entsprechenden Anhaltspunkt bietet, ist die Frage der Einschränkung des Prüfungsumfangs auf die spezifische Grundrechtsverletzung eingehend zu erörtern, zweckmäßig in Abarbeitung der genannten vier Kriterien. 1296

**Literatur:** *E. Benda/E. Klein*, Lehrbuch des Verfassungsprozeßrechts, 1991; *H.-U. Erichsen*, Die Verfassungsbeschwerde, Jura 1991, 561, 638; 1992, 142; *C. Gusy*, Die Verfassungsbeschwerde. Voraussetzungen und Verfahren, 1988; *C. Pestalozza*, Verfassungsprozeßrecht. Die Verfassungsgerichtsbarkeit des Bundes und der Länder, 3. Aufl. 1991; *K. Schlaich*, Das Bundesverfassungsgericht, 2. Aufl. 1991; *H. Weber*, Die Zulässigkeit der Verfassungsbeschwerde in der öffentlichrechtlichen Arbeit, JuS 1992, 122; *R. Zuck*, Das Recht der Verfassungsbeschwerde, 2. Aufl. 1988. — Kommentar zum BVerfGG: *T. Maunz/B. Schmidt-Bleibtreu/F. Klein/G. Ulsamer* (Loseblatt), Stand: 1989. — Zur Verletzung spezifischen Verfassungsrechts: *H.-J. Papier*, „Spezifisches Verfassungsrecht" und „einfaches Recht" als Argumentationsformel des Bundesverfassungsgerichts, in: Festgabe BVerfG, 1. Bd., 1976, S. 432; *W.-R. Schenke*, Verfassungsgerichtsbarkeit und Fachgerichtsbarkeit, 1987; *A. Scherzberg*, Grundrechtsschutz und „Eingriffsintensität", 1989; *G. Schuppert*, Zur Nachprüfung gerichtlicher Entscheidungen durch das Bundesverfassungsgericht, AöR 1978, 43; *U. Steinwedel*, „Spezifisches Verfassungsrecht" und „einfaches Recht", 1976.

# SACHVERZEICHNIS

(Die Zahlen bedeuten Randnummern)